dtv

Die englische Literatur
Herausgegeben von Bernhard Fabian

Zwei Bände

Der erste Band der englischen Literaturgeschichte bietet im ersten Teil Überblicksdarstellungen zu allen Epochen der englischen Literatur, die diese in ihren historischen und kulturellen Kontext stellen und erklären. Der zweite Teil befaßt sich mit den literarischen Formen und verfolgt jeweils deren Entwicklung über die Epochen hinweg. Im Anhang findet sich eine ausführliche Bibliographie zur englischen Literaturgeschichte, die nach Epochen und Formen gegliedert ist; außerdem enthält der Band ein Personen- und ein Titelregister. Dieses umfassende und verläßliche Nachschlagewerk eignet sich gleicherweise als Einführung in die Literatur Englands wie als Arbeitsbuch für den Anglisten. Es will ebenso der ersten Orientierung wie der Vertiefung von Kenntnissen dienen.
Der zweite Band (dtv 4495) enthält biographische Kurzdarstellungen aller wichtigen Autoren der englischen Literatur vom Mittelalter bis zum 20. Jahrhundert.

Willi Erzgräber, geb. 1926, ist Professor für Englische Philologie an der Albert-Ludwigs-Universität Freiburg i. Br.

Bernhard Fabian, geb. 1930, ist Professor für Englische Philologie an der Westfälischen Wilhelms-Universität Münster.

Kurt Tetzeli von Rosador, geb. 1940, ist Professor für Englische Philologie an der Westfälischen Wilhelms-Universität Münster.

Wolfgang Weiß, geb. 1932, ist Professor für Englische Philologie an der Ludwig-Maximilians-Universität München.

Die englische Literatur

Band 1: Epochen – Formen

Von Willi Erzgräber, Bernhard Fabian,
Kurt Tetzeli von Rosador und Wolfgang Weiß

Deutscher Taschenbuch Verlag

Originalausgabe
Oktober 1991
3. Auflage April 1997
Deutscher Taschenbuch Verlag, GmbH & Co. KG,
München
Umschlagkonzept: Balk & Brumshagen
Gesamtherstellung: C. H. Beck'sche Buchdruckerei,
Nördlingen
Gedruckt auf säurefreiem, chlorfrei gebleichtem Papier
Printed in Germany · ISBN 3-423-04494-2

Inhalt

Vorwort

Unter den europäischen Nationalliteraturen zeichnet sich die englische ebenso durch Reichtum wie durch Vielfalt aus. Ihre Geschichte erstreckt sich über mehr als ein Jahrtausend, und schon in ihren Anfängen entstand mit *Beowulf*, dem ersten großen Gedicht des europäischen Mittelalters, ein Meisterwerk. Andere Nationalliteraturen treten in bestimmten Epochen hervor. Die englische ragt zu jeder Zeit im Ensemble der europäischen Literaturen durch große Autoren heraus – von Chaucer und Shakespeare bis hin zu T. S. Eliot und James Joyce. In anderen Nationalliteraturen sind bestimmte Bereiche markant ausgeprägt. In der englischen sind die traditionellen Dichtarten, die lyrische, die dramatische und die epische, gleich prominent vertreten. Formen und Gattungen weisen eine auffallende Kontinuität auf, und Höhepunkte ihrer Geschichte sind zumeist Höhepunkte der Literatur überhaupt: wie die Dramenliteratur der elisabethanischen Zeit, die Romanliteratur des 18. und 19. Jahrhunderts oder die Lyrik der Romantik.

Seit der Entdeckung der englischen Literatur auf dem Kontinent im 18. Jahrhundert hat das Interesse an der literarischen Produktion jenseits des Kanals kontinuierlich zugenommen. Die klassischen Autoren der englischen Literatur sind seither zum kulturellen Gemeinbesitz geworden. Da das Literarische in England mehr einschließt als in vielen anderen Ländern, besonders in Deutschland, haben auch Werke der englischen Philosophie, der Geschichtsschreibung und der Naturwissenschaft über die Grenzen der Disziplinen hinaus weite Verbreitung gefunden. Schließlich sind – und das ebenfalls seit dem 18. Jahrhundert – jene Werke der ephemeren Roman- und Bühnenliteratur, die wenig mehr beanspruchen, als für ein paar Stunden ein Lese- oder Theatervergnügen zu bieten, in überraschend großer Zahl englischen Ursprungs.

Die beiden hier vorliegenden Bände verstehen sich als Vademecum. Sie möchten denen, die ihren Weg durch die Vielgestaltigkeit der englischen Literatur in Vergangenheit und Gegenwart suchen, einen möglichst breiten Zugang eröffnen. Sie sind nicht in erster Linie für den Spezialisten gedacht. Sie richten sich an jenen *common reader*, den es trotz aller gegenteiligen

Beteuerungen noch immer gibt, und besonders an den Studierenden, für den auch die weiterführenden Literaturhinweise in beiden Bänden zunächst gedacht sind. Im Mittelpunkt steht die Literatur im engeren Sinne, doch haben sich die Verfasser immer wieder Ausblicke auf jene Bereiche gestattet, die nicht selbstverständlich als Teile der Literatur angesehen werden.

In der Anlage weicht diese Übersicht von den üblichen Prinzipien ab, obwohl sie sich an die herkömmliche Epocheneinteilung hält. Jede Darstellung der Literaturgeschichte hat ihre Vor- und Nachteile. Diese versucht, einige Nachteile zu vermeiden, indem sie eine Dreiteilung vornimmt. In der Annahme, daß sich der Benutzer entweder für das Werk eines Autors oder die Geschichte einer literarischen Gattung oder das Profil einer Epoche interessiert, bietet der erste Band eine Übersicht über die Epochen und Formen, während der zweite aus alphabetisch angeordneten lebens- und werkgeschichtlichen Essays zu einzelnen Autoren besteht. Die Verfasser hoffen, daß sich damit die Epochen in ihren Strukturen, die Formen und Gattungen in ihrer Entwicklung und die Autoren in ihrer Individualität darbieten.

Die Epochenkapitel stammen jeweils aus einer Feder. Sie sind bewußt nicht nach einem starren Schema gearbeitet, sondern versuchen, die Epochen in ihren Voraussetzungen und in ihrer Eigenart zu charakterisieren. Gemeinsam ist ihnen die Einbeziehung des politischen, gesellschaftlichen und kulturellen Umfeldes der Literatur. Die Darstellungen der Versdichtung, des Dramas, der Erzählliteratur und der nicht-erzählenden Prosa sind bis auf die letzte eine Gemeinschaftsarbeit. Sie sind als Längsschnitte gedacht, die die historische Kontinuität vielleicht besser verdeutlichen können, als dies bei einer durchgängigen Epochenaufteilung möglich wäre.

Jede Literaturgeschichte ist das Ergebnis der Arbeit nicht nur ihrer unmittelbaren Verfasser, sondern der Bemühungen vieler. Die Autoren dieser beiden Bände wissen sich der reichen Spezialliteratur verpflichtet, die in den letzten Jahrzehnten entstanden ist. Besonderen Dank möchten sie gegenüber ihren Mitarbeiterinnen und Mitarbeitern für vielfältige Hilfe und Unterstützung zum Ausdruck bringen.

Bernhard Fabian

Erster Teil
Epochen

Mittelalter

Politik, Religion und Kultur in altenglischer Zeit

Das englische Mittelalter reicht von der allmählichen Besiedlung der Insel durch die Angeln, Sachsen und Jüten um die Mitte des 5. Jahrhunderts bis zum Beginn der Tudor-Herrschaft gegen Ende des 15. Jahrhunderts. Innerhalb dieser Epoche stellt die normannische Eroberung eine markante Zäsur dar: Eine feudalstaatliche Ordnung wurde errichtet, ohne daß dadurch die Basis des germanischen Volksrechts zerstört worden wäre.

Ehe die germanischen Stämme nach England kamen, war die britische Insel von Kelten besiedelt und danach von den Römern besetzt worden. Als Caesar in den Jahren 55 und 54 v. Chr. zwei Vorstöße nach Britannien unternahm, traf er dort auf keltische Stämme, die mutmaßlich zwischen dem 8. und 3. Jahrhundert v. Chr. ins Land gekommen waren. Römische Kultur wurde nach Caesar vor allem durch Handelsleute verbreitet. Erst mit der militärischen Besetzung Englands unter Kaiser Claudius im Jahre 43 n. Chr. begann eine breite Latinisierung. Dieser Prozeß erstreckte sich nur auf den Süden und Osten des Landes, nördlich des Humber und westlich des Severn lebte die keltische Kultur weiter. Die Römer führten das Alphabet ein, gründeten Städte, die zugleich politische Zentren und Ausgangspunkte der kulturellen Bestrebungen waren. Es ist wahrscheinlich, daß durch römische Soldaten die Briten auch mit dem Christentum in Kontakt kamen.

Nachdem die Römer die Insel im Jahre 410 geräumt hatten, drängten im 5. Jahrhundert die germanischen Stämme der Angeln, Sachsen und Jüten nach und nahmen große Teile Englands, insbesondere im Süden und Osten, in Besitz. Wenngleich es den Briten vergönnt war, im Westen Englands und im heutigen Schottland in ihren alten Traditionen weiterzuleben, blieben ihre Sprache und Kultur zunächst ohne tiefgreifenden Einfluß auf das Leben der germanischen Stämme. Unter diesen herrschten für einige Zeit nach der Landnahme starke Rivalitäten, die zu Krieg und chaotischen Zuständen führten. Gegen

Ende des 6. Jahrhunderts vollzog sich unter König Æthelberht von Kent ein bedeutsamer Wandel. Æthelberht gewann die Oberherrschaft über die Sachsen und Angeln und gründete damit das erste größere germanische Reich auf britischem Boden. Als 597 die von Papst Gregor dem Großen gesandten Missionare unter der Führung Augustins die Insel Thanet erreichten, gewährte ihnen Æthelberht, der mit einer Christin, der fränkischen Königstochter Bertha, verheiratet war, Schutz bei ihrer Predigertätigkeit und trat nach kurzer Zeit selbst zum christlichen Glauben über. Dauernden Aufenthalt fanden die Missionare auf einem Hügel vor der Stadt Canterbury, wo sie eine dem heiligen Martin geweihte Kirche aus römischer Zeit vorfanden. Gregor stattete die Missionare mit einer folgenreichen Direktive aus: Die Götzenbilder der Germanen, nicht aber ihre Tempel sollten zerstört werden; diese sollten weiterhin als Kultstätten dienen, nun aber im christlichen Sinne. Damit war der Weg für eine graduelle Anpassung überlieferter germanischer Vorstellungen an die neue christliche Glaubenswelt geebnet.

Bis zum 10. Jahrhundert zeichnete sich eine Verlagerung der Machtzentren ab: Kent wurde in seiner Vormachtstellung von Nordhumbrien, später von Merzien abgelöst, bis schließlich der Süden unter Alfred dem Großen und seinen Nachfolgern wiederum die Geschicke der germanischen Stämme auf den britischen Inseln bestimmte.

Zu Beginn des 7. Jahrhunderts war Eadwine der mächtigste Herrscher von Nordhumbrien. Er war mit Æthelburh, der Tochter des Æthelberht von Kent, verheiratet und wurde von Paulinus, einem Missionar aus dem Gefolge des Augustin, zum christlichen Glauben bekehrt. Als er jedoch in der Schlacht zu Hatfield (632) im Kampf mit Penda von Merzien (626–655) unterlag, brach eine Zeit der Wirren und der grausamen Kämpfe an. Unter Oswald (635–642) rückte Nordhumbrien alsbald wieder politisch in den Vordergrund, und auch das Christentum kam erneut zur Geltung. Jetzt aber bestimmte nicht mehr die römische, sondern die iro-schottische Mission das kulturelle Leben. Ihren Ausgangspunkt hatte diese Mission von dem heiligen Patrick genommen, der in den Jahren 432 bis 461 Irland bekehrte. Die Eroberung Britanniens durch die Angelsachsen und Galliens durch die Franken unterbrach die Verbindung zwischen der irischen Kirche und Rom und trug dazu bei, daß das irische Christentum ein eigenes Gepräge gewann.

Im Jahre 563 brachte Columba den christlichen Glauben nach Iona und von dort aus in das gesamte westliche Schottland. Seine Anhänger zeichneten sich nicht nur als Prediger und Missionare, sondern auch als Gelehrte und Künstler aus und trugen dazu bei, das Interesse der Angelsachsen an der klassischen Literatur der römischen Antike zu wecken und zu fördern. Aidan gründete im Jahre 634 auf der Insel Lindisfarne ein Kloster, das sich zum Zentrum seiner missionarischen Tätigkeit entwickelte.

Freilich vermochte auch das iro-schottische Christentum den Norden nicht zu befrieden. Oswald fiel 642 im Kampf gegen den immer noch einflußreichen Penda von Merzien. Erst König Oswiu (654–670) gelang es, Penda zu bezwingen. Unter seiner Regierung vollzog sich die Entscheidung in der Rivalität zwischen der iro-schottischen Mission mit Iona und der römischen Mission mit Canterbury als Zentrum. Colman, der Nachfolger Aidans, trat für die irische Art der Tonsur und auch für die Festsetzung des Osterdatums nach der irischen Tradition ein. Wilfrid vertrat den entgegengesetzten Standpunkt der römischen Mission. Die Entscheidung zugunsten der römischen Mission fiel 663 auf der vom König selbst einberufenen Synode zu Whitby. Damit wurde auch der Norden Englands an die von Rom ausgehende weitere Entwicklung der religiösen Verhältnisse des Mittelalters angebunden. Zugleich förderte diese Orientierung an Rom die Tendenz zur planmäßigen Verwaltung, zur einheitlichen Gesetzgebung, zur Stärkung der königlichen Macht und zur nationalen Integration.

Unterstützt wurden die angelsächsischen Könige bei ihren politischen Bestrebungen von Geistlichen, die als Theologen, Administratoren und Organisatoren im Bildungswesen ihre überragende Begabung bewiesen. Hervorzuheben ist Theodor von Tarsus, ein Grieche von Geburt, der Hadrian, einen Afrikaner, als seinen Stellvertreter mitbrachte. Beide hatten die reiche Mittelmeerkultur aufgenommen und bemühten sich, aus Canterbury ein Zentrum geistlicher Gelehrsamkeit werden zu lassen. Zu dem Kreis um Hadrian gehörte Benedict Biscop, der 674 das Kloster St. Peter zu Wearmouth, danach St. Paul zu Jarrow gründete und damit das literarische und künstlerische Leben in Nordhumbrien nachhaltig förderte. Sein bedeutendster Schüler war Beda, der ihm in der *Historia abbatum* ein literarisches Denkmal setzte.

Unter Offa von Merzien (757–796), der der angesehenste und

einflußreichste Herrscher war, begann eine neue Phase in der altenglischen Geschichte: Die »Nordmänner«, d.h. die Dänen, drangen auf die Insel vor, plünderten Klöster, überfielen die Mönche und verkauften sie als Sklaven. Langsam steigerten sich diese Überfälle, ganz Skandinavien schien mit Unruhe erfüllt zu sein, und nur mit größter Anstrengung konnten Æthelwulf, der Vater Alfreds des Großen, und Æthelred, sein älterer Bruder, den Dänen Einhalt gebieten.

Als König Æthelred 870 während der Schlacht von Ashdown den Tod fand, sah sich sein dreiundzwanzigjähriger Bruder Alfred vor eine nahezu unlösbare militärische und politische Aufgabe gestellt. Seinem militärischen Geschick war es zuzuschreiben, daß die Dänen 878 entscheidend geschlagen wurden und mit dem Frieden von Wedmore (878) sichergestellt wurde, daß Alfred (871–899) nun eine vielfältige und erfolgreiche Tätigkeit der Reorganisation im juristisch-administrativen wie im wissenschaftlich-literarischen Bereich beginnen konnte.

Für Alfreds Bemühungen um Recht und Ordnung spricht die von ihm angeregte Gesetzessammlung, die nicht nur die Synodalbeschlüsse und die Gesetze Æthelberhts, Offas und Ines sowie die Beschlüsse seines eigenen Staatsrates, des »witena gemot«, enthält, sondern auch die Zehn Gebote und Darlegungen zur neutestamentlichen Lehre von der Barmherzigkeit und der Demut. Unmittelbar praktischen Zwecken diente die Übersetzung der *Cura pastoralis* Gregors des Großen, eines Handbuches, das geistlichen wie weltlichen Fürsten von Nutzen sein konnte. Die von Alfreds Mitarbeitern stammende Übersetzung von Bedas *Historia ecclesiastica gentis Anglorum* rückte die englische Geschichte in den Rahmen der europäischen und der christlichen Heilsgeschichte. Mit Orosius' *Historia adversum paganos* ließ Alfred einen Text ins Altenglische übertragen, der die christliche Geschichtsauffassung in verständlicherer Form darbot als Augustins *De civitate Dei*. Unvollendet blieb die Übersetzung der *Soliloquien* des Augustinus, mit der sich Alfred an die Vermittlung philosophisch-theologischer Erörterungen über Gott, Welt und Seele heranwagte; diese Thematik liegt auch der *Consolatio philosophiae* des Boethius zugrunde, mit der die Übersetzertätigkeit am Hofe Alfreds des Großen ihren Höhepunkt erreichte.

Die Fähigkeit, die politischen Aktivitäten mit der Arbeit im Bereich der Literatur zu verbinden, fehlte den Nachfolgern Alfreds. Zwar vermochten sich im politisch-militärischen Bereich

Eadward (899–924), Æthelstan (924–939), Eadmund (939–946) und Eadred (946–955) gegen die Dänen zu behaupten, aber das geistige Leben wurde von Dunstan (924–988), dem Erzbischof von Canterbury, bestimmt. Er war vor allem auf eine Versöhnung zwischen Dänen und Westsachsen bedacht und eröffnete den Dänen Zugang zu weltlichen wie geistlichen Ämtern, die ihnen zuvor verwehrt waren. Er fand die Unterstützung von König Edgar (959–975), der sich den kluniazensischen, auf England übergreifenden Reformbestrebungen gegenüber als sehr aufgeschlossen erwies. Eine Reihe von Klöstern wurde in dieser Zeit gegründet, so daß man diese Phase in der Geschichte des Inselreiches als grundlegend für die hochmittelalterliche klösterliche Kultur in England bezeichnet hat.

Als zu Beginn des 11. Jahrhunderts die Dänen erneut zu einem großen Angriff auf die britischen Inseln ansetzten, sah sich König Æthelred gezwungen, in die Normandie zu flüchten. Knut, der dänische Herrscher, der von 1016 bis 1035 über England regierte, betrieb mit Leidenschaft und Klugheit eine Politik, die zuvor Dunstan schon verfolgt hatte: Angelsachsen und Dänen miteinander zu versöhnen. Er nahm deshalb sogar den christlichen Glauben an und zwang selbst diejenigen seiner Gefolgsleute, die ursprünglich an seiner Seite gegen die christlichen Angelsachsen gefochten hatten, seinem Beispiel zu folgen. Seine Nachfolger lenkten jedoch bald wieder ihre Aufmerksamkeit auf Frankreich, auf die Normandie, und weniger auf Skandinavien, weil sie die Verbindung mit der kontinentalen, der lateinisch-römischen Kultur nicht aufgeben wollten. So wurde Edward der Bekenner (1042–1066) aus der Normandie auf den englischen Königsthron zurückgeholt. Er erwies sich politisch als ein schwacher Regent. In seiner Regierungszeit wurde jedoch ein Bauwerk begonnen, das über die Jahrhunderte ein Symbol des politischen wie religiösen Lebens in England werden sollte: die Westminster Abbey zu London.

Mit Wilhelm dem Eroberer hielt eine germanisch-romanische Mischkultur in England Einzug. Als die Wikinger sich im 10. Jahrhundert in der Normandie niederließen, nahmen sie schnell die französische Sprache und Kultur an. Unter dem Einfluß der in Frankreich bereits bestehenden Verhältnisse entwickelten sie ihr Talent für Administration und bildeten die fränkische Feudalordnung weiter aus. Ausdruck des administrativen Ordnungswillens des normannischen Herrschers auf dem englischen Thron war das *Doomsday book* aus dem Jahre

1086, ein Landregister, in dem die Besitzverhältnisse festgehalten wurden. Eine Festigung seiner politischen Macht erreichte Wilhelm schließlich durch die Eingliederung der Kirche in seine Pläne. Ebenfalls aus der Normandie kamen zwei Geistliche, die auf die weitere Entwicklung der politischen wie religiösen Verhältnisse einen weitreichenden Einfluß ausübten: Lanfranc und Anselm, beide später Erzbischöfe von Canterbury. Lanfranc von Pavia strebte danach, die religiöse Lebensführung der Mönche zu festigen und der gelehrten Arbeit neue Impulse zu geben; Anselm von Canterbury wurde zum Begründer der Scholastik.

Die Klosterschulen, von der Geistlichkeit gegründet und geleitet, waren von Beginn der Christianisierung an Orte reichen literarischen Lebens. Sie tradierten nicht nur die Kenntnis römischer Autoren wie Vergil, Ovid oder Boethius, sondern schärften auch den stilistischen Sinn für den Gebrauch der lateinischen Sprache und ihrer rhetorischen Ausdrucksmöglichkeiten. Zu einer virtuosen Handhabung sprachlicher Ausdrucksmittel brachte es Aldhelm (640–709), in dessen lateinischen Dichtungen, besonders in den *Rätseln*, Kunstmittel verwendet werden, die beweisen, daß er mit der germanischen und der irischen Dichtung in gleicher Weise vertraut war. Ihm zur Seite zu stellen ist Beda (672–735), der im Kloster Jarrow wirkte und von dessen Werken die *Historia ecclesiastica gentis Anglorum* hervorzuheben ist, die zur grundlegenden Quelle für das Verständnis der angelsächsischen Frühzeit wurde.

Die lateinische Literatur dürfte auch für die Dichtung von Bedeutung gewesen sein, die in altenglischer Zeit alte Stoffe in einer herkömmlichen Diktion bearbeitete. Sie ist in vier großen Codices aus dem 10. und 11. Jahrhundert im westsächsischen Dialekt überliefert. In der Forschung wurden bezüglich des Ursprungs altenglischer Literatur die unterschiedlichsten Thesen entwickelt, ohne daß sich dabei eine Entscheidung zugunsten *einer* Deutungsrichtung hätte finden lassen. Beispielsweise sind bei der Deutung des *Beowulf*, insbesondere bei der Interpretation des Begriffes »wyrd«, einzelne Forscher von Boethius ausgegangen. Für die Komposition der Begrüßungsszenen, die Selbstvorstellung des Helden und für die Dialogszenen am fürstlichen Hof ist das Vorbild der Vergilschen *Aeneis* angenommen worden; diese These gewinnt dadurch an Überzeugungskraft, daß innerhalb der germanischen Tradition, nach den vorliegenden Texten zu schließen, der Übergang von einem

Heldenlied zu einem umfangreicheren Epos im Stile des *Beowulf* nicht vollzogen wurde.

Für die religiöse Dichtung der Angelsachsen war die christlich-lateinische Epik – neben der Bibel – eine hilfreiche Vorlage. Autoren wie Avitus, Juvencus, Lactantius, Prudentius und Sedulius vermochten den angelsächsischen Klerikern mancherlei erzähltechnische Anregungen zu bieten. Freilich bedienten sich die geistlichen Autoren zweier Kunstmittel, die zum germanischen Erbe gehörten: des Stabreims und der erzählerischen Formeln. Stabreim und feststehende Formeln sind charakteristische Bestandteile einer Dichtung, die der Mündlichkeit nahesteht.

Der größte Teil der überlieferten altenglischen Dichtung ist aus einer wechselseitigen Durchdringung von weltlich-heroischen und christlich-religiösen Vorstellungen hervorgegangen. Formeln, die das vorbildliche heroische Handeln germanischer Fürsten und Gefolgsleute charakterisierten, wurden auf das Verhalten biblischer (meist alttestamentlicher) Gestalten übertragen, auf den Kampf der Märtyrer und Christi selber gegen alle widergöttlichen Mächte.

Andererseits konnten Vorstellungen, die das Christentum mit dem Schöpfergott, mit Christus oder mit Märtyrergestalten verband, in die Charakterisierung der Protagonisten weltlich-heroischer Dichtungen eingearbeitet werden, die auf diese Weise ein besonderes Charisma gewannen. So hat es denn auch nicht an Deutungen gefehlt, die beispielsweise Beowulfs Tod in Analogie zum Opfertod Christi sahen. Freilich ließ sich nicht immer eine befriedigende Synthese zwischen dem Ethos eines germanischen Heldenliedes, das von den Zentralmotiven der Ehre und der Rache bestimmt war, und dem christlichen Ethos der Demut und der Friedfertigkeit finden. Gedichte wie *The battle of Brunanburh* und *The battle of Maldon*, die beide ins 10. Jahrhundert gehören und an zeitgenössische Ereignisse anknüpfen, beweisen, daß im Zeitalter der Wikingerkämpfe der Sinn für heroische Dichtung noch lebendig war, auch wenn sich die gesellschaftlichen Verhältnisse, auf denen ein Großteil der heroischen Dichtung beruhte, bereits geändert hatten. Sippe und Gefolgschaft waren in dieser Zeit nicht mehr die maßgeblichen gesellschaftlichen Verbände. Über die gesellschaftlichen Wandlungen vor der normannischen Eroberung hat Margaret Schlauch ausgeführt: »Need, social compulsion, and finally the law required declassed men to seek protection from a lord and to serve him. Those still holding land, the wealthier peasants called *geneatas*, paid for protection in greater rents and services. A growing number of upper-class fighters entered the king's service directly, became members of his household, acted as his representatives, and often received tracts of land from him in reward.«

Politik, Gesellschaft und Religion in mittelenglischer Zeit

Mit der normannischen Eroberung setzte ein tiefgreifender Wandel im politischen, gesellschaftlichen, sprachlichen und literarischen Leben Englands ein, der den Jahrhunderten bis zum Zeitalter der Reformation ein eigenes Gepräge gab. Auf die Invasionen, die der altenglischen Epoche die besondere geschichtliche Dynamik verliehen (am Anfang stand die Invasion der Angelsachsen, in der Mitte des 9. Jahrhunderts mehrten sich die Einfälle der Dänen, und das Ende wurde durch die normannische Eroberung markiert), folgte eine Phase der Orientierung an Frankreich. Diese führte schließlich zu politischen und militärischen Auseinandersetzungen, bei denen sich ein englischer Nationalstaat und vor allem auch ein entsprechendes Nationalbewußtsein herausbildeten. Die Hauptetappen in der politischen Entwicklung Englands vom 11. bis zum 15. Jahrhundert sind markiert durch die Auseinandersetzung zwischen Kirche und Königtum unter Heinrich II. (zweite Hälfte des 12. Jahrhunderts); die Bewilligung der *Magna Charta* unter Johann Ohneland (1215); den Hundertjährigen Krieg, die Pest und den Bauernaufstand (14./15. Jahrhundert); den Rosenkrieg und den Beginn der Tudor-Monarchie (15. Jahrhundert).

Wilhelm der Eroberer brachte das fränkische Lehnssystem nach England und schuf aufgrund der Erfahrungen in der Normandie auf der britischen Insel »die geschlossenste Feudalmonarchie Westeuropas« (Kurt Kluxen). Die Besitzverhältnisse in England wurden neu geordnet und das gesamte Land der Lehnshoheit des Königs unterstellt; die Abstufung der Lehnsdienste erfolgte nach dem Bodenbesitz, Kronvasallen und Untervasallen hatten dem König Ritterdienst zu leisten. Wilhelm gliederte überdies den Klerus so in sein System ein, daß dieser die feudalstaatliche Ordnung mittrug. Aber die Trennung der geistlichen Gerichtsbarkeit von der weltlichen (1076) enthielt Konfliktstoff für die Zukunft. Der Versuch Heinrichs II., den Einflußbereich der Kirche zurückzudrängen, führte zum Streit mit Thomas Becket, dem Erzbischof von Canterbury. Dieser Konflikt endete mit der Ermordung Beckets am 29. Dezember 1170. Obwohl Heinrich II. nach diesem Ereignis bereit war, der Kirche in einigen umstrittenen Fragen nachzugeben, hielt er grundsätzlich an der Überzeugung der königlichen Prärogative fest.

Der englische König sah sich jedoch nicht nur gezwungen, seinen Machtanspruch gegenüber der Kirche zu verteidigen, er mußte sich zugleich auch den Baronen gegenüber behaupten, die jede Schwäche des Herrschers nutzten, um ihre eigene politische Stellung zu festigen. Die *Magna Charta* (1215) fixierte die Grenzen der königlichen Macht und die Rechte des freien Mannes in England und schuf damit eine rechtliche Grundlage für die politische Entwicklung des Landes in den folgenden Jahrhunderten.

Bei den Auseinandersetzungen zwischen König und Baronen bildete sich im 13. und 14. Jahrhundert die Institution des Parlaments heraus. 1236 gebrauchte Heinrich III. zum erstenmal diese Bezeichnung; 1248 wurde der Begriff allgemein angewandt, 1265 berief Simon von Montfort im Gegenzug zur Politik des Hochadels ein Parlament ein, dem neben den Lords auch Vertreter der Grafschaften und Städte angehörten. Obgleich Simon im selben Jahr bei den Auseinandersetzungen mit Prinz Edward und den Magnaten den Tod fand, kommt ihm das bleibende Verdienst zu, eine politische Entwicklung energisch vorangetrieben zu haben, die zur Entstehung des House of Commons führte. Die Bezeichnung »Commons« für die Vertreter der Grafschaften und der Städte setzte sich unter Edward III. (1327–1377) allgemein durch.

Edward III. war ein beliebter Herrscher von großzügigem und charmantem Auftreten. Er liebte Turniere und höfische Feste, ritterliches Treiben und Schaugepränge. »Die persönliche Tapferkeit des Fürsten in der Schlacht hatte mitunter bedenklich schauspielhaften Charakter« (Johan Huizinga). Mit seinen kriegerischen Unternehmungen gegen die Schotten, deren Unabhängigkeitsbestrebungen er zu unterdrücken versuchte, hatte Edward III. wenig Erfolg. Anders verliefen die Unternehmungen in Frankreich: Als das Haus der Kapetinger mit dem Tod Karls IV. (1328) keinen direkten männlichen Erben mehr hatte, betrachteten viele den Neffen Karls IV., den englischen König Edward III., als legitimen Nachfolger. Edward taktierte zunächst zurückhaltend; sobald jedoch die Franzosen den Engländern Aquitanien streitig machten, kam es zu bewaffneten Auseinandersetzungen; damit begann der Hundertjährige Krieg (1339–1453). Trotz militärischer Erfolge bei Crécy (1346), Poitiers (1356) und Azincourt (1415) verloren die Engländer diesen Krieg und büßten nahezu all ihre Besitzungen auf dem Kontinent ein.

Nach dem Hundertjährigen Krieg in Frankreich hatte England anschließend einen dreißigjährigen Krieg im eigenen Lande, den Rosenkrieg (1455–1485), durchzustehen, in dem sich der alte Feudaladel, repräsentiert durch die Häuser Lancaster und York, nahezu selbst vernichtete. Erst mit dem Regierungsantritt Heinrichs VII. (1485–1509), der sich in vielerlei Beziehung als schlauer Rechner und nüchterner Pragmatiker erwies, begann eine Zeit der Konsolidierung des staatlichen Lebens in England. Die Schwächung des Adels führte zu einer Stärkung der Monarchie: Heinrich VII. schuf mit Hilfe von Gefolgsleuten meist niederer Herkunft die Voraussetzung zur Machtentfaltung des englischen Königtums im 16. Jahrhundert.

Bei den mannigfachen außen- und innenpolitischen Konflikten im 14. und 15. Jahrhundert war das Parlament der stabilste Faktor des staatlichen Lebens. Das »Good Parliament« des Jahres 1376, das zum erstenmal einen Speaker wählte, wandte sich gegen zweifelhafte Finanzpraktiken der Höflinge und der Mätresse Edwards III., Alice Perrers, und ging gegen die Korruption in der Verwaltung vor. In ähnlicher Weise verfuhr das »Merciless Parliament« des Jahres 1388: Es verbannte Juristen und Richter, die die königliche Willkürpolitik gestützt hatten, und verurteilte vier königliche Ritter zum Tode. Schließlich legalisierte es die Absetzung des Königs im Jahre 1399. Heinrich IV. (1399–1413) und Heinrich V. (1413–1422) verstanden es dagegen, mit dem Parlament zu klugen Kompromissen zu gelangen. Als Heinrich VI. (1422–1461) sich als schwacher Herrscher erwies, übernahm nach dem gesundheitlichen Zusammenbruch des Königs ein Regentschaftsrat, der bereits in der Zeit der Minderjährigkeit Heinrichs VI. tätig gewesen war, die Regierungsgeschäfte.

Der graduelle Machtzuwachs des House of Commons vom 13. bis zum 15. Jahrhundert ist ein Zeichen für den Einfluß, den die – zum Teil erst im 12. und 13. Jahrhundert gegründeten – Städte und ihre Bürger im gesellschaftlichen Leben insgesamt gewannen. Obwohl die englischen Städte noch im 14. Jahrhundert ein ländliches Gepräge hatten, bildeten sie doch zugleich

Marktzentren mit mancherlei Vorrechten, Monopolen und überregionalen Wirtschaftsbeziehungen. Von besonderer Bedeutung waren der Export landwirtschaftlicher Produkte und der Wollhandel; dafür importierten die Engländer Wein aus Frankreich, Tuche aus Flandern und Pelze aus den baltischen Ländern. Ein Großteil des Handels lag zunächst in den Händen der Hanse-Kaufleute und der Italiener. Englische Kaufleute drangen jedoch langsam in Schlüsselpositionen vor und verdrängten die Ausländer, bis schließlich im Jahre 1598 der »Stalhof« der Hanse in London ganz geschlossen werden mußte. Die finanziellen Schwierigkeiten, in denen sich die englischen Könige insbesondere während des Hundertjährigen Krieges befanden, gaben den Kaufleuten genügend Chancen, ihre wirtschaftliche Macht auszubauen und ihren politischen Einfluß zu vergrößern. Mit ihrem Kapital vermochten sie sowohl die innen- als auch die außenpolitischen Entwicklungen zu steuern. Die wohlhabenden Bürger der Städte standen an Macht und Ansehen mit den Landadligen oft auf gleicher Stufe.

Innerhalb der Städte gab es mancherlei Spannungen zwischen den Bürgern, die keine geschlossene Klasse darstellten. Neben den Kaufleuten bildeten die Handwerker eine gesonderte Gruppe; sie schlossen sich zu Gilden und Zünften zusammen. Innerhalb der Zünfte schuf die Gliederung in Meister, Gesellen und Lehrlinge mancherlei Konflikte, besonders dann, wenn Gesellen und Lehrlinge bessere Löhne verlangten. Die Bürgerschaft einer Stadt war auch insofern ein komplexes Gebilde, als die einzelnen Berufe von den Goldschmieden bis zu den Metzgern unterschiedliches Ansehen genossen. Besonders großen Einfluß gewannen mit der Ausdehnung der Geldwirtschaft die Bankiers, die sich aus reich gewordenen Handwerksmeistern, Handelsagenten und Vertretern der Handelsgesellschaften rekrutierten.

Dem Kaufmannsstand ist es zu verdanken, daß im ausgehenden Mittelalter Schulen gegründet wurden, die für die Ausbildung junger Kaufleute Sorge trugen. Um die erforderliche juristische Bildung zu erlangen, studierten die Kaufmannssöhne in Bologna, der ältesten europäischen Universität, aber auch in Paris und Oxford. Die Gründung von Universitäten (insbesondere auf dem Kontinent) und die Förderung akademischer Studien durch den Kaufmannsstand ist darauf zurückzuführen, daß die Bürger auch akademisch gebildete Ärzte und gelehrte Prediger für ihre Städte forderten.

Die Erfindung und schnelle Verbreitung des Buchdrucks in Europa im 15. Jahrhundert kann als ein Symbol für die Bildungsbestrebungen des Bürgertums im Spätmittelalter angesehen werden. William Caxton führte den Buchdruck in England ein – die erste Druckerpresse stand neben der Westminster Abbey – und betätigte sich zugleich als Übersetzer. Ihn erfüllte geradezu »ein missionarischer Eifer für die Verbreitung guter und nützlicher Bücher« (G. M. Trevelyan).

Mit Caxtons Unternehmungen als Drucker, Verleger und Übersetzer wurden in England wesentliche Grundlagen für eine Laienkultur geschaffen. Die Bemühungen des Bürgertums um die Entstehung und Verbreitung einer Literatur, der auch ein erzählerischer Wert beizumessen ist, brachen endgültig das Bildungsmonopol der Kirche und schränkten die Kontrolle des Erziehungswesens durch die Geistlichkeit erheblich ein. Die für die bürgerlichen Kaufleute charakteristische Denkweise blieb nicht auf ihren Stand beschränkt, sondern wirkte auch auf die Mentalität der übrigen gesellschaftlichen Gruppen ein und verursachte einen umfassenden Wandel im gesellschaftlichen Leben; dies läßt sich sowohl an der Aristokratie als auch an der untersten Bevölkerungsschicht, den Landarbeitern, beobachten.

Die durch den Aufstieg des Bürgertums bedingte Reduzierung der ökonomischen, politischen und sozialen Macht des Adels führte dazu, daß sich die Aristokratie verstärkt dem Fürstenhof zuwandte. Dort aber erwuchsen den Angehörigen des Geburtsadels in den Mitgliedern des Hof- und Beamtenadels, den sachkundigen, juristisch geschulten Experten, die geadelt wurden, ernsthafte Rivalen. Vor allem aber wurde das alte Prinzip der Vasallentreue verdrängt und durch geldwirtschaftliche Prinzipien ersetzt.

Die Schwächung der Position des Adels ist auch auf die verheerenden Wirkungen der Pest (1348) zurückzuführen: Landarbeiter wurden, bedingt durch den großen Bevölkerungsschwund, zu gesuchten Arbeitskräften. Die Gutsherren, die Landarbeiter benötigten, traten miteinander in Konkurrenz, und die Arbeiter nutzten ihre Chancen aus, um möglichst hohe Löhne durch Verhandlung und Vertrag zu erreichen. Als das englische Parlament im 14. Jahrhundert durch das *Statute of Labourers* Preise und Löhne zu regulieren versuchte und dazu im Jahre 1381 eine Kopfsteuer mit drakonischen Maßnahmen eingetrieben werden sollte, kam es zu einem Bauernaufstand in

Kent und Sussex; Richard II. (1377–1399) vermochte zwar die Bauern mit List zu zerstreuen, und Wat Tyler, ihr Anführer, wurde erschlagen. Aber die Abschaffung der Leibeigenschaft konnte trotz der Niederlage der Bauern nicht verhindert werden.

Der englische Bauernaufstand, bei dem auch John Ball, ein Priester und Anhänger des Reformators Wyclif, eine führende Rolle spielte, läßt zugleich deutlich werden, daß die gesellschaftliche Umschichtung, die sich in England im ausgehenden Mittelalter vollzog, auch religiöse Wurzeln hatte. Das Sprichwort, an das sich John Ball anlehnte: »When Adam delved and Eve span, Who was then the gentleman?« zeugt von einer religiös begründeten sozialen Protesthaltung, die allen herkömmlichen feudalistischen Vorstellungen von einer hierarchisch gegliederten Gesellschaft widersprach. Die christliche Auffassung von Freiheit und Gleichwertigkeit eines jeden Menschen lag den Überzeugungen zugrunde, die die Bauern bei ihrem Aufstand motivierten; in ihr steckt aber auch im Kern die städtisch-bürgerliche Freiheitskonzeption.

Das religiöse Leben in England wurde zu Beginn der mittelenglischen Epoche durch die Klöster bestimmt, die bereits im 10. Jahrhundert die kluniazensischen Reformen zu verwirklichen versuchten. Auch wenn diese Ideen später an Kraft verloren und die Mönche wie Laien, die Bischöfe wie Landlords lebten, die christliche Religion blieb die Klammer für das gesamte kulturelle, gesellschaftliche und politische Leben bis ins späte Mittelalter. Die christliche Religion war nicht nur ein System von Dogmen, sondern auch – wie überall im mittelalterlichen Europa – die geistig-geistliche Kraft, die die Mentalität und Sensibilität prägte und Lebensformen erneuerte, die vom Zerfall bedroht waren. So entwickelten die Zisterzienser um 1100 Reformideen, die sich schnell in Westfrankreich und England ausbreiteten; zu Beginn des 13. Jahrhunderts faßten die Bettelmönche in England Fuß: 1221 die Dominikaner, 1224 die Franziskaner. Sie zeichneten sich vor allem als Prediger aus und waren wegen ihrer eindrucksvollen Darbietungsweise beim Volk, das des Lesens meist noch unkundig war, sehr beliebt.

Der schärfste Kritiker der Kirche und der Mißstände im religiösen Leben war im 14. Jahrhundert John Wyclif. Zunächst sympathisierte er mit den Bettelmönchen; er schlug aber in zunehmendem Maße radikale Töne an, sah im Papst den Antichrist, wandte sich gegen das Lehramt der Kirche, gegen Zölibat und Ablaßhandel, Bilderverehrung und vor allem gegen die herkömmliche Transsubstantiationslehre. Wieweit Wyclif selbst an der von ihm angeregten Bibelübersetzung mitwirkte, muß offen bleiben. Aber er trug Sorge dafür, daß sich jeder Gläubige – und des Lesens Kundige – mit der Bibel in seiner Muttersprache befassen konnte. Und als er spürte, daß er mit der Unterstützung der Gelehrten nicht mehr rechnen konnte, benutzte er die englische Sprache auch, um sich an die breiten Massen in einer geschliffen sarkastischen, ironischen Diktion zu wenden, in der sich biblischer und persönlicher Tonfall mischten; er schuf damit eine Sprache, die in den polemischen Auseinandersetzungen der Zeit ihre Wirkung nicht verfehlte. Auch wenn Wyclif auf massiven Widerstand stieß und sich nach Lutterworth zurückziehen mußte, büßte seine Lehre nichts von ihrer Wirkung ein: Sie wurde durch seine Anhänger, die Lollarden, weit verbreitet und wirkte bis in die Reformation des 16. Jahrhunderts wie in den Puritanismus des 17. Jahrhunderts hinein.

Um eine intensive Erneuerung der christlichen Frömmigkeit und um eine stärkere Teilnahme am religiösen Leben bemühte sich auch die mystische Bewegung des 13. bis 15. Jahrhunderts. Die Trennung in das »Kloster« als einen Ort des eigentlichen religiösen Lebens und der »Welt« als den Ort vielfältiger menschlicher Aktivitäten wurde nicht mehr hingenommen. Die Mystiker (und diejenigen, die sich in ihre Schriften versenkten) strebten nach einer Steigerung der persönlichen Glaubenskräfte, nach einer »scala perfectionis« im spirituellen Bereich.

Walter Hiltons *The scale* (auch: *The ladder*) *of perfection* zeigt, etwa im Vergleich zu den Traktaten Meister Eckharts, wie unterschiedlich Denkstil und Ausdrucksweise der Mystiker sein konnten. *The scale of perfection* ist ein Erbauungsbuch, eine praktische Handreichung für religiös interessierte Leser; es gibt keine eigenen mystischen Erfahrungen wieder, sondern reflektiert über Möglichkeiten der Vervollkommnung des spirituellen Lebens. Anders dagegen Richard Rolle, der sich in *De emendatione vitae* und in *Incendium amoris* der lateinischen, in *The form of perfect living* der englischen Sprache bedient. Er bevorzugt (insbesondere in *Incendium amoris*) eine lyrische Diktion, wenn er von seinen mystischen Erlebnissen spricht. Die anonyme Schrift *The cloud of unknowing* (um 1370) verrät deutlich einen Einfluß neuplatonisch-spekulativer Terminologie. Daß Juliana von Norwich in *Revelations of divine love* persönliche Erfahrungen mitteilte, gibt die Verfasserin an mehreren Stellen deutlich zu erkennen. Neben dem Verlangen nach neuen Offenbarungen, in denen sich ihr das Wesen der göttlichen Liebe erschließt, macht sich bei ihr immer wieder der Wille zu einer strengen geistlichen Selbstkontrolle bemerkbar. Werke wie *The cloud of unknowing* und die kontinentale Mystik des Dominikaners Meister Eckhart lassen erkennen, daß Mystik nicht nur eine Gegenbewegung zur (Spät-)Scholastik ist, sondern auch eine enge Beziehung zwischen den beiden Bewegungen besteht, die oft den gleichen Ursprung, die Spiritualität der Bettelorden, hatten.

Erste Anstöße für eine scholastische Theologie hatte Ende des 11. Jahrhunderts Anselm von Canterbury mit seiner Schrift *Cur Deus homo* gegeben. Im 13. Jahrhundert gewann die englische Philosophie und Theologie mit Oxford als geistigem Zentrum – und in Rivalität mit Paris – zunehmend an Bedeutung. Alexander von Hales schrieb eine *Summa theologica*, und Robert Grosseteste führte insbesondere die empirisch-naturwissenschaftliche Philosophie weiter. Im 14. Jahrhundert erreichte die englische Franziskaner-Schule mit Duns Scotus und William Occam den Höhepunkt ihrer Entwicklung. Beide richteten sich mit unterschiedlicher Akzentuierung gegen die Synthese von Glauben und Wissen, theologischer Autorität und philosophischer Vernunft, christlicher Theologie und aristotelisch-antiker Philosophie, die Thomas von Aquin in seiner *Summa theologica* gefunden hatte. Duns Scotus (1266–1308) bemühte sich in tiefdringenden Analysen um eine Abgrenzung der Metaphysik von der Theologie. Für ihn ist Metaphysik das Wissen vom Sein, das höchste Wissen, zu dem ein Mensch kraft seiner Vernunft fähig ist. Theologie ist das Wissen von dem, was wir aufgrund der Offenbarung besitzen. Dabei ist die Liebe (*caritas*) für Duns Scotus – ganz im Sinne der augustinisch-franziskanischen Tradition – eines der zentralen Themen seiner Lehre. Da die *caritas* höher einzustufen ist als die *sapientia*, räumt er dem Willen, dem diese Liebe entspringt, die Priorität vor der Vernunft ein.

Bei Occam wurde die Grenzziehung zwischen Glauben und Wissen noch verschärft. Im Universalienstreit (in der Frage, ob den Allgemeinbegriffen reale Existenz zuzuschreiben sei) leugnete er die objektive Existenz der Ideen. Er erklärte sie für bloße »nomina« und ließ als real nur die konkreten, individuellen Erfahrungstatsachen gelten. Mit der Betonung der Erfahrung und des Individuellen öffnete er die Bahn für die Entwicklung eines neuzeitlichen, naturwissenschaftlich orientierten Empirismus. Aus diesen Überzeugungen ergaben sich theologische wie kirchenpolitische Konsequenzen: Grundlage für den Glauben ist ausschließlich die Bibel, die Offenbarung. Theologie sollte von allen Elementen der aristotelischen Philosophie und Metaphysik freigehalten werden. Im Bereich der Kirche war für Occam die Konzilsversammlung, nicht der Papst, die höchste Autorität. Von der Grundeinstellung her, die Occam philosophisch zum Ausdruck brachte, eröffnet sich ein Zugang zu bestimmten Aspekten der spätmittelalterlichen Dichtung, etwa zu dem Verhältnis von »auctoritee« und »experience« bei Chaucer.

Sprache und Literatur

Die Voraussetzung für die Entstehung literarischer Werke, die gleichwertig neben den bedeutendsten Werken des Kontinents, etwa neben dem *Rosenroman* von Guillaume de Lorris und Jean de Meung, stehen, war eine lange sprachliche Entwicklung, die durch die normannische Eroberung in Gang gesetzt wurde. Mit der neuen politischen und kirchlichen Ordnung brachten die Normannen auch die französische Sprache, genauer: den Dialekt mit ins Land, den sie in ihrer französischen Heimat benutzten und der sich auf englischem Boden zum Anglonormannischen weiterentwickelte.

Die herrschende Klasse lernte im Laufe der Zeit das Englische verstehen, und Ehen normannischer Adliger mit Frauen angelsächsischer Abstammung förderten den Prozeß einer sich allmählich herausbildenden Zweisprachigkeit. In der Kirche und zunächst auch in den Gerichten wurde das Angelsächsische neben dem Lateinischen weiter benutzt. Erst im 13. Jahrhundert drang das Französische in die Gerichtssprache vor. Eine Kontinuität des Englischen kam nicht nur durch den mündlichen Gebrauch dieser Sprache in den Unterschichten zustande, sondern auch durch das Abschreiben überlieferter Prosaliteratur, wie z. B. der Übersetzungen Alfreds des Großen oder der Werke Ælfrics, und durch die Fortsetzung der angelsächsischen Chronik bis in die Mitte des 12. Jahrhunderts. Allmählich wurde der Abstand zwischen der gesprochenen und der geschriebenen Form des Englischen so groß, daß neue mittelenglische Prosawerke religiös-didaktischen Charakters verfaßt werden mußten. Im Westen Englands brach die mündliche Überlieferung von Stabreimdichtungen nie ganz ab, so daß es dort im 14. Jahrhundert zu einem *Alliterative Revival* kommen konnte.

Französisch war und blieb vom 11. bis zum 14. Jahrhundert die Sprache des Hofes. Dazu trug vor allem das Ansehen bei, das die französische Sprache durch die höfische Dichtung gewann, die in der Provence und in Nordfrankreich, aber auch am Hof Heinrichs II. (Marie de France), im 11. und 12. Jahrhundert entstand und die in den Adels- und Ritterkreisen ganz Europas als literarische Norm betrachtet wurde. Im 13. Jahrhundert wurde der Einfluß des Französischen dadurch verstärkt, daß Heinrich III. (1216–1272) zahlreiche Franzosen nach England holte und ihnen wichtige Ämter übertrug. Französisch blieb bis ins 14. Jahrhundert die Sprache des Hofes, des Parlaments, der Gerichte und der Schulen.

Aber es gab auch eine Gegenbewegung bereits zu Beginn des 13. Jahrhunderts, als Johann Ohneland die Normandie verlor. Adlige konnten in Konflikte kommen, wenn sie auf der Insel einem englischen und auf dem Kontinent einem französischen Lehnsherrn untertan sein sollten. Angesichts der Verluste an Besitz auf dem Kontinent war um die Mitte des 13. Jahrhunderts eine Trennung des englischen und des kontinentalfranzösischen Adels vollzogen. Ab 1250 bildete sich eine Synthese aus französischem, lateinischem und germanischem Wortbestand heraus, und das Englische – zumindest im Wortschatz – wurde die »Mischsprache«, als die es auch heute noch sprachwissenschaftlich zu bezeichnen ist.

Das Französische war nun nicht mehr primär ein Zeichen des höheren Bildungsgrades oder der gesellschaftlichen Zugehörigkeit. Es wurde ein Signum der nationalen Zugehörigkeit. Da gleichzeitig die mittleren und unteren Schichten an Macht und Einfluß gewannen, verlor das Französische an Geltung. Allgemein anerkannt wurden die veränderten sprachlichen Verhältnisse dadurch, daß 1362 das Parlament zum erstenmal in englischer Sprache eröffnet wurde (dieser Brauch festigte sich schrittweise), daß im gleichen Jahr das Englische zur Sprache der Gerichte erklärt und ab 1349 an Schulen in englischer Sprache unterrichtet wurde. Am Hof hielt sich das Französische bis zum Ende des 14. Jahrhunderts. Durch die Verschmelzung des Französischen und des Englischen und auch des Lateinischen, gewann die neue Mischsprache, die in ihrer grammatischen

Grundstruktur germanisch blieb, eine Ausdrucksfülle, wie sie sich in keiner anderen europäischen Sprache zu jener Zeit findet.

Wenn die mittelenglische Literatur der zweiten Hälfte des 12. Jahrhunderts nur spärlich überliefert ist, so darf daraus nicht geschlossen werden, daß nur wenig Poesie und Prosa in englischer Sprache entstand. Sicherlich gingen Texte verloren, und viele Texte wurden wohl im Laufe der Zeit nicht mehr mündlich tradiert, zumal sich Dichtung in der Muttersprache der Engländer meist nur an die niederen Schichten, die bäuerliche Bevölkerung, das Bürgertum und den niederen Klerus richtete.

Religiöse Dichtungen wie das *Poema morale* (um 1170) und das *Orrmulum* (um 1200) zeigen, daß die Autoren Grundlehren des Christentums vermitteln wollten, daß sie sich an die Predigtliteratur anlehnten, bei der sprachlichen, metrischen wie stilistischen Gestaltung ihrer Werke jedoch unterschiedliche Wege gingen. Wegen ihrer dichterischen Qualitäten verdienen aus der frühmittelenglischen Literatur die umfassende epische Dichtung von Layamon, *Brut* betitelt (um 1200), und das Streitgedicht *The owl and the nightingale* (um 1220) besondere Beachtung. Layamons *Brut* – nach Walter F. Schirmer »die größte epische Leistung zwischen Beowulf und Chaucer« – stellt eine Verbindung zwischen der altenglischen heroischen Dichtung und der mittelenglischen Märchendichtung her. Die innerhalb der Gattung des Streitgedichtes recht originelle Dichtung von der Eule und der Nachtigall steht in ihrer gewandten Dialoggestaltung zwischen der altenglischen Dialogdichtung und Chaucers *Parliament of fowls*. Religiöse Lyrik, Legendendichtungen und didaktische Literatur in Spruchform sind vor allem aus dem 13. Jahrhundert überliefert. Diese Literatur erreicht jedoch nicht den Rang der lateinischen Literatur, die im 12. Jahrhundert in England entstand.

Von den Werken in lateinischer Sprache sind zu nennen: William von Malmesburys *Historia regum Anglorum* und Geoffrey von Monmouths *Historia regum Britanniae* (bedeutsam wegen ihrer Ausgestaltung des Artus-Stoffes); weiterhin die episch-satirischen Werke wie der *Architrenius* von Jean von Auville, die Mönchssatire *Speculum stultorum* von Nigel Wireker oder *De nugis curialium* und einige Goliardengedichte von Walter Map; schließlich die topographischen und historiographischen Werke von Giraldus Cambrensis sowie der *Entheticus* (1157), das *Metalogicon* (1159) und der *Policraticus* (1159) des Johann von Salisbury, der als der bedeutendste, in lateinischer Sprache schreibende Autor der zweiten Hälfte des 12. Jahrhunderts gilt. Johann von Salisbury hatte sich in Chartres, dem Zentrum platonischer Studien, mit antiker Philosophie befaßt und bot die Geschichte europäischen Denkens ebenso aufgelockert und in poetischer Manier dar wie politische und philosophische Streitfragen seiner Zeit.

Neben der lateinischen Literatur wurden am normannischen Hof auch die Dichtung in anglonormannischer Sprache und die höfische Literatur der Provence und Nordfrankreichs gepflegt. Beispiele für die (vorwiegend didaktische) Dichtung der Anglonormannen sind die Werke von Philippe de Thaon, der u. a. ein *Lapidarium* und ein *Bestiarium* verfaßte. Weit bedeutender ist der *Roman de Troie* (1165), den Benoît de Sainte-More am Hof Heinrichs II. schrieb und mit dem er ein Vorbild für die Darstellung ritterlicher Liebe und ritterlicher Abenteuer gab. Im Sinne der höfischen Minnelehre bearbeitete der Anglonormanne zwischen 1155 und 1170 den Tristan-Stoff (die Bearbeitung blieb allerdings nur als Fragment erhalten). Für die höfische Version des Tristan-Stoffes gilt die These von C. S. Lewis, wonach Minne – in ihrer vor allem in der provenzalischen Troubadour-Lyrik verbreiteten Form – immer einen ehebrecherischen Charakter habe. Ein Blick auf die Behandlung der Liebesthematik in den mittelenglischen Romanzen und in Chaucers Dichtungen zeigt, daß in diesen Werken die paradoxe Grundstruktur der höfischen Liebe – als geheimgehaltene »adulterous love« *und* als Antriebskraft für sittliche Vollendung – aufgelöst wurde. Elemente wie Selbstbeherrschung, Treue gegenüber der Geliebten, Bereitschaft zu dienen, Bändigung aller extrem leidenschaftlichen Regungen wurden in die mittelalterliche Eheauffassung – Ehe war oft nur ein Vertrag und diente der Zeugung von Nachkommenschaft – integriert. Zahlreiche Romanzen legen den Nachdruck auf Handlung und Abenteuer, verzichten auf ehebrecherische Episoden und kulminieren nach einem Wort von Margaret Schlauch »in the ›happy ending‹ of a conventional marriage«.

Chaucer hat in *Troilus and Criseyde* die Grundsituation der höfischen Liebesbeziehung insofern verändert, als er Criseyde dem Witwenstand zuweist. Sie hat die faszinierenden Züge einer verheirateten Frau und verstößt mit ihrer Liebe zu Troilus doch nicht gegen das Gebot der ehelichen Treue. Troilus erweist sich in vielen Einzelheiten seines Verhaltens, insbesondere seiner emotionalen Reaktionen, als der höfische Liebhaber, er scheitert jedoch, weil er die Gebote des Minnedienstes absolut setzt. In seiner einseitigen Übersteigerung des Ideals höfischer Liebe überantwortet er sich ganz dem Willen Criseydes und des Pandarus, dessen kupplerischer Pragmatismus ebenso begrenzt ist wie die höfische Liebeskonvention, so daß alle Personen letztlich doch Opfer der Fortuna werden.

Im *Parliament of fowls* werden die problematischen Aspekte der höfischen Liebe durch Venus, die Integration der Minne in eine übergreifende Schöpfungsordnung durch die Göttin Natura, insbesondere durch die Ratschläge, verdeutlicht, die sie dem nach ritterlichen Konventionen umworbenen Adlerweibchen erteilt. In der Erzählung des Ritters schließlich geht Chaucer der Spannung zwischen dem (militärischen) Herrendienst und dem (erotischen) Frauendienst nach. Es triumphiert letztlich die lebenerzeugende und lebenerhaltende Kraft der Liebe, die in *The knight's tale* wie in *Troilus and Criseyde* als kosmische Ordnung im Sinne der Lehre des Boethius verstanden wird.

Chaucers Werke lassen deutlich werden, in welchem Maße sich der historische Kontext, in dem die ritterliche Dichtung zu sehen war, geändert hatte. Seinen Äußerungen über die höfische Liebe ist eine gewisse Nostalgie eigen; sie erscheint wie ein romantisches Ideal, das inzwischen von der – vor allem England kennzeichnenden – Geschichte, insbesondere der pragmatischen Mentalität des Bürgertums, überholt worden war. Die Tatsache, daß Chaucer in der Geschichtensammlung der *Canterbury tales* auf die Erzählung des Ritters zwei fabliau-artige Erzählungen, »The miller's tale« und »The reeve's tale«, folgen läßt und daß in diesen Erzählungen typische Situationen der Ritterromanze wiederkehren, beweist, daß er diese Anordnung mit einer gewissen parodistischen Absicht vornahm, ohne damit ritterliche Mentalität völlig zu entwerten. Chaucer wies vielmehr sowohl bei der ritterlichen wie bei der bürgerlichen Lebensweise den jeweiligen Wert und die jeweiligen Grenzen auf. In diesem Sinne sind auch in *The parliament of fowls* die Reden der Adler als Kontrast zu denjenigen des Kuckucks und der Gans konzipiert, und in *Troilus and Criseyde* werden in gleicher Weise Troilus und Pandarus kontrapunktisch aufeinander bezogen.

Das Widerspiel zwischen Rittertum und Bürgertum, das sich bei Chaucer abzeichnet, wird durch philosophische und theologische Reflexionen dichterisch in Zusammenhänge eingeordnet, die über den soziologischen Horizont hinausweisen. Bei Chaucer, der aus dem Bürgertum stammte und zeit seines Lebens mit dem Hof in Verbindung stand, war dies ohne Zweifel gegeben. Chaucers Übersetzung der *Consolatio philosophiae* ist ein Hinweis auf die Herkunft vieler seiner philosophischen Kommentare, und die *Retractation*, sein Widerruf der meisten seiner weltlichen Dichtungen am Ende der *Canterbury tales*, beweist, daß er die Autorität des Glaubens unangetastet und neben der vielfältigen Erfahrung (»experience«), von der seine Werke zeugen, die »auctoritee« der Theologie in ihrer Deutung von Welt und Geschichte gelten ließ, ohne sich im Stile der moralisch-didaktischen Literatur ständig darauf zu beziehen. Und selbst ein Autor wie William Langland, der sein religiöses Epos *Piers Plowman* aus der theologischen Tradition heraus konzipierte, bindet sein Werk wie Chaucer an individuelle Erfahrung an. Deshalb benutzen beide einen Ich-Erzähler, durch dessen Bewußtsein äußere wie innere Wirklichkeit zu literarisch aufgearbeiteter Präsentation gelangen. Dieser gemeinsame Aspekt ihrer Werke ist ein Zeichen dafür, daß sich die englische Literatur und Kultur im 14. Jahrhundert in einem Übergangsstadium befand: Rittertum, Bürgertum und Kirche werden in den erzählerischen Werken auf ein individuelles Bewußtsein bezogen, das – und darauf weisen auch Occam und Wyclif hin – aus vorgegebenen Ordnungen heraustritt und letztlich in der weiteren geschichtlichen Entwicklung dazu tendiert, der anthropozentrischen Perspektive größeres Gewicht zu verleihen als der theozentrischen. Damit aber ist in der europäischen Kulturgeschichte eine Phase erreicht, die wir Renaissance nennen. (E)

Renaissance

Konturen der Epoche

Der Begriff Renaissance gehörte seit jeher zu den umstrittensten Epochenbezeichnungen, gleichgültig, ob er in der Kultur-, Kunst- oder Literaturgeschichte Verwendung fand. Schon der im Wort enthaltene programmatische Anspruch einer kulturellen oder künstlerischen Wiedergeburt durch Rückbesinnung auf die Antike als verklärter Ursprung und normatives Ideal europäischer Kultur war – nicht zuletzt wegen der stets damit vollzogenen Abwertung des Mittelalters – geeignet, Zustimmung und Widerspruch hervorzurufen. Als Epoche, in der die Neuzeit ihren Ursprung sah, war die Deutung der Renaissance überdies in besonderer Weise mit dem Selbstverständnis und der Geschichtsauffassung derjenigen verbunden, die das Wesen dieser Epoche zu erfassen und deren kulturelle Zeugnisse zu beschreiben suchten. Deshalb wurde die Renaissance in der langen Geschichte ihrer Erforschung bald als Zeit gepriesen, in der nach Michelets und Burckhardts Formel der Mensch sich selbst und die Welt entdeckte, und bald als Anfang einer verhängnisvollen historischen Entwicklung denunziert, in der der Mensch aus seinen festen sozialen und geistlichen Bindungen herausgerissen und dem Zweifel und der Vereinzelung überantwortet wurde. Die Renaissance wurde zum einen als Periode gedeutet, in der Habgier und Gewinnstreben der Bürger und blinder Fortschrittsglaube an die Naturwissenschaft einen harmonischen Lebensvollzug zu zerstören begannen, und dann wieder als glückhafte Zeit bewundert, in der alle menschlichen Anstrengungen zusammenwirkten, um eine unerhörte, zeitlos gültige Kultur zu schaffen.

Erst die Lockerung der engen Verbindung der Wesensbestimmung der Renaissance mit kulturkritischen Reflexionen über die Neuzeit ermöglichte eine fruchtbare Erforschung dieser Epoche, die sich dabei als politisch und sozial sehr bewegte Zeit mit einer verwirrenden Vielfalt von Ideen, Programmen und Stilen präsentierte, die weder mit einer Formel noch mit dem Entwurf eines idealtypischen Renaissancemenschen zu erfassen war. Besonders umstritten wurde der Begriff Renaissance, als er von seinen italienischen Ursprüngen abgelöst und in der nationalen Geschichtsschreibung vor allem diesseits der Alpen zur Bezeichnung von geistesgeschichtlichen und literaturhistorischen Perioden verwendet wurde, die vom Humanismus geprägt worden waren. Im Falle Englands erwies sich dies als besonders problematisch, weil dort der Humanismus erst im 16. Jahrhundert zu wirken begann – nicht zuletzt deshalb, weil durch die Rosenkriege des 15. Jahrhunderts das Land tief zerrüttet worden war. Die kulturellen Impulse des Humanismus trafen dadurch auf andere religiöse, philosophische und ästhetische Anschauungen und entfalteten ihre Wirkung in einer ganz anderen politischen und sozialen Situation als in Italien oder auch anderen Ländern des Kontinents.

Die englische Renaissance ist vor allem eine Blütezeit der Literatur, die nicht von einer stilistisch entsprechenden Renaissancemalerei oder -architektur begleitet wird: Bis weit in das 16. Jahrhundert bleibt – von einigen bedeutenden Ausnahmen abgesehen – der spätgotische Tudor-Stil vorherrschend, in den erst gegen Ende des Jahrhunderts ornamentale Elemente der Renaissance aufgenommen werden. Schon in den ersten Jahrzehnten des 17. Jahrhunderts kann sich der klassizistische Palladianismus in der englischen Architektur durchsetzen, so daß wiederum im Gegensatz zum Kontinent die kunstgeschichtliche Epoche der Renaissance nicht von einem stilistisch einheitlichen Barockzeitalter abgelöst wird. Dies macht die Festlegung des Endes der englischen Renaissance zu einer Frage der literarischen Stilentwicklung, in der es nicht an freilich auch umstrittenen Versuchen gefehlt hat, einen englischen Literaturbarock zu konstruieren.

Nicht ohne eine gewisse Resignation hat man sich heute weitgehend darüber verständigt, die Renaissancezeit der englischen Literaturgeschichte bis ca. 1660 auszudehnen, wofür auch durchaus gute Gründe dichtungstheoretischer und stilistischer Natur angeführt werden können. Freilich eröffnet diese erst spät einsetzende und bis über die Mitte des 17. Jahrhunderts reichende Konstruktion einer Renaissance-Periode nur dann keine falschen Perspektiven auf die Literatur, wenn man sich stets der enormen Veränderungen und Entwicklungen auf allen Gebieten bewußt bleibt. Dieser Wandel ist auch der Grund für Versuche, die Renaissance immer wieder mit Hilfe von dynastischen und Herrschernamen wie Tudor, Stuart, *Elizabethan*, *Jacobean* und *Caroline* zu untergliedern und gegeneinander abzugrenzen, wobei diese Bezeichnungen oft unter der Hand zu vagen Stilbegriffen umgemünzt wurden. Auch ein *Age of Shakespeare* von einem *Age of Milton* zu unterscheiden, bedeutet, daß die Perioden und ihre Literatur ausschließlich aus der heutigen Perspektive betrachtet werden. Gegenüber diesen kurzen Perioden ist die Bildung einer Renaissance-Epoche schon deshalb vorzuziehen, weil sie dem Kontinentaleuropäer verständlicher ist und ihm den Vergleich mit der eigenen nationalen Geschichte nicht erschwert. Voraussetzung für die sinnvolle Anwendung des Renaissance-Begriffs auf die englische Literatur ist allerdings der Verzicht auf eine formelhafte Erfassung des Wesens dieser Epoche.

Der Blick auf die geschichtliche Dynamik und den Reichtum der Literatur der englischen Renaissance öffnet sich nur dann, wenn man sich vergegenwärtigt, daß England sich in dieser Zeit aus einem von feudalistischen Konflikten zerrissenen Land am Rande Europas zu einem selbstbewußten Nationalstaat von europäischem Gewicht wandelt, der unter kluger Nutzung seiner besonderen geographischen Lage erste Ansätze zu imperialistischen Tendenzen zeigt. Das Zeitalter beginnt mit Englands Umgestaltung zur straff zentralistisch regierten Monarchie, aber das Ende der Epoche wird markiert durch die Hinrichtung des Königs durch das Parlament und die Militärdiktatur Cromwells. Der Humanismus, der seit Beginn des 16. Jahrhunderts eine tiefgreifende Wirkung entfalten kann, gerät am Ende der Epoche unter die heftige Kritik von Naturphilosophen und Puritanern. Das Theater schließlich, das in den Jahrzehnten um 1600 in Europa seinesgleichen nicht hat, wird gegen Ende der Epoche durch Parlamentsbeschluß verboten.

Die Literatur dieser Zeit kann noch viel weniger von den politischen, religiösen und sozialen Entwicklungen abgelöst betrachtet werden als in späteren Epochen, weil sie in ganz unmittelbarer Weise in den gesellschaftlichen Diskurs, in dem politisches Bewußtsein gebildet, Wissen vermittelt und Normen gesetzt werden, eingebunden war. Gerade dieser Einbindung verdankt sie ihre Vielfalt und Vitalität.

Politik, Religion und Literatur

Zwei Dynastien herrschten in der Renaissance über England, die Tudors und die Stuarts. Die Tudors gelangten mit Heinrich VII. (1485–1509) auf den Thron, der Richard III., den letzten König aus dem Haus York, 1485 in der Schlacht bei Bosworth schlug. Aus einer walisischen Seitenlinie der Lancasters abstammend, festigte Heinrich VII. seinen umstrittenen Thronanspruch durch die Heirat mit Elisabeth von York und beendete damit die dreißigjährigen Rosenkriege, die England ausgeblutet hatten. Der erste Tudor auf dem Thron, ein im Exil mißtrauisch und verschlossen gewordener, aber sehr fähiger Administrator, den Shakespeare in *Richard III* als strahlenden Retter Englands aus der Tyrannei des Erzschurken auf die Bühne stellt, begründete mit seiner modernen Staatskonzeption und seinem Regierungsstil die Tudor-Politik bis zum Ende der Dynastie im Jahre 1603, die mit Ausnahme Marias der Blutigen so erfolgreich fortgeführt wurde, daß die Tudors zur populärsten Dynastie der englischen Geschichte wurden. Dem in den Kämpfen rivalisierender Adelsgeschlechter zusammenbrechenden Spätfeudalismus setzte Heinrich VII. die Konzeption eines von einem absoluten Monarchen zentralistisch verwalteten Staats entgegen, in dem der Hochadel politisch und militärisch weitgehend entmachtet war, die Rechte des Parlaments aber gewahrt blieben. Die politischen und wirtschaftlichen Ziele der nationalen Politik wurden so festgelegt, daß sie mit den Interessen des Landadels und des erstarkenden Bürgertums weitgehend übereinstimmten. Mit dieser Form des auf Konsens bedachten nationalen Feudalismus war der Grund gelegt für die Bildung eines nach innen befriedeten Nationalstaats, in dem Handel und Gewerbe, merkantilistisch protegiert, rasch aufblühen konnten und dessen Bürger schon bald ein Gefühl nationaler Identität entwickelten, das sich in Loyalität zum Monarchen und in einem gelegentlich aggressiven Patriotismus äußerte.

Der Sohn und Nachfolger, Heinrich VIII. (1509–1547), setzte diese Politik nationaler Integration fort, indem er mit Zustimmung des Parlaments die englische Kirche aus der römischen Jurisdiktion löste und sie als Nationalkirche mit dem jeweiligen Herrscher als Oberhaupt in den Staat integrierte. Damit begann die Reformation in England im Unterschied zu den Ländern des Kontinents durch einen politisch-juristischen Akt (1536), dem keine theologische Diskussion vorausgegangen war und die sich nicht auf eine breite religiöse Volksbewegung stützen konnte, wenn auch protestantisches Gedankengut längst in England Eingang gefunden hatte. Dadurch wirkten die verschiedenen Kräfte, die eine Reformation der Glaubensinhalte, des Kultes und der kirchlichen Organisation anstrebten, in den folgenden Jahrzehnten innerhalb einer Nationalkirche oder im Kampf gegen sie und ihr Oberhaupt.

Innerhalb eines Nationalstaates bildeten diese sich immer radikaler gebärdenden Gruppen zusammen mit den Katholiken eine gefährliche Konstellation, die die Tudors zwang, ihre Kirche gegen zwei Fronten zu verteidigen oder durch Kompromisse die politisch-religiöse Sprengkraft unter Kontrolle zu halten. Unter den Stuarts aber entlud sich dieses Potential schließlich im Bürgerkrieg, der mit der Abschaffung der Monarchie und der Errichtung des Commonwealth endete. Heinrich VIII. war nicht nur ein selbstbewußter Machtpolitiker, der in die europäische Politik eingriff, sondern auch ein humanistisch gebildeter Fürst, der seinen Hof zu einem kulturellen Zentrum machte, an dem ein Humanist vom Range des Thomas Morus, der Verfasser der *Utopia*, zum Lordkanzler aufstieg, und an dem durch Einführung des Petrarkismus die Erneuerung der englischen Lyrik ihren Anfang nahm. In der kurzen Regierungszeit Eduards VI. (1547–1553), des unmündigen und kränklichen Sohnes Heinrichs VIII., wurde die radikale Richtung des Protestantismus besonders von deren Parteigänger, dem Lordprotektor Somerset, gestärkt. Nach Aufhebung repressiver Gesetze durch das Parlament (Treasons Act 1547) entstand ein reiches politisch-religiöses Schrifttum, in dem sich der radikale Puritanismus zu Wort zu melden begann.

Nach Maria, die als fanatische Katholikin während ihrer kurzen Regierung (1553–1558) die Reformation mit Feuer und Schwert wieder rückgängig machen wollte und durch ihre Heirat mit Philip II. von Spanien (1554) England vorübergehend unter spanische Oberhoheit stellte, wurde von Elisabeth I. (1558–1603) die politische Linie der Tudors wieder erfolgreich fortgesetzt. Ihre lange Regierungszeit galt bereits den Zeitgenossen als Goldenes Zeitalter. Elisabeth, aus der Ehe Heinrichs VIII. mit Ann Boleyn hervorgegangen und deshalb von den katholischen Mächten als illegitim nicht anerkannt, war mit dem politischen Instinkt und starken Machtwillen ihres Vaters ausgestattet und dabei wendig und verschlagen. Sie verstand es nicht nur, mit dem Parlament zusammenzuarbeiten, sondern wußte sich auch die Zuneigung breiter Schichten zu erringen. Im protestantisch-humanistischen Geist erzogen und hochgebildet, galt sie als Garantin nationaler und religiöser Unabhängigkeit.

Als Mittelpunkt eines prunkvollen Hofs wurde sie von den Dichtern als Eliza, Gloriana, Virginia, Cynthia u. a. zur Kultfigur verklärt. Ihr gelang es, durch eine Verknüpfung von protestantischen Doktrinen mit katholischem Ritual und durch Festhalten an einer klerikalen Hierarchie einen Kompromiß zu erzielen, der zwar die Bildung oppositioneller puritanischer Zirkel nicht verhinderte, durch den aber gewährleistet war, daß die nationale Einheit nicht durch religiöse Kämpfe in Frage gestellt wurde. Außenpolitisch war ihre Herrschaft durch die ständige Konfrontation mit den katholischen Mächten, insbesondere mit Spanien, sowie durch den Kampf um die Seeherrschaft und die amerikanischen Kolonien geprägt. Ein Höhepunkt ihrer Herrschaft war der Sieg von 1588 über die spanische Armada. In den beiden letzten Jahrzehnten ihrer Regierung erlebte die Dichtung eine bis dahin unerhörte Blüte. An Elisabeths Hof war eine Reihe von Staatsmännern, Diplomaten, Höflingen und Abenteurern versammelt, die selbst als Dichter oder Schriftsteller wirkten oder als Patrone und Förderer der Dichtung nicht nur Impulse gaben, sondern zugleich dafür sorgten, daß die Literatur in den politischen Diskurs der Zeit auf vielfältige Weise einbezogen wurde.

Als Nachfolger Elisabeths, die kinderlos geblieben war, bestieg König Jakob VI. von Schottland als Jakob I. den englischen Thron und herrschte damit über die vereinigten Königreiche Schottland und England in Personalunion. Die Übersiedlung des schottischen Hofs nach London hatte zur Folge, daß Edinburgh, das seit dem Mittelalter das kulturelle Zentrum Schottlands war, an Bedeutung verlor, was sich in Verbindung mit der von John Knox besonders radikal durchgeführten Reformation auf die weitere Entwicklung einer selbständigen schottischen Literatur auf viele Jahre hinaus lähmend auswirkte. Gleichzeitig wurde damit jedoch die Bedeutung Londons als kultureller Mittelpunkt des Königreichs gestärkt. Jakob I. Stuart (1603–1625), der kalvinistisch erzogene Sohn Maria Stuarts, besaß nicht den politischen Instinkt Elisabeths, sondern war eher rechthaberisch und ohne politisches Durchsetzungsvermögen. Unter ihm gewannen Günstlinge großen politischen Einfluß, Korruption breitete sich aus und die Verschuldung des

Hofes nahm zu. Er war hochgebildet, versuchte sich in jungen Jahren als Dichter und schrieb später über theologische und staatstheoretische Fragen. Verhängnisvoll wirkte sich sein absolutistisches Monarchieverständnis aus, das er in eigenen Schriften (*Basilikon Doron*) vertrat. Unter ihm kam es wegen seiner als Nachgiebigkeit empfundenen Friedenspolitik gegenüber den katholischen Kontinentalmächten, wegen seiner Starrheit in theologischen Fragen und wegen der hohen Steuerforderungen zu häufigen Konflikten mit dem Parlament, das zusehends von radikaleren Gruppierungen beherrscht wurde.

Karl I. (1625–1649), der wesentlich mehr Energie besaß als sein Vater, aber sprunghaft und unklug in seinen politischen Entscheidungen war, verschärfte den Konflikt mit dem Parlament, in dem nun einflußreiche Puritaner saßen, durch seine hohen Steuerforderungen, durch seinen erfolglosen Krieg mit Spanien und durch seine Versuche, in der Kirche mit Hilfe von Erzbischof William Laud anstelle der kalvinistischen arminianistische Positionen durchzusetzen. Elf Jahre lang versuchte Karl ohne Parlament zu regieren. Als er schließlich 1642 das sogenannte Long Parliament zur Bewilligung von Steuern einberufen mußte, war es, geeint in der Gegnerschaft zu König und seinen Ministern, stärker als Karl. Der Versuch des Monarchen, die Führer des Parlaments zu verhaften, führte schließlich zur Gegenregierung und zu zwei Bürgerkriegen zwischen den royalistischen Cavaliers und den puritanischen Roundheads, in denen die disziplinierte und mit religiösem Eifer kämpfende New Model Army unter Oliver Cromwell den Sieg errang.

Der Sieg des radikalen Flügels im Parlament führte zum Prozeß, zur Verurteilung und Hinrichtung von Karl I. (1649), ein in der Zeit des Absolutismus ganz Europa bewegendes Ereignis, das in zahllosen Schriften seinen Niederschlag fand. Nach dem Tod des Monarchen wurde England zum Commonwealth unter Leitung eines Staatsrates erklärt, der jedoch schon 1653 in eine Militärdiktatur mit Oliver Cromwell als Lordprotektor überging, in dessen Händen mehr Macht vereinigt war, als die Könige vorher besaßen. Den außenpolitischen Erfolgen, zu denen vor allem die Unterwerfung Schottlands und Irlands zählten, standen im Inneren unerträgliche Besteuerungen und eine rigorose Disziplinierung des Lebens im Sinne der puritanischen Ethik gegenüber, die im Volk den Wunsch nach Rückkehr zur Monarchie stärkten. Als nach dem Tode Cromwells (1658) dessen Sohn und Nachfolger Richard sich als unfähig erwies, die wachsenden Spannungen zwischen Armee und Parlament auszugleichen, wurde 1660 mit der Rückholung des Sohnes des königlichen Märtyrers aus dem französischen Exil, der als Karl II. den Thron bestieg, die Monarchie restauriert.

Der politisch-religiöse Diskurs, der vom erwachenden Nationalbewußtsein, von den Auseinandersetzungen um die dogmatischen Positionen und gesellschaftspolitischen Programme der verschiedenen reformatorischen Bewegungen und der Legitimität von Herrschaft bestimmt war, wurde bis in das Bürgertum hinein geführt. Die Beteiligung des Landadels und des wirtschaftlich erstarkenden Bürgertums an der Staatsführung und -verwaltung erzeugten ein Bedürfnis nach Information und Orientierung in den gebildeten Schichten, das seit der Einführung des Buchdrucks durch William Caxton 1475 durch Bücher befriedigt werden konnte. Konservative Humanisten und religiöse Eiferer griffen ebenso zur Feder, um ihre politischen, pädagogischen und sozialen Ideen zu verbreiten, wie die Staatsmänner Sir Thomas More, Sir Thomas Sackville und Sir Francis Bacon, oder auch der schriftstellernde Monarch Jakob I. Dichter wie Edmund Spenser und John Milton, die zeitweise im Staatsdienst tätig waren, oder Dramatiker wie Shakespeare und Ben Jonson, die Verbindungen zur politischen Elite hatten, nahmen als scharfe Beobachter ihrer Zeit deutend und kritisierend Stellung zur politisch-religiösen Situation.

Patriotismus und Nationalbewußtsein, die an die Stelle des bisherigen Loyalitätsgefühls gegenüber dem Grundherrn traten, weckten ein breites Interesse für Geschichte und vor allem für die historische Interpretation der eigenen Zeit, wobei die traumatische Erfahrung der Rosenkriege nachwirkte. Dieses Bedürfnis wurde durch eine neue Art der Geschichtsschreibung befriedigt: An die Stelle annalistischer Chroniken und weltgeschichtlicher Überblicke trat die national und dynastisch orientierte Historie, in der die Geschichte eines Landes oder Volkes vor dem Hintergrund des Kampfes zwischen Vorsehung und Satan als Folge von Verdienst und Schuld, von Sühne und Gnade gedeutet wurde. Werke wie Edward Halls *The union of the two noble and illustre famelies of Lancastre and York* (1548) und die wesentlich umfangreichere, detailfreudig erzählende Chronik Raphael Holinsheds *Chronicles of England, Scotland and Ireland* (1587), das populärste Geschichtswerk der elisabethanischen Zeit, sahen in den feudalistischen Machtkämpfen des 15. Jahrhunderts und im Schreckensregime Richards III. ein

Strafgericht für den Königsmord an Richard II. und die Usurpation Heinrichs IV. Die Machtübernahme der Tudors galt in Anspielung auf deren walisische Herkunft als Wiederkehr des legendären Königs Arthur und als Anbruch eines Goldenen Zeitalters, in dem Einigkeit, religiöse Erneuerung und friedvoller Wohlstand herrschen.

Dieser *Tudor Myth*, der die Zeitgeschichte ebenso überzeugend wie für das Ansehen der politischen Führung nützlich interpretierte, fand weite Verbreitung und wirkt noch in Shakespeares Historien nach. Ein weiteres, überaus populäres Geschichtswerk, in dem sich das Interesse am Schicksal historischer Persönlichkeiten mit didaktisch-moralisierender Absicht in einer für den protestantischen Humanismus typischen Weise verband, ist die Sammlung gereimter Erzählungen, *The mirror for magistrates*, die seit der ersten Ausgabe 1559 innerhalb von fünfzig Jahren zahlreiche, öfter erweiterte Auflagen erlebte. Von den verschiedenen Autoren, der bekannteste unter ihnen ist Thomas Sackville, der später als Lord Buckhurst und Earl of Dorset zu den engsten Beratern Königin Elisabeths zählte, werden zur Warnung, Ermahnung und Belehrung aller politischen Amtsträger die Lebensläufe historischer Persönlichkeiten als mittelalterliche Tragödien erzählt, d.h. als Aufstieg zu Macht und Größe mit dem anschließenden Sturz in Elend und Tod.

Eine ganz andere Art von politischer Literatur entstand durch den Humanismus, der seine gesellschaftlichen Ideale durch Einfluß auf die politische Elitenbildung durchsetzen wollte. In den humanistischen Fürstenspiegeln und der sogenannten *courtesy literature* wurden Leitbilder entworfen und Erziehungsprogramme der Fürsten festgelegt, durch die Gerechtigkeit, Frieden, Wohlstand und die Entfaltung von Wissenschaft und Kultur in einem Staatswesen garantiert werden sollten. Die einflußreichsten europäischen Schriften sind Erasmus' *Institutio principis Christiani* (1516), Machiavellis *Il principe* (1513), das erst später in England seriös diskutiert wird, und Castigliones *Il libro del cortegiano* (1528). Der bedeutendste englische Beitrag ist Sir Thomas Elyots *The boke named the governour* (1531). Elyot plädiert für die humanistische Erziehung des Adels und eine ständisch geordnete Gesellschaft, freilich mit Akzentsetzungen, die gegenüber den kontinentalen, insbesondere den italienischen Quellen, den Einfluß der Reformation und die Zugehörigkeit des Bürgers zu den politisch einflußreichen Schichten erkennen lassen. Die Ausbildung einer harmonisch entfalteten

Persönlichkeit ist für Elyot nicht Selbstzweck, sondern vollendet sich erst in der im christlichen Geist getragenen Verantwortung für die Gesellschaft. Adelige Geburt wird in ihrer Bedeutung abgeschwächt zugunsten einer religiös-sittlichen Persönlichkeit, die den Adel letztlich legitimiert. Das Gentleman-Ideal erhält hier seine spezifisch englische Ausprägung.

Das Interesse an der nationalen Geschichte, der Patriotismus und das Bedürfnis nach politischer Information bringt im 16. Jahrhundert eine eigene Dramenform hervor, das *chronicle play*. Bereits früh verwenden Humanisten das populäre *morality play*, um ihre Ideen und Geschichtsdeutungen unters Volk zu bringen. Das religiöse Spiel um Schuld und Rettung der Seele Jedermanns wird damit säkularisiert und politisiert. John Skelton, der Tutor Heinrichs VIII., verfaßte *Magnyfycence*, einen dramatischen Fürstenspiegel. John Bale, ein eifriger Parteigänger der Reformation, gestaltete als erster eine Episode der englischen Geschichte mit Hilfe dieser Dramenform zu dem patriotischen, antipäpstlichen Propagandastück *King John*. Aber erst in den beiden letzten Jahrzehnten des 16. Jahrhunderts wird das *chronicle play* als locker gefügtes, figurenreiches Episodenstück populär; rund 150 dieser Dramen werden bis etwa 1610 verfaßt.

Es waren Marlowe und Shakespeare, die dieser lockeren Form das dramatische Profil gaben, das eine vertiefte Diskussion politischer Themen erlaubt. In seinen frühen Historien, den drei Teilen von *Henry VI* und *Richard III*, stellt Shakespeare die Vorsehung und den Satan noch als unmittelbar geschichtsmächtige Kräfte dar und propagiert in populären Heldenfiguren wie Talbot einen kämpferischen Patriotismus. Indem er aufzeigt, wie unter einem schwachen, frömmelnden König dämonische Mächte im Verein mit einer streitsüchtigen und egoistischen Aristokratie England ins Chaos stürzen, aus dem schließlich der blutige Tyrann Richard III. als Gottesgeißel emporsteigt, plädiert er für die nationale Einheit und ein starkes Königtum. In den späteren politischen Stücken treten die metaphysischen Geschichtsmächte zurück, und Fragen der Legitimität des Herrschers, der Erziehung und charakterlichen Eignung des Königs und der Beziehung des Herrschers zum Volk werden eindringlich behandelt: In *Richard II* wird ein legitimer, aber unfähiger König von einem machiavellistischen Usurpator entmachtet; in den beiden Teilen von *Henry IV* muß Prinz Hal, der spätere Heinrich V., zwischen der konzeptlosen Schlauheit seines Vaters, dem verantwortungslosen Egoismus des Feudaladels und dem anarchischen Lebensgenuß, wie ihn Falstaff verkörpert, sein eigenes Herrschaftsverhältnis finden, das dann in *Henry V* als Volkskönigtum dargestellt wird, das die Nation wehrhaft und aggressiv nach außen macht, im Inneren aber zu einer von patriotischem Geist erfüllten Gemeinschaft zusammenschweißt, ein Ideal, das von Shakespeare durchaus nicht unkritisch gewürdigt wird. Damit stehen diese Historien im politischen Diskurs der Zeit, in dem ein absolutistisches Gottesgnadentum und theokratisch-egalitäre Vorstellungen, freiheitliche und streng disziplinierte Gesellschaftsmodelle miteinander konkurrieren.

Auch die Versdichtung wurde vom nationalistischen und reformatorischen Humanismus in den politisch-religiösen Diskurs einbezogen. Er knüpfte dabei einerseits an die apokalyptisch-visionären *Piers-Plowman*-Dichtungen des 14. und 15. Jahrhunderts an, in denen Bauern- und Schäferfiguren in derber Sprache und altertümlicher Metrik ihre Klagen, ihre Kritik und ihre Erwartungen vortrugen, und orientierte sich andererseits an der neulateinischen und italienischen Pastoraldichtung, die durch Vergils und Petrarcas Vorbilder in besonderer Weise als poetische Formen, in die auch politische Kommentare und Zeitklagen aufgenommen werden konnten, legitimiert waren.

Nachdem bereits durch John Skeltons Hofsatiren und poetische Attacken auf Kardinal Wolsey, den allmächtigen Kanzler Heinrichs VIII., die einheimische Tradition fortgesetzt worden war, wurde die *Piers-Plowman*-Tradition vor allem nach der Aufhebung der Zensur unter Eduards Regierung durch Drucke der alten Werke und durch neue Dichtungen radikaler Humanisten wie Robert Crowley, John Bale u. a. wiederbelebt. Dichter, Pamphletisten und Prediger pflegten den ungekünstelten *plain style*, zitierten die alte alliterative Dichtungstradition und legten ihre Kritik an politischen und religiösen Mißständen und ihre radikalen Visionen von einer gerechten Gesellschaft Sprechern wie Colin Clout oder Piers in den Mund:

> for the comeners of this Lande
> hath sone this in there sande
> plowghing it with ther hande.
> I fonde it where I stonnde,
> And I ame but the hayne
> that wryhe new agayne

The copy, for to see ...
For I a shepards ame,
A sorry powre man.
(Anonymus)

Dieser bewußt kunstlose *country speech* wurde in der konservativ gesinnten, um Ausgleich bemühten Atmosphäre der elisabethanischen Zeit von Edmund Spenser durch eine mit Anleihen bei Dialekten und bei Chaucer bewußt archaisierte Dichtersprache abgelöst. In Spensers *The shepheardes calender* (1579) wird die einheimische Tradition mit der formbewußten kontinentalen Pastoraldichtung verschmolzen; Colin Clout und seine Gefährten werden in den kunstvollen Eklogen zu Sprechern eines gemäßigten politischen Protestantismus, der die Verehrung für Königin Elisabeth als jungfräuliche Königin in die Nähe des katholischen Jungfrauenkults rückt:

Of fair Elisa be your silver song,
That blessed wight,
The flower of Virgins: may she flourish long
In princely plight!
For she is Syrinx' daughter without spot,
Which Pan, the Shepherd's god, of her begot:
So sprong her grace
of heavenly race,
No mortal blemish may her blot.
(*April*-Ekloge)

Zugleich wird harte Kritik an Rom, an der staatskirchlichen Hierarchie und an den sozialen Mißständen vorgetragen:

For shepherds (said he) there doen lead,
As lords done otherwere;
Their sheep han crusts, and they the bread;
The chips, and they the cheer:
They han the fleece, and eke the flesh.
(O silly sheep the while!)
The corn is theirs, let others thresh,
Their hands they may not file.
(*July*-Ekloge)

Mit dieser Dichtung gelingt Spenser die zu seiner Zeit als beispielhaft empfundene Verbindung von einheimischer religiöspolitischer Dichtungstradition mit humanistischem Formbewußtsein und höfischer Gesinnung.

Eine ähnliche Politisierung der Pastoraldichtung vollzog Sir Philip Sidney, der zum politischen und militärischen Engagement Englands auf dem Kontinent drängende Protestant am Hofe der vorsichtig taktierenden Elisabeth, mit der pastoralen Prosa-Romanze *Arcadia* (ca. 1580). Sie verweist in ihrem Titel auf ihr Vorbild, Sannazaros *Arcadia* (1504), in dem das Ideal eines der Liebe und der Muße gewidmeten Lebens episodenreich beschrieben wird, aber nur, um diese Erwartung bewußt durch eine Diskussion brisanter politischer Themen inmitten des arkadischen Milieus zu enttäuschen. Im elegant-höfischen Stil geschrieben und mit pastoraler Lyrik in demonstrativer Formenvielfalt durchsetzt, warnt Sidney als protestantischer Humanist am Beispiel einer überaus kunstvoll verflochtenen Handlung vor der Gefahr einer absoluten Monarchie ebenso wie vor dem Chaos einer Pöbelherrschaft und plädiert für die verantwortungsvoll handelnde Aristokratie als Garantin einer gerechten Ordnung.

Den Höhepunkt erreichte die Verschmelzung politischer Zeitdeutung mit dem Bestreben, formvollendete Dichtung zu schaffen, die zugleich erfreut und erzieht, in Edmund Spensers *The Faerie Queene* (1590, 1596). Für diesen ehrgeizigen Versuch, England nach den antiken Vorbildern Homers und Vergils ein Nationalepos zu schenken, das ein christlich-humanistisches Weltbild, eine Tugendlehre und die Deutung zeitgeschichtlicher Vorgänge vermittelt, nimmt er das italienische Renaissance-Epos Ariosts und Tassos zum Vorbild, das er allerdings auf mehreren Ebenen allegorisiert, und schafft damit »a continued Allegory, a dark conceit«. Den erzählerischen Vorwurf – die Ritter der Tafelrunde haben zu Ehren Glorianas phantastische Abenteuer zu bestehen – entnimmt er der Artussage. Die Welt, die Spenser entwirft, ist eine mittelalterliche Zauber- und Märchenwelt, in die das historische, geographische, mythologische und naturwissenschaftliche Wissen der Zeit in enzyklopädischer Weise eingebracht wird. In einem einführenden Brief formulierte Spenser sein dichterisches Ziel: »The generell end therefor of all the booke is to fashion a gentleman or noble person in vertuous and gentle discipline.« Dementsprechend ist der Leser aufgefordert, jedes Detail auf verschiedenen Ebenen zu deuten. Er soll Einblick in die ideale Schöpfungsordnung gewinnen und deren Mysterien meditieren; gleichzeitig soll er in den zwölf aristotelischen Tugenden unterwiesen werden. Diese philosophisch-moralische Ebene des allegorischen Epos wird ergänzt durch die politische, auf der die Situation des Kirchenkampfes um den rechten Glauben und die Auseinandersetzungen um die Politik Englands in heilsgeschichtlicher Perspektive dargestellt sind. Im Mittelpunkt steht wieder der Kult der Königin, deren politisch-religiöse Bedeutung in dieser geschichtlichen Situation von Spenser in einer Reihe von Figuren sichtbar gemacht wird.

Spensers unvollendete Dichtung, der glanzvollste und größte Versuch, die politisch-religiöse Vision des gemäßigten Puritanismus mit dem dichterischen Entwurf eines idealen Weltbilds und einer humanistischen Tugendlehre zu verbinden, wurde in den Dichtungen der sogenannten Spenserianer in der ersten Hälfte des 17. Jahrhunderts mehrfach nachgeahmt. Das Ergebnis waren philosophisch befrachtete, oft dunkle allegorische Dichtungen, die Spensers Verbindung von politisch-religiösem Engagement mit dem Entwurf einer farbigen Zauberwelt nicht mehr erreichten. Die Gründe lagen nicht zuletzt in der Veränderung des politischen Klimas unter den Stuarts. Der politische Puritanismus radikalisierte sich, er bezog zunehmend antihumanistische und dichtungsfeindliche Positionen, während der konservative Humanismus an hierarchischen Ordnungsvorstellungen festhielt oder sich absolutistischen Monarchievorstellungen annäherte, wie sie Jakob I. Stuart theoretisch vertrat und Ben Jonson in seinen *court masques* poetisch darstellte.

Die politische Diskussion in der ersten Hälfte des 17. Jahrhunderts begann sich zusehends aus der Dichtung heraus in den staatsphilosophischen Essay zu verlagern. Anstelle der allegorischen Deutung tritt die rationale Argumentation. Gleichzeitig nahm auch die ernsthafte Auseinandersetzung mit Machiavelli, der noch unter Elisabeth als politisches Schreckgespenst galt, ihren Anfang. Die politische Diskussion der Epoche wurde durch Hobbes' *Leviathan* (1651) abgeschlossen, in dem die absolute Staatsgewalt nur noch mit Nützlichkeitserwägungen begründet wird. Lediglich Milton artikulierte seine republikanischen und religiösen Ordnungsvorstellungen nicht nur in seiner politischen Prosa, sondern griff in seinen frühen Dichtungen die Tradition visionärer Pastoraldichtung des 16. Jahrhunderts auf. In einer an Spenser geschulten Sprache wird in der pastoralen Ode *On the morning of Christ's nativity* (1629) das Goldene Zeitalter nach dem jüngsten Gericht beschworen, das vom »Mighty Pan« Christus heraufgeführt werden wird. Ebenso apokalyptisch-visionär wird in der pastoralen Elegie *Lycidas* persönliche Bitterkeit, Zorn und Klage über den Zustand der Kirche mit der Hoffnung auf eine grundlegende religiös-politische Erneuerung der menschlichen Gesellschaft verknüpft, in der auch eine neue Dichtung möglich sein wird. Die Elegie und mit ihr die politische Dichtung der Renaissance endet mit dem Bild des einsamen »swain« aus der politisch-religiösen *Piers-Plowman*-Tradition, der entschlossen und hoffnungsvoll in die Zukunft geht:

> At last he rose, and twitch'd his Mantle blew:
> To morrow to fresh woods, and Pastures new.

Wirtschaft, Gesellschaft und Literatur

Die Entstehung des Nationalstaats, die zunehmende Spannung zwischen Monarchie und Parlament und der Versuch, am Ende der englischen Renaissance anstelle der Monarchie einen Commonwealth zu errichten, waren Zeichen tiefgreifender wirtschaftlicher und sozialer Veränderungen, die vor allem zwei Ursachen hatten: Die erste war die Zunahme der Bevölkerung, die zwischen 1500 und 1650 um 200 bis 250 Prozent anwuchs, so daß England gegen Ende der Renaissance über 5 Millionen Einwohner hatte; die zweite war der dramatische Preisanstieg im gleichen Zeitraum. Während er für die übrigen Güter rund 300 Prozent betrug, stiegen die Preise für Lebensmittel um etwa 700 Prozent. Beide Faktoren wirkten sich für die Landwirtschaft, Gewerbe und Handel treibenden Schichten günstig aus: Die Ernährung der wachsenden Bevölkerung wurde zu einem wichtigen und einträglichen Geschäft, das zur Intensivierung und Rationalisierung der landwirtschaftlichen Produktion führte. Der inländische Warenbedarf und der sich rasch entwickelnde Handel mit europäischen und überseeischen Gebieten vergrößerten die Menge und die Vielfalt der Produkte. Eine Folge war die Zunahme der berüchtigten und vielbeklagten *enclosures*, Einfriedungen bis dahin frei zugänglichen Landes, oder die Umwandlung von Äckern in Weiden für die einträgliche Schafzucht, wodurch den armen Schichten die Möglichkeit genommen wurde, ihren Lebensunterhalt durch Anbau auf freiem Grund zu verdienen. Mit »Sheep devour men« beschrieb Morus in der *Utopia* den ökonomischen Wandel auf dem Land, der immer wieder zu Unruhen und Revolten führte, die in der Literatur häufig beklagt und von Parlament und Regierung vergeblich einzudämmen versucht wurden.

Als folgenreich für die politischen und wirtschaftlichen Machtverhältnisse erwies sich auch der Entschluß Heinrichs VIII., den riesigen Landbesitz der Klöster und Konvente nach deren Aufhebung (1536) an Laien zu verkaufen. Nutznießer waren vor allem der Landadel, aber auch wohlhabende Bürger, die durch den Erwerb von Grund und Boden näher an die Schicht des Landadels heranrückten. Die Ausweitung des Handels führte ab der Mitte des 16. Jahrhunderts zur Gründung von Gesellschaften, in denen sich die Kaufleute aus Gründen der Kontrolle, der Kapitalvergrößerung und der Risikominderung zusammenschlossen (z.B. Muscovy Company 1555, Levant Company 1581, East India Company 1606). Die Gewinne aus solchen Unternehmungen, an denen sich auch der Adel und die Monarchen beteiligten, waren außerordentlich hoch, ebenso das Risiko, alles zu verlieren. Erträge von 300 bis 400 Prozent wurden als normal, von nur 100 Prozent als Fehlschläge bewertet. Den Rekordgewinn von 4700 Prozent erbrachte Sir Francis Drakes Expedition von 1580. Die Situation Antonios im *Merchant of Venice* oder die Luxusphantasien von Sir Epicure Mammon in Jonsons *The alchemist* sind vor dem Hintergrund dieser Entwicklung zu sehen. Aber nur eine Minderheit, nämlich die politisch einflußreichen Schichten der Bevölkerung einschließlich des handeltreibenden Bürgertums profitierten vom wirtschaftlichen Aufschwung, der von Bevölkerungswachstum und Inflation in Gang gebracht worden war. Die große Masse der kleinen Pächter, Landarbeiter, Tagelöhner und Arbeiter verarmte durch diese wirtschaftliche Entwicklung, weil die Löhne mit den drastischen Preisanstiegen nicht Schritt hielten und der Zugang zu freiem Grund eingeschränkt wurde.

Mit der ironischen Präsentation der alten Fabel von der Revolte der arbeitenden und darbenden Glieder gegen den faulen und satten Magen in *Coriolanus* (1608) entlarvt Shakespeare das gesellschaftliche Ideal des *body politic* in einer Zeit sich häufender Hungerrevolten als politische Propaganda. Hunger und Elend trieben die Massen auf der Suche nach Arbeit durchs Land oder in die Städte. Insbesondere London wuchs rasch und gewann an politischer und wirtschaftlicher Bedeutung. Aus einer Landeshauptstadt von ungefähr 60000 Bürgern um 1500 wurde gegen Ende des 17. Jahrhunderts eine Metropole des Welthandels, in der sich etwa eine halbe Million Menschen drängte. In den Kämpfen zwischen Krone und Parlament war die Parteinahme der Londoner Bürger für die parlamentarische Sache ein entscheidender Faktor. Die Größe und wirtschaftliche Bedeutung machten London auch zu einem kulturellen Zentrum. Hier konzentrierten sich Buchdruck und Buchhandel, und hier versammelte sich ein interessiertes, alle Schichten umfassendes Publikum, das mehreren kommerziellen Repertoire-Theatern die Existenz ermöglichte.

Die umherziehenden Massen, durch die es immer wieder zu lokalen Unruhen und Rebellionen kam, galten als Gefahr für die soziale Ordnung, der man durch zahlreiche Armen- und Vagantengesetze zu begegnen suchte. Das Elend dieser Menschen inmitten des wirtschaftlichen Aufschwungs förderte die Entstehung von radikalen Bewegungen in der ersten Hälfte des 17. Jahrhunderts, wie die der *Levellers* und *Diggers*, deren Führer Gerrard Winstanley, John Lilbourne u.a. basisdemokratische Sozialordnungen und die Wiederherstellung der alten angelsächsischen Freiheiten forderten. In den Bürgerkriegen zwischen Parlament und Monarchie gingen sie mit den antimonarchistischen und antiklerikalen *Presbyterians* als radikale *Independents* ein politisch-militärisches Zweckbündnis ein, weil sie sich nach dem Sieg die Durchsetzung radikaler Sozialreformen erhofften.

Die Hoffnungen der Radikalen auf eine egalitäre Gesellschaft und eine gerechte Verteilung der Güter wurden jedoch nach dem Sieg des Parlaments sehr bald enttäuscht. Für Oliver Cromwell, selbst Gentleman und nur mit Vorbehalten Republikaner, war die hierarchische Gesellschaftsordnung unverzichtbar, und er hielt unbeirrbar fest an »the ranks and orders of men whereby England hath been known for hundreds of years: a nobleman, a gentleman, a yeoman«. Auch im Commonwealth blieb der großen Masse der Bevölkerung die politische und soziale Anerkennung versagt.

Der Diskurs über die Gesellschaft, der während der demographischen und ökonomischen Expansion geführt wurde, war von der Idee der hierarchischen Ordnung beherrscht, die man im Kosmos vorgebildet sah und deshalb als gottgewollt begriff. »Take away order from things«, fragt Sir Thomas Elyot in seinem *The boke named the governour*, »what then should remain?«, und Shakespeare läßt den gleichen Gedanken in *Troilus and Cressida* von Ulysses vortragen:

The heavens themselves, the planets, and this centre
Observe degree, priority, and place,
Insisture, course, proportion, season, form,
Office and custom in all line of order;
[...] But when the planets
In evil mixture to disorder wander,
What plagues and what portents, what mutiny,
What raging of the sea, shaking of earth,
Commotion in the winds!
[...] How could communities,
Degrees in schools, and brotherhoods in cities
Peaceful commerce from dividable shores,
The primogenity of age, crowns, sceptres, laurels,
But by degree, stand in authentic place?
Take but degree away, untune that string,
And hark what discord follows! [...]
(I, 3)

Soziale Hierarchie war gleichbedeutend mit gesellschaftlicher Ordnung, ihre Aufhebung wurde mit Anarchie und Chaos gleichgesetzt. Alle Schriftsteller der Zeit unterschieden vier verschiedene Schichten, von denen aber nur drei zur *political nation* gezählt wurden, d.h. an der politischen Willensbildung und durch Ämter an der staatlichen Administration beteiligt waren. Die vierte und weitaus größte Schicht besaß, wie der Staatsmann Sir Thomas Smith schrieb, »no voice nor authority in our commonwealth and no account is made of them but only to be ruled«. Die oberste Schicht, die *gentlemen*, umfaßte alle Ränge des Hoch- und Landadels (*nobility* und *gentry*); die zweite bestand aus *citizens* und *burgesses*, wohlhabenden und angesehenen Bürgern, die in der Lage waren, öffentliche Ämter zu versehen; die dritte wurde von den *yeomen* gebildet, freien und wohlhabenden Bauern, und in der vierten Schicht wurden unterschiedslos Handwerker, Landpächter, Taglöhner und andere Gruppen ohne politischen Einfluß zusammengefaßt. Aber schon früh wurde der Begriff *gentlemen* auch auf den Bildungs- und Geldadel ausgedehnt und damit der wirtschaftlichen und kulturellen Entwicklung Rechnung getragen. Sir Thomas Smith erweitert die Definition des *gentleman*: »Whosoever studieth the laws of the realm, who studieth in the universities, who professeth liberal sciences, and to be short, who can live idly and without manual labour and will bear the port, charge and countenance of a gentleman, he shall be called master, for that is the title which men give to esquires and other gentlemen, and shall be taken for gentlemen...«

Der Hochadel bildete unter den Tudors nur eine kleine, wenn auch einflußreiche Schicht, die nicht mehr als 50 bis 60 Personen umfaßte. Sie nahm erst unter den Stuarts zu, als Adelstitel auch mit Geld erworben werden konnten. Der erbliche Titel eines *baronet*, der 1611 von Jakob I., in der Hoffnung seine Schulden zu tilgen, neu eingeführt wurde, kostete £ 1095, eine Praxis, die zum Verfall des Ansehens des Adels beitrug. Große Bedeutung im Nationalstaat erlangte der Landadel, weil die Tudors sich beim Aufbau einer zentralen Verwaltung auf ihn stützten. Als Friedensrichter und in anderen Funktionen nahm die *gentry* in der Provinz richterliche und administrative Aufgaben wahr und wirkte im Parlament an der politischen Willensbildung mit. Bei der zweiten Gruppe, den Bürgern, entschied vor allem ihr öffentliches Ansehen und ihr Wohlstand über ihre Mitwirkung am politischen Leben. Das gleiche galt für die Schicht der *yeomen*, in der die wohlhabenden Bauern zusammengefaßt waren. Die Trennungslinie, die noch zu Beginn der Renaissance zwischen der Schicht der *gentlemen* und allen übrigen Ständen verlief, wurde durch den ökonomischen und kulturellen Wandel immer unschärfer. Wohlstand und Bildung ermöglichten es auch Söhnen der unteren Schichten, eine Karriere im Staatsdienst zu machen, die nicht selten durch einen Adelstitel gekrönt wurde. Insbesondere ein Rechtsstudium galt als gute Voraussetzung in einer Zeit wachsender Verrechtlichung des öffentlichen Lebens, zu Ansehen und Wohlstand zu kommen. Unter den Tudors wie den Stuarts diente eine Reihe von Männern bürgerlicher Herkunft in hohen Staatsämtern, die ihren Aufstieg allein ihrer Bildung und ihren Fähigkeiten verdankten. Diese Annäherung des Bürgers und der *yeomanry* an den Landadel durch Bildung, Wohlstand und Karriere führte zwar nicht zur Aufhebung der Klassen, bewirkte aber, daß sich eine neue Trennlinie innerhalb der Gesellschaft abzuzeichnen begann zwischen den »respektablen«, gebildeten Schichten und den ungebildeten Massen, die keine oder nur eine geringe Schulbildung besaßen und die ökonomische Entwicklung zumeist nur als Verschlechterung ihrer Lebensbedingungen erfuhren. Standesbewußtsein und Streben nach Respektabilität kennzeichneten eine Gesellschaft, die Thomas Nashe satirisch beschreibt: »In London the rich disdain the poor. The courtier the citizen. The citizen the countryman. One occupation disdaineth another. The merchant the retailer. The retailer the craftsman. The better sort of craftsman the lesser. The shoemaker the cobbler.«

Der wirtschaftliche Erfolg von Bürgertum und *yeomanry* und die Möglichkeit des sozialen Aufstiegs ließen die verschiedenen Klassen auf vielen Gebieten in Konkurrenz miteinander treten, in deren Verlauf sich schichtenspezifische Mentalitäten und gesellschaftliche Normen herausbildeten, deren Darstellung und Kritik in der Literatur breiten Raum einnehmen. Der Adel suchte seinen Vorrang durch einen oft aufwendigen Lebensstil zum Ausdruck zu bringen, was viele an den Rand des Ruins brachte. Typisch für die adelige Lebensform war der *household*, der einen weiten Personenkreis aus Bediensteten, aber auch Musikern, Künstlern und Literaten zusammenführte. Besonders betonte der Gentleman die Muße als Kennzeichen seines Standes, schon um sich damit vom tätigen, nach Gewinn trachtenden Bürger zu unterscheiden. Auch das Patronat der Künste und der Literatur gehörte zu den Standespflichten, denen sich allerdings in der Renaissance immer mehr Adelige entzogen. Hofdienst, Politik, Diplomatie und Kriegsführung waren angemessene Tätigkeiten für den Adel. Daneben pflegte er auf seinen Landgütern bewußt unprofitable Beschäftigungen wie Heraldik- und Familienforschung, das Sammeln von Gemälden oder Münzen, das Anlegen von Raritätenkabinetten und vor allem im 17. Jahrhundert naturwissenschaftliche Experimente als Statussymbol gegenüber einer von Nützlichkeit und Gewinn geprägten Lebensführung. Der Bürger seinerseits versuchte nicht selten, den Adel durch prunkvolle Zurschaustellung seines Reichtums zu übertrumpfen. In dem Maße jedoch, in dem der Puritanismus mit einer kalvinistisch geprägten Ethik in diesem Stand an Boden gewann, entwickelte der Bürger einen eigenen Lebensstil und soziale Normen, der diese Schicht deutlich vom Adel abhob. Da finanzieller Erfolg als Beweis für Gottes Wohlgefallen galt, wurde er zu seinem Lebensziel, das mit Energie und Sparsamkeit verfolgt wurde. Während man dem Adel vorwarf, Geld mit vollen Händen für unnütze Dinge wie Kunst, Repräsentation und Lebensgenuß in heiterer Gesellschaft zu verschwenden, legten die puritanischen Bürger Wert auf spartanisch einfache Lebensführung im Kreis der Familie, die immer mehr als Bereich der Geborgenheit und menschlichen Wärme entdeckt wurde. In diesem Kreis las man belehrende und erbauliche Schriften, kümmerte sich um die Erziehung der Kinder und pflegte das Lied und die Kammermusik. Der Beruf gewann für den Bürger als Quelle seines Wohlstands, seines Selbstbewußtseins und seiner Identität an Bedeutung. In den puritanischen Schriften wird der bürgerliche Beruf immer mehr als göttliche Berufung und gesellschaftlicher Auftrag gedeutet, indem er zum Wohl des Ganzen seinen Beitrag leistet. Die Herausbildung des bürgerlichen Ideals eines tätigen, nützlichen und mit Gewinn belohnten Lebens ging einher mit einer Abwendung von traditionellen kommunalen Riten und Festlichkeiten im Jahreszyklus, die als Aberglaube und Gelegenheiten zu liederlicher Ausgelassenheit verdammt wurden, mit der Verachtung von Theater und Dichtung, soweit sie nicht der moralischen Unterweisung und verwertbaren Bildung dienten. Die Veränderung des öffentlichen Lebens, die von puritanischen Geistlichen, Bürgern und gleichgesinnten *gentlemen* in der Stadt und auf den Dörfern im 17. Jahrhundert durchgesetzt wurde, erklärten reisende Zeitgenossen mit dem zur Melancholie neigenden englischen Nationalcharakter. Spätere Kulturhistoriker sahen darin das Ende von *Merry Old England*. Den Protest gegen die Reglementierung heiteren Lebensgenusses durch grämliche und gottesfürchtige Puritaner legt Shakespeare in *Twelfth night* Sir Toby Belch in den Mund, der Malvolio auf dessen Vorhaltungen hin fragt: »Dost thou think, because thou art virtuous, there shall be no more cakes and ale?« (II, 3).

Die ökonomische und demographische Expansion und der soziale Wandel, die auch die Stellung des Schriftstellers ebenso wie die Zusammensetzung des Publikums veränderten, wurden in der Literatur nicht nur registriert, sondern auch in vielfältiger Weise kommentiert und attackiert. Die ständische Ordnung der Gesellschaft wurde nicht nur in den verschiedensten Gebrauchstexten, wie z. B. Predigten, oder in Dichtungen mit kosmischen Bildern beschworen, sondern aus dieser Hierarchie entwickelten sich auch schichtenspezifische Tugend- und Lasterkataloge, die in der Literatur dann zu Standes-, Bildungs- und Berufstypen verdichtet wurden. Die Verbindung zwischen sozialen Verhaltensweisen einerseits und literarischen Typen andererseits war durch das *decorum* gegeben, das sowohl ein soziales wie auch ein rhetorisches Grundprinzip war. Durch das *decorum* wurden nicht nur an die Geschlechter, die Altersstufen und die verschiedenen Klassen normative Erwartungen bis hin zur Kleiderordnung herangetragen, sondern dieses Prinzip regelte das sprachliche Verhalten ebenso, wie es die literarische Darstellung prägte.

Die Entwicklung in der literarischen Typenzeichnung verläuft von standesbezogenen Tugend- und Lasterkatalogen hin zu einem detailgenauen Realismus und zur Erweiterung des sozialen Spektrums. Nur ein blasses Bild einzelner sozialer Typen erscheint in Werken, die die Gesellschaft katalogartig abhandeln, wie z. B. in Alexander Barclays *Ship of fools* (1509), der englischen Version von Sebastian Brants *Narrenschiff*, oder in der größten Generalsatire des 16. Jahrhunderts, dem in Aufbau und Haltung noch ganz den spätmittelalterlichen Ständesatiren und Zeitklagen verpflichteten *The steele glas* (1576) von George Gascoigne. Ein wesentlich genaueres Bild der gesellschaftlichen Typen und ihres sozialen und wirtschaftlichen Verhaltens wird dagegen in den Verssatiren der neunziger Jahre des 16. Jahrhunderts gezeichnet, in denen ein breitgefächertes Spektrum gesellschaftlicher Typen, vom Modegeck über den Juristen bis zum Wucherer, vorgestellt wird. Einen neuen Impuls erhält die Darstellung gesellschaftlicher Typen dann durch das Bekanntwerden von Theophrasts *Charakteres*, in deren Nachfolge satirisch pointierte Charakterskizzen der verschiedensten Berufe und Standestypen in Prosa entstehen, unter denen Sir Thomas Overburys *Characters, or, witty descriptions of the properties of sundry persons* (1614) und John Earles *Microcosmography* (1628) hervorragen. In ihnen wird ohne Rücksicht auf Klassen »A faire and happy milk-maid« ebenso dargestellt wie »A roaring Boy«; »A Puritan« erscheint neben »A meere common lawyer«, »A tinker«, »A whore« oder »A meere scholer«: »A meere scholer is an intelligible asse: or a silly fellow in blacke, that speaks sentences more familiarly then sense. The antiquity of his University is his creed, and the exellency of his Colledge (though but for a match at football) an article of his faith: [...] 'Tis a wrong to his reputation to be ignorant of any thing; and yet hee knowes not that he knowes nothing: he gives directions for husbandry, from Virgils *Georgickes*; for cattell, from his *Bucolicks*; for warlike strategems, from his *Aeneides*, or Caesars *Commentaries*.«

Angehörige des vierten Standes erscheinen in der Literatur fast ausschließlich nur dann, wenn sie in Beziehung zu einer der oberen Schichten treten oder symbolische Funktionen erfüllen. Sie gewinnen deshalb selten individuelles Profil. Zumeist treten sie als anonyme, die gesellschaftliche Ordnung bedrohende

Masse auf, deren Haß sich nicht nur gegen die Vertreter staatlicher Autorität, sondern bezeichnenderweise auch gegen die gebildeten Stände richtet, wie in der Jack Cade-Episode im zweiten Teil von *Henry VI* oder als wankelmütiger Pöbel in *Coriolanus*. Als Symbol des Ausgeliefertseins des Menschen an ein unerforschliches Schicksal ist Edgars Maske als geistesverwirrter Bettler in *King Lear* eingefügt. Häufig tauchen sie auch in der Gestalt von Gaunern und Betrügern als Gefahr für den Bürger auf, wie z.B. in *The alchemist*, in dem das Gaunertrio aus Hure, Betrüger und Diener die Habgier des Bürgers ausbeutet und zum Zerrspiegel bürgerlicher Verhaltensweisen wird. Auch Robert Greenes genaue Zeichnung der Unterwelttypen und ihrer Praktiken in den *Cony-catching pamphlets* (1591) sollen den Bürger zur Vorsicht anhalten. Nur selten wird von einem Vertreter dieses Standes ein so lebendiges Porträt entworfen, wie das des Gauners und Balladenhändlers Autolycus in *The winter's tale*.

Die literarischen Gattungen, die unmittelbar auf die sozialen und ökonomischen Veränderungen reagierten, waren Satire und Utopie. Die Satire des 16. und 17. Jahrhunderts knüpfte an zwei Traditionen an: An die *Piers-Plowman*-Dichtung, die insbesondere um die Mitte des 16. Jahrhunderts durch die Puritaner wieder aufgegriffen wurde, und an die lateinische Verssatire Horaz', Juvenals und Persius' sowie an die bissigen Epigramme Martials. Die drastische Ausdrucksweise Juvenals und Martials, das derbe Idiom der niederen Sprecher der *Piers-Plowman*-Gedichte und die erst im 17. Jahrhundert als falsch erkannte etymologische Herleitung der Satire von den wilden Gesängen der Satyrn führten zur Wahl eines niederen und rüden Stils, der auch Obszönes einschloß, und zur oft unflätigen Beschimpfung der satirischen Opfer. Die Themen der Satire werden bereits um die Mitte des 16. Jahrhunderts von den sozialreformerisch engagierten Puritanern festgelegt. Es sind im wesentlichen die wirtschaftlichen Veränderungen, insbesondere die *enclosures* und die dadurch ausgelöste Verarmung der Massen; der aufwendige Lebensstil und die Zurschaustellung von Luxus bei den reichen Bürgern; die Gefahr der Überfremdung durch ausländische, neumodische Sitten (*honesty* gegen *bravery*) und, als Hauptübel der Zeit am meisten attackiert, der ökonomische Egoismus, wie er sich in Habgier, Wucher und in der Monopoljagd sowie in der rücksichtslosen Behandlung der Armen zeigt. Im 16. Jahrhundert wurde jedoch nicht die ökonomische Entwicklung für solche Verhaltensweisen verantwortlich gemacht, sondern die Satiriker brandmarkten diese frühkapitalistische Haltung als Laster, die zumeist einer Schicht, seltener einem Individuum vorgehalten wurden. Robert Crowleys Satiren *One and thyrtye epigramms* (1550) attackieren Wucherer und Ausbeuter ebenso wie Wirtshausbesucher, Schmeichler und Lügner. Thomas Churchyards *Dauy Dicars dreame* (1552) verurteilt Bestechlichkeit, Profitdenken und den Versuch, aus seiner sozialen Schicht auszubrechen.

Edmund Spenser, der auch in der Satire in charakteristischer Weise bemüht ist, die einheimische Satire-Tradition mit humanistischem Formanspruch zu verbinden, greift in seiner Fabelsatire *Prosopoia or Mother Hubbards tale* (1591) die wirtschaftlichen und sozialen Entwicklungen scharf an. Der Fuchs als Allegorie des skrupellosen Egoismus und der Affe als Spottbild wahrer Menschlichkeit demonstrieren in ihren Abenteuern die verheerenden Wirkungen dieser Verhaltensweisen, wobei Spenser insbesondere mit dem Hof und den Höflingen ins Gericht geht, von denen er die Gesundung der Gesellschaft erwartet.

In den neunziger Jahren ergoß sich eine Flut von Satiren in Vers und Prosa über London, was zur Folge hatte, daß der Erzbischof von Canterbury 1599 ihre Verbrennung anordnete und jeden weiteren Druck verbot. Die bedeutendsten Autoren waren Thomas Nashe, von seinen Bewunderern »the English Aretine« genannt, der durch seine scharfen Prosasatiren bekannt wurde; Thomas Lodge, der neben Prosasatiren die milde horazische Epistel nachzuahmen versuchte, und vor allem John Donne, Joseph Hall und John Marston, deren Verssatiren als Jugendwerke in den literarischen Zirkeln der Inns of Court entstanden. Durch sie erhielt die elisabethanische Verssatire ihre charakteristische Prägung. Sie begriffen ihre Satiren als bittere Arznei, als öffentliche Geißelung und Bloßstellung, die der Gesellschaft Heilung von ihren Lastern und Torheiten bringen sollte. Gegenüber der älteren Satire wird der Themenkreis erweitert: Neben den betrügerischen Praktiken von Kaufleuten und Juristen und dem ökonomischen Egoismus werden religiöses Sektierertum und Heuchelei angegriffen, Modetorheiten gegeißelt und literarische Fehden ausgetragen. Die Sprecher sind in diesen Satiren nicht mehr die Bauern und Schäfer als Opfer der Mißstände, sondern an ihrem Zorn über die aus den Fugen geratene Gesellschaft erkrankte Moralisten, die die Übel der

Zeit im Licht ihrer hohen ethischen Forderungen und im Bewußtsein einer überlegenen Bildung geißeln.

Das Druckverbot der Vers- und Prosa-Satiren von 1599 mag der Entstehung der satirischen Komödie einen zusätzlichen Impuls gegeben haben, die um 1600 vor allem von Ben Jonson entwickelt und gegenüber der romantischen Komödie durchgesetzt, und von John Marston, Philip Massinger und anderen Dramatikern in der Stuart-Ära gepflegt wurde. Die dramatischen Satiriker wählten ihre Opfer bevorzugt aus der Mittelschicht des niederen Adels und der respektablen Bürger, deren ökonomische und moralische Korruption sie auf der Bühne entlarvten. Für die satirische Typenbildung und die Darstellung der vielfältigen Torheiten und Laster stützte sich Jonson auf die Humoralpathologie, die Lehre von der krankhaften Zusammensetzung der Körpersäfte, durch die der Mensch der Selbstliebe verfällt und eine falsche Wertordnung entwickelt. Als konservativer Humanist attackierte Jonson besonders die bürgerliche Geldgier und den religiösen Fanatismus puritanischer Sekten. Für den Zustand der Gesellschaft fand Jonson in seinen Komödien ebenso bühnenwirksame wie symbolkräftige Bilder: Das Krankenlager Volpones, hinter dem sich als Schrein die Schatzkammer öffnet; die Alchemistenküche, die schnellen Reichtum verspricht und am Ende explodiert, oder der Jahrmarkt mit seinen fliegenden Händlern, Schaustellern und Schwindlern und der Bude der übelbeleumundeten Ursula im Zentrum, ein anarchistisches Milieu, in dem die Bürger und Bürgerinnen ihre Respektabilität und Selbstsicherheit verlieren und zu Opfern ihrer Triebhaftigkeit werden, und puritanische Fanatiker, wie Zeal-of-the Land Busy als Heuchler entlarvt werden. Die bürgerliche Komödie, wie sie in der Nachfolge Jonsons gepflegt wird, kreist um die Motive des Wucherns und Verschwendens, der richtigen Gattenwahl und des Ehebruchs, um den Streit zwischen Mann und Frau, die bald satirisch, bald humorvoll beleuchtet werden und die wachsende Bedeutung des Bürgers und seiner Kultur belegen. Die witzigste Darstellung des bürgerlichen Bewußtseins gelingt jedoch Francis Beaumont in seiner burlesken Komödie *The knight of the burning pestle* (1607/08). Darin erzwingen erboste Londoner Bürger anstelle einer *city comedy*, in der sie fürchten lächerlich gemacht zu werden, die Aufführung einer don-quijotesken Ritterromanze, deren Held von einem Lehrjungen gespielt und die von den auf der Bühne sitzenden Bürgern kommentiert wird. Bürgerlicher Geltungsanspruch, puritanische Moral, naives Kunstverständnis und kleinbürgerlicher Geschmack werden hier im Spiel zwischen Illusionserzeugung und -durchbrechung, in der Spiegelung des Theaters im Theater, geistreich und komisch vorgeführt.

Die Geschichte der neuzeitlichen Utopie als literarischer Form, in der ideale Gesellschaften und Staaten als Gegenmodelle zur Wirklichkeit oder mit programmatischem Anspruch auf Verwirklichung entworfen werden, begann in der Renaissance unter dem Eindruck der sozialen und ökonomischen Veränderungen einerseits und andererseits im Bewußtsein, daß weder der Lebensweg des einzelnen noch die soziale Ordnung unveränderlich vorgegeben, sondern dem Menschen zur Gestaltung überantwortet sind. Sir Thomas More, der mit *Utopia* (1516) den namenstiftenden Archetypus der modernen Gattung verfaßte, setzte nicht die mittelalterlichen Traditionen des bäuerlichen Traumes vom Schlaraffenland oder der apokalyptischen Endzeiterwartung fort, sondern erneuerte die Tradition aus dem Geist des Humanismus. Im Gegensatz zu Platons und Augustinus' Gesellschaftsentwürfen wird *Utopia* in einem humanistischen Dialog vorgetragen, dessen Absicht weniger die gedankliche Überwindung und Belehrung des Dialogpartners bzw. des Lesers ist, sondern die dialogische Entfaltung der Vielschichtigkeit und Widersprüchlichkeit der Wirklichkeit, die von verschiedenen Seiten her angegangen und beleuchtet wird. Der Leser soll aus den Darlegungen seine eigenen Schlüsse ziehen. Zwei Gesprächspartner, die *personae* More und Raphael Hythlodeus, der eine skeptisch und zum Ausgleich neigend, der andere idealistisch und leidenschaftlich der menschlichen Vernunft vertrauend, entwerfen zunächst ein düsteres, satirisch scharf gezeichnetes Bild von der sozialen und ökonomischen Lage Englands. Ihm folgt der mit Engagement vorgetragene Reisebericht über Utopia, den vernunftgeleiteten, konfliktfreien Inselstaat, Gegenbild der britischen Insel, unzugängliches Paradies und substanzloses Phantasiegebilde in einem.

Die humanistische Freude am geistreichen, aber immer bedeutungsvollen Spiel zwischen Kritik der Wirklichkeit und alternativem Entwurf äußert sich insbesondere in einer vielschichtigen Ironie, die *Utopia* bis heute umstritten macht: Hythlodeus' Name kann als Possenreißer und -feind gedeutet werden, ebenso Utopia als Niemals-, Noch nicht- oder Guter Ort; der König Ademos ist volklos, der Fluß Anyder wasserlos.

Utopia ist nicht zuletzt humanistisch in dem Sinn, daß in diesem offenen Dialog, in dem es keine rhetorische Niederlage gibt, das Nachdenken über eine gerechte und glückliche Gesellschaft vielmehr selbst exemplarisch vorgeführt wird, als daß er programmatisch für geschlossene Gesellschaften eintritt. Es ist bezeichnend, daß diese geistreich-elegante Schrift, die ihren Verfasser in ganz Europa berühmt machte, von den Utopisten des 17. Jahrhunderts zwar als literarisches Vorbild anerkannt, in ihrer nachdenklich-ironischen Haltung jedoch oft als unbefriedigend kritisiert wurde.

Der konservative protestantische Humanismus am Hofe Elisabeths setzte die von More begonnene Diskussion rationaler Gesellschaftsmodelle nicht fort; statt dessen werden in den elisabethanischen Dichtungen glanzvolle Bilder von Arkadien oder vom Goldenen Zeitalter entworfen, Beschreibungen primitiver und glücklicher Gesellschaften, in denen die Konflikte, nach deren endgültiger Lösung die Utopisten mit ihren Modellen suchen, noch gar nicht entstanden sind. Als harmonische »goldene Welten« werden sie bewußt in einer von sozialen und ökonomischen Konflikten bedrohten Zeit entworfen, um durch dieses Ideal die Menschen zur sittlichen Erneuerung zu führen. Als Fluchträume der Phantasie verweisen sie in ihrem Primitivismus aber zugleich auf das Unbehagen an der verfeinerten Hofkultur und den wachsenden Spannungen in der Gesellschaft. Die Utopien des 17. Jahrhunderts, soweit sie nicht phantastische Erzählungen sind, die im Geist und in der Methode der menippeischen Satire die Zeit respektlos und witzig kritisieren, werden in einem ganz anderen Geist als Mores *Utopia* verfaßt: Es sind programmatische Entwürfe und Vorschläge, deren Verfasser von ihrer unmittelbaren Verwirklichung überzeugt sind, oder in denen sie eine zukünftige Gesellschaft beschreiben, an der sich das politische Handeln der Gegenwart orientieren soll. Dementsprechend verschwindet die Relativierung im Dialog und fiktionale Elemente, wie z. B. Seereise oder Schiffbruch, werden nur noch als Gattungssignale eingefügt oder als Rahmen für die Präsentation der utopischen Gesellschaft verwendet. In den Utopien aus dem Kreis puritanisch-progressiver Zirkel werden nicht zuletzt wegen deren Literaturfeindlichkeit diese Konventionen allenfalls in Andeutungen zitiert.

Die bedeutendste und folgenreichste Utopie des 17. Jahrhunderts ist Sir Francis Bacons *New Atlantis*. Sie beginnt als ausführliche Erzählung einer gefahrvollen Seereise, wird aber bezeichnenderweise abgebrochen, sobald die wichtigsten Züge des utopischen Staats behandelt sind. *New Atlantis* ist ein streng patriarchalisch geordneter Staat, der durch seine Stabilität keine Geschichte mehr hat. Fortschritt gibt es allein auf dem Gebiet naturwissenschaftlicher Erkenntnis und der Technologie, für die »Salomon's House« oder »College of Six Days' Work« sorgt, eine unabhängige, mit Laboratorien, Versuchsanlagen und Archiven üppig ausgestattete Gelehrtengemeinschaft, die systematisch die Natur erforscht, das Wissen speichert und auswertet und technologische Erfindungen macht, deren Ziel der Vater der Institution definiert: »The End of our Foundation is the knowledge of Causes, and secret motion of things; and the enlarging of the bounds of Human Empire, to the effecting of all things possible.« Der Staatsmann und der empirische Naturphilosoph Bacon hat hier ein widersprüchliches Modell entworfen, das gesellschaftliche Stabilität und unbegrenzten geistigen und technologischen Fortschritt zugleich garantieren soll. Bacon, am Beginn der Entwicklung der Naturwissenschaft und Technologie stehend, erkannte nicht, daß der Fortschritt der Wissenschaft verändernd auf die Gesellschaft zurückwirkt.

Der Gedanke von der systematisch betriebenen Naturforschung als Weg, die Menschheit zu Glück und Wohlstand zu führen, wurde in der puritanisch geprägten Utopie mit theokratisch-egalitären Gesellschaftsmodellen verbunden. Ein typisches Ergebnis ist die anonyme Utopie *A description of the famous kingdom of Macaria* (1641), ein Dialog, der nur noch im »Traveller« genannten Berichterstatter und im Namen »Macaria« an die utopische Tradition erinnert. Im Vorwort wird die Utopie dem Parlament zur sofortigen Beratung empfohlen. Das Staatsmodell sieht als Regierung Komitees vor, die im in- und ausländischen Handel bis zur Organisation der Auswanderung überschüssiger Bevölkerung vorwiegend ökonomische und soziale Aufgaben wahrnehmen. Ein »College of Experience«, ein Forschungsinstitut für Medizin, soll die ständige Verbesserung der Volksgesundheit garantieren. Ideologische Aufsicht und medizinische Betreuung liegen in den Händen der Geistlichkeit. Die englische Utopie der Renaissance, die als Dialog zwischen idealistischem Rationalismus und skeptischer Weltklugheit begonnen hatte, endet mit Entwürfen geschlossener Gesellschaften, in denen Wohlstand und Gesundheit ganz der Wissenschaft und Technologie anvertraut sind.

Die ökonomische Entwicklung und die humanistische Bildungsexpansion, durch die die Stände des *gentleman*, *citizen* und *yeoman* materiell und kulturell einander angeglichen wurden, erzeugten gegen Ende des Jahrhunderts eine breite Leserschicht, die vor allem durch die *university wits*, die von den Universitäten nach London gingen in der Hoffnung, sich dort Existenz und Ruhm zu erschreiben, mit erzählender Prosa versorgt wurde, in der sich zusehends ein bürgerlich-realistischer Geschmack durchsetzt. Vorbilder waren zunächst noch John Lyly und Sir Philip Sidney, die sich beide an ein aristokratisches Publikum am Hofe wandten. Von Lylys moralisch-didaktischem *Euphues* wird besonders der prunkende Stil nachgeahmt, Sidneys eleganter geschriebene *Arcadia* wirkt modebildend durch ihr pastorales Fürstenmilieu und die abenteuerlich verschlungenen Handlungen im Stil des griechischen Romans. Robert Greene produziert eine Reihe von euphuistischen Romanzen, wie *Pandosto. The triumph of time* (1588) oder *Menaphon, Camillas alarum to slumbering Euphues* (1589); Thomas Lodge schreibt im gleichen Stil *Rosalynde, Euphues golden legacie* (1590) oder *A margarite for America* (1596), die durchaus erfolgreich sind. Greene reagiert jedoch schon bald auf den Wandel im Geschmack des Publikums, indem er in realistischer Prosa die Londoner Unterwelt darstellt oder autobiographisch geprägte Erzählungen schreibt. Diesen Geschmackswandel belegt vor allem Thomas Nashes pseudo-historischer Schelmenroman *The unfortunate traveller or, the life of Jack Wilton* (1594), der in der Zeit Heinrichs VIII. den Helden, im Unterschied zum spanischen *picaro* ein Page und »*a gentleman at least*«, aus Abenteuerlust durch ganz Europa schickt. In diesem Roman wird das Interesse an der Zeitgeschichte befriedigt: Jack Wilton ist im englischen Heerlager, er trifft Erasmus von Rotterdam und Thomas Morus, hört Luther und erlebt das Ende der Wiedertäufer in Münster. Er bestätigt zugleich protestantisch-patriotische Vorurteile mit einer drastischen Schilderung der sittlichen Verkommenheit Italiens und mischt Komik und Tragik, Satire und Phantastik. In der Figur des Hofmannes und Dichters Surrey, der als schmachtend verliebter Ritter verklärt und zugleich lächerlich gezeichnet wird, und in der Absage an eine arkadisch-heroische Phantasiewelt, an deren Stelle Nashe eine chaotische, von Krieg und Pest, Intrigen und religiösem Fanatismus beherrschte Wirklichkeit beschreibt, wird deutlich, daß hier ein breiteres Lesepublikum erreicht werden soll als mit den heroisch-galanten Romanzen. An ein bürgerliches Publikum wendet sich auch Thomas Deloney, ein gelernter Seidenweber, der zwischen 1596 und 1600 Romane und Erzählungen aus dem Handwerkermilieu schreibt. In *Thomas of Reading*, *Jack of Newbury* und *The gentle craft* werden die kleinbürgerlichen Handwerker mit derbem Humor als bieder, königstreu, patriotisch und glaubensstark gezeichnet. Das Selbstbewußtsein dieser Schicht findet seinen Ausdruck z.B. in der Erzählung vom Aufstieg des Schusters Simon Eyre zum Lord Mayor von London und in der Wertschätzung und dem Respekt, die der König diesen Handwerkern gegenüber bekundet.

Nicht nur die erzählende Prosa wandte sich an die bürgerliche Mittelschicht, indem sie den Bürger als Helden entdeckte, sondern auch das kommerzielle, allen Schichten offenstehende Theater Londons. Ab den neunziger Jahren erscheint der Bürger nicht mehr nur in der Komödie, sondern er betritt neben den aristokratischen Helden aus Geschichte und Sage als Protagonist der Tragödie die Bühne. Die anonymen *Arden of Feversham* (1592) und *A Yorkshire tragedy* (1606), Thomas Heywoods *A woman killed with kindness* (1603) und *A warning for fair women* (1599) sind Beispiele der *domestic tragedy*, in der Motive der Liebe, des Ehebruchs und des Mordes im bürgerlichen Milieu gestaltet werden. Shakespeare zollt mit *Othello* dieser Gattung Tribut. Mit der Entdeckung des Bürgers als Helden und der Kenntnisnahme des Bürgers als Publikum hatte um 1600 auch die Literatur die gesellschaftliche Grenze erreicht, an die die Bildungskampagne des Humanismus vorgedrungen war.

Philosophie, Wissenschaft, Erziehung und Literatur

Die stärkste Kraft, die das geistige Leben der Renaissance von der Erziehung bis zur Literatur bestimmte, war der Humanismus. Dieser Sammelbegriff steht für eine geistige Bewegung, deren vielfältige Aktivitäten aus einigen gemeinsamen Grundüberzeugungen hervorgingen. Das Wort verweist auf Ciceros *humanitas* und *studia humanitatis*, die in Opposition zu *ferocitas* (barbarische Ungeschlachtheit, Wildheit) sprachliche und literarische Kultur bedeuten. In der Überzeugung, daß die Sprache die vornehmste und ureigenste Fähigkeit des Menschen sei, die ihn vom Tier unterscheide und ihn zugleich in die Lage setze, Gesellschaft und Kultur hervorzubringen, stellte der Humanist Sprache und Literatur in den Mittelpunkt seiner Studien und seines Erziehungsprogramms. Die Bindung des Kulturbegriffs an die Sprache lenkte das Interesse nicht nur auf deren korrekten Gebrauch, also die Grammatik, sondern förderte die kunstvolle, ja artistische Beherrschung aller formalen Möglichkeiten, also der Rhetorik, mit dem Ziel, durch die Macht des Wortes andere zu beeinflussen oder formvollendete Literatur hervorzubringen. Das klassische Latein repräsentierte die höchste Sprachkultur, dessen Vorbild es nachzueifern galt; auf das mittelalterliche Latein dagegen blickten die Humanisten mit Verachtung herab. Auch die Nationalsprachen erschienen gegenüber der verfeinerten Sprachkunst des Latein als barbarisch ungeformt und bedurften im humanistischen Verständnis der Entwicklung in Wortschatz und grammatischer Durchbildung auf den lateinischen Standard hin.

Die Überzeugung, daß der Mensch nur durch Bildung zur Entfaltung seines Wesens und zu seiner Bestimmung gelange, begründete das Interesse der Humanisten an der Erziehung. Die Säkularisierung des Bildungssystems nach Aufhebung der Klöster und die Ideen des Humanismus führten in England nicht nur zu einer enormen Ausweitung des Bildungssystems durch Schulgründungen in allen Städten und Einschulung neuer Schichten, sondern auch zu einer Umorientierung der gesamten Bildungsarbeit. Die Humanisten formulierten ihr Bildungsprogramm, durch das der Mensch sowohl für ein aktives wie auch für ein kontemplatives Leben erzogen werden sollte, insbesondere im Widerspruch zur mittelalterlichen Scholastik, der sie menschenferne, metaphysische Spekulation vorwarfen. Die humanistische Hinwendung zum Menschen und seiner Gesellschaft verlagerte das philosophische Interesse weg von abstrakten Gedankengebäuden hin zu Fragen der Ethik und der Lebensweisheit. In Zusammenhang damit erwachte ein neues Interesse an der Geschichte als unerschöpflicher Sammlung privaten und politischen Handelns und Verhaltens.

Als Epoche höchster menschlicher Kultur schätzten die Humanisten die griechische und lateinische Antike, die von ihnen zwar nicht entdeckt, aber in neuer Weise zum normativen Vorbild erhoben wurde: Gleichgültig ob Dichtung oder rhetorisches Lehrbuch, Geschichtsschreibung oder philosophischer Traktat, die überlieferten Texte waren die Quellen, aus denen sprachliche Formkunst, weltliches Wissen und ethisches Handeln erlernt werden konnten. Aber bei aller Begeisterung für die heidnische Antike war insbesondere der englische Humanismus nicht heidnisch-atheistisch orientiert, sondern entschieden christlich ausgerichtet und strebte nach einer Verbindung von antiker Kultur und christlicher Offenbarung. Die humanistischen Tätigkeiten erstreckten sich auf viele Gebiete: Gegenüber der mittelalterlichen allegorischen Bibelauslegung setzten die Humanisten die historisch-philologische Bibelforschung und -exegese durch und übersetzten die Bibel in die Nationalsprache. In der Literatur förderten sie die Verschmelzung von heidnischen und biblischen Motiven, von christlicher Theologie und heidnischer Philosophie, von christlichen Inhalten und klassischen Formen, eine Synthese, die bis Ende des 16. Jahrhunderts problemlos akzeptiert wurde, aber dann unter dem Einfluß des antihumanistischen Puritanismus zusehends kritisiert wurde. Spenser gelang die harmonische Verschmelzung, Milton wurde sie zum Problem.

Anstatt durch deduktiv-systematisches Denken die Welt zu erschließen und zu ordnen, zog der Humanismus die dialogische, alle Seiten eines Problems beleuchtende Wahrheitsfindung vor und war bereit, sich auf die verschiedensten philosophischen Quellen einzulassen: Neu-platonisches und neostoizistisches Gedankengut wurden ebenso aufgegriffen wie hermetisches und kabbalistisches Wissen aus oft obskuren Quellen, das mit Hilfe der Analogie und Allegorie uminterpretiert und mit christlichen Vorstellungen versöhnt wurde. Am deutlichsten trat der Versuch, Vielfalt *und* Einheit der Welt darzustellen, in den kosmologischen Entwürfen zutage, die im 16. Jahrhundert unternommen wurden, und zwar zu einer Zeit, als dieses christlich-humanistische Weltverständnis schon heftiger Kritik ausgesetzt war. Danach wurde der Kosmos als hierarchisch geordneter Organismus begriffen, in dem alle Bereiche, von den Planetensphären bis zu den Menschen-, Tier-, Pflanzen- und Mineralreichen in analoger und korrespondierender Beziehung miteinander verbunden waren, über deren harmonisches Zusammenspiel die Vorsehung wachte. Elend, Krankheit, Tod, Natur- und historische Katastrophen waren Folge der Erbsünde, durch die der irdische Bereich die Vollkommenheit des übrigen Kosmos verloren hatte. Dem Menschen als Herrn der sublunaren Sphäre kam in diesem Makrokosmos eine einzigartige Stellung zu: Durch seine Geist-Körpernatur bildete er den Knoten des Universums, wo sich göttliche Vernunft mit animalischer Körperhaftigkeit verband; zugleich war er zwischen Engel und Tier stehend mikrokosmisches Abbild des Universums. Dieses Weltbild des christlichen Humanismus konnte sowohl als starre Ordnung verstanden werden, aus der der monarchische Anspruch auf Gehorsam und die verschiedenen Klassen der Gesellschaft begründet werden konnten, als auch als eine von göttlicher Liebe durchwaltete dynamische Seinsstufung gedeutet werden, in der alle Dinge nach ihrer Vollendung streben. Im humanistischen Verständnis appellierte dieser Entwurf in seiner umfassenden Ordnung an die Vernunft, war in seiner Harmonie Urbild der Schönheit und vermittelte zugleich eine ethische Grundordnung. Aus ihm las der Mensch die Rangordnung in der Natur ebenso ab, wie er ihm seinen gesellschaftlichen Ort und seine Aufgaben entnehmen konnte. Die Verbindlichkeit und Gültigkeit dieses geo- und anthropozentrischen Weltbildes wurde weniger von den kopernikanischen Entdeckungen in Frage gestellt, als vielmehr vom Skeptizismus und Subjektivismus Montaignes, der in England viel gelesen wurde, von Machiavellis nüchternen Analysen des Machtgewinns und der Machterhaltung und von den religiösen Bewegungen, die ihren Glauben allein auf dem Wort der Bibel begründeten.

Als falsch und erkenntnisverstellend wurden dieses Weltbild und andere humanistische Grundpositionen von den empirischen Naturphilosophen oder *virtuosi*, wie sie sich im 17. Jahrhundert selbst nannten, um nicht mit den humanistischen *scholars* verwechselt zu werden, heftig bekämpft. Deren Wortführer und unermüdlicher Propagandist war Sir Francis Bacon. Bacon sah in der Erziehung, im deduktiv-kategorialen Aristotelismus, im analogen Denken und den auf ihm beruhenden harmonisierenden Weltmodellen des Humanismus die größten Hindernisse für eine auf Erfahrung gegründete und durch Experimente überprüfte Erforschung der Natur, die allein den Menschen zur Erkenntnis der wahren Gesetze der Natur führen und deren Anwendung den Fortschritt der Menschheit ins Werk setzen könne. Unermüdlich wies Bacon darauf hin, daß die hierarchische Naturordnung mit ihren Analogien und Korrespondenzen zwischen den einzelnen Seinsbereichen lediglich durch die Sprache zur Befriedigung eines angeborenen Harmonie- und Ordnungsbedürfnisses des Menschen erzeugt worden sei. Bacons Abneigung gegen das humanistische Weltbild ging so weit, daß er im *Novum Organon* seine Überlegungen zur deduktiven

Methode nicht systematisch darlegte, sondern den Aphorismus wählte, die Form, in der fragmentarisch Beobachtungen und Erkenntnisse vorgetragen werden. Er wollte damit auf seine Position am Anfang einer von vielen Generationen zu leistenden Naturforschung hinweisen. Bacons philosophischem Antihumanismus, den er mit humanistisch geschulter Rhetorik propagierte, wurde vom radikalen Puritanismus mit ideologischen Argumenten sekundiert, der dem Humanismus die Bewunderung und Verbreitung heidnischer Autoren, die unpatriotische Pflege des Lateinischen anstelle der Muttersprache und die Monopolisierung der Bibelexegese durch philologische Gelehrsamkeit vorwarf. Anstelle der Erziehung durch Sprachschulung und Literaturkenntnis forderten die radikalen Puritaner unter dem Einfluß des Comenius eine Erziehung zu den Sachen, zur Unterweisung in praktischen, berufsbezogenen Tätigkeiten, durch die nützliche Mitglieder der Gesellschaft herangezogen werden sollten. Gegen die kunstgerechte Sprachpflege des Humanismus, der die Beherrschung verschiedener Stilhöhen und die virtuose Behandlung schwieriger rhetorischer Figuren als Ausweis eines gebildeten Geistes betrachtete, forderten empirische Naturphilosophen und Puritaner eine rigorose Vereinfachung der Sprache, von der man sich eine unverfälschte Abbildung der Wirklichkeit erhoffte.

Humanistisches Sprachverständnis und christlich-humanistische Weltsicht prägten nahezu alle literarischen Gattungen des 16. Jahrhunderts. In zahllosen Texten wurde die Hierarchie der Dinge beschrieben oder auf die Korrespondenzen und Analogien zwischen den Seinsbereichen hingewiesen. Der Rang eines Gegenstandes bestimmte die Stilhöhe seiner Darstellung, die Analogie zwischen den Seinsbereichen beeinflußte die Wahl der sprachlichen Bilder, und die kosmische Ordnung konnte durch Zahlensymbolik in der Dichtung abgebildet werden. Die Darstellung der Welt in ihrer ursprünglichen Vollkommenheit und Schönheit galt als vornehmste Aufgabe dichterischer Phantasie und Gestaltungskraft, aus der letztlich der Anspruch auf die erzieherische Wirkung der Dichtung, ebenso wie das Recht auf Kritik an den Verfallserscheinungen der Zeit begründet werden konnte. Die Ablösung dieses Weltbildes gegen Ende des 16. Jahrhunderts durch den naturwissenschaftlichen Erkenntnisfortschritt, durch Skeptizismus und fanatische Religiosität war nicht immer von der Hoffnung eines Bacon auf Fortschritt und auf die unbegrenzte Macht des Menschen durch die Herrschaft über die Natur begleitet. John Donne formuliert die Unsicherheit angesichts einer Welt, die sich nicht mehr als sinnvolle Ordnung erweist, sondern als Chaos empirisch gewonnener und exakt beschriebener Daten in der »First« und »Second Anniversary«:

A new Philosophy calls all in doubt,
The Element of fire is quite put out;
The Sun is lost, and th' earth, and no man's wit
Can well direct him where to looke for it.
And freely men confesse that this world's spent,
When in the Planets, and the Firmament
They seeke so many new; they see that this
Is crumbled out againe to his Atomies.
'Tis all in peeces, all cohaerence gone;
All just supply, and all Relation:
Prince, Subject, Father, Sonne, are Things forgot,
(»First anniversary«)

Knowst thou but how the stone doth enter in
The bladders cave, and never breake the skinne?
Knowst thou how blood, which to the heart doth flow,
Doth from one ventricle to th' other goe?
And for the putrid stuffe, which thou dost spit,
Know'st thou how thy lungs have attracted it?
[...]
And of those many opinions which men raise
Of Nailes and Haires, dost thou know which to praise?
Wee see in Authors, too stiffe to recant
A hundred controversies of an Ant;
(»Second anniversary«)

Es ist bezeichnend, daß in der ersten Hälfte des 17. Jahrhunderts die Sammlungen von Emblemata populär wurden, die aus Sinnspruch, Bild und seiner poetischen Erklärung gefügt sind. Sie dokumentieren in der moralisch-didaktischen Deutung von Wirklichkeitsfragmenten am Beginn der Neuzeit den Verlust eines sinnstiftenden, Werte setzenden Weltbildes ebenso wie das Bedürfnis nach Sinngebung und moralischer Orientierung, die weder die Ergebnisse der Naturwissenschaften noch der wachsende Skeptizismus und Rationalismus zu befriedigen vermochten. Francis Quarles' fromme *Emblems* (1635) und *Hieroglyphics of the life of man* (1638), beide ab 1639 als *Emblems* gedruckt, wurden zum populärsten Buch des 17. Jahrhunderts. Obwohl Royalist und Anglikaner, wurde Quarles, den man den *poeta laureatus* der protestantischen Massen genannt hat, auch von den Puritanern viel gelesen.

Den stärksten Einfluß auf die Literatur nahm der Humanismus indirekt über seine Bildungsarbeit. Das humanistische Bildungsprogramm war ebenso auf ein kontemplatives Leben in gelehrter Muße wie auf eine aktive Tätigkeit in der Gesellschaft abgestellt und fand rasch das Interesse des Adels und der Bürger. Rhetorik, Dialektik und literarische Bildung galten im Gegensatz zur scholastischen Spekulation als Voraussetzungen für eine politische oder juristische Karriere oder eine kaufmännische Tätigkeit in einer sich immer mehr öffnenden Welt. Als durch die Aufhebung der Klöster im Gefolge der Nationalisierung der Kirche die Chance der Säkularisierung des Schulsystems gegeben war, wurden in London und vielen Kleinstädten von den Magistraten und Gilden zahlreiche Lateinschulen gegründet. Die Vorbereitung auf diese Schulen erfolgte in den *petty schools*, in denen Schreiben, Lesen und Rechnen gelehrt wurde. Sie allein stand auch Mädchen offen. Durch die Schulgründungen wurde nicht nur die Alphabetisierung neuer Schichten vorangetrieben und damit das lesende Publikum vergrößert, es kam dadurch auch zu einer Ausweitung der kulturellen Kluft zwischen den an der Schriftkultur partizipierenden Schichten einerseits und der großen Masse derjenigen andererseits, deren Kultur im wesentlichen durch mündliche Vermittlung von Erzählungen, Spruchweisheiten, Balladen und Liedern sowie von den traditionellen Riten und Festen im Jahreszyklus geprägt war. Der Bildungsenthusiasmus des Humanismus, aber auch die puritanische Überzeugung vom Wert einer sittlich-religiösen und zugleich auf nützliche Tätigkeit ausgerichteten Erziehung führte dazu, daß während der Renaissance von Laien und Geistlichen Anstrengungen unternommen wurden, »Aberglauben« und »Barbarei« der Volkskultur auszurotten und an ihrer Stelle ethische Grundwerte und modernes Wissen zu vermitteln.

Das erzieherische Interesse des Humanismus führte zu einer Blüte des didaktischen Schrifttums. Das erfolgreichste Handbuch der Erziehung der Zeit, an dem zugleich das Erziehungsideal des protestantischen Humanismus abgelesen werden kann, ist Roger Aschams *The schoolmaster* (1570). Roger Ascham, der Tutor Königin Elisabeths, ist platonischer Humanist, insofern er von der Einheit von Wissen und Tugend überzeugt ist und als Erziehungsideal die Kalokagathia, die Vereinigung von Schönheit und Tugendhaftigkeit, beschwört. Gleichzeitig ist Ascham aber auch glühender Anhänger der Reformation, Antipapist und Patriot, der englische Wesensart gegen alle fremden Einflüsse verteidigt und insbesondere gegen die Verkommenheit und Lasterhaftigkeit des humanistischen Erzlandes Italien wettert. Von Ascham beeinflußt sind John Lylys moralisch-didaktische Romane *Euphues, or the anatomy of wit* (1578) und dessen Fortsetzung *Euphues and his England* (1580), die Gelehrsamkeit und höfische Eleganz zu verbinden suchen. In Form von Reiseberichten und Briefen behandelt er alle damals interessanten Themen, von Liebe und Ehe bis zu Religion und Atheismus, aber auch Modefragen.

Die humanistische Überzeugung vom Wert der antiken Literatur für die sittliche und soziale Bildung des Menschen rückte nicht nur die Lektüre lateinischer und griechischer Autoren in den Mittelpunkt des Schulunterrichts, sondern erhob auch die Übersetzung antiker Klassiker zu einer patriotischen Aufgabe, die von der Regierungszeit Heinrichs VIII. bis ins 17. Jahrhundert eifrig betrieben wurde. Die rege Übersetzungstätigkeit in der Renaissance erstreckte sich jedoch nicht nur auf die antike Literatur, sondern das Bedürfnis nach neuem Wissen, neuen Ideen und neuen Ausdrucksformen förderte auch zahlreiche Übertragungen aus dem Italienischen, Französischen und Spanischen. Unter Übersetzungen verstanden freilich nur wenige Autoren die getreue Übertragung des Originals; zumeist wurde das Fremde unbekümmert in die eigene Kultur verpflanzt und in einheimische Formen gegossen. Die meisten Autoren verfuhren so, wie Dryden Ben Jonsons Umgang mit klassischen Autoren beschrieb: »He invades authors like a monarch, and what would be theft in other poets, is only victory in him.« In Sir Thomas Norths Plutarch-Übersetzung (1579) sprechen die Griechen und Römer wie elisabethanische Gentlemen; der Puritaner Arthur Golding, dem man den Titel eines »translator general of his age« verlieh, machte aus den *Metamorphosen* des heidnischen Ovid einen Spiegel der menschlichen Existenz, dessen Weisheit mit der Bibel und der christlichen Tugendlehre übereinstimmte (1567). Der Olymp wird bei Golding zum Himmel, der heidnische Tempelpriester zum *bishop*. Die liebeskranke karthagische Königin Dido wird in Richard Stanyhursts *Aeneis*-Übertragung (1582) zur erbosten, in Slang fallenden Engländerin: »Shall a stranger give me the slampam?«, und Laokoon nennt die Trojaner »blind hoddypecks« und verwettet sein Leben gegen einen »halfpenny«.

Zu den Meisterleistungen gehören John Florios eigenwillige Übertragungen von Montaignes *Essais* (1603) und George Chapmans Nachschöpfung der homerischen Epen (1616). Die vielleicht größte Wirkung hatte Sir Thomas Hobys Übertragung von Baldassare Castigliones *Il cortegiano* unter dem Titel *The courtier* (1561), die nicht nur zum Standardwerk höfischer Kultur für die Elisabethaner wurde, sondern auch durch die im 4. Buch enthaltenen philosophischen Darlegungen Bembos Spenser und andere Dichter inspirierte. Die Bedeutung der Übersetzungen für die englische Literatur der Renaissance ist kaum zu überschätzen: Die Übertragung aus fremden Sprachen schärfte den Blick für die Eigenart des Englischen und führte zu zahlreichen Wortschöpfungen und Übernahmen fremden Sprachgutes; für das englische Drama bedeuteten die Übersetzungen eine schier unerschöpfliche Fundgrube für Stoffe, Motive und Formen; die Auseinandersetzung mit fremden Kulturen erweiterte schließlich den Horizont ebenso, wie sie das Bewußtsein der eigenen Wesensart entwickelte.

Eine deutliche Trennung gegenüber dem Wissenschaftssystem des Mittelalters vollzog der Humanismus mit der Aufwertung der Rhetorik, die zwar schon vorher wichtiger Bestandteil des Universitätsunterrichts (Triviums) war, jetzt aber der Logik ihren bisherigen Rang streitig machte, was den Protest scholastischer Philosophen hervorrief, die in der Rhetorik Zeitverschwendung, wenn nicht sogar eine Gefährdung der staatlichen Ordnung sahen. Den spekulativen Gedankengebäuden mittelalterlicher Scholastiker setzten die Humanisten die Regelsysteme der rhetorischen Schriften Ciceros und Quintilians entgegen, in denen sie nicht nur eine Methode zur Erschließung und Ordnung des Wissens sahen, sondern die sie zugleich als Handbücher der Weltklugheit und Lebenskunst schätzten. Mit der Neubewertung der Rhetorik und mit der Einführung der Poetik des Aristoteles beginnt in England die moderne dichtungstheoretische Diskussion, die in der Renaissance in mehreren Stadien verläuft und wegen der Konfrontation von protestantischem Humanismus und radikalem Puritanismus nicht nur ästhetische Fragen behandelte, sondern deutlich apologetischen

Charakter hatte und mit moralischen Argumenten geführt wurde.

Das erste Stadium ist durch eine Reihe von rhetorischen Handbüchern gekennzeichnet, unter denen Thomas Wilsons *The arte of rhetorique* (1553), wie die acht Auflagen bis 1585 zeigen, das erfolgreichste ist. Mit diesem »daily bread of our common pleaders and discoursers«, wie Gabriel Harvey es nennt, wendet sich Wilson an einen weiten Personenkreis. Er folgt den lateinischen Vorbildern, gibt zahlreiche Beispiele und streut Anekdoten ein. Sein Ideal ist ein klarer englischer Prosastil, der von *inkhorn terms* und fremden Beimischungen freigehalten werden soll. Als Ziel rhetorischer Kunst definiert Wilson in klassischer Nachfolge *docere, delectare, movere*, und zwar sowohl für die Rede wie für die Dichtung, die damals noch weitgehend als eine der Rhetorik zugeordnete, erlernbare Disziplin galt.

Ein neues Stadium beginnt in den siebziger Jahren, als prosodische und formale Fragen besonderes Interesse finden. Dabei kommt es zu Kontroversen über die Einführung des klassischen, silbenmessenden, anstelle des einheimischen, silbenwiegenden Verssystems, und über die Abschaffung des Reims als einer barbarischen mittelalterlichen Erfindung. Die wenig erfolgreichen, vor allem von Gabriel Harvey befürworteten Experimente mit Hexametern, sapphischen Strophen und anderen antiken Metren wurden angesichts der Verskunst Sidneys und Spensers, die beide ihren Versen eine bis dahin unerreichte rhythmische Vielfalt zu geben wußten, abgebrochen. Das ausführlichste Handbuch, das Fragen der Gattungen, der Prosodie und des Stils behandelt, ist George Puttenhams *The art of English poesie* (1589), das in 74 Kapiteln genaue Hinweise und zahlreiche Beispiele für den höfischen Dichter gibt.

Die philosophisch fundierte und zugleich apologetische Literaturkritik nahm ihren Anfang mit dem bedeutendsten Literaturessay der Renaissance, Sir Philip Sidneys *The defense of poesie* bzw. *An apologie for poetrie* (1595), verfaßt zwischen 1581 und 1583. Durch ihn werden auch die Grundpositionen der Poetik des Aristoteles zum ersten Mal in England vorgestellt. Sidney antwortet mit seiner Schrift wahrscheinlich auf Stephen Gossons *The school of abuse* (1579), einem puritanischen Angriff auf das Theater. In seinem elegant geschriebenen, als Verteidigungsrede angelegten Essay definiert Sidney Dichtung als idealisierende Mimesis, als Darstellung der Welt, wie sie sein sollte, und begegnet damit dem puritanischen Vorwurf, daß Dichtung lüge: »The poet... nothing affirms, and therefore never lieth.« Aus ihrem ehrwürdigen Alter, aus ihrer universalen Verbreitung und aus ihrer Möglichkeit, besser als die faktengebundene Geschichtsschreibung einerseits und die abstrakt formulierende Philosophie andererseits zur Tugend führen zu können, wird der hohe Rang der Dichtung begründet. Dichtung ist für Sidney göttlich inspirierte Schöpfung und prophetische Vision zugleich, die den Menschen sittlich erzieht. Inmitten einer dem Verfall anheimgegebenen Zeit bewahrt die Dichtung »die goldene Welt«, ihren ursprünglichen göttlichen Entwurf, und gibt damit dem Menschen Ziel und Richtschnur seines Handelns. Über die Literatur seiner Zeit, »the laughingstocke of children«, hat Sidney nur wenig Rühmendes zu sagen; er läßt allenfalls die wenigen Ansätze zur klassischen Formstrenge gelten und verurteilt rundweg das Drama seiner Zeit, »mingling kings and clowns«. Mit Sidneys Essay, der Plato, Aristoteles und Horaz ebenso verpflichtet ist wie den italienischen Theoretikern Castelvetro, Minturno und Julius Caesar Scaliger, begann in England die Auseinandersetzung um die Verbindlichkeit klassizistischer Normen, die vom Drama strenge Gattungstrennung, Einführung der Ständeklausel und die Beachtung der drei Einheiten fordern, und damit in Widerspruch zur lebendigen einheimischen Theatertradition standen. In Ben Jonson fand diese neue Formstrenge in Theorie und Praxis ihren frühen, streitbaren Anwalt.

Die poetologische Diskussion nach Sidney wurde beherrscht von den an Schärfe zunehmenden Angriffen auf Dichtung und Drama seitens radikaler und engstirniger Puritaner, unter denen *Histrio-Mastix* (1632), William Prynnes geschwätzige Generalabrechnung auf über tausend Seiten mit dem Theater von seinen Anfängen in der Antike bis zur Gegenwart, notorische Berühmtheit erlangte. In ihrer Theaterfeindschaft wurden die Puritaner insbesondere durch Königin Henrietta Marias Vorliebe für das Theater bestärkt, die in den *court masques* gelegentlich selbst als Schauspielerin auftrat, was in den Augen der Puritaner so schlimm wie Prostitution war. Den puritanischen Angriffen wurde immer wieder teils polemisch, teils sachlich argumentierend entgegnet, freilich ohne überzeugen zu können. Zu den besonnensten Apologien aus dem Kreis der Dramatiker gehört Thomas Heywoods *Apology for actors* (1622).

Die philosophische Diskussion über das Wesen der Dichtung

wurde ebenfalls weitergeführt, wobei sich nach Sidney eine Tendenz abzeichnete, den hohen Rang und die Würde, die ihr Sidney wegen ihrer sittlichen Wirkung vor anderen Wissenschaften verliehen hatte, in Frage zu stellen und ihr Wesen rationalistisch und psychologisch zu erklären. In Bacons *Advancement of learning* (1605), seinem großen Versuch, das System der Wissenschaften neu zu ordnen, werden Philosophie, Geschichtsschreibung und Dichtung dem Verstand, dem Gedächtnis und der Phantasie zugeordnet, und Dichtung wird als »feigned history« aus dem Bedürfnis des Menschen nach einer schöneren Welt, als er sie vorfindet, erklärt. Im Gegensatz zur Naturphilosophie sei Dichtung irrational und vermittle deshalb keine echte Erkenntnis, sondern habe nur eine moralische Wirkung.

Die poetologische Diskussion gegen Ende der Renaissance war gekennzeichnet durch den vordringenden Rationalismus, der vor allem der Freiheit der dichterischen Phantasie Grenzen setzen wollte. Am klarsten wird diese Tendenz im Vorwort Sir William Davenants zu seinem Epos *Gondibert* (1650) und in Thomas Hobbes' Antwort darauf (1651) formuliert. Für Davenant ist Dichtung Ausdruck von sozialen Werten. Die dichterische Phantasie wird als *wit* definiert, als Fähigkeit, schmückende Bilder zu finden, die allerdings der Kontrolle des Verstandes bedürfe. Hobbes erklärt die Entstehung der Dichtung mit Hilfe seiner mechanistischen Psychologie: »Time and education beget experience; experience begets memory; memory begets judgment and fancy; judgment begets the strength and structure, and fancy begets the ornaments of a poem.«

Fancy wird als kombinatorische, *judgment* als analytische Fähigkeit definiert. Die verschiedenen Gattungen werden von Hobbes als Darstellungen schichtenspezifischer Werte und Erfahrungen erklärt und den Bereichen *court*, *city* und *country* zugeordnet: Epos und heroische Dichtung spiegeln die Welt des Hofes, Komödie und Satire befassen sich mit der Stadt und ihren Bürgern, und die Pastoraldichtung beschreibt das Landleben. Damit kündigte sich am Ende der Renaissance bereits der Neoklassizismus an, der die Literatur der folgenden Epoche beherrschte. Noch 1656 erscheint Abraham Cowleys Bibelepos *Davideis*, das in der formalen Imitation Vergils, im Verzicht auf alle phantastischen Elemente und in den gelehrten Anmerkungen, die das Epos als historisch verläßliches Werk ausweisen sollen, bereits neoklassizistische Forderungen erfüllt.

Das literarische Leben

Die Einführung des Buchdrucks durch Caxton 1475 und die Verbilligung des Papiers waren neben der Ausbreitung der Schulbildung Voraussetzungen für die rasche Entwicklung eines Buchmarktes im 16. Jahrhundert, der nach ökonomischen Prinzipien funktionierte und die literarische Produktion beeinflußte. Die Renaissance kannte bereits den Bestseller, der immer wieder aufgelegt wurde und Nachahmungen fand. Buchdrucker und Verleger schlossen sich schon früh in der Worshipful Company of Stationers and Papermakers of London zusammen und erreichten 1557, daß ihnen das absolute Monopol des Buchdrucks verliehen wurde. Rechtlich geschützt wurden die Bücher durch Eintragung in das Stationers' Register, eine Art Copyright, das zwar den Verleger absicherte, nicht aber den Autor. Die Zensur für alle Druckerzeugnisse wurde von den Bischöfen von London und Canterbury ausgeübt, die Theatermanuskripte wurden vom Master of the Revels und seinen Vertretern überwacht.

Erst gegen Ende des 16. Jahrhunderts begannen sich die ersten Berufsschriftsteller zu etablieren, zumeist Akademiker, die versuchten, von ihrer Feder zu leben. Als nicht-dramatische Schriftsteller konnten sie allerdings nur mühsam ihren Unterhalt verdienen und waren auf andere Geldquellen, Zuwendungen von Förderern und Patronen, Pensionen u.a. angewiesen. Besser gestellt waren die Dramatiker, denen der große Bedarf der Londoner Theater an neuen Stücken ein einigermaßen regelmäßiges Einkommen bescherte, das im Durchschnitt höher war als das eines Schulmeisters in der Provinz. Für die Theater zu schreiben, war allerdings wegen der Abhängigkeit von Schauspielertruppen oder Theaterbesitzern und des Termindrucks, der nicht selten zur Teamarbeit zwang, mühsam und unbefriedigend und brachte überdies wenig dichterischen Ruhm, weil die Theaterstücke nicht als Literatur im humanistischen Sinn, sondern als Trivialliteratur galten. Dramen wurden deshalb auch nur als billige Quartausgaben gedruckt, und zwar erst dann, wenn die Schauspieltruppen, bei denen die Rechte an den Manuskripten lagen, nicht mehr an ihnen interessiert waren. Nicht zuletzt in der Absicht, als Dichter anerkannt zu werden, veröffentlichte Shakespeare noch als erfolgreicher Dramatiker die ovidischen Kurzepen *Venus and Adonis* (1593) und *The rape of Lucrece* (1594) in sorgfältig gedruckten Ausgaben. Ben Jonsons Herausgabe seiner Werke in einer *Folio* (1616), dem für hohe Literatur vorbehaltenen Format, wurde als Provokation und als Ausdruck eines Anspruchs auf Anerkennung seiner Dramen als Literatur verstanden. Ohne dieses Vorbild hätte es möglicherweise Shakespeares *Folio* von 1623 nicht gegeben. Noch weniger angesehen als das Schreiben für das Theater war allerdings das Schreiben von Straßenballaden, die als billige Einblattdrucke von *ballad mongers* verkauft wurden.

Andere Dichter, wie Spenser und Lyly, die vor allem die Anerkennung des Monarchen suchten, strebten einträgliche Stellungen bei Hof und im Staatsdienst an. Lyly hoffte vergeblich zum Master of the Revels ernannt zu werden, und Spenser beklagte sich bitter, mit dem Posten eines Sekretärs des irischen Vizekönigs abgespeist worden zu sein, der ihn jahrelang in die irische Provinz verbannte.

Ganz andere Verhaltensweisen zeigten die Amateure unter den Dichtern, die oft dem Adel angehörten. Für sie galt das Schreiben von Dichtung als Teil humanistischer und höfischer Kultur. Mit Gedichten bewies man seine Bildung und nahm Teil am Diskurs des höfischen Milieus, insbesondere am *game of love*, dem stilisierten Rollenspiel zwischen Dame und Gentleman. Dichtungen dieser Art zirkulierten zunächst nur als Manuskripte im Freundeskreis. Es hätte nicht dem Ideal der *sprezzatura*, der Lässigkeit und Mühelosigkeit, mit der ein Hofmann sein Können beweist, entsprochen, seine Werke durch ihren Druck aufzuwerten oder, wenn ein Drucker eines Manuskripts habhaft wurde und es veröffentlichte, sich als Autor zu seinem Werk zu bekennen. Zwischen den Gentlemen-Dichtern, den Literaturkennern und den Berufsschriftstellern bestanden viele Verbindungen. Man traf häufig in Gesprächsrunden und Zirkeln zusammen, in denen literarische Fragen debattiert wurden, die aber nie zu Schulen oder programmatischen Bewegungen wurden. Ein solcher Zirkel war der *Areopagus*, der sich ab 1578 im *Leicester House* um Sir Philip Sidney scharte, um vor allem prosodische Fragen zu erörtern. Ihm gehörten Edmund Spenser, Thomas Drant, Sir Edward Dyer, Abraham Fraunce, Fulke Greville und Gabriel Harvey an. Berühmt waren die regelmäßigen Treffen an den ersten Freitagen eines jeden Monats in der Mermaid Tavern. Hier fanden sich Dramatiker wie Shakespeare und Jonson, Beaumont und Fletcher, literarisch interessierte Mitglieder des Adels und junge Ästheten der Inns of

Court zu Gesprächen zusammen. Beaumont bezeugt Kultur und Witz dieser Gespräche:

> What things have we seen,
> Done at the Mermaid! heard what words that have been
> So nimble, and so free of subtile flame,
> As if that every one, from whence they came,
> Had meant to put his whole wit in a jest
> And had resolv'd to live a fool the rest
> Of his dull life...

Später scharte sich eine Reihe von Verehrern um Ben Jonson und nannte sich respektvoll »sons of Ben« oder »tribe of Ben«. Sie trafen sich regelmäßig im Apollo-Zimmer der Devil and St. Dunstan Tavern, wo Jonsons *Leges conviviales* über dem Kamin prangten. Zu den Mitgliedern gehörten Richard Brome, Thomas Carew, Sir Kenelm Digby, Robert Herrick, Sir John Suckling und viele andere. Eine Reihe der späteren *cavalier poets* ging aus diesem Kreis hervor.

Der Hof war in der Renaissance nicht nur ein wichtiges literarisches Thema, sondern auch ein bedeutendes Zentrum des literarischen Lebens. An ihm hielt sich die gesellschaftliche und politische Elite auf, die durch Patronage und Protektion, durch Zensur und Ablehnung fördernd, lenkend oder hemmend in die literarische Produktion eingriff. Zugleich gingen von ihm wichtige Impulse für die literarische Entwicklung aus: Die *courtly makers* am Hofe Heinrichs VIII. leiteten die Entwicklung der Renaissancelyrik ein. Die glänzende Erscheinung Sir Philip Sidneys am Hofe Elisabeths war als Dichter des Sonettzyklus *Astrophel and Stella* und der *Arcadia*, aber auch als Theoretiker nicht nur für seine Generation wegweisend; für den Hof von Jakob I., der selbst als Schriftsteller hervortrat, produzierte Ben Jonson von 1605 bis 1631 zusammen mit dem Architekten Inigo Jones glänzende *court masques*.

Neben dem Hof war das andere bedeutende literarische Zentrum die Gruppe der vier Inns of Court, die Ausbildungszentren der Londoner Juristengilde. Dort wohnten nicht nur junge Juristen, die nach dem Universitätsstudium ihre praktische Ausbildung erhalten sollten, sondern seit dem 16. Jahrhundert auch junge Adelige und Söhne wohlhabender Bürger, die in diesem Milieu urbane Bildung und weltmännischen Schliff erhalten oder sich auch nur die Hörner abstoßen sollten. Bekannt war die Theaterleidenschaft der Insassen: An Weihnachten und anderen Feiertagen wurden Dramen und *masques* aufgeführt, die von Mitgliedern oder Berufsdramatikern geschrieben wurden. Die jungen Leute gehörten neben den Londoner Lehrlingen aber auch zum interessiertesten und treuesten Stammpublikum der öffentlichen Theater. Von John Donne z.B. wird über seine Jahre in Lincoln's Inn berichtet: »not dissolute, but very neat, a great visitor of ladies, a great frequenter of plays, a great writer of conceited verses«. Das Milieu war wegen seiner gesellschaftlichen und kulturellen Homogenität besonders geeignet, literarisches Interesse und schriftstellerische Talente zu entwikkeln. Die Liste der Mitglieder, die zugleich in die Literaturgeschichte eingingen, nennt unter vielen anderen Sir Thomas More und Sir Francis Bacon; Francis Quarles und Sir John Suckling; John Marston und Thomas Carew; Thomas Sackville und William Browne. In den Inns of Court entstand *Gorboduc* als erster englischer Versuch einer klassizistischen Tragödie und *Jocasta* als erste Imitation einer griechischen Tragödie. Eine besonders rege Übersetzungstätigkeit entfaltete die Generation, die zwischen 1558 und 1572 an den Inns of Court war. Sie versuchte gegen den Widerstand einer älteren Generation, der sie reaktionäres Bildungsverständnis und mangelnden Patriotismus vorwarf, die Klassiker unters Volk zu bringen. In Jasper Heywoods Vorwort zu seiner Übertragung des *Thyestes* wird das musische Milieu und der humanistische Eifer der jungen Leute gepriesen:

> But yf thy will be rather bent,
> a yong mans witt to prove,
> And thinkst that elder lerned men
> perhaps it shall behove,
> In woorks of waight to spende theyr tyme,
> goe where Minervaes men,
> And finest witts doe swarme: whome she
> hath taught to passe with pen.
> In Lyncolnes Inne and Temples twayne,
> Grays Inne and other mo
> Thou shalt them fynde whose paynfull pen
> thy verse shall florish so, ...

In den Jahren um 1600 war ebenfalls eine Reihe von literarischen Zirkeln in den Inns of Court tätig. Im Unterschied zur früheren Generation vermieden diese jedoch, ihre Werke in Druck zu geben, und ließen sie gemäß dem aristokratischen

Brauch nur als Manuskripte im Freundeskreis zirkulieren. In diesen Kreisen entstehen die Epigramme, Satiren und Elegien John Donnes, hier schreibt er einen Teil seiner revolutionierenden Liebeslyrik im *metaphysical style*. Donnes Satiren und Lyrik sind ohne diesen internen avantgardistischen Kreis literarischer Connaisseurs nicht denkbar. Die Wirkung der Inns of Court reichte aber weit über das literarische Leben hinaus. In der Tudor-Zeit waren sie Hochburgen des protestantischen Humanismus und patriotischer Bildungsarbeit; in der Stuart-Ära wurden sie zu Zentren der parlamentarischen Opposition gegen den Machtanspruch des Königs, und hier rekrutierte auch der politische Puritanismus seine eloquentesten Anhänger.

Besondere Bedeutung für das literarische Leben hatten die Theater Londons. Bereits 1576 wurde der erste Theaterbau Londons, The Theatre, errichtet, nachdem vorher wandernde Schauspieler in den Innenhöfen von Wirtshäusern gespielt hatten. Die Schauspieltruppen unterstellten sich zwar nominell einem Patron, um juristischen Schutz zu genießen, waren aber in Wirklichkeit kommerzielle Unternehmen, die auf genossenschaftlicher Basis arbeiteten. Als Repertoiretheater hatten sie einen großen Bedarf an Stücken, mit denen sie die verschiedenen Geschmacksrichtungen ihres sehr gemischten Publikums befriedigen mußten. Der Konkurrenzdruck, die Fülle der Talente, die für das Theater schrieb, die Mischung der einheimischen Theatertradition mit ausländischen Modellen und das Einströmen neuen Gedankenguts machte das Drama zur experimentierfreudigsten und sich am raschesten entwickelnden Gattung der Zeit. Zwischen 1590 und 1642 wurden nicht weniger als etwa 1200 Dramen geschrieben. Während die Stellung der Autoren gegenüber den professionellen Schauspieltruppen nicht sehr stark war – es sei denn, sie waren selbst Mitglieder –, konnten sich die Dramatiker bei den Kindertruppen, die besonders um 1600 für einige Jahre zur echten Konkurrenz für die etablierten Truppen wurden, mehr Einfluß sichern. Dramatiker wie Jonson, Chapman oder Marston, die ihren Werken die Anerkennung als Literatur verschaffen wollten, arbeiteten deshalb bevorzugt für die Kindertruppen, die überdies stärker von gebildeten Schichten frequentiert wurden als die billigeren Freilichttheater.

Die wachsenden Unterschiede in Kultur und Lebensführung zwischen den militanten Puritanern einerseits, die vor allem im Parlament und in den Magistraten ihren stärksten Rückhalt hatten, und den anglikanischen Royalisten andererseits blieben nicht ohne Einfluß auf das Theater. Unter dem Eindruck der vehementen puritanischen Angriffe auf das Theater als Stätte des Müßiggangs und Lasters begannen sich die gesinnungstreuen Bürger um 1610 immer mehr vom Theater zurückzuziehen. Nicht zuletzt wegen der Theaterleidenschaft des Stuart-Hofes, an dem aufwendige und kostspielige *masques* aufgeführt wurden, kam das Theater in den Ruf, Ausdruck einer reaktionären Kultur zu sein. In der Tat setzte sich im 17. Jahrhundert die pastorale und heroische Tragikomödie auf den Bühnen durch, in der der absoluten Monarchie und der Klassengesellschaft das Wort geredet wird, während gleichzeitig in der Komödie der Puritaner zum bevorzugten Opfer der Satire wird. Das in dieser Konstellation unvermeidliche Ende des englischen Renaissancetheaters kam 1642, als das Parlament angesichts »the distressed Estate of Ireland, steeped in her own Blood, by a Civill Warre«, um den Zorn Gottes zu besänftigen, die Schließung aller Theater verfügte: »It is therefore thought fit, and Ordeined by the Lords and Commons in this Parliament Assembled, that while these sad Causes and set times of humiliation doe continue, publike Stage-Playes shall cease, and bee forborne.«

Die Literatur der schottischen Renaissance

Im 14. Jahrhundert wurden in Schottland Latein und Anglonormannisch als Schriftsprachen vom nördlichen Englisch verdrängt, das sich als *Scots* rasch zu einer selbständigen Literatursprache neben dem keltischen Gälisch entwickelte. In *Scots* wurde bis um 1600 eine eigene Literatur geschrieben, bis mit der Vereinigung beider Königreiche unter den Stuarts das Englische als Sprache der Gebildeten sich auch in Schottland durchsetzen konnte und *Scots* wegen seines vermeintlich rustikalen und provinziellen Charakters nicht mehr als seriöse Literatursprache galt. Erst seit dem 18. Jahrhundert gibt es wieder eine selbständige schottische Literatur.

Die Entwicklung der schottischen Literatur verlief mit der englischen nicht parallel, sondern zeigte ein eigenes Profil: Anders als in England war die zweite Hälfte des 15. Jahrhunderts eine Blütezeit der schottischen Dichtung, in der durch Robert Henryson und William Dunbar Werke von europäischem Rang geschaffen wurden. Unter deren Eindruck vollzog sich die Entwicklung der Dichtung zu Beginn des 16. Jahrhunderts bruchloser als in England; allerdings erfolgte die Auseinandersetzung mit kontinentalen Vorbildern auch erst wesentlich später. Der Einfluß der französischen Kultur und Literatur war wegen der »Auld Alliance«, der traditionellen politischen Freundschaft der beiden Länder, wesentlich größer als in England. Die Reformation in Schottland, ab den fünfziger Jahren von dem strengen Kalvinisten John Knox betrieben, führte nicht wie in England zu einem staatskirchlichen Kompromiß, sondern zeigte revolutionäre und demokratische Züge: Die politisch-religiöse Vision von John Knox und dem Presbyterianismus war eine egalitäre Theokratie, in der das private und öffentliche Leben strikten biblischen Normen unterworfen sein sollte. Die Kirk of Scotland etablierte sich deshalb als unabhängige demokratische Institution neben dem Staat: »There is twa kings and twa kingdomes in Scotland. Thair is Chryst Jesus the King, and his kingdome the Kirk, whose subject King James the Saxt is, and of whose kingdome nocht a king, nor a laird, nor a heid, bot a member« (Andrew Melville). Die Strenge, mit der diese Reformation durchgeführt wurde, brachte das literarische Leben in den folgenden 200 Jahren nahezu zum Erliegen.

Von den beiden größten Gestalten der literarischen Blütezeit Schottlands in der zweiten Hälfte des 15. Jahrhunderts ragt William Dunbar (1460?–1520?) noch in das 16. Jahrhundert hinein. In der Meisterung schwieriger englischer und französischer Formen ist er unerreicht; ebenso beherrscht er die verschiedenen Stilhöhen bis zur kunstvoll-vulgären Beschimpfung im *flyting*, dem traditionellen schottischen Schimpfduell. Höfische Gelegenheitsdichtung, Hofkritik und Satire, religiöse Dichtung und Traumvision sind in seinem umfangreichen Werk vertreten.

Die Bedeutung von Gavin Douglas (1475?–1522) liegt weniger in seiner noch dem mittelalterlichen Formenbestand verpflichteten Dichtung, sondern in seiner Vergil-Übersetzung *Eneados* (1513), der ersten vollständigen Übersetzung eines großen lateinischen Textes auf den britischen Inseln. Wie auch die späteren englischen Übersetzer überträgt er frei das Original, fügt Erklärungen und Prologe hinzu und ersetzt die antiken Waffen, Kleider, Schiffe und Sitten durch zeitgenössische Entsprechungen.

Im Gegensatz zu England konnte sich in Schottland die religiöse Theatertradition des Mittelalters nicht zu einem lebendigen weltlichen Volkstheater weiterentwickeln. Die wenigen Ansätze zu einem schottischen Drama in der ersten Hälfte des 16. Jahrhunderts fielen bald der Reformation zum Opfer. Bevor jedoch der Sieg von John Knox alle Versuche, ein schottisches Drama zu schaffen, beendete, entstand in Sir David Lindsays (1490–1555) *Ane pleasant satyre of the thrie estaits* (aufgeführt 1540) das beste Drama der britischen Inseln vor dem Beginn der Blütezeit der Londoner Theater. Lindsays Drama ist politische Moralität, satirische Komödie und populäre Farce in einem. Die zwei Teile des Dramas werden durch ein *interlude* getrennt, in dem rude mechanicals das Geschehen komisch kommentieren. Im Mittelpunkt stehen Rex Humanitas, der Hof und das Parlament der drei Stände, deren Laster in derber Komik entlarvt und deren politisch-soziales Versagen in bissiger Satire attakkiert werden. Die Figuren des Pauper und des John the Commonweill, die in dieser etablierten Gesellschaft weder Rang noch Stimme haben, brechen als Ankläger in das Spiel ein, das in einer scharfen Kritik und Ermahnung aller Stände durch die Figur der Divine Correction endet. Im Gegensatz zu den englischen Autoren politischer Moralitäten entwirft Lindsay nicht das Ideal eines hierarchisch geordneten *body politic*, sondern weist statt dessen drastisch auf die doppelte Gleichheit aller Menschen hin: auf die Gleichheit vor Gott und auf die Gleichheit in ihrer Triebhaftigkeit.

Der größte Humanist Schottlands, dessen Ruhm sich in ganz Europa verbreitete, war George Buchanan (1506–82). Es ist bezeichnend für die schwache Einwurzelung des Humanismus in Schottland, daß Buchanan seine Werke, darunter zwei Tragödien im Seneca-Stil, eine Geschichte Schottlands, *court masques* und andere Dichtungen, in Latein schrieb. Er galt als Autorität in Fragen der Erziehung und Reformation und wurde zum Tutor des Sohnes von Maria Stuart, des späteren Jakob I. Stuart, bestellt. In seiner *Rerum Scoticarum historia* (1582) und *De jure regni apud Scotos* (1579) vertritt Buchanan die Absetzung von unfähigen Königen durch das Volk als altes keltisches Recht. Gegen letzteres Werk, das in mehrere Sprachen übersetzt wurde, bevor Jakob I. es 1586 verbieten ließ, schrieb der König sein *Basilikon Doron*, in dem er sein absolutistisches Monarchieverständnis begründete.

Gegenüber der Prosa, die von der Reformation bestimmt war, spielte die Lyrik in der zweiten Hälfte des 16. Jahrhunderts nur eine untergeordnete Rolle. Ihre besten Vertreter sind

Alexander Scott (1525?–1584?) und Alexander Montgomerie (1545?–1610?), die neben einer Fülle von Gelegenheitsdichtungen auch Liebessonette, allerdings keine besonders originellen, produzieren.

Am Ende des 16. Jahrhunderts etablierte sich am Hofe Jakobs VI. eine Gruppe von Dichtern als »brothers of the Castalian band«. Jakob, der selbst ein mittelmäßiger Dichter war und dichtungstheoretische Essays schrieb, stilisierte sich als Apollo eines Musenhofes. Die Dichtung dieser ehrgeizigen Gruppe kam allerdings über die Nachahmung der englischen Petrarkisten und Ronsards nicht hinaus.

Die schottische Renaissancedichtung hatte ihren letzten Vertreter in dem belesenen William Drummond of Hawthornden (1585–1649). Mit seinem späten melancholischen Sonettzyklus schließt er die petrarkistische Sonettmode auf den britischen Inseln ab. Sein zurückgezogenes Leben in Schottland, die sorgfältige Ausmerzung von Scottizismen in seinen Dichtungen und sein Ehrgeiz, die Anerkennung englischer Literaturkenner wie Ben Jonson zu finden, machen deutlich, daß mit der gründlichen Reformation von John Knox und der Übersiedlung des Hofes nach London der geistige und soziale Nährboden für eine eigenständige schottische Literatur auszutrocknen begann. (W)

Restaurationszeit und 18. Jahrhundert

Politik und Geistesleben im späten 17. Jahrhundert

Die Regierungszeiten Karls II. (1660–1685), Jakobs II. (1685–1688) und des mit Jakobs Tochter Maria vermählten Wilhelms III. von Oranien (1689–1702) stellen sich für den Historiker als eine geschlossene, wenngleich nicht homogene Epoche dar. Der Anfang dieser Epoche ist durch das politische Ereignis markiert, das ihr den Namen gegeben hat: die Restauration der Monarchie nach gut einem Jahrzehnt des puritanischen Commonwealth. Ihr Ende ist weniger scharf konturiert. Sie reicht über die Glorreiche Revolution von 1688 hinaus, aber die vielfältigen Auswirkungen dieser Revolution gaben den Zeitgenossen zu Recht das Gefühl, daß wohl schon vor dem neuen Jahrhundert eine andere Ära angebrochen war.

Der triumphale Einzug Karls II. in London im Mai 1660 bedeutete einen Einschnitt im politischen wie im geistigen und literarischen Leben Englands. Der König – ein den Künsten, der Wissenschaft und den Genüssen des Daseins gleicherweise zugetaner Grandseigneur – kehrte mit seinem Hof aus dem Exil auf dem Kontinent zurück. Eben dreißig Jahre alt, brachte er aus Frankreich nicht nur jene eigene Mischung aus Eleganz, Raffinement und Frivolität mit, die traditionell als französisch gilt, sondern auch einen wachen Sinn für den modernen Geist des an neuen und umwälzenden Ideen nicht eben armen 17. Jahrhunderts. Allenthalben breitete sich die Zuversicht aus, daß die Nation im Zeichen der erneuerten Monarchie einer verheißungsvollen Zukunft entgegengehen würde.

Das an der Schwelle zum Zeitalter Ludwigs XIV. stehende Frankreich wurde, als eine Art *mirage français*, zum Leitbild für Mode und Moral der Restauration. Nach einer düsteren Epoche wirklicher oder vermeintlicher Repression brachen sich Lebenslust und Daseinsfreude wieder Bahn, nicht selten über jene Grenzen hinaus, hinter denen für besonnene Zeitgenossen der Exzeß begann. In der Provinz bedeutete diese Befreiung nicht mehr als die Restauration von vielem, was traditionell englisch war. In der Hauptstadt jedoch nahmen der Hof, die Aristokratie und auch die *haute bourgeoisie* in ihren Lebenstil und ihre Lebensgewohnheiten, in ihre Denk- und Empfindungsweise in einem bislang unbekannten Maße Französisches auf. Nicht zuletzt dieses französische Element machte die Restaurationszeit zu einer ebenso brillanten wie bizarren Epoche des englischen Geisteslebens.

Die hohen Erwartungen, die sich mit der Rückkehr Karls II. verbanden, fanden Ausdruck in einer kühnen und anspruchsvollen historischen Analogie:

> Oh Happy Age! Oh times like those alone
> By Fate reserv'd for Great Augustus Throne!
> When the joint growth of arms and arts forshew
> The World a Monarch, and that Monarch You.
>
> (Dryden)

Genügend Gemeinsamkeiten zwischen dem Rom des Augustus und dem London Karls II. schienen die Auffassung zu rechtfertigen, daß in England ein Augusteisches Zeitalter begann. Ein Bürgerkrieg war beendet, das Zeitalter der Republik vorüber. Ein neuer Hof konstituierte sich als Zentrum der Macht, der Gesellschaft und der Künste, und eine fremde Kultur breitete sich aus: die griechische in Rom, die französische in England. Hier wie dort fühlte man sich auf der Höhe der Zeit.

Die Parallele war mehr als ein Gedankenspiel, mit dem die Epoche sich selbst schmeichelte. Sie bedeutete den Rückgriff auf eine verpflichtende Tradition. Das klassische Erbe, das in England wie in Frankreich immer zuerst als das der römischen Antike empfunden wurde, sollte sich neu in dem Versuch beleben, für England eine politische und kulturelle Blütezeit heraufzuführen. Karl II., geistvoll aber indolent, verständig aber nachgiebig, war indessen kein zweiter Augustus, so daß aus dem England der Restauration kein anderes Rom werden konnte. Seiner Regierung fehlte die imperiale Weite, und in vielem blieb er ohne Fortune. Die Glorreiche Revolution machte vollends deutlich, daß der Absolutismus der Stuarts weniger glanzvoll und vor allem weniger fest gegründet war als der des Sonnenkönigs von Frankreich.

Die Vision der Zukunft, die sich aus dem Blick in die Vergangenheit ergab, erfüllte sich nur zum Teil. Der kometenhafte Aufstieg, mit dem England unter Cromwell zur führenden Seemacht geworden war, stellte sich als Episode heraus. In den vier Jahrzehnten nach 1660 spielte England keine hervorragende Rolle unter den Mächten Europas. Die beiden Kriege mit Holland (1665–1667 und 1672–1674), aus alter Handelsrivalität und zur Unterstützung Ludwigs XIV. geführt, brachten eher Verluste und als bleibenden Gewinn nur den Besitz des hinfort New York genannten Neu-Amsterdam, das eine Lücke im Kolonialbesitz an der amerikanischen Ostküste schloß. Zwar wurde England in verschiedenen Konstellationen immer wieder in die kontinentale Politik hineingezogen, aber es nahm doch, aufs Ganze gesehen, eine Randstellung ein. Man war auf der Insel vornehmlich mit sich selbst beschäftigt. Und der Kontinent nahm, zumindest in der ersten Zeit, wenig Anteil an den Vorgängen jenseits des Kanals, wo verbreiteter Meinung zufolge sowieso alles nach eigenen Gesetzen verlief.

Trotz der zyklischen Geschichtsvorstellungen, denen man damals huldigte, kehrte die Vergangenheit nicht wieder. Die nationale Einheit ließ sich durch die Restauration nicht zurückgewinnen. Weder die politische Stabilität noch die religiöse Übereinstimmung, die in der Erinnerung die Epoche Karls I. zu kennzeichnen schienen, stellten sich noch einmal ein. Als die Begeisterung über die Rückkehr des Königs abgeklungen war, zeigten sich die Spaltungen, die sich, auch in der Zukunft kaum überbrückbar, inzwischen aufgetan hatten. Parteigeist und Parteisucht brachen durch. Für das politische, das religiöse und auch das geistige Klima der Restauration wurden Gegensatz und Opposition charakteristisch, und die Zeit bietet sich als eine Epoche widerstrebender Tendenzen dar.

Der König und das Parlament, das ihn zurückgerufen hatte, waren natürliche Gegenspieler im Kampf um die Macht im Staate. Inkonsequenz auf seiten des Monarchen und Souveränitätsbewußtsein auf seiten des restaurativen Parlaments verschärften die Gegensätze. Gegen Absicht und Neigung wurde Karl II. zu einer harten Politik gegen alle gezwungen, die nicht monarchistischer oder anglikanischer Gesinnung waren. Weder unter Edward Hyde, Earl of Clarendon, dem ersten Lordkanzler (bis 1667), noch unter der späteren Ministergruppe, der Cabal, kam es zum Ausgleich. Der berüchtigte Popish Plot (1678), eine vermeintliche Verschwörung gegen den König, führte zu jahrelangen politischen Querelen, in deren Verlauf sich die beiden zukunftbestimmenden Parteien herausbildeten: die Whigs und die Tories, wie sie sich, Schimpfworte gebrauchend, gegenseitig bezeichneten. Sie stellten die Konkretisierung langwährender Gegensätze dar, wie sie auch ein dauerhaftes Element im politischen Leben Englands bleiben sollten.

Zum entscheidenden Machtkampf zwischen König und Parlament kam es, nahe am Rande eines Bürgerkrieges, nach der Thronbesteigung des zum Katholizismus übergetretenen Jakob II. Mit dem Versuch, die uneingeschränkte Königsgewalt auszuüben und die Duldung des Katholizismus durchzusetzen, vereinte er das Parlament gegen sich. Nach seiner Abdankung unterzeichneten Wilhelm III. von Oranien und Maria jene Bill of Rights, die nicht nur die Grundlage für die Parlamentssouveränität und damit für das schon bald auf dem Kontinent als vorbildlich empfundene englische Regierungssystem abgab, sondern im 18. Jahrhundert auch zu einer der geistigen Voraussetzungen für die amerikanische Revolution werden sollte.

Durch das Staatskirchentum waren Politik und Religion ineinander verwoben. Die Rückkehr zum Anglikanismus bedeutete unausweichlich die Konfrontation von Orthodoxie und *dissent*. Von Natur nachsichtig und aus Erfahrung duldsam, versuchte Karl II. den Ausgleich, setzte sich aber mit seinen Toleranzvorstellungen gegen das hochkirchlich geprägte Parlament nicht durch. Gesetzliche Bestimmungen (Clarendon Code, 1661–1665) disqualifizierten die Nonkonformisten politisch, engten die Gewissensfreiheit ein und beeinträchtigten die Religionsausübung bei den Puritanern fast ebenso stark wie bei den Katholiken. Erst mit dem Indulgence Act von 1693 wurde den Puritanern Religionsfreiheit gewährt.

Das Spektrum religiöser Überzeugungen war breit und schloß zwischen Quäkern und Deisten zahlreiche Bekenntnisse ein. Die Gesellschaft der Freunde, um die Jahrhundertmitte durch George Fox gegründet und in ihrer frühen Zeit eher durch schockierende Auftritte bekannt, wirkte mit ihrer undoktrinären Bekenntnishaftigkeit auf Toleranz hin und erschloß mit ihrem mystischen Quietismus neue Bereiche einer religiösen Erfahrung, die sich literarisch in vielfältigen Formen manifestieren sollte. Mit den Deisten, die wegen ihrer Kritik an der Offenbarungsreligion von den Christen fast jeder Observanz abgelehnt wurden, traten die ersten Vertreter der für die Aufklärung charakteristischen Vernunftreligion auf. Sie bevorzugten das Buch der Natur gegenüber dem Buch der Bücher, und ihre religiöse Sicherheit kam aus der äußeren Erfahrung, nicht aus dem inneren Empfinden. Ein Buchtitel des Botanikers und Zoologen John Ray, *The wisdom of God manifested in the works of the creation* (1691), brachte die neue Gottesauffassung auf eine eingängige und zumindest für ein halbes Jahrhundert gültige Formel.

Die Bereitschaft zur Toleranz und letztlich zur »Vernunft« in Glaubensdingen schwächte die Stellung der Religion. Sie verlor im Getümmel der Kontroversen zunächst unbemerkt die zentrale Bedeutung, die sie über Jahrhunderte gehabt hatte. Die ersten Konturen einer neuen Ära der Diesseitigkeit wurden sichtbar. Das wichtigste philosophische Werk der Epoche, John Lockes *Essay concerning human understanding* (1690), bot eine Naturgeschichte des menschlichen Geistes, die nicht mehr theologisch, sondern psychologisch fundiert war. Lockes Empirismus, für die Tendenzen der Epoche ebenso charakteristisch wie für den englischen Stil des Philosophierens, legte für Menschenbild und Weltbetrachtung neue und für das 18. Jahrhundert maßgebende Perspektiven fest.

Der Geist der Zeit dokumentierte sich am markantesten in der Wissenschaftsbewegung, die mit der Restauration zum Durchbruch kam. Die kleine Gruppe von Männern, von der sie wesentlich getragen wurde, hatte sich zunächst in Oxford zusammengefunden, ehe sie sich unter dem Patronat Karls II. 1662 in London zur Royal Society for the Improving of Natural Knowledge konstituierte. Als erste wissenschaftliche Gesellschaft in England sah sie ihre Aufgabe darin, die Natur nach den Grundsätzen Francis Bacons zu erforschen, wie er sie in dezidierter Abkehr von der Naturphilosophie der Antike in seinem *Advancement of learning* (1605) niedergelegt hatte. Der Empirie und dem Experiment verschrieben, versuchte die Gesellschaft, deren Wahlspruch bis heute »nullius in verba« ist, in beständigen Fortschritten von Erkenntnis zu Erkenntnis die »Wahrheit« über die Natur zu ergründen. Sie war der Sammelpunkt für alle, deren Anliegen die Neue Philosophie war: ein Zusammenschluß von Gelehrten und Amateuren auf der Suche nach den Materialien für eine umfassende Geschichte der Natur.

In der Frühphase der Royal Society lagen naive Kuriositätenfreude und ernsthafte Forschung nahe beieinander, und mancher Spott ergoß sich über die bloßen Sammler und Betrachter. Im Rückblick jedoch wird in der Tätigkeit der Gesellschaft der Ursprung der modernen Wissenschaft sichtbar, der philosophisch durch Descartes wie durch Bacon vorbereitet worden war. Die Befragung der Natur im Experiment war ebenso zukunftweisend wie die Verbreitung der Forschungsergebnisse in den *Philosophical transactions* (ab 1665), der ersten – und bis heute bestehenden – wissenschaftlichen Zeitschrift. Die seriösen Amateure gereichten der Gesellschaft zur Ehre, und ihre prominenten Mitglieder wie Robert Boyle, der führende Chemiker seiner Zeit, und Isaac Newton, der »Fürst der Neuen Philosophie«, begründeten die Weltgeltung der englischen Naturwissenschaft. Nicht zuletzt durch die Royal Society verwandelte sich London, schon immer die bedeutendste Stadt Englands, binnen weniger Jahrzehnte in eine intellektuelle Metropole Europas.

Bald nach der Restauration brachen über London die beiden schwersten Katastrophen der Stadtgeschichte herein. Eine verheerende Pestepidemie raffte 1665 jeden siebenten Einwohner der Halbmillionenstadt hinweg. Im Sommer 1666 zerstörte der Große Brand – »a most horrid malicious bloody flame« (Samuel Pepys) – vier Fünftel der City: über 13000 Häuser und 87 Kirchen. Das Stadtbild, wie es Thomas Wijck in seiner berühmten Ansicht vom Südufer der Themse gezeichnet hatte, sank in Asche. Wenig später proklamierte der König den Wiederaufbau. Das neue London sollte schöner, größer, geräumiger und durch seine Steinbauten vor allem sicherer sein als jenes mittelalterliche, das schon Chaucer und Shakespeare beherbergt hatte. Es sollte nach modernen Plänen gebaut werden, und deren geometrisches Ebenmaß verrät über höchste Ansprüche der Stadtplanung hinaus den Durchbruch einer neuen, rationalen Geistesart. Die Umstände erzwangen eine bescheidenere, durch das Nötige und Mögliche bestimmte Restauration. Die Zeitgenossen empfanden nur den Triumph der wiedererstandenen Stadt – »not only the finest, but the most healthy City in the World«.

In Christopher Wren, einem jungen, genialen, aber bis dahin wenig bekannten Architekten, kam einem Mitglied der Royal Society die Schlüsselrolle in der Planung zu. Seine ideale Stadt, ein eleganter, großzügiger Entwurf, realisierte sich zwar so wenig wie andere weitblickende Pläne, doch von seiner Tätigkeit zeugen noch immer zahlreiche Kirchen und andere Bauwerke. Das Wahrzeichen der Stadt, die neue St. Paul's Cathedral, entwarf Wren als Kuppelbau, und diese Kuppel war mehr als eine Anspielung auf den Petersdom: sie setzte London und Rom in Beziehung.

Literarische Normen und Formen der Restaurationszeit

Die Wiederaufnahme der klassischen Tradition in der Literatur entprang nicht dem Wunsch, sich in die Vergangenheit zu versenken, sondern dem Verlangen, Abstand zu einer eben Geschichte gewordenen Gegenwart zu gewinnen. Die zurückliegenden Jahrzehnte schienen den Zeitgenossen durch einen Enthusiasmus und eine Exzentrizität gekennzeichnet, die schädlich waren, durch einen politischen und religiösen Fanatismus, der ins Verderben führte, und durch ein ingeniöses, in sich selbst gekehrtes Denken, das sich als Ausdruck eines exaltierten Intellektualismus darstellte. Die geistige Situation der Epoche verlangte nach einer Gegenkraft. Diese bot sich in den klassischen Autoren dar als dem literarischen Inbegriff einer erprobten Stabilität.

Die Literatur des augusteischen Rom wurde hinfort als ebenso gegenwärtig empfunden wie die des zeitgenössischen Frankreich. Öffnete sich mit der Assimilation der französischen Literatur für die englische Literatur, wie für das Geistesleben der Epoche überhaupt, ein europäischer Horizont, so gewann sie mit der Aneigung der antiken Literatur eine neue historische Dimension. Die Übersetzung, vor allem aus dem Lateinischen, gehört zu den bevorzugten literarischen Beschäftigungen der Restaurationszeit und zu ihren eindrucksvollen literarischen Leistungen. Für ihre eigenen Werke, besonders auf dem Gebiete der Versdichtung, entwickelte sie mit der *imitatio*, der nachschaffenden Neugestaltung vorbildhafter Werke, und mit der historischen Anspielung als literarischem Stilmittel Techniken der Vergegenwärtigung, die Distanzen von Zeit und Form mühelos überbrückten.

Gleichwohl war eine naive Weiterführung der antiken Tradition ebenso wenig möglich wie eine unreflektierte Benutzung der überkommenen Formen. Der intellektuelle Kontext, in dem sich nach 1660 der Versuch der Neuaneignung des literarischen Erbes vollzog, ließ dies nicht zu. Das vorherrschende *climate of opinion* (ein Ausdruck der Zeit) war von dem neu aufkommenden Rationalismus bestimmt, und dieser Rationalismus machte sich in fast allen Sphären des zeitgenössischen Lebens als distanzierender Faktor bemerkbar. Mit seiner Durchsetzung veränderte sich die Stellung der Literatur im Gesamtbereich des geistigen Lebens. Die Grundlagen der literarischen Produktion wandelten sich ebenso wie der Status des literarischen Werks.

Der Primat der »natürlichen« Vernunft, wie ihn Thomas Hobbes in seinem *Leviathan* schon um die Jahrhundertmitte vertrat, schränkte das freie Spiel der dichterischen Imagination ein. Er begrenzte den thematischen Bereich und die sprachlichen Möglichkeiten der Literatur. Die »conceived possibility of nature« (Hobbes) wurde zur literarischen Norm, und an ihr hatten sich Denkstil und Ausdrucksweise zu orientieren. Damit war nicht nur eine Trennung von der Barockliteratur vollzogen, sondern auch von jener Welt der Mythen und Fabeln, des Unsichtbaren und Übernatürlichen, die herkömmlich eine Sphäre der Dichter gewesen war. Das neue Ideal war jene vernunftgemäße, klassisch vollendete Einfachheit, die bis ins spätere 18. Jahrhundert als Signum der großen literarischen und überhaupt künstlerischen Leistung galt.

Die literarische Tradition präsentierte sich in einem Kanon von Formen, an deren ranghöchsten Stellen Epos und Tragödie standen. Die Renaissance hatte das Epos besonders herausgehoben, das mit der Darstellung eines vorbildhaften heroischen Charakters in der herkömmlichen aristokratischen Gesellschaft eine spezifische Funktion erfüllte. Im Epos artikulierte sich der moralische Anspruch der Dichtung; in ihm kam die didaktische Wirkung der Literatur sinnfällig zum Ausdruck; und in ihm dokumentierte sich das literaturtheoretische Axiom der Renaissance, daß die Dichtung als Entwurf einer »zweiten Natur« die Erfahrungswirklichkeit überhöhe und damit dem literarischen Werk einen ontologischen Vorrang sichere.

Für die Restaurationszeit wurde das Epos – und weitgehend auch die Tragödie – zu einer funktionslosen, weil sinnentleerten Form. Nicht nur hatte Francis Bacon in seinem *Advancement of learning* (1605), dem Fundamentalwerk der Wissenschaftsbewegung, die Literaturauffassung der Renaissance ins Gegenteil verkehrt. Sein Postulat des Vorrangs der Erfahrungswelt wertete die Welt der Dichtung – für den Theoretiker der Renaissance Inbegriff des Vollkommenen – zu einer zweitrangigen Schein- und Ersatzwelt ab. Epos und Tragödie, herkömmlicherweise an den »hohen« Charakter gebunden, büßten auch ihre gesellschaftliche Relevanz nachhaltig ein. Die Aristokratie war zwar nach wie vor das bestimmende Element in der Gesellschaft, und sie war auch die in erster Linie literaturtragende Schicht. Doch die aristokratische Kultur der Restauration war eine urbane, weltstädtische und kosmopolitische Kultur ohne heroische Dimension. Zum heroischen Engagement war die Aristokratie weder bereit noch fähig. Damit war den darauf abgestellten literarischen Formen die Existenzgrundlage entzogen.

Die Idee des Epischen erhielt sich bis ins 19. Jahrhundert. »An heroic poem, truly such«, versicherte Dryden, »is undoubtedly the greatest work which the soul of man is capable to perform«. Doch die Geschichte des traditionellen Epos in der Restaurationszeit ist eine Geschichte des Niedergangs. Wenn der Versuch, ein Epos herkömmlicher Prägung zu schreiben, nicht in der Selbstparodie endete (wie bei den Arthur-Epen, 1695 und 1697, von Sir Richard Blackmore, dem späteren Leibarzt der Königin Anna), führte er bestenfalls zu Werken, die symbolisch durch die *Epigoniad* (1757) des »schottischen Homer« William Wilkie repräsentiert werden. Der logische Endpunkt war das satirische Rezept für die Anfertigung eines epischen Gedichts, das der junge Pope, der als Zwölfjähriger ein Epos schreiben wollte, im *Guardian* (Nr. 78, 1713) ausfertigte.

In den Großformen manifestierte sich indessen die »öffentliche Funktion« der Literatur. An Vergils *Aeneis*, dem zentralen Werk der augusteischen Ära, war für eine Epoche, die angesichts eines besorgniserregenden Gesellschaftszustandes nach neuen Orientierungen suchte, die normsetzende Kraft und die visionäre Ausstrahlung des großen literarischen Werkes abzulesen. Die Situation der Zeit verdeutlichte Dryden wiederholt (so in *To my honoured friend, Sir Robert Howard* und in *Religio laici*) unter dem Bild eines Wirbels von Atomen mit zentrifugaler Tendenz – eine Chiffre, die er der neu belebten Atomlehre entlehnte. Und die vornehmste Aufgabe erblickte er, nicht nur von Amts wegen als Hofdichter, in der Rückgewinnung politischer, moralischer und intellektueller Sicherheit.

In dieser prekären Lage bildete sich ein neues Bewußtsein für die gesellschaftliche Bedeutung der Literatur fast zwangsläufig heraus. Ihre »öffentliche Funktion« – von Horaz mit »utilis urbi« umschrieben – ging jedoch auf Formen über, die in ihrem normsetzenden Charakter der rationalen Mentalität des Zeitalters entsprachen: die Satire, das Lehrgedicht, die Komödie. In unterschiedlicher Weise erlaubte jede dieser Formen entweder eine unmittelbare Normsetzung in diskursiver Manier oder die exemplarische Darstellung von Normen vermittels des handelnden Charakters.

Die Satire, eine essentiell römische Form, war in der Renaissance und auch im frühen 17. Jahrhundert gepflegt worden. Doch selbst in so scharfer Ausprägung wie bei Donne war sie kaum mehr gewesen als eine gefällige literarische Übung oder ein konventionelles moralisches Exerzitium. In der Restaurationszeit wurde sie zum Medium des ernsthaften und offenen Protestes gegen wirkliche oder vermeintliche Fehlentwicklungen in Politik und Gesellschaft. Sie bildete sich zum literarischen Instrument für die Austragung fundamentaler Konflikte heraus, und diese Funktion behielt sie für fast ein Jahrhundert.

Im historischen Rückblick bieten sich die großen Satiren der Epoche, beginnend mit Drydens *Absalom and Achitophel*, weniger als Waffen des Angriffs denn als Waffen der Verteidigung dar. Die zeitgenössische Gesellschaft – zunächst in Frankreich und England, später auch in anderen Ländern – verstand sich, zumindest in ihren Eliten, als »entbarbarisiert«, zivilisiert und aufgeklärt. In dem Maße, wie sich diese Selbsteinschätzung verfestigte, wuchs das Bedürfnis, den erreichten »Kulturzustand« gegen erneuten Verfall zu verteidigen. Das politisch-gesellschaftliche Argument von *Absalom and Achitophel* ist daher ein auf Bewahrung und Erhaltung gerichtetes Argument. Und in diesem Sinne sind auch die großen Satiren des frühen und mittleren 18. Jahrhunderts, von Swifts *Gulliver's travels* über Samuel Johnsons *Vanity of human wishes* bis Voltaires *Candide*, ausgeprägt »konservative« Satiren.

Die der Zeit geläufige Palette des Satirischen war weitgehend traditionell. Sie reichte von der elegant-ironischen Urbanität, die sich mit Horaz verband, bis zur geschliffenen, drastischen Schärfe, die als Kennzeichen von Juvenal galt, dem Satiriker der neronischen Verfallszeit. Dryden übersetzte Juvenal und Persius (1693) und hielt damit die antike Satire ebenso gegenwärtig wie er durch seine Übersetzung von Vergil (1697) dem antiken Epos eine neue Präsenz verlieh. Beide Übersetzungen, begleitet von Abhandlungen, die literaturtheoretische Äußerungen von bleibender Gültigkeit enthalten, markieren die Pole, zwischen denen sich die neoklassische Literatur der Epoche realisierte.

Modellhaft geschah dies in dem das Epische mit dem Satirischen vereinigenden *mock heroic poem*, – »the majesty of the heroic, finely mixed with the venom of [satire]« (Dryden). Es war ein bewußt auf Brechung angelegtes Genre, mit dem man in England wie in Frankreich ebenso Nähe wie Distanz zu dem nicht mehr zeitgemäßen Epos demonstrierte. In seiner legendären Urform des *Margites* (von *margos*, der Narr oder Tölpel) Homer zugeschrieben, war das komisch-heroische Gedicht, einem großen Vorbild verpflichtet, eine selbstbewußte Neuschöpfung, eine Reverenz gegenüber der Tradition und ein modernes Genre, das neue Möglichkeiten für die Zeitkritik eröffnete. Samuel Butlers anti-puritanische Groteske *Hudibras* gehört in diesen Zusammenhang, aber auch Drydens *Mac Flecknoe* (1682), die erste Literatursatire in England, die Pope unter ausdrücklicher Beziehung auf Dryden in seiner Dummkopfiade, der *Dunciad* (1729), mit einer ins Kosmische gesteigerten Vision des intellektuellen Niedergangs weiterführte.

Obwohl die Satiriker der Restauration von den dramatischen Möglichkeiten des Genre ausgiebig Gebrauch machten, ist das diskursive Element in den meisten Werken doch so ausgeprägt, daß der vorherrschend argumentative Charakter, der die Versdichtung der Epoche als Korpus auszeichnet, an ihnen exemplarisch zutage tritt. Die Gedichte Drydens und seiner Zeitgenossen waren in Substanz und Ausführung »poetry of statement«. Sie versuchten, ihre intellektuellen Gehalte mit derselben Eleganz und funktionellen Effizienz mitzuteilen, wie dies für die Sachprosa der Zeit verbindlich war. »As fittest for discourse, and nearest prose« (Dryden) erwies sich dabei das Lehrgedicht, jene Gattung, die seit der Antike wegen ihrer sachvermittelnden Zielsetzung und ihres gänzlichen Verzichts auf Handlung und Charakter als Grenzphänomen im Kanon der literarischen Formen angesehen wurde. Für die englische Literatur war das Lehrgedicht keine absolut neue Form, doch eine Form, die den Bedürfnissen der Epoche besonders entgegenkam. Es wurde daher nach antiken Vorbildern neu konzipiert, in seinen rhetorischen Möglichkeiten entwickelt und dem 18. Jahrhundert als ein für hehre und banale Gegenstände gleich brauchbares Genre weitergereicht.

Horazens *Ars poetica* war als Modell schon für die Renaissance gegenwärtig und wurde, wie früher und später, auch in der Restaurationszeit nachgeahmt, bevorzugt unter der Bezeichnung Essay, die der nunmehr vorherrschenden Prosaform Rechnung trug. Die Neuentdeckung der Epoche war Lukrez, dessen Lehrgedicht von der Natur der Dinge (*De rerum natura*) als »philosophisches Epos« aufgenommen und in einer Ausgabe und Übertragung von Thomas Creech dem Literaturkanon eingefügt wurde. Mit *Religio laici* (1681) gab Dryden den richtungweisenden Auftakt in der didaktischen Dichtart – »here the poet is presumed to be a kind of law-giver«. Damit wurde die »ernsthafte«, philosophisch geprägte Lehrdichtung, die sich als

Mitteilung eines gleicherweise durch Tradition und Gegenwart geprägten *poeta doctus* verstand, zu einer kennzeichnenden Form der neoklassischen Literatur. Als literarische Aufgabe sollte das große philosophische Gedicht bis in die Romantik verbindlich bleiben.

Der Rationalismus der Restaurationszeit war nicht nur eine Geisteshaltung, die angesichts von Intoleranz und politischer Virulenz auf Mäßigung und Besonnenheit drängte. *Restraint* ist eines der Schlüsselwörter der Epoche, doch es erschließt nur eine Seite. Als philosophische Einstellung gibt der Rationalismus dem einzelnen das Recht, eine vorgefundene Autorität in Frage zu stellen und zu verwerfen, wenn sie vernünftigen oder vermeintlich vernünftigen Kriterien nicht standhält. Wie weit der Abbau von Autorität gehen konnte und sollte, war eine der Kardinalfragen der Epoche, und allenthalben rang sie um ein prekäres Gleichgewicht. Die Zurückweisung der antiken Naturphilosophie durch die Wissenschaftsbewegung des 17. Jahrhunderts ließ sich als Modellbeispiel anführen, aber die in England wie in Frankreich ausgetragene *Querelle des anciens et des modernes* verdeutlichte zugleich, wie viele Positionen in einer Auseinandersetzung zwischen Autorität und Autonomie, zwischen Traditionsgebundenheit und Eigenständigkeit eingenommen werden konnten.

Die tonangebende Schicht der Epoche (nicht immer und in jeder Hinsicht eine Elite) versuchte auch das Unkonventionelle, das Extreme, das Paradoxe. Nachdem die Fesseln des Puritanismus abgestreift schienen, stellte sich die Frage nach neuen Normen für das Sozialverhalten. Wie weit ließen sich die Grenzen hinausschieben, wenn Konvention und Tradition als »unvernünftig« abgetan werden konnten und wenn eine grundsätzliche Ungebundenheit des Handelns als richtig und rational begründbar erschien?

Das literarische Experimentierfeld für die Beantwortung dieser Frage war die Komödie – die beliebteste und zugleich umstrittenste Literaturform der Epoche. Wenn auch zunächst auf das Vergnügen eines »eleganten«, vornehmlich aristokratischen Publikums abgestellt, das weltmännische Nonchalance zu goutieren wußte und eine fröhliche Libertinage fast als patriotische Pflicht empfand, erschöpft sich die typische Restaurationskomödie, wie sie William Wycherley und andere schrieben, nicht in Witz und Frivolität. Sie entwirft provozierende Verhaltensnormen, die im Spiel wieder und wieder aufgestellt, erprobt, mit Zustimmung bedacht oder unter Mißbilligung zurückgewiesen werden.

Was sie interessant macht, ist nicht der von der herkömmlichen Komödie erwartetete Entwurf der positiven Norm als Auflösung der dramatischen Verwicklungen, sondern einzelne Charakterstudien unter den Prämissen eines konsequent befolgten Rationalismus. Der häufig als Normfigur intendierte *man of wit and sense* ist nicht nur in seinem sexuellen Verhalten ein Libertin, sondern in der Regel auch Atheist mit einer insgesamt zynischen Lebensauffassung und einem verantwortungslosen Sozialverhalten. Nicht selten bleibt offen, welche der dargestellten Verhaltensweisen positiv oder negativ akzentuiert wird und ob auf sie ein satirisches Licht fallen soll oder nicht.

Die Restaurationskomödie scheint in krassem Widerspruch zur affirmativen Literatur der Epoche zu stehen. In ihr tritt keine rationale Geistesart zutage, die auf Maß und Ausgleich gerichtet ist. Sie bietet literarische Schaubilder eines Rationalismus, der mit der Verwerfung fremder Autorität auf die Selbstbestimmung des persönlichen Verhaltens fixiert ist. Was sich in ihr manifestiert, ist – auf einen der Epoche noch nicht zur Verfügung stehenden Begriff gebracht – ein moralischer Individualismus, wie er für modernes Denken und Handeln charakteristisch werden sollte. Eben dies macht die Komödie, ungeachtet ihrer Zeitgebundenheit, zu der am deutlichsten zukunftsgerichteten Literaturform der Epoche.

Die Komödie erscheint in dem ihr angemessenen Kontext, wenn die Restaurationszeit, trotz ihrer Rückwendung zur Antike, als die früheste der Moderne zugewandte Epoche der englischen Literatur gesehen wird. In den Jahrzehnten nach 1660 fand die individuelle Selbst- und Welterfahrung erstmals unmittelbaren Ausdruck in der Literatur. Das heißt nicht, daß sich nicht schon früher persönliches Erleben literarisch mitgeteilt hätte. Doch in der Restaurationszeit traten jene Formen neu und, im Rückblick gesehen, dauerhaft in Erscheinung, die als literarisches Korrelat zu Individualität und Subjektivität gelten: der Brief, das Tagebuch und die bekenntnishafte Autobiographie. Was immer die sonstigen Voraussetzungen für ihre Entstehung waren: wesentlich war die Freisetzung des Individuums durch die politischen, intellektuellen und moralischen Erschütterungen, die die Epoche zwischen dem Commonwealth und der Glorreichen Revolution durchlebte.

Paradigmatisch wird diese Freisetzung des Individuums an

den beiden Enden des gesellschaftlichen Spektrums deutlich. An einem dokumentiert das schmale Werk des Earl of Rochester eine anthropologische Neugier, die auf der Suche nach dem existentiellen Abenteuer weit über die durch Tradition und Konvention gesetzten Grenzen vorzustoßen versuchte. Sie endete in einem Nihilismus, der in der Übersetzung der Lukrez-Verse über die Götterferne und in seinem Gedicht »Upon nothing« beredten literarischen Ausdruck gefunden hat. Am anderen Ende entstand eine literarische Kultur des Nonkonformismus, deren zentrales Element die Freilegung des persönlichen religiösen Erlebens in der puritanischen Selbstoffenbarung war. Richard Baxters *Reliquiae Baxterianae* (1696) und vor allem Bunyans *Grace abounding to the chief of sinners* (1666) sind die bleibenden Dokumente eines Exodus aus der Zeit auf der Suche nach dem »Paradise within«.

Wie neben einer betont öffentlichen Literatur private und intime Literaturformen eine bedeutsame Rolle spielen, so stehen in der Restaurationszeit der ernsthaften und engagierten Literatur bewußt irreale und illusionäre Formen gegenüber. Dazu gehört die als *heroic play* geläufige Restaurationstragödie. Sie ist in ihrer Beziehung zur zeitgenössischen Gesellschaft kaum weniger problematisch als die Restaurationskomödie, zugleich aber in Ausführung und Intention so verschieden von ihr, daß die Vorstellung Mühe bereitet, beide seien von denselben Autoren für das gleiche Theaterpublikum auf die Bühne gebracht worden. Ihre Gemeinsamkeit liegt darin, daß sie ein Ergebnis der Brechung der literarischen Tradition durch den Rationalismus sind.

Die Konzeption des Tragischen als eines unaufhebbaren, zum Untergang des Helden führenden Gegensatzes behielt in der Restaurationszeit und über sie hinaus Gültigkeit, doch wie das Heroische verlor das Tragische in einer rationaler werdenden Welt an Relevanz. Die Gestaltung des tragischen Konflikts unter Verwendung des »hohen« Charakters wurde in dem sich rasch wandelnden gesellschaftlichen Kontext schwierig, wenn nicht unmöglich. Im *heroic play* schuf sich die Restaurationsepoche einen Dramentyp, der dem Zuschauer das ernsthafte intellektuelle oder moralische Engagement gegenüber dem Bühnengeschehen von vornherein ersparte. Es war als unterhaltsames Spektakel von heroischen Dimensionen konzipiert, das seinen irrealen Charakter offen präsentierte – grandios, häufig bombastisch. Im Baconschen Sinne fungierte das *heroic play* offen als bloße Literatur, als Produkt einer Schein- und Ersatzwelt, die in ästhetischer Distanz gehalten wurde. In der Erzählliteratur entsprechen dem heroischen Drama die heroischen Romanzen, die das (weibliche) Lesepublikum der Restaurationszeit in großer Zahl, meist vielbändig, konsumierte. Für beide galt, was Dryden seiner Zeit als Vorzug des heroischen Dramas hinstellte: »You are not obliged, as in history, to a literal belief of what the poet says; but you are pleased with the image, without being cozened by the fiction.«

Das *heroic play* hatte nur eine kurze Blüte. Die heroisch-tragischen Stoffe gingen jedoch nicht mit ihm unter, sondern wanderten in die Oper ab – dem Prototyp der »bis ins Innerste illusionären Form« (Adorno). Mit dem Hof Karls II. kam sie aus Frankreich, wo sie durch Jean-Baptiste Lully zum Ausdruck der Gesellschaftskultur am Hofe Ludwigs XIV. geworden war, und etablierte sich in der Restaurationszeit erstmals als musikalische Kunstform in England. Die repräsentative Oper der Epoche, *Dido and Aeneas* (1690), wurde von Henry Purcell (1659–1695) geschaffen, dem bedeutendsten Komponisten der englischen Musikgeschichte. Der tragisch-heroische Vorwurf ist unverkennbar Vergilscher Provenienz. Die zweite große Oper Purcells ist *King Arthur, or the British Worthy* (1691) mit einem Libretto von Dryden, der ein Arthur-Epos projektiert, aber nie ausgeführt hatte. Nach Purcells ursprünglicher Absicht sollten die beiden Opern ein umfassendes Werk bilden, das im Sinne des herkömmlichen Epos die englische Monarchie verherrlichte. Die Entwicklungslinie setzt sich in den heroischen Opern Händels fort, der 1712 nach London übersiedelte – in Werken wie *Tamerlano* oder *Giulio Cesare* (1724) und anderen, deren pathetische Wucht schließlich die Parodie herausforderte.

Obwohl das *heroic play* eine Episode der Literaturgeschichte war, hatte es eine beträchtliche Nachwirkung. Es bedeutete nicht das Ende des ernsthaften Dramas, aber es machte über die konventionelle Tragödie hinaus das ernsthafte Drama auf die Dauer zu einer nur noch schwer realisierbaren Form. Die Oper, in die es einmündete, ist in ihrer tragischen oder heroischen Variante eine zwiespältige Kunstform geblieben. Aber auch das literarische Kunstwerk hat seit der Restaurationsepoche einen ambivalenten Charakter angenommen. Die Frage nach seiner Verbindlichkeit stellt sich seither immer wieder aufs neue, und die Frage nach der Art und dem Wert der literarisch vermittelten »Erkenntnis« ist zu einer für die Moderne charakteristischen Frage geworden.

Auf bleibende und gültige Weise ließ sich das Heroische und das Tragische in der Restaurationszeit nur noch in einer Form gestalten: der christlichen. Die »Wahrheit« der christlichen Religion blieb – zumindest für die Dauer der Epoche – von den rationalistischen Strömungen unberührt. Mit dem geschichtlichen Menschen und den Werken der Natur gehörte sie zu den Gegenständen, die selbst in den Programmschriften des wissenschaftlichen Zeitalters wie Bischof Sprats *History of the Royal Society* (1667) dem Dichter der Zukunft anempfohlen wurden. Das christliche Drama war wegen der Darstellung des göttlichen Wesens problematisch, doch das biblische Epos, das die »Wahrheit« der christlichen Religion mit dem heroischen Pathos biblischer Gestalten vereinigte, wurde schon um die Mitte des 17. Jahrhunderts in Frankreich wie in England versucht.

Es ist wohl die bedeutungsvollste Paradoxie der an Widersprüchen reichen Restaurationszeit, daß das große, weltliterarische religiöse Epos, das nach Entstehung und puritanischer Religiosität dem Commonwealth zuzugehören scheint, zur Zeit der Wiederherstellung des Anglikanismus erschienen ist und sich damit wie ein Findling in einer fremden literarischen Landschaft ausnimmt. Miltons *Paradise lost* (1667) realisierte sich erst als dritte Möglichkeit, nachdem sich für den Autor das konventionelle heroische Gedicht und auch das biblische Drama als unausführbar erwiesen hatten. Als Menschheitsepos hat es den höchstmöglichen Gegenstand. Desungeachtet ist es das große Epos der englischen Literatur, in dem die über Vergil auf Homer zurückreichende Tradition Vollendung fand. *Paradise lost* war Abschluß und Neubeginn zugleich: Es wurde zu einem Modell für die europäische Literatur.

Das frühe 18. Jahrhundert

Als Epoche fällt das frühe 18. Jahrhundert nicht genau mit der ersten Jahrhunderthälfte zusammen. Das historisch prägende und bestimmende Ereignis an ihrem Anfang war die Revolution von 1688, die sich – unblutig verlaufen und für das moderne Verständnis nicht als demokratisch zu bezeichnen – im historischen Rückblick als »konservative« Revolution darbietet. Sie festigte die politischen Traditionen des Landes und ermöglichte damit den Übergang in eine Zeit staatlicher Konsolidierung und Stabilisierung, als die sich das 18. Jahrhundert ungeachtet aller Veränderungen und dynamischen Entwicklungen selbst empfand.

Die Durchsetzung der parlamentarischen Monarchie vollzog sich konsequent, wenn auch gegen Widerstände wie die Jakobitenrebellionen von 1715 und 1745 als die letzten Versuche, das Erbrecht der Stuarts geltend zu machen. Durch den Act of Settlement von 1701 besaß das Parlament ein verbrieftes Recht auf die Festlegung der Thronfolge, und es bestimmte nach dem Tode Wilhelms III. von Oranien seine Schwägerin Anna 1702 zur Königin. Nach deren Tod hob es 1714 unter Umgehung zahlreicher legitimierter Erbansprüche den Kurfürsten von Hannover als Georg I. auf den Thron. Daraus ergab sich die bis 1837 dauernde Personalunion zwischen England und Hannover.

Wenngleich die verfassungsrechtliche Stellung des Monarchen gewahrt blieb, war die Macht der Krone eingeschränkt, und damit ging die Bedeutung des Hofes als des politischen und geistigen Zentrums zurück. Schon unter Königin Anna traten die Vertreter der sich herausbildenden Parteipolitik in einem von bedeutenden Literaten geschaffenen publizistischen Umfeld hervor. In ihrer durch den Spanischen Erbfolgekrieg (1701–1714) mit den glanzvollen, aber verlustreichen Siegen des Herzogs von Marlborough gekennzeichneten und durch heftige Kontroversen erschütterten Regierungszeit hatten zunächst die von Steele und Addison unterstützten Whigs die Politik in der Hand. Nach 1710 bestimmten die Tories die Geschicke des Landes, das seit der Realunion mit Schottland (1707) Großbritannien hieß. Robert Harley, Earl of Oxford (einer der berühmtesten englischen Sammler und Bibliophilen) und Henry St. John, Viscount Bolingbroke (Popes »guide, philosopher, and friend«) waren ihre führenden Politiker, und Swift stand ihnen als Propagandist zur Seite.

Der Regierungsantritt Georgs I. bedeutete einen erneuten Umschwung. In den politischen Richtungskämpfen unter Königin Anna hatten sich die Whigs letztlich durchgesetzt, und unter dem neuen König begann ihre politische Vorherrschaft (»the Whig supremacy«). Sie sollte über die Regierungszeit Georgs II. (1737–1760) hinaus für den Rest des Jahrhunderts andauern, die politische und gesellschaftliche Entwicklung in England bestimmen und weitgehend auch das politische Weltbild prägen. Mit Robert Walpole trat 1721 ein Mann an die

Spitze der Whigs, der das Amt des Premierministers über zwanzig Jahre innehatte. Die Ära Walpole, gekennzeichnet durch eine friedvolle Außenpolitik und eine erfolgreiche Innenpolitik, war eine bedeutsame Etappe im Aufstieg Englands zur Weltmacht. Zugleich war sie einer der umstrittensten Zeitabschnitte der englischen Geschichte. Für seine zahlreichen Gegner, zu denen die führenden Autoren der Zeit gehörten, symbolisierte Walpole in seiner Persönlichkeit wie in der skrupellosen Art seiner Regierungsführung die moralische Dekadenz des politischen Aufstiegs. Symbolisch ging daher auch mit seinem Fall (1742) der historisch bis zum Tode Georgs II. reichende Zeitraum zu Ende.

Die Epoche markiert den Beginn des bürgerlichen Zeitalters, das in England früher einsetzte und schneller und prägnanter Gestalt annahm als auf dem Kontinent. Der Übergang von der noch aristokratisch geprägten Restaurationszeit zu der neuen, wesentlich von Macht und Mentalität der Mittelklasse bestimmten Ära war nicht abrupt, doch für den Zeitgenossen um die Jahrhundertwende an politischen, gesellschaftlichen und auch literarischen Symptomen abzulesen. Aus dem *Essay upon projects* (1697), Daniel Defoes erstem, zögernd aufgenommenen Buch, war zu erfahren, daß eine Zeit angebrochen sei, die »by way of distinction ... the projecting age« heißen könne – eine Zeit, die nach vorn blickte und viele und große Aufgaben vor sich sah, die Defoe mit »matters of negoce, and methods of civil polity« umschrieb.

Die aufstrebende Mittelklasse konstituierte sich als eine differenzierte Schicht, die vor allem durch Handel und Unternehmertum zu Wohlstand kam und durch Wohlstand Sozialprestige und politisches Gewicht erlangte. War in der Restaurationszeit die »City«, nicht zuletzt wegen ihrer anti-royalistischen Parteinahme in der Vergangenheit, vielfach Gegenstand politischer Satire und der als *cit* apostrophierte Kaufmann ein lächerlicher Komödiencharakter, so verwandelte sich der Vertreter der *merchant class* zu Beginn des 18. Jahrhunderts in eine gesellschaftlich vorbildhafte Normfigur, für deren Anerkennung mit Nachdruck plädiert wurde. Als Gruppe fühlte sich die *merchant class* dem Landadel zumindest ebenbürtig, und in ihrer sozialen Funktion wurde sie von dem meinungsbildenden *Spectator* als allen anderen überlegen herausgestellt – »there are not more useful members in a commonwealth than merchants« (Nr. 69).

Das merkantile Zentrum war naturgemäß London, obwohl auch die Häfen, voran Bristol, durch die Verbindung zu den Kolonien an Wichtigkeit gewannen. Mit mehr als einer halben Million Einwohnern die größte Stadt Europas und über das ganze Jahrhundert wachsend (1801: 948 000), war London nicht nur, wie Addison bewundernd vermerkte, »a kind of *Emporium* for the whole earth«. Es wurde auch zum Mittelpunkt einer schnell expandierenden Finanzwelt. Die Bank von England, 1694 als Vereinigung von Staatsgläubigern gegründet, und die Börse (1669 erbaut und von Zeitgenossen als »the noblest building of this kind in the universe« empfunden) wurden zu jenen symbolischen Orten der City, die sie seither sind. Und im Desaster der South Sea Company (1720), das weit über die *stock-jobber* (»a new trade, which we call by a new name«, Defoe) hinauswirkte, machte die Epoche die erste, zukunftsweisende traumatische Erfahrung mit der finanziellen Spekulation.

In London bildeten sich die urbanen Lebensformen der neuen Klasse heraus, die sich, modern gesprochen, aus der *business community* rekrutierte, ohne jedoch ganz mit ihr identisch zu sein. Wie jede aufstrebende Mittelklasse weitete sie sich ständig aus, ohne indessen unüberschaubar groß zu werden. »The potentiality of growing rich beyond the dreams of avarice« (Samuel Johnson) machte die Geschäftstätigkeit nicht nur für das Bürgertum, sondern auch für Mitglieder des Adels interessant, und mit ihrer Ausweitung war die Geschäftswelt zunehmend von einer Fülle neuer Helfer und Bediensteter umgeben. Besuchern vom Kontinent, die in steigender Zahl England als das Land der Zukunft aufsuchten, bot sich in London Wohlstand, Eleganz und zivilisatorische Verfeinerung dar. Nicht alle nahmen wahr, daß mit der neuen Mitte auch neue Ränder entstanden, daß es hinter dem Wohlstand abgrundtiefe Armut gab und daß Gin Lane, eines der berühmten *moral subjects* von William Hogarth (1694–1764), die Wiedergabe vielfältig anzutreffender Realität war.

Clubs und Kaffeehäuser waren zu Beginn des Jahrhunderts nicht neu in London, doch wurden sie erst jetzt zu jenem charakteristischen Ort der Geselligkeit, für den sie sozialgeschichtlich gelten. Sie waren Treffpunkt für Gruppen und Cliquen, brachten aber auch Leute über die Grenzen von Herkunft und Metier hinweg zusammen. Ob sie in ihrem Umfeld als *penny universities* in einem umfassenden Sinne sozialisierend und kulturbildend wirkten, muß entgegen mancher Behauptung dahingestellt bleiben. Doch boten sie allemal Gelegenheit zur Lektüre des ephemeren Tagesschrifttums und die Möglichkeit zur Information und zum Meinungsaustausch. Damit trugen sie zur Institutionalisierung der »Öffentlichkeit« bei, die sich damals mit der Ausbildung von Frühformen des modernen Journalismus vollzog. Nicht zuletzt diese freie Form von Dialog und Erörterung ließ England in kontinentalen Augen als demokratisches Musterland erscheinen.

Der Literatur wuchs in der Mittelklasse auf die Dauer ein neues Lesepublikum zu. Es war nach Interesse, Geschmack und Aufnahmefähigkeit naturgemäß nicht homogen, und es bestand vor allem in seiner Mehrheit nicht aus habituellen Lesern. Bei ihrer Herkunft aus dem *dissent* hatte die *merchant class* weder Zeit noch Neigung, mehr als politisches oder religiöses Kleinschrifttum zur Kenntnis zu nehmen, und nicht selten blieb es auch dabei. Doch mit vermehrtem Wohlstand und zunehmender Muße wuchs das Bedürfnis nach Belehrung, nach intellektueller und sozialer Anleitung wie auch nach Unterhaltung. Nicht nur erweiterte sich damit der Markt für die schon vorhandene Literatur. Es entstand, weitaus bedeutsamer, eine neue Literatur, die auf den Wunsch einer – zunehmend auch weiblichen – Leserschaft einging, die ihr Leben, so wie es sich ereignete, in der Literatur wiederfinden oder auch erklärt haben wollte.

Wie sich das Lesepublikum ausdehnte, wann es in größerer Zahl auch die Leser in der Provinz einschloß und wie umfangreich es letztlich war, läßt sich nur annäherungsweise bestimmen. Samuel Johnsons Versicherung: »General literature now pervades the nation through all its ranks« geht sicher auch im Jahre 1779 zu weit. Aber Literatur und Lesepublikum wurden während der Epoche in einem spezifischen Sinne allgemeiner. Gab es ehemals nur distinkte Gruppen von Lesern, so konvergierten diese mehr und mehr zu jenem großen »allgemeinen« Lesepublikum, das uns heute unter der Bezeichnung *the general reader* geläufig ist.

Die Literatur im frühen 18. Jahrhundert

Literarisch ist der Übergang von der Restaurationszeit zum 18. Jahrhundert gleicherweise durch Bruch und Kontinuität gekennzeichnet. Daß ein Zeitalter zu Ende gegangen war – »an old age is out, and time to begin a new« – hatte Dryden nicht nur symbolisch in einem seiner letzten Werke verkündet. In der Tat war das geistige Klima am Ende der Ära umgeschlagen, und die Abkehr von Moral und Mentalität der Restauration, die eine bürgerliche Reaktion war, ließ die literarische Landschaft nach der Jahrhundertwende merklich verändert erscheinen – weniger aufgewühlt und spannungsreich, aber mit der Beruhigung auch von geringerer Intensität und aufs Ganze gesehen ohne Überraschungen. Was in den ersten Jahren Aufmerksamkeit beanspruchen konnte, ragte aus der alten Epoche herüber, wie Clarendons *True historical narrative of the rebellion and civil wars in England* (1702–1704), oder schien ihr zumindest verbunden, wie Swifts *Tale of a tub* (1704) – eine Sammlung brillanter Satiren, in denen sich indessen schon neue literarische Tendenzen ankündigten.

Die Kontinuität lag in der Weiterführung der klassischen Tradition, deren Verbindlichkeit etwa John Dennis (1657–1734), der erste professionelle Literaturkritiker Englands, in seinem programmatischen Traktat *The advancement and reformation of modern poetry* (1701) postulierte. Die Wirksamkeit der Tradition erhielt sich bis zur Jahrhundertmitte, teilweise darüber hinaus, und ihre Aufnahme erfolgte allenthalben reflektierter und selbstbewußter als in der Renaissance oder auch in der Restaurationszeit. Ungeachtet der neu auftretenden literarischen Erscheinungen verstand sich das frühe 18. Jahrhundert nicht nur als eine der Klassik zugewandte Epoche, sondern als die Zeit, in der der Neoklassizismus in England sich vollendete. Das galt nicht im dogmatischen Sinne, der in England so gut wie nie Gültigkeit gehabt hat, sondern in einem pragmatischen, nach dem die wesensmäßige Aneignung des klassischen Erbes die intellektuellen Maximen und die Grundregeln der literarischen Kunstübung bestimmen sollte.

Von der Jahrhundertmitte stellte sich im Rückblick die Regierungszeit der Königin Anna, vielleicht unter Einschluß der letzten Jahre des 17. Jahrhunderts, für eine Reihe von Betrachtern als das »wahre« Augustan Age dar, als jene durch keine andere Epoche übertroffene Glanzzeit der englischen Literatur, als die heute meist das Elisabethanische Zeitalter angesehen wird. Oliver Goldsmith zumindest erschienen die Autoren am Ende des ersten Jahrzehnts als eine geschlossene Konfiguration gleich heller Sterne am Firmament der Literatur: »It was then that taste was united to genius, and, as before, our writers charmed with their strength of thinking, so then they pleased with strength and grace united.«

Fast alle traditionellen Formen wurden neu belebt. Selbst die problematisch gewordenen Gattungen wie Tragödie und Epos blieben nicht ausgenommen, und es gab, in Grenzen, sogar literarische Erfolge. Den bedeutsamsten errang Addison mit seinem *Cato* (1713), der – eher Dialoggedicht als Drama, wie Samuel Johnson bemängelte – als Bühnenstück in London weniger wegen seines literarischen Klassizismus denn wegen seiner politischen Botschaft Beifall erhielt. Ein anderer Erfolg fiel, weitgehend unverdient, Richard Glover (1712–1785) mit seinem Epos *Leonidas* zu (1737; 1770 auf zwölf Bücher erweitert), das von den untauglichen Versuchen in diesem Genre, die in England wie in Frankreich unternommen wurden, am meisten beachtet und vor allem im anglophilen Deutschland als Meisterwerk bestaunt und gefeiert wurde.

Daß der moderne Autor durch die Nacharbeitung klassischer Vorbilder zur eigenen Leistung findet, gehörte zu den kunsttheoretischen Überzeugungen der Zeit. So gibt es Nachschöpfungen, die als Bravourstücke den im klassischen Stil ausgeführten Symphonien moderner Komponisten vergleichbar sind. Popes *Pastorals* (1709), sein erstes Werk, sind in ihrer artifiziellen Schönheit von dieser Art. Ihnen ist ein Essay vorangestellt, der dem zeitgenössischen Leser das Genre als Darstellung eines mit der Realität kontrastierenden Idealzustandes verständlich machte. Überdies ergaben sich aus einer bewußten Brechung überlieferter Formen neue Perspektiven für die »Modernität« der zeitgenössischen Dichtung. In Gegenstand und Darstellungsweise eröffneten sich damit bislang nicht zugängliche Bereiche. Popes *Rape of the lock* (1712), gleicherweise Gesellschaftsdichtung wie Gesellschaftskritik, als Epen-Burleske ein komisches Gedicht von höchster Vollendung, leicht, beschwingt und galant wie ein Gemälde von Watteau, ist ein Beispiel dafür.

Das Prinzip der Nachahmung des als vollkommen Empfundenen galt nicht nur für die Literatur, sondern auch für die Künste, wo es sich bis weit in die zweite Jahrhunderthälfte hielt. In der Architektur führte es zu einer Reaktion auf den durch Christopher Wren und Sir John Vanbrugh (1664–1726) repräsentierten Barockstil und zur Ausbildung eines über den Rückgriff auf Inigo Jones (1573–1632), den großen Architekten des frühen 17. Jahrhunderts, an Andrea Palladio (1508–1580) orientierten Stils von klassischer Strenge. Der in der Regierungszeit Georgs I. aufkommende Palladianismus, der in seinen Ausläufern bis ins frühe 19. Jahrhundert reichte, ist das zentrale Element jenes unpräzise als *Georgian* bezeichneten Stils, in dem nicht nur einzelne Gebäude, sondern ganze Plätze und Straßenzüge ausgeführt wurden. Zwischen London, Bath und Edinburgh stellt diese Architektur, deren Prinzipien Pope in seiner *Epistle to the Right Honourable Richard Earl of Burlington* (1731) brillant an einem satirischen Gegenbild verdeutlichte, eines der großen Vermächtnisse des 18. Jahrhunderts dar.

In der Malerei fand das Prinzip seinen verbindlichen Ausdruck in den *Discourses* (1769–1790) von Sir Joshua Reynolds (1723–1792), die als geschlossenste Darlegung der ästhetischen Überzeugungen des 18. Jahrhunderts gelten können. Als bedeutendster Maler seiner Zeit, vielleicht der englischen Kunstgeschichte, etablierte Reynolds die *grand manner* als maßgeblichen Stil für die Porträt- und Historienmalerei der Epoche in Anknüpfung an die italienische Malerei, vornehmlich des 17. Jahrhunderts, die für ihn das nachahmenswerte Modell abgab.

Der Rekurs auf die Tradition nobilitierte das literarische und künstlerische Schaffen der Epoche, und in der Tat haben Alexander Pope und Sir Joshua Reynolds wie wenige andere dazu beigetragen, daß Literatur und Kunst in einem bis dahin unbekannten Maße Status und Prestige zuwuchsen. Weit davon entfernt, ihn zu einem Epigonen vorausgegangener Klassiker zu degradieren, verhalf das Kunstprinzip der Nachahmung dem Autor des frühen 18. Jahrhunderts zu einer distanzierten Betrachtung seiner Zeit und seiner Welt und damit zu einem geschärften Bewußtsein von seiner Funktion in der Gesellschaft.

Der Übergang von der Restaurationszeit zum frühen 18. Jahrhundert war ein Übergang von einer aristokratischen zu einer bürgerlichen oder sich ins Bürgertum ausweitenden Literaturgesellschaft. Während die unteren Schichten dieser sich neu formenden Gesellschaft erstmals in die graphische Kultur eintraten, suchte die aufkommende Mittelklasse ihren Zugang zu einer seit der Renaissance etablierten und stark ausdifferenzierten literarischen Kultur. Damit fiel dem Autor des frühen 18. Jahrhunderts die Aufgabe zu, seine Epoche durch die Einbeziehung in eine Tradition zu »zivilisieren«. Die der gesellschaftlichen Situation kommensurable Literatur konnte, so gesehen, nicht eine Literatur des individuellen Ausdrucks sein, sondern mußte sich als eine Literatur der kollektiven Erfahrung verstehen, in der die zeitgenössische Relevanz des Vergangenen zutage trat. Die Anverwandlung überlieferter Formen und Gehalte stellte sich infolgedessen für den Autor nicht nur als literarische Möglichkeit, sondern zugleich auch als gesellschaftliche Notwendigkeit dar.

Daraus erklärt sich die auffällige Präsenz von Literaturformen, denen von vornherein eine didaktische Tendenz innewohnte oder mit denen sich eine didaktische Wirkung leicht erzielen ließ. In verschiedenen Ausprägungen wurden Versepistel, Verssatire und Lehrgedicht am häufigsten benutzt. In ihnen setzte sich, wiewohl unter anderen Prämissen als in der Restaurationszeit, die *public function* der Literatur fort. Diese Formen wurden in erster Linie als »horazische« Formen empfunden, war doch Horaz für die Epoche der zentrale Autor der literarischen Überlieferung. Von Horaz leitete sie ihre Literaturauffassung her, und an ihm orientierte sich – vermittelt durch Pope, der eine besondere Affinität zu Horaz hatte – das Ideal, das sie sich von der urbanen Eleganz des Gedankens und seines sprachlichen Gewandes machte.

Darüber hinaus assoziierte das ausgefächerte Formenrepertoire auch die anderen großen Autoren der augusteischen oder vor-augusteischen Zeit, vor allem Vergil, Ovid und Lukrez, so daß sich sozusagen eine Kongruenz zwischen der Blütezeit der römischen Literatur und der »eigentlichen« neoklassischen Zeit der englischen suggerieren ließ. Jeder dieser Autoren repräsentierte eine eigene Dichtart, und zu ihrer Vergegenwärtigung wurden auch scheinbar antiquierte, weil einer längst untergegangenen Welt angehörende Formen wie die Ekloge oder der heroische Brief verwendet. Das frühe 18. Jahrhundert war die erste Epoche, die das Bewußtsein eines ihr auferlegten literarischen Erbes hatte, und sie nahm daher auch moderne Autoren aus der eigenen Literatur, vornehmlich Milton, aber auch Spenser, unter die für sie »klassischen« und damit vorbildhaften auf.

Die frühe Phase der neoklassischen Versdichtung ist durch das Werk Popes und seiner Freunde bestimmt. Das Flair ihrer Dichtart vermitteln etwa John Gays *Trivia, or, the art of walking the streets of London* (1716), das satirische Beobachtung mit praktischem Rat verbindet und als *town Georgic* eine aus dem niederen »urbanen« Gegenstand gewonnene Burleske von Vergils *Georgica* darstellt; oder die sogenannten Stadt-Eklogen von Lady Mary Wortley Montagu (1716), die in einen bis zu Samuel

Johnsons *London* (1738), einer Juvenal-Nachahmung, reichenden satirischen Kontext gehören. Die geistig-gesellschaftliche Situation der Zeit kennzeichnen indessen am besten Popes Lehrgedichte, der *Essay on criticism* (1711) und, später, der *Essay on man* (1733). Horazens *Ars poetica* ebenbürtig, bietet der *Essay on criticism* eine Summe der neoklassischen Literaturdoktrin, eingängig und sententiös dargeboten (»what oft was thought, but ne'er so well expressed«), ein Regelwerk des guten Geschmacks und des korrekten Literaturverständnisses.

Die bedeutsame Innovation unter den didaktischen Literaturformen war eine Kleinform der Prosa: der periodische Essay, dessen spontane Vervollkommnung zur Kunstform Joseph Addison gelang. Die Ursprünge für den neuen Essay lagen im subliterarischen Bereich des Restaurations-Journalismus, der vor allem im Kampf um die konstitutionelle Monarchie seine Ausprägung gefunden hatte. Im Übergang zum 18. Jahrhundert entstand eine Art von höherem Journalismus, der weniger politisch als moralisch und gesellschaftlich motiviert war und sich weniger die Reform des Gemeinwesens denn die Besserung des einzelnen als Mitglied dieses Gemeinwesens zum Ziele setzte. Der von Steele und Addison bestrittene und als *mock newspaper* begonnene *Tatler* (1709–1711) war das erste der *moral weeklies*, und der anschließende *Spectator* (1711/12; 1714), von Addison geprägt, wurde literarisch wie literatursoziologisch zu einem zentralen Werk des 18. Jahrhunderts.

Das Programm des *Spectator*, weltmännisch verborgen hinter literarischer Maskierung, war die Sozialisation der neuen, vornehmlich der oberen Mittelschicht: ihre Einbeziehung in eine Kultur, die ungeachtet der sich anbahnenden Veränderungen noch immer von der klassischen Geisteswelt und der aristokratischen Lebensform bestimmt war. »To enliven morality with wit, and to temper wit with morality« war die Maxime, unter der der *Spectator* ebenso Skizzen aus dem Londoner Leben wie Anweisungen zum richtigen gesellschaftlichen Verhalten bot, Fragen des Geschmacks erörterte, moralische Unterweisung erteilte oder elementare philosophische Überlegungen anstellte. Vom Benehmen in der Kirche bis zum Umgang mit sich selbst und von der italienischen Oper bis zum Wesen des Universums war dem »Zuschauer« nichts fremd. Große Wahrheiten wurden in kleiner Münze ausgeteilt, und was früher wenigen vorbehalten war, sollte – mit leichter Herablassung popularisiert – zum Besitze vieler werden. Ob dies Aufklärung genannt werden kann, muß dahingestellt bleiben, aber es war, nicht zuletzt durch die meisterhafte Prosa von Addison, ein einmalig erfolgreicher Versuch, einer ganzen Schicht ein Weltbild zu vermitteln und ihr zum Lebensverständnis zu verhelfen.

Dreitausend Exemplare wurden täglich hergestellt, und Addison schätzte, daß die Einblattdrucke, die in Clubs und Kaffeehäusern auslagen, 60000 Leser hatten – weit über London hinaus. Die zahlreichen Buchausgaben erreichten sozial und geographisch einen noch größeren, kaum mehr abschätzbaren Leserkreis. Daß der *Spectator* bei der kontinuierlichen Vergrößerung des Lesepublikums im 18. Jahrhundert eine Rolle spielte, darf als sicher gelten. Selbst journalistischen Ursprungs, hat er zur Ausbreitung und Konsolidierung des ephemeren Schrifttums beigetragen und ein neues, durch den kurzen, leicht konsumierbaren Text geprägtes Leseverhalten gefördert. Die Zeitung existierte bereits (50000 Exemplare wurden um 1700 wöchentlich in London verkauft), aber das Magazin, zunächst als »Behältnis« für die Sammlung von Bewahrenswertem konzipiert, bald jedoch ein eigenes Medium, hat eine seiner Wurzeln im periodischen Essay. Mit dem 1731 von Edward Cave gegründeten *Gentleman's magazine*, das bis 1914 erschien, begann der journalistische Bereich seine modernen Konturen anzunehmen.

Politisch gab sich der *Spectator* abstinent (»an exact neutrality between the Whigs and Tories«), und thematisch scheinen die insgesamt über sechshundert Essays auch der Tagespolitik entrückt. Indessen war Addison nicht unparteiisch. Mit subtiler Regie vermittelte er eine whiggistische Ideologie. Die markanteste Figur im Spectator Club, fast eine Normfigur, ist Sir Andrew Freeport – »a merchant of great eminence in the city of London: a person of indefatigable industry, strong reason, and great experience« – und es ist immer wieder seine Welt, die dem Leser mit Bewunderung dargestellt wird. Mehr wird jedoch angedeutet als ausgeführt. Addison war kein naiver Propagandist; er war ein Moralist, der die Welt der Tradition mit der Welt der Zukunft zu verklammern suchte.

Gleichwohl ist der *Spectator* ein Indiz dafür, daß sich in der Regierungszeit der Königin Anna die Literatur weltanschaulich einzufärben begann. Nicht daß rivalisierende politische Literaturen entstanden wären. Dazu hatte die Epoche ein zu einheitliches und gleichförmiges intellektuelles Fundament. Aber es bildeten sich unverkennbar literarische Oppositionen heraus. Sie waren umfassender als die politischen Parteien, wurden von philosophischen Überzeugungen getragen und führten letztlich zu einem vehementen Konflikt gegensätzlicher Weltbilder.

Mit dem Aufstieg Englands nach dem Frieden von Utrecht (1713), der – über einen langen Zeitraum gesehen – ein Aufstieg des Bürgertums zur vollen politischen und gesellschaftlichen Macht war, bildete sich ein neues, zukunftsgerichtetes Lebensgefühl heraus. Es war von einer Mentalität des Fortschritts bestimmt, einer Überzeugung von der Machbarkeit des Neuen, Notwendigen und Nützlichen und einer Erwartung von Wachstum und Wohlergehen, wie es sie bislang nicht gegeben hatte. Unter den Prämissen der merkantilen Expansion schien sich die Welt, befreit von Vergangenheit und Tradition, grenzenlos zu öffnen.

Dieses Lebensgefühl fand nicht nur in der Publizistik, sondern auch in zahlreichen Gedichten der Zeit variationsreich Ausdruck, beginnend mit dem *Carmen seculare, for the year 1700* von Matthew Prior, das in seiner Aufbruchstimmung überaus wirkungsvoll mit Drydens gleichzeitigem Abgesang auf die Restaurationszeit kontrastierte. In Popes Jugendgedicht *Windsor-Forest* (1713) teilt es sich verhalten mit, in Edward Youngs *Pelagium Imperii. A naval lyric* (1730) im Überschwang der Ode – »trade is a very noble subject in itself, more proper than any for an Englishman« (Preface). James Thomsons *Liberty* (1735) – »the attempt to trace Liberty from the first ages down to her excellent establishment in Great Britain« – ist eine (schon von zeitgenössischen Lesern als mühsam empfundene) Vision Englands als »land of hope and glory«. Richard Glovers *London, or the progress of commerce* (1739) zelebriert die Haupstadt als »fair seat of wealth and freedom«, und John Dyer besingt in seinem merkantilen Epos *The fleece* (1757) die Blüte von Handel und Wandel am Beginn des Zeitalters der Maschine.

Vielfach werden Gedichte dieser Art aus den zwanziger und dreißiger Jahren als »Whig panegyric verse« bezeichnet. Man hat es jedoch nicht durchweg mit bloßer Propaganda in poetischer Form zu tun, sondern mit einer Dichtung des patriotischen Pathos, wie sie auch früher und später in England (wie in anderen Ländern) anzutreffen ist. In einer Zeit des nationalen Hochgefühls war der Patriotismus ein naheliegendes »öffentliches« Thema, dessen literarische Gestaltung nicht unbedingt eine dezidierte politische Zustimmung zu Walpole und seiner

Regierung implizierte. Natürlich gab es auch whiggistische Huldigungsgedichte an den Premierminister, wie etwa die *Epistle to the Right Honourable Sir Robert Walpole*, mit der sich Richard Savage, einer der begabten, aber glücklosen Dichter der Epoche (ca. 1697–1743), dessen Gunst erheischen wollte.

Als literarische Symbolfigur des neuen Zeitalters und seines Lebensgefühls tritt – zumindest im historischen Rückblick – Daniel Defoe hervor. Defoe kam aus dem *Dissent* und repräsentierte mit seiner Bindung an die Denk- und Empfindungsweise der Mittelklasse einen bis dahin unbekannten Typ von Autor: geschäftlich erfahren, journalistisch versiert, politisch agil, doch in seiner Loyalität nicht festgelegt, wendig und erfinderisch, anti-traditionell dem Fortschritt in eine utilitaristische Zukunft verschrieben und stets vom Eigeninteresse bestimmt. Defoes Metier war nicht nur die politische Kontroverse und die Tagesschriftstellerei, die er glänzend beherrschte, wie vor allem an seiner langjährigen *Review* deutlich wird. Er schrieb auch jene praktischen Handreichungen, deren der Mittelstand zunehmend bedurfte – von *The family instructor* (1715) über *A tour through the whole island of Great Britain* (1724–1726) und *The complete English tradesman* (1726) bis *A plan of the British commerce* (1728).

Literarisch bedeutsam waren seine »realistischen« Erzählwerke, die zu Beginn der zwanziger Jahre in rascher Folge erschienen: *Robinson Crusoe* (1719), *Moll Flanders* (1722) und *Roxana* (1724). Sie führten Charaktere in die Literatur ein, deren gemeinsames Kennzeichen ihre Herausgelöstheit aus dem traditionellen Gesellschaftsgefüge war. Zwar ist »the middle state, or what might be called the upper station of low life« (Defoe) für sie Herkunftsmerkmal oder auch Lebensziel, doch ungeachtet dieser virtuellen Zugehörigkeit zur Mittelschicht existieren sie – Robinson wie Moll Flanders wie Roxana – auf sich gestellt in anderen Lebenswelten, von denen sie feindlich umgeben sind. Sie agieren in diesen Sphären aus eigener Kraft, und was sie erreichen, verdanken sie ihrer Zähigkeit, ihrem Einfallsreichtum und ihrem Sinn für das Praktische und Nächstliegende. Sie durchleben Widrigkeit, Gefahr und Einsamkeit und gehen aus allen Prüfungen letztlich als Sieger hervor.

So zeitgebunden sie sein mögen, Defoes Charaktere stellen sich als Prototypen des modernen, auf sich selbst gestellten Individuums dar. Gleich ihrem Schöpfer sind sie weniger Vertreter eines wie immer verstandenen »Kapitalismus« denn Repräsentanten eines von den Umständen ihrer Existenz hervorgerufenen Individualismus, der sich in einem gänzlich eigengeprägten Verhalten manifestiert. So gesehen beruht der Literaturerfolg von *Robinson Crusoe* nicht zuletzt darauf, daß der Held eine jener mythischen Figuren der Moderne ist, die sich ihre Welt aus eigener Kraft erschaffen.

Das gängige Welt- und Menschenbild des frühen 18. Jahrhunderts war ein optimistisches, gekennzeichnet durch Zuversicht und positive Zukunftserwartung. In das noch immer gültige Rahmenwerk der christlichen Metaphysik eingefaßt, ruhte es wesentlich auf traditionellen Glaubensüberzeugungen, und für den Zeitgenossen manifestierte sich »the wisdom of Providence in all the variety of our circumstances« (Defoe) nicht nur im Abenteuerdasein Robinsons. Gleichwohl gewann es seine verbindlichen Konturen nicht allein aus der religiösen Offenbarung. Die Epoche war die erste, deren Auffassung von der Welt und dem Menschen in ihr durch die moderne Wissenschaft entscheidend mitgeprägt wurde. Was sie über Makrokosmos und Mikrokosmos dachte, leitete sich über viele Zwischenstufen aus den Erkenntnissen der Newtonschen Physik her, die ihre Hintergrundwissenschaft darstellt.

Die metaphysische Erschütterung, die der Zusammenbruch der alten Kosmologie im frühen 17. Jahrhundert ausgelöst hatte (und die bei Donne ihren nachhaltigsten literarischen Ausdruck fand), wich in der Restaurationszeit einer neuen, wissenschaftliche Erkenntnis und religiöse Überzeugung vereinigenden Gewißheit, daß das Universum von Gesetz und Ordnung durchwaltet sei. Im frühen 18. Jahrhundert setzte sich diese Auffassung so allgemein durch, daß sie als eine der Grundvorstellungen der Epoche gelten muß. Daraus leitete sich ein Gefühl der metaphysischen Geborgenheit her, das der Zeit ihre eigentümliche Sicherheit gab und ihrer Expansions- und Fortschrittsmentalität einen ebenso naiven wie wirksamen Rückhalt verlieh.

Die imaginative Qualität des physikalischen Weltbildes rief nicht nur Popularisatoren auf den Plan – von den Beiträgern zum *Spectator* über William Derham mit seiner *Astro-theology* (1715) bis zu Voltaire mit seinen *Éléments de la philosophie de Newton* (1738) und Francesco Algarotti mit seinem *Newtonianismo per le dame* (1737). Sie beflügelte auch die dichterische Phantasie, so daß ein ganzes Korpus von *scientific verse* entstand, teils in Lehrgedichten, zu denen Sir Richard Blackmore mit *The creation* (1712) den Auftakt gab, teils in panegyrischen Gedichten auf den Begründer des neuen Weltbildes, unter denen James Thomsons *To the memory of Sir Isaac Newton* (1727) – mit einer später unterdrückten Huldigung an Sir Robert Walpole – das eindrucksvollste ist. Obwohl vielfach mediokre Reimerei (wofür J. T. Desaguliers *The Newtonian system of the world the best model for government. An allegorical poem* von 1728 ein thematisch aufschlußreiches Beispiel ist), brachten sie doch dem Leser nahe, daß er in einer ebenso interessanten wie wohleingerichteten Welt lebte und daß diese Welt in einer heroischen Entdeckertat erschlossen worden war.

Die Gesellschaftsphilosophie der Epoche kam weitgehend aus dem Werk des dritten Earl of Shaftesbury (1671–1713), dessen Lehre in seinen *Characteristics of men, manners, opinions, times* (1711, überarbeitet 1714) enthalten ist. Shaftesbury bot kein philosophisches System – »the most ingenious way of becoming foolish is by a system« –, aber er vermittelte ein Menschenbild, das als »aufgeklärter« empfunden werden konnte als das der Philosophen des mittleren und späten 17. Jahrhunderts. Seine Ethik, ebenso gegen die naturalistische Staatslehre von Hobbes wie gegen die mechanistische Psychologie von Locke gerichtet, war vom Grundgedanken der Ausgewogenheit und Übereinstimmung geprägt: Als Einzelwesen ist der Mensch, Geschöpf einer gütigen Gottheit, durch eine innere Harmonie gekennzeichnet, als Gemeinschaftswesen in eine umfassende gesellschaftliche und darüber hinaus kosmische Harmonie eingebettet. Geleitet wird der Mensch durch einen angeborenen moralischen Sinn (*moral sense*), dessen Pendant ein ebenfalls kongenialer ästhetischer Sinn als Organ für die Aufnahme des Schönen ist. Tugend und Geschmack werden ergänzt durch Toleranz und Wohlwollen (*benevolence*) als jene Prinzipien des Handelns, die ein zivilisiertes Zusammenleben in der Gesellschaft ermöglichen.

Shaftesbury war ein patriotischer, doch nicht politisch aktiver Whig. Seine Philosophie, neben der von John Locke die wohl einflußreichste des 18. Jahrhunderts, fand in England wie in Deutschland bereitwillige Aufnahme, bot sie doch eine zeitgemäße Morallehre auf der Grundlage einer ohne die Offenbarung auskommenden Vernunftreligion. In Verbindung mit den neuen kosmologischen Vorstellungen ergab sie ein Weltbild der Vollkommenheit, so daß sich der »fortschrittliche« Zeitgenosse selbstzufrieden in der besten aller Welten wähnen konnte. Shaftesburys literarische Wirkung war beträchtlich. Im Naturverständnis von Thomsons *Seasons*, in den Vorbildcharakteren von Fieldings *Joseph Andrews* und *Tom Jones*, in der Ästhetik von Akensides *Pleasures of imagination* läßt sich, wie an vielen anderen Stellen in der Literatur der Epoche, Gedankengut aus den *Characteristics* nachweisen.

Shaftesburys eklektische, teilweise mit rhapsodischem Enthusiasmus vorgetragene Philosophie forderte konträre, polemisch konzipierte Welt- und Menschenbilder geradezu heraus. Die Auseinandersetzung mit ihm über das Wesen von Mensch und Gesellschaft begann früh und führte in Dimensionen, die zuvor kaum erahnt worden waren. Shaftesburys Kontrahent war Bernard Mandeville, der seinen Angriff mit einem Zynismus vortrug, demgegenüber Swifts *Battle of the books* (1704), satirischer Nachklang des Kampfes zweier Welten in der *Querelle des anciens et des modernes*, als harmloses Geplänkel erscheinen mußte. »The grumbling hive, or knaves turn'd honest« (1705), das Kernstück der über zwei Jahrzehnte wachsenden *Fable of the bees* (1714, 1723, 1729) stellte gegen Shaftesburys Tugend die depravierte Selbstsucht als Triebkraft des Individuums und als Grundlage eines funktionierenden Gesellschaftssystems: private Unmoral führt zu öffentlicher Wohlfahrt, Tugend zu ökonomischer Stagnation. Mandeville decouvrierte damit in machiavellistischer Manier die zeitgenössische englische Gesellschaft und ließ die Welt nicht so erscheinen wie sie sein sollte und sich sehen wollte, sondern wie sie wirklich war.

Mit der Auffassung, daß sich die Voraussetzungen für eine moralische und politische Ordnung nur evolutionistisch herausbildeten, stand Mandeville zwischen Hobbes und Darwin und damit außerhalb des intellektuellen Territoriums, auf dem die weltanschaulichen Konflikte der Epoche ausgetragen wurden – auch wenn Hume für seine Gesellschaftslehre von ihm lernte und Johnson ihm »views into real life« verdankte. Obwohl er Axiome der klassischen Nationalökonomie vorwegnahm, lehnte Adam Smith die Bienenfabel ebenso ab wie vorher Alexander Pope. Was Mandeville jenseits seiner als skandalös empfundenen Ideen (die auch in seinen anderen Büchern steckten) disqualifizierte, war seine Nicht-Zugehörigkeit zur klassischen Tradition – eine plebejische Autorschaft, die er mit seinem Bewunderer Defoe teilte.

Der prononcierte Widerstand gegen die optimistische Selbstgefälligkeit der Epoche und gegen einen Zug der Zeit, der als Abkehr von einer verbindlichen Wertordnung und damit als moralischer und politischer Verfall empfunden wurde, gewann sein charakteristisches Profil in den zwanziger und dreißiger Jahren. Er wurde von einer literarischen Elite getragen, die sich in der Regierungszeit der Königin Anna politisch unmittelbar engagiert hatte und bereit gewesen war, im klassischen Verständnis der Rolle des in die Gesellschaft hineinwirkenden Autors intellektuelle und moralische Verantwortung zu übernehmen. In einem whiggistisch geprägten Staat und Gesellschaftssystem ohne Einfluß und Wirkungsmöglichkeit, begab sich diese Elite in eine kritische Distanz, aus der heraus sie in negativem Engagement korrigierend einzugreifen versuchte.

Die Opposition konzentrierte sich in dem Kreis um Pope und Swift. Ihr Scriblerus Club (ab 1714) schloß Thomas Parnell und John Gay, den Arzt und Literaten John Arbuthnot und den Staatsmann und Bibliophilen Robert Harley, first Earl of Oxford (1661–1724), ein, war in seinen Auffassungen homogen und in seinem literarischen Potential der Gegenseite weit überlegen. Die aus ihm hervorgehenden literarischen Satiren erreichten ihren Höhepunkt in Popes *Dunciad* (1728), die ein endzeitliches Panorama vom Untergang der »echten« Literatur in einem Meer von Gedrucktem entwarf und in satirischer Überspitzung den Anbruch der geistigen Anarchie verkündete. Gleichzeitig verband John Gay in seiner *Beggar's opera* die Bloßlegung des hohlen musikalischen Pomps der allseits beliebten und vornehmlich von einem neuen bürgerlichen Publikum getragenen italienischen Oper mit politischen Angriffen auf Sir Robert Walpole, auf den auch Henry Fielding in *Jonathan Wild* (1743) seine satirische Geschichte von der »Größe« des verbrecherischen Menschen bezog.

Gulliver's travels (1726) ist das bedeutendste Werk in diesem Kontext – eine der großen Satiren und Tragödien der Weltliteratur, mit der Swift das Menschenbild Shaftesburyscher und (später) Rousseauscher Prägung annullierte. Swifts Autorschaft, von vornherein satirisch, verdunkelte sich unter dem Eindruck der katastrophalen irischen Entwicklungen, die das whiggistische Fortschrittsdenken absurd erscheinen lassen mußten. Seine tagespolitischen Streitschriften, voran die *Drapier's letters* (1724), führten zu jener auf *Robinson Crusoe* anspielenden Abenteuergeschichte, hinter der sich gleicherweise politischer Protest gegen das England Walpoles, humanistische Distanzierung von der heraufziehenden wissenschaftlich-technischen Welt und eine Aufklärung der Aufklärung über das Wesen des Menschen verbarg.

Der optimistischen Hoffnung auf den von Natur aus guten und durch Vernunft und Einsicht geleiteten Menschen setzte Swift die aus der antiken wie christlichen Tradition zu beglaubigende Auffassung entgegen, daß der Mensch, in sich verdorben, bestenfalls der Vernunft fähig (*rationis capax*) sei. In der schönen neuen Welt, die sich überall aufzutun schien, erinnerte Swift an die kreatürliche, wenn nicht tierische Natur des Menschen. Sein Realismus trug ihm, verabscheut bis tief ins 19. Jahrhundert, den Ruf des Misanthropen ein.

In einer Version, die die Aufmerksamkeit Europas ebenso auf sich zog wie *Gulliver's travels*, entwarf Pope das kritische Weltbild in seinem *Essay on man* (1732–1734), der als horazisch-lukrezische Dichtung Kernstück eines vielgliedrigen, doch unvollendet gebliebenen quasi-epischen Werkes sein sollte. Popes Ordnungsprinzip war jene *chain of being*, die als herkömmliches ontologisches Schema alle Wesen in einer vom Nichts zu Gott reichenden Stufenfolge aufeinander bezog. In diesem durch eine vorausbestimmte Hierarchie geprägten Universum bot sich der Mensch, wie bereits bei Pascal, als Wesen einer prekären und stets gefährdeten Mitte dar. Durch die gedanklich riskante, aber in der poetischen Gestaltung brillante Verschmelzung dieses traditionellen Gedankengutes mit dem neuen physikalischen Weltbild eines durch gegenläufige Kräfte im Gleichgewicht gehaltenen Planetensystems gewann Pope für Mensch und Gesellschaft ein ebenso modernes wie konservatives Konzept. Als ein statisches, durch hierarchisches Ordnungsdenken bestimmtes Weltbild kontrastierte es aufs wirkungsvollste mit dem Bild einer sich von ihren historischen Grundlagen entfernenden und in ihrem eigenen Dynamismus auflösenden whiggistischen Gesellschaft.

Im Rückblick scheint sich das Weltbild der *Tory satirists*, wie sie literarisch zusammengefaßt werden, vielfach düsterer darzubieten als es die Situation der Zeit erforderte. Manches ist zweifellos pointiert, denn als negierende Form lebt die Satire aus der Überzeichnung. Doch die späten Satiren Popes (von den *Moral essays* bis zu den *Imitations of Horace*) sind als Reaktionen auf die Korruption in der Politik und die Fehlentwicklungen in der Gesellschaft nicht nur literarisch arrangiert. Journalistische Vorstöße wie die rhetorisch herausragende *Dissertation on par-*

ties (1735) des Viscount Bolingbroke (1678–1751) oder seine *Idea of a patriot king* (1749) erweisen sich ebenso als Gegenstücke dazu wie die graphischen Proteste von William Hogarth, wie sie in den Stichfolgen *A harlot's progress* (1731), *The rake's progress* (1735), *Marriage a-la-mode* (1745) und *Industry and idleness* (1747) vorliegen. So stabil sich Staat und Gesellschaft der Epoche nach außen darbieten, so spannungsreich erweisen sie sich im Innern. Bezeichnenderweise sind ihre großen literarischen Werke bis hin zu Samuel Johnsons *Vanity of human wishes* (1749) durch eine in der klassischen Tradition stehende skeptische oder pessimistische Weltsicht bestimmt.

Die neue Großform des Romans, deren Aufkommen die Epoche literarisch am nachhaltigsten prägte, läßt sich in ihrer Entstehung und schnellen Ausbreitung eher aus einer durch die rapiden Entwicklungen und Umwälzungen entstandenen Situation der literarischen und gesellschaftlichen Unsicherheit erklären als aus deren Gegenteil. Die überkommenen literarischen Formen des klassischen Kanons erfüllten die Bedürfnisse der sich herausbildenden Gesellschaft nur noch zum Teil oder nur auf unvollkommene Weise. Der Niedergang des Dramas, speziell der Tragödie, für die es, wie am *domestic drama* deutlich wurde, in der bürgerlichen Gesellschaft nur noch einen bescheidenen Platz gab, läßt dies ebenso erkennen wie der unvergleichliche Erfolg der Kleinform des *periodical essay*. Der Vers war als literarische Ausdrucksform nur noch begrenzt wirksam in einer Welt, die in ihrer kommerziellen und bald auch technischen Ausrichtung eine »bereits zur Prosa geordnete Wirklichkeit« (Hegel) darbot. Eine neue literarische Form war vonnöten, die der bürgerlichen Gesellschaft die Orientierung bot, derer sie bedurfte.

Den Beginn des Romans mit Richardson anzusetzen, hat seine Berechtigung. *Pamela, or virtue rewarded* (1740/41) war nicht nur ein bürgerliches Literaturthema, sondern auch ein Literaturwerk, das – bei aller Unvollkommenheit der Gestaltung – vorbildhaftes Verhalten darstellte. Mehr noch galt dies für *Clarissa, or the history of a young lady* (1748/49), ein Roman, dessen Ausgang verdeutlicht, daß sich nach der Erschöpfung der Tragödie die Idee des Tragischen in anderer Form realisieren konnte. Beides sind die Geschichten junger Menschen, die mit der sie umgebenden Welt zusammenstoßen – ebenso wie Fieldings *Joseph Andrews* (1742) und *Tom Jones* (1749) die Geschichten junger Menschen in einer für sie neuen

Welt sind. Fieldings Romane bieten die komische Variante solcher Kollisionen; zugleich stellen sie einen Versuch dar, die Dimension dieser Erzählungen durch eine Rückbeziehung des Romans auf das Epos zu verdeutlichen.

Zumindest *Tom Jones* bietet sich in der Ausgewogenheit der Gestaltung als Abbild eines harmonischen Kosmos dar und repräsentiert damit eine Form des Romans, die in ihrer Vollkommenheit keine Weiterführung zuließ. Der Roman hatte mit Fielding den Status eines modernen Äquivalents zum Epos erreicht. Er war zur »modernen bürgerlichen Epopöe« geworden (Hegel). Friedrich von Blanckenburg schrieb in seinem *Versuch über den Roman* (1774): »Ich sehe den Roman, den guten Roman für das an, was, in den ersten Zeiten Griechenlands, die Epopöe für die Griechen war; wenigstens glaub' ichs, daß der gute Roman für uns das werden könne.« Die Voraussetzung dafür wäre gewesen, daß sich mit der klassischen Tradition die normsetzende Funktion des literarischen Werkes erhalten hätte. Aber eben dies sollte sich ändern.

Das späte 18. Jahrhundert

Wie auch in anderen europäischen Ländern war in England die Mitte des 18. Jahrhunderts eine Zeit des Umbruchs. Zwar traten die Veränderungen nicht spontan in Erscheinung, doch machte die Französische Revolution, die überall in Europa im 18. Jahrhundert einen Einschnitt im politischen wie im geistigen Leben markierte, das Ausmaß des Wandels deutlich, der sich in wenigen Jahrzehnten vollzogen hatte. Politisch begann nach dem Rücktritt Walpoles (1742) eine unruhigere Ära, die durch mancherlei Instabilität gekennzeichnet war, doch, aufs Ganze gesehen, eine weitere Phase des Aufstiegs Englands zur Weltmacht umschloß.

Der Siebenjährige Krieg (1756–1763), der ein europäischer wie ein überseeischer Krieg war und für England vornehmlich eine Auseinandersetzung mit Frankreich bedeutete, legte mit dem Zugewinn Kanadas eine der Grundlagen für das spätere Imperium. Binnen kurzer Zeit begründete Lord Clive die englische Herrschaft über Bengalen, der die Eroberung Indiens folgte, einschließlich Ceylons, das 1796 von Holland an England fiel. Australien, 1770 von James Cook erforscht, wurde zur Sträflingskolonie.

Georg III., der jung und unerfahren die Regentschaft antrat, mußte unter schwierigen Konstellationen eine der längsten Regierungszeiten eines englischen Monarchen absolvieren (1760–1820). Der junge König, der sich anders als seine Vorgänger nicht als Hannoveraner, sondern als Engländer empfand, versuchte für die Monarchie eine Führungsrolle jenseits der Parteipolitik zu gewinnen, wie sie Henry St. John, Viscount Bolingbroke in seinem idealistischen Entwurf *The idea of a patriot king* (1749) vorgezeichnet hatte. Eine als *New Tories* bezeichnete Gruppe stützte den König, der in Lord North einen ihm kongenialen Premierminister (1770–1782) fand. Doch die Konflikte mit den amerikanischen Kolonien, bei denen auf beiden Seiten mit Ungeschicklichkeit taktiert wurde, führte in eine Krise, die den König und seine Regierung durch den Verlust der Kolonien im Unabhängigkeitskrieg (1775–1783) diskreditierte.

In dem jungen William Pitt (1759–1806), dessen Vater während des Siebenjährigen Krieges Premierminister gewesen war und der als einer der größten Redner seiner Zeit galt, erkor sich Georg III. einen neuen und langjährigen Regierungschef (1783–1801; 1804–1806) von beachtlichem Format, wiewohl nicht immer von Fortune. Pitt konsolidierte England nach der Niederlage im Krieg mit Amerika, und er führte, persönlich integer, das Land endgültig aus der Ära Walpole heraus, ohne indessen beabsichtigte Reformen in vollem Umfang ausführen zu können. Unter Pitt bildete sich jenes konservative politische Klima in England heraus, das die politische Richtung in der Reaktion auf die Französische Revolution bestimmte und damit England in Grundzügen seinen Weg ins 19. Jahrhundert vorgab.

Die Epoche war die erste Phase jenes sozio-ökonomischen Wandels, der seit dem 19. Jahrhundert als Industrielle Revolution bezeichnet wird. Der Übergang von der agrarischen in die industrielle Gesellschaft setzte in England früher ein als in anderen Ländern, und er erreichte dort auch ein Tempo, das England für lange Zeit die Position der führenden Industrie- und Handelsmacht sicherte. Sowohl in der Gewinnung und Verarbeitung neuer Materialien wie Eisen und Stahl als auch in der Erfindung neuer Maschinen und der Ausnutzung zuvor nicht verwendeter Energien wurden die entscheidenden Schritte in England getan. Die epochale Erfindung der Dampfmaschine (1765) durch James Watt (1736–1819) wurde ebenso zum Signum des Neuen, das sich irreversibel durchsetzte, wie die Erfindung der Jenny-Spinnmaschine (1764) durch James Hargraves (gest. 1779).

Die kommerzielle Ausnutzung der beginnenden industriellen Fertigung machte England zum ersten modernen Exportland. Das ökonomische Manifest der Zeit war Adam Smiths *Wealth of nations* (1776), das den freien Handel an die Stelle des Merkantilismus setzte und die theoretische Basis für einen ökonomischen Individualismus lieferte. Pitts Fiskalpolitik und Wirtschaftspolitik wurden davon beeinflußt. Trotz der ungeheuren Kosten, die der amerikanische Unabhängigkeitskrieg verursachte, konzentrierte sich durch die industrielle Monopolstellung Englands eine beispiellose Finanzkraft nicht nur in London, sondern auch in neuen provinziellen Zentren wie Glasgow oder Liverpool.

Der private und öffentliche Wohlstand der Zeit war die Voraussetzung dafür, daß die Epoche die erste der englischen Geschichte ist, in der Kulturinstitutionen von nationaler Bedeutung entstanden oder ins Leben gerufen wurden. Im Britischen Museum entstand 1753 das erste nationale und öffentliche Museum, dessen Grundstock die Bibliothek und die Sammlungen von Sir Hans Sloane (1660–1753) waren. Teil des Museums war bis 1973 die heutige British Library, die als großen und bedeutenden Bestandteil jene (teilweise unter Beratung von Samuel Johnson aufgebaute) Sammlung enthält, die Georg III. als königliche Bibliothek anlegen ließ. Nach der Entstehung der Society of Arts 1754 (später Royal Society of Arts) wurde 1768 von Georg III. als nationale Kunstschule die Royal Academy of Arts begründet.

Wie die industrielle Revolution die Basis für nationale Macht- und Prachtentfaltung war, so war sie auch Ursache nationaler Mißstände, die sich in England ebenfalls eher und stärker herausstellten als anderwärts. Die mit der industriellen einhergehende soziale Revolution verwandelte die traditionell agrarische Gesellschaft von Grund auf. Die *Enclosure Acts*, auf Produktionserhöhung gerichtet, zerstörten oft zu Nachteil und Not der Kleinbauern alte dörfliche Strukturen, und in den Städten entstand ein neues Industrieproletariat, das unter unwürdigen Arbeits- und Lebensbedingungen existierte.

Es gehört zu den im historischen Rückblick unverständlichen Sonderbarkeiten der Epoche, daß diese unerhörten Veränderungen, die sich in ihr ereigneten, weitgehend unverstanden, ja unbemerkt geblieben sind. Sie fanden geringen Niederschlag in der Politik, und sie drangen kaum in die Literatur ein. Erst im 19. Jahrhundert wurden sie politisch wie literarisch aufgenommen. So vermittelt die Literatur der Epoche, so »literarisch« interessant sie auch ist, den Eindruck einer seltsamen sozialen Entrücktheit.

Die Literatur im späten 18. Jahrhundert

Das wichtigste literarische Faktum des späteren 18. Jahrhunderts ist der Verfall der klassischen Tradition. Sie brach nicht plötzlich ab, und sie wurde auch nicht gänzlich verdrängt. Bei der tragenden Funktion, die ihr für das gesamte europäische Geistesleben zukam, wäre dies nicht möglich gewesen. Doch die Geschichte der klassischen Tradition seit der Renaissance ist überall in Europa ein Prozeß ständiger Reduktion, und um die Mitte des 18. Jahrhunderts war in England der Punkt erreicht, an dem sie ihre prägende Kraft für die Literaturentwicklung verlor. Die literarische Produktion der Epoche begann sich – richtungweisend für die Zukunft – von der engen Bindung an die Antike zu lösen, die zuvor selbstverständlich gewesen war und Literaturverständnis wie Formenkanon bestimmt hatte.

Dem steht nicht entgegen, daß die Zeit zwischen 1760 und 1790 noch bedeutsame neoklassische Elemente aufweist. Ihre beherrschende (und von einem Kreis wichtiger Autoren umgebene) Figur war Samuel Johnson, dessen Literaturverständnis mit positiver Akzentuierung als traditionalistisch zu bezeichnen ist. Fast alle seine Werke sind, wie die Popes, auf klassische Vorbilder bezogen. Doch der Klassizismus, den er durchgängig als Literaturprinzip vertrat, ist nicht von strenger Observanz. Er ist durch eine undogmatische Weite und eine humanistische Fundierung gekennzeichnet, die anderwärts kaum anzutreffen sind und die Johnsons Literaturkritik zu einem festen Bestandteil des literarischen Erbes in England gemacht haben.

Johnsons große Leistungen nach der Jahrhundertmitte liegen weniger in originären Werken (*Rasselas* von 1759 ausgenommen) als in der Kanonbildung und Traditionsvermittlung. Das gilt für sein *Dictionary of the English language* (1755), das erstmals auf breiter Basis einen linguistischen Standard fixierte, für seine Ausgabe der *Plays of William Shakespeare* (1765) und vor allem für die große Sammlung der *Works of the English poets* (1779–1781). Allen liegt eine neoklassische Sprach- und Literaturauffassung zugrunde, die in der Reife des Urteils und der Subtilität der Analyse bis heute nichts von ihrer Eindringlichkeit eingebüßt hat, die gleichwohl aber das Signum der abschließenden Spätphase trägt.

Die literarische Blüte Schottlands in der zweiten Jahrhunderthälfte (und teilweise darüber hinaus) ist ein wesentlich neoklassisches Phänomen. Die Realunion von 1707, die England und Schottland zum Vereinigten Königreich Großbritannien zusammengeschlossen hatte, brachte nach dem Verlust der politischen Identität ein starkes nationales Kulturbewußtsein in Schottland hervor. Aus ihm ging nicht nur eine eigenständige schottische Versdichtung hervor, repräsentiert durch Autoren wie Allan Ramsay (1686–1758), Robert Fergusson (1750–1774) und vor allem Robert Burns (1759–1796), sondern auch eine vielfältige Prosaliteratur, deren Autoren sich im Wettstreit mit englischen Autoren sahen.

Das *Augustan age* der schottischen Hauptstadt war in vielem ein zeitversetztes Pendant zu dem Londons. Edinburgh entwickelte sich rapide zu einem Zentrum der Aufklärung von europäischer Bedeutung. David Hume als Philosoph und Historiker, Adam Smith (1723–1790) als Nationalökonom (*An inquiry into the nature and causes of the wealth of nations* 1776), William Robertson (1721–1793) als Historiker (*History of Scotland* 1759; *The history of America* 1777), aber auch zweitrangige Autoren wie der Rhetorik-Professor Hugh Blair (1718–1800), dessen *Lectures on rhetoric and belles lettres* (1783) überall verbreitet bis weit ins 19. Jahrhundert gelesen wurden, ließen Edinburgh als geistiges Gegenzentrum zu London erscheinen. Der einflußreichste Literat war Henry Mackenzie (1745–1831), der sich als *periodical essayist* mit seinem *Mirror* (1779/80) und seinem *Lounger* (1785/86) ebenso als Meister eines etablierten Genres erwies wie er mit seinem *Man of feeling* (1771) neu aufkommenden literarischen Tendenzen ihre Richtung zu geben verstand.

Stärker als in der Literatur manifestierte sich der Neoklassizismus in den bildenden und angewandten Künsten. Gegenüber vielen epigonalen literarischen Werken in tradioneller Manier (besonders in der Versdichtung, deren bedeutende Vertreter indessen mit unterschiedlichem Erfolg neue Ausdrucksformen suchten) hat die Architektur mit Glanzleistungen aufzuwarten. Sie verbinden sich vor allem mit den Namen von Robert Adam (1728–1792) und Sir William Chambers, beide schottischer Herkunft. Zusammen mit seinem Bruder James hat Adam die klassizistische Neustadt Edinburghs entscheidend geprägt. Chambers entwarf das berühmte Somerset House in London und war einer der Mitbegründer der von Georg III. ins Leben gerufenen Royal Academy (1768). Deren erster Präsident wurde Sir Joshua Reynolds, der Exponent der klassizistischen Richtung in der damals im Zenit stehenden englischen Malerei. Adam beeinflußte auch die Innenarchitektur und die Möbelkunst. Seine Entwürfe machten zusammen mit denen von George Hepplewhite (gest. 1786) und den mit rokokohafter Eleganz im neuen Modeholz Mahagoni ausgeführten von Thomas Chippendale (1718–1779) das klassizistische Möbel zu einem Attribut der überall in Europa bewunderten und nachgeahmten »feinen englischen Art«.

Die für die Epoche bezeichnende Abwendung von der Antike setzte um die Jahrhundertmitte ein. Prägnanten Ausdruck fand sie in jenen *Conjectures on original composition* (1759) des betagten Edward Young (1683–1765), die in Deutschland zu einer Programmschrift für die Nationalliteratur werden sollten. In England stand Young mit seinen Auffassungen nicht allein. Doch er hob früher als andere – wie der Schotte William Duff (1732–1815) in seinem *Essay on original genius* (1767) – den neuen Leitbegriff der Originalität hervor, der hinfort die ästhetische Qualität der Eigenständigkeit bezeichnete. Der Autor der Zukunft, so Young, sollte nicht imitativ die gleichen Werke wie der antike Autor hervorbringen; er sollte diesem aber an schöpferischer Potenz gleichzukommen versuchen. Young stellte diese Forderungen (»very common maxims« nach Ansicht Samuel Johnsons) mit einem pointierten Hinweis auf die großen originären Leistungen der modernen Philosophie und Naturwissenschaft.

Die Lehre vom Originalgenie implizierte, daß das moderne Werk der Literatur und der bildenden Künste etwas noch nicht Dagewesenes zu sein hatte. Damit öffneten sich gänzlich neue Möglichkeiten der Gestaltung und Darstellung, und die heute selbstverständliche Souveränität des Schöpferischen kam erstmals zu ihrem vollen Recht. Doch je weiter die Zeit fortschritt, desto stärker engte sich zwangsläufig das Spektrum des noch nicht realisierten Neuen ein, und die Würde der Originalität verwandelte sich in eine Bürde, die die Späteren verzweifelt oder listig abzuschütteln suchten. Schon der Protest gegen die »Genieaffen« in Immanuel Kants *Anthropologie in pragmati-*

scher Hinsicht abgefaßt (1798) deckte die uns heute geläufige Nachbarschaft von Originalität und Scharlatanerie auf.

Das herkömmliche Gattungsgefüge und der überkommene Formenkanon verloren ihre Verbindlichkeit, aber die neue Originalität führte nicht zu einem markanten Bruch. Manche der traditionellen Formen, durch die besonders die Versdichtung ausgezeichnet war, kamen außer Gebrauch, andere indessen – weit davon entfernt, den Autor in sterile Abhängigkeit zu versetzen – wirkten immer wieder inspirierend bis weit ins 19. Jahrhundert, wenn nicht bis in die Gegenwart. Was entfiel, war der unentrinnbare Zwang des Vorgegebenen, so daß die Formen des ehemals verbindlichen Kanons freier benutzt werden konnten – als disponible Muster, die weder in bestimmter Weise auszufüllen waren noch eine spezifische Lesererwartung einzulösen hatten. Es begann jener langsam verlaufende Prozeß der Entgrenzung, der letztlich zu einem fast völligen Schwund formaler Unterscheidungen geführt hat. *Poem* und *play* sind die heute allein noch üblichen generischen Bezeichnungen, neben *fiction* für die Erzählliteratur, die indessen von Anfang an nur wenig differenziert war.

Die für die klassische Tradition selbstverständliche und noch für das frühe 18. Jahrhundert gültige »öffentliche« Funktion der Literatur reduzierte sich unvermeidlich. Nicht daß der Literatur jede gesellschaftliche »Wirkung« aberkannt worden wäre. Diese wurde im Gegenteil seit dem 19. Jahrhundert um so stärker hervorgehoben, je geringer die tatsächliche Relevanz zeitgenössischer Literatur war. Doch der generelle Anspruch auf die Darstellung eines normativen Menschenbildes entfiel. Im historischen Rückblick stellt sich der Entwurf eines *man in the abstract* in Popes philosophischem *Essay on man* als einer der letzten Versuche dar, die traditionelle Aufgabe der Literatur zeitgemäß zu lösen. Fieldings Bestimmung des Romans als Epos vermochte zwar die epische Dimension der neuen Großform zu erweisen, nicht aber die universell gültige Darstellung vorbildhafter und verbindlicher Charaktere ein für allemal als Aufgabe des Romans festzulegen.

Unabdingbar für die Folgezeit wurde in der zweiten Hälfte des 18. Jahrhunderts die Literatur zum Medium der Vermittlung des Individuellen. Die Entdeckung des Individuums gehört zu den Verdiensten der Epoche, und die Konstitution individueller Rechte ist eine ihrer bleibenden historischen Leistungen. Die in der amerikanischen Unabhängigkeitserklärung von

1776 festgeschriebenen und dem Mutterland gewissermaßen abgetrotzten »unveräußerlichen« Rechte auf »life, liberty, and the pursuit of happiness« stellen den Inbegriff vielfältiger Bemühungen dar, dem Wert und der Würde des einzelnen Menschen zur Anerkennung zu verhelfen und dem Individuellen eine transzendente Geltung zu sichern.

Paradigmatisch trat die Individualität in den Romanen Richardsons zutage, den Edward Young bezeichnenderweise zum Adressaten seiner *Conjectures on original composition* machte. *Clarissa, or the history of a young lady* (1748/49), die im ethischen Anspruch weit über den Roman der Epoche hinausgehende Geschichte einer persönlichen Tragik, bildet in ihrem privaten Charakter die Antithese zum »öffentlichen« Anspruch des Epos und ist in der literarischen Darbietung zugleich frei von jeder Bindung an die klassische Tradition. Mit *Clarissa* machte Richardson den Roman zum Instrument für eine in ihrer Art neue Analyse von Eigenart und Einzigartigkeit. Damit konnte der Roman zu jener für die Moderne charakteristischen Literaturform werden, in der sich die menschliche Existenz in ihrer ganzen Fülle literarisch manifestiert.

Sternes demonstrative Zertrümmerung der ausgewogenen und abgerundeten Romanform, wie sie Fielding als Epen-Äquivalent in *Tom Jones* (1749) geschaffen hatte, war ein literarischer Scherz, hinter dessen Ironie, wie Goethe hervorhob, tiefere Bedeutung steckte. In *Tristram Shandy* (1759/67) ist die literarische Form bewußt in eine funktionale Abhängigkeit vom Charakter gebracht, damit dessen Individualität hervortreten kann. Unter neoklassischen Prämissen eine Skurrilität (wie Johnson in einem seiner wenigen Fehlurteile glaubte), steht *Tristram Shandy* am Beginn der noch unabgeschlossenen Entwicklungsgeschichte des modernen Romans. Sie bietet sich als ein Kontinuum von Bemühungen dar, die Erzähltechnik so auszubilden, daß die »Eigenheiten« des dargestellten Charakters voll zur Geltung kommen.

Als Sujet eröffnete das Individuelle vielfältige Gestaltungsmöglichkeiten, und es hat sich als um so unerschöpflicher erwiesen, je stärker sich die literarische Technik differenzierte. Durch wenige formale Konventionen eingeengt, konnte der Roman alles in sich aufnehmen, sofern es neu, originell und, so Goethes Anspruch an den Roman, »interessant« war. Mit der Hinwendung zum Besonderen entstand unterhalb des »großen« Romans, dessen Tradition von Sterne über Jane Austen, George

Eliot und Henry James bis ins 20. Jahrhundert reicht und der immer wieder neu als »ernsthafte« Literatur verteidigt worden ist, der Roman als Unterhaltungslektüre. Ungeachtet einer schon früher vorhandenen populären Erzählliteratur hat das späte 18. Jahrhundert als Entstehungszeit des Trivialromans zu gelten, der den Bedürfnissen eines wachsenden Lesepublikums entgegenkam und sich in zahlreichen Varianten und teilweise auf beachtlichem Niveau als *formula fiction* bis in die Gegenwart fortsetzt.

Ebenso ist seit dem späteren 18. Jahrhundert das nurmehr unterhaltende Bühnenstück zum festen Bestandteil der Literatur geworden. Seine Anfänge gehen bis in die Restaurationszeit zurück, und seit dem Aufkommen der Rührkomödie (als Reaktion auf die Restaurationskomödie) entwickelte sich dieser über lange Zeit kaum Veränderungen unterworfene Typus der Komödie zum gängigen Stück für ein Publikum, das sich ohne hohen literarischen Anspruch im Theater vergnügen wollte. Die wenigen brillanten Komödien der Zeit wie Goldsmiths *She stoops to conquer* (1773) oder Sheridans *School for scandal* (1777) weisen charakteristischerweise stärker individualisierte Figuren auf. Das Interesse, das die englische Literatur in der zweiten Jahrhunderthälfte auf dem Kontinent fand, erstreckte sich in steigendem Maße auch auf das Unterhaltungsstück und den Unterhaltungsroman, die damit zu einem (heute mehr denn je weltweit beliebten) literarischen Exportartikel zu werden begannen.

Es hat sich eingebürgert, das spätere 18. Jahrhundert als *age of sensibility* zu bezeichnen. Wenige Begriffe sind besser geeignet, die Reflexivität zu charakterisieren, die sich mit dem neuen Empfinden für Individualität verband und die auch als neue Qualität die Literatur durchdrang. *Sensibility* geht über Sentimentalität hinaus, selbst wenn sentimental mit dem von Lessing vorgeschlagenen Wort »empfindsam« wiedergegeben wird. Die Epoche war in vieler Hinsicht empfindsam, so daß manche ihrer Literaturwerke verhaltener sind als die anderer Epochen, ohne deswegen weniger eindringlich zu sein. *Sensibility* war darüber hinaus eine Art von emotionaler Empfänglichkeit und moralischer Feinfühligkeit, die heute vielfach mit Betroffenheit umschrieben wird.

Die Literatur der Sensibilität war zunächst eine Literatur der Ich-Erfahrung. Zu ihrem Inbegriff ist Sternes *Sentimental journey through France and Italy* (1768) geworden, eine ironisch gebrochene Inversion des traditionellen Reisebuches, die die Reise nicht als äußeres Ereignis, sondern als inneres Erlebnis beschreibt. Vielfach nachgeahmt, aber nicht überboten, diente das Buch einem ganzen Zeitalter als psychologisches Brevier für empfindsames Verhalten. Dichtung und Wahrheit überlagern sich, so daß auch die Grenzen zum Roman hin fließend werden, und wirkliche und fiktionalisierte Ich-Erfahrung gehen ineinander über.

Selten ist eine Epoche in ihrem Verhalten so durch den fiktionalisierten Charakter geprägt worden wie das späte 18. Jahrhundert. Dazu trug nicht nur Sterne selbst bei, sondern auch seine zahlreichen Nachfolger und Nachahmer, von Henry Mackenzie mit seinem *Man of feeling* bis zu zahlreichen Trivialautoren. Selbst der mit seinen satirischen Romanen nicht ganz der Zeit zugehörig erscheinende und häufig als Antipode zu Sterne empfundene Tobias Smollett schuf in dem Matthew Bramble seines *Humphry Clinker* (1771) einen empfindsamen Charakter. In welchem Maße die Empfindsamkeit nicht nur ein literaturgeschichtliches, sondern auch ein geschmacks- und sozialgeschichtliches Phänomen ist, läßt sich an der Charakteristik der Geschlechter in Kants *Anthropologie* ablesen: »Sie soll *geduldig*, er muß *duldend* sein. Sie ist *empfindlich*, er *empfindsam*.«

Die Erfahrung der sozialen Umwelt fand in der Literatur der Sensibilität einen auffallend geringen Niederschlag. Zwar war die Epoche eine Zeit tiefgreifender Veränderungen – symbolisiert im politischen Bereich durch die amerikanische Revolution und im gesellschaftlich-ökonomischen Bereich durch die industrielle Revolution –, doch die literarische Reaktion war eigentümlich verhalten. Im politisch-gesellschaftlichen Bereich spielte die Publizistik eine wichtige Rolle, doch in der Literatur ist wenig mehr spürbar als persönliche Betroffenheit. Roman und Drama nehmen, wenn überhaupt, nur marginal eine politisch-gesellschaftliche Thematik auf. Die Versdichtung, noch immer ein wichtiges Medium, weist einige reflektierende Werke auf, in denen Betroffenheit über den Untergang der traditionellen Welt zum Ausdruck kommt, wie in Oliver Goldsmiths berühmtem *Deserted village* (1770), oder ein Gefühl von Distanz und Isolation, wie in William Cowpers *The task* (1780).

Wegen des Hervortretens der Individualität in der Literatur wird das späte 18. Jahrhundert häufig als Vorromantik apostrophiert. Dabei wird meist übersehen, daß sich beide Epochen in der Art unterscheiden, in der sich die Individualität manifestiert. Pointiert gesagt, ist die romantische Literatur durch die Expressivität des Individuellen gekennzeichnet; die des späten 18. Jahrhunderts dagegen durch eine entsprechende Rezeptivität. Wo immer die typische Sensibilität der Epoche zutage tritt, zeigt sich eher eine Bereitschaft zur Erfahrung und Aufnahme einer neu auftretenden Individualität als die Absicht oder der Versuch, die eigene Individualität zur Geltung zu bringen.

Die Epoche öffnete sich gegenüber Bereichen persönlichen Erlebens, intellektueller Erfahrung und ästhetischer Wahrnehmung, die unter den klassizistischen Prämissen des »quod semper, quod ubique« unbeachtet oder ausgeschlossen blieben. Die Auffassung, daß der Mensch, wie noch Hume behauptet hatte, immer und überall der gleiche sei, wich in einem längeren Prozeß der Überzeugung, daß die menschliche Welt von unüberschaubarer Vielfalt sei. Die sich daraus ergebende Hinwendung zum Besonderen, mit der sich häufig eine Hinwendung zum anderen verband, erklärt die Bedeutung, die intime Literaturformen wie Brief und Tagebuch in der Epoche gewinnen. Sie treten nicht neu auf, doch sie reifen in kurzer Zeit zu vollgültigen und dem modernen Empfinden kommensurablen Gattungen. Fast alle der bedeutenden Dichter der Epoche, besonders William Shenstone, Thomas Gray und William Cowper nehmen einen hohen Rang unter den Briefschreibern ein. Mit Horace Walpoles Namen verbindet sich das größte Briefwerk der englischen Literatur, mit James Boswells eines der großen Tagebücher und, in Form des *Life of Samuel Johnson* (1791), die Meisterbiographie der englischen Literatur. In dem über ein halbes Jahrhundert reichenden Tagebuch (*Journal* ([1739]–1791) von John Wesley (1703–1791), dem Begründer des Methodismus, erschließt sich eine neue Dimension persönlicher Religiosität.

Mit Hilfe einer raffinierten Assoziationspsychologie, die in ihren Grundzügen auf John Lockes *Essay concerning human understanding* (1690) zurückging, in David Hartleys *Observations on man, his frame, his duty, and his expectations* (1749) auch auf das moralische Verhalten angewandt und von David Hume zu einer allgemeinen Theorie der Erfahrung ausgeweitet wurde, verständigte sich die Epoche über die Vorgänge des seelischen Lebens und die Unterschiede individueller Veranlagung und individuellen Verhaltens. Auch die Voraussetzungen für die Hervorbringung und Aufnahme von Werken der Kunst und Literatur wurden mit Hilfe der Assoziationspsychologie erklärt. Während sich die Literaturtheorie des frühen 18. Jahrhunderts vornehmlich für die Seinsweise des Literaturwerks interessiert hatte, beanspruchte nun zunehmend die Psychologie des Autors und des Rezipienten Aufmerksamkeit. Eine bis dahin unbekannte Produktions- und Wirkungsästhetik entwickelte sich, vornehmlich durch schottische Beiträge wie *An essay on genius* (1774) von Alexander Gerard (1728–1795) oder *Essays on poetry and music, as they affect the mind* (1776) von James Beattie (1735–1803).

Zu bestimmenden ästhetischen Kategorien der Epoche wurden das Malerische und vor allem das Erhabene (*sublime*). In William Gilpins *Three essays: on picturesque beauty, on picturesque travel, and, on sketching landscape* (1792), Uvedale Prices *An essay on the picturesque compared with the sublime and beautiful* (1794–1798) finden sich Theorien, deren Wirkung weit ins 19. Jahrhundert reichte und die auch als Grundlage für jenen das Ungeordnete und Unregelmäßige akzentuierenden »englischen« Garten dienten, der eine neue Synthese zwischen Naturgegebenheit und Kunstabsicht darstellen sollte. Das Erhabene fand seinen Theoretiker in Edmund Burke, dessen *Philosophical enquiry into the origin of our ideas of the sublime and beautiful* (1757) eines der einflußreichsten ästhetischen Werke des 18. Jahrhunderts war. Nachdrücklicher als frühere Kritiker bestimmte Burke als »Quelle des Erhabenen« (im Unterschied zum Schönen) das, was die Empfindungen von Schmerz, Gefahr und Schrecken evoziert. Damit erweiterte sich potentiell der Bereich des Ästhetischen.

Burkes *Enquiry* kann als theoretische Grundlage für jene »gotische« Literatur angesehen werden, die auf die Epoche eine eigentümliche und nicht leicht erklärbare Faszination ausübte. Das »Gotische« präsentierte sich vornehmlich in Form der *Gothic novels*, jenen mit Horace Walpoles *Castle of Otranto* (1765) beginnenden und bis ins 19. Jahrhundert hineinreichenden Schauergeschichten in Romanform, in denen das Mysteriöse, Makabre und Phantastische, dargeboten im Rahmen fester Konventionen, zum Erlebnis werden sollte. Das »Gotische« manifestierte sich aber auch in jener aufbereiteten oder schlicht gefälschten Bardendichtung, die mit *Fingal, an ancient epic poem* (1762), von James Macpherson (1736–1796) dem legendären Ossian zugeschrieben, ihren Siegeszug durch England und den Kontinent begann und von zahllosen Bewunderern gefeiert wurde.

Indessen war das »Gotische« für das späte 18. Jahrhundert nicht nur eine imaginäre Qualität, so sehr die absonderlichen literarischen Produktionen der Epoche dies vermuten lassen. Es war, wie die Parallele von Goethes Entdeckung der Gotik im Straßburger Münster zeigt (*Von deutscher Baukunst* 1773), eine reale ästhetische Antithese zu jener »Harmonie der Massen« und »Reinheit der Formen« (Goethe), in denen sich das Klassische manifestierte. Wie das irregulär Naturschöne, etwa in Form der Alpen als Landschaft, nach und nach im 18. Jahrhundert entdeckt wurde, so kam es auch zu einer allmählichen Aneignung des nicht-klassisch Schönen, zu dessen Inbegriff – folgenreich für das 19. Jahrhundert – das Gotische wurde. Teil dieses Prozesses sind auch die ersten ernsthaften Versuche, die mittelalterliche oder spätmittelalterliche Literatur als »gotische« Literatur auf einer soliden Basis zu erschließen. Die *Five pieces of Runic poetry from the Islandic language* (1763), die *Northern antiquities* (1770) und die *Reliques of ancient English poetry* (1763) des in seiner Quellensuche unermüdlichen Thomas Percy (1729–1811) – »the most knowledgeable man of his age« – waren bahnbrechend.

Wie für das Gotische bildete die Epoche eine Vorliebe für das »Orientalische« aus, das seit der ersten englischen Übersetzung von *Tausendundeiner Nacht* (1705–1708) seinen Reiz entfaltete. Johnsons *Rasselas* (1759) und William Beckfords *Vathek* (1786) sind unter vielen anderen die herausragenden Erzählwerke in dieser Geschmacksrichtung, in der sich das Exotische häufig mit dem Übernatürlichen und auch Bombastischen verband und die sich nicht nur in der Literatur manifestierte. Oliver Goldsmiths Satire *The citizen of the world* (1762) mit einem Chinesen als Normfigur illustriert den mit dem Orientalischen verbundenen Hang der Zeit zum Chinesischen. Zwar war die Faszination, die von China auf ganz Europa ausging, nichts Neues, doch war kaum eine Epoche der *chinoiserie* so zugetan wie das späte 18. Jahrhundert, für das die chinesische Motivik integraler Bestandteil seiner Bau- und Möbelkunst wurde.

Der »Orientalismus« gehörte zum Eskapismus einer ihrer selbst zunehmend unsicherer werdenden Epoche. Gleichwohl war die Erkundung des »Orients« auch Teil der ernsthaften Bemühungen jener Jahrzehnte, in denen durch James Cooks (1728–1779) Erforschung Australiens die letzte große Lücke der geographischen Kenntnis geschlossen wurde. Im späten 18. Jahrhundert wurden die Grundlagen für die Orientalistik als wissenschaftliche Disziplin gelegt. Sir William Jones (1746–1794), mit Johnson befreundet, war einer der ersten großen Orientalisten und vergleichenden Sprachwissenschaftler, dessen *Poems consisting chiefly of translations from the Asiatic languages* (1772) das Werk eines Experten war. Parallel zur Orientalistik bildete sich die klassische Philologie zu einer modernen Wissenschaft heraus, die ihre philologischen Erkenntnisse durch archäologische Expeditionen zu den Stätten der Antike ergänzte und sich zu einer »Altertumswissenschaft« (F. A. Wolf) erweiterte.

Das Historische wurde zur neuen intellektuellen Dimension der Epoche, und damit nahm die Geschichte mehr und mehr jenen Platz ein, der zuvor der Literatur unbestritten zugestanden worden war. Kaum etwas prägt das Profil der Epoche daher so stark wie die Geschichtsschreibung. Jeder bedeutendere Autor schrieb ein Geschichtswerk oder hatte zumindest die Absicht, eines zu schreiben. Humes *History of Great Britain* (beginnend 1754) kann als Auftakt für eine Sequenz großer Werke gelten, zu denen nicht zuletzt schottische Historiker beitrugen. Die Krönung war Edward Gibbons *History of the decline and fall of the Roman Empire* (1776–1788), das für die englische Literatur ebenso zum Inbegriff des historischen Werkes geworden ist wie Boswells fast gleichzeitiges *Life of Johnson* (1791) zum Inbegriff der Biographie. Gibbons Geschichte wird vielfach als das in der eigentlichen Literatur nicht mehr realisierbare epische Werk der Epoche angesehen und manchmal – symbolisch – auch als Epos eines Niedergangs.

In der Dominanz des historischen Werkes tritt die Bedeutungseinbuße, wenn nicht der Bedeutungsverlust des literarischen Werkes zutage. Der Einbruch des Individuellen war ein ambivalentes Phänomen. Er machte die Literatur zu einem ausdrucksstarken Medium der Subjektivität, wie sich dies bei den Romantikern zeigen sollte. Er eliminierte aber auch weitgehend jene »public function«, die der Literatur ihren zentralen Platz im geistigen Leben gesichert hatte. Die Wahrnehmung des Eigenen und Besonderen bis in feine Nuancen war ein Gewinn, dem in Form des nur-Gewollten, Unverbindlichen und höchstens momentan Interessanten ein Verlust gegenüberstand.

Der Umschlag des geistigen Klimas ist nicht offenbar, aber doch wahrnehmbar. Er konkretisiert sich bei Autoren wie Joseph Priestley (1733–1804), der auf fast allen Gebieten veröffentlichte – von der Theologie bis zur Chemie. Berühmt als Entdecker des Sauerstoffs, steht Priestley für eine neu aufkommende naturwissenschaftlich-utilitaristische Mentalität, der die Belles Lettres nicht fremd waren, aber entbehrlich erschienen. In seinem *Essay on a course of liberal education* (1765) tritt er für Geschichte, Politik, die Künste und die Wirtschaft ein, und in seinen *Lectures on history and general policy* (1788) verwirft er die Literatur wegen ihres geringen geistigen Anspruchs – vielleicht nicht zu Unrecht im Hinblick auf das Unterhaltungsschrifttum der Zeit und auf ein Publikum, das mehr und mehr das Entlegene, »Romantische« und Extravagante suchte, jene lebhaften und starken Eindrücke, die – so Lord Kames in seinen *Elements of criticism* (1762) – eine Art Traumzustand hervorrufen können.

Ein Korrelat zum Bedeutungsrückgang der Literatur war die Ausweitung der Publizistik, die in einer Zeit der politischen Kontroverse und des forensischen Auftritts an Gewicht gewann. Das überall in Europa zu beobachtende rapide Anwachsen der Literaturproduktion im späteren 18. Jahrhundert ließ das Rezensionsorgan entstehen, das mit der von dem Buchhändler James Griffith gegründeten *Monthly review* 1749 aufkam und als liberale Zeitschrift in der (anfänglich von Smollett herausgegebenen) konservativen *Critical review* 1756 ihr Gegenstück erhielt. Das von Samuel Johnson betreute *Literary magazine, or universal review* (1756–1758) zeigt die Bedeutung, die das neue Medium für den Literaten hatte. In den sechziger Jahren kamen die modernen Zeitschriften auf, deren Kennzeichen der informierende Aufsatz oder der unterhaltsame Beitrag ist. Sie richteten sich fast von Anbeginn jeweils an ein spezielles Publikum, wie an *The Christian's magazine* (1760) oder *The town and country magazine* (1769) deutlich wird. Das Jahr im Überblick präsentierte *The annual register*, das 1758 mit Edmund Burke als Herausgeber zu erscheinen begann.

Die moderne Tagespresse geht ebenfalls auf das späte 18. Jahrhundert zurück. Tageszeitungen waren nicht neu, doch mit der *Times*, die 1785 zunächst als *The daily universal register* begann und 1788 umbenannt wurde, begann eine neue Ära der Informationsbeschaffung und der Zeitungsproduktion. Mit der beginnenden Professionalisierung der Gelehrsamkeit breitete sich auch die wissenschaftliche Zeitschrift aus, die in der Restaurationszeit von der Royal Society »erfunden« worden war.

Das gilt sowohl für den Bereich der Naturwissenschaften wie für den Bereich der (damals noch nicht als solche definierten) Geisteswissenschaften. Damit wurde die Epoche wie kaum eine andere davor zu einer Zeit der schnellen geistigen Differenzierung, die sich indessen immer wieder als ein Prozeß des Auseinanderstrebens, wenn nicht des Auseinanderfallens darbietet. (F)

Romantik

Konturen der Epoche

Der als Romantik bezeichnete Abschnitt der englischen Literaturgeschichte umfaßt nur wenige Jahrzehnte. Obwohl er einen geschlossenen Zeitraum darstellt, liegen seine Grenzen nicht eindeutig fest. Im streng literarischen Sinne läßt sich der Beginn mit dem Jahr 1798 ansetzen, in dem Wordsworth und Coleridge ihre *Lyrical ballads* veröffentlichten. Aber das Wort und der Begriff romantisch sind schon im 17. Jahrhundert belegt, und in der Literatur des 18. Jahrhunderts sind die verschiedensten romantischen Elemente nachzuweisen. Bezeichnungen wie Präromantik oder Vorromantik für die Zeit nach 1770 deuten auf gleitende Übergänge hin, die eine eindeutige Fixierung des Epochenbeginns in Frage stellen.

Auch das Ende ist nicht präzise bestimmbar. Stärker als die Literatur anderer Epochen war die der Romantik durch Autorengenerationen geprägt. Doch es gehört zu ihrem Wesen, daß natürliche Zyklen vehement durchbrochen wurden. Die ältere Generation der Romantiker erschöpfte sich früh, so daß sie sich selbst überlebte; die jüngere erreichte weder im Lebensalter noch im Schaffensprozeß eine Reifezeit. Byron starb 1824, wenige Jahre nach Keats und Shelley, doch um diese Zeit begann Walter Scott als ein Angehöriger der älteren Generation seine letzte, heroische Arbeitsphase. Wordsworth starb 1850, doch schon vor der Jahrhundertmitte war die literarische Szene längst anders besetzt. In den frühen dreißiger Jahren publizierten Autoren, die als Romantiker gelten, neben Autoren, die dem viktorianischen Zeitalter zugerechnet werden. Als Königin Viktoria 1837 den Thron bestieg, hatte eine neue Ära schon begonnen.

Ungeachtet aller Introversion war die Romantik keine still in sich gekehrte Epoche, sondern eine Zeit vehementer politischer Umbrüche und aufwühlender gesellschaftlicher Veränderungen. Es gibt gute Gründe, den Einschnitt, der sie vom 18. Jahrhundert trennt, in der Französischen Revolution zu sehen – nicht zuletzt deshalb, weil die Romantik ein europäisches Phänomen war. Als einer der bedeutendsten deutschen Vertreter hielt Friedrich Schlegel die Französische Revolution, Fichtes *Wissenschaftslehre* und Goethes *Wilhelm Meister* für »die größten Tendenzen des Zeitalters«. Zwei davon spielten für England keine Rolle. Die Französische Revolution war jedoch auch hier politisch wie intellektuell jene »Tendenz«, von der die weiteren Entwicklungen, wie immer sie verliefen, entscheidend bestimmt wurden. »The French Revolution«, schrieb Shelley an Byron, »may be called the master theme of the epoch in which we live« (Brief vom 4. September 1816).

Mit dem Ausbruch der Französischen Revolution kam die Ära der Konsolidierung nach dem amerikanischen Unabhängigkeitskrieg während der ersten Amtszeit von William Pitt d. J. als Premierminister (1783–1801) zu einem jähen Ende. Das politische Leben in England polarisierte sich schnell und nachhaltig. Für Radikale und Reformer, zu denen zahlreiche Literaten und Künstler zählten, bedeutete die Revolution den Sieg von Freiheit und Gerechtigkeit über Willkür und Gewaltherrschaft, und sie blieb ihnen das Symbol für den Beginn einer neuen Ära der Menschheit. Anderen signalisierte die Erstürmung der Bastille einen gefahrvollen Bruch in der geschichtlichen Kontinuität, und das Regime des Terrors unter Robespierre schien ihre Befürchtungen zu bestätigen. Die Distanzierung gegenüber den französischen Ereignissen fand Ausdruck in Edmund Burkes berühmten *Reflections on the Revolution in France* (1790). Sie sind ein Manifest des auf die Kraft der Tradition bauenden Konservatismus, das eine europaweite Resonanz haben sollte. Die Antwort darauf und Antithese dazu waren Thomas Paines *Rights of man* (1791/92), die zum Inbegriff der revolutionären politischen Streitschrift des englischen 18. Jahrhunderts geworden sind.

Burke und Paine repräsentierten entgegengesetzte Weltbilder, deren Antagonismus die folgenden Jahrzehnte bestimmte. Burke beschwor die gestaltende Macht des geschichtlich Gewordenen, Paine proklamierte das Recht der planenden Vernunft, etwas Neues zu schaffen. Unter dem Eindruck des radikalen Bruchs mit der Vergangenheit wurde Burke, ursprünglich ein Vertreter whiggistischer Grundsätze, zum Vordenker eines Konservatismus, der sich mit dem »Fortschritt« der Revolution verfestigte. William Pitt, um den sich eine Partei von »neuen« Tories bildete, stieg zum Gegenspieler des revolutionären Frankreich auf. England wurde in die Französischen Revolutionskriege (1792–1802) gezogen, die mit der französischen

Kriegserklärung an Österreich begannen, und es war auch auf allen Kriegsschauplätzen an den Napoleonischen Kriegen beteiligt. Die romantische Epoche war damit weitgehend eine Epoche von Krieg oder Kriegsgefahr, in der in England bis zu 250000 Mann unter Waffen standen.

Die kriegerischen Auseinandersetzungen belasteten England schwer. Doch aus den mehr als zwei Jahrzehnten der Konfrontation mit Frankreich ging es als Sieger hervor. Nicht nur wurde Pitts Ziel erreicht, die Hegemonie Frankreichs zu brechen und ein Gleichgewicht der Kräfte auf dem Kontinent herzustellen. Der Friedensschluß von Wien (1815), der unter Pitts bedeutendstem Nachfolger, Lord Liverpool (Amtszeit 1812–1827), erfolgte und bei dem der englische Außenminister, Viscount Castlereagh, wesentlichen Anteil an der Neugestaltung Europas hatte, etablierte England als eine führende europäische Macht, die ihre See- und Kolonialherrschaft erheblich ausgebaut hatte. Zu den ausgedehnten Besitzungen kamen unter anderem das Kap der Guten Hoffnung sowie Malta und Ceylon hinzu.

Zu den Auswirkungen des Krieges gehörte eine nachhaltige kulturelle Entfremdung zwischen England und Frankreich. In der von Napoleon verhängten Kontinentalsperre, die das Festland gegen England wirtschaftlich abschließen sollte, kommt symbolisch auch die Abwendung Englands von Frankreich zum Ausdruck. Ihr Pendant war eine Öffnung des englischen Geisteslebens gegenüber Deutschland – ein langsam verlaufender Prozeß, der in den letzten Jahrzehnten des 18. Jahrhunderts einsetzte und sich zur Mitte des neunzehnten hin kontinuierlich verstärkte. Auch der italienische Einfluß nahm zu. Er war nicht neu wie der deutsche, sondern seit dem 16. Jahrhundert ein eher konstantes Element. Der europäische Kontext der englischen Romantik ist daher merklich deutsch und italienisch geprägt.

Mit der konservativen Wendung Englands gegen das revolutionäre und napoleonische Frankreich vermehrten sich die Spannungen im Inneren, so daß das politische System einem wachsenden Druck ausgesetzt war. Die nachhaltige Zerstörung der paternalistischen Strukturen und die fortschreitende Industrialisierung im späten 18. Jahrhundert machten politische Reformen unumgänglich. Doch die demokratische Entwicklung wurde durch die äußeren Ereignisse über längere Zeit retardiert. Die politische und intellektuelle Radikalisierung im Gefolge der Französischen Revolution führte zu öffentlichen Unruhen. Von den frühen neunziger Jahren an kam es immer wieder zu gewalttätigen Auseinandersetzungen, die bis in die zwanziger Jahre des 19. Jahrhunderts andauerten. Die Gründe dafür waren weniger ideologischer als sozialpolitischer Natur. Dies trat an der bis heute sprichwörtlich gebliebenen Maschinenstürmerei der Ludditen zutage (benannt nach einem wohl legendären Ned Ludd), die 1811 in Nottingham begann.

Was aus der Epoche an Architektur und dekorativer Kunst hervorgegangen ist, wird summarisch unter dem Begriff *Regency* zusammengefaßt, der sich auf die Regentschaft des späteren Georg IV. (Regierungszeit 1820–1830) während der Zeit der Regierungsunfähigkeit des geisteskranken Georg III. (1811–1820) bezieht. Es bietet sich in einem großenteils auf fundierter Kenntnis beruhenden eklektischen Stil dar, der als »late Georgian« eine Brücke vom Spätklassizismus des ausgehenden 18. Jahrhunderts zum ostentativen Gepränge des viktorianischen Zeitalters schlägt. Der *Regency style* vereinigt selbstbewußt klassizistisch-antikisierende, orientalische und modernpittoreske Elemente. Die Innenarchitektur der Zeit, elegant, opulent, aber vielfach auch neureich-unsicher, ist in Ackermanns *Repository of arts, literature, fashions, manufactures & c.* (1808–1828) festgehalten. Die bleibende städtebauliche Leistung der Epoche ist Regent Street, einer der großen weltstädtischen Straßenzüge Europas. Sie entstand auf Wunsch des extravaganten, von Keats als »fat Regent« apostrophierten Prinzregenten, der seine Residenz in der Mall mit dem Regent's Park verbinden wollte, und wurde souverän von John Nash (1752–1835) ausgeführt, dem führenden Architekten der Zeit.

Revolutionäre Mentalität und Literatur

In ihrer Vielgestaltigkeit widersetzt sich die Romantik einer einfachen Beschreibung. Die zahlreichen Versuche, sie zu definieren, sind nicht nur an ihrer unterschiedlichen Ausprägung in England, Frankreich und Deutschland gescheitert, sondern auch an dem inhomogenen Charakter, den jede romantische Bewegung in sich aufweist. Mehr und mehr setzt sich die Überzeugung durch, daß von der Romantik sinnvoll nur im Plural zu sprechen ist. Bietet sie sich doch als Kulminationsphase diverser historischer Entwicklungen dar, die über einen längeren Zeitraum verlaufen sind und sich nicht überall in gleicher Weise manifestiert haben. Wenn die Vielfalt annäherungsweise auf einen Nenner gebracht werden soll, läßt sich die Romantik am ehesten als literarische Ausdrucksform einer revolutionären Mentalität begreifen, die politisch in der Französischen und, einige Zeit davor, in der Amerikanischen Revolution zutage getreten war.

Die Romantik war der Versuch, in Absetzung gegen das Bestehende die Literatur in Form und Funktion neu und zukunftweisend zu begründen. Teils nahm dieser Versuch programmatische Züge an, teils war er, in England stärker als auf dem Kontinent, informeller Natur, und häufig reduzierte sich das Neue auf die – nicht immer erfolgreiche – Suche nach dem Neuen. Was sich im historischen Rückblick als antithetisch zur vorausgegangenen Epoche darbietet und als literarisches Korrelat zum politisch Revolutionären erscheint, war in der Zeit selbst vielfach nicht gegenwärtig. Es wurde retrospektiv im Verlaufe des 19. Jahrhunderts deutlich, und das für uns charakteristische Profil des literarischen und künstlerischen Schaffens der Romantik trat erst nach und nach hervor.

Die Frühphase der Romantik war durch radikales und anarchistisches Denken geprägt, das ein für die Epoche überraschendes rationalistisches Element aufweist. Konsequenten Ausdruck fand es in einem Korpus von quasi-philosophischem Schrifttum, zu dem eine Reihe von Autoren in unterschiedlicher Weise beigetragen haben. Dazu gehört der vom jungen Coleridge in seinen »Religious musings« (1796) als »patriot, and saint, and sage« apostrophierte Joseph Priestley (1733–1804), unorthodox als Theologe (*An history of the corruptions of Christianity* 1782), erfolgreich als Chemiker und verhaßt als Parteigänger der Amerikanischen und der Französischen Revolution (*Observations on the importance of the American revolution* 1784); der lange als Inbegriff des radikalen Agitators geltende Thomas Paine (1737–1809) mit seinem der Maxime »my own mind is my own church« verschriebenen *Age of reason* (1793–1795), das auf die *Rights of man* (1791/92) folgte; oder auch der whiggistische Politiker Sir James Mackintosh (1735–1832), dessen *Vindiciae Gallicae. Defence of the French revolution and its English admirers* (1791) eine überaus effektvolle (und später zurückgezogene) Replik auf Burkes *Reflections* ist.

Der markanteste und einflußreichste Autor war William Godwin (1756–1836). In seiner *Enquiry concerning political justice* (1793) entwarf er eine utilitaristisch-anarchistische Gesellschaftslehre, die unter Negierung des Emotionalen und Historischen ganz auf die Rationalität und, damit verbunden, auf die Perfektibilität des Menschen abgestellt war. Sie wurde vielfach als Modellentwurf für einen neuen, aus dem revolutionären Elan zu schaffenden Menschen angesehen, der sich in einer repressionsfreien Gesellschaft entfalten sollte. Zusammen mit der früh-feministischen, ebenfalls von rationalistischen Argumenten bestimmten *Vindication of the rights of women* (1792) von Mary Wollstonecraft (1759–1797), mit der sich Godwin verband und deren Tochter die spätere Mary Shelley war, bot Godwins *Enquiry* eine breite theoretische Basis für eine von revolutionärem Pathos getragene Lebensführung und Autorschaft.

Radikales Gedankengut wurde mit unterschiedlicher Intensität von fast allen bedeutenden Autoren der Romantik aufgenommen. Coleridge und Southey waren glühende Anhänger von Godwin, dem Coleridge in einem Sonett (1795) für »holy guidance« dankte. Auch Wordsworth, der später konservativste der älteren Romantiker, war anfänglich von den Visionen der *Enquiry* gefangen genommen. Hazlitt blieb in seinem Liberalismus nahe am Radikalismus, ebenso wie Leigh Hunt, obwohl die romantischen Essayisten insgesamt in ihrer Bindung an den Journalismus sich häufig als »realistischer« erwiesen denn die Dichter. Die jüngeren Romantiker waren ihrem intellektuellen Zuschnitt nach sämtlich Radikale, und als Generation waren und blieben sie dies ausgesprochener als die älteren, die unmittelbarer unter dem Eindruck des Umschlags der Französischen Revolution in die Schreckensherrschaft standen.

Unter den literarischen Aspekten des Radikalismus (die sich immer wieder mit biographischen verbanden oder diese überlagerten) ist die Verwendung eines differenzierten Formenrepertoires für die Vermittlung der neuen ideologischen Gehalte der bedeutsamste. Daß das für die Romantik charakteristische Gedankengut vielfach seinen ersten Ausdruck in philosophischen Abhandlungen, politischen Schriften oder literarischen Manifesten fand, wird angesichts der ausgeprägten und für die Nachwelt im Vordergrund stehenden Versdichtung leicht übersehen. Die Romantik war, wie sich besonders am philosophischen Schrifttum der deutschen Romantik zeigt, über weite Strecken eine Epoche der Sachprosa, vielfach auch der polemischen Prosa. Über das ganze Spektrum der Literatur belebte sie alte Formen wieder oder schuf sich neue, jeweils in der Absicht, Ideen oder Überzeugungen einen möglichst wirkungsvollen Ausdruck zu verleihen. Daß das Publikum von der Effektivität einer Form nicht immer die gleiche Vorstellung hatte (oder noch hat), steht auf einem anderen Blatt.

So schrieb Godwin in *Things as they are, or The adventures of Caleb Williams* (1794) auf der Grundlage seiner Gesellschaftslehre einen der ersten *romans à thèse* der englischen Literatur, der zugleich zu den geglücktesten dieses schwierigen Genre gehört. In der Versdichtung der Epoche findet sich, etwa in Form von Wordsworths »The convict« oder »The dungeon« (beide in *Lyrical ballads*) oder Byrons »Song for the Luddites« (1816) gesellschaftskritische oder sozialreformatorische Politlyrik. Shelleys *Queen Mab* (1813) ist ein Versuch, das philosophische Lehrgedicht lukrezischer Prägung neu zu beleben, und die Begleitessays dazu ließen eine hybride Form entstehen, die sich, wie die zahlreichen Auflagen zeigen, als überaus erfolgreich erwies. Danach ist es keinem Dichter mehr gelungen, mit einem didaktischen Gedicht eine solche Wirkung zu erzielen.

Der logische Endpunkt war mit den eruptiven freien Formen Blakes erreicht, die singuläre Projektionen des ihm eigenen revolutionären Denkens sind. *The French revolution* (1791), *America, a prophecy* (1793) und *Visions of the daughters of Albion* (1793) sind nicht nur Dokumente einer vehementen individuellen Loslösung von Tradition und Autorität, sondern Ausdruck einer visionären Suche im Ungestalteten. Zusammen mit den alle Konventionen der Zeit sprengenden Zeichnungen aktualisierten sie – wie dies in keinem anderen Literaturwerk der Epoche gelang – die Potenz des romantischen Geistes.

Die revolutionäre Mentalität distanzierte den Autor von den bestehenden Verhältnissen, und in der Folge wurde seine Herauslösung aus einem traditionellen sozialen Umfeld zum wichtigsten literatursoziologischen Faktum der Romantik. In England wie auch in Frankreich war dieses Umfeld durch die klassizistische, von der römischen Antike abgeleitete Literaturauffassung bestimmt. Danach sollte der Dichter, in Horazens berühmter Formulierung, »utilis urbi« sein, dem Gemeinwesen nützlich. Er nahm seine Funktion im Zentrum des Gemeinwesens wahr, so daß die in mehrfachem Sinne durch Urbanität ausgezeichnete Metropole als sein angestammter Wirkungsbereich zu gelten hatte – unabhängig davon, ob sich das literarische Werk durch Zustimmung oder Kritik für die Gesellschaft als nützlich erwies. Der letzte große Vertreter dieser Literaturauffassung war Samuel Johnson, Erz-Londoner und Vollender des Neoklassizismus.

In der Romantik vollzog sich eine dezidierte Abkehr von dieser Position. Sofern der Gegensatz von Klassik und Romantik, der in Deutschland ausgeprägt ist, in England überhaupt eine Rolle spielt, läßt sich in diesem Kontext von einer Opposition zwischen Klassik und Romantik sprechen. Die Literatur der Romantik stellt die Antithese zu einer Literatur dar, die durch ein urbanes Umfeld, durch eine thematische Beziehung auf die menschliche Natur (im Gegensatz zur äußeren Natur) und durch die potentielle Allgemeingültigkeit ihrer Aussagen gekennzeichnet ist. Ungeachtet ihres Anspruchs auf Wirksamkeit in der Gesellschaft ist sie eine Literatur des Rückzugs aus der Gesellschaft.

Der Exodus des romantischen Autors war keine spontane Reaktion. Im späten 18. Jahrhundert deutet sich allenthalben an, daß die Literatur nicht länger eine selbstverständliche Stellung im Zentrum der Metropole einnahm oder einnehmen konnte. Soziologisch hing dies mit der Bedeutungszunahme der Provinz zusammen. Edinburgh etablierte sich in Rivalität zu London, und darin fand die schottische Literatur des Spätklassizismus und der Romantik ihren Rückhalt. Bristol stieg als Hafenstadt auf und wurde zu einem geistigen Zentrum, obwohl es seinen Zenit bald überschritt. Manchester eroberte sich seinen Platz nicht nur mit der *Literary and philosophical society*, die ab 1785 ein Jahrhundert lang publizierte, sondern auch mit dem 1821 gegründeten *Manchester Guardian* (seit 1959 *The Guardian*), der einzigen liberalen Zeitung außerhalb Londons. Birmingham wurde mit der Wirksamkeit von Joseph Priestley, Sir William Herschel (1738–1822), dem bahnbrechenden Astronomen, John Baskerville (1706–1775), dem herausragenden Drucker, und Josiah Wedgwood (1730–1795), dem Begründer der berühmten Porzellanmanufaktur (dessen Sohn Thomas ein Mäzen Coleridges war), zu einem geistigen Mittelpunkt, der seine institutionelle Form in der Lunar Society fand.

Für die älteren Romantiker ist die anfängliche Flucht in die Utopie ebenso charakteristisch wie der spätere Rückzug in die Abgeschiedenheit einer »natürlichen« Umgebung. Dazu gehört der von Coleridge und Southey unter dem Einfluß Godwins entwickelte Plan der Pantisocracy (die Gründung einer Kommune in Neu England), der Aufenthalt in Bristol (wo bei Joseph Cottle, einem für die Romantiker eminent wichtigen

Buchhändler, die *Lyrical ballads* gedruckt wurden) oder auch die Deutschlandreise Coleridges mit den Geschwistern Wordsworth oder die Portugalreise von Southey. Die Wahl des Lake District als dauernder Wohnsitz war ein symbolischer Akt jenseits der unmittelbaren Lebenserfordernisse. Er ist nicht weniger aufschlußreich als daß Wordsworths berühmtes Sonett »Composed upon Westminster Bridge« (1802) das ruhende, erstarrte London zum Gegenstand hat.

Die jüngeren Romantiker verbindet das biographische Faktum des gemeinsamen freiwilligen oder erzwungenen Exils und die wichtige Rolle Italiens und Griechenlands für ihr Leben und Schaffen. Keats, Shelley und Byron starben im Ausland nach einem ruhelosen Umherwandern, das symptomatisch ihre innere Verfassung wiedergab. London war für sie – Byron in seiner ersten Erfolgsphase ausgenommen – von untergeordneter Bedeutung. Wenn auch aus unterschiedlichen Gründen, befanden sie sich alle in einer Frontstellung gegen das zeitgenössische England. In Shelleys Gedicht »England in 1819« teilt sich diese Aversion in einem vulkanischen Ausbruch von Abscheu mit.

Als Vertreter einer künstlerischen Avantgarde, die gegen die politisch-gesellschaftlichen Tendenzen der Zeit opponierte, stießen die Romantiker bei dem rasch wachsenden Lesepublikum der Epoche (*reading public* gehörte zu den damals neu aufkommenden Begriffen) weniger auf spontane Zustimmung denn auf Unverständnis, wenn nicht auf unverhohlene Ablehnung. Das galt vornehmlich für die Lake Poets (»Lake School« war eine von der *Edinburgh review* geprägte Bezeichnung), die nicht nur von der meinungsbildenden Zeitschriftenliteratur, sondern auch von den »Radikalen« unter den Romantikern abschätzig beurteilt wurden. Leigh Hunts *The feast of the poets* (1811) und Hazlitts »On the living poets« (in *Lectures on the English poets* 1818) bieten Beispiele dafür. Auch der Stempel »Cockney School«, den das *Blackwood's magazine* verächtlich Hazlitt, Hunt und besonders Keats aufdrückte, diente der Stigmatisierung der Romantiker. Die Kanonisierung von Wordsworth zu einem Shakespeare und Milton ebenbürtigen Autor erfolgte in viktorianischer Zeit durch Matthew Arnold und andere. Auch Keats und Shelley gewannen erst posthum ihren Rang.

Das literarische Leben der Epoche war weitgehend durch die Realitäten von Politik und fortschreitender Industrialisierung bestimmt und durch einen weiteren Bedeutungsverlust der ernsthaften »schönen« Literatur gekennzeichnet. Der – nicht selten aggressive – Diskurs über Zustand und Zukunft von Staat und Gesellschaft und die Verständigung über die Geschichte nahmen den ersten Platz ein. Der Wettstreit um die Meinungsführerschaft, der vor allem in den Zeitschriften ausgetragen wurde, beherrschte die Szene des »age of talkers«, wie Hazlitt seine Zeit in *The spirit of the age* nannte. Da und dort lebte die Satire wieder auf – etwa in Form des von dem nachmaligen Premierminister George Canning (1770–1828) begründeten *Anti-Jacobin* (1797/98), der sich durch Attacken von bemerkenswertem intellektuellem Niveau und hoher literarischer Eleganz auszeichnete, oder, im literarischen Bereich, in Form von Byrons *English bards and Scotch reviewers* (1809).

Die Welt der Revolution und der nachfolgenden Restauration mochte eine pathetische Welt sein, doch sie war im herkömmlichen Sinne keine »poetische« mehr. Mit bewußter Distanzierung wurde sie als eine prosaische, gleichwohl aber intellektuell raffinierte Welt erfahren. Für den, der sich auf der Höhe der Zeit wähnte, nahmen sich Dichtungen, wie Thomas Love Peacock in seinem satirisch eingefärbten Essay »The four ages of poetry« (in *Ollier's literary miscellany* 1820) ausführte, als »aimless mockeries of intellectual exertion« aus. Der Dichter erschien als »a semi-barbarian in a civilized community«: »He lives in the days that are past. His ideas, thoughts, feelings, associations, are all with barbarous manners, obsolete customs, and exploded superstitions.«

Ausdrucksformen romantischer Sensibilität

Die Erfahrung des intellektuellen, wenn nicht des gesellschaftlichen Außenseiters war die Grunderfahrung des romantischen Autors. Aus ihr erklärt sich die kaleidoskopische Vielfalt von Werken, die in Art und Intention so unterschiedlich sind, daß ihnen auf den ersten Blick jede Gemeinsamkeit abzugehen scheint. Die Flucht aus der Wirklichkeit, die für viele romantische Werke charakteristisch ist, hat darin ebenso ihre Wurzel wie der Versuch, über die Literatur auf die gesellschaftlichen Gegebenheiten einzuwirken und sie damit zu verändern und zu erneuern. Die Zugewinnung neuer Gegenstandsbereiche wird daraus verständlich und auch der Rückgriff auf die literarische Tradition.

Die Hinwendung zur Geschichte ist eines der auffälligsten Merkmale der Romantik. Heinrich Heine glaubte, daß die deutsche Romantik wenig mehr darstelle als eine Wiedererweckung der Dichtung des Mittelalters. Die englische Romantik ist differenzierter zu sehen, doch auch hier spielt das Historische eine dominante Rolle. Es war keine Neuentdeckung der Romantik; das Geistesleben des späteren 18. Jahrhunderts wies bereits eine ausgeprägte historisierende Komponente auf. Aber in der Romantik verstärkte sie sich, und das Spektrum des Historischen weitete sich aus. Die Geschichte war Gegenstand ernsthaften Studiums, aber auch Refugium für eine retrospektive Vollkommenheitssehnsucht, Rückversicherung für die Gegenwart wie Verheißung für die Zukunft.

In der älteren Romantik wird diese Geschichtsorientierung besonders bei Robert Southey und Sir Walter Scott deutlich. Southey versuchte sich als erster an der für die Epoche charakteristischen historisierenden Verserzählung – mit geringem Erfolg, produzierte er doch, wie Madame de Staël gegenüber Byron bemerkte, weitgehend Unverkäufliches. Bereits *Thalaba the destroyer* (1801), von der *Edinburgh review* verrissen, ist als exotisch-orientalische Variante der Gattung ein Musterbeispiel für jene hochgradig eskapistischen Literaturwerke, die die Romantik in vielfacher Ausprägung hervorbrachte, von Landors *Gebir* (1798) über Moores *Lalla Rookh* (1817) bis zu Keats gotisch-mystisierendem *Eve of St. Agnes* (1820).

Scotts weitaus populärere Versromanzen, beginnend mit *The lay of the last minstrel* (1805), waren von *Marmion* (1808) bis *Harold the dauntless* (1817) ausschließlich Versuche, die schottische Vergangenheit poetisch, wenn auch nicht historisch zu vergegenwärtigen. Byron löste Scott mit einer neuen Spielart ab: der gegenwartsbezogenen, Geschichtsmystik mit Naturerlebnis und Reiseeindrücken verbindenden Verserzählung. Mit *Childe Harold's pilgrimage* (1812–1818) feierte er einen Triumph. In der beginnenden nach-napoleonischen Ära traf der histrionische »byronische« Held mit seiner Stimmungslage zwischen Revolte und Resignation, wie Bulwer-Lytton in *England and the English* (1833) bemerkte, »the most sensitive chord in the public heart«. Byron kostete seinen Triumph mit einer Sequenz von solchen Werken aus.

Eine in der Epoche neu entstehende Form war der historische Roman, der dem »Epos in Prosa« einen neuen und bis heute nicht ausgeschöpften Gegenstandsbereich erschloß. Als ihr Begründer und erster Meister gab Scott das Modell vor, dem das Genre seither verpflichtet ist, Tolstois *Krieg und Frieden* ebenso wie Gustav Freytags *Ahnen* oder Margaret Mitchells *Gone with the wind*: die Einfügung einer fesselnden fiktiven Handlung in ein breites, sorgfältig und meist zutreffend ausgeführtes historisches Panorama. *Waverley* (1814) und *Ivanhoe* (1819) zählen zu den Klassikern, und wie Werke geringeren Ranges sind sie in diesem Jahrhundert der Umsetzung in den Monumentalfilm nicht entgangen.

Das revolutionäre Pathos verlangte die grandiose Form, so daß es nicht an Versuchen fehlt, auch die traditionellen Großformen wiederzubeleben, meist mit einem Historie und Gegenwart vermischenden Vorwurf. Shelleys *The revolt of Islam* (1817) bot als politisches Epos seine Version der Französischen Revolution in islamischer Maskierung dar. Es war indessen ebensowenig eine »Vision des 19. Jahrhunderts« (so der ursprüngliche Untertitel) wie später Benjamin Disraelis *Revolutionary epic* (1834). Von Shelley angeregt, sollte es ein Gegenstück zu *Ilias* und *Paradise lost* sein, endete aber als Fragment. Auch am historischen oder zeitgeschichtlichen Drama versuchten sich die Romantiker, doch blieb die Kraft der Gestaltung wie beim Epos hinter der Intention zurück. *The fall of Robespierre* (1794), ein jugendliches Versdrama von Coleridge und Southey, ist wie Shelleys *The Cenci* (1819) eine literarische Kuriosität. Ungeachtet ihres werkgeschichtlichen und biographischen Interesses sind dies auch andere dramatische Versuche der Romantiker, wie Byrons faustischer *Manfred* (1817).

Das Interesse an der nationalen Vergangenheit, das für die Romantik allenthalben, besonders in Deutschland, bezeichnend ist, manifestierte sich auch in England. Mit seiner Sammlung *Minstrelsy of the Scottish border* (1802/03) setzte Scott die in der zweiten Hälfte des 18. Jahrhunderts beginnenden Bemühungen um frühe Literaturzeugnisse fort. *The Scots musical museum*, an dem Robert Burns mitarbeitete, gehört in den gleichen Zusammenhang. Sammeltätigkeit und eigenes Schaffen gehen dabei häufig ineinander über. Scotts editorische Unternehmungen, Lambs und Hazlitts literarhistorische Wirksamkeit, Southeys biographische und historiographische Arbeiten trugen zur Ausbildung historischen Bewußtseins bei. Durch die politischen Konflikte der Epoche nahm dieses Geschichtsbewußtsein eine starke patriotische Färbung an. Der europäische Byronismus als ideen- und geschmacksgeschichtliches Phänomen wird in diesen Zusammenhängen verständlich. Die »romantische« Verklärung der Nationalgeschichte ist eine der Wurzeln des ideologischen Nationalismus im 19. Jahrhundert.

Mehr noch als durch die Hinwendung zur Geschichte öffnete sich durch Hinwendung zur Natur für den romantischen Autor ein neuer Gegenstands- und Erfahrungsbereich. Naturdichtung hatte es durchaus zuvor gegeben, und ein gesteigertes Empfinden für die Natur gehörte zur Sensibilität des späten 18. Jahrhunderts. Aber mit der Romantik begann etwas Neues. Nicht nur wurde die Natur in einem spezifischen, vorausgegangenen Epochen nicht geläufigen Verständnis zur Quelle der poetischen Inspiration. Mit der romantischen Naturauffassung begann auch eine neue Phase im Verhältnis des Menschen zur Natur. Sie reicht über das 19. Jahrhundert hinaus und scheint in der Gegenwart noch nicht abgeschlossen zu sein.

Die Entdeckung der Natur für die Dichtung hat ihre Parallele in ihrer Entdeckung für die Malerei. Sie steht im Kontext jener sich allmählich herausbildenden Empfänglichkeit für das (wirklich oder vermeintlich) Natürliche oder Naturbelassene, das zuerst im englischen Landschaftsgarten als Antithese zum herkömmlichen formal-geometrischen Garten in Erscheinung trat. In den Landschaftsgemälden von Richard Wilson (1714–1782) deuten sich, weitgehend noch in einem neoklassischen Rahmen, die Übergänge zu einem neuen Stil an, dessen Kennzeichen die unmittelbare Erfahrung von Landschaft und die Wiedergabe von landschaftsevozierten Stimmungen ist. In William Turner (1775–1851) und John Constable (1776–1837) kam die romantische Landschaftsmalerei (die auch in Frankreich und in Deutschland, etwa mit Caspar David Friedrich, große Namen aufzuweisen hat) zur Vollendung. Mit ihrem Werk wurde die Landschaft nicht nur zu jenem Inbegriff des Naturschönen, als das sie seither in England gilt, sondern auch zur Vision des Vollkommenen und, darüber hinaus, des Einzigartigen. Durch die vom Künstler erlebte Landschaft teilte sich über den ästhetischen Reiz hinaus etwas mit, was Constable mit »moral feeling« umschrieb.

Auf Keats' Frage (vorgebracht in »I stood tip-toe upon a little hill« 1816): »For what has made the sage or poet write?« hätte die Antwort fast überall in Europa lauten können: »But the fair paradise of Nature's light.« In England weist die romantische Orientierung an der Natur indessen spezifische Züge auf. In der älteren wie in der jüngeren Romantik macht die Naturlyrik im konventionellen Sinne zwar einen wesentlichen Teil der Versdichtung aus. Sie findet sich in Blakes Jugendwerk *Poetical sketches*, sie ist eine charakteristische Komponente von Wordsworths poetischem Schaffen, sie schließt Oden von Keats ein wie »To autumn«, und sie ist in Werken der *poetae minores* präsent. Doch die »Natur«-Dichtung erschöpft sich nicht darin. In ihren bedeutsamsten Manifestationen weist sie eine quasiphilosophische Dimension auf, die bisweilen ins Mystische tendiert.

Das Naturdenken ist besonders stark bei Wordsworth ausgeprägt, für den die sinnlich erfahrene Natur als das dem Menschen Entgegentretende, ihn Umfangende und Tragende eine zentrale, seine reifen Dichtungen bestimmende Erfahrung war. Nach einer berühmten Passage in »Lines composed a few miles above Tintern Abbey« bedeutete die Natur für ihn

> The anchor of my purest thoughts, the nurse,
> The guide, the guardian of my heart, and soul
> Of all my moral being.

Das ist ein Bekenntnis der Geborgenheit, wie sie die Romantiker allenthalben suchten – nach dem Rückzug aus einer sich selbst entfremdeten Fortschrittsgesellschaft oder nach der (bei Wordsworth besonders ausgeprägten) Abkehr vom revolutionären Aufbruch. Die Natur war der Fluchtpunkt auf dem Wege zu sich selbst, den alle Romantiker als einen symbolischen Weg beschritten.

Die Natur der Romantik war indessen nicht nur die ruhende, ausgeglichene Landschaft, in der »the still, sad music of humanity« (Wordsworth) vernehmbar wurde. Sie war auch, mit der äußeren Natur in komplexer Weise verwoben, die simple Naturhaftigkeit des Kindes und des »unverbildeten«, »unzivilisierten« Menschen in seiner unverstellten Spontaneität, den in der Nachfolge von Rousseau ein ganzes Zeitalter in den unterschiedlichsten Erscheinungsformen aufzuspüren trachtete. Konsequenterweise postulierte Wordsworth auch die »natürliche« Sprache, die er mit »a selection of the language really spoken by men« umschrieb, als die Sprache der künftigen Dichtung. Was sich aus diesen und anderen Bausteinen im romantischen Bewußtsein formte, war eine Ideologie der Eigentlichkeit, die von einer gesellschaftsreformatorischen Intention getragen war und die, ohne daß ihre Herkunft stets erkennbar wäre, noch in der Gegenwart fortwirkt.

Ein Korrelat zur Entdeckung der Natur war eine neue Aufmerksamkeit gegenüber dem Besonderen und Partikulären. Während der Neoklassizismus das Gemeinsame und das Allgemeingültige in den Vordergrund gestellt hatte, hob die Romantik das Eigene und das Singuläre hervor. »Singular & particular detail is the foundation of the sublime«, betonte etwa Blake. Damit eröffnete sich, wie bereits in der zweiten Hälfte des 18. Jahrhunderts sichtbar geworden war, eine neue Thematik für die Literatur, und ihr zuvor an der Mimetik des Typischen orientierter Charakter änderte sich nachhaltig.

Als neue Hintergrundwissenschaft der Epoche löste die Biologie die für das 18. Jahrhundert verbindliche Physik ab. Die intellektuelle Wahrnehmung konzentrierte sich hinfort weniger auf das Statische als auf das Prozeßhafte, weniger auf die Substanz als auf die Funktion, weniger auf das Sein als auf das Werden. Damit wurde der Organismus zum fundamentalen Analogon des romantischen Denkens und die organische Form zur Grundform der romantischen Anschauung. Allenthalben diente eine organische Metaphorik nicht nur der Mitteilung in der Dichtung, sondern auch der Verständigung über Mensch, Staat, Wirtschaft und Gesellschaft. Wordsworth definierte die Dichtung als »the spontaneous overflow of powerful feelings«, und sein Hauptwerk hat das »Reifen« des Dichtergeistes zum Gegenstand. Shelley war bei den großen Autoren fasziniert von dem »electric life which burns within their words« (*Defence of poetry*). Und in *Jerusalem* (1804–1820) benutzte Blake mit »vegetable universe« die umfassendste Formel, auf die das romantische Weltverständnis zu bringen war.

Das Natürliche manifestierte sich für die Romantik vor allem im Subjektiven, verstanden als innerste Lebendigkeit wie als letzte, unabdingbare Wirklichkeit der menschlichen Existenz. Die starke subjektivistische Strömung, die für die gesamte Moderne kennzeichnend ist, kam mit der Romantik zum Durchbruch, und dieser Durchbruch bedeutete einen folgenreichen Einschnitt in der europäischen Geistesgeschichte. Die literarische Produktion (wie die künstlerische Produktion überhaupt) wurde nicht länger als Wiedergabe einer als unabhängig existierend gedachten Realität begriffen, sondern – zumindest gleichrangig, wenn nicht bevorzugt – als Projektion eines sich als autonom verstehenden Individuums. Literatur und Kunst verloren damit ihren vorwiegend mimetischen Charakter und nahmen einen vorwiegend expressiven Charakter an.

Subjektivistisch-expressive Literaturformen dominieren in der Epoche. Das kurze lyrische Gedicht ist eine ihrer bevorzugten Formen und zugleich – von Blake über Wordsworth und auch Coleridge bis zu Keats – eine der erfolgreichsten. Wenn die Romantik der Nachwelt als eine Epoche der Lyrik gilt, dann vornehmlich aufgrund dieser Gedichte. Auch Sonett, Ode, Hymne und Elegie sind – ungeachtet der sie prägenden Konventionen – Formen, in denen Subjektivität unmittelbar zum Ausdruck kommt, selbst wenn das lyrische Ich sich in ihnen stilisieren kann oder stilisieren muß. Als Ensemble bilden sie das romantische Formenrepertoire im engeren Sinne. Die bedeutendsten romantischen Gedichte sind Realisationen dieser Formen, so Wordsworths »Ode: Intimations of immortality« oder Shelleys »Ode to the West wind« oder Keats' »Ode on a Grecian urn«. Die für den romantischen Autor bezeichnende Krisenexistenz findet in ihnen ein Medium der Mitteilung. Coleridges »Dejection. An ode« ist ein für die Epoche symbolischer Titel.

Die Dimensionen der romantischen Subjektivität werden in der Adaption der traditionellen Großform des Epos für die Selbstdarstellung des Individuums deutlich. Mit der fortschreitenden Eliminierung des Heroischen aus der neuzeitlichen Gesellschaft trat das »philosophische« Epos nach dem Modell von Lukrezens *De rerum natura* in den Vordergrund, bei dem die epische Geste des Dichters im Entwurf eines Weltpanoramas bestand. Miltons *Paradise lost* und Popes *Essay on man* können als Beispiele gelten. Coleridge stellte Wordsworth ein solches Gedicht als höchstes dichterisches Ziel vor Augen (Brief vom 30. Mai 1815). Der Entwurf eines romantischen Weltbildes in einem philosophischen Epos ist indessen weder Wordsworth noch einem anderen Dichter gelungen, obwohl er den Wünschen wie den Bedürfnissen des Zeitalters entsprochen hätte.

Statt dessen entstanden zwei Gedichte von epischen Dimensionen, die sich, konträr in ihrer Art, als komplementär in ihrer Bedeutung für die Epoche erweisen: Wordsworths *The prelude, or, growth of a poet's mind* (begonnen 1798/99, veröffentlicht posthum 1850) und Byrons *Don Juan* (1819–1824). Beides sind, offen bei Wordsworth, kaschiert bei Byron, autobiographische Gedichte, panoramische Vergegenwärtigungen individueller Welten von einem bis dahin unbekannten Ausmaß. Beide sind Ausdruck der Selbstsuche des romantischen Geistes auf dem symbolischen Weg zu sich. *The prelude* ist, charakteristisch für die Romantik, das Dokument der Abwendung von der Welt, der souveränen, doch letztlich nicht erlösenden Befreiung des Ich in einem Prozeß der Bewußtwerdung. *Don Juan* ist, ebenso charakteristisch für die Romantik, ein Dokument der eigenen Auslieferung an die Welt, die als zu groß und zu komplex erfahren wird, als daß sie durch das Individuum eingefangen werden könnte. Zusammen konstituieren sie, von der Selbstversenkung über die Selbstzufriedenheit bis zur Suche nach Selbstbestätigung, das Spektrum der romantischen Egozentrik.

Für das Selbstwertgefühl des romantischen Autors war das »große« Gedicht unerläßlich, obwohl die Zeit der epischen oder quasi-epischen Werke vorbei war. Es galt ihm als Prüfstein für die dichterische Schöpferkraft. So zumindest betrachtete Keats seinen *Endymion*, die symbolische Selbstdarstellung des Dichters in der dem Epos verwandten Form der Romanze – »a test, a trial of my powers of imagination« (Brief vom 8. Oktober 1817). Das Vorbild war allemal Milton, dessen Werk, nachdem es im frühen 18. Jahrhundert klassischen Rang gewonnen hatte, für die Folgezeit als verbindliche Gestaltung des »Erhabenen« angesehen wurde. Die Wiederholung von Miltons Leistung unter den Prämissen der neuen subjektivistischen Thematik war eines der wesentlichen inspirierenden Momente der romantischen Dichtung, auch wenn das Ergebnis, wie in *Don Juan*, eine ironisch gebrochene epische Satire war.

Es gehört zu den Paradoxien der Epoche, daß sie ihren Subjektivismus nicht in der literarischen Form zum Ausdruck zu bringen versuchte, die – nach den Ansätzen im 18. Jahrhundert und den weiteren Entwicklungen im 19. Jahrhundert zu urteilen – dafür hätte besonders geeignet erscheinen müssen: im Roman. Es gibt in England kein Äquivalent zu jenem *Wilhelm Meister*, in dem Schlegel eine der »größten Tendenzen des Zeitalters« erblickte. Ob *The prelude* auch hätte ein Roman sein können, ist eine müßige Spekulation. Doch dürfte die Leerstelle, die der subjektivistische Entwicklungsroman im literarischen Tableau der Epoche markiert, nicht zuletzt auf die implizite Anerkennung der traditionellen Gattungshierarchie in der trotz ihrer demokratischen Bekenntnisse literarisch elitären Romantik zurückzuführen sein.

Die großen Romane der Epoche sind nicht in erster Linie die historischen Romane Scotts, sondern die fast zur gleichen Zeit erschienenen Romane Jane Austens. Chronologisch gehören sie in die Zeit der Romantik, doch weder ihrer Thematik noch ihrer literarischen Intention nach können sie ihr zugerechnet werden. Sie nehmen sich, darin Miltons *Paradise lost* vergleichbar, als Fremdkörper in ihrer unmittelbaren literarischen Umgebung aus. Man kann sie als Höhepunkt der Romanentwicklung im 18. Jahrhundert betrachten oder als verheißungsvollen Auftakt für den Roman des neunzehnten: keineswegs sind sie romantische Romane. Gleichwohl gibt sich schon im Titel von Jane Austens erstem (wiewohl nicht bestem) Roman, *Sense and sensibility* (1811), zu erkennen, daß sie bei aller »Vernünftigkeit« und Reserviertheit einer Epoche raffinierterer Menschenbeobachtung und subtilerer Einfühlung in psychische Vorgänge zugehören, als es die Zeit des klassischen Romans war.

Ungeachtet der Präsenz des Romans und auch seiner immanenten Bedeutung sind die für die Romantik typischen Prosaformen weder narrative Formen noch Großformen. Es sind Kleinformen der Sachprosa, die den momentanen Einfall, die Reflexion oder den skizzenhaften Entwurf aufzunehmen vermögen. Wie das kurze, vorzugsweise formal nicht vorgegebene lyrische Gedicht der romantischen Geistesart und Gestaltungsfähigkeit besonders entgegenkam, so entsprach ihr auch die flexible, impulshaft zu realisierende Kleinform der Prosa. Das gilt vor allem für den Essay, der seit seiner Entstehung sowohl eine subjektivistisch eingefärbte wie auch unterschiedlichen Intentionen anpaßbare Form gewesen ist. Es gilt auch für den Brief und das Tagebuch, beides Medien der Individualsphäre, die für die Romantiker vielfach ineinander übergingen. Es gilt schließlich für das Fragment, ein formal nicht mehr definierbares Prosastück. Allenthalben ist die romantische Prosa durch eine Tendenz zum Aphoristischen gekennzeichnet als der Ausdrucksform des persönlichen Gedankens und des individuellen Urteils.

Obwohl vielfach wegen der journalistischen Umstände ihrer Entstehung als Randphänomen betrachtet, ist die Essayistik nicht weniger bedeutsam für die Romantik als die Versdichtung. In ihr manifestiert sich die romantische Sensibilität und die romantische Suche nach dem Eigenen, Spezifischen und Originellen auf eine Weise, die sich in der Versdichtung nicht mitteilt und auch nicht mitteilen kann. So sind Charles Lambs *Essays of Elia* (1820–1823), durch eine Kunstfigur getragen, weitausgreifende Projektionen nicht nur des launischen und skurrilen Charakters, sondern auch des seine Innenwelt erlebenden und seine Subjektivität reflektierenden Individuums.

Hazlitts Essays (*The round table* 1818, *Table talk* 1821/22 oder *The spirit of the age* 1825), gekennzeichnet durch eine seltene Verbindung von klarsichtiger Rationalität und schmiegsamer Intuition, enthüllen einen Literaturkritiker von höchster Originalität, dem es wie kaum einem zweiten gegeben war, eine fremde Subjektivität in ihrem Œuvre autoritativ zu bestimmen.

Coleridges Prosawerk ist in seinen ausgearbeiteten Teilen wie in der Fülle des provisorisch Notierten eine Dokumentation des Persönlichen, wie auch seine *Biographia literaria, or, biographical sketches of my literary life and opinions* (1817) einmalig dasteht in der Darstellung literatur- und geistesgeschichtlicher Vorgänge als subjektiver Erfahrungen. De Quincey schließlich repräsentiert den – auch von Coleridge unternommenen und in *Kubla Khan, a vision in a dream* (1816) poetisch umgesetzten – Versuch, die natürlichen Grenzen der Subjektivität zu transzendieren. Seine *Confessions of an English opium eater* (1822; 1856) sind ein Protokoll des Umgangs mit Drogen, die Baudelaire in seinen *Paradis artificiels* (1862) als »moyens de multiplication de l'individualité« stilisierte.

Als geistiges Organ der Subjektivität galt den Romantikern die Imagination. Sie ist für ihr Menschenbild und ihre Weltsicht von zentraler Wichtigkeit, und aus der Konzeption der Imagination bestimmt sich nicht zuletzt der geistige Standort der Romantik. Seit Bacon am Beginn der Neuzeit den Primat der Vernunft verkündet und die »Welt der Dichter« als Scheinwelt gebrandmarkt hatte, war der Streit um Wesen und Funktion der rationalen und imaginativen Kräfte im Menschen in der Literatur- und Kunsttheorie nicht verstummt. Der Neoklassizismus neigte zu einer Position des Ausgleichs, doch die Erklärungen, die das späte 18. Jahrhundert für Originalität und Genialität suchte, führten zu einer Aufwertung der Imagination und zugleich zu einer im philosophischen Sinne anthropologischen Ausweitung der Betrachtung. Den Höhepunkt dieser Entwicklung bezeichnet die Romantik. Sie machte die Imagination sozusagen zur absoluten Geisteskraft, und mit einem neuen Begriff, den Coleridge prägte, schrieb sie ihr eine »esemplastische«, in-eins-formende, zusammenführende Wirksamkeit zu.

Die romantische Vorstellung von der Imagination ist durch die Idee einer erhöhten Wahrnehmungsfähigkeit geprägt. Die Imagination ist das Vermögen, geistig zu sehen – tiefer, weiter, klarer, adäquater als es sonst üblich und möglich ist. Die Imagination befähigt den Wahrnehmenden, hinter die Erscheinungen zu blicken, so daß sich ihm eine andere Welt als die geläufige auftut oder die »eigentliche« Realität darbietet. Blake beschwor die Ganzheit der Wahrnehmung, die die »atomistische« Sinneswahrnehmung transzendierte, so daß sich, wie es in *The marriage of heaven and hell* (c. 1790–1793) heißt, »in an infinite organical perception ... the infinite in every thing« darbot. Diese intensivere Wahrnehmung und dadurch höhere Bewußtheit war vor allem dem Dichter eigen, als dessen Gabe und Aufgabe es Wordsworth in seiner berühmten Vorrede (1800) ansah, über Dinge und Ereignisse »a certain colouring of imagination« zu breiten und ihnen damit »an unusual aspect« zu verleihen. So wird der Dichter als ein höher organisiertes menschliches Wesen herausgehoben, und es fällt ihm die Rolle eines Lehrers der Menschheit zu.

Überdies galt den Romantikern die Imagination als eine konzeptionelle Fähigkeit, die den Entwurf von »Gegenwelten« ermöglichte. In einer Kontraposition zu Bacons Aufwertung der Erfahrungswelt neigten sie zu deren Abwertung gegenüber einer imaginativ erfaßten anderen oder »besseren« oder »höheren« Welt, die ihren Ursprung im subjektiven Unbehagen an der bestehenden Realität hatte (»that shadow-show called reality«). Romantische Welten, die vielfach nur unter dem Blickwinkel eskapistischer Traumwelten gesehen werden, waren Projektionen, die aus der Enttäuschung hervorgingen. Die Grundbefindlichkeit der Romantik war die der Desillusionierung über die revolutionäre Verheißung. Und aus ihr ging die permanente Suche nach der Geborgenheit in einem organischen Ganzen hervor. Sie endete, national oder individuell unterschiedlich, in endloser, unerfüllter Sehnsucht oder in melancholischer Ironie.

Projektionen der Imagination waren die Geschichtsvisionen. Die deutsche Romantik entwarf sich ihre Utopie des christlichen Mittelalters. Die englische griff nicht nur auf das Mittelalter zurück, sondern auch auf die Renaissance, die sich mit dem Zentrum der elisabethanischen Ära im späten 18. Jahrhundert mehr und mehr als das Goldene Zeitalter Englands herauskristallisiert hatte. Die Nachfolge Spensers und Miltons, in die sich die romantischen Dichter dezidiert stellten, war der Versuch einer Beschwörung der Vergangenheit für die Gegenwart, der Versuch einer Renaissance der Renaissance, aus dem ein Leitbild hervorgehen sollte. Die unglückliche Affinität der Romantik zu den traditionellen heroischen Großformen der Literatur hat darin ihren Ursprung. Die Romantik war der Beginn der bis in die Gegenwart reichenden gedanklichen Experimente, durch Gegeneinandersetzung stilisierter Symbole die post-revolutionäre, industrialisierte Welt mit einer Welt höherer Einheit und größerer Geschlossenheit zu konfrontieren. Eines der sprechendsten ist das des Amerikaners Henry Adams, der in seiner *Education of Henry Adams* (1906) Moderne und Mittelalter sinnbildlich als »The dynamo and the Virgin« gegenüberstellte.

Projektionen der Imagination waren auch die Mythen der romantischen Dichtung. Das Werk von Wordsworth ist durchzogen vom Mythos einer Natur, die für den Menschen nicht nur ein ästhetisches Erlebnis bietet, sondern ihn als moralische Kraft trägt. Das Werk von Keats ist durch den Mythos vom Schönen geprägt, das mit dem Wahren verschmilzt. Das Werk Shelleys birgt eine Reinkarnation des prometheischen Mythos von Auflehnung und Freiheit in seinem Kern. Das Werk Blakes schließlich ist in seiner Gesamtheit wenig mehr als ein persönlicher Mythos des heroischen Aufbegehrens gegen die Enge des traditionellen Verständnisses von Natur und Daseinszweck des Menschen. Vieles bleibt dabei im dunkeln, doch in den Zeichnungen Blakes werden die titanischen Dimensionen sichtbar, von denen seine Innenwelt, deren Außenansicht so kümmerlich wirkt, bestimmt wurde.

In ihren innersten Intentionen bietet sich die Romantik als Versuch dar, die zeitgenössische Gesellschaft angesichts ihrer zunehmenden Bestimmmung durch Industrialisierung und Machtpolitik zu re-poetisieren. »Poets«, hielt Shelley Thomas Love Peacock entgegen, der den Bedeutungsschwund von Dichtung und Literatur süffisant konstatiert hatte, »poets are the unacknowledged legislators of the world«. Damit endet seine *Defence of poetry*, das große romantische Manifest zur Rekonstitution der Gesellschaft aus dem Geiste der Dichtung. Es blieb, wie man weiß, folgenlos. Die Romantik scheiterte an einer zu geringen geistigen Substanz.

Ihre intellektuelle Endphase wird durch die *lectures* markiert (ein neues und beliebtes Genre der heraufziehenden Massengesellschaft), die der vom Rauschgift losgekommene, aber gleichwohl davon gezeichnete Coleridge über Religion und Reform der Gesellschaft hielt und die er *Lay sermons* (1816, 1817) nannte. Kurz vor der Jahrhundertwende drängte Coleridge Wordsworth zu einem Gedicht für die, »die infolge des vollständigen Fehlschlags der Französischen Revolution alle ihre Hoffnungen auf die Verbesserung der Menschheit aufgegeben haben« (Brief vom 10. September 1799). Eines seiner späten Gedichte ist »Work without hope« (1825). Als Vermächtnis Coleridges und als Vermächtnis der Romantik bleibt die Forderung, daß der Mensch, um weiter zu existieren, sich und seine Welt immer neu entwerfen muß und daß ihm dafür die Imagination gegeben ist – »the living power and prime agent of all human perception, and as a repetition in the finite mind of the eternal act of creation in the infinite I am« (*Biographia literaria*). (F)

Viktorianisches Zeitalter

Tendenzen

Die englische Gepflogenheit, mit dem Namen des Königs oder der Königin Epochen zu charakterisieren, diese so als Einheiten zu begreifen, muß im Falle des viktorianischen Zeitalters ungleich fragwürdiger als üblich erscheinen. Keine Epoche zuvor hat einen vergleichbar tiefgreifenden gesellschaftlichen, wirtschaftlichen, politischen und bewußtseinsmäßigen Wandel erlebt. Ihn als evolutionär oder revolutionär zu bezeichnen, ist allein eine Frage der Perspektive. Als die gerade achtzehnjährige Victoria 1837 den Thron bestieg, hatte eben das Zeitalter der Eisenbahn begonnen, ging die Postkutschenzeit unwiderruflich ihrem Ende entgegen; als sie 1901 nach vierundsechzigjähriger Regierungszeit starb, war das des Automobils angebrochen. Sie trat ihr Amt in einer Zeit der innenpolitischen Unruhe an, das Los der Bourbonen mußte ihr stets vor Augen stehen; sie gab es ab als Kaiserin von Indien und Herrscherin über ein Weltreich, in dem die Sonne nicht unterging. Die Zahl ihrer englischen Untertanen hatte sich während ihrer Regierungszeit mehr als verdoppelt. Drei Viertel von ihnen wohnten nun in Städten, womit sich binnen Jahrhundertfrist das Zahlenverhältnis von Stadt- zu Landbewohnern spiegelbildlich verkehrt hatte. Neue Städte wie Middlesborough und Cardiff entstanden, die Industrieorte der Midlands wie Manchester und Leeds wurden gleichsam über Nacht zu unförmigen Großstadtgebilden. London aber war nun die größte Stadt der Welt, ein Koloß von fast fünf Millionen Einwohnern, der in seiner landfressenden Ausdehnung und labyrinthischen Vielfalt den Namen rechtfertigte, der ihm dank Byron klischeeartig anhaftete: Es war in der Tat ein zweites, modernes Babylon. Bevölkerungsexplosion – und das heißt auch: Vermassung – und Verstädterung veränderten das Leben aller von Grund auf. Unschwer ist eine Literaturgeschichte Englands im 19. Jahrhundert denkbar, die hiervon nicht nur ihren Ausgang nimmt, sondern auch die wesentlichen Veränderungen der Lebensgewohnheiten und des Wertgefüges sowie deren literarische Darstellung daraus ableitet.

Deutlicher noch treten die Veränderungen hervor, die sich im

Verlauf des viktorianischen Zeitalters vollziehen, vergleicht man es summarisch mit derjenigen Epoche, von der sich die Viktorianer selbstbewußt absetzten, dem 18. Jahrhundert. Aus der noch agrarisch bestimmten Gesellschaft des 18. Jahrhunderts wurde die erste Industrienation der Welt, »the workshop of the world« (Disraeli). Eine noch feudal-paternalistisch denkende, dem Prinzip des *noblesse oblige* huldigende Adelsoligarchie, die sich mit dem Bürgertum und seinen Machtansprüchen zu arrangieren begann, wandelte sich zu einer in sich vielfach gegliederten Dreiklassengesellschaft, in der nun auch die Arbeiterschaft ihren Machtanteil zunehmend vehementer reklamierte. England hatte den Weg zur Demokratie ohne Möglichkeit der Umkehr beschritten. Der von kapitalistischen und liberalen Grundsätzen beherrschte Nachtwächterstaat war zum Verwaltungsstaat geworden, der bereits zu ersten Schritten hin zum Wohlfahrtsstaat des 20. Jahrhunderts ansetzte. Gesellschaft und Staat übernahmen nun Aufgaben, die im 18. Jahrhundert allein dem eigenverantwortlichen Individuum oblagen. Staatliche und gesellschaftliche Gewalt sowie individuelle Freiheit traten in ein spannungsreiches Verhältnis. Das Individuum erfuhr sich als gesellschaftlich bedingt, ja determiniert. Die Literatur des ganzen Zeitalters, insbesondere der Roman als die angemessenste und flexibelste Form, Gesellschaft in ihrer Vielschichtigkeit darzustellen, widmete sich den Fragen dieser Bedingtheit und sozialen Interdependenz in steter Variation.

Als nicht minder tiefgreifend stellen sich die Veränderungen des Bewußtseins dar: Die Französische Revolution sowie die ihr folgenden Napoleonischen Kriege führten allen Europäern geschichtliche Veränderung, das Entstehen und Zerbrechen von Reichen, die Möglichkeit des gesellschaftlichen Machtwechsels anschaulich vor Augen. Geschichte geschieht als unmittelbare persönliche Erfahrung, und jedermann konnte sagen, er sei dabeigewesen. Noch unmittelbarer stürzten andere Erfahrungen auf die Viktorianer ein: Die Industrielle Revolution veränderte Landschaft, Lebensstil, Wert- und Gesellschaftsvorstellungen in radikaler Weise. Der Weg aus der alsbald idyllisch verklärten, ländlichen Gemeinschaft in die anonyme Masse und Unwirtlichkeit der viktorianischen Städte war nationales Schicksal. Der namenlose Industriearbeiter erlitt es ebenso wie Charles Dickens, der berühmte Romancier. Leben, Denken und Fühlen eines jeden einzelnen waren von diesem Schicksal geprägt.

Doch nicht nur das Gefühl der Zugehörigkeit zu einer überschaubaren, schützenden (ländlichen) Gemeinschaft ging verloren. Auch die überkommenen moralischen und religiösen Werte und Gewißheiten wurden durch naturwissenschaftliche Entdeckungen sowie die historische Bibelkritik nachhaltig erschüttert. Geologie und Biologie machten hinfort ein buchstäbliches Verständnis der biblischen Schöpfungsgeschichte unmöglich. Was aber ist die Bibel, wenn nicht das geoffenbarte Wort Gottes? Die Antwort auf diese Frage gaben historische Bibelkritik und Mythenforschung: Sie ist die von Mythen durchwirkte, poetisch und episch überhöhte Geschichte des jüdischen Volkes. Dies freilich ist eine These, deren Folgen nicht umstürzender sein können. Die absoluten, göttlich gesetzten moralischen und religiösen Normen werden durch sie radikal relativiert, da der historisch-vergleichende, historistische Ansatz jede Person, jedes Ereignis allein aus der geschichtlichen Situation, nicht mehr länger gemäß absoluter Normen begreift. Heilsgeschichte und christliche Wertnorm sehen sich zwangsläufig der ätzenden Kritik eines historischen Perspektivismus ausgesetzt.

Kein Wunder, daß das Bewußtsein, in einer Übergangszeit zu leben, Handeln, Denken und Fühlen der Viktorianer prägte. Keinem der großen viktorianischen Denker oder Kritiker, sei es John Stuart Mill, Thomas Carlyle oder Matthew Arnold, war der Gedanke oder der Begriff (»transition«) fremd. Und aus königlichem Munde, dem des Prinzgemahls Victorias, Albert von Sachsen-Coburg-Gotha, erfuhr er anläßlich der Weltausstellung von 1851 die für diese Zeit charakteristische optimistische Überhöhung: »Nobody who has paid any attention to the peculiar features of our present era, will doubt for a moment that we are living at a period of most wonderful transition ...«

Wie herrlich ein Wandel ist, bleibt freilich stets eine Frage des Standpunktes. In einer höchst differenzierten, sich im radikalen Umbruch befindenden Klassengesellschaft wie der viktorianischen gab es viele Standpunkte. Was sich dem königlichen Blick auf Gegenwart und Zukunft als eine stete und unaufhaltsame Veränderung vom Guten zum Besseren darstellte, mußte dem das Existenzminimum mühsam verdienenden Industriearbeiter, der mit seiner vielköpfigen Familie in einem dreckig-feuchten Kellerloch Manchesters zu hausen gezwungen war, ungleich weniger attraktiv erscheinen: »It was the best of times, it was the worst of times, it was the age of wisdom, it was the age of foolishness, it was the epoch of belief, it was the epoch of incredulity, ... we had everything before us, we had nothing before us, we were all going direct to Heaven, we were all going direct the other way«. Mit den ersten Zeilen seines historischen Romans *A tale of two cities* (1859) erklärt Charles Dickens die Unvermeidlichkeit einer solchen perspektivisch-relativierenden Sicht zum übergreifenden Merkmal der Zeit. Drastisch und klassenspezifisch formuliert es John Morley, einer der prominentesten Kritiker des letzten Drittels des Jahrhunderts, langjähriger Abgeordneter und Minister unter Gladstone. Ihm ist England »a paradise for the well-to-do, a purgatory for the able, and a hell for the poor«.

Eine Zeit aber der steten gesellschaftlichen und geschichtlichen Veränderung, die ihren transitorischen Charakter vielseitig betont, wird ihre Eigenart am besten im Kontrast zu dem Vergangenen, Abgelebten gewinnen. Als »the nineteenth century« setzen sich so die Viktorianer von ihrer aristokratisch-feudalistischen, hierarchisch festgefügten Vergangenheit nostalgisch klagend oder den Fortschritt bejubelnd ab. Erst um 1850, angemessenerweise zu dem Zeitpunkt, als sich gesellschaftlich, wirtschaftlich und ideologisch ein freilich nicht ungefährdetes Gleichgewicht einstellt, setzte sich das Gefühl durch, in einem neuen, einem *viktorianischen* Zeitalter zu leben, wurde hierfür auch das Wort verwendet. Ein bürgerliches Lebens- und Selbstwertgefühl drückt sich in ihm aus. So ist für Edwin Paxton Hood, der mit seinem *The age and its architects* (1850) den Anspruch erheben darf, als erster den Begriff eingeführt und seine Bedeutung kritisch untersucht zu haben, das »Victorian Commonwealth ... the most wonderful picture on the face of earth«. Ein Zeitalter ist ihm angebrochen, das in Moral, Kultur und Wohlstand sich vorteilhaft von der Vergangenheit abhebt; es ist ihm ein Zeitalter, in dem die Wissenschaft und die Demokratie regieren, in dem das Bürgertum seinen Machtwillen und seine Werte weitgehend durchgesetzt hat. Ihm freilich ist dies kein Anlaß zur Selbstgefälligkeit. Er sieht, wie zwei Kapitelüberschriften seiner Studie lauten, sowohl »The wrongs of the people« als auch »The sins of the people«. Zu solchem Abwägen freilich waren breite Kreise des Bürgertums der Jahrhundertmitte nicht bereit. Ihrer Selbstgefälligkeit und ihrem insularen Provinzialismus hat Dickens in Mr. Podsnap aus *Our mutual friend* (1864/65) ein ebenso komisches wie bedrückendes Denkmal gesetzt.

Es ist eine Gestalt wie Podsnap, in der eine banal-bürgerliche Weltsicht ihren Absolutheitsanspruch anmeldet, die der *fin de siècle*-Generation, vor allem aber den ikonoklastischen Kritikern des frühen 20. Jahrhunderts, wie Lytton Strachey mit seinen keck entmythologisierenden Studien *Eminent Victorians* (1918) und *Queen Victoria* (1921), das Wesen des Viktorianischen, des »Victorianism«, verkörpert. Von nun an ist »viktorianisch« dem allgemeinen Bewußtsein und Sprachgebrauch für mehr als drei Jahrzehnte ein Terminus des spöttisch-herablassenden Mißfallens, der bürgerliche Selbstgefälligkeit und geistige Enge, übertriebene moralische Ernsthaftigkeit und Sentimentalität, sexuelle Prüderie und Doppelmoral bezeichnet. Gewiß kann die bürgerliche Kultur des 19. Jahrhunderts von solchem nicht freigesprochen werden. Der ebenso rapide wie tiefgreifende politisch-historische Wandel; die Vielfalt der Ideen und Ideologien; die sozialen wie geistigen Widersprüche und instabilen Kompromisse des Zeitalters – sie verlangen jedoch genauere Unterscheidungen. Und diese Unterscheidung muß dem Perspektivierungsgebot des Historismus gemäß erfolgen. Es gilt, im geschichtlichen Augenblick die Gleichzeitigkeit unterschiedlicher gesellschaftlicher, geistiger und literarischer Standpunkte und Interessen, im geschichtlichen Verlauf die zeittypische Ähnlichkeit des auf den ersten Blick Diskrepanten aufzuzeigen und zu erläutern.

Die frühviktorianische Zeit

Nur selten kann mit Hilfe eines historischen Datums gesagt werden, hier und heute beginne eine neue Zeit. So auch nicht für die viktorianische Epoche. Daß etwas zu Ende ging und etwas Neues begann, können jedoch zwei Ereignisse symbolhaft markieren: 1832 wurde ein Wahlgesetz, der Reform Bill, nach langen parlamentarischen und außerparlamentarischen Auseinandersetzungen von beiden Häusern verabschiedet. 1837 bestieg die junge Victoria den Thron und wurde von Lord Melbourne, einem alternden Whig-Premier von Regency-Lebensart, behutsam in ihr Amt eingeführt. Schon dadurch, daß zwei Daten, eines zu Beginn, eines zu Ende der Dekade, genannt werden können, wird der Übergangscharakter des ganzen Jahrzehnts sichtbar. Was für die gesamte viktorianische Epoche in unterschiedlichem Maße charakteristisch ist, das gilt entschieden für die dreißiger Jahre des 19. Jahrhunderts. Sie sind in politischer, ökonomischer, geistesgeschichtlicher und literarischer Hinsicht eine Zeit des Wandels, ja Umbruchs. Es ist, wie es der liberale Utilitarist John Stuart Mill in seiner Bestandsaufnahme *The spirit of the age* (1831) formuliert, eine Zeit, in der »mankind have outgrown old institutions and old doctrines, and have not yet acquired new ones«.

Solches Bemühen, eine eben verlorengegangene oder verloren geglaubte Stabilität der gesellschaftlichen Institutionen sowie der moralischen, religiösen Werte wiederzugewinnen, sollte die besten Geister der viktorianischen Epoche stets aufs neue beschäftigen. Mills Diagnose der frühen dreißiger Jahre wandelte sich nach 1850 zu Matthew Arnolds Klage aus seinem großen weltanschaulichen Gedicht »Stanzas from the Grande Chartreuse«, er wandere ruhelos

> between two worlds, one dead,
> The other powerless to be born.

Während Arnolds Klage jedoch auch der Kritik an einer nunmehr erreichten, freilich philiströsen Stabilität der Gesellschaft und Moral entspringt, hat Mill konkrete politische und soziale Ereignisse und Zustände für seine Diagnose vor Augen. Die französische Juli-Revolution von 1830, die mit der endgültigen Vertreibung der Bourbonen endete, nährte die seit der Französischen Revolution auch in England stets latente Furcht von Adel und Bürgertum vor einem gewaltsamen Umsturz. Dies um so mehr, als die zwanziger Jahre die ersten präsozialistischen Arbeiterzusammenschlüsse, Robert Owens Co-operativen und die Anfänge der Gewerkschaftsbewegung, gesehen hatten. Gewalt flackerte sporadisch auf und schürte die Angst: 1830 ist es »Captain Swing«, der mit Maschinensturm und *rick-burning* die ländlichen Gebiete heimsucht, 1831 kommt es vor allem in Nottingham und Bristol zu gewaltsamen Massendemonstrationen, um der Forderung nach einer demokratischeren Regierungsform und einem Wahlgesetz Nachdruck zu verleihen.

Erklärtes Ziel zumindest eines Teils der Arbeiterschaft und ihrer Führer war der gesellschaftliche Umsturz, wie ihn einer der radikalsten Arbeiterführer, Bronterre O'Brien, 1833 in *The poor man's guardian* programmatisch forderte: »An entire change in society – a change amounting to a complete subversion of the existing ›order of the world‹ – is contemplated by the working classes. They aspire to be at the top instead of at the bottom of society – or rather that there should be no bottom or top at all.« Diese Drohung des neu entstandenen, nun sich formierenden Land- und Industriearbeiterproletariats machte sich das Bürgertum zunutze, um seinen eigenen Machtanspruch durchzusetzen. Es verwendete die Revolutionsfurcht als Druckmittel, um das Mißverhältnis zwischen seiner neu gewonnenen ökonomischen Macht und den institutionalisierten politischen Mitwirkungsmöglichkeiten zu beseitigen.

Ein erster Schritt hierzu war der Reform Bill von 1832. Er verminderte die Zahl der *rotten boroughs*, von Wahlkreisen mit geringer wahlberechtigter Bevölkerung; er verteilte die hierbei gewonnenen Sitze auf die großen Städte, so daß nun etwa Manchester oder Birmingham wenigstens mit ein, zwei Abgeordneten im Parlament vertreten waren; und er gab den *ten pound-householders*, dem gutsituierten Mittelstand, das Wahlrecht (nunmehr etwa sieben Prozent der erwachsenen männlichen Bevölkerung). Dies war offensichtlich kein revolutionäres Gesetz. Nach wie vor existierten mehr als 100 Wahlkreise mit weniger als 500 Wahlberechtigten, nach wie vor rekrutierten sich nahezu zwei Drittel aller Abgeordneten aus dem hohen und niederen Adel, waren folglich den Interessen des Grundbesitzes verpflichtet. Die untere Mittelklasse und die Arbeiterschaft blieben vom Wahlrecht gänzlich ausgeschlossen.

Der Reform Bill brachte somit *de facto* kaum eine Machtverschiebung; sein Wert war vorwiegend symbolischer und atmosphärischer Natur. Das Gesetz belegt den Machtzuwachs des Bürgertums und ist Ausdruck von dessen Willen, diese Macht auch durchzusetzen. Es belegt, daß die Zukunft Englands von Industrie und Handel, nicht mehr vom Großgrundbesitz bestimmt sein wird. Und es belegt, daß die Idee der Reform, des graduellen Wandels, sich durchgesetzt hat aufgrund der Erkenntnis, daß die Gesellschaft reformbedürftig ist. Allein die Tatsache der rapiden Bevölkerungsvermehrung, die Thomas Malthus 1798 seine Schreckensvision kommenden Hungers an die Wand malen ließ, bedingte notwendigerweise, daß neue Regeln für das menschliche Zusammenleben gefunden und neue Institutionen geschaffen werden mußten. Die 36 Millionen, die England zu Ende des 19. Jahrhunderts zu einem der dichtest besiedelten Länder Europas machten, bedurften anderer sozialer und politischer Strukturen als die acht Millionen zu Ende des achtzehnten. Die Massen der Großstadt konnten nicht mit den Mitteln einer patriarchalischen Herrschaft, wie sie der Squire auf dem Lande ausübte, angemessen regiert werden. Um

1830 wurde England jedoch kaum anders verwaltet und regiert als hundert Jahre zuvor.

Es kommt hinzu, daß die Industrielle Revolution in den dreißiger Jahren ihr Wesen veränderte und in eine neue, eine zweite Phase eintrat. Auch in ökonomischer Hinsicht wird somit der Übergangscharakter des Zeitabschnitts bestätigt. An die Stelle der textilorientierten Produktion trat nun – in Lewis Mumfords geistreicher Formulierung – ein »carboniferous capitalism«. Er stützte sich auf die Förderung und Produktion von Eisen, Kohle und Stahl und wurde von dem eifrig betriebenen Ausbau des Eisenbahnnetzes getragen. Der ökonomische Umbruch, verstärkt durch Mißernten in der Mitte der dreißiger Jahre, zeitigte drastische Folgen: Industriezweige veralteten und waren nicht mehr wettbewerbsfähig, die Realeinkommen der in diesen Industrien Beschäftigten gingen zurück, Arbeitslosigkeit war die letzte Konsequenz. Das bekannte Schicksal der *handloom weavers* ist hierfür symptomatisch. Die Verelendung des Proletariats, das in den Slums der rasch wachsenden Städte wurzellos als anonyme Masse sein Dasein fristete, schritt rapide fort.

Bevölkerungsexplosion, Verstädterung, Vermassung, Verelendung: Der soziale Umbruch, die Reformbedürftigkeit der Gesellschaft waren unübersehbar geworden. Sie begannen in das allgemeine Bewußtsein zu dringen. Es war jedoch nicht die Literatur – und das ist nicht untypisch für die früh- und mittviktorianische Zeit –, die diesen öffentlichen Bewußtwerdungsprozeß initiierte. Erst Mitte der vierziger Jahre sollte sie auf die Veränderung der Wirklichkeit hinreichend reagieren. Es war der wortgewaltige, die Seelenlosigkeit des »Mechanical Age« beklagende Gesellschaftskritiker Thomas Carlyle (1795–1881), der in seiner Studie der Arbeiterbewegung, *Chartism* (1839), den Begriff prägte, welcher die gesellschaftspolitische Diskussion der nächsten Jahrzehnte beherrschen sollte. Zentrale Aufgabe ist ihm, die »Condition-of-England question« zu lösen. Durch puritanisch gefärbte Pflichterfüllung, durch selbstlose Arbeit als höchstes Lebensziel kann solches geleistet werden. Fausts und Wilhelm Meisters zivilisatorische Pläne und Taten haben hier wohl Pate gestanden – Goethes großer Bildungsroman wurde von Carlyle ins Englische übersetzt (1824–1827). Wie kein zweiter hat Carlyle mit seiner Attacke auf den vom Nützlichkeitsdenken geprägten Geist seiner Zeit sowie mit seinem Ethos der Pflichterfüllung und Arbeit auf die Schriftsteller gewirkt: »Rift the hills, and roll the waters«, lautet die Aufforderung des Sprechers von Tennysons »Locksley Hall« (1842). Dies ist der viktorianische Imperativ zur zivilisatorischen Tat. Der Ingenieur, Männer wie der Lokomotiven- und Eisenbahnbauer George Stephenson, sowie der »Captain of Industry« (Carlyle) sind die Helden der Zeit. Samuel Smiles hat in seinen überaus populären Werken, vor allem in dem voluminösen *Lives of the engineers* (1861/62), ihren Preis verkündet. Weniger aufdringlich, aber nicht minder intensiv ist das Carlylesche Ethos der Arbeit und Pflicht in den großen Romanen von Charles Dickens und George Eliot präsent.

Was den sozialen Umbruch und die Reformbedürftigkeit der gesellschaftlichen Institutionen aber vor allem in das Bewußtsein der Nation hob, das waren Dokumentationen, insbesondere die in den *blue-books* veröffentlichten Untersuchungen der Regierung. Gleichermaßen gefördert vom religiösen Selbsterforschungsdrang des protestantischen Evangelikalismus und der von Jeremy Bentham begründeten, von den beiden Mills propagierten utilitaristischen Gesellschaftsphilosophie, das größte Glück der größten Zahl zu ermöglichen, wurde England gezählt und vermessen. Zwei Wissenschaftszweige sind denn auch frühviktorianische Erfindung: die Statistik und die Soziologie. So wurde 1833 – und der Ort, an dem dies geschah, ist bezeichnend – die Manchester Statistical Society gegründet, im nächsten Jahr ihr Londoner Pendant. Mit G. R. Porters *Progress of the nation* (1836–1843), McCullochs *Statistical account of the British Empire* (1837) und – literarisch am bedeutsamsten – Henry Mayhews *London labour and the London poor* (vollständig 1861/62 erschienen) wurden materialreiche dokumentarische Bestandsaufnahmen zur Lage der Nation vorgelegt. Der Einfluß dieser Dokumentationen auf die Vorstellungen der Zeitgenossen kann gar nicht hoch genug eingeschätzt werden. Der Grad ihrer Wirkung wird daraus ersichtlich, daß Edwin Chadwicks, des großen Reformers, Dokumentation, *The sanitary condition of the labouring population*, von 1842 Bestsellerstatus erreichte.

Nicht minder bedeutsam ist der Einfluß, den diese Dokumentationen auf die Literatur, ihre Darstellungsprinzipien und Intentionen ausübten. Auch ihr wurden nun die Fakten, die Realien, die gesellschaftliche Wirklichkeit vorrangig. Ein dokumentarisches Prinzip begann in Lyrik und Roman sichtbar zu werden. Für *Oliver Twist* (1837–1839) studierte Dickens das New Poor Law von 1834, für *Nicholas Nickleby* (1838/39) die

Zu- bzw. Mißstände der Yorkshire Schulen. Elizabeth Barretts Gedicht »The cry of the children« (1843) verdankt seine Entstehung einem Kommissionsbericht zur Kinderarbeit. Und Disraeli setzte in *Sybil* (1845) sein als Abgeordneter aus regierungsamtlichen »Blaubüchern« bezogenes Wissen in eine faktenreiche Darstellung des Elends des Industrieproletariats in Stadt und Land um. Bevor der Terminus »Realismus«, vermutlich aus der französischen Literaturkritik, übernommen wurde, begannen realistische Darstellungsprinzipien in der englischen Literatur wirksam zu werden.

Auch in literarischer Hinsicht waren die dreißiger Jahre also eine Zeit des Übergangs, in der Altes zwar noch nachwirkte, ein neuer tragender Stil oder angemessene Darstellungsformen für die neuen Wirklichkeiten aber noch nicht gefunden waren. Die großen Romantiker, Keats, Shelley, Byron, waren in den zwanziger Jahren gestorben, Sir Walter Scott, der einzige große Romancier der romantischen Zeit, starb 1832, Samuel Taylor Coleridge folgte ihm 1834. William Wordsworth allein schrieb bis weit in das viktorianische Zeitalter hinein, überlebte freilich dadurch, trotz seines Amtes als *Poeta laureatus*, seinen zeitgenössischen Ruhm. Eine expressive, romantische Dichtung der Gefühlsenthüllung, die in Epiphanien ihr Einssein mit Mitmensch und Natur erlebt und feiert, mußte an »that hard unaccommodating Actual« (so George Eliot in ihrem späten Roman *Daniel Deronda*), an den Fakten, an der Feindseligkeit der gesellschaftlichen Wirklichkeit scheitern. Für eine mimetische Dichtungsauffassung, die »that hard unaccommodating Actual« abbilden und in der Komplexität eines großen sprachlichen Kunstwerks gestalten kann, fehlten freilich nicht nur die theoretischen Grundlegungen, es fehlten auch die literarischen Konventionen, es darzustellen.

So haben die dreißiger Jahre kaum literarische Werke hervorgebracht, welche die Zeiten überdauert haben. Mit Tennysons beiden ersten, allein von ihm verfaßten Gedichtbänden, *Poems, chiefly lyrical* und *Poems*, mit Carlyles fiktiver Biographie *Sartor resartus*, mit Dickens' *Pickwick papers* und *Oliver Twist* sind wohl schon die Werke von überzeitlicher Bedeutung genannt. Alle diese Werke stehen zwischen Tradition und Neuerung. In die pikareske und idyllische Welt von Dickens' Pickwick bricht recht abrupt die Erfahrung sozialen Elends – das Schuldgefängnis, die Darstellung gesellschaftlich bedingten Leidens, veranschaulicht dies symbolisch. Das Leben, das Pickwick zu führen beabsichtigt, das eines finanziell unabhängigen *gentleman*, der aus der Distanz mit dem Teleskop die Welt betrachtet, sich aber vor ihr bewahren kann, ist unmöglich geworden. Analoges geschieht in *Oliver Twist* durch den Kontrast von Armenhaus und Fagins städtischer Diebesschule zum einen sowie ländlicher Idylle bei der engelsgleichen Rose Maylie zum anderen. Auf der Ebene der Gestaltung kontrastieren in diesem Roman Ansätze eines dokumentarischen, realistischen Prinzips mit den Konventionen einer ins Transzendente verweisenden Idylle. Und Tennyson stellt in »The palace of art« in allegorischer, in »The Lady of Shalott« in symbolischer Form mit aller Deutlichkeit das zeittypische Dilemma des Künstlers zwischen romantischer Ich-Bezogenheit und Ästhetisierung sowie viktorianischem Realismusgebot und gesellschaftlich-moralischem Auftrag dar. Der Zeit gemäß scheitern die beiden romantisch konzipierten Künstlerfiguren der Gedichte; sie verfallen der moralischen Verurteilung (»The palace of art«) bzw. dem Tod (»The Lady of Shalott«).

Die Gestalt, welche literarisch die dreißiger Jahre beherrscht, ist Edward Bulwer, seit 1866 Baron Lytton. Auch an seinem Werk, wiewohl rangmäßig nicht mit dem Dickens' oder Tennysons vergleichbar, offenbart das Jahrzehnt seinen Zwiespalt. Zum einen verfaßte er mit *Pelham* (1828) und *Ernest Maltravers* (1837) Werke des Genus *silver fork-novel*: Artifizielle Geschöpfe der besten Gesellschaft stellen hier in erlesenen Interieurs ihre ebenso erlesenen Gefühle aus. Der dandyhafte Snobismus der präviktorianischen Zeit, dem Bulwer-Lytton sich auch persönlich in Kleidung und Auftreten hingab, findet in diesem Genre literarisch Ausdruck fernab jeder gesellschaftlichen Wirklichkeit. Vergleichbares läßt sich von Bulwers dramatischem Schaffen, insbesondere der melodramatisch-sentimentalen *Lady of Lyons* (1838), sagen. Andere seiner Romane hingegen wie *Paul Clifford* (1830) und *Eugene Aram* (1832), mit denen er das Genre der *Newgate novel*, Darstellungen krimineller Heldenfiguren von beträchtlicher moralischer Ambivalenz, kreiert, schildern nicht nur detailfreudig-konkret die Unterwelt, sie erklären das Verbrecherschicksal auch, wiewohl nur ansatzweise, aus den gesellschaftlichen Bedingungen. Hier, wie in seinen historischen Romanen, von denen *The last days of Pompeii* (1834) bis weit in das 20. Jahrhundert hinein auch in Deutschland seine Popularität bewahrte, ist das dokumentierende Prinzip am Werk – und sei es nur in einer neugierigantiquarischen Weise. Sozial oder historisch unvertraute Bereiche der Wirklichkeit werden dem lesenden Bürgertum detailgenau bekannt gemacht.

Die Entstehung des zweiten, typisch viktorianischen Wissenschaftszweiges bildet hierfür den allgemeinen Hintergrund. Die Grundlegung der Wissenschaft von der Gesellschaft, der Soziologie, erfolgte durch den französischen Positivisten Auguste Comte in seinem *Cours de philosophie positive* (1830–1842). Ihm ging es darum, die Gesetze für eine Rekonstruktion der Gesellschaft auf wissenschaftlicher Grundlage zu finden. Dieses Bemühen wurde, etwa in John Stuart Mills *System of logic* (1843) oder in Herbert Spencers *Social statics* (1851), in England vielfach fortgeführt, und zwar nicht nur aus positivistischer Sicht. Die verwirrende Komplexität der neuen Wirklichkeit und Gesellschaft, des technischen Wandels und der wissenschaftlichen Erkenntnisse zwang dazu, die Stellung des Individuums in der Gesellschaft neu zu bestimmen. Ganz offensichtlich hatte sich der Einflußbereich der Gesellschaft erweitert, war der Freiraum des Individuums in der Massengesellschaft geringer geworden. Bei aller insistent wiederholten Betonung der individuellen Freiheit innerhalb eines Laisser-faire-Liberalismus: Jahr für Jahr wurden nun Gesetze erlassen, welche, während sie gesellschaftliche Mißstände zu beseitigen beabsichtigten, dem Staat größere Kontroll- oder Eingriffsmöglichkeiten zugestanden. Das New Poor Law von 1834, der Municipal Corporations Act von 1835, der für die Städte eine Verfassung sowie Exekutivorgane verfügte, sind zwei frühe Beispiele. Noch bevor zur Jahrhundertmitte Lord Palmerston Queen Victoria das neue Wort »bureaucracy« erklärte, begann die Sache Gestalt anzunehmen.

Die Literatur griff diese Frage auf, der Roman machte sie im Laufe des Jahrhunderts zu seiner ureigensten. Welcher Rang kann dem Individuum innerhalb der zunehmend verwalteten Welt, innerhalb einer hochkomplexen Gesellschaftsstruktur noch zukommen? Dies war die eine zentrale Frage. Die andere fragte nach den Handlungsmöglichkeiten des Individuums. Charles Egremonts, des Helden von Disraelis *Sybil*, Überlegungen am Beginn des Romans sind symptomatisch: »He was now conscious he wanted an object; and was ever musing over action, though as yet ignorant how to act.« Dies ist mehr als die Beschreibung des typischen Stadiums anfänglicher Unreife eines Romanhelden, das er auf seiner Entwicklungsreise durch die Welt überwinden wird. Den frühviktorianischen Helden sind ihre Ziele nicht mehr vorgegeben, wie sie dies einem Robinson Crusoe, einem Tom Jones oder einer Emma waren. Sie müssen sie selbst finden, und im Falle Charles Egremonts gelingt dies bezeichnenderweise erst nach einer umfassenden Darstellung und Analyse der englischen Geschichte und der gegenwärtigen Klassengesellschaft. In Tennysons »Ulysses« aber, geschrieben 1833, bleiben sowohl Weg wie Ziel ambivalent. Das Ziel des alternden Titelhelden, »some work of noble note«, ist in sich vage, die heroische Reise gleichzeitig eine zum Tode.

Dokumentarisches, auf die Darstellung der gesellschaftlichen Wirklichkeit zielendes Prinzip sowie die Analyse des spannungsreichen Verhältnisses von Individuum und Gesellschaft verleihen der viktorianischen Literatur zwangsläufig eine moralische und didaktische Tendenz. Im Gegensatz zu seinem romantischen Vorläufer kann der frühviktorianische Dichter nicht mehr in der Einsamkeit verweilen, wo er sein Inneres zu kultivieren und zum reinen Ausdruck zu steigern trachtet. Solche individualistischen Rückzüge verfallen der Kritik, da die Kunst nicht länger als sich selbst genügend begriffen wird: »Tennyson, we cannot live in Art«, wird dem jungen Poeten in Cambridge 1831 von einem Studienkollegen entgegengehalten. Jeder Kunstübung ist die Pflicht, sich zu rechtfertigen, auferlegt. Lebensführung und Kunstübung werden in scharfen Gegensatz gebracht. Tennyson antwortet mit der Feststellung, »the Godlike life is with man and for man« und erkennt somit die Priorität des sozialen Auftrags an.

Freilich ist es nicht allein die Erfahrung einer neuen, verwirrenden gesellschaftlichen Wirklichkeit, die Erkenntnis der Reformbedürftigkeit dieser Gesellschaft, welche der Literatur eine moralische und didaktische Ausrichtung auferlegt. Der Rechtfertigungszwang der Literatur und ihre moralische Tendenz sind auch Folge überkommener, darum nicht minder virulenter, weitverbreiteter Vorbehalte: »The game of push-pin is of equal value with the arts and sciences of music and poetry.« Jeremy Benthams aus dem Geist des Utilitarismus geborenes Diktum über den Wert der Literatur ist wohlbekannt. Es reduziert diese auf ihren Unterhaltungs-, auf ihren Zerstreuungsnutzen. Und es ist, dank des weitreichenden Einflusses und der eifrigen Propagierung utilitaristischer Theorien, in der frühviktorianischen Zeit so lebenskräftig wie eh und je. Warum bei einem Roman oder Gedicht müßige Ablenkung suchen, wenn die Lektüre eines Traktats der 1827 gegründeten Society for the Diffusion of Useful Knowledge mehr bietet, indem sie das Nützliche mit dem Guten verbindet? Was die Literatur allenfalls leisten kann, das ist bittere Lehren gefällig zu garnieren, um den Leser anzulocken. Literatur wird als Ornament, als Einkleidung verstanden und gerechtfertigt. In Harriet Martineaus ebenso erfolg- wie umfangreichen *Illustrations of political economy* – neun Bände erschienen in den Jahren 1832–1834 – findet diese utilitaristische Kunstauffassung ihren adäquaten Niederschlag. Geschichte um Geschichte wird hier erzählt, mit dem alleinigen Ziel, die Lehrsätze der politischen Ökonomie eines Jeremy Bentham oder David Ricardo anschaulich-wohlgefällig zu vermitteln. Der Erfolg der *Illustrations* bestätigt, daß solche lehrhafte Intention einem nicht geringen Publikumsbedürfnis entsprach.

Der Zwang, dem sich die Literatur so ausgesetzt sieht, ihren moralischen und gesellschaftlichen Nutzen ausdrücklich unter Beweis zu stellen, wird durch Vorhaltungen von religiöser, evangelikaler Seite entschieden vergrößert. Da ist zum einen der Lügenvorwurf, der insbesondere den Roman trifft: »Instead of embellishing life, as it is falsely represented to do, it heightens only imaginary and unattainable enjoyments, and transforms life itself into a dream...« Dies ist der typische Kommentar einer religiösen Zeitschrift. Ihm wird, wie schon im 18. Jahrhundert, dadurch begegnet, daß vom Autor Authentizität für das eigene Werk beansprucht wird. Sowohl Fieldings *Tom Jones* (1749) wie immer noch Dickens' *David Copperfield* (1849/50) führen deshalb den Begriff »History« im Titel. Die Tendenz, zur Wirklichkeit zu gehen und diese als Romanvorlage zu betrachten, die realistische Tendenz also, wird durch diesen Rechtfertigungszwang zweifelsohne verstärkt.

Zum Lügenvorwurf tritt – und hier verstärken sich die zwei dominanten, sonst so gegensätzlichen geistigen Hauptströmungen des frühen 19. Jahrhunderts, Utilitarismus und Evangelikalismus – der Vorwurf der Nutzlosigkeit der Literatur: Sie halte den Menschen von religiösem Tun, Selbsterforschung, Gottes-Dienst oder Philanthropie ab und korrumpiere ihn somit. Wiederum trifft den Roman der Hauptvorwurf. Romanlektüre, so schreibt einer der vielen unbedeutenden Verfasser ebenso unbedeutender evangelikaler Traktate, »has unhinged my mind and broken my attention to better things which shows how pernicious this reading is and what a powerful temptation to vice such productions are sure to prove. Oh the number of miserables that novels have sent to perdition.« Solange Kunst und Literatur nicht eine Existenz, einen Zweck sui generis behaupten – und dazu ist von 1830 bis 1870 die Zeit nicht mehr bzw. noch nicht reif –, kann diesem Vorwurf nur durch den Nachweis des mehr oder minder direkten moralischen und gesellschaftlichen Nutzens der Literatur entgegengetreten werden. Moralische Ernsthaftigkeit wird so zu einem Kennzeichen der viktorianischen Literatur wie des Lebensstils insgesamt: »Nobody is gay now; they are so religious«, klagt Lord Melbourne 1837 seiner jungen Königin und markiert damit das Ende einer Epoche.

Wenn aber der Dichtung das Gebot moralischer Ernsthaftigkeit und direkter Didaxe auferlegt wird, sie gleichzeitig in romantischer Nachfolge Ich-Ausdruck ist, so werden an Wesen und Leben des Dichters hohe Anforderungen gestellt. Schon Shelley hatte in seiner *Defence of poetry* (1821) lapidar konstatiert, »the greatest poets have been men of the most spotless virtue, of the most consummate prudence.« Die Viktorianer stellen trotz der offensichtlich ironischen Diskrepanz zwischen Shelleys These und Lebensführung gar einen Kausalzusammenhang her, machen ein tugendhaftes Leben zur Voraussetzung großer Dichtung: »A right moral state of heart is the formal and scientific condition of a poetical mind«, statuiert der junge John Henry Newman in *Poetry with reference to Aristotle's poetics* (1829). Dies kann keineswegs dem spezifisch religiösen Temperament des zukünftigen Kardinals zugeschrieben werden, wiederholt doch Robert Browning gut zwanzig Jahre später in seinem *Essay on Shelley* (1852) in einiger Verknappung das Axiom: »Greatness in a work suggests an adequate instrumentality.« Mit anderen Worten: Nur ein guter Mensch ist auch ein guter Dichter. Und: Große Dichtung erweist ihren Autor auch moralisch als ohne Makel.

Das Interesse der Viktorianer am Leben der Dichter hat hierin seinen Ursprung. Zahllose Biographien bzw. Werke vom Typ *The life and works of* ... entstanden. Der Aufschwung, den die Autobiographie als Gattung im 19. Jahrhundert nimmt, muß gleichfalls in diesen Zusammenhang gestellt werden. Evangelikale Selbsterforschung, romantischer Ich-Ausdruck und viktorianischer Tugendbeweis wirken zusammen. Sie machen die (Auto-)Biographie in all ihren zahlreichen Erscheinungsformen, als Fiktion oder Faktum, als spirituelle Autobiographie, ökonomische Erfolgsgeschichte oder Selbstdarstellung eines Arbeiterschicksals, zu einem eigenen, unverwechselbaren Genre. Charlotte Brontës *Jane Eyre* (1847), Alexander Somervilles *Autobiography of a working man* (1848), Samuel Smiles' *Lives of the engineers* und John Henry Newmans *Apologia pro vita sua* (1864) seien als typische Vertreter höchst unterschiedlicher Ausformungen der Gattung genannt. Die Bedeutung der Biographie läßt sich daran ermessen, daß der Kritiker Fitzjames Stephen sie 1855 gar zum Modell des Romans erklärt (ein Gedanke, den Thomas Carlyle in seinem Essay »Biography«, 1832, vorformuliert hat): »The first requisite of a novel is, that it should be a biography.« Wie weitgehend der viktorianische Roman diese Forderung erfüllt, zeigen seine Titel: Der Name einer Person firmiert vorzugsweise auf dem Titelblatt.

Die Priorität gesellschaftlicher Fragen, das dokumentarische Prinzip, die Tendenz zu realistischer Abbildung sind freilich nicht unumstritten: Auch dies impliziert die Beschreibung evangelikaler Religiosität und ihrer Auswirkungen auf die viktorianische Literatur. Wie sehr religiöse Fragen die Zeitgenossen beschäftigten, illustriert das 1833 sich formierende Oxford Movement. Es entstand, um gegen den zeittypischen Anspruch des Staates – zehn irische Diözesen sollten per Dekret aufgelöst werden – zu protestieren. Es entwickelte sich unter der Führung von John Keble, Edward Pusey und – schließlich dominierend – John Henry Newman zu einer Bewegung, die zunehmend heftiger gegen den Autoritätsmangel der anglikanischen Staatskirche, deren Säkularisierung und Verhaltensmoral protestierte: Nicht das private Urteil könne in der Bibelauslegung ausschlaggebend sein, der Kirche als dem mystischen Leib Christi gebühre alle Autorität. In einer Serie von *Tracts for the times* – deshalb auch Tractarian Movement – verbreiteten Newman und seine Anhänger ihre Ansichten. Mit Newmans *Tract* XC (1841), der die Konformität des Grundgesetzes der anglikanischen Kirche, der 39 Artikel, mit katholischem Dogma zu beweisen trachtet, wurde der Bruch unabwendbar. Nach schwerem Ringen konvertierte Newman 1845 zum katholischen Glauben, mit ihm eine größere Zahl seiner Oxforder Schüler.

Was die Geschichte des Oxford Movement und Newmans Leben veranschaulichen, das ist die Typik von Glaubenskrise und Glaubensverlust, von Autoritätssuche und Konversion in frühviktorianischer Zeit. Carlyle hat ihr in *Sartor resartus* idealtypischen literarischen Ausdruck verliehen. Aus der nihilistischen Verzweiflung des »Everlasting No« durch das »Centre of Indifference«, die Öde der Gleichgültigkeit und Resignation, erreicht der Held, Herr Diogenes Teufelsdröckh, dessen Name die Paradoxien seines Wesens und seiner Zeit zur Einheit zusammenzwingt, das »Everlasting Yea«, die heroische Bejahung des Lebens, dessen Sinn Pflicht und Tat ist. In unterschiedlicher Form und mit unterschiedlichem Resultat, in jedem Falle aber von tieferschütternder Kraft ist solches in den Lebensläufen wesensmäßig so verschiedener Figuren wie der Dichter Tennyson und Clough, der Schriftstellerin George Eliot, des Historikers James Anthony Froude oder des Altphilologen Frederick Newman, des Bruders des Kardinals, nachzuweisen.

Die viktorianische Religiosität beeinflußte Form und Thema der Literatur aber auch unmittelbarer. Bibellektüre – die Familienlesung gehörte zu den festen Bestandteilen des viktorianischen Sonntags; Königin Victoria las den Bediensteten auf ihren Besitzungen regelmäßig aus der Bibel vor – und Predigt – der junge Robert Peel mußte seinem Vater allsonntäglich die eben gehörte Predigt möglichst wortgetreu rekapitulieren – prägten Gedankenwelt und Stil eines jeden Viktorianers. Die Fülle der Bibelzitate wie auch die homiletische, rhetorische Tendenz der viktorianischen Literatur sind unmittelbares Ergebnis dieser Prägung. Sie wird verstärkt durch den nachhaltigen Einfluß insbesondere eines Werkes, dessen Verbreitung allenfalls ein wenig geringer als die der Bibel war, John Bunyans *The pilgrim's progress* (1678–1684). Unter den wenigen Büchern, die der Zimmermann Adam Bede in George Eliots gleichnamigem Roman besitzt, ist Bunyans allegorische Darstellung der christlichen Lebensreise; die Lektüre Bunyans hilft John Ruskin als Kind, den viktorianischen, nur der Erbauung und Frömmigkeit gewidmeten Sonntag zu überstehen. Beide Gestalten sind typisch: Schon für die Kinder zählte Bunyan neben der Bibel zur Pflichtlektüre; jeder, der lesen konnte, nicht nur der gutsituierte Bürger, hatte *The pilgrim's progress* gelesen.

Die Popularität von Bibel, Predigt und Bunyan belegt, daß die frühviktorianische Literatur keineswegs nur realistischen Impulsen folgte. Nach wie vor existierte eine, in Form und Inhalt höchst verschiedenartige, religiöse Literatur. John Kebles Gedichtsammlung *The Christian year* (1827) erlangte weite Verbreitung. Die Tractarians, gleichsam unter der Federführung von John Henry Newman, setzten ihre Propaganda poetisch mit der Anthologie *Lyra apostolica* (1836) fort. Viele der auch noch heute gesungenen Kirchenlieder wie »Onward, Christian soldiers« entstanden. Die Society for the Promotion of Christian Knowledge und die Religious Tract Society überschwemmten das Land mit Erbauungsliteratur, insbesondere warnenden Exempla. Die vier Millionen Exemplare, die von einem typischen Beispiel dieser Gattung, Legh Richmonds *The dairyman's daughter*, verkauft wurden, sprechen eine deutliche Sprache. Emblembücher, wie das von Frances Quarles aus dem 17. Jahrhundert, wurden neu aufgelegt, neue entstanden, wie etwa Jonathan Birchs *Divine emblems* (1838). Und die religiöse Weisheitsliteratur brachte mit Martin Tuppers *Proverbial philosophy* (1838) ein Werk hervor, das unzählige Auflagen erlebte und noch 1863 dem Prince of Wales in Satin gebunden als Hochzeitsgeschenk überreicht wurde – angesichts des prinzlichen Lebenswandels ein ebenso notwendiges wie ironisches Geschenk.

Dieses religiöse, in allen Formen verbreitete, von allen Klassen gelesene Schrifttum verstärkte ohne Zweifel die moralische, didaktische Tendenz, die der viktorianischen Literatur kraft ihrer realistischen Ausrichtung und ihres sozialen Engagements eignet. In Bunyans Allegorie, im Emblembuch, im religiösen Traktat, in der Predigt wird die Welt aber nicht um ihrer selbst willen geschildert. Sie ist nicht ein Ensemble von Realien, das es möglichst mimetisch-getreu abzubilden gilt. Sie ist Schöpfung Gottes, Sinn-Bild, in dem göttlicher Sinn verschlüsselt liegt, der dechiffriert werden muß. Die Dinge der Welt sind »types«, sie können darum typologisch ausgedeutet werden. Sie bringen die Transzendenz zur Erscheinung. Jedes Ding ist, wie selbst ein so innerweltlicher Kritiker wie Carlyle in *On heroes and hero worship* (1841) statuiert, »a window through which we may look into Infinitude itself.« Der Realismus der viktorianischen Literatur wird somit von einer sinnbildhaften Darstellungsebene überwölbt. Der Garten der Kindheit in Dickens' *David Copperfield* ist darum nicht nur ein realer Ort, Jane Eyres Reisen sind nicht nur Bewegungen durch Raum und Zeit. Der Garten meint das Paradies, er ist ein *hortus conclusus* in viktorianischer Manier; die Reisen Janes wiederholen und konkretisieren die christliche Lebensreise. Abbild und Sinnbild sind in ihnen untrennbar verschmolzen.

Von allen diesen gesellschaftlichen und literarischen Entwicklungen war freilich die Arbeiterschaft weitgehend ausgeschlossen bzw. partizipierte nur mittelbar und geringfügig. Der Reform Bill etwa mußte die Arbeiterschaft gänzlich enttäuschen. Weder passiv noch aktiv beteiligte er sie an der Macht. Der ökonomische Umbruch, bewirkt durch die Umstellung der Industrialisierung auf Eisen, Kohle und Stahl in immer größeren Fabriken, sowie die schlimme ökonomische Rezession, die England in den Jahren 1836 bis 1842, bedingt durch Mißernten, Stagnation der Produktion, Anschwellen des Proletariats, auch durch die irische Immigration, durchlitt, ließen einen gewaltsamen Umsturz als nicht ausgeschlossen erscheinen. Reformversuche, wie der Factories Regulation Act von 1833, welcher der Frauen- und Kinderarbeit erste Grenzen setzte, wirkten wie der sprichwörtliche Tropfen, andere, wie das New Poor Law von 1834, erwiesen sich als ungeeignet, die Lage zu entschärfen, ja trugen gar zu ihrer Verschärfung bei; denn dieses New Poor Law entsprang utilitaristischem Geist oder auch Ungeist, indem es versuchte, »deserving« von »non-deserving poor« dadurch zu scheiden, daß in den Armenhäusern kaum das Existenzminimum zugeteilt wurde. Es trennte Familien bzw. Mann und Frau und hielt die Insassen zu harter Arbeit an. Das böse Wort von den »workhouse Bastilles« machte die Runde. Dickens hat in *Oliver Twist* das Elend der Bewohner sowie die Inhumanität der Verantwortlichen der Armenhäuser eindringlich beschrieben.

Maßnahmen wie das New Poor Law machten die Kluft deutlich, die sich in England zwischen den Klassen aufgetan hatte, entsprang dieses Gesetz doch dem totalen Unverständnis des Bürgertums und des Gesetzgebers für Zustand und Mentalität der Arbeiterschaft. Bürgerliche, d. h. utilitaristische Wertvorstellungen der Selbsthilfe und des gesellschaftlichen Nutzens wurden bedenkenlos auf eine Klasse übertragen, der diese nichts oder nur wenig galten und die zur individuellen Selbsthilfe nur in Teilen in der Lage war. In Co-operativen, Friendly Societies und Mechanics' Institutes griff vor allem die Arbeiteraristokratie der Facharbeiter zu kollektiven Formen der Selbsthilfe, um sich ökonomisch abzusichern oder auch um sich weiterzubilden. In der Tat existierten, wie es der Untertitel von Disraelis *Sybil* ausdrückt, in England »two nations«, die Armen und die Reichen. Und sie waren einander gänzlich entfremdet: »An English gentleman knows as much about the people of Lapland or California as he does of the aborigines of The Seven

Dials or the natives of Wapping...« Dies ist der Kommentar eines der wichtigsten bürgerlichen Periodika, *Fraser's magazine*, von 1838. Hierin, in der Unkenntnis, wie in einer Wertordnung, die spezifisch bürgerliche Vorstellungen verabsolutiert, liegen wesentliche Gründe für die sozialen Spannungen der frühviktorianischen Zeit. Die »Blaubücher« der Regierung, statistische Arbeiten sowie Werke von der Art von Friedrich Engels' großer Studie Manchesters, *Die Lage der arbeitenden Klasse in England* (1845), trugen allmählich dazu bei, diesen Kenntnismangel zu beheben.

Politisch aber artikulierte sich die Arbeiterschaft der frühviktorianischen Zeit vor allem in der Chartistenbewegung. Sechs Forderungen enthält die namengebende »People's Charter«: das allgemeine Wahlrecht für Männer; geheime Wahl; Wahlkreise von gleicher Größe; Abschaffung der Eigentumsklausel für Wähler; Bezahlung der Abgeordneten; jährliche Parlamente. Mit Ausnahme der letzten dünken uns diese Forderungen heute als selbstverständlich. Aristokratie und Bürgertum der dreißiger Jahre aber schienen sie revolutionär. Mit nächtlichen Massenveranstaltungen bei Fackellicht, mit Streiks und mit von Millionen unterschriebenen Petitionen an das Parlament (1839, 1842 und wiederum 1848) versuchten die Chartisten, ihre Forderungen durchzusetzen. Das Parlament freilich lehnte es brüsk ab, sie zu beraten. Gewalttätige Unruhen, vor allem in den Jahren 1839 und 1842, waren die Folge. Die Chartistenbewegung spaltete sich in einen revolutionären (»physical force«) und einen reformerischen Flügel (»moral force«) und verlor zunehmend an Impetus. Mit der ökonomischen Wiederbelebung nach 1846 und einem letzten Versuch 1848, die ursprünglichen Ziele mit den ursprünglichen Mitteln durchzusetzen, kollabierte die Bewegung (während zur gleichen Zeit auf dem Kontinent Throne wackelten und Fürsten stürzten).

Literarisch hat die Chartistenbewegung kaum unmittelbare Resultate gezeitigt. Eine große Literatur von Arbeitern für Arbeiter über Arbeiter entstand nicht, trotz einiger bemerkenswerter Chartistenromane wie Thomas Wheelers *Sunshine and shadow* (1849/50) und einer Fülle anklagender und agitatorischer Gedichte in populären Formen wie der der Ballade. Um so bedeutsamer sind die Begleiterscheinungen und die mittelbaren Folgen. Wie so häufig im 19. Jahrhundert gingen technische Erfindungen den geistesgeschichtlichen und literarischen Entwicklungen voraus bzw. schufen erst deren Voraussetzungen.

Bereits 1801 war eine Maschine, mit der Papier billig hergestellt werden konnte, patentiert worden, 1814 wurde *The Times* erstmals auf einer dampfgetriebenen Druckpresse produziert. Billiges Papier und maschineller Druck begannen in den zwanziger Jahren die Druckindustrie und das Zeitungswesen zu revolutionieren. Massenware zu billigem Preis wurde nun möglich. So ist denn die frühviktorianische Zeit eine Zeit der Massenpresse. Jede Ideologie, jede Klasse schuf sich ihr Organ, die Utilitaristen mit der von James Mill herausgegebenen *Westminster review* (seit 1824), das Kleinbürgertum mit *Chamber's Edinburgh journal* (seit 1832), die religiösen Gruppen mit einer Traktatliteratur, deren Auflagen die Millionenhöhe nicht selten überschritten. Und mit der Gründung und großen Popularität der satirischen Zeitschrift *Punch* (seit 1841) stellten die Viktorianer bei aller Dogmatik ihre Fähigkeit zur Selbstkritik unter Beweis. Der Einfluß dieser Massenpresse ist gar nicht zu überschätzen. Zu Recht stellt Carlyle schon 1829 in »Signs of the times« fest: »The true Church of England, at this moment, lies in the Editors of its Newspapers.«

Und auch die Arbeiterschaft, insbesondere die Chartistenbewegung, stand hierbei nicht zurück. Unzählige, oft nur recht kurzlebige Zeitschriften entstanden. Hetheringtons radikale Zeitschrift, *The poor man's guardian* (1831–1835), ist das bekannteste frühe Beispiel, *The northern star* das wohl aggressivste Organ der Chartisten. Allein in London existierten in den vierziger Jahren etwa 100 Penny-Periodika. Das Café, im 18. Jahrhundert exklusiver Treffpunkt und Ort des literarischen Gesprächs, erhielt eine neue Funktion: Es wurde zum Lesesaal, in dem gegen die Gebühr für eine Tasse Kaffee die neuesten Massenzeitschriften gelesen werden konnten. Selbst Pubs boten bis etwa 1850 solchen Service. In *penny reading-rooms* hatte der bildungsbewußte Arbeiter Gelegenheit, Bücher und Zeitschriften in einer moralisch unverfänglichen Umgebung zu studieren. Das Bürgertum erhielt mit Mudie's Select Circulating Library und den Bahnhofsbuchhandlungen und -ausleihen W. H. Smiths entsprechende Institutionen, deren moralische Auswahl- und Bestellprinzipien das Wesen mittviktorianischer Literatur nachhaltig bestimmen sollten.

Damit erweiterte sich der Kreis der Lesenden erheblich. Alphabetisierung – um 1840 konnten immerhin etwa zwei Drittel der Männer und die Hälfte der Frauen ihren Namen schreiben – und das Angebot erschwinglicher Lektüre wirkten zusammen.

Sie eröffneten dem Autor ein Reservoir von Rezipienten, das, sollte es ihm gelingen es anzuzapfen, ungeahnten finanziellen Gewinn versprach. Auch die untere Mittelklasse und die Arbeiterschaft wurden als Adressaten interessant, und das nicht nur im Theater, das schon seit der Jahrhundertwende mit Melodrama und Farce populärste Unterhaltung bot. Ein erstes Indiz hierfür war, daß selbst die radikale, sich an Arbeiter wendende Presse in den vierziger Jahren ihren Charakter zu ändern begann. In zunehmendem Maße wurde Fiktionales, nicht nur Aktuell-Agitatorisches, aufgenommen. Zeitschriften wie *The novel newspaper* (ca. 1837–1848) oder Editionen wie *The penny novelist* zeigten den Wandel an. Sechzig der einhundert in London erscheinenden Penny-Periodika veröffentlichten in den vierziger Jahren nun Fiktionales, Romane.

Das Bewußtsein der Reformbedürftigkeit der Gesellschaft, der Einbezug von Industrie und Arbeiterschaft als neue Themenbereiche sowie die Entstehung einer Massenpresse und eines Massenpublikums waren wesentliche äußere Bedingungen, welche die Jahre 1847 und 1848 zu *anni mirabiles* des Romans werden ließen. Charlotte Brontës *Jane Eyre*, Emily Brontës *Wuthering Heights*, Thackerays *Vanity fair* und *Pendennis*, Kingsleys *Yeast*, Mrs. Gaskells *Mary Barton* und Dickens' *Dombey and son* – sie alle wurden in diesen beiden Jahren veröffentlicht, die meisten von ihnen mit beeindruckendem literarischen und finanziellen Erfolg. Daß es der Roman war, der sich mit diesen Werken wie auch in den Produkten der eben beschriebenen Massenpresse als *die* viktorianische Ausdrucksform etablierte, ist unschwer zu begreifen. Schon im 18. Jahrhundert war er mit dem Anspruch angetreten, die neue bürgerliche Wirklichkeit abzubilden. Als Nachfolger des Epos zielt er auf eine umfassende Weltsicht. Keine andere Gattung, nicht die romantische Verserzählung, nicht das in Konventionen befangene Drama der Zeit, war in vergleichbarer Weise in der Lage, die Komplexität, die Widersprüche der neuen Wirklichkeit einzufangen wie der Roman. Sein Wesen ist in England, und zwar in Inhalt wie Form, von jeher inklusiv.

Noch 1833 konnte Bulwer in seiner nicht unscharfsinnigen Zeitanalyse *England and the English* zu Recht behaupten, »the political agitation of the times is peculiarly unfavourable to the arts.« Das absehbare Ende der Chartistenbewegung, die Anzeichen eines wirtschaftlichen Aufstiegs sowie die Publikation der großen Romane in den Jahren 1847 und 1848 verdeutlichen hingegen, daß sich der Zeitgeist zu wandeln begann. Nicht, daß der Roman seine didaktische, realistische Tendenz oder daß diese realistische Tendenz ihren anklägerischen, reformerischen Impetus verlor. Doch das Bild, das nun in den Romanen gezeigt wird, ist umfassender. Anzeichen einer neuen, wenn auch prekären Balance, eines instabilen Ausgleichs zwischen Individuum und Gesellschaft, zwischen Arbeiterschaft, Bürgertum und Aristokratie, zwischen irdischem und himmlischem Leben und Glück wurden sichtbar. War Frances Trollope in *Michael Armstrong, the factory boy* (1840) dem zeitgemäßen dokumentarischen Prinzip gefolgt und hatte sich aus »Blaubüchern« informiert, so ist ihre Lösung des Problems der Kinderarbeit eine rein privatistische. In Disraelis *Sybil* (1845), in Mrs. Gaskells *Mary Barton* treten die gesellschaftlichen Bedingtheiten und Verantwortlichkeiten schärfer in den Blickpunkt: Ein Ausgleich, eine Lösung zwischen den gesellschaftlichen Kräften, mag sie uns heute auch unzulänglich erscheinen, auf der Grundlage einer umfassenderen Gesellschaftsanalyse wurde angestrebt, wenn auch nicht erreicht. Ein neuer Zeitabschnitt des Ausgleichs, des Strebens nach Kompromiß und Stabilität kündigte sich an.

Die mittviktorianische Zeit

Der Wandel, der die anderthalb bis zwei Jahrzehnte seit der Jahrhundertmitte in des Historikers W. L. Burn Worten zu einem »age of equipoise«, zu einer Zeit des Ausgleichs, des Kompromisses, werden ließ, vollzog sich unmerklich. Die Tendenzen und Entwicklungen der frühviktorianischen Zeit fanden ungebrochen, wenn auch zuweilen mit neuer Emphase ihre Fortsetzung: Die Urbanisierung Englands, die Vermassung der Städte schritten unaufhaltsam fort. Der Staat baute durch Gesetze, die in alle Lebensbereiche eingriffen, durch Aufsichtsbehörden und Inspektoren seinen Einflußbereich weiter aus – der einzelne erfuhr sich in zunehmendem Maße als gesellschaftlich bedingt. Die Glaubenskrisen mehrten sich, ein Säkularisationsprozeß setzte ein – eine Zählung der Kirchenbesucher, die erste und einzige im 19. Jahrhundert, am 30. März 1851 zeigte das hohe, die Zeitgenossen schockierende Maß an Indifferenz insbesondere in der Unterschicht auf. Eine auf unterschiedliche gesellschaftliche und ideologische Interessen und Bedürfnisse ausgerichtete Massenpresse bediente nach wie vor ein in sich differenziertes Massenpublikum. Die realistische Tendenz der Kunst verstärkte sich, ihr moralischer, didaktischer Auftrag blieb erhalten.

Erhalten blieben auch, trotz des Verfalls der Chartistenbewegung, die politischen und gesellschaftlichen Spannungen. Nach außen entluden sie sich in zwei Kriegen, dem Krimkrieg (1854–1856) und der Indian Mutiny (1857). Ersterer machte die erschreckende Ineffizienz des englischen Militärs und des gesamten logistischen Systems deutlich und bewirkte die schrittweise Reform auch dieser Institution; Florence Nightingale wurde durch ihre energische Organisation des Sanitätsdienstes zur Nationalheldin. Im Inneren hielten die sozialen Konflikte eine stets vorhandene Furcht vor einer Revolution nach französischem Muster wach. Dickens zieht in *A tale of two cities* Parallelen zwischen dem Paris des ausgehenden 18. Jahrhunderts und dem London der Gegenwart, und Tennyson malt in *In memoriam* (1850) »the red-fool fury of the Seine« drohend an die Wand. Diese Ängste wurden freilich überdeckt – und solches zeitweilige Überdecken ist Teil des mittviktorianischen Ausgleichs – durch die Dominanz einer Schicht, des Bürgertums. Schon 1824 hatte die utilitaristisch ausgerichtete *Westminster review* das Bürgertum apostrophiert als »the strength of the community. It contains beyond all comparison the greatest proportion of the intelligence, industry, and wealth of the state.« Und Thomas Babington Macaulay, Historiker und Politiker, in Matthew Arnolds spitzer Formulierung »the great apostle of the Philistines«, brachte das, was das Zeitalter dachte, in griffige Form: »the higher and the middling orders are the natural representatives of the human race«. Was dem Bürgertum nützt, nützt folglich der ganzen Gesellschaft, ja der Menschheit. Kein Wunder, daß das Bürgerliche sich als Wert und Verhaltensnorm, als Zentrum der Gesellschaft und Inhalt der Literatur fest etablierte.

Politisch wurde diese Dominanz durch ein Ereignis eingeleitet, das intensiver noch als der Reform Bill von 1832 den Machtzuwachs des Bürgertums, von Industrie und Handel gegenüber der grundbesitzenden Aristokratie veranschaulicht: 1846 wurden von Robert Peel die Kornzölle abgeschafft (»Repeal of the Corn Laws«). Anfang des Jahrhunderts eingeführt, hatten sie die englische Agrarproduktion vor unliebsamer ausländischer Konkurrenz geschützt und somit dazu beigetragen, dem Grundbesitz, der ja das ganze Jahrhundert hindurch nahezu ausschließlich in den Händen der Aristokratie lag, Geld und Macht zu sichern. Eine solche protektionistische Wirtschaftspolitik widersprach zwangsläufig den Interessen von Industrie und Handel, die dank der englischen Vorreiterrolle bei der Industrialisierung in der Welt weithin konkurrenzlos waren. Das Bürgertum mußte deshalb auf eine möglichst uneingeschränkte Freihandelspolitik dringen: Laisser-faire war seine Parole. Nach jahrelangem Ringen und heftiger Agitation durch die Anti-Corn-Law League unter Führung zweier Textilindustrieller, Richard Cobden, des geschickten Strategen, und John Bright, des brillanten Redners, zwangen Mißernten und eine Hungerkatastrophe in Irland (»the hungry forties«) zu schnellem Handeln. Die Notwendigkeit, Getreide eiligst und möglichst billig importieren zu müssen, führte zur Aufhebung der Kornzölle und zu der von Industrie und Handel geforderten liberalen Wirtschaftspolitik.

Auch in der Gesellschaftsstruktur stellte sich ein neues labiles Gleichgewicht her. In einer großen Rede im Jahre 1850 vor dem Parlament zur Verteidigung seiner Außenpolitik, der Don Pacifico-Debatte, erläuterte Lord Palmerston, Außenminister, späterer Premier und hier wie andernorts Sprachrohr eines patriotisch-bürgerlichen Zeitgeists, dieses Gleichgewicht: »We have shown the example of a nation in which every class of society accepts with cheerfulness the lot which Providence has assigned to it; while at the same time every individual of each class is constantly striving to raise himself in the social scale – not by injustice and wrong, not by violence and illegality, but by preserving good conduct and by the steady and energetic exertion of the moral and intellectual faculties with which his creator has endowed him.« Die Paradoxie einer mobilen Hierarchie, wie sie Palmerston formuliert, eines, wie es der große Verfassungstheoretiker Walter Bagehot 1864 prägnant etikettiert hat, »system of *removable inequalities*«, beschreibt die Spannung innerhalb des viktorianischen Kompromisses: Es ist die des Bürgertums. Dieses mußte sich gegen die *lower orders* abgrenzen, den Aufstieg von unten erschweren, wenn nicht verhindern, wollte es seine Besonderheit bewahren. Gleichzeitig mußte es aber an der Möglichkeit eines Aufstiegs auf der sozialen Leiter festhalten und diesen mit allen Mitteln selbst betreiben.

So nimmt es nicht wunder, daß feinste soziale Unterschiede

betont wurden, um den Status nach unten abzugrenzen, daß etwa ein Büroangestellter nicht mit einem selbständigen Handwerker ohne Prestigeverlust gesellschaftlich verkehren konnte, mochte letzterer auch gleich viel oder gar mehr verdienen. Kein Wunder auch, daß der Snobismus grassierte und daß soziale Streber, Parvenüs und Snobs die Welt des viktorianischen Romans bevölkern und der Kritik unbarmherzig ausgesetzt werden. Schon Titel wie Thackerays *A shabby genteel story* (1840) oder *The book of snobs* (1846/47) lassen die Bedeutung des Themas für die viktorianische Literatur erkennen. Namen wie derjenige der neureichen Veneerings aus Dickens' *Our mutual friend* geben das Wesen ihrer Träger unverzüglich preis. Die bewegendste Analyse dieses gesellschaftlichen Problems hat Dickens in *Great expectations* (1860/61) geschaffen. Die Geschichte vom Aufstieg des Philip Pirrip, genannt Pip, vom Schmiedelehrling zum *gentleman of independent means* sowie von seinem sozialen Fall und seiner moralischen Reifung ist die viktorianische Version eines *snob's progress*, freilich mit dem für Dickens typischen Ausgang: Die gesellschaftlich-bürgerlichen Werte, Stellung, Prestige, Besitz, werden zweitrangig gegenüber den privat-bürgerlichen wie Wohlanständigkeit, Häuslichkeit und Pflichterfüllung. Dies ist unzweifelhaft als Kritik an der materialistisch-kompetitiven Kultur der mittviktorianischen Zeit zu verstehen.

Wertnorm in den Werken der mittviktorianischen Literatur wie im gesellschaftlichen Umgang ist der *gentleman*. Dies ist weniger ein Tribut an die nach wie vor existierende gesellschaftliche Macht der Aristokratie und ihren Ehrenkodex. Dies ist es auch. Das Bild des *gentleman* wird jedoch darüber hinaus Schritt für Schritt nach bürgerlichen Vorstellungen transformiert. Geburt, Besitz, Verhalten, Bildung: Das waren in dieser Reihenfolge die Kriterien, die einen *gentleman* ausmachten. Dr. Arnold bringt als Direktor der renommierten Privatschule von Rugby (1828–1842) eine neue Komponente ein und ordnet die Kriterien neu. Zielvorstellung der Erziehung ist ihm der »Christian gentleman«. Dem aristokratischen, moralisch robusten *gentleman* von ehedem wird, wie Thomas Hughes' *Tom Brown's school days* (1857), der erfolgreiche Roman eines ehemaligen Rugby-Zöglings, dokumentiert, ein Gewissen anerzogen. Und die Vorbildhaftigkeit von Dr. Arnolds Rugby bedeutete, daß dieses Erziehungsideal weithin Geltung erlangte.

Diese Moralisierung, diese Verbürgerlichung des *gentleman*

schritt unaufhaltsam fort. »What is it to be a gentleman?« fragt Thackeray am Schluß seiner Vortragsreihe *The four Georges* (1850) und gibt mit einer rhetorischen Frage sogleich die Antwort: »Is it«, so sagt er, »to have lofty aims, to lead a pure life, to keep your honour virgin; to have the esteem of your fellow citizens, and the love of your fireside; to bear good fortune meekly; to suffer evil with constancy; and through evil or good to maintain truth always?« Was hier beschrieben wird, das ist der Bürger ohne Furcht und Tadel. Tugendhaftes, häusliches, moderates Verhalten ist das, was einen *gentleman* mehr als alles andere nun auszeichnet. Geburt und Besitz sind zweitrangig geworden: »Show me the happy man whose life exhibits these qualities, and him we will salute as gentleman, whatever his rank may be.« Das Ideal hat sich unzweifelhaft gewandelt. In Dickens' *Great expectations* schließlich ist es in dem Dorfschmied Joe verkörpert, dem, wie es mit einer aussagekräftigen Umstellung heißt, »gentle Christian man« (Kap. 57). Das, was mannhaftes Verhalten ist, hat seinen aristokratisch-elitären Charakter weitgehend verloren, es wird nun unter moralischen Vorzeichen betrachtet, es ist domestiziert worden.

Denn dieser »gentle Christian man« ist ja auch Teil der Familie, die unbestritten im Zentrum der viktorianischen Gesellschaft stand. Ein neues Gefühl der Familienbindung, eine neue gefühlsintensive Intimität der familiären Beziehungen entwikkelte sich. Familie und Heim wurden idealisiert und mit einer religiösen Aura umgeben: »This is the true nature of home – it is a place of Peace; the shelter, not only from all injury, but from all terror, doubt, and division. ... it is a sacred place, a vestal temple, a temple of the hearth watched over by Household Gods...« Daß selbst John Ruskin, der wiederholt den Materialismus und die Entfremdungszustände seiner Zeit gegeißelt hat, sich in seinem Essay »Of queens' gardens« (1865) zu solcher Hymnik versteigt, belegt die Macht der Vorstellung. Das Eheleben der Königin – »a family on the throne« (Walter Bagehot) – ist das von allen imitierte, maßstabsetzende Vorbild. Das Lied »Home, sweet home« aus J. H. Paynes *Clari* (1823), einem obskuren, zu Recht vergessenen Melodrama, durchzieht als Kennmelodie die viktorianische Zeit. Der *pater familias* regiert, die Frau ist die Seele und Zierde des Hauses: *The angel in the house* nennt Coventry Patmore zeittypisch und treffend seinen ebenso populären wie sentimentalen Versroman (1854–1861). Die Rolle der Kinder aber ist im vielzitierten Sprichwort prägnant zusammengefaßt: »Children should be seen, and not heard.«

Es kann freilich nicht übersehen werden, daß diese Heiligung von Familie, Herd und Heim, mag sie von Charles Dickens insbesondere in seinen Weihnachtsgeschichten, etwa in *The cricket on the hearth* (1845), noch so insistent verfochten werden, mag die viktorianische Kunst, Literatur wie Malerei, insgesamt auch zu einem gut Teil »Art of the Nest« (John Ruskin) sein, durchaus defensiven Charakter hat; denn Ruskin spricht vom Heim nicht nur als geheiligtem Ort, er spricht von ihm auch als Refugium. Was es bedroht, das sind ihm »terror, doubt, and division«, das sind die Mächte der Welt. Das Heim als Ort des Privaten, des Schutzes, der Idylle; die Welt als öffentlicher Kampfplatz, auf dem es um sozialen Aufstieg und Profit geht – der Gegensatz läßt einen tiefen Zwiespalt im Denken des viktorianischen Bürgers ahnen. Der Konflikt von Individuum und Gesellschaft verschärft sich, da je unterschiedliche Werte für die Bereiche gelten. Insbesondere in Dickens' Romanen, in der Brechts Sezuan ansatzweise vorwegnehmenden Partnerschaft Jorkins-Spenlow in *David Copperfield*, in Wemmicks gespaltener Persönlichkeit in *Great expectations*, findet sich diese doppelte soziale Moral gestaltet. Die Spannweite wie die Gefährdung des mittviktorianischen Kompromisses sind hiermit angedeutet.

Damit aber geraten die Werte, die den viktorianischen *civis oeconomicus* auszeichnen sollten, ins Zwielicht, und zwar sogar derjenige der Selbsthilfe, welcher exakt liberalem Credo entsprach und welcher der mobilen Hierarchie, wie sie Lord Palmerston beschrieben hatte, so angemessen erschien. Samuel Smiles hat ihm ein überaus erfolgreiches Buch gewidmet: 20000 Exemplare, weit mehr als von vielen erfolgreichen Romanen Thackerays oder George Eliots, wurden von *Self-help* (1859) binnen eines Jahres verkauft, Übersetzungen in alle westlichen Kultursprachen und selbst ins Türkische und Japanische folgten. Inhalt des Buches sind zahlreiche Modellebensläufe, Biographien solcher Zeitgenossen, die es aus eigener Kraft durch Fleiß, Sparsamkeit und stetes Streben zu etwas gebracht haben. Es sind viktorianische Versionen der *from rags to riches*-Geschichten, die vorbildhaft wirken sollen. Und in der Tat ist Selbsthilfe ein Wert in nahezu allen großen Werken der viktorianischen Literatur, werden viele von der Fabel vom sozialen Aufstieg strukturiert (wobei dieser sich freilich selten mit der simplen Gradlinigkeit vollzieht, die Smiles propagiert). Die Biographien von Charles Dickens' David Copperfield, Thackerays Pendennis, George Eliots Felix Holt, Trollopes Phineas Finn aus den gleichnamigen Romanen wie auch diejenige von Charlotte Brontës Lucy Snowe aus *Villette* (1853) sind komplexe Variationen dieses Motivs. Nicht umsonst bekannte George Eliot, sie habe Smiles' *The life of George Stephenson* (1857), die Biographie des Eisenbahningenieurs, die alle Elemente eines erfolgreichen Selbsthilfe-Lebenslaufes aufweist, mit »real profit and pleasure« gelesen.

Die Entstehung und Rezeption von Smiles' Buch beleuchtet die Janusköpfigkeit des Konzepts der Selbsthilfe. *Self-help* versammelt Vorträge, die Smiles in den vierziger Jahren in Leeds, der Hochburg der Industrialisierung, vor einem Arbeiter-Club gehalten hat. Die Ziele dieses Arbeiter-Clubs bestätigend, erklärte Smiles im Jahre 1845, »education will teach those who suffer how to remove the causes of their sufferings«. Erziehen aber, bilden muß ein jeder sich selbst. Durch Selbsthilfe, die auf Fleiß und Genügsamkeit gründet, kann ein jeder eine höhere soziale Stellung erreichen, kann somit das Los der Arbeiterschaft entscheidend verbessert werden. Für Smiles ist Selbsthilfe zu dieser Zeit also durchaus ein Mittel der gesellschaftlichen Veränderung, ein sozial-evolutionäres Konzept.

Das Schicksal von Smiles' Werk gleicht dem, das ein mit analoger Intention geschriebenes Buch, das des Freiherrn von Knigge, *Über den Umgang mit Menschen* (1788), ereilte. Als Anleitung zur Chancenverbesserung für Bürgertum bzw. Arbeiterschaft geschrieben, fanden beide flugs als Rechtfertigungen des sozialen *status quo* Verwendung; denn das Konzept der Selbsthilfe beläßt die Verantwortung für das gesellschaftliche und ökonomische Fortkommen gänzlich beim einzelnen. Wem es nicht gelingt voranzukommen, dem hat es eben an den erforderlichen Tugenden, an Fleiß oder Genügsamkeit, gemangelt. Bei ihm allein liegt somit die Schuld; die Gesellschaft, der Staat sind exkulpiert. In den dreißiger Jahren schien es so, als werde die gesellschaftliche Reform vorrangig. Den fünfziger Jahren galt die moralische Besserung des einzelnen als Voraussetzung der gesellschaftlichen. Trotz ausführlicher Darstellung der sozialen Gegebenheiten stehen vorwiegend private Lösungen der Konflikte am Ende der großen Mehrzahl der Dramen, Verserzählungen und Romane der mittviktorianischen Zeit (was in neuerer Zeit zu nicht immer tiefschürfender Kritik Anlaß gegeben hat). Selbst der Industrie- und Sozialroman, etwa Charles Kingsleys *Alton Locke: Tailor and poet* (1850) oder Charles Dickens' *Hard times* (1854), der in detailgenauer Dokumentation das soziale Elend der Arbeiter aufrührend beschreibt, stellt Eigenverantwortung über die der Gesellschaft, moralische vor soziale Reform. Erst gegen Ende der sechziger Jahre, in Werken wie George Eliots *Middlemarch* (1871/72), beginnt sich das Verhältnis zu verschieben, werden die sozialen Interdependenzen gegen die Verantwortung des Individuums verstehend abgewogen.

Das Ereignis, das zunächst die Spannungen und Probleme überdeckt und Macht, Wohlstand und Wertvorstellungen des mittviktorianischen Bürgertums aller Welt mit Gepränge sichtbar machte, war die, so der offizielle Titel, »Great Exhibition of the Works of Industry of All Nations«. Vom Prinzgemahl Albert initiiert, lud England die Welt in Joseph Paxtons revolutionär-funktionale Stahl-Glas-Konstruktion, den glanzvollen Crystal Palace, zu Gast und stellte seine Technik, Waren und Künste selbstbewußt zur Schau:

> Look yonder where the engines toil;
> These England's arms of conquest are,
> The trophies of her bloodless war:
> Brave weapons these.
> Victorious over wave and soil,
> With these she sails, she weaves, she tills,
> Pierces the everlasting hills,
> And spans the seas.

Thackerays »May-day ode« – und daß der scharfzüngige Satiriker in den Chor einstimmt, belegt die Ungebrochenheit des mittviktorianischen Selbstwertgefühls – ist eines der vielen Gedichte, in denen die Weltausstellung patriotisch als Zeichen von Englands Macht und Wohlstand gefeiert wird. Es sind die Werke des Bürgers, denen dies zu verdanken ist.

Zwei Dingen, die als Embleme für das dienen können, was die mittviktorianische Kultur an Gegensätzlichem zu vereinbaren sucht, sah sich der Besucher noch vor seinem Eintreten in den Crystal Palace am Westtor gegenüber: zur einen Seite einer überlebensgroßen Statue des Richard Löwenherz, zur anderen einem 24 Tonnen schweren, riesigen Brocken Kohle. Letzterer, ein Symbol der Macht und Dynamik der englischen Industrie, ist gleichzeitig und eher unfreiwillig auch eines der Verehrung, die das rein Materielle genießt. Der Katalog, den die rührige Literatin Frances Cobbe 1867 rückblickend auf die Entwicklung seit den vierziger Jahren zusammenstellte, enthüllt in seiner Vereinigung recht disparater Dinge, daß Besitz und materielle Produktion als Werte an sich zählen. Von dem, was die Zeit gebracht habe, nennt sie »the Steam-engine locomotive by land and sea, Steam applied to printing and manufacture, the Electric Telegraph, Photography, cheap Newspapers, Penny Postage, Chloroform, Gas, the Magnesian and Electric Lights, Iron Ships, Revolvers and Breach-loaders of all sorts, Sewing-machines, Omnibuses and Cabs, Parcel Deliveries, ... People's Baths and Washhouses ... and a thousand minutiae of daily life, such as Matches, Wenham ice, and all the applications of India-rubber and Gutta-percha.« Mag man bei einigen Dingen die Datierung anfechten, mag man den Katalog um weitere Produkte wie Schreibfedern aus Stahl, Löschpapier, Kuverts, billige Seife vermehren wollen, unbestritten bleibt die weithin vorhandene, unterschiedslose Lust am Materiellen, die aus dem Katalog spricht. Das bürgerliche Wohnzimmer der Zeit ist bis in den letzten Winkel mit den Trophäen des erworbenen Wohlstands vollgestopft. Die materiellen Dinge werden in sich werthaltig. Daß eine durch diese und andere Produkte veränderte Umwelt die Aufmerksamkeit der Literatur auf sich zieht, daß diese materielle Fülle abgebildet sein will, daß somit die realistische Tendenz, die schon der frühviktorianischen Literatur innewohnt, verstärkt wird, ist offenbar.

Es ist zudem offenbar, daß durch all das, was Frances Cobbe aufzählt, das tägliche Leben eine ganz neue Qualität an Komfort erhält. Die Lust an der Materie ist Begleiterscheinung und Resultat eines überschäumenden Fortschrittsglaubens. Macaulay ist dessen Prophet. Ihm gilt unzweifelhaft, was er in »Sir James Mackintosh«, einem Essay aus dem Jahre 1835, erklärt hat: »The history of England is emphatically the history of progress«. Seine große fünfbändige *History of England* (1849–1861) sucht den Beweis für diese These anzutreten. In einer am historischen Roman, insbesondere dem Sir Walter Scotts, geschulten, lebendig-anschaulichen Darstellungsweise wird die englische Geschichte seit der Glorreichen Revolution von 1688 als eine Geschichte des Fortschritts zu immer größerem Wohlstand, zu einem stets höheren Maß an Freiheit dargestellt. Diese sogenannte Whig-Interpretation der Geschichte liefert nicht nur dem Bürgertum die Rechtfertigung für seinen Machtanspruch. Sie inspiriert auch den Sprecher von Tennysons »Locksley Hall« zu seinem vielzitierten optimistischen Imperativ:

Forward, forward let us range,
Let the great world spin for ever down the ringing grooves of change.

Und sie löst die Reformbestrebungen der dreißiger Jahre ab, indem sie den Fortschritt mit dem liberal-utilitaristischen Prinzip des Eigennutzes (»self-interest«) verbindet, um ihn als Macht gleichsam zu verabsolutieren, auf daß er sich selbsttätig verwirkliche.

Symbol und Beweis des Fortschritts war den Viktorianern die Eisenbahn. In der Tat veränderte der rapide Ausbau des Eisenbahnnetzes nicht nur die Landschaft Englands, sondern auch die Lebensweise seiner Bewohner. Zum Ende des Zeitalters war kaum ein Flecken nicht mit der Eisenbahn erreichbar. Wurden im Jahre 1850 67 Millionen Passagiere befördert, so waren es 1875 schon 490 Millionen. Eine mobile Gesellschaft, Pendant der postulierten Mobilität innerhalb der Gesellschaftsstruktur, entstand. Dr. Arnold sah zu Recht in der Eisenbahn eine demokratische Institution, durch die das Zeitalter des Feudalismus endgültig überwunden worden sei. Thomas Cook gründete Anfang der vierziger Jahre sein bald weltbekanntes, auch heute noch bestehendes Reiseunternehmen und beförderte in Sonderzügen Besucher aller Schichten zu Temperanzveranstaltungen, an die See, zum Crystal Palace. Mit der Beschleunigung des Lebens entwickelte sich ein neues Zeitgefühl, wurde freilich auch die Frage nach dem Zweck dieser Beschleunigung laut. An der Materialisierung der Kultur, am Fortschrittsdenken sowie am liberalen Credo allgemein setzte die Kritik an. In Thomas Carlyles *Latter-day pamphlets* (1850) wie zuvor in dessen *Past and present* (1843) und später in John Ruskins *Unto this last* (1862) sowie Matthew Arnolds *Culture and anarchy* (1869) bringt sie Werke hervor, welche die mittviktorianische Ära zu einer großen Zeit der Sozial- und Kulturkritik machen. Was soll all der materielle Wohlstand, fragt Ruskin, wenn er durch Ausbeutung erworben wurde, sozial sich somit nicht als *wealth*, sondern – dies die Ruskinsche Neuprägung – als »illth« erweist? Was bringt die »sick hurry«, die Matthew Arnold in »The scholar-gipsy« (1853) beklagt, was, so fragt er in *Friendship's garland* (1871), ist das für ein Fortschritt, der ein Dutzend Züge pro Tag zwischen zwei Londoner Vororten verkehren läßt, sofern diese nur Passagiere befördern »from an illiberal, dismal life at Islington to an illiberal, dismal life at Camberwell«?

Eine Antwort, welche die Spannweite des viktorianischen Ausgleichs erkennen läßt, gibt Dickens in *Dombey and son*, dem Roman, der wie kein anderer am Beispiel der im Titel genannten Handelsfirma die bürgerlichen Wohlstandswerte der Prüfung unterzieht. Die Eisenbahn, die hier gebaut wird, läßt ein schmutzig-elendes Viertel, Staggs' Gardens, verschwinden, sie läßt ein neues geschäftiges, von »villas, gardens, churches, healthy public walks« (Kap. 15) entstehen. Und sie setzt Menschen in Arbeit und Brot. Sie ist insoweit zweifelsohne ein Instrument des Fortschritts. Mit Elan und Sympathie, die sich in der Fülle lustvoll gehäufter Details äußern, beschreibt Dickens die von der Eisenbahn freigesetzte zivilisatorische Energie, den Prozeß der Veränderung. Dem Endprodukt, einer Welt des kommerziellen Prunks, gilt seine Sympathie jedoch in ungleich geringerem Maße, hat sie doch auch eine ursprünglichere, noch ländlich geprägte Welt vernichtet. Nicht nur für den Bösewicht des Romans, der von einem Zug erfaßt und getötet wird, ist die Eisenbahn todbringend, ist sie »a type of the triumphant monster, Death« (Kap. 20). Dickens' Haltung gegenüber der Eisenbahn, das heißt: gegenüber dem Fortschritt, ist ambivalent. Diese Ambivalenz ist aber nicht eine des Entweder-Oder, es ist eine des Sowohl-Als-auch.

Denn wenn zu dieser Darstellung der materialistischen Ausrichtung der mittviktorianischen Zeit und ihrer Fortschrittsgläubigkeit die 24 Tonnen Kohle im Crystal Palace Anlaß gaben, so kontrastierte mit der Kohle ebendort ein anderes Emblem des Zeitgeistes: die gigantische Statue des Richard Löwenherz, Inkarnation der ruhmreichen Vergangenheit und der Tugenden des christlichen Rittertums. Zwei Pole des »age of equipoise« haben hier Gestalt angenommen. Der rohe Stoff und hohes ritterliches Menschentum, Materialismus und moralischer Idealismus, Hinwendung zur Vergangenheit und Bewältigung der Gegenwart existierten gleichzeitig als Ziele. Wiederum galt der Zeit das Sowohl-Als-auch, wurde der Anspruch erhoben, einen Ausgleich zwischen beiden Polen herzustellen. Den Geist der Vergangenheit, des Mittelalters, wie ihn Richard Löwenherz verkörpert, hatte Sir Walter Scott in seinen *Waverley novels* dem 19. Jahrhundert zu neuem Leben erweckt. Dieser war das ganze Jahrhundert hindurch in vielerlei Gestalt wirkmächtig. Sichtbarsten Ausdruck fand er zunächst im *Gothic revival* der Architektur. Von Scott beeinflußt, von dem Theoretiker, Designer und Architekten A. W. N. Pugin und dessen Studie *Contrasts* (1836) inspiriert, entstanden Gebäude aller Art, Villen, Kirchen, Bahnhöfe, Rathäuser, das Parlamentsgebäude in Westminster, im gotischen Stil.

Warum hier stilistisch auf das Mittelalter zurückgegriffen wird, ist nicht allein dem sich alles aneignenden ästhetischen Eklektizismus des Zeitalters zuzuschreiben. Pugins Untertitel weist auf das zentrale Motiv hin: *Contrasts; or a parallel between the noble edifices of the fourteenth and fifteenth centuries and similar buildings of the present day, shewing the present decay of taste*. Das Mittelalter ist Gegenbild, es dient der Kulturkritik an der Gegenwart. Aus ebendiesem Grund beschwört Thomas Carlyle in *Past and present* den Geist des Mittelalters, nämlich um dem Laisser-faire-Liberalismus seiner Zeit, um dem »Age of Machinery« das Ideal einer organisch gegliederten, hierarchischen Gesellschaft vorzuhalten, in der noch nicht das »Gospel of Mammonism« herrschte. Gänzlich analog, als Korrektur zur Gegenwart, als rückwärts gewandte Utopie, gebraucht Young England, eine kleine Gruppe von Abgeordneten aus dem Hochadel um Benjamin Disraeli als geistigem Führer, das Gesellschaftsmodell des Mittelalters. In Disraelis Young England-Romantrilogie, *Coningsby* (1844), *Sybil* (1845), *Tancred* (1847), nimmt dieses Modell literarische Gestalt an. In ihr entwirft Disraeli sein Staats- und Gesellschaftsideal, das einer paternalistischen Gesellschaft, in der keine Klassen existieren, das Volk vielmehr von Thron, Kirche und Adel nach dem Prinzip des *noblesse oblige* regiert wird. John Manners, der spätere Duke of Rutland, neben Disraeli der führende Kopf von Young England, hat dies in einem umfänglichen Poem, *England's trust* (1841), in Reime gebracht:

> Each knew his place – king, peasant, peer, or priest –
> The greatest owned connexion with the least;
> From rank to rank the generous feeling ran,
> And linked society as man to man.

Dieser ausschließlich sozialkritische, nostalgische Entwurf eines idealisierten Mittelalters scheint in seiner antibürgerlichen Tendenz realitätsfremd, wie auch dem Geist der Inklusivität der Jahrhundertmitte nicht angemessen. (Und er hat doch die Regierungsarbeit des Premiers Disraeli, 1874–1880, insbesondere die Sozialgesetze des Jahres 1875, maßgeblich beeinflußt.) Entsprechend wurde nun die Sozialkritik in einen größeren Zusammenhang gestellt. Es ist John Ruskin, der in *The stones of Venice* (1851–1853) Sozialkritik, Ethik und Ästhetik verbindet. Wie muß eine Gesellschaft beschaffen sein, soll große Kunst in ihr entstehen können, lautet Ruskins Frage. In einer stilistisch glanzvollen Darstellung der venezianischen Geschichte, Kultur und Architektur findet Ruskin im (katholischen) Mittelalter die gesellschaftlichen und moralischen Voraussetzungen, die der Künstler zu seinem Schaffen benötigt. Daß Arbeit als organisches Ganzes geleistet werden kann, daß sie als nichtentfremdet sich darstellt, daß sie also Arbeit ist, wie sie der mittelalterliche Holzschnitzer oder Steinmetz ausübten, das ist für Ruskin fundamental. In der modernen arbeitsteiligen Gesellschaft sind diese Voraussetzungen nicht mehr gegeben, ist Arbeit, ist damit auch der Arbeiter, fragmentarisiert. Um Abhilfe zu schaffen, verfaßte Ruskin seine Studien, die darum sozialkritisch, ethisch und ästhetisch ausgerichtet sind, gründete er schließlich 1871 die Guild of St. George, eine Zunft nach mittelalterlichem Vorbild. Das Datum ist von Bedeutung. Es signalisiert das schwindende Vertrauen in den Willen der Gesellschaft zur Regeneration. Der mittviktorianische Kompromiß war brüchig geworden, an die Stelle der ästhetischen Theorie und Praxis trat, wie schon in den dreißiger Jahren, die (politische) Tat.

Der Literatur brachte die Rückwendung zur Vergangenheit vor allem zweierlei: ein immenses Stoffreservoir, aus dem sich auch die Malerei, insbesondere die der Präraffaeliten von Dante Gabriel Rossetti bis Edward Burne-Jones, vielfach bediente, sowie die schon in der Romantik vorbereitete Wiederbelebung der Ballade. Tennyson wird von der Artus-Sage zu seinen eposartigen *Idylls of the King* (1859–1885) inspiriert; dem gleichen Sagenkreis widmet William Morris das Titelgedicht seiner ersten veröffentlichten Lyriksammlung, *The defence of Guenevere* (1858). Rossettis Werk ist dem Dantes ebenso verpflichtet, wie Chaucer und Malory dasjenige von Morris beeinflußt haben. Dabei ist Rossetti und Morris das Mittelalter zunächst und vornehmlich Dekor und ästhetischer Freiraum, in dem Schönheit unbehelligt von den Forderungen der Gegenwart nach Wirklichkeitsbezug und moralischem Auftrag zur Schau gestellt werden kann. Rossetti und insbesondere Morris, »The idle singer of an empty day«, wie er sich in *The earthly paradise* (1868–1870) selbst nennt, nehmen hiermit Tendenzen der Ästhetisierung, des Ästhetizismus vorweg, die erst im letzten Jahrhundertdrittel voll entfaltet werden. Tennyson hingegen sucht Gegenwart und Vergangenheit, Nostalgie und Aktualität, aufeinander zu beziehen. Was ihn in die Vergangenheit lockt, das ist seine »Passion of the Past«, wie er sie in »The ancient sage« (1885) besingt. Sie entspringt einer Grunderfahrung des 19. Jahrhunderts, der Erfahrung der eigenen Geschichtlichkeit.

Dieses Bewußtsein der Geschichtlichkeit, der historischen Bedingtheit, ist etwas, was das 19. Jahrhundert von allen seinen Vorläufern unterscheidet. Es speist sich aus der organischen Geschichtsauffassung, der Vorstellung vom Blühen und Vergehen aller Kulturen und Völker, wie sie Herder in seinen *Ideen zur Philosophie der Geschichte der Menschheit* (1784–1791) propagiert hat. Der Historismus, die herrschende Geschichtsauffassung des 19. und noch weithin des 20. Jahrhunderts, welcher die Eigenart jeder historischen Epoche behauptet, nimmt hier seinen Ausgang. Dieses Geschichtsbewußtsein speist sich aber auch aus der unmittelbaren historischen Erfahrung, wie sie Industrielle und Französische Revolution sowie die Napoleonischen Kriege vermittelten. Innerhalb einer Generation hatten sich für jeden einzelnen die Lebensumstände drastisch verändert, sei es sozial und ökonomisch, sei es politisch. Aus ebendiesem Bewußtsein, das sich ihm überdies in dem Kontrast, in der Ungleichzeitigkeit der englischen und schottischen Kultur und Geschichte unmittelbar anschaulich darbot, etablierte Sir Walter Scott mit *Waverley* (1804 begonnen, 1814 veröffentlicht) das Genre des historischen Romans. Dem Werk war sensationeller Erfolg beschieden, innerhalb von sechs Monaten wurden 6000 Exemplare verkauft. Dieser Erfolg war nicht nur insular, Scott wurde auch auf dem Kontinent zum populärsten englischen Schriftsteller zumindest der ersten Jahrhunderthälfte. Der Erfolg belegt, und er blieb der langen Serie von Scotts historischen Romanen, den *Waverley novels*, treu, wie umfassend und typisch die Erfahrung ist, die hier modellhaft Ausdruck gefunden hat: Nahezu jeder bedeutende Romancier des 19. Jahrhunderts, Dickens in *Barnaby Rudge* (1841) und *A tale of two cities* (1859), Thackeray in *Henry Esmond* (1852), George Eliot in *Romola* (1862/63), Trollope in *La Vendée* (1850), Thomas Hardy in *The trumpet-major* (1880), hat denn auch diese Erfahrung, das Bewußtsein der eigenen Geschichtlichkeit, weiter auszuloten versucht.

Dieses neue Geschichtsbewußtsein liegt auch dem Aufschwung zugrunde, den die Geschichtsschreibung und schließlich die Geschichtswissenschaft als Institution im 19. Jahrhundert nahmen. Hatte Gibbon in seiner großen Analyse *The history of the decline and fall of the Roman empire* (1776–1788) dem Geist der Aufklärung gemäß die antike Geschichte zum einen als modellhaft, zum anderen unter überzeitlich gültigen Kriterien betrachtet, so forderte der Historismus einen anderen Ansatz: Jede Epoche muß in ihrer Eigenart dargestellt werden, keine Zeit kann uneingeschränkt als Vorbild, als Bewertungsmaßstab für eine andere gelten. Dies darzustellen ist eine Aufgabe, der sich die englische Geschichtsschreibung mit Bravour entledigte. Und diese Bravour ist, was die Lebendigkeit der Darstellung, die literarischen Techniken der Einfühlung und Veranschaulichung betrifft, dem historischen Roman in vielem verpflichtet. Zwar widmete George Grote seine voluminöse zwölfbändige *History of Greece* (1845–1856) noch der Antike, in Henry Hallams *Constitutional history of England* (1827), in Macaulays erwähntem Werk, seiner *History of England*, in H. T. Buckles *History of civilization in England* (1857–1861) und James Anthony Froudes *History of England* (1856–1870), die in zwölf Bänden das 16. Jahrhundert behandelt, wurde Englands Vergangenheit in ihrer historischen Eigenart sowie als Vorgeschichte der Gegenwart erläutert.

Es ist nicht weiter verwunderlich, daß sich zu ebendieser Zeit, in der diese Studien entstanden, das Bewußtsein einstellte, man lebe selbst in einer Epoche von unverwechselbarer historischer Spezifik, dem *Victorian age*. Kein Wunder auch, daß sich die Aufmerksamkeit zunehmend der jüngeren und jüngsten Geschichte zuwendet – *'Tis sixty years since* lautet der programmatische Untertitel von Scotts *Waverley*. Und wunder sollte es auch nicht nehmen, wenn sich an den beiden englischen Universitäten, Oxford und Cambridge, nun eine heftige Kontroverse über die Frage entspann, ob Lehrstühle für Neuere Geschichte (wie auch für die Neuphilologien) eingerichtet werden sollten, oder daß es Charles Kingsley als Verfasser historischer Romane wie *Hypatia* (1853) und *Westward ho!* (1855) war, der trotz des Stirnrunzelns traditionsverbundener Fachvertreter 1860 zum Regius Professor of Modern History in Cambridge ernannt wurde.

Die Weise, in der die Erkenntnis historischer Bedingtheit sowie die Erfahrung der eigenen Geschichtlichkeit verarbeitet wurden, beleuchtet das Vermögen der Viktorianer, Auseinanderstrebendes zusammenzuzwingen; denn hinter der Erkenntnis, daß jede geschichtliche Situation in ihrer Eigenart erkannt werden müsse, steht als mögliche Konsequenz, daß sie auch nur mit ihr gemäßen Kriterien beschrieben und beurteilt werden könne, steht der absolute historische Relativismus. Dieser Gefahr sind sich die mittviktorianische Geschichtsschreibung und Dichtung bewußt. Sie erkennen die Bedingtheit allen historischen Denkens und Handelns, bestehen aber darauf – und hier liegt vielleicht das Geheimnis des mittviktorianischen Kompromisses –, daß es dennoch eine absolute Wahrheit jenseits der Geschichte gebe, die zu wissen möglich sei.

It fortifies my soul to know
That, though I perish, Truth is so:

insistiert A. H. Clough, der von Glaubenszweifeln zerrissene Dichterfreund Matthew Arnolds. Und auch Arnolds ganzes Sinnen und Trachten ist in *Culture and anarchy* darauf gerichtet, »to see things as they are«. Daß dies möglich ist, wird von ihm nicht angezweifelt. Daß dies um die gleiche Zeit der Vertreter einer jüngeren Generation, Walter Pater, bestreitet, läßt das bevorstehende Ende des mittviktorianischen Ausgleichs ahnen.

Literarische Form nahm diese Spannung von historischer Bedingtheit und Relativismus hier sowie Wahrheitsanspruch und (moralischer) Beurteilung da auch in einer Gedichtform an, welche die viktorianische Zeit mit einigem Recht als ihre ureigene und typische Erfindung reklamieren kann. Unabhängig voneinander, man ist versucht zu sagen: als Sprachrohre des Zeitgeistes, entwickelten Alfred Tennyson und Robert Browning den dramatischen Monolog. In Tennysons »Ulysses« sowie in Brownings »My last duchess«, beide 1842 veröffentlicht, ist die Form bei ihrem ersten Erscheinen bereits vollendet. In niemals stockendem Redefluß, in einer mehr oder minder konkreten historischen Situation stellen die Sprecher des dramatischen Monologs ihre historische Bedingtheit unter Beweis, stellen sie ihr Wissen, ihr Selbst dar. Dieses Reden, als Rechtfertigung gedacht, überschreitet, dem Sprecher unbewußt, die intendierte Absicht. Die Selbstdarstellung wird zur Selbstenthüllung, zur Selbstpreisgabe. Der Leser vermag die Diskrepanz zwischen intendierter und tatsächlicher Aussage zu erkennen. In dieser Ironie ist im dramatischen Monolog die Spannung von historischem Relativismus und absoluter Wahrheit aufgehoben. In

Brownings großer Sammlung dramatischer Monologe, *Men and women* (1855), wie in seiner reich facettierten Darstellung eines römischen Mordfalles von epischer Breite, *The ring and the book* (1868/69), erreicht das Genre Vollkommenheit. Hier haben T. S. Eliot und Ezra Pound gelernt.

Was den Ausgleich von Relativität und Wahrheit so prekär und so beeindruckend erscheinen läßt, ist, daß absolute Normen im 19. Jahrhundert nicht nur durch den Historismus gefährdet sind; denn trotz Cloughs Postulat (»Truth is so«) wird ebendiese Wahrheit der göttlichen Offenbarung zur Debatte gestellt. Zweifel wurden im Gefolge des Historismus von der vor allem in Tübingen und Göttingen beheimateten Bibelkritik geäußert. Textkritik und Mythenforschung (»Higher Criticism«) legten die Vermutung nahe, daß die Bibel nicht wortwörtlich Offenbarung Gottes ist, sondern das über einen langen Zeitraum entstandene Buch einer mythisch überhöhten Geschichte Israels. Die Insularität des geistigen Lebens Englands im frühen 19. Jahrhundert, die mangelnden Deutschkenntnisse auch der besten Köpfe – Coleridge ist eine der wenigen Ausnahmen – verhinderten freilich, daß diese Gedanken schnell ihre volle Wirkung entfalteten. Als George Eliot 1846 anonym ihre Übersetzung von David Friedrich Strauss' *Das Leben Jesu* veröffentlichte und 1854 unter ihrem eigenen Namen, Marian Evans, die von Ludwig Feuerbachs *Das Wesen des Christenthums* folgen ließ, veränderte sich die Situation. Nun setzte sich die Orthodoxie mit heftigen Attacken auf Strauss' Entmythologisierung der Gottessohnschaft und der Wunder Jesu sowie auf Feuerbachs Erklärung der christlichen Religion als anthropomorpher Überhöhung zur Wehr.

Den Boden für die Aufnahme des neuen Gedankenguts bereitete die Naturwissenschaft. In seinen *Principles of geology* (1830–1833) führte Charles Lyell den Nachweis, daß das Erdalter den Zeitraum weit übersteigt, der sich durch Berechnung von Lebensläufen, Regierungszeiten und Genealogien aus der Bibel ergibt. Im 17. Jahrhundert hatte der irische Erzbischof Ussher auf dieser Grundlage die Schöpfungswoche auf das Jahr 4004 v. Chr. datiert, und dieses Datum wie auch der ganze Schöpfungsbericht der Genesis galt im frühen 19. Jahrhundert nach wie vor als buchstäbliche, göttlich gesicherte Wahrheit. Zwangsläufig war so der Schock groß, den ein Werk wie Robert Chambers' *Vestiges of the natural history of creation* (1844) auslöste, welches, freilich ohne zureichendes wissenschaftliches

Fundament, die These von der evolutionären Entwicklung des Menschen aufstellt. Tennysons *In memoriam*, die große Elegie auf den Tod seines Freundes Arthur Hallam, gibt beredt Zeugnis von diesem Schock; denn wenn die Bibel nicht buchstäblich wahr ist, was ist sie dann? Welche Autorität bleibt dem Menschen, wenn an Stelle von Gottes Schöpfungsakt die biologische Evolution tritt – außer einer »Nature, red in tooth and claw«? In einem Akt des Glaubens überwindet Tennysons Sprecher seine Zweifel und Erschütterungen und bezieht gar die Evolutionstheorie in der Hoffnung auf eine »crowning race« in seine neu gewonnene Sicherheit ein.

Mit Charles Darwins *On the origin of species* (1859), der 1856 die Auffindung des Neandertalers vorausgeht, wurde solch ein Sprung in den Glauben, der ja schon bei Tennyson Züge eines *act gratuit* trägt, ungleich schwieriger; denn Darwin fundierte die Evolutionstheorie naturwissenschaftlich mit reichem Material und formulierte biologische Gesetze wie das der natürlichen Auslese. Zwar enthielt er sich bis zu *The descent of man* (1871) der Schlußfolgerung auf den Menschen (und damit auf Gottes einmaligen Schöpfungsakt). Aber wer lesen konnte, mußte schon 1859 auch für den Menschen die Gesetze der Evolution am Werk sehen, mußte die Spannung von Naturwissenschaft und Glaube für sich lösen. Der Glaubenszweifel wurde zum Zeitphänomen, aber der Zorn der Orthodoxie traf vehement alle, welche die Erkenntnisse Darwins und anderer Naturwissenschaftler mit der Bibel zu vereinbaren suchten oder Zweifel an deren buchstäblicher Wahrheit äußerten. Eine heftige Kontroverse entbrannte anläßlich der Sammlung *Essays and reviews* (1860) von sieben – »septem contra Christum«! – Theologen und Wissenschaftlern, von Aufsätzen, die das Verhältnis von Naturwissenschaft und Glauben untersuchen und die heute unverfänglich genug erscheinen. Der Nataler Bischof Colenso wurde zwei Jahre später für seine Schrift *The pentateuch ... critically examined* gar von seinem Amt suspendiert.

In der Biographie wie im Werk nahezu eines jeden viktorianischen Intellektuellen oder Künstlers hinterläßt diese Auseinandersetzung Spuren. Ein Gedicht wie Tennysons Sonett »Doubt and prayer« umschreibt das zeitgenössische Grundgefühl. Cloughs Dichtung versucht in stetem Neuansatz auszuloten, ob Wahrheit ist und ob sie erkennbar ist: Der Dichter ist ein »Dipsychus« – so der Titel von Cloughs *Faust*-geprägter Szenenfolge. Der religiöse Roman entstand, der Geistliche wurde zu einer wichtigen Figur, wobei von den großen Romanciers George Eliot mit *Scenes of clerical life* (1857), *Adam Bede* (1859) und *Middlemarch* sowie Anthony Trollope mit seinen sechs *Barchester novels* (1855–1867) die feinsten und umfassendsten Anatomien der englischen Geistlichkeit geliefert haben. Ergreifende Form hat die Glaubenskrise der mittviktorianischen Zeit vor allem in Tennysons *In memoriam* und Matthew Arnolds »Dover Beach« (verfaßt ca. 1851) gefunden. Während es Tennyson gelingt, nach existenzerschütterndem Zweifel zu neuer, die Evolutionsthesen integrierender Sicherheit zu gelangen, beschreibt Arnold verzweifelt-resignativ eine Welt, aus der der Glaube gewichen ist, in der dem Menschen allenfalls der schwache Halt der Liebe zu einem Mitmenschen bleibt:

> And we are here as on a darkling plain
> Swept with confused alarms of struggle and flight,
> Where ignorant armies clash by night.

Arnolds Verzweiflung ist jedoch nicht gänzlich typisch für seine Zeit. Typischer scheint zu sein, daß am Ende der Auseinandersetzung in der überwiegenden Mehrzahl der Fälle erneut Glaubensgewißheiten oder moralische Dogmen stehen – freilich nicht notwendigerweise christliche. George Eliots und der positivistischen Schule »Religion of Humanity« zum Beispiel trägt zum einen dem intellektuellen Zweifel an Bibel und theologischer Wahrheit, zum andern dem moralischen Imperativ des Zeitalters Rechnung. Diese Religion der Menschlichkeit ist in T. H. Huxleys, des Popularisators von Darwins Thesen, treffend-ironischen Worten »Catholicism *minus* Christianity«. Das Verhalten, das Ethos entspricht dem christlichen, auf die glaubensmäßige Begründung aber wird verzichtet. Die Kompromißfähigkeit der Zeit hat sich am äußerst schwierigen, jedermann aufrührenden Problem bewährt.

Auch die Literatur trägt zu diesem Ausgleich maßgeblich bei; denn sie besitzt etwas, das ihr gestattet, auch auseinanderstrebende Tendenzen der Zeit zusammenzuzwingen: ein weithin verbindliches Stilideal. Das dokumentarische Prinzip der dreißiger Jahre wird angesichts der Aufgabe, die Vielfalt der (materiellen) Erscheinungen der bürgerlichen Welt zu gestalten, und im Wettstreit mit einer neuen Erfindung, der Photographie, zum realistischen Zeitstil ausgebildet, und zwar nicht nur in der Literatur. John Ruskin bietet in *Modern painters* (1843–1860) eine ausführliche theoretische Begründung, welche George

Eliot in ihrem berühmten romantheoretischen Exkurs, dem 17. Kapitel des *Adam Bede*, »In which the story pauses a little«, aufgreift und mit Hinweis auf die holländische Genremalerei weiterspinnt. Aber auch geringere Figuren greifen Ruskinsche Postulate auf und machen sie zum Gemeinplatz: John Duke Coleridge, der spätere Lordrichter, hielt 1854 »relevancy to actual life« für die Künste für unabdingbar, und Tom Taylor, Melodramatiker und Londoner Professor der Literatur, konstatierte 1862 anläßlich eines der großen Genre-Bilder des Akademiemalers W. P. Frith: »That only is really vital Art which is ... in contact with the life of its time, whatever form that life may put on.«

Freilich: Das Taylorsche Postulat sagt mehr, als es meint; denn die mittviktorianische Literatur betrachtet das Leben weder in allen seinen Formen noch mittels einer rigoros realistisch-abbildenden Darstellungsweise. Der Bezug zur Realität ist nur Ausgangspunkt, da die Dinge der Wirklichkeit, die Realien, mehr beinhalten als einzig ihren Materialwert. Den Zeichen-, den Verweischarakter in das Transzendente, wie ihn Carlyle für die frühviktorianische Zeit definiert hatte, haben sie zwei Dekaden später durchaus nicht gänzlich verloren (wie ja auch Bibel, Predigt oder Bunyan nach wie vor inhaltlich und formal der Literatur vielfach als Modell dienen). Er ist freilich fragwürdiger geworden und wird nicht mehr mit gleichem Nachdruck formuliert. Was bleibt, ist die allgegenwärtige Tendenz, die Beschreibung der Realien typologisch oder allegorisch oder symbolisch zu überhöhen, um die geahnten, nicht mehr gewußten Welten hinter den Dingen assoziativ erstehen zu lassen. In der präraffaelitischen Malerei eines Millais oder Holman Hunt findet die symbolische Ausdeutung des peinlich genau gemalten Details ihren sichtbaren Ausdruck. Und die Literatur verfährt wenig anders: Darum ist das Programm von Dickens' Familienmagazin *Household words* darauf ausgerichtet, »to show to all, that in familiar things, even in those which are repellent on the surface, there is Romance enough, if we will find it out« oder läßt sich Charles Kingsley in *Alton Locke* »the revelation of the poetry which lies in common things« (Kap. 9) angelegen sein. Ein auf vielfältige Weise durch die Perspektive des einzelnen Autors gebrochener, poetisch überhöhter Realismus ist das gemeinsame Stilideal.

Was für die Form, den Stil gilt, gilt auch für den Inhalt: Keineswegs ist die Realität umfassend in allen ihren Erscheinungsformen abgebildet, die moralische Aufgabe der Literatur zieht hier die Grenzen. Der französische Roman – und das betrifft Eugène Sue, George Sand und Honoré de Balzac ebenso wie die in der Tat anrüchige Roman-Dutzendware – wird als »literature of prostitution« verworfen. Der Besitz oder die Lektüre französischer Romane wird in der englischen Literatur zum untrüglichen Zeichen moralischer Fragwürdigkeit. Und der Sexus ist das große Tabuthema der viktorianischen Zeit. Exemplarisch trägt Thackeray den Konflikt von Realismus und Moral aus: In seinem Vorwort zu *Pendennis* (1848–1850) führt er beredt Klage darüber, daß seit Fieldings Zeiten kein Autor es mehr gewagt habe, einen ganzen Mann darzustellen; als Herausgeber des *Cornhill magazine* nimmt er Trollopes Geschichte *Mrs. General Talboys* und Elizabeth Barrett Brownings Gedicht »Lord Walter's wife« nicht zum Abdruck an, da in ihnen solch unsittliche Dinge wie uneheliche Kinder und eine außereheliche Liebesbeziehung vorkommen.

Offensichtlich sind die Folgen: Eine Fülle kompensatorischer Techniken, wie Anspielung, metaphorische Umsetzung, Symbolik und was dergleichen mehr an Substitution existiert, wurde von den Autoren entwickelt, um Sexus und Leidenschaft indirekt darzustellen; dies trägt zum Reichtum der mittviktorianischen Literatur bei. Das ist die eine, in Grenzen positive Konsequenz. Zum andern wurde in der Nachfolge des berüchtigten *Family Shakespeare* des Dr. Bowdler (1807) aus Alltags- wie Literatursprache alles ausgemerzt, was auch nur vage an Erotisches erinnern konnte. Zum dritten entstand ein riesiger Markt pornographischer Literatur. Das heißt: Die offizielle Verdrängung des Sexus, der rigide moralische Anspruch führten zur Bewußtseinsspaltung auf nationaler Ebene, zu Prüderie und Doppelmoral. Außerhalb des heiligen Herdes wurden allein im Jahre 1851 über 40000 uneheliche Kinder geboren. Zur engelsreinen Frau traten als typische viktorianische Gestalten die Zehntausende von Prostituierten auf den Straßen Londons; es trat zum »Christian gentleman« der Heuchler, wie ihn Dickens mit Pecksniff aus *Martin Chuzzlewit* (1843/44) unsterblich gemacht hat.

So wurden Moral und Gehalt der Literatur wesentlich vom Markt, das heißt vom Publikum und dessen Lesegewohnheiten, beeinflußt. Wollte ein Autor die soziale und ideologische Differenzierung des Publikums überwinden, und nur dann konnte er eine große Leserzahl erreichen, so mußte er das Gemeinsame herausstellen. Ebendies erhob Mrs. Oliphant, selbst eine reichlich produzierende Schriftstellerin, deren *Chronicles of Carlingford* (1863–1876) ihr einen festen, wenn auch minderen Platz in der englischen Literaturgeschichte garantieren, in *Blackwood's magazine* von 1853 zum Programm. Für sie steht fest, »the novelist's true audience is the common people, the people of ordinary comprehension and everyday sympathies, whatever their rank may be.« Dies ist nicht notwendig ein Programm des kleinsten gemeinsamen Nenners; denn der Jedermann, den Mrs. Oliphant anspricht, steht über der sozialen Hierarchie, er ist, in Thackerays analoger Formulierung, eine Verkörperung des Ausgleichs und die Inkarnation bürgerlicher Werte. Der poetisch überhöhte Realismus hat in der Darstellung des Bürgerlichen sein festes Fundament.

Wie auch die Lesegewohnheiten des Bürgertums die Literatur maßgeblich prägten; denn Literatur wurde im Familienkreis (vor)gelesen. Dies ist der künstlerischen Freiheit gewiß nicht nur förderlich, wird Podsnaps spießiges Kriterium, »the cheek of the young person« (Kap. 11), doch zum Beurteilungsmaßstab für Literatur. Nur was die Wangen der jungen Mädchen nicht zum Erröten bringt, wird von einem Verleger angenommen, von Mudies Leihbücherei angekauft, in der Familie gelesen. Inhaltlich wie formal ist diese Lektüre im großen Kreis jedoch nicht nur von Nachteil. Sie erzwingt, daß allen etwas möglichst gleichzeitig geboten werden muß. Die epische Breite, die Welthaltigkeit, das immense stilistische Repertoire der mittviktorianischen Literatur haben hier eine ihrer Ursachen. In Dickens, in George Eliot, in Tennyson und Browning finden sich im gleichen Werk exuberante Komik, Pathos und moralische Ernsthaftigkeit auf das engste verwoben, die Hinwendung zur Vergangenheit *und* der aktuelle Bezug auf die gegenwärtige Wirklichkeit, das Idyllische *und* das Aktuell-Öffentliche, das Sentimentale *und* das Melodramatische, die feinfühlige Analyse der individuellen Psyche *und* eine forensische Rhetorik. Es finden sich die Rechte und Pflichten von Individuum wie Gesellschaft ausgleichend gegeneinander abgewogen. Eine Vielzahl neuer Themen, von der Darstellung des Arbeitslebens bis zur »intellectual passion« (Kap. 15) des Arztes Lydgate in *Middlemarch*, wird der Literatur erschlossen. Und wo der Ausgleich nicht innerhalb eines Werkes geschaffen werden kann, werden die unterschiedlichen Perspektiven zwischen den Werken ausgeglichen: Komplementärgedichte – Tennysons »Ulysses« und

»The lotos-eaters«, Brownings »Meeting at night« und »Parting at morning«, Rossettis »The blessed damozel« und »The card-dealer«, Morris' »The defence of Guenevere« und »King Arthur's tomb« – gehören ebenso zentral zur mittviktorianischen Literatur wie der dramatische Monolog, dem der Ausgleich in der Ironie von Selbstdarstellung und Selbstpreisgabe erwächst.

Ein solcher Ausgleich kann freilich nur so lange bestehen, solange auch eine, bei allen Anfechtungen weithin verbindliche, Welt-Anschauung besteht. Das Bürgerliche ermöglicht den Kompromiß, wiewohl oder weil es in sich keineswegs monolithisch, keineswegs frei von Selbstzweifel und Selbstkritik ist. Für einen kurzen glücklichen Zeitraum werden die zentrifugalen Kräfte, Glaubenszweifel und soziale Spannungen, Materialismus und Doppelmoral, Erkenntnisrelativismus und Entfremdung, durch die bürgerlichen »Wonnen der Gewöhnlichkeit« (Thomas Mann) in prekärer Balance gehalten. Dieser Kompromiß löst freilich keines der Probleme, er überdeckt sie. Geringes genügt so, ihn aufzuheben. Und es waren keine geringen Probleme, die seit der Mitte der sechziger Jahre heranwuchsen.

Die spätviktorianische Zeit

Eine drastische Veränderung der Lage auf wirtschaftlichem wie politischem Gebiet kündete der Rückblick der *Times* auf das Jahr 1866 an. War zuvor in diesen alljährlichen Rückblicken stets eitel Zuversicht zum Ausdruck gekommen, ein ungemindertes Zufriedensein mit Englands Wohlstand und Stabilität, so heißt es nun: »A gloomy, eventful, and ominous year closes today in England. A long season of prosperous tranquillity has been interrupted by political agitation, by commercial disturbance...«. Unmittelbarer Anlaß für diese Klage waren zwei Ereignisse, die, in sich von geringer Geschichtsmächtigkeit, als Symptome für wichtige Entwicklungen des letzten Jahrhundertdrittels zu dienen vermögen: die Hyde Park Riots vom Juli 1866 sowie der Bankrott des großen Londoner Bankhauses Overend, Guerney & Co. Dieser markiert das Ende der Prosperitätsperiode, welche seit der Jahrhundertmitte den bürgerlichen Ausgleich materiell ermöglicht hat; jene sind Ausdruck der neu aufbrechenden Klassenkonflikte, des Machtanspruchs der Arbeiterschaft.

Wirtschaftlich war das Jahrhundertende, trotz eines bemerkenswerten Aufschwungs in den Jahren 1871 bis 1873, die Zeit der *Great Depression*. Eine Serie von Mißernten sowie die durch die Freihandelspolitik ermöglichte Einfuhr billigen Getreides ließen die Weizenpreise ins Bodenlose fallen. Die Einkommen aus der Landwirtschaft sanken rapide, deren Bedeutung als wirtschaftlicher, die der Landbesitzer, der *landed gentry*, als politischer Machtfaktor wurde weiter ausgehöhlt. Als symbolträchtiges Indiz hierfür kann genommen werden, daß mit dem Ground Game Act von 1880 ein jahrhundertealtes, eifersüchtig gehütetes aristokratisches Privileg, das des exklusiven Jagdrechts auf Bodenwild, aufgehoben wurde. Die Machtbalance zwischen den Klassen war in Bewegung geraten. Nicht minder gefährlich für Englands Wohlstand und Stabilität war die Entwicklung auf dem industriellen Sektor. In den nun geeinten Vereinigten Staaten wie auch in dem seit 1871 vereinigten Deutschland erwuchsen gefährliche Konkurrenten: Der Beginn der dritten Phase der Industriellen Revolution, der Aufbau der chemischen sowie der Elektroindustrie, vollzog sich auf dem gleichsam noch jungfräulichen deutschen und amerikanischen Terrain wesentlich unkomplizierter und rascher als in dem bereits hochindustrialisierten England. Doch selbst auf seinem ureigensten Feld, dem der Stahlproduktion, fiel England in den neunziger Jahren hinter seine Konkurrenten zurück. Allein auf dem Gebiet des Schiffbaus konnte es seine führende Stellung behaupten und ausbauen.

Wenn trotz des Kollapses der Landwirtschaft, trotz des Rückgangs der Industrieproduktion auf weniger als 90 Prozent der Kapazität in vielen Branchen, trotz des Anstiegs der Arbeitslosigkeit auf mehr als 10 Prozent in einigen Industriezweigen (etwa in den Jahren 1879 und 1886) dennoch von einem Zuwachs an Wohlstand insgesamt gesprochen werden kann, so illustriert die dabei sichtbar werdende diskrepante Vielfalt der Erscheinungen die zentrifugalen Mächte, die während des letzten Jahrhundertdrittels am Werke sind. Der Zuwachs an Wohlstand kann daran abgelesen werden, daß sich im letzten Jahrhundertdrittel die Zahl derer, die zur Einkommenssteuer herangezogen wurden, in etwa verdoppelte (auf ca. 1 Million um 1900) und daß das Realeinkommen desjenigen Teils der Arbeiterschaft, der Arbeit hatte, unzweifelhaft wuchs. Grundlage dieses Wohlstands waren zum einen die Absatzmöglichkeiten auf den neuen Märkten des stets sich erweiternden Empire – »trade follows the flag« formuliert die *Times* im April 1884 –, war zum anderen der rapide Wandel Englands vom »workshop of the world« (Disraeli) zum »clearing house for the world« (Joseph Chamberlain), zum Zentrum der Weltfinanz.

Nutznießer dieser Einnahmen aus den Kapitalströmen war aber nicht die gesamte Bevölkerung, waren nicht einmal die besitzenden Klassen zu gleichen Teilen. Nutznießer war eine vorwiegend von Kapitalerträgen lebende, sich nun etablierende »leisure class« (die Thorstein Veblen bereits 1899 maßstabsetzend beschrieb). Die Arbeiterschaft partizipierte nur überaus ungleichartig am wachsenden Realeinkommen. Anders formuliert: Das, was in der mittviktorianischen Zeit als eine hierarchisch gegliederte Dreiklassengesellschaft erscheinen konnte, gab sich nun als ein so hochdifferenziertes Gebilde überaus unterschiedlicher Funktionen und Interessen zu erkennen, daß schon eine Studie des Jahres 1868, Dudley Baxters *National income*, sich veranlaßt sah, eine Unterteilung der Arbeiterschaft in acht Gruppen vorzunehmen. Und was für die Arbeiterschaft galt, galt, wie die gegenläufigen Entwicklungen von *landed gentry* und *leisure class* belegen, für Bürgertum und Adel dementsprechend.

Auch sozial sind somit die zentrifugalen Kräfte auszumachen, die nun zu einer Aufsplitterung der ehedem bürgerlich geprägten Gesellschaftshierarchie führten. Die politische und soziale Unzufriedenheit der Arbeiterschaft, wie sie 1866 in den Hyde Park Riots und am Bloody Sunday des Novembers 1887, den Streikwellen der siebziger Jahre oder dem großen Hafenarbeiterstreik des Jahres 1889 sichtbar wurde, ist hierfür Indiz und wesentlicher Grund. Eine schrittweise Erweiterung des Wahlrechts auf die bessergestellten Teile der Industrie- und Landarbeiterschaft durch die Reformgesetze der Jahre 1867 und 1884/85 war eine der Konsequenzen. Das Wahlrecht blieb freilich nach wie vor an eine, wenn auch drastisch eingeschränkte, Eigentumsklausel gebunden. Etwa die Hälfte der erwachsenen männlichen Bevölkerung Englands war nun wahlberechtigt, so daß 1874 auch die ersten beiden Arbeiter, zwei Bergleute, ins Parlament in Westminster einziehen konnten. Eine andere Konsequenz war die wachsende politische und soziale Organisation der Arbeiterschaft: Mitte der sechziger Jahre begann der Zusammenschluß der Gewerkschaften zum Trades Union Congress (TUC) Gestalt anzunehmen; die Zahl der Mitglieder verfünffachte sich in den letzten 30 Jahren des Jahrhunderts auf etwa 2 Millionen. In den Selbsthilfeorganisationen, den Friendly Societies, waren gar 5 Millionen zusammengeschlossen. 1893 erfolgte die Gründung der Independent Labour Party, 1900 unter den Auspizien des TUC die der Labour Party. Die Disharmonien innerhalb dieser Zusammenschlüsse wurden durch die unterschiedlichen ideologischen Ausrichtungen dieser und anderer Organisationen ins Licht gerückt. So sahen die achtziger Jahre die Gründung wichtiger sozialistischer Gruppierungen, der revolutionär-klassenkämpferischen Social Democratic Federation H. M. Hyndmans, der reformerisch-sozialaristokratischen Socialist League von William Morris sowie der evolutionär-pragmatischen Fabian Society, die durch Sidney und Beatrice Webb sowie Bernard Shaw ihre Erfolge erzielte.

Diese Organisationsbestrebungen waren auch Teil jener viktorianischen Entwicklung zur verwalteten Welt, die in den vierziger Jahren eingesetzt hatte; denn das rapide Wachstum der Bevölkerung und deren Vermassung wie auch der Prozeß der Urbanisierung Englands hielten unvermindert an und forderten stets vordringlicher neue Regeln des Zusammenlebens. Mit einer Fülle von Gesetzen versuchten Parlament und Regierungen diesen Prozeß in geordnete Bahnen zu lenken. Alle Bereiche des Lebens wurden erfaßt, die alten Institutionen, Rechtswesen, Armee und Beamtentum, ebenso wie die Details des täglichen Lebens, sei es die Reinhaltung der Nahrungsmittel, sei es die Kanalisation der Städte. Durch die 1870 vollzogene Abschaffung der Ämterpatronage und des Ämterkaufs sowie die Einführung leistungsbezogener Eingangsexamina im Regierungsapparat und in der Armee gelangte die Verwaltung des Staates in die Hände eigens hierfür ausgebildeter Fachleute. Es begann die Ära des Spezialisten, des Intellektuellen. Sowohl die Zahl der Berufsbeamten wie die der Lehrer verdreifachte sich in der zweiten Jahrhunderthälfte. Die Wörter »expertise« und »specialization« wurden in den Sprachschatz aufgenommen.

Ebenfalls geläufig in den achtziger Jahren wurde das Begriffspaar »collectivism« und »individualism«. Es zeigte an, daß sich die liberale Ideologie des Laisser-faire, die bürgerliche Hochachtung der individuellen *self-help*, nunmehr kollektiver und sozialistischer Ideen zu erwehren hatte und sich angesichts unentwegter und unvermeidbarer Staatsinterventionen etwa im Bereich der Erziehung oder der Verwaltung der Städte in der Defensive befand. Schon 1875 stellte Sir Arthur Helps, als Mitglied des Staatsrates ein unverfänglicher Zeuge, in einer Studie mit dem bezeichnenden Titel *Social pressures* die Notwendigkeit staatlicher Eingriffe fest. Damit wuchs aber auch das Bewußtsein und die Angst, anonymen gesellschaftlichen Mächten ausgeliefert zu sein. Dieses Bewußtsein artikuliert sich seit den fünfziger Jahren, etwa durch Brownings Andrea del Sarto (»So free we seem, so fettered fast we are!«) oder durch John Stuart Mill, der in *On liberty* (1859), einem Grundtext des viktorianischen Liberalismus, diagnostiziert, »society has now fairly got the better of individuality.« Es artikuliert sich im letzten Jahrhundertdrittel mit zunehmender Vehemenz oder in ohnmächtiger Klage, etwa in der einflußreichen französischsprachigen Literaturgeschichte Englands eines Hippolyte Taine (1863/64; engl. Übersetzung 1871) oder in der von Emile Zola beeinflußten Milieutheorie des realistischen Romans und Dramas; und es drückt sich selbst in einem Gedicht wie W. E. Henleys »Invictus« (1875) aus, das zwar einen athletischen Aktivismus propagiert, aber dennoch »the fell clutch of circumstance« abwehrend beschwört. Der Mensch fühlt sich in zunehmendem Maße nicht mehr als Subjekt, sondern als Objekt der Geschichte, als Opfer der gesellschaftlichen Umstände. Insbesondere das Romanwerk Thomas Hardys, George Gissings und George Moores verleiht diesem Gefühl Gestalt und Ausdruck.

Weitere Entwicklungen kamen hinzu, um das Gefühl der Desorientierung und Entfremdung, des Ausgeliefertseins und der Ohnmacht im ausgehenden Jahrhundert dominant werden zu lassen. Im *fin de siècle* kam Endzeitstimmung auf. Was Historismus und Evolutionstheorie lehrten, wurde nun nicht mehr trotzig mit einem »Truth is so« (Clough) in die Schranken gewiesen, sondern wurde zum allgemeinen Gedankengut. 1869 prägte T. H. Huxley den Terminus »agnosticism« und erläuterte in einem einflußreichen Aufsatz mit dem aussagekräftigen Titel »The physical basis of life« diese Einstellung als die dem spätviktorianischen Zeitalter angemessene. War noch 1848 James Anthony Froudes Roman, *The nemesis of faith*, in dem in kaum verhüllter autobiographischer Form Glaubenszweifel geschildert werden und eine Position der Skepsis vertreten wird, in Oxford öffentlich verbrannt worden, so erlangte 1888 die Darstellung eines analogen Gewissenskonfliktes in Mrs. Humphry Wards *Robert Elsmere* Bestsellerstatus. Der Zweifler, der Agnostiker war vom Schurken zum Romanhelden avanciert. Eine zweite Wende von kopernikanischem Ausmaß, nun aber im Zeichen der Evolutionstheorie, zwang den Menschen, auch als Krone der Schöpfung abzudanken. Der Mensch, so formuliert A. E. Housman, mit *A Shropshire lad* (1896) Dichter eines verfallenden Arkadiens, in einer Vorlesung im Jahre 1892, »neither springs of the high lineage he fancied, nor will inherit the vast estate he looked for, but must put off his towering pride, and contract his boundless hopes...«

Der endgültige Verlust transzendenter Sicherheiten brachte aktuell zu einem Ende, was seit Descartes als philosophisches Problem bestand: Subjekt und Objekt, Mensch und Welt sind einander fremd geworden. Im Erkenntnisprozeß findet keinerlei Überbrückung mehr statt. Die Welt wird im wörtlichen Sinne zum Gegenstand:

> Ah, what a dusty answer gets the soul
> When hot for certainties in this our life!

George Merediths Klage über die Eitelkeit menschlichen Erkennens aus dem Sonettzyklus *Modern love* (1862) entspringt einer Melancholie, einer resignierenden Unsicherheit, wie sie im ausgehenden Jahrhundert vielstimmig laut wurde – so etwa auch in Algernon Charles Swinburnes »The garden of Proserpine«:

> We are not sure of sorrow,
> And joy was never sure.

Denn der Verlust göttlich gesicherter Wahrheit ließ nun auch die historistischen Thesen mit aller Virulenz wirksam werden. Die Möglichkeit einer umgreifenden Sinnstiftung trotz des Wissens um die historische Spezifik der Existenz, wie sie bislang nahezu allen Vertretern historistischen Gedankenguts, Scott und Macaulay, Browning und Matthew Arnold, selbstverständlich war, wurde hinfällig. Die Dinge der Wirklichkeit, seien es die der Vergangenheit oder der Gegenwart, galten nunmehr als allein in ihrer je spezifischen Erscheinung erfaßbar, ohne daß hinter dieser Erscheinung ein (transzendent legitimiertes) Wesen sichtbar gemacht werden konnte: »To the modern spirit nothing is, or can be rightly known, except relatively and under conditions«, zieht Walter Pater, der Kunsttheoretiker des *fin de siècle*, in einem Essay über Coleridge (1880) pointiert das Fazit.

Der wirtschaftliche und soziale Verfall der mittviktorianischen Dreiklassenstruktur; der Widerstreit liberaler und sozialistischer Ideologien; die Weiterentwicklung zur verwalteten Welt; das wachsende Bewußtsein der Entfremdung und gesellschaftlichen Bedingtheit; der Verlust religiöser Gewißheiten;

die Dominanz eines erkenntnistheoretischen Relativismus – dies waren beileibe nicht alle der zentrifugalen Entwicklungen, die zur Fragmentarisierung der spätviktorianischen Gesellschaft beitrugen. So entwickelte das nach wie vor rapide Wachstum der Bevölkerung und der Städte nicht nur eine Eigendynamik insofern, als Kollektivierungszwänge entstanden und das Bewußtsein, gesellschaftlich bedingt zu sein, sich aufdrängte. Es brachte auch das Problem der Verarmung der unteren Schichten, insbesondere der Gelegenheitsarbeiter und der durch die *Great Depression* Arbeitslosen, mit sich. (Nicht umsonst kam der Terminus »unemployment« in den achtziger Jahren in Umlauf.) Wie schon in den Jahren der Chartistenbewegung wurde wieder eine Bestandsaufnahme der während des bürgerlichen mittviktorianischen Ausgleichs überdeckten sozialen Probleme vordringlich. Sie wurde zunächst geleistet in Werken mit soziologisch-statistischer Ausrichtung wie G. R. Sims' Studie der Slums des Londoner East End, *How the poor live and horrible London* (1889), oder William Booths, des Gründers der Heilsarmee, Darstellung des materiellen und spirituellen Elends *In darkest England* (1890), das seinen einprägsamen Titel dem Bericht *In darkest Africa* (1890) des Afrika-Reisenden H. M. Stanley mit polemischer Absicht entlehnte. Und sie gipfelte schließlich in Charles Booths voluminösem, siebzehnbändigem Werk *Life and labour of the people in London* (1902/03), das durch seinen Titel, der denjenigen Henry Mayhews paraphrasiert, die Parallelität seiner Bemühung mit den Bestrebungen der vierziger Jahre erkennen läßt.

Kein Zweifel, daß – wie in den vierziger Jahren – diese Werke und die durch sie vermittelte Weltsicht die Aufmerksamkeit nicht nur der Politiker, sondern auch der Schriftsteller erneut mit einigem Nachdruck auf die sozialen Probleme, auf die Fakten der Wirklichkeit, auf die Realien lenkten. In einer Zeit des Agnostizismus freilich hatten die Realien ihren Verweischarakter, ihre Symbolkraft verloren, war ihnen auch keine »romance of real life« (Douglas Jerrold) mehr zu entlocken. Sie konnten nur als solche dargestellt werden. Der poetische bzw. symbolische Anteil ging dem Realismus verloren, Elemente eines kruden Naturalismus drangen in die Darstellung ein. Befördert wurde diese Entwicklung auf dem Gebiete des Romans durch den Einfluß der französischen Literatur und Literaturkritik, insbesondere Emile Zolas, auf dem Gebiet des Dramas durch denjenigen Henrik Ibsens. (Damit aber wurde – zum ersten Mal im viktorianischen Zeitalter – auch die Autonomie der englischen Literaturentwicklung eingeschränkt, hatte diese Anteil an dem Geist der Internationalität, der die Moderne kennzeichnet.) Nicht mehr das Bürgertum steht folgerichtigerweise im Mittelpunkt dieser Literatur, sondern die Probleme der unteren Schichten. Charles Reade brachte Zolas *L'assommoir* als *Drink* (1879) auf die Bühne, und Trunksucht ist auch ein zentrales Problem in George Moores zweitem Roman, *A mummer's wife* (1884). In *Esther Waters* (1894) zeichnet Moore den Leidensweg einer Hausangestellten und ledigen Mutter nach. Prostitution ist das Thema von George Gissings *The unclassed* (1884), während bereits die Titel seiner Romane *Demos* (1886) und *The nether world* (1889) auf den Inhalt, die umfassende Darstellung des Lebens und Leidens des Londoner Proletariats, verweisen.

Die Konzentration auf Themen wie Trunksucht und Prostitution, Armut und Kriminalität sowie die detailliert-genaue Schilderung des Milieus, das solches hervorbringt, verwandeln die Klage über das dargestellte Elend unverzüglich zur expliziten oder impliziten Anklage gegen die Gesellschaft, die solches zuläßt. Eine starke moralisch-didaktische wie sozialkritische Tendenz ist dieser Literaturrichtung deshalb zu eigen. Sie impliziert aber nicht mehr die moralische Reform des Individuums, wie dies noch der mittviktorianische Roman zumeist nahegelegt hatte, sondern die grundlegende Veränderung der bestehenden gesellschaftlichen Zustände. Gleichzeitig ging Autoren wie Thomas Hardy und George Moore jedoch der Glaube verloren, daß eine solche Veränderung auch tatsächlich bewerkstelligt werden könne. Kein Wunder, daß sich die an mittviktorianischen Werten und Vorstellungen geschulte Kritik herausgefordert fühlte, brachen doch Themenwahl und Darstellungsweise traditionelle Tabus, etwa bei der ungeschminkteren Präsentation des Sexus. Der Einspruch all der spätviktorianischen Podsnaps ließ so auch nicht lange auf sich warten: Mudie's Circulating Library weigerte sich, George Moores zweiten Roman in das Verleihprogramm aufzunehmen – angesichts der Monopolstellung der Leihbibliothek eine für Autor und Verleger höchst gravierende Entscheidung; dem englischen Übersetzer und Verleger von Emile Zolas Romanen, Henry Vizetelly, wurde gar der Prozeß gemacht; der alternde Tennyson nimmt 1886 in »Locksley Hall sixty years after« bezeichnenderweise nicht nur die Fortschrittsvision seines früheren Gedichts »Locksley Hall« von 1842 zurück – er polemisiert auch bitter gegen die Korruption des Zeitalters und sieht schon »maiden fancies wallowing in the troughs of Zolaism«; und der Doyen der viktorianischen Dramenkritik, Clement Scott, ergießt über Ibsens *Gespenster* anläßlich der englischen Erstaufführung im Jahre 1891 eine Flut schriller Invektiven, das Stück ist ihm »an open drain; a loathsome sore unbandaged; a dirty act done publicly«. All dies belegt das Fortbestehen bürgerlicher Tabus und Werte, belegt aber auch deren Erstarrung.

Bevölkerungswachstum und Vermassung leisteten aber nicht nur ihren Beitrag zu einer neuen sozialkritischen, in Thema und Form tendenziell naturalistischen Literatur, sie ließen dieser Literatur auch ein Riesenreservoir potentieller Konsumenten entstehen. Der zügige Rückgang des Analphabetismus tat hierzu ein übriges. Eine Erhebung unter den Angehörigen der Marine ergab schon im Jahre 1865, daß nahezu zwei Drittel gut lesen konnten und nur ein Zehntel keinerlei Lesekenntnis besaß. Überdies forderte die Ausweitung des Wahlrechts im Jahre 1867 auf die bessergestellten Arbeiter zwangsläufig deren Erziehung zu mündigen Wahlbürgern, sollten nicht die Befürchtungen des Bürgertums, wie sie George Eliot in ihres Romanhelden Felix Holts »Address to working men« (1868) oder Thomas Carlyle apokalyptisch in »Shooting Niagara« (1867) artikulieren, unverzüglich Wirklichkeit werden. In Robert Lowes, des prominenten Konservativen in mehreren Kabinetten, anzüglich-ironischer Formulierung vor dem Parlament (15.7.1867): »I believe it will be absolutely necessary that you should prevail on our future masters to learn their letters.« Das hieraus abgeleitete »educate our masters« wurde zum Schlagwort der späten sechziger Jahre. Schon 1870 verabschiedete das Parlament den von W. E. Forster, dem Schwager Matthew Arnolds, eingebrachten Education Act, der die Organisation der schulischen Grundausbildung regelte, 1880 wurde die allgemeine Schulpflicht eingeführt, 1891 übernahm der Staat die finanziellen Lasten.

Die zentrifugalen Kräfte der spätviktorianischen Zeit, seien sie nun wirtschaftlicher, sozialer, ideologischer oder auch ästhetischer Natur, gestatteten es aber den Schriftstellern nicht mehr, dieses Rezipientenreservoir auch nur einigermaßen vollständig auszuschöpfen. Keinem Autor des letzten Jahrhundertdrittels gelang es, Dickens' oder Tennysons Popularität zu erreichen. Auf allen Gebieten der Literatur ist, auch was die Rezeption betrifft, eine Tendenz zur Spezialisierung und Fragmentarisierung auszumachen. Gewiß ist nun ein noch höheres Bedürfnis nach Fiktionalem als in den fünfziger Jahren festzustellen. So übertraf die Zahl der Romanveröffentlichungen erstmals diejenige theologischer Werke. Gewiß wurde das Massenpublikum mit Massenproduktionen überflutet, etwa mit billigen Abendzeitungen wie *Evening news* (1881), etwa mit anekdotischem Lesestoff in der treffend benannten Wochenzeitschrift *Tit-bits* (1881). Doch was hier produziert wurde, war in Form und Inhalt deutlich klassen- oder gruppenbezogen. Wendete sich *Tit-bits* an die unteren Schichten, so erhielt die Mittelklasse mit dem *Strand magazine* (1891) eine entsprechende Publikation. Die intellektuellen, ästhetisch beeinflußten Wenigen aber schufen sich in den neunziger Jahren eine ganze Serie meist kurzlebiger, literarisch und (typo)graphisch anspruchsvoller Periodika, unter denen *The Savoy* (1896) und, dank Aubrey Beardsleys Illustrationen, *The yellow book* (1894) herausragen.

Auch das Dramenpublikum spaltete sich und suchte sich die seinem Status und seinen Interessen entsprechende Unterhaltung. Konnte das mittviktorianische Melodrama noch alle Klassen gleichermaßen, Queen Victoria ebenso wie den East End-Bewohner, in seinen Bann ziehen, so fand das proletarische Publikum in zunehmendem Maße in den *music halls* sein Vergnügen: Etwa 40 dieser Vergnügungsstätten existierten um 1870 in London. Auch die Theaterbauten zeigen den Wandel an. Die demokratische, jahrhundertalte *pit* mit ihren Holzbänken wandelte sich zu den exklusiven *stalls* mit bequemen, fauteuilgleichen Sitzen, die Zugänge zu den verschiedenen Teilen des Zuschauerraums wurden voneinander getrennt, trennten so die Einkommensschichten und Klassen voneinander. Der Theaterbeginn wurde den bürgerlichen Diniergewohnheiten angepaßt. Das allen Geschmäckern etwas bietende, bis zu sechs Stunden dauernde allabendliche Riesenmenü, bestehend aus *curtain-raiser*, Melodrama, Farce und Ballett, wurde nun auf einen einzigen, etwa zweistündigen Hauptgang eingeschränkt. Und in diesem wurden auf der Bühne seit Tom Robertsons dramatischen Gesellschaftsbildern wie *Society* (1865) oder *Caste* (1867) in zunehmendem Maße und in bieder-konservativer Weise bürgerliches Leben, bürgerliche Sitten serviert. Das Melodrama begann zu veralten (freilich nur, um nach der Jahrhundertwende in dem neuen Medium des Films wiederum fröhliche Urständ zu feiern). Mit J. T. Greins Independent Theatre (1891) aber fand die Bewegung der freien Theater wie zuvor in Paris und Berlin nun auch in London ihr Haus und ihr Minoritätenpublikum, eine Minderheit, die bereit war, sowohl das neue gesellschaftskritische Drama in der Nachfolge Ibsens wie auch das poetische Drama zu stützen.

Die zentrifugalen Kräfte des Zeitalters waren aber auch noch anderweitig am Werk. Als William Ewart Gladstone, der Grand Old Man der spätviktorianischen Politik, in den siebziger Jahren beschloß, der Frage der Home Rule für Irland hohe Priorität unter seinen politischen Zielen einzuräumen, tat er dies nicht allein aus machtpolitischen Erwägungen, welche ihn auf eine Unterstützung durch die irischen Abgeordneten hoffen ließen. Er trug zudem den für das Europa des 19. Jahrhunderts so typischen, nationalistischen Bestrebungen Rechnung, wie sie nun auch innerhalb des Vereinigten Königreiches, und zwar insbesondere in Irland, mächtig wurden. Diese Bestrebungen richteten sich zum einen auf politische Ziele, auf die Gründung eines unabhängigen Nationalstaates, zum andern auf die Pflege der Geschichte und künstlerischen Tradition, um so eine eigene kulturelle Identität begründen zu helfen. Das zunächst vorwiegend antiquarisch auf die Sammlung der Sprachdenkmäler der Vergangenheit sowie linguistisch auf die Wiederbelebung des Gälischen gerichtete Interesse wandte sich in der Person des jungen William Butler Yeats der Frage zu, wie eine von der bürgerlich-englischen Tradition unabhängige, eigenständige anglo-irische Literatur geschaffen werden könne. 1891 wurde von Yeats zu diesem Zwecke die Irish Literary Society gegründet, 1893 von Douglas Hyde die Gaelic League, 1899 schließlich das Irish Literary Theatre. Dieses ebnete seinerseits den Weg für die Abbey Theatre Company, welche unter der Führung von Yeats, Lady Gregory und John Millington Synge in der ersten Dekade des 20. Jahrhunderts aufregende Dramatik geradezu serienweise produzierte. Hier fand der, auch in Schottland und Wales sowie der englischen Provinz wirkende, kulturelle Regionalismus, der als Reaktion auf die Übermacht der kommerziellen, bürgerlichen Londoner Großstadtkultur zu verstehen ist, Ausdruck und Rechtfertigung.

Doch nicht nur zwischen den Nationen des Königreiches, nicht nur zwischen den Klassen Englands, auch zwischen den Geschlechtern brachen Konflikte auf. Liberales Gedankengut wie auch die Notwendigkeiten der arbeitsteiligen Industriegesellschaft wirkten zwangsläufig auf das Denken und Verhalten der Geschlechter zurück. Zwar ist in Tennysons *The princess* (1847) die traditionelle bürgerliche Rollenverteilung noch einmal prägnant formuliert:

> Man for the field and woman for the hearth:
> Man for the sword and for the needle she:
> Man with the head and woman with the heart:
> Man to command and woman to obey;
> All else confusion.

Doch bereits hier ist es der starre Vertreter der älteren Generation, der solches propagiert, während sich das ganze Gedicht, wenn auch in recht frivol-schematischer Weise, mit der Frage einer angemessenen Ausbildung der Frauen befaßt.

Schon der früh- und mittviktorianische Roman hatte die Beschränktheit des Loses der Frau, die Enge ihrer Welt eindringlich geschildert und etwa mit Lucy Snowe aus Charlotte Brontës *Villette* oder Dorothea Brooke aus George Eliots *Middlemarch* bedrückend-resignative Anatomien des Problems geliefert. Im letzten Jahrhundertdrittel trat an die Stelle der Resignation immer deutlicher das Aufbegehren, das schließlich militant in der Suffragettenbewegung durchbrach. Selbst eine Dickenssche Frauenfigur wie Bella Wilfer aus *Our mutual friend* will nun nicht mehr nur Zierde des Heims sein (und nimmt hierbei Ibsens Nora verbal vorweg): »I want to be something so much worthier than the doll in the doll's house.« (Buch IV, Kap. 5) In John Stuart Mills großem Plädoyer für die Gleichstellung der Frau, *The subjection of women* (1869), findet dieses Aufbegehren seine, liberalem Geist entsprungene, Rechtfertigung. Schritt für Schritt erkannten Gesetzgeber und andere Institutionen seine Berechtigung an: 1869 erfolgte in Cambridge die Gründung des ersten Frauen-College, und 1870 wurde ein Gesetz verabschiedet, das Ehefrauen ein Mitspracherecht über ihr Eigentum einräumte, somit die bisher bestehende totale Abhängigkeit gegenüber dem eigenen Mann um ein geringes lockerte. Als Symptom dafür, daß den Frauen nun größere Selbständigkeit zugestanden wurde, wie auch für die Aufteilung des Literaturmarktes nach Gruppeninteressen, kann zudem die Veröffentlichung von Frauenzeitschriften wie *The lady* (1885) dienen, die sich nun nicht mehr, wie ihre Vorgänger, ausschließlich mit Mode und Sentiment befaßten. Die Entwicklung der Frauenemanzipation entspricht dem Motto von *Woman*, einer ab 1890 erscheinenden Zeitschrift: »Forward, but not too fast.«

Im Zentrum der spätviktorianischen Diskussion um die Rolle der Frau aber steht ein moralisches Problem, das der Doppelmoral. Es wird bewußt, daß die mittviktorianische Heiligung der Hüterin von Heim und Herd nur dank eines allgemeinen Aktes der Verdrängung und Tabuisierung des Sexus gelingen konnte. Und es wird bewußt, daß diese Verdrängung und Tabuisierung männlicherseits zu Heuchelei und Doppelmoral führten. Die Rechtfertigungen der Prostitution als zum Erhalt der Reinheit der Ehefrau notwendig, wie sie sogar von prominenten Kulturkritikern vorgetragen wurden, sind Indizien solcher Doppelmoral. Gegen diese wendet sich die Literatur des ausgehenden Jahrhunderts mit einiger Vehemenz. Sie kreierte die Figur der *woman with a past*, die, wie jeder Mann, das Recht auf ein (sexuelles) Voreheleben beansprucht. In Pineros *The second Mrs. Tanqueray* (1893) betritt sie die Bühne, in Grant Allens *The woman who did* (1895) wird sie zur skandalträchtigen Romanheldin. Und Thomas Hardy gibt seiner Darstellung der leidvollen Erfahrung einer von Schicksal und Umwelt geschlagenen, gefallenen Frau, *Tess of the d'Urbervilles* (1891), provokativ den Untertitel *A pure woman*.

Mögen Paula Tanqueray oder Tess an den starren Moralvorstellungen scheitern, mag der Zensor auch die öffentliche Aufführung von Shaws Analyse des Warencharakters und der Käuflichkeit der bürgerlichen Moral am Beispiel einer Bordellbetreiberin in *Mrs. Warren's profession* (1893) schlicht verbieten, so wird in all diesen Werken doch sichtbar, daß die überkommenen Moralvorstellungen nicht mehr als gegeben hingenommen werden. Von einer Umwertung aller Werte zu sprechen, wäre gewiß übertrieben. Aber vor dem Hintergrund eines historischen Relativismus und des Verlustes der religiös gesicherten, absoluten Wahrheiten trat die historische Bedingtheit auch der Moral ins Bewußtsein. Das Überkommene wurde nicht mehr zweifelsfrei als Wert anerkannt, die Vorstellungen der Väter wurden, etwa in Samuel Butlers *The way of all flesh* (1903 postum veröffentlicht) oder Edmund Gosses *Father and son* (1907), bewegend der Kritik unterzogen. Der Tabubruch war nun möglich und gehörte alsbald zum Instrumentarium der künstlerischen Avantgarde. Das Neue aber, das Moderne, wurde, wie zahllose Etikettierungen von der Art des *new drama*, des *new hedonism*, der *new woman* zeigen, als Wert privilegiert. Die Moderne als Epoche kündigte sich auch begrifflich an.

Der bedeutendste Versuch auf politischem, sozialem und wirtschaftlichem Gebiet, den zentrifugalen Kräften der Zeit, *Great Depression* und Vermassung, Ohnmacht, Relativismus und Moralverlust, Einhalt zu gebieten, war die Wendung Englands nach außen, war ein ausgreifender Imperialismus. Er fand seinen Bezugspunkt in Queen Victoria, die von Disraeli 1876 zur Kaiserin von Indien gemacht wurde und deren fünfzig- und sechzigjährige Regierungsjubiläen 1887 und 1897 nicht geringe nationalistische Wellen der Begeisterung auslösten: »One life, one flag, one fleet, one Throne!« jauchzt Tennyson. Von Disraelis Coup des Kaufs der Suezkanalaktien (1875), der die Besetzung Ägyptens (1882) nach sich zog, bis zum »scramble for Africa« (*The Times*, 15. 9. 1884), das schließlich in den Burenkrieg (1899–1902) mündete, verleibte sich England nun Jahr für Jahr Gebiete in allen Erdteilen ein, bis es zu Ende des Zeitalters etwa ein Fünftel der festen Erdoberfläche beherrschte. Die Meere beherrschte es dank einer übermächtigen Flotte ohnehin. Hier wurde der Raum geschaffen, der sowohl die überschüssige Bevölkerung wie das überschüssige Kapital gewinnbringend aufnehmen konnte. Hier wurde auch der Markt – »trade follows the flag« – geschaffen, der die englischen Industrieprodukte aufnahm, die wegen der deutschen und amerikanischen Konkurrenz ansonsten nicht abgesetzt werden konnten. Und hier standen auch konkurrenzlos billig die Rohstoffe zur Verfügung, welche die englische Industrie lebensfähig erhielten. Die Expansion Englands besaß somit unzweifelhaft Ventilfunktion für die sozialen Spannungen im Innern und trug nicht wenig zur wirtschaftlichen Stabilisierung bei.

Sie leistete aber noch mehr. Vor allem wirkte sie dem Werteverfall der Zeit entgegen, indem sie Ziele vor Augen zu stellen schien, für die es sich zu arbeiten und zu kämpfen lohnte. Dabei trägt die Vorstellung der Wunder Asiens, wie sie Kiplings Ex-Soldat in »Mandalay« (1892) poetisch imaginiert, deutlich eskapistischen Charakter. Öfter noch erscheint den Theoretikern und Rechtfertigern des Imperialismus wie Sir Charles Dilke in seinem *Greater Britain* (1868) sowie den Dichtern und Romanciers der fremden Welten wie Robert Louis Stevenson, Rudyard Kipling oder – mit deutlichem qualitativen Abstand – Rider Haggard die Welt als »brave gymnasium« (Stevenson) der Tat und der heroischen Bewährung. Sie bietet genügend Freiraum für die Entfaltung des couragierten, hochgesinnten einzelnen, dessen Heldentaten dann in idealistisch verbrämten Erlebnisberichten wie W. H. Fitchetts *Deeds that won the Empire* (1897) oder in Abenteuerromanzen wie Rider Haggards *King Solomon's mines* (1885) vor allem den jugendlichen Leser fesseln. Scheint hier dem Individuum die Handlungsfähigkeit zurückgegeben, die ihm in der anonymen Masse der englischen Klassengesellschaft abhanden gekommen ist, so findet der Imperialismus durch Rudyard Kipling in dem berühmt-berüchtigten Gedicht »The white man's burden« (1899) im Zivilisationsauftrag, in der Missionspflicht seine geschichtliche Rechtfertigung. Gesellte Kipling freilich mit »Recessional« (1897) dem rassistischen Übermut dieses Gedichts die Warnung vor just solchem Übermut hinzu, enthält sich die populäre Literatur jeglicher Ambivalenz. Sie produziert und pflegt den National- und Rassenstolz jener, »who believe that the British Empire is, under Providence, the greatest instrument of good that the world has seen«. Und sie mündet in jenen gedankenlosen Nationalismus, der sich als Jingoismus im populären *music hall*-Song manifestiert:

> We don't want to fight, but by Jingo if we do,
> We've got the ships, we've got the men, and got the money too.

Nicht nur diese Zielbestimmung klingt freilich hohl, hohl sind auch die Ziele all jener Tatmenschen, die die Welt der imperialistischen Romanzenliteratur bevölkern. Sie vollbringen ihre Taten letztlich um der Taten willen, ohne diese in einen universellen, sinnvollen Kontext einfügen zu können. Sie gleichen darin einem anderen, übermenschlichen Zeitgenossen, dem Meisterdetektiv Sherlock Holmes, der Verbrechen aufdeckt, nicht um in erster Linie der Gerechtigkeit zum Sieg zu verhelfen, sondern um seinen Ennui zu überwinden sowie wegen der künstlerischen Virtuosität des Vorgangs an sich. Und sie gleichen darin überraschenderweise denjenigen, die sich als Reaktion auf Vermassung, auf Entfremdung und individuelle Ohnmacht in die künstlichen Paradiese der Imagination flüchten.

Als bedeutendstes imaginatives Refugium hat seit jeher die Kunst gegolten. Als Gegenbewegung gegen die bedrückende Vermassung und den Kollektivismus der Zeit, aber auch gegen die Postulate der Sozialpflichtigkeit und des moralischen Auftrags der Kunst formierte sich ein ästhetizistischer Schönheitskult. Er setzte fort und verwandelte, was die Präraffaeliten um die Jahrhundertmitte begonnen hatten, und fand sein Manifest in Walter Paters »Conclusion«, dem Schluß von *Studies in the history of the Renaissance* (1873), einer Sammlung vorwiegend kunsthistorischer Essays von impressionistisch-intensiver Brillanz. Was Pater fordert, ist die Kultivierung des Augenblicks, das volle Auskosten von Stimmung und Impression, der Dauergenuß exquisiter Empfindungen: »Not the fruit of experience, but experience itself, is the end.« Und: »To burn always with this hard, gemlike flame, to maintain this ecstasy, is success in life.« Für viele der jungen Generation wurden Paters Aphorismen zum künstlerischen Credo, ja zur Lebensanleitung. Stimuliert obendrein durch Swinburnes Feier eines morbid-amoralischen »twilight where virtues are vices« in seiner skandalumwitterten Gedichtsammlung *Poems and ballads* (1866) und angeregt von französischen Vorbildern, etwa dem Théophile Gautiers, wurde die Moral aus der Kunst verbannt. »Art is non-moral«, stellt *The yellow book*, das Zentralorgan der Ästhetizisten und Dekadenten, schlicht fest, was Oscar Wilde so erläutert: »There is no such thing as a moral or an immoral book. Books are well written, or badly written. That is all.«

Für eine solche Kunst werden Inhalte sekundär gegenüber der vollendeten Form. Da freilich der ekstatische Augenblick, die flüchtige Stimmung, die rauschhafte Epiphanie nur schwer über einen längeren Zeitraum bewahrt werden können, sind literarische Großformen aus ästhetizistischem Geist kaum vorstellbar: Walter Paters Versuch, mit *Marius the Epicurean* (1885) einen Roman zu schreiben, resultiert in einer weltleeren Analyse von des Titelhelden *Sensations and ideas* – so der bezeichnende Untertitel. Und Oscar Wildes *The picture of Dorian Gray* (1891) verdankt seinen Erfolg nicht unmaßgeblich dem starken kriminalistischen Element, also den Abweichungen vom ästhetizistischen Ideal. Was bleibt, ist das geistvolle Spiel in Wildes Gesellschaftskomödien, ist vor allem die intensive Pflege der Kurzformen, von Gedicht und Kurzgeschichte, Essay und Epigramm (letzteres vor allem in der Form des Paradoxons). Epigramm und Paradoxon sind zudem zentrale Bestandteile der Kunst der geistreichen Konversation, deren vollendete Beherrschung zum ästhetischen Programm des *fin de siècle* gehört; denn Künstlichkeit, Schönheit prägen nicht nur das Werk, sie müssen auch das Leben des Ästhetizisten auszeichnen:

»... the making of one's life into art is after all the first duty and privilege of every man. It is to escape from material reality into whatever form of ecstasy is our own form of spiritual existence.« So Arthur Symons, Anreger und Popularisator mehrerer künstlerischer Strömungen des Jahrhundertendes. Die Pose konstituiert die Kunstform des ästhetizistischen Alltags, der Dandy versteht sich als personifiziertes Kunstwerk und hat nachgerade zwangsläufig eine Fülle von Parodien provoziert, unter denen Gilbert und Sullivans Savoy-Oper *Patience* (1881) herausragt.

Doch nicht nur als Gegenwelt diente die Kunst, ihr wurde im ausgehenden Jahrhundert zunehmend auferlegt, als Religionsersatz zu wirken. Sie scheint nun so manchem allein zur Sinnstiftung fähig. Schon Matthew Arnold hatte in den einleitenden Sätzen seiner Oxforder Vorlesung »The study of poetry« (1880) diesen Gedanken formuliert. Die These wird von Pater, von Wilde aufgegriffen und findet klarsten Ausdruck bei William Butler Yeats. Das Priesteramt, das so dem Künstler zufällt, kann aber nicht mehr vor einer einverstandenen, weite Teile der Bevölkerung oder auch nur des Bürgertums umfassenden Gemeinde vollzogen werden. Hierzu fehlt die verbindliche ideologische Basis. Was der Künstler-Priester anzubieten vermag, ist selten mehr als eine exklusive Privatmythologie. Die Esoterik des von französischen Vorbildern beeinflußten, in der letzten Dekade des Jahrhunderts blühenden Symbolismus ist hierfür ein Indiz. Die Symbole stellen keine gemeinsame Sprache mehr dar wie noch die »types« der früh- und mittviktorianischen Zeit. Sie finden vielmehr ihre Entsprechung in Pseudo-Religionen, wie sie nun zuhauf entstanden, in Spiritismus und Okkultismus, in Theosophie und der parapsychologischen Society for Psychical Research (1882).

So schloß das Jahrhundert im Nebeneinander widerstreitender Bestrebungen: Die Kunst war Religionsersatz, Privatmythos, Pose, Sozialkritik und Didaxe; der Künstler dementsprechend Priester, Hermetiker, Dandy, Gesellschaftskritiker und Moralist. Das Publikum hatte sich gleichfalls gespalten. Eine jede Richtung hatte ihre Gefolgschaft, alle aber konnte niemand mehr erreichen. Die überwiegende Mehrheit der Bevölkerung, die ein Dickens noch mit Tränen und Gelächter unterhalten hatte, zog nun das anspruchslose Vergnügen der *music hall* vor und ließ sich von der schwellenden Zahl der Gebrauchsliteraten mit Massenware verköstigen. Auch bei den Formen und Inhalten der Literatur läßt sich Verbindendes kaum ausmachen: Das esoterische Gedicht der Symbolisten stammt gleichsam aus einer anderen Welt als der naturalistische Großstadtroman. Nichts war vom mittviktorianischen Ausgleich geblieben. Eine Epoche der Fragmentarisierung, der Entfremdung und Desillusion, des Nebeneinanders des Unterschiedlichen, der Gleichzeitigkeit des Ungleichzeitigen war angebrochen. (T)

20. Jahrhundert

Das Ende der viktorianischen Ära

In der Geschichte der europäischen Völker stellt das 20. Jahrhundert eine Epoche radikaler Umbrüche im politischen wie gesellschaftlichen, im wissenschaftlichen wie im künstlerischen Leben dar. Die beiden Weltkriege, die die europäische Landkarte veränderten und im Bewußtsein der Menschen ihre tiefen Spuren hinterließen, sind nur die deutlichsten Zeugnisse für die Veränderungen, die in ihren Ansätzen bereits im 19. Jahrhundert zu beobachten waren. Nietzsches herausforderndes Diktum: »Gott ist tot« wies auf den religiösen Substanzverlust hin, der insbesondere bei den westeuropäischen Völkern seit der Aufklärung festzustellen ist. Den Viktorianern gelang es zwar meist noch, in einem zeremoniell geregelten System bürgerlicher Frömmigkeitskultur die Zweifel zu überwinden, die Charles Darwin mit seiner Lehre vom Ursprung der Arten bei seinen Zeitgenossen ausgelöst hatte. Aber ein Autor wie Thomas Hardy, der als Neunzehnjähriger Darwins Werk las, läßt auch den heutigen Leser noch nacherleben, was es für diese Generation bedeutete, die überlieferte Lehre von der Schöpfung revidieren zu müssen, und welche Auswirkungen »the disappearance of God« (J. Hillis Miller) für die Viktorianer haben konnte.

Mit den Zweifeln an der religiösen Basis des menschlichen Lebens stellten sich auch Zweifel an den gesellschaftlichen Werten, Normen und Konventionen (etwa an den herkömmlichen Auffassungen von Liebe und Ehe und an der Stellung der Frau in der Gesellschaft) ein, die wenigstens in der Mittelklasse im 19. Jahrhundert noch weitgehend Gültigkeit gehabt hatten. Auch hier liefert der Romancier Thomas Hardy, insbesondere mit seinen späten Romanen *Tess of the d'Urbervilles* und *Jude the obscure* instruktive Beispiele, an die D. H. Lawrence bei seinen kritischen Äußerungen über die Gesellschaft des 20. Jahrhunderts anknüpfte.

Zweifel konnten aber auch aufkommen an den Überzeugungen, die dem politischen Leben, vor allem den kolonialistischen Bestrebungen der europäischen Völker in den außereuropäischen Gebieten zugrunde lagen. Eine Erzählung wie Joseph

Conrads »Heart of darkness« (1899) läßt die ganze Fragwürdigkeit des Fortschrittsoptimismus und des Glaubens an eine zivilisatorische Mission der Weißen zutage treten. Alle Bindungen an bürgerliche Moral und Anstand, an Aufrichtigkeit, Fairneß und Gerechtigkeit zerreißen, und Mr. Kurtz, der paradigmatisch für die Gefahren steht, die den europäischen Eroberern eigen sind oder eigen sein können, wird von dem blinden Trieb beherrscht, Eingeborene auszubeuten; er überträgt das Gesetz einer ständig und unbarmherzig expandierenden Konkurrenzgesellschaft auf außereuropäische Bereiche, bis er sich schließlich selbst vernichtet.

Die Erzählung Joseph Conrads vermittelt modellhaft eine Konfliktsituation, die in abgewandelter Form in der englischen Politik, im Ausbau und der Weiterentwicklung des British Empire im 20. Jahrhundert enthalten ist. Konnte der kulturelle Anspruch, mit dem die Briten den außereuropäischen Völkern gegenübertraten und mit dem sie im Dialog mit anderen europäischen Völkern ihre Politik verteidigten, noch aufrechterhalten werden? Ließ sich die Idee des zivilisatorischen Fortschritts problemlos in praktische Politik umsetzen? Ließen sich Formen finden, die der veränderten allgemeinen Bewußtseinslage bei den Bewohnern anderer Erdteile, in die sich das British Empire ausgebreitet hatte, gerecht würden? Wie konnte das Bestreben all derjenigen, die in britischen Kolonien lebten und ihre eigene Politik zu entwickeln versuchten, mit der Politik des Mutterlandes in Übereinstimmung gebracht werden?

Die Stimmung, die die meisten Engländer in den letzten Jahren des 19. Jahrhunderts erfüllte, als das British Empire den Höhepunkt seiner Macht erreicht hatte, stellt sich dem modernen Historiker als »climax of Imperialism« dar: »Imperialism had become a sanctified philosophy. [...] The British empire was a proud nation's gift to humanity. Never before and never again was the empire to be such a popular symbol of British power, achievement and future hopes.« (C. C. Eldridge)

Als Fürsprecher des Imperialismus wurde Rudyard Kipling angesehen, der in seinen Gedichten wie in seinen Erzählungen den Ton traf, der vielen Engländern zu Herzen ging: Er weckte Verständnis für das Ethos, für die Ideen, von denen sich der britische Imperialismus bestimmt sah, für Mut, Tapferkeit, Pflichterfüllung und Selbstlosigkeit im Dienst der westlichen Zivilisation. Zugleich aber brachte Kipling in »Recessional« die Vorahnung zum Ausdruck, daß der Glanz des britischen Weltreiches vergehen werde, daß es nicht gelingen werde, die einmal erreichte Machtfülle aufrechtzuerhalten:

Far-called, our navies melt away;
  On dune and headland sinks the fire:
Lo, all our pomp of yesterday
  Is one with Nineveh and Tyre!
Judge of the Nations, spare us yet,
Lest we forget – lest we forget!

Der Tod Königin Viktorias am 22. Januar 1901 symbolisiert das Ende einer Ära, die bei aller Größe und allem Glanz nach außen bereits die Konflikte in sich trug, die in zunehmender Schärfe im 20. Jahrhundert ausgetragen wurden.

Vom British Empire zum Wohlfahrtsstaat

Die Versuche des Kolonialministers Joseph Chamberlain, dem British Empire zu Beginn dieses Jahrhunderts durch eine Zollunion und durch die Verpflichtung zu gemeinsamer Verteidigung eine festere Gestalt zu geben, scheiterten. Dafür setzte sich der Gedanke durch, daß die im British Empire zusammenlebenden Völker eine »community of communities«, »a commonwealth of nations« darstellten. Premierminister Balfour definierte 1926 die Dominions als »autonome Gemeinschaften innerhalb des Britischen Empire, gleich im Status, in keiner Weise einander in inneren und äußeren Angelegenheiten untergeordnet«, aber »doch durch eine gemeinsame Bindung an die Krone vereinigt und als Mitglieder des Britischen Commonwealth of Nations frei assoziiert«. Dieser Vorschlag wurde 1931 durch das Statut von Westminster offiziell anerkannt. Zusammenarbeit und Fortschritt der Völker bei Wahrung ihrer Eigenständigkeit waren das gemeinsame Ziel, dem diese Völkergemeinschaft zustreben wollte und in dem auch Indien und die Mitglieder des »Colonial Empire« sich weiterentwickeln und ihre Selbständigkeit erlangen konnten. Nach dem Zweiten Weltkrieg wurde das Adjektiv »British« aus der Bezeichnung eliminiert und 1953 der Begriff »Dominion« aus allen Titeln der Königin Elisabeth II. gestrichen.

Ein deutlicher Beweis für die politischen Ziele, die England im Rahmen des Commonwealth nach dem Zweiten Weltkrieg verfolgte, war die sogenannte Entkolonialisierungspolitik, die insbesondere in Afrika zu weitreichenden Veränderungen führte und das Streben der farbigen Völker nach Unabhängigkeit weitgehend tolerierte. So wurden zwischen 1960 und 1965 Ghana, Nigeria, Sierra Leone, Tanganjika, Uganda, Sansibar, Kenia und Gambia selbständige Mitglieder des Commonwealth of Nations.

Besondere Schwierigkeiten barg seit dem 19. Jahrhundert das Verhältnis des Mutterlandes zu Indien und Irland in sich. Die enge Bindung Indiens an die britische Krone kam dadurch zum Ausdruck, daß Königin Viktoria ab 1876 zugleich Kaiserin von Indien war; die liberale Politik eines Vizekönigs wie Lord Repon weckte bei den Indern andererseits Hoffnungen, die durch die folgenden Vizekönige wiederum zerstört wurden. Nach dem Ersten Weltkrieg war es vor allem Gandhi, der den indischen Widerstand gegen die britische Herrschaft propagierte und organisierte und zum zivilen Ungehorsam aufforderte. In den Jahren 1930 und 1932 unterstützte er die Unabhängigkeitsbestrebungen durch Kampagnen, die zivilen Ungehorsam propagierten und auch praktizierten. Aber die Verfassung, die 1935 vom Londoner Parlament für Indien verabschiedet wurde, stellte die indischen Nationalisten nicht zufrieden. Und auch als im Zweiten Weltkrieg Sir Stafford Cripps Indien den Dominion-Status anbot, stieß dieser Vorschlag auf die Ablehnung des Nationalkongresses. Statt dessen forderten Gandhi und seine Anhänger die Briten mit dem Slogan »Quit India« dazu auf, ihre Machtposition in Indien aufzugeben. England trat mit dem Independence of India Act (1947) den Rückzug an. Infolge der politischen Spannungen innerhalb des Landes ging damit aber auch die Einheit Indiens verloren: 1947 entstanden die beiden Dominien Indien und Pakistan. Kraft der Verfassung wurde Indien eine Republik, die Mitglied des Commonwealth blieb. Indien gab mit dieser Entscheidung anderen Republiken in Afrika und Asien ein Vorbild und trug auf diese Weise dazu bei, daß sich das »British Commonwealth of Nations« in ein »Multiracial Commonwealth« verwandelte.

Irland durchlief eine Entwicklung, die schließlich zur völligen Loslösung der Irish Republic vom Commonwealth führte. Bereits im 19. Jahrhundert hatte sich Gladstone für die Gewährung der Home Rule im britischen Unterhaus eingesetzt, um die Wünsche der irischen Nationalisten zufriedenzustellen; als die Liberalen 1911/12 bereit waren, Irland die Home Rule-Lösung zuzubilligen, traten ernsthafte Spannungen zwischen dem protestantischen Nordirland und dem katholischen Südirland zutage: Den Ulster Volunteers standen nun die Irish Volunteers gegenüber. Der Ausbruch des Ersten Weltkrieges ließ die irische Frage zunächst in den Hintergrund treten, aber der Osteraufstand des Jahres 1916 war ein deutliches Zeichen dafür, daß die Iren an ihrem Ziel festhielten, die Unabhängigkeit ihres Landes notfalls auch mit militärischer Gewalt zu erkämpfen. Weitere Etappen auf dem Weg Irlands in die Unabhängigkeit wurden durch folgende Ereignisse markiert: die Konstituierung eines Nationalparlamentes, die Einrichtung einer unabhängigen, von England nicht anerkannten Regierung unter Eamonn de Valera (1919); die Gründung eines Irischen Freistaates im Jahre 1922; die Einführung einer neuen Verfassung im Jahre 1937; der formelle Austritt aus dem Commonwealth of Nations im Jahre 1949. Die nordirische Frage, die seit 1969 die englische Politik beschäftigt, ist bislang ungelöst.

Die vielfältigen politischen Spannungen und Probleme innerhalb des Empire zwangen England, in weltpolitischen Dimensionen zu denken. In seiner Europa-Politik war es darauf bedacht, auf dem Kontinent ein Gleichgewicht der Mächte zu erhalten, denn nur so konnte es sich dem Auf- und Ausbau seines Empire widmen. Eine empfindliche Störung dieses Gleichgewichts trat in der zweiten Hälfte des 19. Jahrhunderts durch Preußen und Bismarck ein und durch die schnelle Industrialisierung Deutschlands, das nun als ernsthafter Rivale Englands angesehen wurde. Aus den politischen Rivalitäten ergaben sich unterschiedliche Feindbilder, die sich in der englischen Literatur von E. M. Forster bis zu Virginia Woolf nachweisen lassen: Das militärisch-autoritäre Preußen erschien vielen Engländern als das Gegenbild zu einer freiheitlich-liberalistischen Lebensordnung.

Vor den beiden Weltkriegen unternahm England zwar Versuche, Deutschland für eine Kooperation und eine plausible Rollenverteilung zu gewinnen: Während England als Weltmacht die Herrschaft über die Meere ausüben wollte, sollte Deutschland als Kontinentalmacht für eine ausgewogene Gestaltung der politischen Verhältnisse auf dem Kontinent sorgen. Aber weder die Außenpolitik, die Joseph Chamberlain zu Beginn des Jahrhunderts verfolgte, noch die Verständigungsversuche Lloyd Georges oder die diplomatischen Bemühungen des englischen Kriegsministers Haldane führten zu dem erwünschten Erfolg. In ähnlicher Weise scheiterten vor dem Zweiten Weltkrieg die

Appeasement-Politik Neville Chamberlains und die diplomatischen Unternehmungen Sir Neville Hendersons, des britischen Botschafters in Berlin. Die Konflikte mit Deutschland ließen eine Annäherung zwischen England und Frankreich zustande kommen, die in beiden Weltkriegen zusammen mit den Vereinigten Staaten als die Verteidiger einer westlich-demokratischen, freiheitlichen Lebensordnung auftreten konnten.

Bei allen skeptischen Vorbehalten, die die Engländer gegenüber den Deutschen auch nach 1945 noch hatten, waren sie bemüht, den Deutschen den Eintritt in die westliche Völkerfamilie zu ermöglichen. Es mutet wie eine Ironie der Geschichte an, daß die Aussöhnung zwischen Frankreich und Deutschland, gefördert durch General de Gaulle, der während des Zweiten Weltkrieges in England Zuflucht gefunden und von dort aus die militärische Befreiung Frankreichs mit vorbereitet hatte, schnell Fortschritte machte, daß aber der erste Antrag Englands, in die Europäische Gemeinschaft aufgenommen zu werden, am Veto General de Gaulles scheiterte. Erst die gemeinsamen Bemühungen von Edward Heath und Georges Pompidou führten dazu, daß England am 1. Januar 1973 offiziell der EG beitrat.

Innenpolitisch ist die Entwicklung Englands im 20. Jahrhundert durch den graduellen Machtverlust der Bürgerlich-Liberalen und durch das Vorrücken der Labour Party bestimmt, die in enger Zusammenarbeit mit den Gewerkschaften für die Belange der Arbeiterklasse eintrat und in umfassender Weise darum bemüht war, aus England einen (wenn möglich vorbildlichen) Wohlfahrtsstaat zu machen.

Auf einen modernen Wohlfahrts- und Sozialstaat zielte zu Beginn des 20. Jahrhunderts bereits die Politik der Liberalen ab: Lloyd George und Asquith (Premierminister von 1908 bis 1915) setzten oft gegen den heftigen Widerstand der *upper class* eine Reihe von gesetzlichen Maßnahmen durch, die die Grundlage für eine neue gesellschaftliche Ordnung legten. Genannt seien die Gesetze über die Alterspensionen und den Achtstundentag für die Bergleute, über die Festlöhne in der Metallindustrie und das Nationale Versicherungsgesetz, das Arbeitern für den Fall der Krankheit, der Invalidität und der Arbeitslosigkeit Versicherungsschutz gewährte.

Die Streikwellen, insbesondere der Jahre 1910 und 1911, ließen die britische Öffentlichkeit erkennen, wie stark der politische Einfluß der Gewerkschaften inzwischen geworden war, und das Auftreten der militanten Suffragetten, die seit 1905 in drastisch-gewaltsamer Weise, durch Hungerstreik und Massendemonstration, durch Brandstiftung und Bombenattentate auf die Lage der Frauen und deren politische Forderungen aufmerksam zu machen suchten, sorgte für eine innere Unruhe in England, die freilich mit dem Ausbruch des Ersten Weltkrieges abebbte. So überraschend es klingen mag: Der Krieg förderte auf seine Weise den Abbau sozialer Konflikte. Mit dem Representation of the People Act des Jahres 1918 erhielten alle Frauen ab 30 das Wahlrecht; 1928 erfolgte die politische Gleichstellung mit den Männern.

Trotz des Wandels in den gesetzlichen Rahmenbestimmungen für das politische, wirtschaftliche und gesellschaftliche Leben blieben nach dem Ersten Weltkrieg in der englischen Innenpolitik genügend ungelöste Probleme, die zu neuen Unruhen führten. Die Weltwirtschaftskrise, die im Wall Street Crash (1929) ihren deutlichsten Ausdruck fand – ein Jahrzehnt der Prosperität konnte auch in den USA weder die Landwirtschaftskrise noch die Arbeitslosigkeit beseitigen –, ließ in England die Arbeitslosenziffer auf drei Millionen ansteigen, in Süd-Wales waren um 1930 60 Prozent der Arbeiter beschäftigungslos. Um der Schwierigkeiten Herr zu werden, bildete man in England im August eine Koalitionsregierung (»National Government«), die bis zum Zweiten Weltkrieg – zunächst unter MacDonald, dann unter Baldwin, schließlich unter Neville Chamberlain – im Amt blieb.

Während dieser Zeit änderten sich die alltäglichen Lebensbedingungen in England erheblich. Seit Anfang des Jahrhunderts (1906) bestimmten die Taxen das Londoner Stadtbild. 1921 wurde die British Broadcasting Company gegründet, die bereits 1925 in die British Broadcasting Corporation umgewandelt wurde. Stand zunächst die kommerzielle Funktion im Vordergrund, so begriffen Politiker sehr bald, daß damit ein ausgezeichnetes Instrument geschaffen worden war, das nicht nur zur Information und Erziehung breiter Massen, sondern auch zur Beeinflussung der politischen Meinungsbildung benutzt werden konnte. Besaßen 1922 35 000 Engländer eine Rundfunklizenz, so stieg diese Zahl bis 1926 bereits auf zwei Millionen an. Radio und Kino füllten nun die Freizeit aus. Hunderennen und Geländefahrten mit Motorrädern und schließlich auch Fußballspiele gehörten zu beliebten Freizeitveranstaltungen, insbesondere bei den Arbeitern. Der Jazz hielt in London ebenso wie in den übrigen europäischen Großstädten seinen Einzug;

es wurden Tanzclubs eröffnet, in denen die Jugend lernte, sich nach den neuen Rhythmen zu bewegen, auch wenn diese Einrichtungen zunächst noch verpönt waren.

Obwohl in der englischen Industrie und Wirtschaft bis 1938 eine deutliche Aufwärtsbewegung zu beobachten war, konnte die Arbeitslosigkeit nicht beseitigt werden. Es entstand als neues Phänomen des Arbeitsmarktes »the long unemployment«, wodurch die bitteren Ressentiments gegen die Gesellschaft geschürt und die Aktivitäten der Linken gestärkt wurden. Die Revolte der Linken gegen den Staat – der auch die Abdankung Edwards VIII. ohne tiefere Krise überstand – wurde vor allem durch die intellektuellen Zirkel gefördert, die sich um die Verbreitung sozialistisch-marxistischen Gedankengutes und um eine größere Allgemeinbildung der breiten Masse bemühten. Große Verdienste erwarb sich dabei R. H. Tawney, der von 1928 bis 1944 Präsident der Workers' Educational Association war und sich durch das Buch *Religion and the rise of capitalism* (1926) einen Namen gemacht hatte. Zu den Büchern, die in den zwanziger Jahren das allgemeine Bewußtsein maßgeblich mitbestimmten, gehörten: A. N. Whitehead, *Science and the modern world* (1925), Sir Arthur Eddington, *The nature of the physical world* (1928) und Sir James Jeans, *The universe around us* (1929). In den dreißiger Jahren trug zur politischen Bewußtseinsbildung der von Victor Gollancz gegründete Left Book Club bei; Allgemeinbildung für einen weiteren Leserkreis sollten und konnten die 1937 zum erstenmal verlegten Pelican Books und Pelican Specials vermitteln. Mit der Einführung der Taschenbücher wurde im Buchhandel eine Entwicklung eingeleitet, die Zeithistoriker die »paperback revolution« genannt haben und deren Auswirkungen auf dem Büchermarkt erst nach dem Zweiten Weltkrieg voll zur Geltung kamen.

Das Jahr 1939 wurde für viele Engländer ein Jahr der Enttäuschungen: All diejenigen, die geglaubt hatten, das Land könne in einem lethargischen Immobilismus verharren und so auch schwere Krisen überstehen, mußten einsehen, daß sich auf diese Weise politische Probleme nicht lösen ließen. Die europäische Politik zwang England zum Handeln; das Land mußte seine gesamten Reserven aktivieren, um überleben zu können. Eine Enttäuschung erlebten aber auch all jene, die deutliche Sympathien für den Kommunismus und die Sowjetunion hegten: Als Hitler und Stalin einen Nicht-Angriffspakt schlossen, waren die Vertreter der politischen Linken um eine Hoffnung ärmer; die

Idealisten unter den englischen Marxisten und Kommunisten mußten begreifen, daß für Stalin wie für Hitler in dieser Phase der europäischen Entwicklung die »Realpolitik« den Vorrang vor der Ideologie hatte.

Als England sich nach Hitlers schnellen militärischen Erfolgen in Polen und Frankreich 1940 Deutschland plötzlich allein gegenübersah, deutsche Bomben auf englische Flugplätze, Industrieanlagen und schließlich auf London fielen, als die Gefahr einer deutschen Invasion nicht auszuschließen war, durchstanden die Engländer diese Phase mit stoischer Gelassenheit, zumal Winston Churchill, seit 1940 Premierminister, es verstand, den Engländern das Gefühl zu vermitteln, daß der Krieg zu gewinnen sei, wenn jeder an dem Platz, an den er gestellt war, sich selbstlos für die große nationale Aufgabe einsetzte.

Bedeutsam für die Kriegsjahre, aber auch für die Zeit danach, war, daß mit dem Beveridge Report des Jahres 1942 alle Maßnahmen zur gesetzlichen Versicherung, zum Gesundheitsdienst und zur Regelung der Pensionen zu einer umfassenden Konzeption zusammengeschlossen wurden. Mit dem Education Act des Jahres 1944, der die Schulpflicht bis zum 15. Lebensjahr erhöhte und jedem Kind – je nach Begabung und Fähigkeit – eine »secondary education« vom 11. Lebensjahr an garantierte, ergaben die vorgesehenen staatlichen Maßnahmen ein klares und überzeugendes Bild einer gesellschaftlichen Ordnung, für die der hohe Einsatz all derjenigen sich lohnte, die an der Front oder zu Hause die Lasten des Krieges trugen.

Von dieser Einstellung her ist es zu begreifen, daß die Engländer sich nach dem Zweiten Weltkrieg bei den ersten Neuwahlen nicht für Churchill und die Konservativen entschieden, sondern für die Labour Party, der man am ehesten die Verwirklichung dieser großen gesellschaftlichen Konzeption zutraute. Zu den ersten Maßnahmen der Labour-Regierung gehörte eine Reihe von Verstaatlichungen, wie z. B. der Coal Industry Nationalization Act (1946), der Transport Act (1947) und der Iron and Steel Act (1949). Diese Gesetze, die den wirtschaftlichen Bereich umgestalteten, wurden ergänzt durch den National Health Service Act (1946) und durch Maßnahmen im Erziehungswesen, die 1947 in Kraft traten. Dennoch kam es 1950 zu einer Krise in der Labour Party, als Hugh Gaitskell Reformen im Gesundheitswesen teilweise rückgängig machte. So ist es zu erklären, daß sich bei den Wahlen im Oktober 1951 die Mehrheit der Engländer wiederum für die Konservativen und für

Churchill als Premierminister entschied. Die Konservativen bestimmten von 1951 bis 1964, danach von 1970 bis 1974 die Geschicke Englands und gewannen unter Margaret Thatcher 1979 erneut die Macht zurück. Die Krönung von Königin Elisabeth II. am 2. Juni 1953 bildete innerhalb der ersten dieser drei Phasen einen prunkvollen Höhepunkt, der britisches Selbstverständnis und die Bedeutung des Königshauses eindringlich zum Ausdruck brachte.

Die innenpolitische Situation Englands war in den fünfziger Jahren dadurch gekennzeichnet, daß die konservative Regierung wesentliche Neuerungen des Welfare State beibehielt und damit eine Art Synthese von Tradition und Fortschritt zustande brachte. Im Juli 1957 charakterisierte Premierminister Harold Macmillan die wirtschaftlichen und gesellschaftlichen Verhältnisse in Großbritannien mit der vielzitierten Wendung: »[they] never had it so good.« Aus dem Wohlfahrtsstaat entwickelte sich die Wohlstandsgesellschaft (»the affluent society«): Kühlschrank und Waschmaschine, Fernsehapparat und Auto sowie die eigene Wohnung waren von nun an Kennzeichen des Lebensstandards der Mittelklasse und weiter Teile der Arbeiterklasse (insbesondere der Facharbeiter).

Dennoch war nicht zu übersehen, daß sich vor allem in der Jugend Gegenbewegungen abzeichneten, die Politiker und Parteien vor neue Aufgaben stellten. Seit der Mitte der fünfziger Jahre macht sich in immer neuen Schüben das Aufbegehren der Jugendlichen bemerkbar: Zunächst wurde die Szene durch die Teddyboys bestimmt, denen die Mods und die Rockers, die Skinheads und die Punks folgten; die Beatles und mehr noch die Rolling Stones brachten die Anti-Establishment-Haltung durch ihre Musik in einer für die Jugend faszinierenden Weise zum Ausdruck.

Eine (intellektuelle) Verschärfung war in der Kritik der jungen Generation 1968 zu beobachten, als die weltweite studentische Bewegung auch auf England übergriff. Ging es den Jugendlichen zunächst um die Freiheit, sich in Kleidung, äußerem Auftreten und gesellschaftlichem Verhalten im Gegensatz zu allen herkömmlichen bürgerlichen und religiösen Normen zu entfalten, so richtete sich die Kritik alsbald gegen alle Autorität, die die jugendlichen Energien in alterprobte Bahnen zu lenken bestrebt war. Der Staat antwortete auf diese Kritik mit einer Reihe von Gesetzesänderungen, die dem neuen Lebensstil gerecht zu werden versuchten. In den Jahren 1959/60 fand der vielbeachtete Lady-Chatterley-Prozeß statt, der damit endete, daß D. H. Lawrences Roman, der seit seinem Erscheinen in England als obszöne Literatur verboten war, von nun an im Vereinigten Königreich verbreitet werden durfte. Das Parlament schaffte 1965 die Todesstrafe für Mord ab, milderte die bestehenden Bestimmungen über Homosexualität und Abtreibung und hob 1968 im Theatres Act die seit dem 18. Jahrhundert bestehende Theaterzensur weitgehend auf; 1969 kam es im Divorce Reform Act zu einer Neuordnung des Scheidungsrechtes. Der grundsätzliche Wandel, der sich in den fünfziger und sechziger Jahren hinsichtlich der Auffassung von Ehe, Liebe und Familie vollzog, wurde vor allem durch die Erfindung und Verwendung der empfängnisverhütenden Pille gefördert. Die Wohlstandsgesellschaft verwandelte sich in eine tabufreie Gesellschaft, in die »permissive society«.

Trotz der Liberalisierung der Gesetzgebung, trotz der freieren Lebensführung und -gestaltung, die sich seit den fünfziger Jahren nicht nur bei der Jugend durchsetzte, trotz aller Bemühungen der Labour Party, die 1964 wiederum die Regierungsgeschäfte übernahm und versprach, die ursprünglichen Ziele, für die sie schon vor dem Zweiten Weltkrieg gefochten hatte, Wirklichkeit werden zu lassen, waren die innenpolitischen Schwierigkeiten auch unter dem energischen und optimistischen Harold Wilson nicht zu lösen. Die sozialen Spannungen, die sich aus den neuen Wohnverhältnissen (in Häuserblöcken und Mietwohnungen) ergaben, führten ebenso zu Unruhen wie die Rassenkonflikte, die durch den Zustrom von Einwanderern, vor allem von den Westindischen Inseln, zustande kamen und sich 1958 in den Notting Hill Riots entluden. Gemeinschaftseinrichtungen, die auf die Initiative der Regierung neu geschaffen wurden, konnten die sozialen Fragen auf Dauer nicht lösen. Die innenpolitischen Probleme vermehrten sich durch die permanente Schwäche der englischen Wirtschaft. Schließlich bekundete sich der Unwille der Bevölkerung in Protesten gegen die atomare Aufrüstung, gegen Umweltverschmutzung und -zerstörung durch Industrie und Technologie, gegen den schädlichen Einfluß des Fernsehens, gegen die sozialpolitischen Gefahren einer Datenbank, gegen die Erzeugung von Retortenbabys.

Als die Labour Party im September 1974 die absolute Mehrheit gewann, vermochten die Gewerkschaften eine Reihe ihrer Forderungen durchzusetzen und durch gesetzliche Regelungen abzusichern. Um die Konflikte zwischen der Regierung und den Gewerkschaften zu begrenzen und das wirtschaftliche Wachstum zu garantieren, wurde 1974 der Social Contract abgeschlossen, in dem die Regierung sich verpflichtete, die Lohnentwicklung nicht durch gesetzliche Maßnahmen zu beeinflussen, in dem sie weiterhin die Altersversorgung verbesserte, die Nahrungsmittelpreise durch Subventionen stützte und schließlich auch die Mieterhöhungen begrenzte. Die Gewerkschaften ihrerseits willigten ein, nur einmal im Jahr eine Lohnerhöhung zu fordern und diese der Steigerung der Lebenshaltungskosten anzupassen. Die Maßnahmen der Regierung reichten jedoch nicht aus, um dem Verfall der Preise, dem Anstieg der Löhne sowie dem Anwachsen der Inflation entgegenwirken zu können.

Mit dem Motto »Time for a change!« traten die Konservativen im Frühjahr 1979 zu Unterhauswahlen an, aus denen sie als Sieger hervorgingen. Seitdem trägt die britische Regierungspolitik die Handschrift Margaret Thatchers. Nach ihren eigenen Worten ist es das Ziel ihrer Politik, jenseits von Klassenkampf und Planwirtschaft ein demokratisches Staatswesen auf- und auszubauen, das den Anforderungen des technischen Zeitalters gerecht wird, das die Initiative des einzelnen fördert und die Eingriffe des Staates in die wirtschaftlichen und gesamtgesellschaftlichen Entwicklungen auf ein Minimum reduziert. Ein englischer Historiker kommentiert den Begriff »Thatcherism« wie folgt: »The term ›Thatcherism‹ meant rather more than balancing the budget and cutting government spending: the attraction and also divisiveness of her approach lay in an appeal to individual effort and a promise that those who made the effort would get what they wanted.« (T. O. Lloyd)

Die Kritiker des »Thatcherism« sind nicht müde geworden, auf die ungelösten Aufgaben des politischen Alltags hinzuweisen (Arbeitslosenproblem, Nordirlandkonflikt) und die in ihrer Sicht problematischen Voraussetzungen dieser politischen Überzeugung herauszuarbeiten (Radikalisierung des Konkurrenzprinzips, Machtkampf auf Kosten des Allgemeinwohls). Neil Kinnock sprach 1989 von »a scale of authoritarianism that people thought they would never see in our country«, als er auf die zehn Jahre von Mrs. Thatchers Regierungstätigkeit zurückblickte. Schärfster Widerspruch ist aus den Kreisen der Intellektuellen, insbesondere auch der Literaten, gekommen, die Margaret Thatcher, in unterschiedlicher Abstufung, von einer marxistisch-sozialistischen Position aus beurteilen. Die »Eiserne Lady« stieß auch innerhalb ihrer eigenen Partei wegen ihrer Europa-Politik, wegen ihres Widerstandes gegen eine Währungsunion und eine politische Union und wegen unpopulärer Maßnahmen in der Innenpolitik in zunehmendem Maße auf Widerspruch und Kritik. Als sie sich in aussichtsloser Lage schließlich im November 1990 zum Rücktritt entschloß, wählten die Tories John Major zu ihrem Nachfolger.

Der Künstler in der modernen Gesellschaft

Wer die Entwicklung der englischen Gesellschaft im 20. Jahrhundert verfolgt, wird erkennen, daß sich an der Dreigliederung in *upper*, *middle* und *lower class* bis in die unmittelbare Gegenwart hinein grundsätzlich nichts geändert hat, daß allenfalls die Grenzen, die die Klassen voneinander trennen, noch flexibler geworden sind, als sie ehedem schon waren. Das beste Kriterium für die Beschreibung der Klassenunterschiede ist nach dem Urteil englischer Beobachter die Sprache. Aufgrund der Beobachtungen, die Jilly Cooper gesammelt hat, kommt sie in ihrem Buch *Class* (1979) zu dem Resultat, daß auch heute noch von »upper class, upper middle class and middle class accents« gesprochen werden muß. Peter Trudgill unterscheidet beispielsweise fünf soziale und sprachliche Gruppen: *middle middle class*, *lower middle class*, *upper working class*, *middle working class* und *lower working class*. Man versucht sogar, den diffizilen sprachlichen Verhältnissen innerhalb der Mittelklasse und der Arbeiterklasse dadurch gerecht zu werden, daß man die drei Stufen: *upper*, *middle* und *lower* zusätzlich heranzieht, um die feineren Unterschiede, die im Alltag und in der Selbsteinschätzung der Mitglieder dieser Klassen zu beobachten sind, zu erfassen.

Daß die beiden Weltkriege und insbesondere auch die politischen Aktivitäten der Labour Party und der Gewerkschaften dazu beitrugen, die Klassenunterschiede abzubauen und vor allem die Vorrechte der Reichen und die Benachteiligungen der Armen zu beseitigen, ist nicht zu übersehen, so daß man gut daran tut, im gesellschaftlichen Leben Englands vom Wechselspiel der beharrenden und verändernden Tendenzen zu sprechen und dieses Wechselspiel im Hinblick auf jede Dekade neu zu untersuchen.

Dem soziologischen Modell der gesellschaftlichen Schichtung entspricht im Bereich der Kultur- und Literaturwissenschaften das Modell der »cultural stratification«, das ebenfalls drei Ebenen unterscheidet: »highbrow«, »middlebrow« und »lowbrow«. Diese drei Stufen konnten zu Beginn des 19. Jahrhunderts noch in deutlicher Analogie zu den gesellschaftlichen Klassen, dem Lebensstil und dem Geschmack gesehen werden – wenn sich auch schon in dieser Zeit deutliche Veränderungen bemerkbar machten. Nach den Darlegungen von Malcolm Bradbury über den »social context of modern English literature« lassen sich die drei kulturellen Ebenen wie folgt beschreiben: »There were the high and serious arts, which tended to be associated with leisured and educated ideals of society, were marked with appropriate finesse and elegance, tended to represent the heroic aspect in art and were produced by and for an élite. There were the general arts of the many, conceived more for entertainment than preservation, expressing less elevated images, and marked by less refinement and finesse; and there were the folk or popular arts, which had demotic vigour but were communally funded and essentially ›low‹.«

Diese Unterscheidung kann im 20. Jahrhundert in modifizierter Form insbesondere für die erste Hälfte dieses Jahrhunderts aufrechterhalten werden; allerdings bleibt dabei zu bedenken, daß *highbrow literature* die Literatur war, die sich nach dem Geschmack der intellektuellen Elite richtete, die hinsichtlich ihrer gesellschaftlichen Herkunft wenig oder nichts mit der alten Aristokratie oder der *upper middle class* zu tun haben mußte.

Die Zusammensetzung der Bildungselite, die in London und den alten Universitätsstädten die Entwicklung der Literatur beeinflußte, war dadurch gekennzeichnet, daß ihr Autoren ganz unterschiedlicher nationaler Herkunft angehörten. Joseph Conrad war Pole, Henry James, Ezra Pound und T. S. Eliot waren Amerikaner, G. B. Shaw, W. B. Yeats sowie James Joyce Anglo-Iren. *Highbrow literature* wurde weitgehend synonym mit »moderner experimenteller Literatur«. Weder eine vom Publikum allgemein akzeptierte, als urban, gebildet und elegant betrachtete Sprache und Diktion noch ein im literarischen Werk ausformulierter moralischer und gesellschaftlicher Habitus entschieden über die Zugehörigkeit eines Dramas, eines Romans oder eines Gedichtes zur höchsten Qualitätsstufe der Literatur, sondern ausschließlich die ganz persönliche, kritisch-skeptische

Durchdringung der dargestellten Wirklichkeit sowie die ebenso individuelle, experimentell-kühne, formal-technische Bewältigung des gewählten Gegenstandes. Durchschnittsleser gaben sich mit einer Literatur zufrieden, die – wie etwa die Romane, *short stories* und Dramen William Somerset Maughams – in konventioneller realistisch-einprägsamer Weise zu unterhalten wußte, ohne dabei allzu große geistige Ansprüche zu stellen. Davon wiederum läßt sich die Trivialliteratur abheben, die – etwa im Stil von Peter Benchleys *Jaws* – auf ein Maximum an kommerziellem Erfolg abzielt und sich dabei in Sprache, Stil und künstlerischer Technik bewährter Klischees bedient, um den Geschmack breiter Leserschichten zu treffen, die ihrerseits in ihren Reaktionen auf Literatur durch die erprobten Techniken eines modernen Management gesteuert werden.

Die modernen Medien – Radio, Film und Fernsehen – haben dazu beigetragen, daß der Literatur insgesamt neue und schnelle Möglichkeiten der Verbreitung gesichert wurden; sie haben aber auch eine Konkurrenz entstehen lassen, die für das Interesse von breiten Schichten an Literatur von Nachteil ist: Die Zeit, die für Lektüre erübrigt wird, ist angesichts der Unterhaltungsmöglichkeiten von Film und Fernsehen in der zweiten Hälfte des 20. Jahrhunderts erheblich geringer geworden, und die Bereitschaft, sich den Anforderungen der modernen *highbrow literature* zu stellen, die häufig eines Kommentars und der interpretatorisch-kritischen Einführung bedarf, um überhaupt angemessen aufgenommen und verstanden werden zu können, ist oft nur in kleinen Zirkeln vorhanden. Bereits um 1950 wurde die Dreiteilung *high*, *middle*, *low* durch die Antithese *high-mass* verdrängt.

Bei der Betrachtung der englischen Literatur des 20. Jahrhunderts sind jedoch nicht nur literarisch-wertende und soziologische, sondern auch geographische Kriterien zu berücksichtigen. Zum einen bezeichnet der Terminus »englische Literatur« Literatur in englischer Sprache, die überall dort entstehen kann und gelesen wird, wo man Englisch mündlich oder schriftlich im täglichen Leben gebraucht; zum anderen bedeutet er die Literatur des »Mutterlandes« des (British) Commonwealth of Nations. Entsprechend den politischen Entwicklungen hat sich im 19. Jahrhundert der Terminus »nordamerikanische Literatur« (»American literature«) eingebürgert; daneben steht die Commonwealth-Literatur, die – beispielsweise in der Darstellung von Jürgen Schäfer – die Literatur Australiens, Neuseelands,

Kanadas, Westindiens, Südafrikas, West- und Ostafrikas und Indiens umfaßt. Eine besondere Stellung hat sich mehr und mehr die anglo-irische Literatur erobert: Zu dieser Literatur werden – wie etwa aus der Darstellung von A. Norman Jeffares, *Anglo-Irish literature* (1982), hervorgeht – Douglas Hyde und George William Russell (A. E.) ebenso gerechnet wie Yeats und Joyce, Shaw und Beckett, wiewohl sich ein Teil dieser Autoren äußerlich von Irland völlig löste: Joyce verbrachte den größten Teil seines Lebens auf dem Kontinent, Beckett wählte Frankreich zu seiner neuen Heimat und schrieb einige seiner Werke erst in Französisch, ehe er sie ins Englische übersetzte. Angloirische Literatur ist mit Jeffares als »writing in English by Irish authors« zu definieren; es ist dies eine Literatur, die sprachlich wie inhaltlich zwei Traditionen, der englischen wie der keltischen, verpflichtet ist, wobei jeder Autor für sich zu entscheiden hatte, in welcher Weise und bis zu welchem Grad er diese Traditionen zur Geltung kommen lassen wollte.

Die Tendenz zur Verselbständigung der Regionen, die für die zweite Hälfte des 20. Jahrhunderts kennzeichnend ist und zu mancherlei Spannungen zwischen Schottland, Wales und England geführt hat, läßt sich auch im literarischen Bereich verfolgen. So hat etwa der Schotte Hugh MacDiarmid (1892–1978) unter dem Einfluß der experimentellen Prosa des *Ulysses* für seine Lyrik eine eigene Sprache, das »Synthetic Scots«, entwikkelt; und der in Cardiff geborene R. S. Thomas schrieb religiöse Lyrik in einem Idiom, das von der walisischen Sensibilität geprägt ist.

Einerlei welcher Herkunft die Autoren des 20. Jahrhunderts waren (oder sind), als Künstler sahen sie sich im Vergleich zu den Autoren des 19. Jahrhunderts einer veränderten gesellschaftlichen Wirklichkeit ausgesetzt. Im 19. Jahrhundert konnte man weitgehend von einem Zusammenhang zwischen der Einstellung des Künstlers zu sich selbst und seiner Kunst und der Lebensauffassung der kulturtragenden Schicht des (viktorianischen) Bürgertums sprechen: Auch wenn der Künstler sich als Kritiker der Gesellschaft betätigte, auch wenn er auf problematische Aspekte des zeitgenössischen Lebens aufmerksam machte, fühlte er sich im Sinne des liberalistischen Individualismus in seinen schöpferischen Aktivitäten mit den zivilisatorischen Bemühungen der Gesellschaft verbunden. Mit dem zunehmenden Verfall der Normen, die die viktorianische Gesellschaft prägten, mit dem wachsenden Zweifel an der Gültigkeit aller politischen und moralischen, philosophischen und religiösen Überzeugungen, denen weite Kreise des Bürgertums im 19. Jahrhundert ihr Leben gleichsam anvertrauten, geriet der Künstler in eine eigentümliche Schwebelage, die in vielen Werken lyrischer, epischer wie dramatischer Art bereits registriert wurde, ehe im Ersten Weltkrieg der einzelne sich dem Chaos, der Destruktion, der Anarchie ausgesetzt sah. Joseph Conrad stellte in seinem Roman *Under Western eyes* einen Einzelgänger dar, der weder bei den Anarchisten noch bei den Autokraten einen Halt, eine Heimat findet und an diesem unaufhebbaren Konflikt physisch wie moralisch zerbricht.

Diese Erfahrung des Ausgesetztseins, der Heimatlosigkeit wurde dadurch noch verstärkt, daß sich bei den Künstlern wie auch bei vielen ihrer Zeitgenossen die Überzeugung einstellte, daß die Macht über den einzelnen nicht mehr von anderen mächtigen einzelnen ausgeübt wird, sondern daß es letztlich anonyme Mächte sind, die das Leben ungezählter einzelner bestimmen: Gegen *den* Kapitalismus, *die* Börse, *das* Militär, *die* Verwaltung blieb das Individuum hilflos. Und auch die Religion bot den meisten von ihnen keinen Ausweg mehr, um gegen die Sinnlosigkeit des modernen zivilisatorischen Alltags einen absolut gültigen Sinn zu setzen. Der Weg, den James Joyce in der irischen Gesellschaft des ausgehenden 19. und des beginnenden 20. Jahrhunderts gegangen ist, ist symptomatisch für die Entwicklung gerade der Künstler, die für die unumschränkte freie, eigengesetzliche Entwicklung ihrer schöpferischen Veranlagung eintraten. Die gesellschaftliche Situation machte ihn wie zahlreiche andere moderne Autoren zu einem Bohemien, der seinen Ort als Künstler nicht mehr im Einklang mit den noch vorhandenen (wenngleich brüchig gewordenen) Konventionen und Normen der Gesellschaft zu bestimmen suchte, sondern das schöpferische Ich zum Mittelpunkt seines Lebens werden ließ. Er nahm damit eine Einstellung auf, die gegen Ende des 18. Jahrhunderts und insbesondere zu Beginn des 19. Jahrhunderts in der Romantik ihren Ausdruck gefunden hatte; der Dichter verstand sich als ein zweiter Prometheus, der nach eigenem Willen und Plan seine Werke produziert. Damit löste der Künstler sich von einer mimetischen Kunstauffassung, die vorgegebene Modelle der Wirklichkeitsauffassung und -darstellung mit neuem Stoff und neuen Erlebnissen auszufüllen suchte. Sie war gebunden an die Regeln einer *ars poetica*, die befolgt werden mußten, wenn sich ein bestimmtes Kunstwerk in den Rahmen einer Gattung einordnen und mit der Rezeption des Werkes zugleich einen vorgegebenen »Sitz im Leben« einnehmen wollte. An die Stelle der imitativ-mimetischen Dichtungsauffassung rückte eine expressive Ästhetik, die zwar auch Elemente der Wirklichkeitserfahrung zur Geltung kommen läßt, dem Künstler aber nicht bestimmte Darstellungsgesetze aufzuzwingen versucht, sondern ihm den Weg öffnet zu einem infiniten Prozeß des Experimentierens bei dem Versuch der kreativen Selbst- und Weltentdeckung.

Die kommunikativen Schwierigkeiten, in die sich ein moderner Künstler wie Joyce damit brachte, hat auch Virginia Woolf an sich erfahren und sich darüber in ihren Werken, aber auch in Briefen, Tagebüchern und Essays Rechenschaft gegeben. Sie ist jedoch nicht bei dem radikalen Protest gegen die überlieferten gesellschaftlichen und künstlerischen Konventionen stehengeblieben, sondern hat auch über Wege nachgedacht, wie eine Brücke von ihrer Kunstauffassung und ihrer erzählerischen Praxis zu den Lesern zu schlagen sei. Da Virginia Woolf wie jeder andere Autor der Moderne gezwungen war, eine eigene Sprache, einen eigenen Code zu entwickeln und im Werk zu vermitteln, da sie auf die Integrität ihrer künstlerischen Vision nicht verzichten und diese durch eingeschobene Kommentare nicht zerreden wollte, da sie schließlich die Notwendigkeit sah, ihre Leser an die Bewußtseinslage des modernen Künstlers heranzuführen, wählte sie den Weg der essayistischen Verdeutlichung ihrer künstlerischen Absichten. Es ist nicht von ungefähr, daß zwei ihrer Essaybände *The common reader* betitelt sind; Virginia Woolf meint damit nicht den Durchschnittsleser, der schon vorhanden ist, sondern den Leser, der durch sie zum Mitglied einer ästhetischen »community of belief« herangebildet werden soll. Wenn sie mit dem Terminus »the common reader« eine von Dr. Johnson geprägte Formel aufgriff, gab sie damit offen zu erkennen, daß sie im Sinne des 18. Jahrhunderts den Leser des 20. Jahrhunderts aufzuklären versuchte, und das heißt für Virginia Woolf insbesondere, daß sie sein Bewußtsein erhellen und ihm Einblicke in die Wirklichkeit vermitteln wollte, die ihr in visionären Augenblicken zuteil wurden.

Virginia Woolf war sich bei all ihren theoretischen Bemühungen zugleich bewußt, daß sich die praktisch-alltägliche Lage des Künstlers im 20. Jahrhundert verändert hatte. In ihrem berühmten Essay *A room of one's own* aus dem Jahre 1929 analysiert sie die Situation künstlerisch kreativer Frauen in der zeitgenössischen Gesellschaft und beschreibt die Bedingungen, die erfüllt sein müssen, wenn sich eine Frau als Schriftstellerin ungehindert entfalten möchte. Die vielzitierte Formulierung, mit der sie das Fazit aus ihren Betrachtungen zog, lautet: 500 £ im Jahr und »a room of one's own«. Gewiß gab es im 20. Jahrhundert noch Autoren, die – wie E. M. Forster – genügend Vermögen erbten, um ungestört schriftstellerischen Arbeiten nachgehen zu können. Andere, von ihrer sozialen Herkunft her weniger begüterte Autoren wie Arnold Bennett verstanden sich auf das Geschäft des Schreibens, betrachteten ihre schriftstellerische Arbeit wie jede andere Arbeit auch als eine alltägliche berufliche Aufgabe; sie richteten sich nach dem Markt, studierten Marktlücken und Verkaufschancen und fanden auch Verleger und Manager, die sich auf das Verkaufen der Ware Literatur verstanden. Joyce hatte das Glück, durch einen Dichter-Freund wie Ezra Pound gefördert und durch Mäzene wie Harriet Shaw Weaver und Sylvia Beach finanziell unterstützt zu werden. In der zweiten Hälfte des 20. Jahrhunderts treten an die Stelle der Mäzene in zunehmendem Maße die Medien: die Presse, der Rundfunk, der Film und das Fernsehen, aber auch die Verlage selbst bieten den Autoren die unterschiedlichsten Möglichkeiten, Geld zu verdienen und dennoch Freiraum für das kreative Schaffen zu haben. Oft eröffneten sich erst mit den außerliterarischen Tätigkeiten Erfahrungsbereiche, die den meisten Autoren zuvor verschlossen blieben. So kann beispielsweise das Verfassen von Drehbüchern auf die künstlerische Technik eines Dramatikers oder eines Romanciers Rückwirkungen haben. Weiterhin gibt es eine Reihe von Autoren, die als Lehrer, sei es an einer Grammar School oder an einer Universität ihren Lebensunterhalt verdienen. Schließlich verhalfen in einigen Fällen auch Stipendien des Arts Council oder Aufgaben, die der British Council vergeben konnte, Autoren dazu, ihre finanzielle Basis abzusichern. Insgesamt zeigt sich, daß sich die Literatur des 20. Jahrhunderts den Gesetzen des Marktes schwerlich entziehen kann, daß die Beziehung zwischen dem Autor und seinem Publikum durch die »managerial revolution« mitgeprägt wird.

Bei dem Versuch der modernen Autoren, sich im Konkurrenzkampf der modernen Gesellschaft zu behaupten, kam ihnen der Bildungsgrad zustatten, den sie sich aufgrund ihrer Herkunft und zum Teil auch aufgrund der (seit dem Zweiten

Weltkrieg) veränderten Verhältnisse an Schulen und Universitäten erwerben konnten. Malcolm Bradbury hat ermittelt, daß von den 72 Autoren, die in der *Concise Cambridge bibliography of English literature* seit 1900 verzeichnet sind, 44 Autoren die Universität besuchten (21 studierten in Oxford, 15 in Cambridge), daß 14 eine Grammar School-Erziehung hatten und 9 auf private Weise erzogen wurden. Diese bildungsmäßigen Voraussetzungen wirkten sich zumindest bei vielen Autoren, die in der ersten Hälfte des 20. Jahrhunderts publizierten, merklich auf ihren künstlerischen Stil, ihre Diktion und Technik, aber auch auf ihre Themenwahl aus. Wenngleich nicht alle in dem exzessiven Maße, wie dies bei Aldous Huxley zu beobachten ist, den wissenschaftlichen Kenntnisstand des 20. Jahrhunderts in ihre Werke einbrachten, ist der Kunst, die sich »modern« nennt und die hauptsächlich in den zwanziger und dreißiger Jahren dieses Jahrhunderts entstand, ein stark intellektueller Zug eigen.

Nach dem Zweiten Weltkrieg machte sich in Schüben eine Gegenbewegung zur allzu starken Intellektualisierung der *highbrow*-Literatur bemerkbar. Selbst Autoren, die ein Studium absolviert hatten, strebten nach einer Sprache, die derjenigen der unteren Schichten gleichkam oder von ihnen unmittelbar verstanden wurde. Der Erfolg, den John Osborne mit seinem Drama *Look back in anger* errang, war nicht zuletzt in der schokkierend kolloquialen Sprache begründet, die plötzlich auf einer Londoner Bühne zu hören war.

In den siebziger und achtziger Jahren ist diese Tendenz zur Verwendung der Sprache der unteren Volksschichten und zu regionalen Dialekten noch verstärkt worden, und auch das permanente Aufbegehren der Jüngeren gegen die Älteren, derjenigen, die sich über alle Tabus hinwegzusetzen bereit sind, gegen diejenigen, die auch in einer Massengesellschaft an bestimmten zivilisatorischen (und das heißt auch literarischen) Formen festhalten möchten, hat zu ständigen Umbrüchen in der Sprache und Diktion der Literatur geführt. Dennoch sind in England nicht derartig vehemente »Revolutionen« zu verzeichnen, wie sie auf dem Kontinent, insbesondere in Frankreich, beobachtet werden können oder wie sie innerhalb der englischsprachigen Welt für die amerikanische Literatur des 20. Jahrhunderts charakteristisch sind. In England hat die Mittelklasse mit der liberalistisch-individualistischen Kultur, die für sie von ihren Anfängen her kennzeichnend war, ihren Einfluß auch unter den veränderten intellektuellen und moralischen, zivilisatorischen wie politischen Bedingungen zu wahren vermocht und Elemente dieser Tradition gleichsam als Ferment in die geistigen und literarischen Bewegungen einfließen lassen, die aus der Unterschicht, vom Kontinent oder von den Vereinigten Staaten aufgenommen wurden.

Zeitkritik vor dem Ersten Weltkrieg

Vom Standort des Literaturhistorikers aus ist die *Edwardian period* ein Epilog des viktorianischen Zeitalters genannt worden. Die intellektuellen Konflikte, die die Viktorianer bewegt hatten, die Auseinandersetzungen mit den neuen naturwissenschaftlichen, politischen, sozialen und philosophischen Ideen, die das 19. Jahrhundert hervorgebracht hatte, lassen sich in der Zeit vor dem Ersten Weltkrieg in allen literarischen Gattungen weiterverfolgen, wobei das Drama und der Roman die größte Breitenwirkung erzielten. Der innere Zusammenhang zwischen dem viktorianischen Zeitalter und der *Edwardian period* tritt auch in der Verwendung bestimmter Darstellungstechniken zutage: Die realistische Stilart dominiert in der dramatischen wie in der epischen Literatur, wenngleich nicht zu übersehen ist, daß die Autoren überlieferte Formen nicht mehr mit dem ungebrochenen Vertrauen benutzten, das ihr künstlerisches Schaffen noch um etwa 1850 bestimmt hatte. In der erzählenden Literatur fehlt die plastisch-differenzierte Darstellung des gesellschaftlichen Lebens, wie sie im 19. Jahrhundert in Rußland bei Tolstoi, in Frankreich bei Balzac und Stendhal, in England bei Thackeray und Dickens zu beobachten ist. Die gesellschaftlichen Wandlungen, die Desintegration traditioneller Lebensformen drängten sich in zunehmendem Maße ins Bewußtsein der Autoren und veranlaßten sie, nach neuen künstlerischen Formen Ausschau zu halten oder aber die überkommenen Formen wenigstens so zu modifizieren, daß mit ihrer Hilfe das Publikum in unterhaltsamer Weise über die alle Zeitgenossen bedrängenden Fragen belehrt werden konnte. Bei einer Reihe von Autoren wirkten künstlerische und journalistische Begabung zusammen, so daß ein Stil der geistreich-witzigen Darbietung entstand, der freilich oft genug über die Hintergründe und Abgründe des gesellschaftlichen Lebens hinwegtäuschte. Shaw,

Wells, Kipling, Chesterton und Belloc sind »great journalists« (W. W. Robson) genannt worden. Shaw und Wells, die einflußreichsten von den genannten Autoren, eigneten sich ein umfassendes Wissen im biologischen, politologischen, soziologischen und historischen Bereich an; beide setzten ihre schriftstellerischen Fähigkeiten ein, um zeitkritische Ideen zu verbreiten; beide fochten eine Zeitlang gemeinsam in der Fabian Society, aus der Wells aber nach heftigen Auseinandersetzungen mit Shaw ausschied.

Shaws künstlerische Talente kamen erst voll zum Durchbruch, nachdem er als Theaterkritiker das Metier eines Dramatikers gründlich studiert und die »tricks of the trade« durchschaut hatte, so daß er in der Lage war, Formen wie die *comedy of manners*, das Melodrama und die Farce für seine reformerischen Zwecke zu nutzen. Mit ungebrochenem Stolz und provozierender Übertreibung bemerkte er in der Vorrede zu seinen kritischen Essays über seine schriftstellerische Praxis: »I also am a journalist, proud of it, deliberately cutting out of my works all that is not journalism, convinced that nothing that is not journalism will live long as literature, or be of any use whilst it does live.«

Im Sinne dieser Kunstauffassung, die in abgewandelter Form bei Huxley und Auden ebenso anzutreffen ist wie bei George Orwell, verarbeitete Shaw Ideen von Marx und Darwin, William Morris und Nietzsche, Ibsen und Wagner und nahm zu allen Tagesfragen seiner Zeit Stellung, vom »slum-lordism« bis zur Freien Liebe und der Emanzipation der Frau. Er erwies sich dabei als ein entschiedener Gegner des Ästhetizismus, wie er im ausgehenden 19. Jahrhundert insbesondere von Oscar Wilde vertreten wurde. Nach Shaw hat Kunst der Gesellschaft und dem Fortschritt zu dienen. Seine Kritik zielt – ähnlich wie diejenige Bert Brechts – auf all jene, die im Theater nur das Vergnügen suchen und einer kulinarischen Ästhetik frönen. Shaw betrachtet es als seine Aufgabe, der von der *life force* vorangetriebenen Evolution des Menschengeschlechtes fördernd zur Seite zu stehen und alle Hindernisse auszuräumen, die sich dem Fortschritt in den Weg stellen. Daher gelten seine satirischen Angriffe jeder Art von Erstarrung im gesellschaftlichen Leben, allen überholten Glaubensüberzeugungen und fragwürdig gewordenen Konventionen. Fortschritt setzt – seiner Auffassung nach – klare Einsichten in das gesellschaftliche Leben voraus, insbesondere in die oft verborgenen Mechanismen, die das

Denken und Handeln des einzelnen bestimmen. Daher gilt seine Kritik auch jeder illusionären Verfälschung von Wirklichkeit. Sein künstlerisches Schaffen ist ein einziger großer Feldzug gegen die Romantik, in der er eine Irrlehre sah, die aus der Kunst wie aus dem Leben verbannt werden müsse. Es sei notwendig, die romantischen Bilder von Krieg und Liebe zu zerstören.

Von welchen Gattungen und Formen der Dramatiker Shaw im Einzelfall auch ausging, stets tendieren seine Werke zum Diskussionsstück, in dem mit beißendem Spott und aggressivem Witz menschliches Fehlverhalten entlarvt werden soll. Shaws direkter Gesprächspartner ist dabei das Publikum, wobei für ihn die Figuren und Vorgänge auf der Bühne die Mittel zu effektiver Provokation stellen. Shaw war niemals ein Humorist, der Widersprüche mit liebenswerter Komik überbrückte, sondern vielmehr ein Esprit, der seine Dramen oft mit langen Vorreden versah, um sicherzugehen, daß seine »message« auch verstanden würde. Mit dem vitalistischen Evolutionismus, den er von Schopenhauer, Nietzsche und Bergson ableitete, kombinierte er einen reformerischen Sozialismus. Er scheute sich auch nicht, Grundlehren des Puritanismus (so z.B. die Lehre vom Inneren Licht) in abgewandelter Form in sein Weltbild zu integrieren. Dabei kam freilich die künstlerische Gestaltung oft zu kurz, so daß ein Kritiker wie David Daiches konstatiert, es fehle bei Shaw »a fully realized dramatic projection of a complex vision of life«.

Eine ähnliche Spannung zwischen künstlerischem Vermögen und politischem Reformeifer ist bei H. G. Wells zu beobachten. In seinen Werken ist stets die gesellschaftswissenschaftliche Orientierung zu spüren: Personen, Situationen, Handlungen und Konfliktlösungen haben paradigmatischen Charakter. Sie sind ähnlich wie die dramatischen Figuren und Situationen bei Shaw Modelle, an denen Wells für den Leser bestimmte Sachverhalte demonstriert. Er war bemüht, die Widerstände aufzuzeigen, mit denen sich unter den gegebenen gesellschaftlichen Verhältnissen all diejenigen auseinanderzusetzen hatten, die sich mit dem Status quo nicht abfinden konnten und nicht das Opfer äußerer Umstände werden wollten.

Um Entwürfe einer besseren Zukunft beschreiben zu können, setzte Wells seine mannigfachen wissenschaftlichen Kenntnisse (zumeist aus dem Bereich der Biologie) ein, die er sich im Laufe der Zeit mittels intensiver Studien angeeignet hatte. Bei seiner Flucht aus der Gegenwart drängten sich ihm sehr früh (schon im letzten Jahrzehnt des 19. Jahrhunderts) Visionen von einem Weltende auf, die durchaus in Einklang mit damals bekannten Varianten der Deszendenztheorie standen, gleichzeitig aber auch die Entwicklung von der Utopie zur Anti-Utopie vorbereiteten, die für das 20. Jahrhundert charakteristisch ist. Die Bezeichnung *scientific romances* weist auf die Verbindung von wissenschaftlicher Faktenvermittlung und phantasievoller Beschreibung (noch) nicht-existenter Welten hin, die für die moderne Gattung der *science fiction* kennzeichnend werden sollte. Es ist aufschlußreich für die Entwicklung von H. G. Wells, daß er nach dem Ersten Weltkrieg der expositorischen Prosa den Vorzug vor der imaginativen Prosa gab, als er Werke wie *The outline of history* (1919/20), *The science of life* (1929) und *The work, wealth and happiness of mankind* (1932) verfaßte. Von diesen Büchern erreichte *The outline of history* die größte Verbreitung; es verleiht – wie W. W. Robson feststellte – »dem großen Mythos vom Menschen« Ausdruck, der Wells' Werken zugrunde liegt: »Man emerges from darkness, survives against incredible odds, and rises to a dazzling summit of achievement, before the final darkness descends again. This is the supreme imaginative myth of the modern world, and it is accepted by countless people as the truth. Wells did not invent it: but he gave it unforgettable expression.«

Obwohl Romanciers wie Galsworthy und Bennett sich stärker auf die künstlerische Darstellung der Wirklichkeit und nicht primär auf die soziologische und politologische Kommentierung der gesellschaftlichen Verhältnisse konzentrierten, bleibt ihr Beitrag zur englischen Literatur des 20. Jahrhunderts von begrenzter Bedeutung. Galsworthy erwies sich in der *Forsyte saga* (1906–1921) als das sensible Gewissen der *upper middle class*. Mit Behutsamkeit wies er auf die Risse im scheinbar so makellosen, vom Gentleman-Ideal geprägten Lebensstil dieser Gesellschaftsschicht hin, konnte aber in den nach dem Ersten Weltkrieg entstandenen Werken nicht den Eindruck vermeiden, daß er den großbürgerlichen und aristokratischen Lebensformen, die von einer fortschreitenden Dekadenz erfaßt waren, voller Melancholie nachtrauerte. Arnold Bennett ergänzte das Bild, das Galsworthy von der englischen Gesellschaft lieferte, durch Milieustudien, in denen mit sorgfältiger Dokumentation die provinzielle Mentalität der Menschen in Staffordshire beschrieben wird. Wegen seines »Stoffrealismus« (Bernhard Fehr) hat ihn Virginia Woolf zu den *materialists* gezählt, die nur die Oberflächenwirklichkeit erfassen und weit davon entfernt sind, in die menschliche Seele einzudringen.

Der Roman, der die Verhältnisse in der englischen Gesellschaft vor dem Ersten Weltkrieg am besten beschreibt (man spricht in der Literaturwissenschaft von *condition of England novel*), stammt von E. M. Forster. In *Howards End* (1910) zog Forster die Summe seiner kulturkritischen Reflexionen über die bürgerliche Gesellschaft in Europa. Er enthüllte die Fragwürdigkeit des Besitzbürgertums ebenso wie die Bemühungen des Bildungsbürgertums, spirituelle Gegenkräfte freizusetzen und die Spannungen, die innerhalb der bürgerlichen Klasse bestanden, nach dem Motto »only connect« auszugleichen. »Personal relationships« – dies war das Thema, das E. M. Forster im Anschluß an G. E. Moores *Principia ethica* (1903) in den Mittelpunkt seiner Menschendarstellung rückte und das für die Romanciers der folgenden Jahrzehnte eine Schlüsselstellung einnehmen sollte.

Tiefer als die aus England stammenden Romanciers drang der gebürtige Pole Joseph Conrad mit seinen in englischer Sprache geschriebenen erzählerischen Werken in die Konflikte des gesellschaftlichen und politischen Lebens ein, die für die Vorkriegsjahre kennzeichnend waren. Sowohl die Erzählung »Heart of darkness« (1899), die im Kongo spielt und die belgische Geschichte zum Hintergrund hat, als auch der Roman *Nostromo* (1904), der Verhältnisse in Mittelamerika beschreibt, sind eindringliche Analysen des europäischen Imperialismus. Von den auflösenden Tendenzen in der neueren europäischen Geschichte handeln die Romane *The secret agent* (1907) und *Under Western eyes* (1911); sie lassen die englische Tradition mit ihren liberalistischen und konservativen Zügen noch am ehesten als einen Hort erscheinen, der gegen die durch den Anarchismus bewirkte Desintegration des politischen und gesellschaftlichen Lebens im imperialistischen Europa des 20. Jahrhunderts zu schützen vermag. Conrads Erzählkunst ist jedoch mehr als Dokumentation. Er transzendiert den von Soziologie und Politologie gesetzten Rahmen und läßt Einzelschicksale zu Symbolen für die Vereinsamung des modernen Menschen in einer absurd anmutenden Wirklichkeit werden. Dabei legt er die intrikate Verkettung psychologischer und moralischer Prozesse frei, ohne den Roman durch Kommentare zu überladen.

Die Moderne

In den besten seiner Werke verarbeitete Conrad Anregungen, die ihm durch die Erzählweise des Amerikaners Henry James vermittelt wurden, der seit 1875 in London lebte und auf diese Weise unmittelbaren Einfluß auf die englische Literatur und Literaturkritik ausüben konnte. Bereits 1887 lieferte er mit *The portrait of a lady* ein überzeugendes Beispiel für die von ihm angestrebte neue Romankunst. Den Höhepunkt seines künstlerischen Schaffens erreichte er um die gleiche Zeit, in der Joseph Conrad seine wichtigsten Romane veröffentlichte: *Awkward age* erschien 1899, *The wings of the dove* 1902, *The ambassadors* 1903 und *The golden bowl* 1904. Mit seiner neuen erzählerischen Praxis und den theoretischen Reflexionen, die sein Schaffen stets begleiteten, verfolgte Henry James das Ziel, dem Roman, dem bei Lesern und Kritikern im 19. Jahrhundert allzuoft eine zweitrangige Stellung im Vergleich zur Lyrik und zur Dramatik zugewiesen worden war, einen künstlerisch ebenbürtigen Platz im Gefüge der Gattungen zu verschaffen.

Henry James' Personendarstellung ist für den Leser deshalb von besonderer Faszination, weil er europäische und amerikanische Mentalität gegeneinander ausspielt und mit Vorliebe Charaktere schildert, deren ästhetische Sensibilität ebenso fein ausgebildet ist wie ihr moralisches Urteilsvermögen. Seine Romane gewinnen dadurch eine künstlerische Geschlossenheit, daß allen Details eine ästhetische Funktion zukommt, daß das gesamte zeitgenössische Material, das Epiker generell gerne in ihre Werke einbringen, um ein Panorama einer bestimmten Epoche zu entwerfen, transformiert wird. Da es Henry James gelang, in den Vorreden zu der seit 1907 veranstalteten Gesamtausgabe seine künstlerischen Prinzipien in gedrängter Form zusammenzufassen, entwickelte sich seine Romantheorie bei den Romanciers wie bei den akademischen Kritikern zu einer Art Norm für die Beurteilung moderner Erzählkunst insgesamt.

Zu den Werken, die gleichzeitig mit den großen Romanen von Henry James und des von ihm beeinflußten Joseph Conrad erschienen und die auf das literarische wie das gesamte geistige Leben des 20. Jahrhunderts einen tiefgreifenden Einfluß ausübten, gehören die Arbeiten von Sigmund Freud und Sir James Frazer. Freud hat mit psychoanalytischen Publikationen wie *Studien über Hysterie* (1895), *Die Traumdeutung* (1899), *Die Psychopathologie des Alltagslebens* (1904) oder *Drei Abhand-*

lungen zur Sexualtheorie (1905) »a whole climate of opinion« (W. H. Auden) hervorgebracht, das seit dem zweiten Jahrzehnt des 20. Jahrhunderts das künstlerische Schaffen und die kritische Auseinandersetzung mit zeitgenössischer Literatur beeinflußte. Freuds Thesen über das Unbewußte und das Unterbewußte, über das Wesen der Träume, über die verschiedenen Erscheinungsformen der Sexualität, über den Einfluß des Unterbewußten auf die Sprache und über die Entstehung des Kunstwerkes als einer Triebsublimierung – all diese Lehren erweckten die Neugierde des englischsprachigen Publikums, das bereits 1915 *Die Traumdeutung* in Übersetzung lesen konnte und dem Ernest Jones mit seinen Publikationen zu Shakespeares *Hamlet* Beispiele für die psychoanalytische Arbeitsweise im Bereich der Literaturwissenschaft und -kritik vorlegte.

Die Tatsache, daß Künstler und Philosophen seit der Antike zwar das Unterbewußte und seine Wirkungsweise kannten, daß nach einem vielzitierten Diktum von Freud selbst nun aber eine wissenschaftliche Methode gefunden war, um ein solches Phänomen und verwandte Erscheinungen des menschlichen Lebens zu deuten, mußte all jene faszinieren, die sich mit einer naturwissenschaftlich erklärenden Psychologie nicht mehr abfinden konnten, die sich mit der Analyse von Geschehnisabläufen im Bewußtsein zufriedengibt. D. H. Lawrences Roman *Sons and lovers* und das Circe-Kapitel in Joyces *Ulysses* sind auf den ersten Blick deutliche Beweise für den weitreichenden Einfluß der Freudschen Psychoanalyse auf die moderne Literatur. Wenn Lawrence wie Joyce – der mit *Finnegans wake* schließlich einen Roman schrieb, in dem der Leser die Traumarbeit des Protagonisten HCE beobachten kann – sich oft in sehr scharfen Formulierungen von Freud distanzierten, so dürfte dies darin begründet sein, daß sie durch vorschnelle Parallelisierungen seitens ihrer Leserschaft die eigene künstlerische Leistung verdeckt sahen. Beide verstanden ihre Werke nicht als Illustrationen der freudianischen Lehre, sondern als eigenständige Kunstwerke, die neben vielen anderen Quellen eben auch Ideen und Materialien der Psychoanalyse verarbeiteten. In gleicher Weise bezogen beide beispielsweise auch Ideen von C. G. Jung in ihre Werke ein; sowohl Joyce als auch Lawrence ließen sich von der Vorstellung des Kollektiv-Unbewußten und der Archetypen inspirieren, ohne sich dabei jedoch völlig auf Jungs Denkweise festzulegen.

James George Frazers *The golden bough*, ein Werk, das 1890

in zwei Bänden erschien und bis 1936 auf dreizehn Bände erweitert wurde, verbindet ethnologische, religionsgeschichtliche und soziologische Fragestellungen. Obwohl es in vielen Einzelheiten seit seinem Erscheinen umstritten ist, übte es wegen seiner guten Lesbarkeit und seiner universalen Fragestellung insbesondere auf diejenigen Künstler des angelsächsischen Kulturbereiches einen tiefgreifenden Einfluß aus, die sich nicht mit der realistischen oder naturalistischen Beschreibung des Alltags, der bloßen Nachbildung der chaotischen Erfahrungswirklichkeit im Industriezeitalter zufriedengeben wollten, sondern nach Grundmustern in Geschichte und Gegenwart suchten. W. B. Yeats war offenbar der erste moderne Dichter, der von Frazers Werk Kenntnis nahm und es in seiner Lyrik verarbeitete.

Gegenstand von *The golden bough* sind die magischen und religiösen Vorstellungen der primitiven Völker wie beispielsweise der Glaube an einen Priesterkönig, der als eine Inkarnation des Göttlichen galt und von seinem Nachfolger getötet werden mußte, damit das Weiterleben des göttlichen Geistes in neuer menschlicher Gestalt gesichert war. Dieser Ritus wurde mit dem Naturerlebnis der primitiven Völker in Verbindung gebracht; zugleich lag es – laut Frazer – nahe, dem alternden König auch alle Schuld aufzubürden, von dem ein Stamm oder ein Volk befreit werden wollte. Es entstand so die Vorstellung vom Sündenbock, der für sein Volk stirbt und es damit reinigt. Die Materialien, die Frazer sammelte, bewiesen, daß bei den orientalischen Völkern mit dem Tod eines Gottes und dessen temporärem Aufenthalt im Totenreich oft auch der Gedanke seiner Wiederkehr verknüpft wurde. Frazer war jedoch nicht darauf bedacht, Verbindungslinien zur christlichen Tradition zu ziehen, sondern in einer neuzeitlich wissenschaftlichen Betrachtungsweise die Entstehung magischer und ritueller Gebräuche zu erklären.

Frazer übte mit seinen Untersuchungen großen Einfluß auf die klassische Philologie aus: Gilbert Murrays *Hamlet and Orestes. A study in traditional types* (1914) und F. M. Cornfords *The origin of Attic comedy* (1914) seien als Beispiele genannt. Jessie L. Weston legte in ihrem Buch *From ritual to romance* (1920) eine neue Deutung des Gralsmythos vor und beeinflußte damit T. S. Eliot, der sich in *The waste land* ausdrücklich zu Frazer und Jessie Weston bekennt. Die Anfänge der »modernen« Epoche in der englischen Literatur des 20. Jahrhunderts, für die Henry James und Joseph Conrad, Freud und

Frazer grundlegende Voraussetzungen geschaffen haben, sind bereits gegen Ende der *Edwardian period* in der Bewegung des Imagismus deutlich zu erkennen.

Von den Autoren, die gegen 1910 in London zusammenkamen und die sich auf Initiative von Ezra Pound ab 1912 »Imagistes« (später »Imagists«) nannten, waren neben Ezra Pound Hilda Doolittle (H.D.) und Amy Lowell amerikanischer Herkunft; aus England kamen T. E. Hulme, Edward Storer, F. S. Flint und Richard Aldington. Alle waren sie entschiedene Gegner einer verwässerten Romantik, wie sie insbesondere in der spätviktorianischen Lyrik zu beobachten war. Sie strebten eine harte, klare, trockene Diktion an, den präzisen Ausdruck, eine unkonventionelle Bildersprache. Sie wollten neue Formen des Sehens und Erlebens vermitteln und vertrauten dabei auf die Suggestivkraft der Rhythmen, die der *vers libre* ermöglichte, sowie auf eine raffinierte Montage der Bilder.

Eine revolutionäre Wende trat jedoch erst ein, als T. S. Eliot – nachhaltig gefördert von Ezra Pound – seine frühen Gedichte veröffentlichte. James Joyces *Ulysses* und die Studien der Cambridge School of Anthropology vermittelten ihm eine Vorstellung von der »mythischen Methode«, die es ihm ermöglichte, über die von den Imagisten bevorzugten literarischen Kurzformen hinauszugehen und im *Waste land* (1922) ein Zeitalter in seiner Unfruchtbarkeit, seiner Öde und seinem Zerfall zu porträtieren. Er empfahl seinen Zeitgenossen diese mythische Methode, weil mit ihr die schier unübersichtliche Erfahrungswirklichkeit auf traditionelle Sinnmuster bezogen werden konnte, ohne daß dabei die Realität verfälscht wurde. Eliot setzte die Stilmittel der Ironie, der Ambiguität und des Paradoxons ein, um die Spannungen innerhalb der modernen Wirklichkeit und die Differenzen zwischen gegenwärtigem Erleben und tradierten Deutungen faßbar zu machen. Während Eliot ab 1927 weltanschaulich eine konservative Position annahm – er nannte sich »Classicist in literature, royalist in politics, Anglo-Catholic in religion« –, verharrten James Joyce und Virginia Woolf in ihrer »modernen« Position.

Joyce ließ in *A portrait of the artist as a young man* den Protagonisten erklären: »I will not serve that in which I no longer believe, whether it call itself my home, my fatherland, or my church.« Virginia Woolf bekannte sich stets zu dem Agnostizismus Leslie Stephens – trotz aller Spannungen zwischen ihr und dem autokratischen Vater. Wiewohl Joyce und Virginia

Woolf ein unterschiedliches Temperament besaßen, zeigen sie in ihrer Wirklichkeitsauffassung und ihrer Erzähltechnik verwandte Züge.

Um die Bewußtseinsvorgänge möglichst unmittelbar zu vergegenwärtigen, bevorzugen beide Autoren den inneren Monolog sowie die erlebte Rede und verzichten weitgehend auf die auktorialen Kommentare, die sie als eine Art Zensur empfinden. Wenn sich der Terminus »stream-of-consciousness« für die Werke beider Autoren eingebürgert hat, so muß daran erinnert werden, daß sie auch die halb- und unterbewußten Vorgänge, die das menschliche Verhalten bestimmen, zu erfassen versuchen. Sie vertrauen dabei oft auf die suggestive Wirkung von Bildern und Symbolen, von Vergleichen und Metaphern, wobei nicht zu übersehen ist, daß Virginia Woolf eine lyrische Nuancierung des Bewußtseinsstromes anstrebt, gleichzeitig aber auch die logische Verknüpfung einzelner Bewußtseinsinhalte andeutet, während Joyce assoziative Reihungen und Sprünge bevorzugt.

Kann man bei Joyces *Ulysses* und Virginia Woolfs *Mrs. Dalloway* von einer Einheit der Zeit und des Raumes im äußeren Aufbau und einer Verschmelzung dieser Kategorien der Wirklichkeitsauffassung im Bewußtsein der Personen sprechen, so verzichten beide Autoren auf die Einheit der Handlung, an deren Stelle die Einheit der Thematik getreten ist. Das Leben als letztes, nicht näher zu bestimmendes Prinzip bildet das Zentrum der dichterischen Weltsicht bei Joyce und Virginia Woolf; sie erweisen sich damit als Zeitgenossen von Shaw und D. H. Lawrence, die sich beide – wenngleich in einer jeweils unterschiedlichen Sprache – ebenfalls zu einer vitalistischen Weltsicht bekannten.

D. H. Lawrence litt unter der psychischen Desintegration der menschlichen Natur im Industriezeitalter, unter der Hypertrophie des Intellekts und der Verkümmerung der Emotionen. Wie Blake (in den *Four Zoas*) sehnte er sich nach einer Reintegration der Vernunft und des Gefühls, der Imagination und des Instinkts. Er kritisierte die verengten Formen des puritanisch-kleinbürgerlichen Lebens ebenso wie den dandyhaften Lebensstil der Londoner Bohemiens und die kalten Herrschaftsallüren der Industriemagnaten. Lawrences Romane sind dort am überzeugendsten, wo es ihnen gelingt, den Leser in den Wirbel der dargestellten Emotionen einzubeziehen. Wenn sie mit sozialkritischer Geste gleichzeitig eine Gesellschafts- und Staatsauffassung zu konkretisieren versuchen, geraten sie allzu leicht in die Nähe faschistischer Vorstellungen oder bieten ein Konglomerat von biologischen, politischen, mythologischen und religiösen Elementen. Wenn Lawrence von dem Kritiker F. R. Leavis zur »Great tradition« englischer Erzähler gerechnet wurde, dann geschah dies vor allem aufgrund seiner Fähigkeit (die in *The rainbow* und *Women in love* am deutlichsten zum Ausdruck kommt), die Fragen des Zeitalters in einer poetisch-realistischen Diktion am Schicksal einer kleinen Gruppe von Personen zu verdeutlichen.

Die »Waste land«-Atmosphäre der zwanziger Jahre war nicht nur der Nährboden für die kulturphilosophisch engagierte Erzählkunst eines D. H. Lawrence, sondern auch für die Entwicklung einer modernen Satire. Der umfassend gebildete Aldous Huxley präsentierte in seinen ersten Romanen *Crome yellow* (1921), *Antic hay* (1923) und *Those barren leaves* (1925) eine Porträt-Galerie zeitgenössischer Figuren, die von der gewissenlosen *femme fatale*, dem Hedonisten und stumpfsinnigen Naturwissenschaftler bis zum Sadisten und Zyniker reicht. In *Point counter point* (1928) werden in einer sorgfältig durchdachten Gesamtkomposition die verschiedensten Lebensauffassungen des Zeitalters aufeinander bezogen: Materialismus und Spiritualismus, Hedonismus und Vitalismus, Faschismus und Kommunismus werden in wechselnden Konstellationen als die Lebensanschauungen vorgeführt, die die englische Gesellschaft der zwanziger Jahre bestimmten. Die chaotischen Lebensverhältnisse, die sich seit dem Kriegsende insbesondere in der *upper class* und der *upper middle class* abzeichneten, lassen sich nur noch durch ästhetische Prinzipien in einer vereinheitlichenden Sicht darstellen – Prinzipien, die Huxley in Anlehnung an André Gides Roman *Les faux-monnayeurs* (1925) entwickelte. In *Brave new world* (1932) entwarf er das satirische Bild einer Gesellschaft, die gänzlich von Naturwissenschaft und Technik bestimmt wird. Die Menschen werden jetzt künstlich erzeugt und auf bestimmte Funktionen hin konditioniert; Techniken des »emotional engineering« rufen ein dauerndes Glücksgefühl hervor, so daß keinerlei Neigung aufkommt, den bestehenden Zustand zu ändern. Der Selbstmord des Außenseiters John the Savage beweist, daß Huxley in diesem Werk keine »alternative Welt« anzubieten vermochte. Seine Romane aus den dreißiger und vierziger Jahren, in denen er Erlebnisse verarbeitete, die die Menschen in Verbindung mit der Entwicklung der Atombombe beschäftigten, steigern die Satire zu grotesken Schreckensvisionen. Zugleich wandte sich Huxley in verstärktem Maße der Religion, insbesondere dem Buddhismus zu und entwickelte eine »perennial philosophy«, weil er glaubte, daß allein durch die Reaktivierung spiritueller Kräfte die Gefahren überwunden werden könnten, die die westliche Zivilisation heraufbeschworen hat.

Eine ähnliche Entwicklung ist auch in den Satiren Evelyn Waughs zu beobachten, der in Romanen wie *Decline and fall* (1928) und *Vile bodies* (1930) geradezu zum Spezialisten in der Darstellung der »bright young things« sowie der älteren Aristokraten und der Gauner wurde, die in den Wirren der Nachkriegsjahre Karriere zu machen versuchten. Aber während Huxley in didaktisch-expliziter Weise die Torheiten der Zeitgenossen kommentiert, verzichtet Waugh auf solche Eingriffe und bevorzugt in der Satire einen Stil raffinierter Implikationen.

Politische und religiöse Literatur seit 1930

Eine engagierte Auseinandersetzung mit den politischen Fragen der Zeit zwischen den beiden Weltkriegen, insbesondere mit Kommunismus und Faschismus, wurde vom Ende der zwanziger Jahre an insbesondere in der Lyrik geführt. Der Anstoß ging von W. H. Auden, Cecil Day Lewis, Stephen Spender und Louis MacNeice aus, die – wenn auch nicht alle zur gleichen Zeit – in Oxford studierten und den Versuch unternahmen, eine neue *littérature engagée* zu entwickeln. Das größte Talent in dieser Gruppe war Auden, der mit seinem herausfordernd frechen Ton, seiner parodistischen Umformung überlieferter Ausdrucksmittel und seinen epigrammatisch zugespitzten Kommentaren Aufsehen erregte und die morsche Fassade der moribunden bürgerlichen Gesellschaft attackierte.

Mit zunehmender Ausbreitung des Faschismus in Europa, mit Hitlers Machtübernahme, dem Abessinienkrieg Mussolinis, vor allem aber mit dem Ausbruch des Spanischen Bürgerkrieges im Juli 1936 sahen sich die Linksintellektuellen in England vor eine neue Situation gestellt: Waren ihre Aktionen in England bisher meist auf propagandistische Arbeit beschränkt gewesen, so bot sich ihnen jetzt in Spanien eine konkrete Chance zum Handeln. Aber schon nach kurzer Zeit fielen gerade die Begabtesten unter ihnen – wie Julian Bell, John Cornford, Ralph Fox und Christopher Caudwell. Auden selbst verließ England im Januar 1937, fand aber nirgendwo eine befriedigende Aufgabe und blieb auch in Spanien ein Sucher und Beobachter.

Während Auden bemüht war, politische Lyrik von platter Propaganda zu trennen und nur in Parabeln zu seinen Lesern zu sprechen, zeigte Cecil Day Lewis als Lyriker in den dreißiger Jahren das stärkste Engagement. Im Ton politischer Propaganda-Rhetorik kritisierte er in *The magnetic mountain* (1933) Aristokratie, Geistlichkeit und Bürgertum als »the old gang«. Day Lewis gehörte drei Jahre lang der kommunistischen Partei Großbritanniens an, aber die Politik der Sowjetunion unter Stalin trug dazu bei, daß er sich in zunehmendem Maße von seiner ursprünglichen politischen Position löste. Eine ähnliche Entwicklung läßt sich auch bei Spender und MacNeice beobachten: Spender blieb letztlich der liberalistischen Tradition verhaftet, und bei dem an der antiken Literatur geschulten MacNeice war das politische Engagement von Anfang an weniger stark ausgeprägt als bei seinen Freunden.

W. H. Auden und Christopher Isherwood bedienten sich bei ihrer Auseinandersetzung mit politischen und sozialkritischen Themen zwar wiederholt auch der Form des Dramas, jedoch erreichten Werke wie *The dog beneath the skin* (1935), *The ascent of F6* (1936) und *On the frontier* (1938) bei allem Witz und aller sprachlichen Brillanz nicht den dichterischen Rang und die Theaterwirksamkeit der Dramen Bert Brechts und anderer deutscher Expressionisten, an denen sie sich orientierten. Höher einzustufen ist Spenders Versdrama *Trial of a judge* (1938), in dem das Dilemma eines Richters geschildert wird, der sich in die Spannungen zwischen Kommunisten und Faschisten hineingestellt sieht und vergeblich seinen liberalistischen Standort zu behaupten versucht. Der Ire Sean O'Casey siedelte nach dem Theaterskandal, den er in Dublin mit *The plough and the stars* 1926 verursachte, zwar nach England über und lebte dort bis zu seinem Tode 1964, jedoch blieben Stücke wie *The star turns red* (1940), *Purple dust* (1940) und *Red roses for me* (1942), in denen er sich mit den Konflikten in Irland aus kommunistischer Sicht auseinandersetzte, innerhalb des englischen Theaters ohne jegliche Wirkung und Bedeutung.

Weit erfolgreicher waren die Prosaschriftsteller der politischen Linken. Walter Greenwood schildert in *Love on the dole* (1933) die Lebensverhältnisse der Arbeiter, die in den Slums von Lancashire leben müssen. Christopher Isherwood verstand es, in angenehm lesbarer Prosa Erlebnisse zu vermitteln, die er in den Jahren 1930 bis 1933 in Berlin sammeln konnte. Seine erzählerischen Werke *Mr. Norris changes trains* (1935), *Sally Bowles* (1937) und *Goodbye to Berlin* (1939) verbinden die Techniken des Films mit denen des »documentary« und charakterisieren treffend die Atmosphäre der dreißiger Jahre. Als Verfasser politischer Romane versuchte sich auch Rex Warner, dessen Essay-Band *The cult of power* (1946) verrät, wo seine politischen Interessen auch als Erzähler lagen: *The wild goose chase* (1937), *The professor* (1938) und *The aerodrome* (1941) zeigen, gelegentlich in einem kafkaesken Stil, die Konflikte auf, die sich für einen integren Charakter ergeben, sobald er sich mit totalitären Mächten konfrontiert sieht.

Im Rahmen der politisch engagierten Prosaliteratur gebührt George Orwell ein besonderer Platz. In seinem Essay »Why I write« erklärte er 1947: »Every line of serious work that I have written since 1936 has been written, directly or indirectly, *against* totalitarianism and *for* democratic socialism.« So ist auch sein bedeutendstes Werk, die Anti-Utopie *Nineteen eightyfour* (1949), eine kritische Auseinandersetzung mit den totalitären Tendenzen, die er auch im Sozialismus – im Anschluß an die Bücher James Burnhams – zu erkennen glaubte. Der Protagonist Winston Smith steht modernen Romancharakteren nahe, für die überindividuelle Mächte und Zwänge so stark sind, daß sie sich ihnen nicht widersetzen können. Während Hardy und Conrad die Zwänge in die metaphysische Weltordnung transponieren, von *fate* und *fortune* sprechen und damit dem Leser suggerieren, daß der Mensch in einem maliziösen Universum nichts ausrichten könne, entdeckt Orwell das Prinzip heimtückischer Macht im Staat und im Menschen selbst. Er unterstellt aber zugleich, daß in der historischen Realität die Menschen noch mächtig genug sind, um einen Weltzustand zu verhindern, den er in seinem Roman zur Abschreckung der Leser ausmalt.

Der Zerfall moralischer Wertvorstellungen, die Krise im Selbst- und Geschichtsbewußtsein moderner Menschen, das Erlebnis von Gewalt und Brutalität in den beiden Weltkriegen, in den bewaffneten Konflikten der dreißiger Jahre und in der ununterbrochenen Serie kriegerischer Auseinandersetzungen nach 1950 (von Korea bis Vietnam) schufen bei einer Reihe von Autoren die Voraussetzung für eine Rückwendung zu den religiösen Ursprüngen der europäischen Tradition. Eliots Übertritt zur anglikanischen Hochkirche im Jahre 1927 hat paradigmatische Bedeutung: Nach der Erfahrung (und künstlerischen Darstellung) des »Waste land« führte sein Weg über *Ash-Wednesday* (1930) zu *Burnt Norton* (1936), dem ersten der *Four quartets*, auf das *East Coker* (1940), *The Dry Salvages* (1941) und *Little Gidding* (1942) folgten. Eliot erreichte damit nicht nur den Höhepunkt seiner eigenen Entwicklung als Lyriker, in diesen Gedichten fand er auch den besten stilistischen und rhythmischen Ausdruck für die Hinwendung zur religiösen Weltsicht und Spiritualität, die eines der Hauptmerkmale der englischen Literatur zu Beginn der vierziger Jahre ist.

Religiöse Themen behandelte Eliot auch in seinen Dramen: Zu dem Kirchweihfestspiel *The rock* schrieb er die Chöre; *Murder in the cathedral* (1935) stellt in Anlehnung an die mittelalterliche Moralität *Everyman* den Wandel des Thomas Becket von der *superbia* zur *humilitas* und den Märtyrertod des Protagonisten dar. Die Chöre, die den Chören der antiken Tragödie nachgebildet sind, eröffnen aus der Sicht miterlebender Zeugen ein Verständnis für die christliche Deutung des Märtyrertodes, aber auch für das alltägliche Leben einer Gemeinschaft, die durch den christlichen Glauben geprägt ist. In seinen späteren Dramen, von *The family reunion* (1939) bis *The elder statesman* (1959), bleibt die christliche Deutung der menschlichen Existenz zwar erhalten, wird aber in zunehmendem Maße überdeckt durch die Elemente des modernen Gesellschaftsdramas.

Einen ähnlichen Weg wie Eliot schlug W. H. Auden ein, der sich nach seiner Übersiedlung in die Vereinigten Staaten im Jahre 1939 in zunehmendem Maße christlichen Themen zuwandte. *For the time being. A Christmas oratorio* (1945) ist dafür ein instruktives Beispiel. Die Tatsache, daß Auden in den fünfziger Jahren zwei Kierkegaard-Anthologien herausgab, ist aufschlußreich: Auden war von einem theologischen Denken beeinflußt, das sich innerhalb der protestantischen Tradition entwickelte und in diesen Jahren in Verbindung mit der dialektischen Theologie und dem Existentialismus große Aufmerksamkeit erregte.

In den Umkreis von T. S. Eliot ist der 1945 verstorbene Charles Williams zu stellen, der sich aller Gattungen, des Dramas und der Lyrik, des Essays und des Romans, bediente, um seine religiöse Weltsicht zum Ausdruck zu bringen. Das Drama *Thomas Cranmer* (1936) wurde wie Eliots *Murder in the cathedral* für die Festspiele in Canterbury geschrieben; seine spannungsreichen Romane wie *War in heaven* (1930) oder *Descent into hell* (1937) sind als »metaphysical thrillers« konzipiert, und in einem Lyrikband wie *Taliessin through Logres* (1938) behandelt er in einer eigenständig modernen Weise Themen aus dem Artuskreis. Die sinnliche Intensität seiner Dichtung wird durch eine ebenso stark gedankliche Kraft wie religiöse Disziplin gezügelt. Nachhaltige Förderung verdankte Charles Williams dem einflußreichen Literaturkritiker C. S. Lewis, der ebenfalls als Erzähler hervortrat und dessen Romane dadurch ein besonderes Gepräge erhalten, daß er die religiösen Themen im Stile der *science fiction* behandelte. Im Gegensatz zu den Werken des Anglikaners Charles Williams sind die Dramen des aus der Quäkertradition stammenden Christopher Fry, der sich in seinen Anfängen (etwa in dem Mirakelspiel *The boy with a cart* 1939) ebenfalls Eliot zum künstlerischen Vorbild nahm, frei von apologetischen Tendenzen.

Die Romanciers Evelyn Waugh und Graham Greene schlossen sich dagegen der römisch-katholischen Tradition an: Waugh trat 1930 zum katholischen Glauben über, Greene vollzog den gleichen Schritt im Jahre 1927. Von der Faszination, die von der religiösen Tradition, den Formen des Glaubens wie der alltäglichen Lebensgestaltung ausgehen kann, zeugen der Roman *Brideshead revisited* (1945) und die im Zweiten Weltkrieg spielende Trilogie *Sword of honour* (1965). Nicht zu verkennen ist, daß Waugh in dieser Trilogie auch die Desillusionierung des Protagonisten mitgestaltete, der in den Krieg zog, um gegen die widergöttlichen Mächte des Faschismus und Kommunismus zu streiten, sich dann aber durch die politischen Entwicklungen in Europa enttäuscht sah.

Noch radikaler drang Graham Greene in seinen religiösen Romanen in die Abgründe des Bösen, in die Problematik von Schuld und Sühne, in die Gewissenskonflikte gläubiger Menschen, in die Paradoxie allen menschlichen Handelns vor. Er setzte die Mittel des spannenden Kriminalromans ein, die er zuvor bereits erprobt hatte, um seine Leser Schritt für Schritt die Problematik des modernen Glaubenslebens im Kontext zeitgenössischer politischer Konflikte verstehen zu lassen.

Zur literarischen Beschäftigung mit der religiösen Thematik hatte bereits zu Beginn der »modernen« Epoche der englischen Literatur T. E. Hulme durch seine zunächst im Kreise der Imagisten verbreiteten Theorien zur europäischen Kunst und Literatur beigetragen. Hervorzuheben sind seine kritischen Bemerkungen zu den Auswirkungen der Philosophie Rousseaus und der romantischen Tradition. Nach Hulme lag den von Rousseau und der Romantik propagierten Ideen die Überzeugung zugrunde, daß der Mensch von Natur aus gut und die Vervollkommnung des Menschen aus seinen eigenen Kräften heraus möglich sei. Diese Überzeugung ist über Rousseau und die Romantik hinaus kennzeichnend für den gesamten neuzeitlichen Humanismus und – wie Hulme im Hinblick auf die politischen Entwicklungen im 19. Jahrhundert hinzufügt – für den Liberalismus. Politische, religiöse und ästhetische Motive sind in Hulmes Kulturkritik aufs engste miteinander verbunden. Dem humanistisch-romantisch-liberalistischen Bild vom Menschen stellt er die Lehre von der Erbsünde gegenüber, von der Gebrochenheit der menschlichen Existenz, was zu einer starken Betonung der Erlösungsbedürftigkeit des Menschen führt. Hulme sah den philosophisch-theologischen Kontrast und Konflikt zwischen der »romantischen« und der »klassizistischen« Sicht des Menschen bereits im frühen Christentum angelegt, nämlich in dem Konflikt zwischen Pelagius (der von der Fähigkeit des Menschen zum Guten ausging) und Augustin (der demgegenüber die Erbsünde und die Notwendigkeit der Gnade betonte).

Diese Unterscheidung hat Anthony Burgess in seinem Buch *1985* (1978) sowie in den Romanen *A clockwork orange* (1962) und *The wanting seed* (1962) wieder aufgegriffen und Beweise dafür geliefert, daß Hulme mit seinen *Speculations* (posthum 1924 veröffentlicht) eine kritische Auseinandersetzung mit einer Problematik eingeleitet hatte, die – bei vielen Widersprüchen, die sie erfuhr – Eliots Dichten und Denken zutiefst beeinflußte und – wie Burgess' Zukunftsromane beweisen – bis heute nichts an Bedeutung eingebüßt hat. William Goldings erzählerisches Werk, insbesondere sein vielbeachteter Roman *Lord of the flies* (1954), ist nur eines der Glieder in einer langen Kette kritischer Äußerungen zu einer optimistisch-aufklärerischen Anthropologie Rousseauscher und romantischer Prägung, die seit dem Ersten Weltkrieg in der englischen Literatur zu finden ist. In einer Generation, die den Zweiten Weltkrieg miterlebt hatte und einen neuen (Atom-)Krieg befürchtete, wurde der Zweifel an einem aufklärerischen Optimismus, wie er Defoes *Robinson Crusoe* zugrunde liegt, immer größer, so daß William Golding mit voller Absicht an die Stelle der herkömmlichen Robinsonade eine moderne Anti-Robinsonade setzte.

Literarische Formen und gesellschaftliche Veränderungen seit den fünfziger Jahren

Der Tod von James Joyce und Virginia Woolf in den ersten Monaten des Jahres 1941 markierte für viele Autoren das Ende der »Moderne« in England. Während James Joyce mit *Finnegans wake* (1939) die extremste Form experimentellen Erzählens erreicht hatte, an der sich zunächst niemand messen wollte, hatte Virginia Woolf bereits in *The years* (1937) wieder einfachere Darstellungstechniken benutzt. Die Autoren der fünfziger Jahre distanzierten sich – trotz akademischer Bildung und ausgedehnter Literaturkenntnisse – entschieden von allem, was »highbrow« oder »too sophisticated« genannt werden konnte. Die Bezeichnung Angry Young Men bildete bald ein bequemes Etikett, um die neue Lebens- und Kunstauffassung zu charakterisieren. Romanciers wie John Wain (*Hurry on down* 1953), Kingsley Amis (*Lucky Jim* 1954), John Braine (*Room at the top* 1957) und Alan Sillitoe (*Saturday night and Sunday morning* 1958) nutzten den pikaresken Roman, um den Dschungel der englischen Nachkriegsgesellschaft zu beschreiben. Aber diese Romane bringen sich letztlich um ihre volle (sozialkritische) Wirkung, weil sie in einem Kompromiß mit den bestehenden Verhältnissen enden. Romanzenhafte Ausklänge entwerten das ungestüme Aufbegehren gegen das Establishment mit seinen durch die Tradition geheiligten Normen und Konventionen.

Angus Wilson knüpfte an die viktorianische Erzählkunst, insbesondere an George Eliot, an, weil er davon überzeugt war, daß es die Aufgabe eines Romanciers sei, »to convince the reader that he is seeing society as a whole«. Sein Interesse galt von Anfang an den besonderen gesellschaftlichen und politischen Verhältnissen in England und dem Einfluß von Klasse und Konvention auf den Lebensstil des einzelnen. Wenn Wilson sich auch mit der viktorianischen Erzähltradition (und dem viktorianischen Liberalismus) verbunden fühlte, mied er allzu aufdringliche Kommentare und arbeitete statt dessen mit den Mitteln einer subtilen erzählerischen Ironie. Sein Roman *No laughing matter* (1967) beweist schließlich, daß er sich in seiner späteren Phase auch Anregungen bei Virginia Woolf (insbesondere bei ihrer Gestaltung des inneren Monologs in *The waves*) holte, als er die Geschichte einer Familie vom Ersten Weltkrieg bis in die sechziger Jahre darstellte.

Bedingt durch die politischen und sozialen Wandlungen, die seit den fünfziger Jahren einsetzten, war es das Ziel Doris Lessings, die veränderte Situation der Frau in der modernen Gesellschaft zu erfassen. Sie bediente sich zunächst eines ganz traditionellen Realismus, um in den ersten Bänden der fünfteiligen Romanfolge *Children of violence* (1952–1969) den Lebensweg der Martha Quest, ihre Kindheit und frühe Jugend, ihre beiden Ehen und ihre politischen Aktivitäten in der Kommunistischen Partei nachzuzeichnen. Mit dem letzten Band, *The four-gated city* (1969), gelang ihr eine Bestandsaufnahme der englischen Gesellschaft zur Zeit des Kalten Krieges. Kennzeichnend für Doris Lessing ist ihre Fähigkeit, psychologische, sexuelle und politische Probleme in ständiger Wechselbeziehung zu sehen, die Desintegration der einzelmenschlichen Existenz ebenso wie die Möglichkeit ihrer Reintegration zu beschreiben. Das beste Beispiel hierfür ist *The golden notebook* (1962). In der fünfteiligen Folge *Canopus in Argos, archives* (1979–1983) nahm sie Formelemente der im 20. Jahrhundert beliebten Gattung der *science fiction* auf – sie spricht von »space fiction« – und schildert eine Entwicklung, die nach einer Katastrophe stattfindet. Doris Lessing sieht für die Überlebenden die Möglichkeit einer Weiter- und Höherentwicklung, einer fortschreitenden Spiritualisierung und unterscheidet sich letztlich dadurch von anderen Vertretern der *science fiction*, daß sie »keine Voraussagen über die Entwicklung von Wissenschaft und Technik trifft« (Annegret Maack).

Vergleicht man das erzählerische Werk Doris Lessings mit den Romanen von Iris Murdoch, Muriel Spark und Angela Carter, so treten die unterschiedlichen erzählerischen Fähigkeiten ebenso stark hervor wie die thematischen Zielsetzungen und sozialkritischen Interessenrichtungen dieser Autorinnen, die auf ihre Weise die Tradition von Jane Austen, Emily Brontë und George Eliot fortsetzen, aber auch experimentelle Techniken wiederum zur Geltung kommen lassen.

Iris Murdoch konnte zwar mit *Under the net* (1954) zunächst den neopikaresken Romanciers zugerechnet werden, aber Romane wie *The flight from the enchanter* (1956) oder *A severed head* (1961) beweisen, daß sie den Roman als ein flexibles Instrument zu gebrauchen weiß und mit den realistischen Darstellungskonventionen auch symbolische Techniken zu verbinden versteht. Ein Roman wie *The flight from the enchanter*, bei dem Iris Murdoch auch Anregungen aus dem französischen Existentialismus verarbeitete, zeigt, daß sie die Struktur der Abhängigkeitsverhältnisse transparent werden läßt, die das moderne politische und gesellschaftliche Leben bestimmen. In gleicher Weise gelingt es ihr auch, die sexuellen Beziehungen innerhalb einer Gruppe von Personen in subtiler Abstufung darzustellen und das emotionale und intellektuelle Bezugsfeld, in das die sexuellen Erlebnisse eingelagert sind, zu erfassen.

Muriel Spark, eine Autorin jüdisch-schottischer Herkunft, die 1954 zum katholischen Glauben übertrat, zeichnet sich durch ihre stilistische Präzision und eine brillante Beherrschung der erzähltechnischen Mittel aus. Der Leser wird dadurch ständig in die Lage versetzt, das erzählerische Kalkül der Autorin mit- und nachzuvollziehen. Dabei kommt es zu einem raffinierten Wechselspiel zwischen religiösen und ästhetischen Vorstellungen; man braucht nur an einen Begriff wie den des »allwissenden Erzählers« zu denken. Muriel Spark ist davon überzeugt, daß die erfahrbare Wirklichkeit und Wahrheit komplexer, reicher sind als die Fiktion, die immer nur Teilaspekte der Wirklichkeit (und dazu noch in stilisierter Form) bietet. Der Roman *The driver's seat* (1975) läßt deutlich werden, wieviel »Gewalt« normalerweise ein Erzähler über die von ihm »geschaffenen« Figuren ausübt.

Noch radikaler ist die Auseinandersetzung mit »reality« und »realism« in den Werken Angela Carters gestaltet. Erwähnt seien in diesem Zusammenhang ihre Romane *The magic toyshop* (1967), *Several perceptions* (1968) und *Love* (1971, überarbeitete Fassung 1987). Sie ist durch den französischen *nouveau roman* beeinflußt und hat zugleich mit den entsprechenden ästhetischen Theorien der französischen Autoren auch einen weiten Bereich philosophischer und psychologischer Literatur verarbeitet (wie beispielsweise Lacans Lehre vom »stade du miroir«). Reflexionen über Identitätsgewinnung und Identitätsverlust werden von ihr mit in die erzählerische Behandlung der Themen »Zeitlichkeit« und »Wirklichkeit« hineingenommen. Auch bei ihr tauchen (in der zweiten Phase ihrer Entwicklung, z. B. in *The infernal desire machines of Doctor Hoffman* 1972) pikareske Formen des Erzählens auf, verbunden mit Elementen der *Gothic novel*, des Mythos und der Utopie, aber sie sind stets in einen souveränen Umgang mit den literarischen Formen und sprachlichen Mitteln einbezogen, bei dem nicht das schiere Wohlgefallen am Spiel im Vordergrund steht. Angela Carter benutzt die durch raffinierte

Handhabung der erzähltechnischen Mittel bewirkten Schocks, um bestimmte sozial- und kulturkritische Intentionen wirkungsvoll zu vermitteln.

Auch das Schaffen der englischen Dramatiker und Lyriker ist seit den fünfziger Jahren durch einen starken Bezug zu den gesellschaftlichen und politischen Wandlungen gekennzeichnet. Historiker des englischen Dramas nennen meist den 8. Mai 1956, den Tag, an dem Osbornes *Look back in anger* uraufgeführt wurde, wenn sie den Beginn einer neuen Ära markieren wollen. Aber es sollte nicht übersehen werden, daß Becketts *Waiting for Godot*, in Paris bereits 1951 aufgeführt, in London schon 1955 gespielt wurde. Diese beiden Richtungen, das experimentelle, absurde Drama, das durch eine strenge formale Konzentration, eine souveräne Dialoggestaltung und eine hintergründige Komik gekennzeichnet ist, und das sozialkritische Drama, das auf das realistische und naturalistische Drama der Jahrhundertwende zurückgreifen konnte, existierten von da an nebeneinander und wirkten auch aufeinander ein. Dazu kam als weitere Anregung für die britischen Dramatiker Bert Brecht, dessen Berliner Ensemble im August 1956 in London den *Kaukasischen Kreidekreis* und *Mutter Courage* aufführte. Schließlich ist in diesem Zusammenhang die Arbeit von Joan Littlewood zu erwähnen, die bereits 1945 einen *theatre workshop* gründete, zunächst in den Arbeitervierteln Nordenglands tätig war und sich 1953 in Stratford East, einem Londoner Stadtteil, ansiedelte. Sie brachte Brendan Behans und Shelagh Delaneys Werke zur Aufführung und inszenierte *Mutter Courage* bereits ein Jahr bevor Brechts Ensemble mit dem gleichen Stück in London auftrat.

Die Wirkung von Osbornes *Look back in anger* erklärt sich im wesentlichen aus der Sprache und der Denkweise der Charaktere. Eine derart grobe Diktion, wie sie der aus der Unterschicht stammende Jimmy Porter in Augenblicken größter Erregung verwendet, war in den poetischen Dramen Eliots und Frys, die sich zu Beginn der fünfziger Jahre im Londoner West End großer Beliebtheit erfreuten, nie zu hören. Bei Jimmy Porter entlädt sich der ganze Zorn über das Establishment vor allem deshalb, weil er keinen Platz in der Gesellschaft finden kann. Er ist der unteren Schicht aufgrund seiner akademischen Ausbildung (die ihm als »scholarship boy« zuteil wurde) entwachsen, aber es gelingt ihm nicht, sich problemlos in die Mittelklasse zu integrieren. Zu sorgfältig durchdachtem politischem Handeln ist er unfähig, so daß ihm nur die rhetorische Tirade bleibt, in der er seinen Zorn auslebt.

Arnold Wesker wandte sich mit seinen realistischen, sozialkritischen Stücken anders als Osborne primär an den kritischen Intellekt seines Publikums. Bei allem sozialistischen Optimismus, der insbesondere aus *Roots* (1959) spricht und der oft an William Morris' Sozialismus erinnert, bei aller politischen Unbeugsamkeit, die er der zentralen Figur der *Chicken soup trilogy*, einer überzeugten Kommunistin, zuschreibt, tendiert der Autor Wesker eher dazu, ein humanistisches Credo, den Glauben an die gute Tat und deren Wirksamkeit, über die politischen Dogmen zu setzen.

Becketts Dramen *Waiting for Godot* und *Endgame* (1958 publiziert) kamen erst in den sechziger Jahren voll zur Wirkung. In ihnen ließ er die Partikularitäten der politischen Umstände und der sozialen Lage in den Hintergrund treten und bot – unter dem Vorzeichen des Absurden – menschliche Grunderlebnisse. So spiegelt sich im Verhältnis von Pozzo und Lucky das (dialektische) Verhältnis von Herr und Knecht, im Warten auf Godot die (vielfältig auslegbare) Entfremdung des Menschen in einer Welt, die für ihn ihren Sinn verloren hat. In *Endgame* artikuliert Beckett die Trostlosigkeit einer auf primitive Regungen reduzierten menschlichen Existenz nach einer universalen Katastrophe. Wenngleich Beckett die gleichen Grundstimmungen künstlerisch erfaßte, die auch in den Werken Osbornes und Weskers zu beobachten sind, so hat er die Erlebnisse der Zeitgenossen in einer Weise gestaltet, die von der hohen künstlerischen Intelligenz des Autors und seiner an der französischen Literatur geschulten Schöpferkraft zeugen. Mit unerbittlicher Härte im Denken und mit ebenso kompromißloser Bereitschaft zum Experiment arbeitete Beckett in den siebziger und achtziger Jahren jenseits aller sozialkritischen Weltdeutungen weiter und stellte beispielsweise in *Not I* (1973) die Hilflosigkeit und Aussichtslosigkeit des einzelnen dar. Nur durch die sprachliche Distanz zur Realität ist eine grauenvolle Existenz noch zu ertragen.

Harold Pinter nahm Anregungen des absurden Dramas auf, entwickelte jedoch eine eigene Form des Gesellschaftsdramas. Ihm gelang es vor allem, das Wechselspiel von Aggression und Hilflosigkeit in der modernen Massengesellschaft durch dramatische Konflikte und eine Sprache zu verdeutlichen, bei der jeweils ein »Subtext« mitzudenken ist. Dies gilt für die frühen kurzen Stücke *The room* (aufgeführt 1957) und *The dumb waiter* (1960) ebenso wie für die in den sechziger Jahren verfaßten mehraktigen Dramen *The caretaker* (1960) und *The homecoming* (1965). Insbesondere in seinen frühen Werken erzeugt Pinter eine unheimliche Atmosphäre, in der sich eine nicht näher zu definierende Schuld und die Furcht vor einer ebensowenig genau zu bestimmenden Vergeltung durchdringen.

In einem anarchistischen Radikalismus verzehrten sich das Leben und das künstlerische Schaffen von Joe Orton, der Themen wie Mord, Korruption und Sexualität in *Entertaining Mr. Sloane* (1964) oder *What the butler saw* (1969) in den Mittelpunkt seines dramatischen Werkes stellte. Ob er dabei selbst an einer moralischen Gegenwelt festhielt, ist umstritten; so urteilt beispielsweise Jonathan Dollimore: »Even for liberals and some radicals, he took the Great Refusal too far, not just in what he actually *did*, but in the refusal in his work to confront established morality with an earnest moral alternative.«

In den gleichen thematischen Zusammenhang ist Edward Bond mit Dramen wie *Saved* (1966) oder *Lear* (1972) einzuordnen. *Lear* ist eine völlige Neubearbeitung des Shakespeareschen Stoffes, die sich ganz auf die Themen Grausamkeit und Gewalt konzentriert, allerdings auch einen inneren Wandel des Protagonisten zum Ausdruck bringt. Bond ist wegen der Darstellung von Grausamkeit und Gewalt zum Hauptvertreter eines Theaters geworden, für das die Kritik den Terminus »theatre of violence« prägte. Gewiß beschäftigten diese Themen das englische Drama von der elisabethanischen Zeit bis zum 19. Jahrhundert. Die Dramen der sechziger und siebziger Jahre erzielten deshalb auf die (meisten) Zuschauer eine so beklemmend niederdrückende Wirkung, weil die Spielsphäre und die Lebenswelt, der die Zuschauer angehören und deren Gestaltung und Umgestaltung mit in ihre Verantwortung gelegt ist, sich in einer Weise überschneiden, daß das Vergnügen am ästhetischen Gegenstand oft gänzlich vernichtet wird. Nicht »pleasure« ist das Ziel dieser Dramen (und zahlreicher Werke der Moderne), sondern »shock«, der ein neues Bewußtsein erzeugen soll und aus dem – so hoffen jedenfalls viele Autoren – die Bereitschaft hervorgehen könnte, eine bessere Welt zu schaffen.

Die politischen und sozialkritischen Dramen, die in England in den siebziger und achtziger Jahren entstanden, lassen die Werke von Auden und Isherwood, Osborne und Wesker blaß und farblos erscheinen. Mit der Radikalität des Denkens und

Handelns, die sich seit den sechziger Jahren im Gefolge der politischen Ereignisse (etwa in Nordirland) und der Studentenbewegung (1968) herausbildete und die das öffentliche Leben in England und den Vereinigten Staaten ebenso prägte wie in Frankreich und Deutschland, entstand ein Klima, in dem sich eine neue, engagierte Kunst entwickeln konnte.

Seit 1968 machten sich Autoren wie Howard Brenton, David Hare, John McGrath, Trevor Griffiths und Howard Barker als Repräsentanten eines gesellschaftskritisch-marxistischen Dramas einen Namen. An ihren Werken kann die Skala der technischen Möglichkeiten abgelesen werden, die zeitgenössischen Autoren bei einer politisch engagierten Bearbeitung dramatischer Gegenstände und Themen zur Verfügung stand.

Howard Brenton, der gelegentlich als der bedeutendste linksextreme Dramatiker bezeichnet worden ist, möchte sein Publikum nicht in explizit-didaktischer Weise belehren, sondern die Zuschauer während der Aufführung durch die allmähliche Entlarvung gesellschaftlicher Mißstände so sehr emotional beeinflussen, daß bei ihnen aus dem Theatererlebnis der Wunsch nach einer Veränderung der real existierenden Verhältnisse hervorgeht. Mit *Fruit* (aufgeführt 1970) und *England's Ireland* (aufgeführt 1972) wandte er sich aktuellen politischen Themen zu; mit *Hitler dances* (aufgeführt 1972, publiziert 1982) lieferte er eine Show über den Zweiten Weltkrieg; in *Magnificence* (1973) schilderte er eine Hausbesetzung und den Versuch eines Sprengstoffattentats; in *The Churchill play* (1974) suchte er die von Orwell prophezeite Entwicklung zu einem faschistisch-totalitären Staat darzustellen; *Weapons of happiness* (1976) handelt von einer Fabrikbesetzung. Brenton befaßt sich in diesen Werken nicht nur mit den der bürgerlichen Gesellschaft inhärenten Antinomien, sondern er reflektiert auch über die von der 68er Generation eingeschlagenen Wege, die zu einer Überwindung der in der kapitalistischen Gesellschaft anzutreffenden Mißstände führen sollten.

Deutlicher noch fällt die Kritik an der Generation, die 1968 für eine radikale Erneuerung der Gesellschaft kämpfte, in David Hares *Teeth 'n' smiles* (1976) aus, in dem er eine Rock-Gruppe auf die Bühne brachte, die im Jesus College in Cambridge spielt. Allein dieser Stoff zeigt, daß er in raffinierter Weise moderne Wirklichkeit und gesellschaftliche Tradition aufeinander bezieht und gegeneinander ausspielt. Der Hauptakzent liegt jedoch auf der Entlarvung der inneren Leere und Ausweglosigkeit der Generation, die wenige Jahre nach 1968 bereits alle Vitalität, allen revolutionären Schwung und alle Bereitschaft zu einer kühnen kreativen Umgestaltung des modernen Lebens vermissen läßt.

Dramaturgisch neue Wege schlug John McGrath ein, dessen Spiele über Themen aus dem Leben und der Geschichte Schottlands für die schottische Sektion der Gruppe 7:84 geschrieben wurden (der Name erklärt sich aus dem sozialkritischen Statement: »7% of the population of this country own 84% of the wealth«). Die Aufführungen dieser Gruppe finden in Clubräumen oder Kneipen, Schulen oder Gewerkschaftsräumen statt. Weitgehend verzichten ihre Mitglieder auf die herkömmliche Bühnendekoration; sie durchbrechen die strenge Trennung von Bühne und Zuschauerraum, von illusionär-ästhetischer Bühnenwirklichkeit und lebensnahem Alltag. Dabei ergeben sich vielfältige Überlagerungen der verschiedenen Wirklichkeitsschichten, wodurch wiederum eine sehr subtile Beeinflussung des politischen Denkens und Handelns der Zuschauer erzielt werden kann.

Die Intention, das Publikum mit Hilfe herkömmlicher Formen der Unterhaltung zu kritischer Reflexion über Thema und Struktur eines Dramas herauszufordern, ist auch bei Trevor Griffiths zu beobachten, der mit *Comedians* (1976) ähnlich wie Eliot, Osborne und Beckett an die Tradition der Music Hall anknüpft und eine Schule für Komödianten vorführt, wobei die Komik zugleich Gegenstand kritischer Erörterung auf der Bühne ist. Der Witz – so ließe sich überspitzt sagen – liegt nicht in den Witzen, sondern in dem pointierten gesellschaftskritischen Kommentar zu der als Spiel im Spiel gebotenen Komik. Griffiths wendet sich gegen die Formen der Unterhaltung, die über die Schwächen des zeitgenössischen Gesellschaftszustandes hinwegtäuschen oder ihn in affirmativer Weise beschönigen wollen; er plädiert für eine Komik, die durch Lachen entlarven will.

Die Sehnsucht nach einer Überwindung gegenwärtiger Entfremdung, nach einer Rückkehr zum ursprünglichen Sein, hat in den dramatischen Werken Peter Shaffers ihren vielfältigen Ausdruck gefunden, von denen allein *The public eye* (1962), eines seiner frühen Schauspiele, eine optimistische Lösung anbietet, während die späteren Dramen, auch das Erfolgsstück *Equus* (1973), der Möglichkeit einer solchen Rückkehr zu einem Sein, in dem vitale, metaphysische und religiöse Kräfte zusammenwirken, mit Skepsis begegnen.

Auch in der Geschichte der zeitgenössischen englischen Lyrik ist das Jahr 1956 von besonderer Bedeutung: In diesem Jahr erschien Robert Conquests Anthologie *New lines*, in der er einige Autoren vorstellte, die den neuen Geschmack am ehesten trafen. Zu dieser Gruppe, die von Conquest einfach mit dem Namen *The movement* bedacht wurde, zählten (neben dem Herausgeber) Kingsley Amis, Donald Davie, D. J. Enright, Thom Gunn, John Holloway, Elizabeth Jennings, Philip Larkin und John Wain. Sie wandten sich von den symbolischen Techniken Eliots und Pounds ab, mieden aber auch den hymnisch-dionysischen Stil des Walisers Dylan Thomas und bevorzugten eine trocken-sachbezogene und skeptische Tonart. Der Lyriker des *Movement*, dem es am besten gelang, die Atmosphäre einzufangen, die in den fünfziger Jahren in England herrschte, ist Philip Larkin. Er folgte Thomas Hardy, der gerade für diejenigen zur unerschöpflichen Quelle lyrischer Inspiration wurde, die sich im 20. Jahrhundert um die Darstellung der zeitgenössischen Lebensverhältnisse in England bemühten. Larkins Dichtung zeugt von eindringlicher Beobachtung und scharfer Reflexion. Sein Blick ruht auf den Alltagsepisoden; er erfaßt die sinnträchtigen Augenblicke im Leben der Menschen, ihre »sprechenden« Gebärden. Die besten seiner späteren Gedichte sind durch eine bildhaft eindringliche Wiedergabe der Wirklichkeit und eine authentisch wirkende Darstellung des Wahrgenommenen gekennzeichnet.

Der neue »Ton«, den Thom Gunn im Gegensatz zu Philip Larkin in den fünfziger Jahren zur Geltung brachte, zeugt von der Energie, der ungehemmten Vitalität und gelegentlich auch der Brutalität der Generation, die in England und vor allem auch in Amerika als Gegner des Establishment auftrat. Thom Gunns eigener lyrischer Stil kommt in einprägsamer Weise in dem Band *The sense of movement* (1957) zum Ausdruck, der in das Milieu der »Lederjacken« einführt, die sich am Motorenlärm ihrer schweren Maschinen und an ihrer ziellosen Fahrt berauschen. Impulsives Sichausleben, Abkehr von allen festen, tradierten Ordnungen, Hinwendung zu einer – wie es scheint – unbegrenzten Freiheit, die dem Ich die volle Selbstentfaltung ermöglicht – dies sind die Motive, die das Handeln der »Lederjacken« bestimmen. In dem Gedicht »On the move«, das zu einem Schlüsselgedicht der fünfziger Jahre wurde, ist die reale Lebenserfahrung einer ganzen Generation angesprochen, zugleich aber künstlerisch so verwandelt, daß es nicht nur als ein

Dokument für eine gesellschaftliche Entwicklung angesehen werden kann, sondern als ein gelungenes Kunstwerk.

Thom Gunn war eines der Idole der Hippie-Bewegung, die in den frühen sechziger Jahren in Amerika aus dem Beatnik-Movement hervorging. Sie verstand sich als friedlicher Protest gegen die Welt der Erwachsenen, gegen Technisierung und Bürokratisierung. Gekennzeichnet war sie durch die romantisch-utopische Hinwendung zur unberührten Natur; Blumen und Kränze, »the flower-power«, symbolisierten in Anlehnung an indische Sitten die Abkehr von aller Technologie. Die meditative Versenkung, der (Drogen-)Rausch, die sexuelle Ekstase – dies waren die Wege zum Glück, die die Hippies einschlugen und anderen vorlebten. In England und Amerika bildete sich in Verbindung mit den verschiedenen Protestbewegungen im Laufe der sechziger Jahre die Pop-Art heraus, die in der Bildenden Kunst, der Musik und der Dichtung anzutreffen war, aber auch im Design, der Architektur und der Mode ihre deutlichen Auswirkungen zeigte. Ihr Name wird darauf zurückgeführt, daß diese Kunst- und Moderichtung den knalligen Effekt suchte; dazu ist ein Zusammenhang mit dem Wort »popular« hergestellt worden, da die unterschiedlichsten Formen »volkstümlicher« Unterhaltung, von der Trivialliteratur bis zum Wildwest-Roman und zur *science fiction*, vom Krimi und *comic strip* bis zur Pornographie verwendet wurden.

In England gewann die Pop-Art durch die *Liverpool poets* Adrian Henri, Roger McGough und Brian Patten auch eine ausgesprochen politische Prägung: Die Kritik dieser Lyriker wandte sich gegen alle Kräfte, die für die Erhaltung der bestehenden Verhältnisse eintraten. Sprachlich besitzt diese Kunst, die eine Modeerscheinung des Massenzeitalters ist, keine besondere Originalität. Sie verwendet eine kolloquiale oder erfundene komische Diktion, die den politischen Zielen dient; im Rhythmischen lehnt sich diese Lyrik an die Tradition des *free verse* und an die Pop-Musik an. Eine der Auswirkungen dieser Bewegung war, daß sie die Aufnahmebereitschaft eines größeren Publikums für Darbietungen lyrischer Werke förderte: Öffentliche Lesungen in Verbindung mit Konzerten wurden populär. Allerdings ebbte die Pop-Mode in der Literatur der siebziger Jahre bald wieder ab.

Zur gleichen Zeit, in der Thom Gunn und die Vertreter der Pop-Art sich zu Wort meldeten, publizierte Ted Hughes Gedichte in einem energiegeladenen, eruptiven Stil. In seiner Diktion erinnert Ted Hughes an Gerard Manley Hopkins, dessen Wendung »brute beauty« (aus dem Sonett »The windhover«) sich auch auf Ted Hughes' Tiergedichte, insbesondere in den beiden ersten Bänden *The hawk in the rain* (1957) und *Lupercal* (1960) anwenden läßt. Während jedoch der Viktorianer Hopkins (dessen Gedichte erst 1919 auf Initiative von Robert Bridges veröffentlicht wurden) mit seinen Gedichten die Schöpfung des christlichen Gottes preist, werden bei Ted Hughes alle Grundvorstellungen der christlichen Schöpfungslehre, die Lehre vom Ursprung der Sünde und auch das traditionelle Gottesbild, in ihr Gegenteil verkehrt. An Ted Hughes' Lyrik läßt sich ablesen, bis zu welchem Grad die Abkehr von der christlich-religiösen Tradition im 20. Jahrhundert an Intensität gewonnen hat.

Gerard Manley Hopkins und Ted Hughes waren die Vorbilder für Seamus Heaney, den bedeutendsten Lyriker der angloirischen Tradition, dessen Anfänge in den sechziger Jahren liegen und dessen Leistungen in den siebziger Jahren bald sehr hoch eingestuft wurden. Angesichts der politischen Auseinandersetzungen zwischen Katholiken und Protestanten in Nordirland (vom Jahr 1968 an) sah er sich mehr und mehr dazu veranlaßt, diese alltäglichen Erlebnisse in seiner Dichtung zu verarbeiten. Dabei ging es ihm weniger um die direkte, politische Stellungnahme als um den Versuch, die Gegenwart von der Vergangenheit her verständlich werden zu lassen. Wenngleich Heaney die Hoffnung nicht gänzlich aufgibt, daß aus dem Verstehen eine Versöhnung hervorgehen könne, sieht er doch keine schnelle Lösung für die politischen Konflikte, und seine eigene dichterische Rolle betrachtet er eher mit pessimistisch-stoischer Resignation.

Kulturkritiker haben im 20. Jahrhundert mehrfach die Frage gestellt, ob Literatur im Hinblick auf die Konkurrenz, die Film, Funk und Fernsehen darstellen, überhaupt noch eine Chance hat. Sicherlich füllen die Medien einen Großteil der Freizeit in der modernen Industriegesellschaft aus; Unterhaltung selbst ist zur »Unterhaltungsindustrie« geworden. Da sich andererseits Autoren wie Osborne, Pinter oder Beckett nicht scheuten, für die Medien zu schreiben und Ausdrucksmittel der Medien zu benutzen, um ihre künstlerischen Themen und Methoden einem größeren Publikum zu vermitteln, eröffneten sich den Autoren neue Möglichkeiten zu einer weiten Verbreitung ihrer literarischen Werke, die ihnen zuvor nicht in vergleichbarem

Maße zur Verfügung gestanden hatten. Wie stark die Medien und die literarischen Organisationen in den letzten Jahren zur Verbreitung von Literatur, insbesondere von Lyrik, beigetragen haben, sei durch eine Bemerkung von Blake Morrison belegt, die sich auf die Rezeption des Bandes *North* von Seamus Heaney bezieht: »The book had barely come back from the printers before various funding bodies were rushing to cast their cheques at Heaney's feet. *North* was made the Poetry Book Society choice; it won the Duff Cooper Memorial Prize and the £ 1,500 W. H. Smith Memorial Prize; it was gushed over on television and radio. It also (and this does not automatically follow) sold remarkably well – over 6,000 copies in the first month: that is a figure which outdoes even Larkin's *The Whitsun Weddings* and Hughes's *Crow*. As a result of *North*'s success, Heaney is now firmly established as one of our most popular poets and (his genial presence helps here) is much in demand for public appearances: his audience at an early evening reading at the National Theatre in January 1977 was the biggest I have ever seen a poet command.«

Die Absatzziffern der *paperbacks* seit dem Ende des Zweiten Weltkrieges zeigen, wie groß das Interesse an Literatur im weitesten Sinn des Wortes beim Lesepublikum geworden ist und wie stark die modernen Möglichkeiten der billigen Produktion und Verbreitung von Büchern sich ausgewirkt haben. Insgesamt wurden (nach Angaben von Stuart Laing) 1968/69 nahezu 90 Millionen *paperbacks* von englischen Verlegern verkauft. Allein bei Penguin stieg die Zahl von 12 Millionen im Jahre 1959 auf 29 Millionen im Jahre 1968. Zu den Büchern, von denen mehr als eine Million (als *Penguin paperback*) verkauft wurden, gehören D. H. Lawrences *Lady Chatterley's lover*, George Orwells *Animal farm* und John Braines *Room at the top*. Diese Ziffern (die auch den Export miteinschließen) sind ein Beweis für die Breitenwirkung, aber auch für die internationale Geltung, die die aus Großbritannien stammende Literatur bis zum heutigen Tage besitzt. (E)

Zweiter Teil
Formen

Versdichtung

Mittelalter

Altenglische Zeit

Die Literatur der angelsächsischen Stämme wurde mündlich überliefert. Erst mit der Christianisierung und der Einführung der Schrift konnte die neue (vorwiegend) weltliche und religiöse Dichtung aufgezeichnet werden. Über die gesamte englische Dichtung sind wir im wesentlichen nur durch vier in spätwestsächsischer Schriftsprache abgefaßte Sammelhandschriften informiert, die alle um die Wende zum 11. Jahrhundert entstanden. Bei den vier Handschriften handelt es sich um: 1. Das *Beowulf*-Manuskript (um 1000), das außer dem *Beowulf* die altenglische *Judith* sowie Prosawerke enthält, die erst später mit dem Manuskript der poetischen Denkmäler zusammengebunden wurden; 2. das *Exeter Book* (zwischen 970 und 998), das eine Vielzahl von Dichtungen der unterschiedlichsten Art und Gattung umfaßt wie z.B. *Christ*, *Guthlac*, *Azarias*, *The phoenix*, Teile des *Physiologus*, *Juliana* (von Cynewulf), weiterhin Gnomik, Rätsel und Lyrik, insbesondere die sogenannten Elegien; 3. im *Junius*-Manuskript (vom Anfang des 11. Jahrhunderts) finden sich die Dichtungen, die man früher Cædmon zuschrieb: *Genesis*, *Exodus*, *Daniel*, *Christ and Satan*; 4. das *Vercelli Book* (um 980 in England entstanden, im 11. Jahrhundert nach Italien gelangt), in das außer Predigten eine Prosa-Vita des Guthlac aufgenommen wurde sowie Cynewulfs *Elene* und seine *Fata apostolorum*, *Andreas*, *Soul and body*, *The dream of the rood*.

Diese Handschriften können zwar mit einiger Sicherheit datiert werden, über die Entstehung der Dichtungen ist damit aber noch nichts ausgesagt. Die zeitlichen Angaben variieren bei den einzelnen Texten beträchtlich; die Kriterien für die Datierung sind höchst unterschiedlich: Sie reichen von sprachlichen Besonderheiten bis zu Anspielungen auf geschichtliche Ereignisse oder kulturgeschichtliche Kontexte. Die Rekonstruktion der literarischen Verhältnisse bei den Angelsachsen wird dadurch erschwert, daß Texte verlorengingen, insbesondere auch, weil nach der normannischen Eroberung lange Zeit kein Interesse an literarischen Werken bestand, die kaum noch jemand lesen konnte. Trotz der lückenhaften Überlieferung ist die altenglische Literatur außerordentlich reich und vielfältig; für alle niederen und höheren Gattungen gibt es in dieser Zeit Belege.

Die gemeinsamen Kennzeichen aller altenglischen Versdichtungen sind Stabreim und Formelhaftigkeit. Eine Stabreim-Langzeile besteht aus zwei Kurzzeilen und weist insgesamt vier Haupthebungen auf, von denen mindestens zwei, häufig drei durch den gleichen Anlaut verbunden sind; die vierte Haupthebung steht außerhalb der Alliteration. Bezeichnet man das alliterierende Wort mit »a«, das nicht-alliterierende mit »x«, so ergeben sich folgende Möglichkeiten für eine stabende Langzeile: aa ax; ax ax; xa ax. Die Lautverbindungen »sk«, »sp«, »st« staben jeweils nur mit sich selbst, während alle Vokale durch Alliteration verbunden sein können, was auf die Aussprache der Vokale (sie beginnen mit einem *glottal stop*) zurückgeführt wird. Nur gelegentlich taucht in altenglischer Dichtung – wie z.B. im *Reimlied* – der in späteren Epochen vorherrschende Endreim auf. Die Formelhaftigkeit der altenglischen Dichtung wurde lange Zeit als Hinweis auf ihren mündlichen Ursprung und ihre mündliche Tradition gedeutet. Heute betrachtet man die Formelhaftigkeit als ein Mittel, dessen sich die (schriftkundigen) Dichter bedienten, um Dichtungen zu verfassen, die sich für einen wirkungsvollen Vortrag eigneten. Offen bleibt, ob das Publikum des Lesens und Schreibens mächtig war. Es zählt allein die Tatsache, daß Dichtung in dieser Zeit primär über das Ohr rezipiert wurde.

Ob die überlieferten Texte in der Zeit ihrer Niederschrift noch die Funktionen erfüllten, die ihnen ursprünglich zukamen, oder ob nur ein gelehrtes antiquarisches Interesse an alten Texten, die andere inzwischen schon bearbeitet hatten, zu der erhaltenen Aufzeichnung führten, läßt sich nicht entscheiden. Dies gilt beispielsweise für Texte wie den *Flursegen* oder den *Bienensegen*, die der Zauberdichtung zuzurechnen sind und in denen vorchristliche und christliche Elemente nebeneinander stehen. In der Lehrdichtung (wie dem *Exeter-Lehrspruch* oder dem *Cottonianischen Lehrspruch*) macht sich eine ausgesprochen diesseitige, nüchtern-verstandesmäßige Einstellung zur Erfahrungswirklichkeit bemerkbar. Der Preis des Ruhmes, die

Tugend der Besonnenheit, die Weisheit des Alters, die irdischen Leiden und die Macht des Schicksals scheinen bei den Angelsachsen beliebte Themen gewesen zu sein. Aufgabe der Merkdichtung war es, Wissensstoffe zu vermitteln; so enthält *Widsith* (Weitfahrt) einen Herrscher-, einen Völker- und einen Heldenkatalog. Heute würde man solche Stoffe in Prosa aufzeichnen.

Höheren künstlerischen Rang nimmt das Heldenlied ein, das *Finnsburh-Fragment*. Das Heldenlied schildert eine außerordentliche Situation, die das Ehrgefühl der handelnden Personen auf die Probe stellt. Ehre, ein zentraler Wertbegriff des germanischen Kriegerethos, kann sich in einer Rachehandlung dokumentieren oder aber in der Bereitschaft, in einer ausweglosen Situation bis zum tragischen Untergang auszuharren.

Stoffe und Motive aus dem Heldenlied, aber auch aus dem germanischen wie dem irischen Sagen- und Märchenkreis sind im *Beowulf* anzutreffen, der als epische Dichtung in der altenglischen und germanischen Literatur eine Sonderstellung einnimmt. Er kann als Fürstenspiegel verstanden werden, den ein Geistlicher zur Erziehung eines jungen Adligen und zur Unterhaltung des Fürsten und seiner Gefolgschaft verfaßte. Der Titelheld beweist seine Tüchtigkeit als Krieger; er findet nach fünfzig Jahren sein Ende, als er gegen einen Drachen kämpft, der einen kostbaren Schatz behütet. Es wäre irreführend, wollte man die physischen Tugenden allein einer germanisch-heroischen Lebensauffassung, die moralisch-spirituellen Fähigkeiten einer christlichen Ethik zuordnen. Vor einer übersteigert christlich-allegorischen Interpretation des Werkes ist zu warnen. Einige Interpreten sehen im Gold, um dessen Besitz Beowulf mit dem Drachen streitet, eine Verlockung und Versuchung, der er verfällt. In dieser Sicht läßt Beowulf sich als Inbegriff der durch die Sünde geschwächten Menschheit deuten, aber auch als eine tragische Gestalt, die letztlich an einer nachvollziehbaren menschlichen Schwäche, nicht primär an übermächtigen Widersachern scheitert.

Die religiöse Dichtung nimmt ihre Stoffe aus der Bibel, aus Legendensammlungen und aus Texten, die die Inhalte des christlichen Glaubens lehrend vermitteln. In der *Genesis A*, die man früher Cædmon zuschrieb, folgte der Dichter bei der Wiedergabe der Hauptereignisse vom Fall der Engel bis zu Isaaks Opferung dem Bericht der Vulgata, formte aber die Vorlage in die lyrisch-preisende oder in die dramatische Stilart um. In der

Genesis B benutzte der altenglische Autor eine altsächsische Vorlage. In der *Daniel*-Dichtung wird im Anschluß an Daniel 1, 1–5 der Zug des Nebukadnezar nach Jerusalem, das Schicksal Daniels und das Gastmahl des Belsazar behandelt und mit deutlich theologischer Akzentuierung das Widerspiel von göttlicher und weltlicher Macht sowie der Wandel eines weltlichen Herrschers von einer übermütigen zu einer demütigen Haltung beschrieben. Die *Exodus*-Dichtung verwertet neben der Bibel auch Avitus' *De transitu maris rubri*, eine christlich-lateinische Dichtung vom Anfang des 6. Jahrhunderts. Eine der wirkungsvollsten Bearbeitungen eines alttestamentlichen Stoffes ist die allgemein ins 10. Jahrhundert datierte *Judith*-Dichtung, die sich an die Diktion des *Beowulf* anlehnt, um die Tapferkeit einer Frau zu zeigen.

In die Nachbarschaft der *Judith*-Dichtung sind *Juliana* und *Elene*, die Legenden Cynewulfs, zu rücken, die den Kontrast zwischen Christen und Heiden in aller Schärfe herausarbeiten. Von den hagiographischen Dichtungen der altenglischen Zeit sind *Guthlac A* und *Guthlac B* sowie *Andreas* hervorzuheben. Dem Verfasser von *Guthlac A* geht es darum, die stufenweise Entwicklung des Heiligen zu einem im Glauben vollendeten Menschen darzustellen; der Tod wird dementsprechend in *Guthlac B* als ein primär geistiger Vorgang, als ein gleitender Übergang vom Diesseits ins Jenseits aufgefaßt. Im *Andreas* ist in der Darstellung der Befreiung des Apostels Matthäus durch den Apostel Andreas das Vorbild des hellenistischen Romans zu erkennen. Auf die orientalische Tradition verweisen Passagen in dem Gedicht *The phoenix*, dessen Hauptvorlage *De ave phoenice* von Lactantius (Anfang des 4. Jahrhunderts) war. Mit der brillanten lyrischen Beschreibung der äußeren Schönheit des Phönix wird eine allegorische Deutung des Tiersymbols verknüpft, das für Christi Tod und Auferstehung steht. In seinem künstlerischen Rang wird *The phoenix* allenfalls von *The dream of the rood* übertroffen, einem Gedicht, in dem das Kreuz sein Schicksal beschreibt und der Dichter von einer Kreuzesvision und der Wirkung spricht, die die Rede des Kreuzes auf ihn hatte. Das zentrale Geschehen der Heilsgeschichte wird in dieser Dichtung in persönliches Erleben umgesetzt, ohne daß dabei der Blick für die theologische Dimension des Geschehens verlorengeht.

Einen besonderen Platz nehmen in der altenglischen Literatur die Elegien ein, die heute meist als »meditative poems« zur religiösen Dichtung gerechnet werden. Zu den Elegien zählen: *Der Wanderer*, *Der Seefahrer*, *Die Ruine*, *Die Klage der Frau*, *Die Botschaft des Gemahls*, *Wulf und Eadwacer* (lange *Das Erste Rätsel* genannt), weiterhin *Deors Klage* (oder *Des Sängers Trost*), *Das Gebet des Vertriebenen*, *Das Reimlied* (alle Titel stammen von den modernen Herausgebern). Die feinen Naturbilder sowie das Motiv des Kuckucksrufes wurden mit der irischen Literatur in Verbindung gebracht. In der elegischen Gestimmtheit sah man eine germanische Besonderheit oder stellte Zusammenhänge zwischen Vergil, Ovid und auch Boethius und den altenglischen Gedichten her. Vielfach sind Anklänge an Passagen des Alten Testamentes, an Salomos Klagen über die »vanitas« aller irdischen Dinge zu konstatieren. Eine eindeutige Zuordnung wird sich niemals treffen lassen; sie würde auch die Komplexität der Texte verfälschen. Die meisten Rätsel gibt *Die Klage der Frau* auf; selbst ohne die epischen Kontexte, in die dieses Gedicht (vielleicht) eingegliedert war oder werden sollte, verfehlt es kraft seines prägnanten Realismus und der Intensität in der Darstellung der Grundstimmung seine Wirkung nicht. Der moderne Leser ist geneigt, es als Ausdruck der Rätselhaftigkeit der menschlichen Existenz zu verstehen.

Mittelenglische Zeit

Die normannische Eroberung (1066) brachte im literarischen Leben auf den britischen Inseln einen tiefgreifenden Wandel. Die französische Sprache, der anglonormannische Dialekt und die französische Literatur herrschten vor. Im 13. Jahrhundert war der englische Hof eines der kulturellen Zentren, an dem die französische Literatur gelesen und erörtert wurde.

Daß die Stabreimdichtung nicht völlig in Vergessenheit geriet, beweist das um 1200 entstandene Versepos *Brut* von Layamon, das auf Waces *Roman de Brut* (1155) basiert. Neben den französischen und lateinischen Quellen sind in diesem Werk walisisch-keltische Vorlagen verarbeitet, die dem Verfasser Anregungen für die Darstellung des Wunderbaren in der höfischen Literatur geben konnten.

Die Stabreimtradition war die Voraussetzung für die Entstehung des *Alliterative Revival*, das sich in der englischen Literatur des 14. Jahrhunderts sowohl in der weltlichen als auch in der religiösen Versdichtung beobachten läßt und das zu einer Weiterentwicklung der Stabreimtechnik führte. Bei William Langland lassen sich – in dem religiösen Versepos *Piers Plowman* – drei modifizierbare Haupttypen in der Verwendung des Stabreims unterscheiden: 1. aa ax, 2. aaa xx, 3. ax ax. Die strengen Regeln, die in altenglischer Zeit in der Stabreimdichtung befolgt wurden, sind hier aufgelockert, so daß die einzelnen Verszeilen, aber auch die gesamte Dichtung eine größere sprachliche und stilistische Flexibilität gewinnen. Bei Langland dürfte der Predigtstil in der rhythmischen Gestaltung des Verses von Bedeutung gewesen sein.

In Chaucers Dichtung wird der Einfluß der romanischen Literaturen nicht nur in der Stoffwahl, sondern auch in der Metrik sichtbar. In seinen Anfängen, in *The book of the duchess* und *The house of fame*, bediente er sich der paarweise gereimten vierhebigen Verse, wobei ihn auch die vierhebigen Verse der germanischen Stabreimtradition gelegentlich beeinflußt haben. Mit *The parliament of fowls* wandte er sich dem fünfhebigen Vers zu. Zugleich erscheint bei ihm wie in der englischen Literatur überhaupt zum erstenmal der sogenannte *rhyme royal*, eine neue Strophenform (ababbcc), die er auch in *Troilus and Criseyde* und in einzelnen seiner *Canterbury tales* verwandte. Mit besonderer Vorliebe gebrauchte er jedoch – etwa im Prolog zu den *Canterbury tales* – das *heroic couplet*, die paarweise gereimten fünfhebigen Verse. Die fünfhebigen Zeilen sind weniger kurzatmig als die vierhebigen der frühen Dichtungen; Taktumstellungen und Enjambements dienten Chaucer dazu, der Verssprache einen natürlichen Fluß zu verleihen.

Mit Chaucer, Langland, Gower und dem sogenannten »Gawain-Dichter« erreichte die englische Literatur den Höhepunkt innerhalb der mittelenglischen Phase. Die germanischen und romanischen Elemente waren inzwischen auch im alltäglichen Gebrauch zu einer Mischsprache zusammengewachsen, die mit ihrem Reichtum im Wortschatz, insbesondere mit ihrem Vorrat an Synonymen, ein flexibles Instrument in den Händen begabter Autoren bildete. Langlands *Piers Plowman* (in drei Haupttexten überliefert, die zwischen 1362 und 1399 entstanden) ist das umfassendste religiöse Epos in der englischen Literatur des Mittelalters. Wenn es auch die Geschlossenheit von Dantes *Divina commedia* nicht aufweist, kann es doch diesem Werk von der Gesamtkonzeption her zur Seite gestellt werden. Es beschreibt in einem Stil, der allegorische und realistische Elemente miteinander verbindet, die politischen, gesellschaftlichen und religiösen Verhältnisse Englands im Zeitalter Edwards III. und Richards II., im Zeitalter Wyclifs und der Mystik, der Bauernaufstände und des Hundertjährigen Krieges. Zugleich konzentriert Langland sich auf die Darstellung einer spirituellen Entwicklung, die von *Dowel* über *Dobet* nach *Dobest* führt und den Weg des einzelnen einordnet in den Weg, der die Menschheit insgesamt nach christlich-augustinischer Geschichtsauffassung zum Endgericht hinführt.

In seinen Anfängen wandte sich Chaucer der französischen, später in zunehmendem Maße der italienischen Literatur zu. Er las die französische Versdichtung des 14. Jahrhunderts, machte sich aber auch mit den Werken Dantes, Petrarcas und Boccaccios vertraut. Dazu verwandte er Anregungen der heimischen Dichtung, etwa der Tierdichtung oder des Streitgedichtes. Bereits seine ersten erzählerischen Werke zeugen von seinem Bemühen, einen eigenen Erzählstil zu entwickeln. Seine Jugendwerke sind Traumdichtungen, die jeweils einen Aspekt der Wirklichkeit stärker hervortreten lassen. *The book of the duchess* legt den Akzent auf das Walten der Fortuna und den Tod, *The house of fame* rückt die Göttin Fama in den Mittelpunkt, *The parliament of fowls* die Göttin Natura. Chaucers Darbietungsweise wirkt oft stark verspielt; sie ist »weder systematisch noch gleichmäßig fortschreitend« (Wolfgang Clemen), sondern von einer Lockerheit, die an die mündliche Vortragssituation erinnert.

Mit *Troilus and Criseyde* glückte Chaucer eine größere epische Dichtung, die als ein ausgewogenes, in sich geschlossenes Kunstwerk zu bezeichnen ist. Mit architektonischem Sinn hat er die acht Bücher von Boccaccios *Il filostrato*, dem er in Einzelheiten sehr genau folgt, in fünf Bücher umgeformt. Die Bücher I bis III beschreiben die aufsteigende Linie in der Liebesgeschichte, mit Buch IV erfolgt eine jähe Wende (eine Drehung des Rades der Fortuna), die zur Katastrophe in Buch V führt. Seinen besonderen Reiz gewinnt dieses Werk durch die Gestalt des Erzählers, bei dem Nähe und Distanz zum Gegenstand ständig wechseln – bis zu dem umstrittenen Epilog, in dem Chaucer mit dem Erzähler aus der ästhetischen Wirklichkeit heraustritt, um aus moraltheologischer Sicht die dargebotenen Vorgänge zu kommentieren.

Die *Canterbury tales*, seine letzte große Dichtung, stellen die Summe mittelalterlicher Erzählformen dar, von der Romanze bis zum Fabliau, von der Legende bis zur Tiererzählung. Sie lassen erkennen, wie geschmeidig Chaucer die stilistischen Möglichkeiten des Englischen zu handhaben verstand, wie komplex seine Darstellungstechnik war und wie scharfsinnig er die Fülle der Charaktere zu durchdringen wußte, die ihm im Londoner Alltag wie bei seinen diplomatischen Missionen auf dem Kontinent begegnet waren.

In John Gowers Versdichtungen spiegelt sich die sprachliche und kulturelle Vielfalt des 14. Jahrhunderts auf eine einmalige Weise. Mit seinem ersten Werk, dem *Mirour de l'omme* (1376–1379), schloß er sich, auch in der Sprache, an die Tradition der französischen, insbesondere der anglonormannischen Dichtung an. Er benutzte die zwölfzeilige Strophe gereimter Achtsilber (Reimschema aab aab bba bba), die im 13. Jahrhundert in Frankreich sehr beliebt war, und er nahm sich für den ersten großen Teil seines Werkes die Form des Beichtspiegels zum Vorbild. Seine zweite Dichtung, die lateinisch geschriebene *Vox clamantis (1382?)*, dürfte ursprünglich als eine Art Fürstenspiegel für Richard II. geplant worden sein. Unter dem Eindruck des Bauernaufstandes nahm er jedoch zu den tagespolitischen Ereignissen Stellung. Er wandte sich an alle Gebildeten des Landes und verknüpfte die Visionsdichtung vom Bauernaufstand mit einer Ständekritik. Die in Englisch geschriebene *Confessio amantis* (1390–1393) behandelt als Rahmenerzählung mit 133 Einzelerzählungen das Problem der höfischen Liebesauffassung. Die Art der Liebe, die Gower in den Mittelpunkt seines Werkes rückte, ist der Ausdruck einer natürlichen Schöpfungs- und Zeugungsmacht: Die höfische Liebe wird durch die Liebe zwischen Ehegatten verdrängt. Der umfassendste Begriff ist »charite«, eine Liebe, die frei ist von »cupiditas«, die den einzelnen von der Fixierung auf das eigene Ich löst und die rechte Beziehung zu Gott und zum Nächsten stiftet.

Der anonyme Dichter, der um 1370 im nordwestlichen Mittelland die Romanze von *Sir Gawain and the green knight* verfaßte und dem auch die allegorischen, moraltheologisch geprägten Dichtungen *The pearl*, *Patience* und *Cleanness* zugeschrieben werden, braucht als Erzähler den Vergleich mit Chaucer nicht zu scheuen. Die abenteuerlichen Erlebnisse Gawains werden in einer Strophenform berichtet, die aus einer irregulären Anzahl von Stabreimversen besteht, auf die fünf kurze Verse folgen, von denen der erste nur eine Hebung, die folgenden jeweils drei Hebungen aufweisen und miteinander durch das Reimschema ababa verbunden sind. Gawain erscheint als Musterbild eines Artusritters, dessen Tugenden auf die Probe gestellt werden. Die Beziehungen zur volkstümlichen Literatur sind ebensowenig zu übersehen wie die zur religiösen Dichtung. Germanische, keltische und französische Tradition gehen eine gelungene Synthese ein. Die souveräne Erzählkunst zeigt sich ebenso in der Gestaltung der Versuchungsszenen wie in den von Klischees freien Naturbeschreibungen.

Von Chaucer und seinen Zeitgenossen aus gesehen ergibt sich für die Entwicklung der englischen Versdichtung vom ausgehenden 11. bis zum 14. Jahrhundert folgendes Bild: Während sich die höfischen Kreise zur Zeit Heinrichs I. und Heinrichs II. mit französischer und anglonormannischer Literatur (wie z.B. mit dem *Tristan*-Roman des Anglonormannen Thomas) oder mit der humanistisch-lateinischen Literatur befaßten, entstanden einige Dichtungen in frühmittelenglischer Sprache mit einem ausgesprochen moralisch-lehrhaften Charakter, wie etwa das *Poema morale* (1170). Großer Beliebtheit erfreuten sich offenbar im 13. Jahrhundert Verserzählungen wie *King Horn* (das anglonormannische Vorbild *Horn* dürfte 1170 verfaßt worden sein) oder *Havelok*, eine Romanze (um 1285), die in Achtsilbern geschrieben ist und (indirekt) auf die anglonormannische Tradition zurückgeht. Diese Werke sind durch eine lebendig-realistische Erzählweise charakterisiert, der es auf die Wiedergabe der Geschehnisse, kaum auf die psychologische Durchdringung der Charaktere ankam. Die Literaturgeschichtsschreibung spricht oft von einem »bürgerlichen« Einschlag, womit vor allem die Mentalität der Helden gemeint ist, die sich mit *common sense* in abenteuerlichen Situationen behaupten. Durch die Vorliebe für eine bunte, abwechslungsreiche, auch den Orient als Schauplatz miteinbeziehende Handlung sind die ebenfalls nach französischen Vorlagen verfaßten Versromane *Sir Bevis of Hampton* und *Guy of Warwick* gekennzeichnet.

Bibelepik war in dieser Zeit im Vergleich zur altenglischen Epoche deutlich im Rückgang begriffen, während die religiöse Lyrik, insbesondere durch den Franziskanerorden, neue Antriebe erhielt. Die tiefgreifendsten Einflüsse auf die in mittelenglischer Sprache erhaltene Literatur hinterließen jedoch die französische Lyrik und Epik mit ihrer neuen höfischen Liebesauffassung, die zunächst in der provenzalischen Lyrik, sodann in den höfischen Romanen des Chrétien de Troyes ihren Ausdruck gefunden hatte. Eine hochhöfische Literatur, wie sie in Deutschland um 1200 entstand, gab es in England nicht. Von den Spannungen zwischen der höfisch-weltlichen und der monastischen Lebensweise zeugt das Dialoggedicht *The owl and the nightingale* (um 1220). In der Sammlung *Manuscript Harley 2253* lassen sich von den Frühlings- und Sommerliedern bis zu den Tanzliedern Vorbilder aus der französischen Literatur nachweisen. Ebenso deutlich ist der französische Einfluß in der Romanzenliteratur zu erkennen, die ihren Namen der Tatsache verdankt, daß sie »romanice«, in romanischer Sprache, erzählt. Das Ethos des germanischen Heldenliedes hatte seine Gültigkeit verloren; es wurde durch Normen ersetzt, die sich an den Höfen Frankreichs entwickelten und den Herrendienst ebenso wie den Minnedienst regelten. Freilich gilt auch für das 14. Jahrhundert, daß handfestes Geschehen das englische Publikum nach wie vor stärker beeindruckte als alle Liebeskasuistik.

Ein Beispiel für die Transformation höfischer Epik ist die nach dem Vorbild des Chrétien de Troyes verfaßte englische Romanze *Ywain and Gawain*, die sich durch einen sehr gewandten Erzählstil auszeichnet. Zu den künstlerisch eindrucksvollsten Werken der Romanzenliteratur gehört *Sir Orfeo*, der möglicherweise von einer französischen *conte* herzuleiten ist, die ihrerseits auf einen bretonischen *lai* zurückgeht.

Unter dem Einfluß französischer und lateinischer Vorbilder entstand in England im 14. Jahrhundert eine reiche politische Lyrik. Die Form ist auf fremde Vorlagen zurückzuführen, während die Thematik, bedingt durch die äußeren politischen Anlässe, den eigenständigen Standort des englischen Verfassers erkennen läßt. Hervorgehoben sei Laurence Minot, der Franzosen und Schotten gleichzeitig attackierte, als ein Beispiel für die Herausbildung des englischen Nationalgefühls im ausgehenden Mittelalter.

Die englische Dichtung des 15. Jahrhunderts setzte Traditionen des 14. Jahrhunderts fort, ohne den künstlerischen Rang Langlands und insbesondere Chaucers zu erreichen. Die englischen und schottischen Chaucer-Nachfolger ahmen das bewunderte Vorbild beispielsweise bei der Verwendung von Allegorien nach, ohne dabei zu bedenken, daß Chaucer selbst sich in zunehmendem Maße von dieser Technik distanziert hatte, und sie legen weit stärker als er den Akzent auf die didaktische Funktion der Literatur.

John Lydgate hat von allen englischen Chaucer-Nachfolgern das umfangreichste Œuvre vorgelegt: Es reicht von der Liebesallegorie *The temple of glass* (1400–1403) über *The siege of*

Thebes (1421) bis zu *The fall of princes* (1430–1438), einer epischen Dichtung, die Fürstenspiegel und Weltgeschichte zugleich ist, im Sinne von Boccaccios *De casibus virorum illustrium* den Fall hochgestellter Persönlichkeiten schildert und damit einen Einblick in die spätmittelalterliche Auffassung vom Tragischen bietet. Durch seine besondere poetische Diktion hat Lydgate zusammen mit seinen Zeitgenossen das Gespür für die »Chaucer-Tradition« bei den Lesern gefestigt. In ähnlichen Bahnen wie Lydgate bewegte sich Thomas Hoccleve mit seinem *The regiment of princes* (1411); für den heutigen Leser sind freilich die autobiographischen Elemente in seinen Werken – etwa auch in *The mâle règle* (1406) – aufschlußreicher als seine Ratschläge für die Fürsten. Stephen Hawes erzählerischer Stil in *The pastime of pleasure* wird von der Kritik gerne als »lame« oder »mechanical« gekennzeichnet; von Interesse ist sein Werk insofern, als es Aufschluß über die Weiterentwicklung erzieherischer Ideen – etwa über die Synthese von *vita activa* und *vita contemplativa* – gibt, was von dem zunehmenden Einfluß des Humanismus auf die Literatur zeugt.

Unter den schottischen Nachfolgern Chaucers ist Gavin Douglas wohl die schwächste dichterische Begabung. Von dichtungs- und kulturgeschichtlichem Interesse ist Robert Henrysons *The testament of Cresseid*, ein Werk, in dem Troilus als ruhmreicher Krieger charakterisiert wird, der die Trennung überlebt, während Cressida (als Aussätzige) ein klägliches Ende findet. William Dunbar benutzte für die Darstellung der Hochzeit (1503) des schottischen Königs Jakob IV. in *The thrissill and the rois* Chaucers *Parliament of fowls* als Vorbild, entwikkelte dabei aber einen eigenen Stil, was beweist, daß innerhalb der Chaucer-Nachfolge auch die Entfaltung origineller erzählerischer Ansätze möglich war.

In der Lyrik ist das 15. Jahrhundert gekennzeichnet durch eine besondere Vorliebe für die Form der Ballade, die bereits im 13. Jahrhundert bekannt gewesen sein muß, aber erst im ausgehenden Mittelalter – in allen europäischen Literaturen – voll zur Entfaltung kam. Balladen wie *Thomas Rymer*, *Edward* und *Sir Patrick Spens* zeugen von der Vielfalt der Themen, die in dieser Gattung anzutreffen ist. In ihrer scheinbaren Kunstlosigkeit läßt sich in den Balladen jedoch ein wirkungsvolles Wechselspiel von lyrischen, epischen und dramatischen Formelementen beobachten; sie sind nach einem Diktum Goethes »das Ur-Ei der Poesie«. (E)

Die Anfänge am Hof Heinrichs VIII.

Die Versdichtung des 15. Jahrhunderts stand ganz unter dem Eindruck des »Vaters der englischen Dichtung«, Geoffrey Chaucer. Dem Beispiel Chaucers nachzueifern gestaltete sich jedoch trotz der Verehrung, die er das ganze 16. Jahrhundert über genoß, nicht zuletzt aus sprachgeschichtlichen Gründen, als zunehmend schwierig. In dieser Situation entwickelte eine poetische Kraftnatur wie John Skelton eine eigene Versform, die sogenannten *skeltonics*, zwei- bis vierhebige Kurzzeilen in beliebig langen Reimserien, die ihm die Spottnamen »helter-skelter John« oder »beastly Skelton« (Alexander Pope) eintrugen. In diesem hektischen Rhythmus verfaßte er zarte Liebeslyrik, bissige Satiren, breughelartige Porträts häßlicher, zerlumpter Weiber und mittelalterliche Parodieformen wie das *mock*-Requiem auf einen Spatzen (*The book of Phyllyp Sparowe* 1508). Makkaronische Sprachmischung, schwerfälliger Gelehrtenstil und vulgärste Sprachebene im Werk des Tutors des späteren Heinrich VIII. kennzeichnen eine literarische Situation, die weder einen gültigen Formenkanon noch eine verbindliche Dichtersprache kannte.

Bereits gegen Ende des Jahrhunderts weist George Puttenham deshalb anerkennend auf die Gruppe von *courtly makers* am Hofe Heinrichs VIII. hin, die die Erneuerung der englischen Dichtung in Angriff nahm. Die bedeutendsten unter ihnen sind Sir Thomas Wyatt und der wesentlich jüngere Henry Howard, Earl of Surrey. Wyatts Lyrik ist überwiegend Gelegenheitsdichtung für das *game of love*, das höfische Rollenspiel, in dem sich der Höfling als ergebener, gelegentlich aber auch gegenüber einer sich abweisend und stolz gebenden Dame als rebellierender Liebhaber präsentiert. Die kurzen strophischen, auch zum Vortrag geeigneten Gedichte variieren kunstvoll dieses Rollenspiel. Nicht so sehr diesen Gedichten verdankt Wyatt seinen Ruhm als Erneuerer der Dichtkunst, sondern vielmehr der Übertragung von Sonetten Petrarcas und der Verwendung italienischer Gedicht- und Strophenformen (Madrigal, *ottava, rima, terza rima*), die er auf diplomatischen Missionen in Italien kennenlernte. Mit seinen oft sehr eigenwilligen Nachschöpfungen in einem harten, von Sprechtakten geprägten Rhythmus beginnt in England die lange Geschichte des Sonetts und die auf das 16. Jahrhundert beschränkte Auseinandersetzung mit Petrarca und dem italienischen und französischen Petrarkismus, die in den großen Sonettzyklen ihren Höhepunkt erreicht und in der geistvoll-ironischen Zitierkunst John Donnes ihren Abschluß findet. Wyatts freie und zum Teil sinnverändernde Petrarca-Übertragungen führten nicht nur die strenge, zur Konzentration zwingende Sonettform in den lyrischen Formenbestand ein, sondern machten auch mit einer neuen lyrischen Bildkunst bekannt, die eine subtile Darstellung seelischer Stimmungen und Empfindungen ermöglichte. Surreys Sonette und Elegien sind gegenüber Wyatts Lyrik metrisch glatter und regelmäßiger und zeigen in der Genauigkeit, mit der sie rhetorischen Anweisungen in Aufbau und Topik folgen, bereits deutlich den Einfluß humanistischer Bildungsarbeit.

Die neuen Ansätze in der Lyrik Wyatts, Surreys und anderer *courtly makers* gewinnen erst durch Richard Tottel breitere Wirkung, der Lyrik aus dem Umkreis des Hofes 1557 unter dem Titel *A book of songs and sonnets* veröffentlichte, nicht ohne zuvor Wyatts Verse metrisch geglättet zu haben. *Tottel's miscellany* wurde bis zum Ende des Jahrhunderts Vorbild für alle Gelegenheitsdichter, weil es die ursprünglich für eine gesellschaftliche Funktion oder aus einem Anlaß verfaßten Gedichte als Kanon dichterischer Formen und Stile präsentierte und dem Leser zur Nachahmung empfahl.

Durch diese Anthologie, die bis 1584 sieben Auflagen erreichte, und durch ihre Nachfolgerinnen wurde die im privaten Kreis zirkulierende Lyrik allgemein zugänglich gemacht. Sie beeinflußte eine Leserschaft, die bestrebt war, ihr rhetorisches Können unter Beweis zu stellen und durch eigene poetische Versuche Bildung und Gelehrsamkeit zu demonstrieren. Die Folge war eine zumeist schwerfällige Lyrik, die eher um schulmäßige Korrektheit in Metrik und Reim, in Aufbau und Strophenform und in der stilistischen Ausschmückung als um Originalität bemüht war.

Schäferdichtung und Sonettzyklen

Die Phase der Stagnation, die bis um 1580 anhielt, wurde durch zwei Dichter überwunden: Edmund Spenser und Sir Philip Sidney. Spenser veröffentlichte 1579 seinen epochemachenden

Shepheardes calender, mit dem trotz aller vorausgehenden Eklogen die englische Pastoraldichtung ihren eigentlichen Anfang nimmt und zugleich die Kunst der Lyrik auf ein neues Niveau gehoben wird. Zu Beginn der achtziger Jahre schrieb Sidney den Sonettzyklus *Astrophel and Stella*, der 1591 in drei unautorisierten Ausgaben erschien. Damit wurde die Flut von Sonettzyklen in den neunziger Jahren ausgelöst, die ab 1600 wieder abzuebben begann.

Spensers Schäferkalender, durch die sorgfältige Veröffentlichung und den Kommentar eines gewissen E. K. als gewichtiges, normensetzendes Werk ausgewiesen, führt in seinen als *plaintive, moral* und *recreative* klassifizierten Eklogen nicht nur das ganze thematische Spektrum der Pastoraldichtung vor, sondern präsentiert sich in der archaisierenden Kunstsprache, im Wechsel zwischen *plain* und *eloquent style* und in der Vielfalt von Gedicht- und Strophenformen zugleich als neue Modellsammlung lyrischer Dichtung.

Auch die englische Pastoraldichtung steht in der Tradition Theokrits und vor allem Vergils und folgt zugleich den neulateinischen Eklogen des Schulautors Mantuanus oder italienischen und französischen Modellen. Die Würde der Pastoraldichtung wurde nicht nur durch antike Tradition begründet, sondern auch durch biblische Schäferfiguren wie z.B. Abel und David, der König, Hirte und Dichter zugleich war, durch die pastorale Szene von Bethlehem und durch die Gute-Hirtengestalt Jesu: »In the angels' song to the shepherds at our Saviour's Nativity, pastoral poesy seems consecrated« (Michael Drayton). Das heidnische Arkadien, das christliche Paradies und der Mythos vom Goldenen Zeitalter werden in der pastoralen Welt beschworen.

Die pastorale Lyrik, die lange im Banne Spensers stand, erschien 1600 in einer repräsentativen Anthologie mit dem Titel *Englands helicon*. Ihren konzentriertesten Ausdruck fand die ideale Schäferwelt in Christopher Marlowes »The passionate shepherd to his love«, das zahlreiche Antworten, Parodien und Nachfolgegedichte hervorrief. Die spätere Entwicklung der Pastoraldichtung wird geprägt von der freizügigen Darstellung erotischer Situationen durch die *cavalier poets* und durch die schon bei Spenser vorgezeichnete Indienstnahme für Attacken auf den Klerus, die besonders scharf in den *piscatory ecloges* Phineas Fletchers formuliert werden.

Am Ende der Pastoraldichtung der Renaissance stehen John

Miltons große Elegie »Lycidas«, in der die pastorale Tradition seit der Antike mit der puritanischen Tradition apokalyptischer Schäferdichtung verbunden wird, und Andrew Marvells tiefsinnige Naturgedichte, in denen die pastoralen Elemente mit dem spekulativen Witz der *metaphysical poets* zu neuen, oft paradoxen und vieldeutigen Mustern angeordnet sind. In »The Garden« erschafft die Phantasie eine paradiesische Welt zur einsamen privaten Meditation; den Motiven der Liebe und der harmonischen Gesellschaft erteilt Marvell eine Absage:

Meanwhile the mind from pleasure less
Withdraws into its happiness:
The mind, that ocean where each kind
Does straight its own resemblance find;
Yet it creates, transcending these,
Far other worlds, and other seas,
Annihilating all that's made
To a green thought in a green shade.
(6. Strophe)

Die englischen Sonettzyklen der neunziger Jahre stehen ebenso unter dem Eindruck der *Rime* Petrarcas, wie sie den italienischen und französischen Sonettzyklen des 16. Jahrhunderts verpflichtet sind. Die Sonette Petrarcas, der großen Vaterfigur des Humanismus und der Renaissance, galten im 16. Jahrhundert wegen ihrer subtilen Vers- und Bildkunst und der Meisterung der schwierigen Sonettform als vorbildlich; sie wurden nicht nur als der antiken Literatur ebenbürtige volkssprachliche Dichtungen bewertet, sondern auch als poetischer Bericht einer lebenslangen Liebesleidenschaft Petrarcas gedeutet, die tragisch unerfüllt und beglückend zugleich war. Der Petrarkismus, der in Italien und Frankreich im 16. Jahrhundert entstand, entwikkelte daraus ein poetisches Ausdruckssystem zur Gestaltung der paradoxen Erfahrung der Schmerzliebe. Die Form des Sonettzyklus erwies sich dabei als besonders geeignet, weil die Reihe in sich geschlossener Sonette die Behandlung der verschiedensten Aspekte dieser Erfahrung ermöglichte und deren Verknüpfung zum Zyklus die Darstellung einer Geschichte, einer psychologischen Entwicklung oder einer Lösung der paradoxen Grunderfahrung gestattete. Der petrarkistische Sonettzyklus wurde im 16. Jahrhundert zu einer weitverbreiteten Form, mit der der einzelne Dichter an einem europäischen Dialog und poetischen Wettbewerb teilnahm. Durch subtile oder radikale Variationen der Motive konnte er dabei durchaus seine individuelle Stimme zu Gehör bringen und eigene Erfahrungen gestalten.

Sir Philip Sidney, der sich in seiner *Defence of poesie* über die schwerfällige Liebesdichtung seiner Zeit lustig machte, setzte mit seinem Zyklus *Astrophel and Stella* gegenüber der vorausgehenden Liebesdichtung völlig neue Akzente. Die konventionelle Situation der leidenschaftlichen Liebe zu einer verheirateten, tugendhaften Frau wird von Sidney mit zahlreichen autobiographischen Details in der gesellschaftlichen Situation der Zeit verankert. Astrophel ist wie Sidney Diplomat und Höfling, Dichter und Turnierkämpfer. Der witzig-elegante und zunächst selbstsichere Höfling und Dichter wird durch seine Leidenschaft zu Stella in eine Auseinandersetzung zwischen seinem christlich geschulten Gewissen, das ihn an seine moralischen und gesellschaftlichen Pflichten erinnert, und seinem sinnlichen Verlangen gestürzt, die schließlich mit dem Abbruch der Beziehung und der Verzweiflung Astrophels endet. Diese psychologische Erfahrung wird in einer Sprache gestaltet, die den lässig kolloquialen Ton des Hofes, Selbstironie und beißenden Literatenspott ebenso vermitteln wie Gefühlsüberschwang und Verzweiflung überzeugend gestalten kann, so daß darüber die von Sidney kunstvoll variierten literarischen Vorbilder oft übersehen werden. Der Zyklus präsentiert sich dem Leser als poetischer Bericht einer kaum verhüllten autobiographischen Erfahrung und zugleich als kunstvolle Auseinandersetzung mit der Tradition des Petrarkismus. Die Mehrzahl späterer Sonettsequenzen sind demgegenüber nur bemühte Variationen des Modells, die die Frische und Originalität des Sidneyschen Tons nur in einzelnen Sonetten erreichen.

Auch Edmund Spenser folgte der Sonettmode, gab aber seinem Zyklus *Amoretti* eine ganz neue Ausrichtung: Statt einer unerfüllten Liebesbeziehung beschreibt er eine Brautwerbung, deren autobiographischer Hintergrund die Werbung des Dichters um seine zweite Frau ist. Mit den traditionellen petrarkistischen Ausdrucksformen gestaltet Spenser nicht mehr die paradoxe Schmerzliebe, sondern eine Liebesbeziehung, die im Vollzug einer christlichen Ehe ihren Sinn und ihre Würde erfährt.

Im »Epithalamium«, von Spenser seiner Frau »in lieu of many ornaments« gewidmet und den *Amoretti* angefügt, findet die humanistisch-christliche Eheauffassung ihren in der englischen Renaissancedichtung einzigartigen dichterischen Ausdruck. Die eigens dafür entworfene Strophenform ist ein kunstvolles, durch eingestreute Kurzzeilen rhythmisch bewegtes Gebilde, das erst im Alexandriner des variierten Refrains zur Ruhe kommt: »That all the woods may answer, and your echo ring.« Das Gedicht schildert den Ablauf des Hochzeitstages, die Ungeduld des Bräutigams, das Erwachen der Braut, den Zug durch die irische Landschaft, die Zeremonie, das Dorffest und den Rückzug des Brautpaares ins Brautgemach mit einer polyphonen Sprachkunst, die petrarkistische Ausdrucksformen und klassische Mythologie, festliche Folklore und geheimnisvolle Zahlensymbolik zur Einheit zusammenschließt. Die eheliche Liebe wird in Spensers neuplatonisch-christlichem Verständnis zum irdischen Abbild göttlicher Liebe und als Mitwirkung an der Erhaltung der Schöpfung gedeutet.

Diese Umwidmung des petrarkistisch-höfischen Systems bei Spenser wird übertroffen von der Radikalität, mit der Shakespeare Grundpositionen der Sonettsequenzen in Frage stellt. In den 154 »sugared sonnets«, die seit den neunziger Jahren in Manuskripten zirkulieren und erst 1609 unautorisiert gedruckt werden, gestaltet Shakespeare die Freundschaft eines alternden Dichters, der sich seiner niederen sozialen Stellung und seiner Abhängigkeit vom Publikum schmerzlich bewußt ist, mit einem adeligen Jüngling von außerordentlicher Schönheit, in dessen dichterischer Verewigung im Kampf gegen eine alles zerstörende Zeit er seine große Aufgabe erkennt. Gestört wird diese Beziehung durch eine *dark lady*, die weder dem herrschenden Schönheits-, noch dem weiblichen Tugendideal entspricht. Der sexuellen Faszination dieser Frau ist der Dichter ebenso verfallen, wie ihr auch der schöne Jüngling erliegt. Zwischen Dichter und Jüngling kommt es zur Entfremdung, die durch das Auftreten eines anderen Dichters, der für kurze Zeit die Gunst des Freundes gewinnen kann, noch vertieft wird. Erst ein langer Prozeß der Läuterung und Einsicht führt den Dichter wieder mit dem Freund zusammen und läßt ihn schließlich seine sexuelle Hörigkeit überwinden.

Mit Shakespeares Sonetten, die in der nach ihm benannten Form, drei Quartette mit abschließendem Reimpaar, geschrieben sind, erreicht die Entwicklung der englischen Sonettkunst als Medium psychologischer Analyse ihre Vollendung. Gleichzeitig kündigt sich in der ungewöhnlichen Personenkonstellation, in den Parodien traditioneller Formen und Motive (»my mistress' eyes are nothing like the sun«) und in der Einbeziehung der Sexualität das Ende des petrarkistischen Systems an. In der gedrängten Fülle der Bilder, der Raffinesse der Argumentation und in der rückhaltlosen Offenheit, mit der Empfindungen und Beziehungen analysiert werden, sind Shakespeares Sonette Höhepunkt und Überwindung des Petrarkismus zugleich:

> Th' expense of spirit in a waste of shame
> Is lust in action, and, till action, lust
> Is perjured, murd'rous, bloody, full of blame,
> Savage, extreme, rude, cruel, not to trust.

John Donne, der keine Liebessonette mehr schreibt, dafür aber petrarkistische Motive ironisch-witzig in seine Liebesgedichte aufnimmt, wird später das so lange mit dem Petrarkismus identifizierte Sonett für die Darstellung intimer religiöser Erfahrungen entdecken. George Herbert und insbesondere John Milton schreiben Meisterwerke religiös-meditativer Sonettkunst, mit denen die Geschichte des Renaissancesonetts endet.

Erotische Erzählkunst

Ebenfalls in den neunziger Jahren setzt gleichzeitig mit den Sonettzyklen die Welle der ovidischen Kleinepen ein, in denen in einer an Ovid geschulten sinnlichen Sprache erotische Episoden der klassischen Mythologie erzählt werden. Das stilbildende Meisterwerk dieser Gattung, Christopher Marlowes unvollendete, von George Chapman später ergänzte Verserzählung *Hero and Leander* (geschrieben 1593, gedruckt 1598), schildert die Liebe Leanders zu Hero, »Venus' nun«, und dessen tragischen Tod in den Fluten des Hellespont. Der Reiz des populären Werks, das bereits ein Jahr später von Thomas Nashe parodiert wurde, liegt im Kontrast zwischen einem sachlich-zynischen Erzähler und der Naivität und Sinnlichkeit, der Freude und Angst, mit denen das junge Paar die erste Leidenschaft erlebt.

Shakespeares *Venus and Adonis* (geschrieben 1592, gedruckt 1593) beschreibt den erfolglosen Versuch der Venus, die als reife, erotisch aggressive Frau dargestellt ist, den desinteressierten Jüngling Adonis zu verführen, der ihrer Leidenschaft die Eberjagd vorzieht, auf der er den Tod findet. Bei der Schilderung der vergeblich bemühten Venus und den breit ausgemalten

Szenen aus dem Tierreich bleibt die Haltung des Erzählers durchaus ambivalent: Venus wird als lebensspendende Naturkraft dem Tod gegenübergestellt und gleichzeitig als Verkörperung niedriger *lust* gegenüber *love* abgewertet. Die Auswahl der erotischen Sujets und die Art ihrer Darstellung lassen die Beziehung dieser Dichtungen zu den die Liebe psychologisch und normativ behandelnden Sonettzyklen erkennen: Die mythologische Sphäre dieser Kleinepen ermöglichte im Unterschied zur petrarkistischen Sonettdichtung, die sich nicht zuletzt durch ihre autobiographischen Details als Erlebnisdichtung gebärdete, die Schilderung erotischer Bereiche, die den normativen Rahmen des Petrarkismus gesprengt hätten.

Schulen und Stile

Als unter dem Einfluß des Humanismus und des protestantischen Kirchenlieds sich auch in England eine den Inhalt und die Stimmung der Texte nachzeichnende Vertonungskunst durchsetzte, konnte sich um 1600 eine weltliche Liedkultur von europäischem Rang entwickeln. Ihre Voraussetzung war eine breite, bis in bürgerliche Familien reichende musikalische Erziehung, durch die in den gebildeten Schichten mehrstimmiges Singen zu einer beliebten Unterhaltung wurde. Von einem Gentleman wurde erwartet, daß er ein Lied vom Blatt singen und ein Instrument spielen konnte. Komponisten oder Lautenvirtuosen wie William Byrd, Thomas Morley, John Dowland und Thomas Campion standen in hohem Ansehen, und Liederbücher waren große Verkaufserfolge.

Zu den beliebtesten Liedformen zählten das Madrigal und das *Air*. Das Madrigal war die Vertonung eines kurzen, zumeist nicht strophisch gegliederten Textes für drei bis fünf selbständig geführte Stimmen, die durch strengen Kontrapunkt miteinander verbunden waren. Um eine Verschmelzung von Text und Melodie zu erreichen, waren die Madrigalisten bestrebt, den begrifflichen oder emotionalen Inhalt eines jeden Wortes durch auf- und absteigende Melodieführung oder durch Harmonien und Dissonanzen zum Ausdruck zu bringen. Sie bevorzugten dabei Texte, die sich durch mehrfachen Stimmungsumschwung auszeichneten, in denen Jubel und Niedergeschlagenheit, Lachen und Klagen, Liebesleid und -lust aufeinanderfolgten. Daneben wurden aber auch

Tierstimmen, die *streetcries* fliegender Händler, Dialektgedichte und *nonsense*-Verse vertont.

Das *Air*, das sich ab ca. 1600 neben dem Madrigal durchsetzen konnte, war ein strophisches Lied für Solovortrag mit kunstvoller Lautenbegleitung. Im Gegensatz zur musikalischen Interpretation des einzelnen Worts wie beim Madrigal, wurde beim *Air* der Stimmungsgehalt einer Strophe oder eines Gedichts in der Komposition nachgezeichnet. Um die Einheit von Text und Melodie zu erreichen, wählten oder verfaßten die Komponisten Texte, in denen Stimmungen bilderreich entfaltet wurden. Insbesondere die *Airs* von Dichter-Komponisten wie Thomas Campion u.a. zeichnen sich durch eine enge Verbindung von Text und Melodie aus, die durch einheitliche Syntax für alle Strophen, durch katalogartige Reihungen und Refrains gewährleistet wird.

In der Lyrik der englischen Renaissance nehmen die als *metaphysical poetry* zusammengefaßten Dichtungen eine besondere Stellung ein. Die Bezeichnung *metaphysical* wurde von den Neoklassizisten Dryden, Pope und schließlich Dr. Johnson in abwertender Absicht zur Kennzeichnung des Stils einer Gruppe von Dichtern gewählt, die ab den neunziger Jahren schrieben und die, ohne eine Schule zu bilden, in John Donne, dem »Monarch of wit«, ihren großen Meister sahen. Mit *metaphysical* wollten die späteren Kritiker die antiklassizistische, bis zur Dunkelheit verdichtete und intellektuell überspannte Qualität dieser Lyrik charakterisieren. Der zeitgenössische Ausdruck für diesen Stil war »strong lined«. Die *metaphysical poetry* hebt sich ebenso von der im *eloquent style* und in harmonischen Rhythmen geschriebenen Lyrik Spensers ab, wie sie sich in einigen Zügen von der im *plain style* verfaßten Lyrik Ben Jonsons und seiner Schüler unterscheidet. Die frühe *metaphysical poetry* zeigt in Haltung und Ausdruck die typischen Kennzeichen einer elitären Lyrik, die sich an einen kleinen intellektuellen Kreis wendet. Diesem Anspruch gemäß wurde der größte Teil dieser Lyrik zunächst nicht gedruckt, sondern zirkulierte nur in Manuskripten.

Äußere Merkmale der *metaphysical poetry* sind die Tendenz zur Kürze und zur äußersten Konzentration, zu verkürzten Verszeilen und kleinen einfachen Strophen. Traditionelle Strophenformen, wie z.B. *rhyme royal*, oder weiträumige Gebilde, wie sie Spenser entwarf, werden in der Regel nicht verwendet, sondern es werden ad hoc neue, oft bizarre Strophen gebildet.

Der Versrhythmus wird durch unregelmäßige Füllung des Metrums so gestaltet, daß er den Eindruck gesprochener Sprache vermittelt und den Affekt des Sprechers zum Ausdruck bringt, wie z. B. in John Donnes »The sunne rising« oder in »Breake of day«:

Busy old foole, unruly Sunne,
Why dost thou thus,
Through windowes, and through curtaines call on us?

'Tis true, 'tis day; what though it be?
O wilt thou therefore rise from me?

Im Gegensatz zur Lyrik des *eloquent style*, die überwiegend deskriptiv orientiert ist, ihre Motive in logischer Ordnung oder in natürlicher Rangfolge entfaltet und in der Bilder und *conceits* schmückende und erläuternde Funktion haben, ist die *metaphysical poetry* von einer bald nachdenklichen, bald aggressiven Argumentation geprägt. Der Sprecher wendet sich im Bewußtsein seiner intellektuellen Überlegenheit an einen Partner, den er zu belehren, zu widerlegen oder zu überzeugen versucht. Mit Vorliebe werden dabei *conceits* argumentativ eingesetzt, die entlegenen, ungewöhnlichen Bildbereichen entstammen. In Donnes »A valediction: forbidding mourning« wird z.B. die seelische Verbindung der Liebenden trotz der räumlichen Entfernung im Bild des Zirkels bewiesen:

If they be two, they are two so
As stiffe twin compasses are two,
Thy soule the fixt foot, makes no show
To move, but doth, if th' other doe.

And though it in the center sit,
Yet when the other far doth rome,
It leanes, and hearkens after it,
And growes erect, as that comes home.

Von allen *metaphysical poets* zeigt Donne in seiner Liebeslyrik die größte Vielfalt an Formen, Posen und Motiven. Donnes Gedichte geben sich als spontane, aus konkretem Anlaß gesprochene Erörterungen. Sie gehen von einer Situation aus, wie z.B. dem gemeinsamen Erwachen des Liebespaares oder einem bevorstehenden Abschied; sie beginnen mit einem plötzlichen

Einfall oder antworten auf eine These oder einen Vorwurf. Die Spekulationen des Sprechers werden dabei von seiner bilderreichen Phantasie ebenso gespeist und angetrieben wie von seinem reichen philosophisch-theologischen und naturwissenschaftlichen Wissen oder von seinen literarischen Assoziationen. Dabei unterliegen die Analysen und Explorationen der Liebeserfahrung keinen normativen Beschränkungen: Der Preis der Promiskuität, die Abwertung des Partners und sexueller Überdruß sind ebenso Motive wie die Feier der Seelenverschmelzung und der unverbrüchlichen Treue.

Zum Petrarkismus steht die Lyrik Donnes in ambivalenter Beziehung: Die selbstverständliche Einbeziehung sexueller Partnerschaft und das ironische Anzitieren von petrarkistischen Konventionen wie die Seufzerwinde und Tränenfluten (»What merchants ships have my sighs drown'd? Who saies my teares have overflow'd his ground?«) weisen die Lyrik Donnes als nicht-petrarkistisch aus; aber in der Darstellung der Liebe als Erfahrung, gegenüber der die Welt in Bedeutungslosigkeit versinkt, übertraf Donne petrarkistische Grundpositionen sogar gelegentlich. Der Einfluß der Liebeslyrik Donnes, die lange vor ihrer posthumen Drucklegung (1633) in Manuskripten verbreitet war, auf die Dichtung reichte weit über den engeren Kreis der *metaphysical poets* hinaus.

Von den späteren *metaphysical poets* erreichen nur George Herbert und Andrew Marvell die intellektuelle Schärfe und gedankliche Tiefe John Donnes. Die übrigen Lyriker versuchen zumeist, *metaphysical wit* mit der gefälligeren, eleganteren Formkunst der *plain style*-Tradition Ben Jonsons zu verbinden. Am besten gelingt dies Thomas Carew, dessen Liebeslyrik bereits ganz dem verfeinerten Geschmack der höfischen Gesellschaft entspricht. In Donnes »Extasie« ist das mystische Erlebnis der Seelenverschmelzung Voraussetzung der körperlichen Vereinigung; Carews »A rapture« dagegen, das auf Donnes Gedicht bezogen ist, schildert den Liebesgenuß in exquisiten Bildern nur noch als rein sinnliches Erlebnis.

Lediglich in Andrew Marvells Lyrik, die in den politisch-religiösen Wirren der vierziger und fünfziger Jahre entsteht, wird die gedrängte Kürze, die den Leser fordernde und schokkierende Bildkunst und die ingeniöse Argumentationskunst, die Donnes Gedichte auszeichnete, wieder erreicht.

Die Liebeslyrik Marvells ist allerdings auch von dem Bewußtsein geprägt, am Ende einer dichterischen Tradition zu stehen.

Anders als bei Donne, wo mit Ungestüm ein neues, tieferes Liebesverständnis vorgetragen wird und die Liebenden sich als Propheten einer neuen Liebesreligion verstehen (»The canonization«), muß in Marvells Lyrik die Liebe gegen das Schicksal, gegen die Bedrohung durch die dahinstürmende Zeit und gegenüber der eigenen Resignation verteidigt werden.

Die oft spitzfindige Argumentationskunst, die Lust zur philosophischen und pseudophilosophischen Spekulation und die keinen Restriktionen unterworfene weitausgreifende Bildkunst der *metaphysical poets* verfiel sehr rasch der Ablehnung. Ihr manieristischer Stil widersprach allen Normen, denen die Dichtung nach der Rückkehr der Stuarts aus dem französischen Exil unterworfen wurde. Die *metaphysical poets* wurden deshalb lange Zeit nur von einzelnen Kennern gelesen und geschätzt, bevor sie im 20. Jahrhundert zu Leitbildern der Lyrik der Moderne erhoben wurden.

Von den Zeitgenossen wurde die Lyrik Ben Jonsons und John Donnes gelegentlich zusammen dem Stilprinzip der *strong lines* zugeordnet. Die Gemeinsamkeiten erschöpfen sich allerdings in der Ablehnung des *eloquent style*, in der Tendenz zur Konzentration und Dichte der Sprache und in der Bevorzugung kurzer lyrischer Formen. Über Spensers Sprache urteilte Jonson: »Spenser in affecting the ancients writ no language«, und forderte statt dessen »more matter and less words« wie die übrigen Verfechter des *plain style*, die nicht mehr in Cicero das große Vorbild sahen, sondern Seneca und Tacitus folgten. Von den *metaphysical poets* unterschied sich Jonson durch die Ablehnung des *metaphysical conceit* und der sprachlichen Dunkelheit sowie durch die Funktion seiner Lyrik. Jonson forderte äußerste Klarheit und Einfachheit im sprachlichen Ausdruck und Logik in der Gedankenführung. Er selbst pflegte seine Gedanken zuerst in Prosa niederzuschreiben, bevor er sie in Verse goß. Das Spektrum seiner lyrischen Formen ist außerordentlich breit gefächert: Epigramme, in denen Jonson »the ripest fruits of my studies« sah, Oden und Hymnen, Epitaphe, Elegien, Gedichte und Songs für seine Dramen und vor allem Episteln an zahlreiche Persönlichkeiten. Im Gegensatz zu Donne ließ er seine Epigramme und seine Lyrik unter dem Titel *The forest* in seiner Folio von 1616 im Druck erscheinen.

Anders als Donne, dessen Lyrik von Egozentrik und theatralischer Zurschaustellung gekennzeichnet ist und nur für einen kleinen Kreis Gleichgesinnter bestimmt war, verstand Jonson seine Dichtung als sozialen Diskurs, in dem die Gesellschaft ihren inneren Zusammenhalt gewinnt und sich ihrer Normen versichert. Gedichte, in denen Freundschaften beschworen und herausragende Persönlichkeiten gewürdigt werden, in denen ermahnt und getadelt wird und Normen gesetzt werden, nehmen deshalb den größten Teil ein. Sie beschwören Freundschaft, Urbanität und Kultur und verurteilen ökonomischen Egoismus und religiösen Fanatismus. In seinem großen Landhaus-Gedicht »To Penshurst«, mit dem die Reihe der englischen Landhaus-Gedichte eröffnet wird, entwirft Jonson ein Modell dieser gesellschaftlichen Ordnung: ein harmonisches Leben inmitten einer fruchtbaren Natur, geschäftiges Treiben ohne Hektik, Gastfreundschaft und heitere Muße. Für sich beanspruchte Jonson dabei die Rolle eines moralischen Gesetzgebers und Lehrers, der mit Komplimenten und Lob ermutigt und mit bissigem Witz Fehler zu korrigieren versucht. Gegenüber der Fülle dieser öffentlichen Gelegenheitsdichtung spielt die Liebeslyrik (»To Celia«, »Charis-Gedichte«) eine vergleichsweise geringe Rolle.

»The tribe of Ben«, der Kreis von Bewunderern und Freunden, der sich um den streitbaren Literaturpapst seiner Zeit versammelte, pflegte im wesentlichen nach dessen Vorbild die Gelegenheitsdichtung, die kurze Liebeslyrik und das witzige Epigramm, wobei manche Anregungen der *metaphysical poetry* in die *plain style*-Tradition aufgenommen wurden. Der starke Einfluß Jonsons ist vor allem in der Lyrik der *cavalier poets*, die im Umkreis des Hofes schrieben, spürbar, wo er die klassizistischen Tendenzen in der Dichtung stärkte. Die Liebeslyrik, wie sie von Sir John Suckling, Richard Lovelace u.a. geschrieben wird, ist gekennzeichnet durch einen oft lässigen Ton und eine zynische Pose; nur noch selten wird dabei die Kunst der beiden großen Vorbilder Ben Jonson und John Donne erreicht.

Lediglich Robert Herrick, der den *cavalier poets* zugeordnet wird, obwohl er als Geistlicher fernab in Devonshire lebte, hinterließ ein großes, eigenständiges lyrisches Werk. Die Ausgabe seiner Gedichte, unter dem Titel *Hesperides* 1648 in den Wirren zwischen den Bürgerkriegen und der Hinrichtung des Königs erschienen, enthält fast 1400 Gedichte. Herrick, dessen Stil in seiner Klarheit und Genauigkeit die Schule Jonsons verrät, ist der größte englische Dichter der anakreontischen Tradition. Das *carpe diem*-Motiv wird von ihm immer wieder abgewandelt, wobei die Tradition der antiken Liebeslyrik mit der Schilderung des ländlichen Lebens von Devonshire, mit seinen Sitten, Bräuchen und Festen verbunden wird.

Herricks Liebeslyrik gestaltet weder eine tiefe Liebeserfahrung, noch ist für ihn die Sexualität lyrisches Thema wie bei Donne, Carew oder Marvell. Statt dessen beschreibt er die Verliebtheit, die erotische, ausgelassene Atmosphäre eines Festes, die Wirkung eines Details an der Frauenkleidung. In der präzisen sprachlichen Darstellung solcher lyrischer Augenblicke ist Herrick unerreicht.

Nicht die strenge und klare Lyrik des verehrten Jonson und auch nicht die anakreontische Lyrik Herricks wird in der Restaurationszeit zum Vorbild erhoben, sondern die weniger bedeutungsvolle Gelegenheitsdichtung Edmund Wallers und Sir John Denhams. An ihrer elegant-preziösen Formulierungskunst und an ihrer Verwendung des fünfhebigen Reimpaares, in der sich bereits das spätere *heroic couplet* ankündigt, wird sich die klassizistische Dichtung am stärksten orientieren.

Die religiöse Lyrik als Dichtung mit eigenem Motivkreis trat im 16. Jahrhundert gegenüber der weltlichen Lyrik zunächst in den Hintergrund. Religiöse Wahrheiten und moralische Fragen wurden bei protestantischen Humanisten wie Spenser oder Sidney entsprechend ihrem hohen Dichtungsverständnis als zentrale Themen in ihren weltlichen Werken behandelt. Eine eigene religiöse Lyrik entwickelte sich erst, als das christlich-humanistische Weltbild gegen Ende des 16. Jahrhunderts abgelöst wurde und tiefe Verunsicherung, Skepsis und religiöser Fanatismus sich ausbreiteten. In dieser Situation wurde die Lyrik zu einem Medium, in dem der Einzelne die Heilswahrheit meditativ zu ergründen suchte, den Zwiespalt zwischen einem weltlichen Leben und religiösen Forderungen zu lösen trachtete und im Dialog mit Gott über Schuld und Heilsfindung rechtete. Die religiöse Lyrik beginnt mit dem Jesuiten und Märtyrer Robert Southwell, der in seinen Gedichten, wie z. B. »The burning babe« mit *metaphysical conceits* Heilswahrheiten in meditativer Weise entfaltet.

Auch für die religiöse Lyrik des 17. Jahrhunderts ist John Donne der große Anreger. Seine Sonettzyklen *La corona* und *Holy sonnets* gehören zu den bedeutendsten religiösen Zeugnissen des 17. Jahrhunderts. Donne löste das Sonett aus der engen Verbindung mit dem Petrarkismus und machte es zur poetischen Form intimer religiöser Erfahrung. Die brillante Argumentation, die Fülle überraschender Bilder und die Emotionalität, die seine weltliche Lyrik auszeichnen, finden sich auch in diesen Sonetten, deren Thema der Mensch in seiner Schwäche und seinem Versagen vor den göttlichen Forderungen ist. Schuldbewußtsein, Todesangst und Erlösungssehnsucht werden in paradoxen und schockierenden Bildern gestaltet.

Unter dem Eindruck Donnescher Lyrik und zugleich dem *plain style* verpflichtet, schreibt George Herbert, der größte Dichter anglikanischer Frömmigkeit. Sein sorgfältig komponierter Gedichtband *The temple* (1633) erscheint erst nach seinem Tod. Im Gegensatz zu Donnes Sonetten, in denen ein einsamer Mensch zu Gott spricht, dienen Herberts Gedichte als Meditationstexte für den einzelnen Gläubigen, der in enger Verbindung mit der Kirche und ihrer Liturgie lebt. Auch in Herberts Gedichten werden das Schuldbewußtsein, die Furcht und die Revolte gegen Gott gestaltet; aber der meditative Vorgang mündet jeweils ein in die Erfahrung der Gnade Gottes und der Gotteskindschaft. Die meist kurzen, im *plain style* geschriebenen Gedichte gewinnen durch biblische und liturgische Anspielungen und durch die Semantisierung lyrischer Formelemente wie Reimerwartung, Assonanz, Refrain, Strophenformen und Wortspiel eine außerordentliche Dichte und Tiefe. Das ästhetische Formenspiel ist von Herbert konsequent in den Dienst religiöser Meditation gestellt worden.

Unter dem Einfluß der *Anthologia graeca* schreibt Herbert auch Figurengedichte wie das berühmte »Easter wings«, in dem Verkürzung und Verlängerung der Verszeilen Sündenfall und Erlösung des Menschen spiegeln und im Bild der Flügel die Sehnsucht nach spiritueller Erhebung ihren Ausdruck findet:

Lord, who createdst man in wealth and store,
Though foolishly he lost the same,
Decaying more and more,
Till he became
Most poore:
With thee
O let me rise
As larks, harmoniously,
And sing this day thy victories:
Then shall the fall further the flight in me.

Die sprachliche Präzision, theologische Tiefe und formale Kunst der 169 Gedichte des *Temple* werden von den religiösen Dichtern, die sich zu Donne und Herbert als ihren Meistern bekennen, nicht mehr erreicht. Richard Crashaw gerät nach seinem Übertritt zum Katholizismus während seiner Aufenthalte auf dem Kontinent zunehmend unter den Einfluß Marinos und entwickelt eine geschmacklich fragwürdige, schwüle Bildkunst. Die religiösen Gedichte des Walisers Henry Vaughan dagegen sind geprägt von einem neuplatonischen und hermetischen Mystizismus. In sprunghaften Bildfolgen und mit einer hochentwickelten Lichtmetaphorik versucht Vaughan das Schwanken des menschlichen Bewußtseins zwischen Blindheit und Erleuchtung darzustellen. Vaughan, der zu seiner Zeit keine Resonanz fand, wirkte durch seine Gedichte über die Kindheit als Zustand der Unschuld und des Einklangs mit der Natur erst auf die Romantiker.

Die meisten von John Miltons religiösen Dichtungen stehen nicht mehr in der Tradition der privaten Meditation und des intimen religiösen Dialogs. Seine Ode »On the morning of Christ's nativity« deutet Christi Geburt als Sieg des Lichts in welthistorischer Perspektive und stellt das Ereignis von Bethlehem vor die riesigen Räume eines von Engeln und Dämonen beherrschten Universums. Der klassische epische Formenbestand und ein bilderreicher hoher Stil werden aufgeboten, um Christus als wahren Pan, als mächtigen Erneuerer der Welt, der die antiken Götter verjagt, zu feiern. Die formvollendeten Sonette in italienischer Manier entstehen zumeist aus konkreten Anlässen oder sind an Mitstreiter für die puritanische Sache adressiert. In ihnen ist die Entfaltung religiöser Gedanken unauflöslich mit Miltons leidenschaftlicher Parteinahme verknüpft (»On the late massacre in Piedmont«). Nur in wenigen privaten Sonetten (»On his blindness«) verwendet Milton das Sonett traditionell als Medium religiöser Meditation.

Nationale und biblische Epik

Das Epos galt in der Renaissance als die vornehmste dichterische Gattung, und mehrfach wurde der patriotische Versuch unternommen, England ein Nationalepos zu schenken, das würdig war, in die von Homer und Vergil begründete Tradition eingereiht zu werden. Der erste großangelegte Versuch ist Edmund Spensers Fragment gebliebenes Epos *The Faerie Queene*, ein Werk, das ursprünglich zwölf Bücher zu je zwölf Cantos umfassen sollte, von dem aber nur sechs Bücher vollendet wurden.

Als Sujet wählte Spenser die im 16. Jahrhundert populäre und politisch bedeutsame Artussage; die Abenteuer, Kämpfe und Versuchungen von zwölf Rittern, die beim Fest der Feenkönigin Gloriana auf eine »quest« ausgesandt werden, sollte das Epos schildern. Wesentlich stärker als an den klassischen epischen Vorbildern orientierte sich Spenser an der italienischen Ritterepik, an Tassos *Gerusalemme liberata* und vor allem an Ariosts *Orlando furioso*. Das ungeheuer figuren- und episodenreiche Epos legte Spenser, wie er in einem erklärenden Brief an Sir Walter Ralegh schrieb, als Allegorie auf verschiedenen Ebenen an, der moralischen, religiösen und zeitgeschichtlich-politischen, wobei letztere die unbestimmteste und vieldeutigste blieb. Die einzelnen Ritter sollen jeweils sogenannte aristotelische Tugenden verkörpern, entsprechen allerdings vielmehr dem christlich-humanistischen Tugendverständnis. Artus selbst ist *Magnificence*, der Inbegriff geistigen und charakterlichen Adels und zugleich die glorreiche Vergangenheit Englands; Gloriana ist der Archetypus menschlicher Vollkommenheit und gleichzeitig verklärtes Bild Königin Elisabeths. Der epische Weltentwurf Spensers verknüpft im Geist eines platonisch-christlichen Humanismus die verschiedensten ethischen, politischen und theologischen Überzeugungen der Zeit, ohne aber die bunte Vielfalt und verwirrende Vielschichtigkeit der Welterfahrung, wie sie in den verschlungenen Handlungsfäden, der Episodenfülle und einem bis zur Dunkelheit getriebenen Bedeutungsreichtum der bilderbeladenen, archaisierenden Sprache vermittelt werden, aufzuheben.

Spensers farbenbunt-abenteuerlichem und zugleich mit Philosophie und Theologie befrachteten Werk war nie Popularität beschieden, aber die Wirkung auf die Dichter nachfolgender Generationen bis hin zur Romantik war ungeheuer. Zu den schwächeren Nachahmungen im 17. Jahrhundert zählen Draytons geographisches Epos *Poly-Olbion* ebenso wie Phineas Fletchers *Purple island*, die epische Schilderung einer Reise durch den menschlichen Körper, oder die spekulativen dunklen Dichtungen der Cambridger Platoniker.

Neue Impulse erhielt die epische Tradition im 17. Jahrhundert durch das Vordringen religiöser Themen in die Literatur, in deren Gefolge auch die Bibel als Quelle für epische Darstellung entdeckt wurde. Nach einer Reihe schwächerer Nacherzählungen, die von den Zwängen der Quellentreue gegenüber der Heiligen Schrift und der exegetischen Tradition geprägt sind, gelang es erst Milton, den biblischen Stoff des Sündenfalls konsequent in die klassische epische Tradition zu übertragen. Sein langgeplantes Epos *Paradise lost* erschien 1667 zunächst in zehn, später in zwölf Büchern. Anstelle von Spensers magischer Traumwelt wählte Milton für den biblischen Vorwurf das Universum in ptolemäischer Anordnung, während das kopernikanische System in belehrenden Gesprächen behandelt wird. Dem gewaltigen kosmischen Raum entspricht die zeitliche Dimension, die durch die Visionen Adams von der Schöpfung bis zur Erlösung durch Christus und wissensgeschichtlich bis in Miltons eigene Zeit ausgedehnt wird. Der biblische Mythos wird von Milton als heroischer Kampf zwischen den titanischen Figuren Christus und Satan dargestellt und gleichzeitig als konfliktreiche Ursituation des Menschen gedeutet, in dessen Seele ein sich ständig erneuernder Streit zwischen Vernunft und Leidenschaft, Ordnung und Chaos, Liebe und Haß, Demut und Stolz tobt.

In der Zeichnung seines Menschenbildes verließ Milton den Boden kalvinistischer Theologie und legte stattdessen die christlich-humanistische Anthropologie zugrunde, die die Würde menschlicher Vernunft und die Willensfreiheit betont. Miltons epischer Weltentwurf ist in seinem enzyklopädischen Zugriff und in seiner Quellenfülle von ähnlichem Anspruch wie der Spensers. Im Gegensatz zu ihm entwirft Milton jedoch nicht mehr eine vielgestaltige und vieldeutige Welt; seine Vision einer umfassenden, aber durch Rebellion und Chaos ständig gefährdeten Ordnung ist zugleich eine systematische Theodizee, die den biblischen Mythos verwendet, um in ihm die Beziehung Gottes zu den Menschen, die Existenz des Bösen in der Welt und das Wesen und die Bestimmung des Menschen darzulegen.

Miltons latinisierender *grand style*, seine rhythmisch bewegten Blankverse, durch die weitausgreifende Satzperioden strömen, seine grandiose Bildkunst und sein moralischer Ernst hatten auf viele Generationen nach ihm eine geradezu hypnotische Wirkung, die lange Zeit nicht nur die Dichtung, sondern auch das religiös-kulturelle Selbstverständnis der englischen Nation mitprägte. Erst für den Leser des 20. Jahrhunderts traten Spannungen in diesem Werk zwischen biblischem Stoff, klassischer epischer Tradition und theologischer Intention stärker hervor. Auch die Problematik seines Gottesbildes und die Strenge seiner Welt- und Lebensdeutung fanden zunehmend Kritik, und schließlich begannen auch die Dichter gegen seinen Einfluß auf die englische Literatursprache zu rebellieren. Heute wird *Paradise lost* nicht mehr als Nationalepos gewürdigt, das einer Nation religiöse Orientierung und Anleitung zum Lebensvollzug geben sollte, sondern es wird als letztes großes Zeugnis der Renaissance-Dichtung verstanden, in dem alle Traditionen und Intentionen dieser großen dichterischen Epoche noch einmal ihren Ausdruck fanden. (W)

Restaurationszeit und 18. Jahrhundert

Dichtungsstil und *heroic couplet*

»With the restoration of our happiness, we see revived poesy lifting up its head, and already shaking off the rubbish which lay so heavy on it.« Was John Dryden auf das Drama bezog, gilt auch für die Versdichtung: Nach einer Epoche des Niedergangs um die Mitte des 17. Jahrhunderts belebte sie sich nach 1660 in Form und Funktion neu. Das bedeutet nicht, daß die Restauration, wie im Falle des Dramas, eine scharfe Zäsur darstellt. Es gibt durchaus eine Kontinuität von Formen, die das frühe und mittlere 17. Jahrhundert mit dem späteren verbindet. Aber Art und Stil der Versdichtung wandelten sich so nachhaltig, daß mit dem Jahr 1660 ebenso eine neue Epoche angesetzt werden kann wie mit dem Jahr 1798, das als Beginn der Romantik gilt.

Der Zeitraum von 1660 bis 1798 stellt sich als überraschend einheitlich dar. Er ist der längste in sich geschlossene Abschnitt in der Geschichte der englischen Versdichtung. Er verdankt diese auffällige Einheitlichkeit, hinter der sich indessen eine vielfältig gegliederte Binnenstruktur verbirgt, der Verwendung eines bestimmten Versmaßes: des als *heroic couplet* bezeichneten, paarweise gereimten Pentameters. Dieses Versmaß wurde nach der Restauration gute hundert Jahre gegenüber anderen gleicherweise verfügbaren Versmaßen für unterschiedliche Formen und zu unterschiedlichen Anlässen so deutlich bevorzugt, daß es zum Signum dieses Zeitabschnittes geworden ist.

Das *heroic couplet* war, obwohl es seinen Namen vom heroischen Drama der Restauration hat, kein neues Versmaß. Chaucer hatte es in die englische Dichtung eingeführt, und es findet sich auch bei den Elisabethanern und den *metaphysical poets*. Aber erst nach der Restauration wurde es in eindeutiger Weise bevorzugt. Seine Verwendung erklärt sich nicht nur aus einer besonderen technischen Eignung. Es kam den dichterischen Intentionen des Augustan Age und den spezifischen Gehalten der neoklassischen Dichtung auf ideale Weise entgegen.

Von wenigen Ausnahmen abgesehen, war für den neoklassischen Autor das Gedicht weder Gefühlsausdruck noch spontanes Bekenntnis, sondern eine bis ins Detail stilisierte und vielfacher Kontrolle unterworfene Aussage, die sich, ohne simpel zu sein, durch Klarheit und Einfachheit auszeichnen sollte. Für eine solche Dichtart war der paarweise gereimte Pentameter wie kein anderes Versmaß geeignet. Er konnte einen größeren gedanklichen Zusammenhang aufnehmen und war zugleich so flexibel, daß sich feinste Nuancen wiedergeben und, wenn gewünscht, antithetisch gegeneinander abheben ließen. Dryden zitiert ein Beispiel aus John Denhams topographischem Gedicht *Cooper's Hill* (1642)

> Tho' deep, yet clear; though gentle, yet not dull
> Strong without rage, without o'erflowing, full.

Dryden und Pope waren die unbestrittenen Meister des *heroic couplet*. Dryden handhabte das Versmaß ebenso kraftvoll wie souverän, schöpfte dessen formale Möglichkeiten voll aus und überspielte zur Erzielung rhetorischer Effekte nicht selten die vom neoklassischen Dichter geforderte Korrektheit. Im Vergleich dazu huldigte Pope einem strengeren Formalismus, erreichte aber in der Leichtigkeit des Zeilenstils eine Vollendung, die von niemandem überboten wurde. Beide wurden zu immer wieder nachgeahmten, aber nie erreichten Vorbildern.

Die allgemeine Benutzung und die ständige Wiederholung von erprobten Grundmustern über den Zeitraum eines Jahrhunderts führte unausweichlich zu Abnutzungserscheinungen, die nicht erst in der zweiten Hälfte des 18. Jahrhunderts deutlich wurden. Das Streben nach der Prosanähe des Verses machte es überdies leicht, die Versdichtung des Augustan Age zu diskreditieren. Die Romantik rebellierte gegen die ihr vorausgegangene Ära, der Viktorianismus wandte sich von der Dichtung der Restauration und des 18. Jahrhunderts ab. Der Tiefpunkt der Beurteilung ist bei Matthew Arnold erreicht: »Dryden and Pope are not classics of our poetry, they are classics of our prose.« Seit dem Beginn des 19. Jahrhunderts ist das *heroic couplet* nur noch wenig verwendet worden, wiewohl es bemerkenswerte Ausnahmen gibt wie Nabokovs Roman *Pale fire* (1962).

Die Restaurationszeit

Zur Rückkehr des Königs schrieben außer Milton und Marvell alle bedeutenden Dichter ein Gedicht, und die Zahl der Poetaster, die die Restauration der Monarchie mit Versen bedachten, war beträchtlich. Verswerke jeglicher Art und Qualität entstanden in den folgenden Jahrzehnten in solcher Menge, daß die Epoche ebenso eine Epoche der Versdichtung war wie eine Epoche des Dramas. Die professionellen Dichter waren eine überschaubare Gruppe, aber auf jeden von ihnen kamen Dutzende von Amateuren. Neue Gedichte konnten fast immer der Aufmerksamkeit eines wachsenden Lesepublikums sicher sein, das sie häufig in den damals aufkommenden Kaffeehäusern zur Kenntnis nahm. Zustimmung und Ablehnung fanden Ausdruck in einem reich differenzierten Korpus kritischer Begleitliteratur, das den Beginn der Literaturkritik in England markiert.

Bei der engen Bindung von Literatur und Geistesleben an den Hof entstand ein erheblicher Teil der Versdichtung in dessen Umkreis, ohne damit im engen Sinne Hofdichtung zu sein. Dryden war für den größten Teil der Epoche *poet laureate* und in dieser Eigenschaft auch der bedeutendste »politische« Dichter der Restaurationszeit. Zu den *court wits*, einer Clique von »men of mirth«, wie der Lordkanzler indigniert die Favoriten Karls II. nannte, gehörten nicht nur einige der *poetae minores* wie John Sheffield, Earl of Mulgrave (1648–1721), Charles Sackville, Earl of Dorset (1638–1706), oder Sir Charles Sedley (1639?–1701), die mit leichter Hand und eleganter Geste eine Satire, ein Gelegenheitsgedicht oder auch einen Versessay hinwerfen konnten und die Alexander Pope als »the mob of gentlemen who wrote with ease« charakterisierte. Auch der nächst Dryden begabteste Dichter der Epoche gehörte dazu: der Earl of Rochester, der bei seinem frühen Tod nur ein kleines, doch durch hohe Intensität von Reflexion und Empfindung ausgezeichnetes Œuvre hinterließ.

Die *court wits* waren keine Dichterschule, aber eine einflußreiche Gruppe, deren literarhistorische Bedeutung zunehmend höher eingeschätzt wird. Das gilt nicht in gleicher Weise für die anderen Dichter der Epoche, so populär sie im einzelnen waren. Samuel Butlers anti-puritanische Satire vom Ritter Hudibras ist nicht lebendig geblieben. Ebensowenig haben sich Burlesken des als Montaigne-Übersetzer erfolgreichen Sir Charles Cotton (1630–1687) gehalten, obwohl sie von den Zeitgenossen durchaus goutiert wurden. Allein John Oldham (1653–1683) hat – weniger mit seiner Invektive auf Invektive türmenden *Satire upon the Jesuits* (1681) als mit seinen subtileren Satiren und seinen Adaptationen antiker Autoren – für sich einen bescheidenen Platz behaupten können, nicht zuletzt deswegen, weil Dryden Oldhams frühen Tod in einem seiner eindrucksvollsten poetischen Nachrufe beklagte.

Was Wordsworth für den romantischen Dichter in Anspruch nahm, konnte der Dichter des Augustan Age mit gleicher Berechtigung für sich geltend machen: er sei »a man speaking to men«. Für den Dichter der Restaurationszeit gilt dies in besonderem Maße. Die Thematik seiner Werke stand dem allgemein Erfahrbaren so nahe wie möglich, und es war sein erklärtes Ziel, auch das, was er an Persönlichem mitteilen wollte, auf eine Weise zum Ausdruck zu bringen, die ihm den Charakter des nur Privaten nahm. Eine Esoterik, wie sie die *metaphysical poets* kultivierten, war ihm fremd, und die neue Wendung, die die Versdichtung in der Restaurationszeit nahm, lag nicht zuletzt in dem Bekenntnis des Dichters zu seiner »öffentlichen« Aufgabe.

Die politische Dichtung nahm breiten Raum ein. Von der Restauration der Monarchie über die Glorreiche Revolution bis zum Act of Settlement von 1701 gab es vielfältige Anlässe zur deutlichen Bekundung politischer Auffassungen, und in der Tat intensivierte sich in Krisenzeiten die literarische Produktion – nicht nur bei den Gelegenheitsschreibern. Da die publizistischen Möglichkeiten begrenzt waren (die Zeitung entwickelte sich erst im Laufe der Epoche), fiel der Versdichtung als einem durch hohe Prägnanz und Einprägsamkeit gekennzeichneten Medium eine besondere Rolle zu. Den Zeitgenossen als *Poems on affairs of state* geläufig (die erste Anthologie mit diesem Titel erschien 1689), bilden diese in Form, Gehalt und Kunstfertigkeit stark variierenden Gedichte ein einzigartiges Korpus an politischer Literatur, das erst in jüngster Zeit voll erschlossen worden ist.

Die Ära Drydens und Popes gilt als das Goldene Zeitalter der englischen Satire. Die politische Dichtung war über weite

Strecken satirische Dichtung, doch das Spektrum des Satirischen ging weit über die Sphäre des Politischen hinaus. Es umschloß die literarische Satire – wofür Rochesters *Allusion to Horace* (1680) und Richard Blackmores *Satire against wit* (1700) in Absicht und Mentalität zwei weit auseinanderliegende Beispiele sind. Es bezog die Gesellschaftssatire (*social satire*) ein – wofür John Sheffields gegen die *court wits* gerichteter *Essay upon satire* (1679) und Samuel Garths gegen die Apotheker zielende *Dispensary* (1699) wiederum als unterschiedliche Beispiele dienen können. Die herkömmliche moralische Satire florierte und ebenso die Satire gegen den Libertinismus als neue Zeiterscheinung. Alles konnte zum Gegenstand der Satire werden – sogar die Tugend selbst in John Oldhams *Satire against virtue* (1679).

Großformen wie Drydens Historiengedicht *Annus mirabilis. The year of wonders* (1667, in Strophenform) über die »providentiellen« politischen Ereignisse der ersten Jahre nach der Rückkehr Karls II. zeigen den Willen zur quasi-epischen Gestaltung und die Absicht des Dichters, als Präzeptor der Nation zu wirken. Drydens *Religio laici* (1682), ein emphatischer Versuch, die religiösen Kontroversen der Epoche durch Empfehlung eines »mittleren« Weges zu entschärfen, ist formal gesehen ein Lehrgedicht und kann als Beispiel für die didaktische Dichtung der Epoche gelten, die mit dem *Essay upon poetry* des Earl of Mulgrave oder dem *Essay on translated verse* (1684) des Earl of Roscommon auch Verspoetiken traditionellen Zuschnitts aufweist.

In einer Ära der »staatstragenden« Dichtung war der panegyrische Stil auf vielfältige Weise gefordert. Für die von Abraham Cowley eingeführte Pindarische Ode (eine nach dem antiken Lyriker benannte weitgehend frei gestaltbare Form) gibt es kaum ein geglücktes Beispiel. Seine eigene, *To the Royal Society*, ist vielleicht die interessanteste. Doch Dryden vollbrachte in dieser Dichtart nicht nur Pflichtübungen (wie *Threnodia Augustalis. A funeral-pindarique poem sacred to the happy memory of King Charles II* 1685), sondern auch einige seiner herausragenden Leistungen, so die Ode zum Tode der Dichterin und Malerin Anne Killigrew (1686) oder *Alexander's feast; or the power of music* (1697), eine Ode zu Ehren der hl. Cäcilie – »exhibiting the highest flight of fancy and the exactest nicety of art« (Samuel Johnson).

Kontrapunktisch zu solcher Zeremonialdichtung steht eine

reich differenzierte private Gelegenheitsdichtung. Vieles davon hat natürlicherweise für den heutigen Leser kaum noch Interesse. In ihren *Songs* indessen erreichten einige Restaurationsdichter ein beachtliches Niveau, wie überhaupt der *Song* die herausragende Kleinform in der Versliteratur der Epoche ist. Das gilt etwa für Aphra Behn (1640–1689), deren *songs* (wie etwa »'Tis not your saying that you love«) A. Dyce in seinen *Specimens of British poetesses* (1825) heraushob. Es gilt mehr noch für die *court wits*, allen voran den Earl of Rochester, dessen »Absent from thee I languish still«, »All my past life is mine no more« oder »An age in her embraces past« Gedichte von tiefer Empfindung, verhaltenem Ausdruck und formaler Vollendung sind. Entsprechungen finden sich erst wieder im späten 18. Jahrhundert bei Blake oder Burns.

Einen hohen Anteil an der Versdichtung der Restauration hatten Übersetzungen antiker Autoren, die dadurch in den poetischen Kanon der zeitgenössischen Literatur aufgenommen wurden und für die Folgezeit als Modelle präsent waren. Manche der großen antiken Gedichte wurden zum ersten Mal ins Englische übersetzt, so Lukrezens *De rerum natura* durch Thomas Creech (1682). Einige Übersetzungen, die aus klassischen Dichtern neoklassische machten, sind die verbindlichen poetischen Übertragungen aus dem Lateinischen ins Englische geblieben. Das trifft auf Drydens englische Fassungen von Juvenal und Persius zu (1693) und vor allem auf seine *Works of Virgil* (1697). Sie sind die wichtigste Übersetzungsleistung der Restaurationszeit und transponieren auf der Basis einer reflektierten Theorie einen alten Dichter mit großer Raffinesse in ein neues Medium.

So festgefügt der Formenkanon der Zeit war, so wenig wurden die überkommenen Formen als starr und unveränderlich angesehen. Sie galten als variabel und für neue Zwecke adaptierbar. Rang und Qualität eines Autors bestimmten sich daher nicht oder nicht ausschließlich durch den vom Formalen unabhängigen »Gehalt« seiner Gedichte. Sie gründeten sich auch, und vielfach vorrangig, auf seine Fähigkeit, diesen Gehalt auf eine Weise mitzuteilen, in der formale Virtuosität erkennbar wurde. Dieser selbstbewußte Umgang mit der literarischen Form zeichnet die Versdichtung der Restauration und des frühen 18. Jahrhunderts gegenüber früheren und späteren Epochen aus und konstituiert eine im modernen Sinne künstlerische Originalität.

Charakteristisch dafür ist die quasi-Übersetzung, die *imitatio*, bei der ein – in der Regel antikes – Gedicht nicht übertragen, sondern »nachgeschaffen« oder »umgestaltet« wurde. Die Ersetzung des antiken Kolorits durch ein modernes, zeitgenössisches ergab ein »zeitgemäßes« Gedicht, das durch den antiken Anspielungshintergrund eine eigene Tiefendimension gewann. Das Vergnügen des Lesers bestand in der Entdeckung des Vorbilds, in der Wahrnehmung der Entsprechung, in der Erkenntnis der Abwandlung. So verwandelte John Oldham die *Ars poetica* des Horaz durch Substitution moderner Autoren in eine Verspoetik der Zeit – ein Verfahren, das mit Vorliebe bei den Episteln von Horaz und den Verssatiren der großen antiken Satiriker angewandt wurde.

Formale Brechungen treten überall auf, finden sich aber besonders häufig dort, wo Formen als konventionell oder als erstarrt empfunden wurden. Das gilt für die Liebes-Lyrik, die in der Restaurationszeit nicht nur obszöne oder libertinistische Varianten aufweist, sondern auch vollendete Burlesken, bei denen – wie in Rochesters »To a lady, in a letter« – mit müheloser Geste die Form aufgelöst wird. Es gilt auch für die Satire, die invertiert wurde, so daß sie mit verblüffender Paradoxie sozusagen seitenverkehrt wirkte. Geringere Talente wie Robert Gould (1660?–1709?) oder John Oldham, der seine *Satire against virtue* zur Andeutung der Formverschränkung »Satyr. Suppos'd to be spoken by a Town-Hector. Pindarique« nannte, versuchten sich ebenso daran wie Rochester, dessen *Satire against mankind* (1680) mit ihrem das Tier gegen den Menschen ausspielenden Zynismus als Glanzstück dieses Genre gelten muß.

Drydens große Gedichte, besonders seine Zeitsatiren, sind in hohem Maße durch eine auf die Form gerichtete Reflexivität ausgezeichnet, und sie verdanken ihren Rang einem bis dahin unbekannten *glissando*, das sonst distinkte Formen oder Stillagen miteinander verbindet. In einer Epoche, die kein Verhältnis mehr zum Heroischen hatte, benutzte Dryden Elemente des Epos, um das Verächtliche ins Monumentale zu steigern, und Elemente der Satire, um die Hohlheit des Grandiosen zu entlarven. So kehrte er in seinem Angriff auf den irischen Dramatiker Richard Flecknoe in *Mac Flecknoe* (1682), einem durchweg auf subtile Parodie abgestellten Gedicht, das satirische Potential der Epen-Burleske heraus. In *Absalom and Achitophel* (1681), schlicht als »a poem« bezeichnet, verband Dryden biblische Allegorie und epische Elemente mit der dramatischen Verssatire. Der Anlaß war aktuell (die Exclusion Crisis) und Dryden war als Hofdichter Partei. Doch das Gedicht transzendiert seinen Kontext. In der Verschmelzung von sich gegenseitig ausgrenzenden Formen zu einer neuen Einheit ist es eine der originären literarischen Leistungen der Epoche.

Das frühe 18. Jahrhundert

Die Restaurationszeit und das frühe 18. Jahrhundert sind auf dem Gebiet der Versdichtung schwerlich zu trennen. Daß einige der *poetae minores* biographisch beiden Zeitabschnitten zuzurechnen sind, ist dabei von geringerer Bedeutung als die allgemeine Kontinuität von Formen und Techniken. Dryden und Pope gehören aufs engste zusammen, und sie bilden, repräsentativ für ihre Zeit, eine Einheit, da das Werk Popes vielfach eine Schlußfolgerung aus den Prämissen Drydens darstellt.

Die klassische Tradition, für beide Epochen gemeinsamer Besitz, war in festliegenden, wenn auch nicht verbindlichen Formen vorgegeben. Der Dichter »neoklassischer« Observanz teilte sich nicht in der »Dichtung« als einem frei disponiblen metrischen Medium mit, sondern in einem Gedicht, das ihm eine vom Leser wiedererkennbare Gestaltungsweise auferlegte. In diesem Sinne war das frühe 18. Jahrhundert ungeachtet des aus der Restaurationszeit übernommenen souveränen Umgangs mit der Form eine Epoche des Gedichts. Zugleich war es eine Zeit erster Versuche, die Form zu entgrenzen, das konventionell Geregelte zu durchbrechen und damit für neue Gegenstandsbereiche adäquate Ausdrucksmöglichkeiten zu finden.

Die dominante Form war die Satire – »the most social kind of poetry, in audience if not in origin« (Eric Rothstein). Alle bedeutenden Autoren, mit Ausnahme von James Thomson, schrieben Satiren, wenn auch nicht mit der gleichen Intensität und der gleichen Zielsetzung. Politische Opposition war, wie in der Restaurationszeit, vielfach Anlaß oder Motivation der Satire, doch spielt auch, besonders in der zweiten Hälfte der Epoche, die moralisierende, gegen den Verfall ethischer Grundsätze in der Gesellschaft gerichtete Satire eine Rolle. Überdies werden häufig andere Formen, etwa das Lehrgedicht, durch satirische Elemente angereichert.

Zwei Stränge oder Traditionen finden sich nebeneinander: die »derbe« Satire, zeitgenössisch als *rugged* bezeichnet, und die

»ausgefeiltere«, in der Regel nach klassischen Vorbildern gearbeitete oder ihnen nachempfundene Satire. Die *rugged satire* ist typisch durch *The grumbling hive: or, knaves turned honest* (1705) von Bernard Mandeville repräsentiert, jenes kurze, als Fabel getarnte Gedicht, das mit einem immensen, mehrfach erweiterten Prosakommentar als *Fable of the bees* (1714) der Epoche eine alternative, auf der Selbstsucht basierende Ethik empfahl. Ungeachtet seines Gehaltes gehört das Gedicht nicht zu den besten der Epoche, ist aber durch die Verwendung des leicht holperig wirkenden Knittelverses interessant, der »Einfachheit« zu suggerieren versucht. Auch Defoe machte von diesem Kunstgriff Gebrauch: *The true-born Englishman* (1701) und *A hymn to the pillory* (1703) zeigen sein Geschick in der Handhabung des Verses.

Das Korpus der »klassischen« Verssatiren Popes verdeckt leicht die Tatsache, daß es in einem Umfeld von anderen Autoren und anderen Formen steht. Der bedeutendste »klassische« Satiriker vor Pope war Edward Young, dessen sieben Satiren (gesammelt als *The love of fame* 1728) bei hohem moralischen Anspruch eine elegante Handhabung der Form zeigen, aber durch ihre betont epigrammatische Ausführung an Geschlossenheit und damit an Durchschlagskraft einbüßen. Der wichtigste Satiriker nach Pope, Samuel Johnson, steht in der im frühen 18. Jahrhundert zurücktretenden Tradition Juvenals. Während *London* (1738), seine Nachahmung der dritten Satire Juvenals, eine Anklage gegen den Verfall der Stadt mit politischen Untertönen ist und mit großem Beifall aufgenommen wurde, stellt *The vanity of human wishes* (1749), eine Nachahmung der zehnten Satire, als moralistische Meditation kaum mehr im strengen Sinne eine Satire dar.

Popes Satiren sind eng an Horaz angelehnt und bieten ein Äquivalent zu Horazens Dichtart, wie es von keinem anderen englischen Autor erreicht worden ist. Seinen Anspruch an formale Korrektheit demonstrierte Pope mit einer deren »Rauheit« beseitigenden Bearbeitung von zwei Satiren John Donnes, die er »Versifikationen« nannte (1735). Seine »Imitationen« von Horaz (*Poems, and imitations of Horace*, erstmals 1738 gesammelt) sind Beiträge zu einem in Technik und Intention wohletablierten Genre. Sie markieren seinen Höhepunkt in der Literaturgeschichte des 18. Jahrhunderts. Die Virtuosität, mit der die Vorlagen über die vom Genre geforderte »Modernisierung« hinaus allenthalben bereichert werden, machen die Imitationen zu eigenständigen Gedichten von hoher satirischer Subtilität. Die *Epistle from Mr Pope to Dr Arbuthnot*, eines seiner besten Gedichte, das eine in ein literarisches Panorama der Zeit eingefaßte Selbstdarstellung als Satiriker enthält, und die beiden in Dialogform gehaltenen »Epiloge« zu den Satiren geben den Imitationen einen exquisit ausgeführten Rahmen, der wirkungsvoll auf Kontrast zur horazischen Stilqualität abgestellt ist.

Swifts Satiren sind eigener Art und fügen sich, wenn überhaupt, nur schwer in das Schema der Zeit. Zwar gibt es auch von Swift Horaz-Paraphrasen, doch sie repräsentieren nur eine Seite seines satirischen Werkes, das ebenso durch formale Vielfalt wie durch eine auch das Skatologische nicht aussparende *saeva indignatio* charakterisiert ist. Swift beherrschte den klassischen Kanon, doch ebenso das Repertoire der *rugged satire*, und seine treffsichersten Satiren gehen meist aus einer Kombination beider hervor; so etwa die »Fable of Midas« (1712), die *Satirical elegy on the death of a late famous general* (1722) oder »A beautiful nymph going to bed« (1731?) – sämtlich Satiren, in denen nicht nur eine klassische Form gebrochen wird, sondern die Brechung noch durch den Knittelvers akzentuiert wird. Swifts Einfallsreichtum, von dem auch seine literarische Umgebung immer wieder profitierte, war außerordentlich. Zynismus, wie in *On poetry. A rhapsody* (1733), stand ihm nicht weniger zu Gebote als Ironie, wie in *Verses on the death of Dr. Swift* (1731), und selbst Pope verfügte nicht über eine so breite Palette satirischer Techniken.

Ob die Epenparodie eine eigene Form der Satire ist, wie sie Walter Harte in seinem *Essay on satire* (1730) ansetzte, muß dahingestellt sein. Popes *Rape of the lock* (1712, 1714) und *Dunciad* (1729) gehen über die Satire hinaus. Sie haben eine satirische Intention, doch besteht bei ihnen von den Gattungserfordernissen her eine unauflösliche Verbindung von epischen und satirischen Elementen, so daß sie als *mock-heroic poems* eigenständige Werke sind. Sie sind burleske, auf das Epos bezogene Großformen. In ähnlicher Weise kann die Burleske auch auf das Lehrgedicht bezogen sein. Als einzige Epoche kennt das 18. Jahrhundert auch die didaktische Burleske mit einer im philosophischen oder wissenschaftlichen Bereich liegenden Thematik. Die ernsthafteste ist *Alma, or, the progress of the mind* (1716) von Matthew Prior (1664–1721). Sie entwickelt ein skeptisches Argument aus der Verspottung gängiger philosophischer Systeme.

Mit ihrer reformatorischen Absicht ist die Satire dem Lehrgedicht mit seiner belehrenden Zielsetzung benachbart, und bisweilen verwischen sich die Grenzen zwischen beiden Formen. Für das Lehrgedicht, das so charakteristisch für das frühe 18. Jahrhundert ist wie die Satire, gab es mehrere antike Vorbilder. Sie konnten zwar nicht in der Manier der Epoche »imitiert« werden, doch wurde die jeweilige Dichtart mit einem modernen Gegenstand nachgeahmt. Die antike Form adelte sozusagen den modernen Gegenstand. Dadurch erhielt noch das banalste Sujet aus dem bürgerlichen Leben poetische Würde, und das philosophische Lehrgedicht erlangte klassische Gültigkeit. Der späte Goethe befand, »daß die didaktische Poesie um ihrer Popularität willen schätzbar sei; selbst der begabteste Dichter sollte es sich zur Ehre rechnen, auch irgendein Kapitel des Wissenswerten also behandelt zu haben. Die Engländer haben sehr preiswürdige Arbeiten dieser Art.«

Wie als Satiriker fand Horaz als Lehrdichter Gefolgschaft. Popes *Essay on criticism* (1711) und *Essay on man* (1733–34) sind die herausragenden »horazischen« Lehrgedichte und zugleich die bedeutendsten des Jahrhunderts. Die Bezeichnung Essay legt eine gleicherweise auf Eleganz wie auf Prägnanz abzielende Lehrvermittlung nahe – »much of the force as well as the grace of arguments or instructions, depends on their conciseness« (Pope). Und die Modulation des Lehrvortrags macht zusammen mit der Pointierung des Arguments beide Gedichte zu Meisterwerken des Genre. Während der *Essay on criticism* seine Nähe zur horazischen *Ars poetica* schon im Gegenstand erweist, unterstreicht Pope die Affinität des *Essay on man* durch die vier »Episteln«, in die der Essay eingeteilt ist. Sie suggerieren die zwanglos-weltmännische Art seines philosophischen Diskurses.

Zahlreiche *artes* unter den Lehrgedichten der Epoche bekundeten im Titel ihre Horaz-Nachfolge, erreichten aber ihr Vorbild nicht, auch wenn der zeitgenösssische Leser Vergnügen an ihnen fand. William Kings *Art of cookery* (1709), James Bramstons *Art of politicks* (1729), John Armstrongs *Art of preserving health* (1742), Robert Dodsleys *Art of preaching* (1738) und Richard Polwheles *Art of eloquence* (1783) sind Beispiele für diese poetische Durchschnittskost einer Epoche, die ihren Horaz als Schulautor kannte und so zumindest die Intention beurteilen konnte. Vergils *Georgica*, das im Landbau einen »niederen« Gegenstand hat, war ebenfalls eine vielbenutzte Vorlage für Dichter, die den Alltag des 18. Jahrhunderts poetisch wiedergeben wollten. John Philips' *Cyder* (1708), ein »miltonisches« Gedicht über die Bereitung des Apfelweins, eröffnete den Reigen. John Dyers *The fleece* (1757), ein Blankvers-Gedicht in vier Büchern über Schafzucht und Wollverarbeitung, mißfiel Samuel Johnson, begeisterte aber Wordsworth. James Graingers *The sugar cane* (1764) bietet eine Selbstparodie des Genre. Die aus dem Rahmen fallende Vergil-Nachahmung ist Mark Akensides *Pleasures of imagination* (1744). Sie ist eines der besten didaktischen Gedichte und interessant wegen der Behandlung ästhetischen Gedankengutes der Zeit.

Obwohl das epen-ähnliche philosophische Lehrgedicht schwer zu realisieren war, empfand die Epoche die Überwindung der atheistischen Naturlehre von *De rerum natura* in einem ebenbürtigen Gedicht als eine symbolische Aufgabe, die John Dennis zu Beginn der Epoche als ihr führender Literaturkritiker theoretisch formulierte. Richard Blackmore schrieb mit *The creation* (1712) den ersten Anti-Lukrez und fand, anders als bei seinen Epen, eine gewisse Anerkennung. Daß sich der *Essay on man* sowohl als horazisches Gedicht wie als Lukrez-Replik lesen läßt, gehört zu Popes fulminanter Kunstfertigkeit, die den »lukrezischen« Nachahmern seines Essays durchweg abging. In jedem Falle muß ein Großteil der Wissenschaftsdichtung des frühen 18. Jahrhunderts, die die Newtonsche Kosmologie und die Newtonsche Farbenlehre popularisierte, vor dem Hintergrund von *De rerum natura* gelesen werden – von James Thomsons großem Nachruf *To the memory of Sir Isaac Newton* (1727) und David Mallets *The excursion* (1728) bis Henry Brookes *Universal beauty* (1734–1736) und anderen. *The progress of civil society* (1796) des Antiquars und Numismatikers Richard Payne in sechs Büchern ist das letzte und vielleicht schlechteste lukrezische Gedicht der Epoche.

Eher inhaltlich als formal ist die »reflektierende« Dichtung (*reflective poetry*) bestimmt, die beschreibende und moralisierende Elemente vereinigt. Gedichte dieser Art nehmen in der Epoche breiten Raum ein. Gegenüber der satirischen und didaktischen Dichtung deuten sich hier neue Tendenzen an, und gelegentlich bildete die reflektierende Dichtung auch ihre eigene, in die Zukunft weisende Thematik aus.

Eine von der Zeit geschätzte Variante war die topographische Dichtung (*local poetry*) – »the descriptions of places, and images raised by the poet ... tending to some hint, or leading into some reflection, upon moral life or political institution« (Pope). Die Tradition reicht bis in die elisabethanische Zeit zurück, doch das für die Epoche verbindliche Modell war Denhams *Cooper's Hill* aus der Mitte des 17. Jahrhunderts. Es diente Pope als Vorbild für *Windsor Forest* (1713), das in Themenreichtum und Assoziationsfülle einen Standard setzte, den für das Genre typische Werke wie »Grongar Hill« (in *Miscellaneous poems* 1726) von John Dyer (1696–1757) oder Richard Glovers *London* (1739), ein urbanes Gegenstück zur Landschaftsdichtung, nicht erreichten.

Ein vielfach anklingendes und nicht nur literarisch, sondern auch zeitkritisch motiviertes Thema war der Rückzug ins einfache ländliche Leben der Zufriedenheit und Geborgenheit. John Pomfrets bei den Zeitgenossen überaus beliebte Horaz-Nachahmung *The choice* (1700) und die »Petition for an absolute retreat« (1713 in *Miscellany poems*) der zu Popes Kreis gehörenden Countess of Winchilsea (1666–1720) sind dafür ebenso charakteristisch wie *The spleen* (1737) von Matthew Green (1697–1737) oder die arkadischen Gedichte des Landschaftsgärtners William Shenstone (1714–1763), in dessen ästhetischem Ideengut sich die Ablösung vom Neoklassizismus um die Jahrhundertmitte ankündigt.

Nicht nur ein Stück Landschaft, sondern die Natur insgesamt haben James Thomsons *Seasons* (1726–1730) zum Gegenstand, ein Gedicht, in dem Beschreibung und Reflexion in der höheren Einheit einer wirklichen Naturdichtung aufgehen. Thomsons Natur ist keine bloße Landschaft, sondern ein lebendes Universum, dessen poetisch erfahrbare Qualität mit ihrer Fülle und Harmonie ebenso durch die Physico-Theologie der Epoche wie durch die Moralphilosophie Shaftesburys geprägt ist. In der Erfahrung der Natur und in der Mitteilung dieser Erfahrung ging Thomson über seine Zeitgenossen in einer Weise hinaus, die ihn zu einem Ahnherren sowohl der Romantik wie des Symbolismus macht. Trotz seines Hinweises auf Vergil sind die *Seasons* kein Werk in der Tradition der *Georgica*. Sie sind ein im poetischen Verständnis philosophisches Gedicht, das seine eigene Form hat und für dessen »great and serious subject« allein die »erhabene« Dichtart des miltonischen Blankverses angemessen erschien.

Eine zweite, von den Zeitgenossen nicht minder geschätzte Variante war die Dichtung der Melancholie, die in ihrer ausgeprägtesten Form als Friedhofsdichtung (*graveyard poetry*) geläufig ist. Melancholie, erklärte Steele, sei »the true and proper delight of men of knowledge and virtue«, und entsprechend fand man Gefallen an Gedichten wie Thomas Parnells »Night piece on death« (in *Poems on several occasions* 1722), Robert Blairs *The grave* (1743) oder auch Dyers *The ruins of Rome* (1740), die ihre Gegenstücke in zahlreichen Prosawerken wie Elizabeth Rowes *Friendship in death, in twenty letters from the dead to the living* (1728) fanden. Den Höhepunkt bildeten die *Night thoughts* (1742–1745) von Edward Young, ein sich auf neun Nächte verteilender rhapsodischer Monolog in Blankversen über »Leben, Tod und Unsterblichkeit«. Es ist das längste Gedicht der englischen Literatur, konventionell in seinem christlich-apologetischen Gehalt und in der Ausführung von höchst unterschiedlicher Qualität. Es ist heute ein literarisches Fossil, an dem vornehmlich die Inkongruenz zwischen dichterischer Aussage und literarischer Form interessant ist.

Das spätere 18. Jahrhundert

Die Jahrhundertmitte war eine Zeit der Neuorientierung in der Versdichtung. Die für die Ära Popes charakteristischen Formen schienen in ihren Möglichkeiten erschöpft, und die Themen der dreißiger und frühen vierziger Jahre wurden als nicht mehr relevant empfunden. »The fashion of moralizing in verse«, so Joseph Warton 1747 in der Vorrede zu einer Gedichtsammlung, »has been carried too far.« Die Dichter der nachkommenden Generation wandten sich daher von den Modellen ab, die als verbindlich gegolten hatten, und suchten nach anderen klassischen Vorbildern, die sie nachgestalten konnten, ohne dabei auf die Originalität eines modernen Autors verzichten zu müssen.

Die griechische Literatur trat ins Blickfeld, und Ode und Elegie, charakteristisch schon für die frühe griechische Dichtung, wurden hinfort zu bevorzugten Formen. Das Neue bestand weniger in der Verwendung dieser Formen: schon Abraham Cowley hatte die Pindarische Ode favorisiert, und Dryden und Pope hatten Elegien geschrieben. Es zeigt sich in der Subtilität, mit der sich Dichter unterschiedlichen poetischen Temperaments diese Formen aneigneten oder anverwandelten. Beide wurden zu einem Medium, in dem eine neue poetische Sensibilität ihren Ausdruck fand, und damit gewann die Versdichtung eine subjektive Qualität, wie sie in der vorausgegangenen Epoche selten, wenn überhaupt anzutreffen ist.

Kraftvolle Expressivität ist das Kennzeichen von William Collins (1721–1759), der seit dem späten 18. Jahrhundert zusammen mit Thomas Gray als der repräsentative Dichter der Jahrhundertmitte gilt. Sein überaus schmales Werk, das konventionell von *Persian eclogues* (1742) eingeleitet wurde, besteht fast ausschließlich aus Oden (*Odes on several descriptive and allegorical subjects* 1747), die sprachlich kühne (und nicht unumstrittene) Vorstöße in den Bereich des Erhabenen und Mythischen sind. Je weiter das Jahrhundert fortschritt, desto mehr wurde Collins als der Dichter empfunden, der den Weg »into the haunted grounds of imagination« (Thomas Campbell) gewiesen und mit seiner *Ode on the popular superstitions of the Highlands of Scotland, considered as the subject of poetry* (posthum 1788) als einer der ersten eine neue Richtung eingeschlagen hatte.

Thomas Gray repräsentiert demgegenüber die klassizistische Variante des Übergangs in die neue Ära. Auch er begann in einer konventionellen Manier, und seine *Elegy wrote in a country church yard* (1751), das bekannteste Gedicht des 18. Jahrhunderts und sicher eines der bedeutendsten, stellt Höhepunkt und Abschluß der reflektierenden Dichtung der dreißiger und vierziger Jahre dar. In der Tradition des *memento mori*-Gedichtes stehend, enthält die Elegie »divine truisms« (Tennyson). Doch bringt Gray ebenso verhalten wie eindringlich das allgemein Erfahrene oder Erfahrbare als persönliche Erfahrung auf eine neue, das Individuelle heraushebende Weise zum Ausdruck. Klassisches und romantisches Lebensgefühl stehen hier in Spannung zueinander und gehen zugleich eine exemplarische Synthese ein.

Das Hervortreten des Dichters als eines die Welt erfahrenden und aufnehmenden Individuums bestimmt den Charakter der gesamten Versdichtung des späteren 18. Jahrhunderts. Es war kein plötzliches, spontanes Hervorbrechen, sondern ein längerer, vielfach differenzierter Prozeß. Er gibt der Epoche ein eigenes Gepräge, so daß sie nicht, wie es häufig geschieht, als eine Phase des bloßen Übergangs vom Neoklassizismus zur Romantik oder als Vorromantik bezeichnet werden kann. Aus ihm erklärt sich nicht nur die »Sensibilität«, die in der Versdichtung wie in anderen literarischen Bereichen zutage tritt: auch divergente Entwicklungen werden wie von einem Zentralpunkt aus verständlich.

Die neue Individualität führte zwangsläufig zur Reflexion auf den Kunstcharakter der Dichtung und auf das Wesen des Dichterischen. Dabei richtete sich die Aufmerksamkeit ebenso auf die Antike wie auf die eigene Tradition. Neben Milton, in dem auch das frühe 18. Jahrhundert einen modernen Klassiker sah, trat Spenser, der seine ersten Nachahmer, etwa William Shenstone (1714–1763), schon in den vierziger Jahren gefunden hatte. Miltons Dichtart, bis in feinste Gestaltungszüge nachempfunden, wurde zum Inbegriff des Erhabenen in der Poesie und Milton selbst zum seraphischen Dichter. Mit Spenser verband sich das Fabulöse der Dichtung, »the fairy way of writing«, und über ihn öffnete sich ein Zugang zur romantischen Welt des Mittelalters.

Die historische und editorische Zuwendung zu den frühen Epochen der englischen Literatur in den sechziger und siebziger Jahren hat ihre Entsprechung in dem Versuch des intuitiven Rückgriffs auf eine mythische Frühzeit, in der man das ursprüngliche und urtümliche Dichtertum anzutreffen hoffte. Im Mittelpunkt von Thomas Grays späterem Werk steht *The bard. A Pindaric ode* (1757), die als ein dem historischen Roman äquivalentes Gedicht betrachtet werden kann. Als Beschwörung eines walisischen Barden im Medium der griechischen Ode steht das Gedicht als ein überaus artifizielles Gebilde am Beginn jenes Abstiegs zu den Urgründen der Poesie, der einer der merkwürdigsten Unternehmungen der Epoche war.

Auf Gray, der auch authentische nordische und walisische Texte frei übertrug, folgte James Macpherson (1736–1796), der nach *Fragments of ancient poetry, collected in the Highlands of Scotland* (1760) mit *Fingal, an ancient epic poem* (1762) die Übersetzung eines nicht existierenden Gedichts des nicht existierenden Dichters Ossian aus der schottischen Frühzeit vorlegte. »Ossian« war in England wie auf dem Kontinent eine Sensation und wurde selbst nach der Entlarvung des Betrugs bis ins 19. Jahrhundert hinein als Bardendichtung bewundert. Trotz ernsthafter Bemühungen, die frühe englische Dichtung zu sammeln, wie sie Thomas Percy in seinen berühmten *Reliques of ancient English poetry* (1765) unternahm, folgte auf »Ossian« eine zweite Fälschung in Form der *Poems, supposed to have been written at Bristol, by Thomas Rowley*, die Thomas Chatterton (1752–1770), Wordsworths »marvellous boy«, fabrizierte (posthum 1777 von Thomas Thyrwitt ediert). Wie stark das mythische Bild des Barden die Vorstellung vom »eigentlichen« Dichter hinfort bestimmte, ist an James Beatties

The minstrel, or the progress of genius (1771–1774) abzulesen – zwei Bücher in Spenser-Stanzen über das Heranreifen eines »heiligen Sängers«.

Die Suche nach der Identität des Dichters hat ihr Korrelat in der Selbst- und Ichbezogenheit weiter Teile der Versdichtung im späten 18. Jahrhundert. Nicht nur daß das Gedicht mehr noch als zuvor ein Medium der momentanen persönlichen Mitteilung wurde. Gelegenheitsdichtung dieser Art bildete durch das ganze Jahrhundert und auch jenseits seiner Grenzen ein eher subliterarisches Stratum, aus dem nur wenige Autoren in der Nachfolge von Matthew Prior herausragen, dem wohl bedeutendsten der frühen Gelegenheitsdichter (*Poems on several occasions* 1709). Das Neue in der Epoche ist die Dichtung der privaten Welt. Sie ist gänzlich durch persönliches Erleben bestimmt, das weder typisch noch exemplarisch ist und einen solchen Anspruch auch in der dichterischen Gestaltung nicht geltend macht.

William Shenstones *The school-mistress* (1742), ein als Spenser-Imitation ausgeführtes Gedicht über seine Lehrerin und seine Schulzeit, das sich einen bescheidenen Platz in der Versliteratur erhalten hat, ist ein frühes Beispiel. Das klassische Werk dieser Art, fast ein Epos der kleinen Welt, ist William Cowpers *The task* (1785). Es hat autobiographischen Charakter und hält sich in Darstellung und moralischer Reflexion ganz im Rahmen der ländlichen Idylle von Olney – »blest seclusion from the jarring world«. Die Außenwelt, mit Toleranz zur Kenntnis genommen, bleibt immer in Distanz, und die Natur bietet stets das erwünschte Refugium. Bar alles Grellen und von einem eigenen Charme, den die Epoche zu schätzen wußte, ist das Gedicht ein Dokument des – im historischen Rückblick symbolischen – Rückzugs auf die Innerlichkeit.

Eine private Welt ist auch die von Robert Burns, der zu den bestaunten »Naturtalenten« unter den Dichtern des 18. Jahrhunderts gehörte. Wie Cowper war er ein Poet des täglichen ländlichen Lebens, allerdings politisch engagierter und weniger verhalten, wie es seiner rauheren schottischen Umgebung entsprach. »The loves, the ways of simple swains« war das – vielfältig autobiographisch durchsetzte – Thema von Burns. Burns war ein Meister der kleinen Form, und obwohl er auch Oden, Elegien und Balladen schrieb, ist er unter seinen Zeitgenossen ein Meister des *Song*, in dem er die unterschiedlichsten Empfindungen und Stimmungslagen wiederzugeben wußte, wie sich an »Mary Morrison« oder »A red, red rose« erweist.

Eine Manifestation des Privaten ist auch das Religiöse, das in der Dichtung des frühen 18. Jahrhunderts zwar nicht fehlt, aber doch zurücktritt und sich nur in einer unpersönlichen Weise äußert. Die religiöse Versdichtung des frühen 18. Jahrhunderts besteht, wenn sie nicht philosophisch-religiös geprägt ist, vor allem aus Hymnen für den Gebrauch der Gemeinde. Beispielhaft dafür sind Isaac Watts (1674–1748), dessen *Hymns and spiritual songs* (1707) einige der bekanntesten Hymnen enthalten, oder die Brüder Charles und John Wesley (1707–1788; 1703–1791), deren Hymnen nach Tausenden zählen (zuerst *Hymns and sacred poems* 1749). Gegenüber dieser religiösen Gebrauchsliteratur stellen die *Olney hymns* (1779) von William Cowper, die aus einem fast psychopathischen religiösen Erleben hervorgingen, eine neue, bei aller Formgebundenheit persönlichere Variante dar. Die Extremform religiöser Dichtung findet sich im Werk von Christopher Smart (1722–1771), dessen frühe Cambridger Preisgedichte als mittelmäßige didaktische Dichtung (wie *On the eternity of the supreme being* 1750) nichts von der ekstatischen Lyrik ahnen lassen, die er teilweise in geistiger Umnachtung schrieb. Sein *Song to David* (1763), in seiner mystischen Struktur und seiner sprachlichen Eigenwilligkeit von den Zeitgenossen weitgehend unverstanden, gilt als einzigartig in der Versliteratur des 18. Jahrhunderts, während sein *Jubilate agno* (entstanden um 1760, veröffentlicht 1939 als *Rejoice in the lamb, a song from Bedlam*) die kryptische, bei aller Wirrheit hoch intensive Phantasie eines Geisteskranken darstellt und manches in William Blakes oder John Clares Werk vorwegnimmt.

Gegenüber der »privaten« Dichtung trat die Versdichtung in der Manier des frühen 18. Jahrhunderts zurück, aber nicht ganz in den Hintergrund. Die neoklassische Tradition brach nicht unvermittelt ab, sondern lief allmählich aus und reichte in mancher Hinsicht sogar bis in die Romantik hinein. *Late Augustan* ist eine Bezeichnung, die immer wieder für eine Gruppe von Autoren oder Werken verwendet wird, weil sich in ihnen die Betrachtungs- und Gestaltungsweise der ersten Jahrhunderthälfte fortsetzt – allerdings in einer abgeschwächten Form, die bei dem allgemeinen geistigen Klima der Epoche nicht überraschen kann.

Als Silbernes Zeitalter der Satire weist die Zeit eine Reihe von

Werken auf, die von hoher Kunstfertigkeit zeugen, aber in einem Umfeld, das eher von verständnisvoller Verbindlichkeit als von scharfer Aggression bestimmt war, deplaciert waren. Thomas Gray schrieb Satiren, die spielerisch wirken (so »Satire on the heads of houses«), ebenso William Cowper und gelegentlich Robert Burns. Christopher Ansteys *New Bath guide* (1766) ist milde Gesellschaftssatire und wurde später von George Cruikshank illustriert, der zusammen mit Thomas Rowlandson die Tradition der scharfen graphischen Satire von William Hogarth weiterführte. Der begabteste Satiriker zwischen Pope und Byron war Charles Churchill (1732–1764), dessen *Rosciad* (1761) als Theatersatire ein Gegenstück zur Literatursatire von Popes *Dunciad* darstellt. Churchills satirische Polemik war teilweise auch politisch motiviert, und *The prophecy of famine* (1763) ist eine der wenigen ausgeprägt politischen Satiren der Zeit. Erst gegen das Jahrhundertende finden sie eine Entsprechung in der *Lousiad* (1785–1795) und anderen gegen Georg III. gerichteten Satiren von John Wolcot (1738–1819), der unter dem Pseudonym Peter Pindar schrieb.

Obwohl während der Epoche das neue städtische und industrielle Zeitalter heraufzuziehen begann, fanden die Veränderungen ein erstaunlich geringes Echo in der Versdichtung. Nur in wenigen, allerdings bedeutenden Gedichten, deren Verfasser politisch auf seiten der Tories standen, zeichnet sich eine Vision des Kommenden ab. Oliver Goldsmiths *The traveller; or, a prospect of society* (1764) bietet eine kosmopolitische, in ausgleichende Zufriedenheit einmündende Umschau. Sein *Deserted village* (1770), obwohl von einigen klischeehaften Gegensätzen bestimmt, ist indessen eine beredte, die politischen und sozialen Gegebenheiten geschickt aufnehmende und emotional umsetzende Klage über das Verschwinden der dörflichen Idylle, die von George Crabbe (1754–1832) in *The village* (1783) in einer scharfen Kontrastierung des poetischen Arkadien mit der Realität in den Dörfern wieder aufgenommen wurde. Nur selten erfolgte die Zeitkritik nicht aus einer agrarischen Perspektive. *The country justice* (1774) von John Langhorne (1735–1779) zeigt Ansätze dazu und auch »The poor« (1795) von Anna Laetitia Barbauld (1783–1825), die unter den zahlreicher werdenden Dichterinnen der Zeit eine eigene Sprache spricht. Doch die prononcierte Zeitkritik ließ auf sich warten. (F)

Romantik

Die älteren Romantiker

Der schmale Gedichtband, den William Wordsworth und Samuel Taylor Coleridge 1798 als *Lyrical ballads, with a few other poems* veröffentlichten, wurde von den Zeitgenossen nicht als Einschnitt in der Geschichte der englischen Versdichtung wahrgenommen, auch wenn mit ihm heute vielfach der Beginn der Romantik angesetzt wird. Die Aufnahme war bestenfalls indifferent, und die Gedichte von Wordsworth sollten noch lange abgelehnt werden. Die Romantiker (die sich selbst zunächst nicht so bezeichneten) mußten sich erst ihr Publikum schaffen, ehe ihre Dichtung die herausragende Stellung erlangen konnte, die ihr seit ihrem endgültigen Durchbruch fast unbestritten zuerkannt wird.

Der Übergang von der Versdichtung des späten 18. Jahrhunderts zur Versdichtung der Romantik war in vieler Hinsicht fließend. Entsprechungen zu den neuen Gedichten, selbst zu den charakteristisch romantischen, waren aus der Feder heute gänzlich unbekannter Autoren bereits mehrfach in den Zeitschriften der neunziger Jahre erschienen. Die archaisierende Ballade, wie sie Coleridge mit seinem *Ancient mariner* vorlegte, war spätestens seit Percys *Reliques* (1765) eine gern und immer wieder benutzte Form. Und auch vermeintlich neuer Themen hatte man sich zuvor angenommen: Die Randfiguren der Gesellschaft, die Wordsworth mehrfach in den Mittelpunkt seiner Gedichte stellte, finden sich bereits anderwärts als literarischer Gegenstand.

Gleichwohl empfanden die Romantiker einen fundamentalen Unterschied zwischen ihren Gedichten und den populären Gedichten der Zeit. Wordsworth erläuterte ihn in der berühmten (und als theoretisches Manifest für die neue Dichtung gedachten) Vorrede zur zweiten Auflage: »It is this, that the feeling therein developed gives importance to the action and situation, and not the action and situation to the feeling.« Mit dieser pointierten Antithese zur reflektierenden Dichtung des 18. Jahrhunderts ist die Grundlage umrissen, auf der bei allen Unterschieden von Genre, Stil und Sujet die romantische Dichtung ruht: Ihr einigendes Fundament besteht in einem radikalen Subjektivismus, der das Empfinden des Dichters zur zentralen Instanz macht. Nicht die Handlungen oder Situationen bestimmen das Empfinden, sondern das Empfinden verleiht Handlungen oder Situationen ihre charakteristische Qualität. Damit kann der Dichter für sich in Anspruch nehmen, Schöpfer und Vermittler einer »Anschauung« von der Welt zu sein.

In diesem Verständnis beginnt die romantische Versdichtung bereits vor den *Lyrical ballads* mit dem Werk von William Blake, der sich für seine visionäre Weltsicht eine eigene Ausdrucksform in dem Wort und Bild aufeinander beziehenden und miteinander vereinigenden *illuminated printing* schuf. Seine Jugendgedichte, die *Poetical sketches* (1783), sind noch Gedichte konventioneller Art und auch weitgehend im Stil der Zeit gehalten. Pastoralen, *songs* mit teilweise weit zurückliegenden Vorbildern, Imitationen von Spenser oder auch rhythmische Prosa in der Manier Ossians bieten eine Vorschau auf die differenzierten Gestaltungsmöglichkeiten, deren sich Blake bedienen sollte.

Die *Songs of innocence and experience* (1794), das erste Experiment in der Verbindung von Text und Bild, sind – unterschiedlich ausgeführt – kurze lyrische Gedichte von hoher Vollendung, die wie »The lamb«, »The sick rose« oder »The tyger« zu den bekanntesten der englischen Literatur gehören. Sie bilden Kontrastpaare und werfen, von Blake wohl intendiert, in ihrer Gegensätzlichkeit ein satirisches Licht aufeinander. Auch sie können bereits als typisch gelten, denn ungeachtet des Griffs nach der »großen« Form ist das kurze lyrische Gedicht das Genre, in dem Blake und andere romantische Dichter einige ihrer besten Leistungen vollbracht haben und das spätere Epochen als literarisches Erbe von ihr übernommen haben.

Die Texte der visionären, in der Manier des *illuminated printing* ausgeführten Werke entsprechen nur noch ausnahmsweise herkömmlichen Formen, wiewohl manche Texte solche Formen einbeziehen oder aus ihnen heraus entwickelt sind, wie etwa *The book of Thel* (1789), das eine Großversion eines *song of innocence* darstellt. Sie sind keine Gedichte, sondern freie, formal sich selbst genügende Dichtungen, für die Blake immer wieder eigene und eigenwillige Metren bis hin zu sonst nicht gebräuchlichen Langzeilen benutzte. Auch »Prosagedichte« sind darunter, wie das einem dialektischen Argument folgende *Marriage of heaven and hell* (1790–1793). Die meisten späteren Werke Blakes tendieren zum Epischen, sind aber in ihrer Art eher dem in der Antike und Renaissance anzutreffenden und durch mythologische Elemente geprägten Kleinepos (Epyllion) zuzuordnen als dem eigentlichen Epos. Das gilt besonders für *Milton* (1803–ca. 1808), eine prophetische Selbstprojektion Blakes durch das Medium des großen Epikers.

Bei den Brechungen, Inversionen und Verschränkungen, die Blakes Dichtungen in ihrer formalen Gestaltung und in ihrem gedanklichen Eklektizismus aufweisen, sind die Korrespondenzen, die sich zu einzelnen Werken oder Autoren auffinden lassen, weniger bedeutsam als die Tatsache seines Rückgriffs auf ältere Epochen. Dieser Rückgriff war zum einen eine demonstrative Geste des Ausschlusses, mit der die vorausgegangene und negativ besetzte Epoche intellektuell eliminiert werden sollte, zum anderen eine symbolische Geste des Einvernehmens, mit der Blake – wie nach ihm auch andere Romantiker – ihre Epoche als Renaissance der Renaissance und damit als Wiederherstellung einer geistig und literarisch heilen Welt historisch zu deuten versuchten.

Blakes visionäre Dichtungen – so vor allem *Vala, or the four Zoas* (1795–1807) und *Jerusalem. The emanation of the giant Albion* (1804–1820) – erschließen sich als in ihrer Art einmalige Gedankenepen, in denen Weltanschauungen in heroischer Auseinandersetzung aufeinanderprallen. Sein mythisches Universum ist erfüllt von gigantischen Gegensätzen. Es hat die Urwelt der Bibel und den unendlichen Kosmos Miltons zum literarischen Hintergrund. »To speak to future generations by a sublime allegory« (an Thomas Butts, 6. Juli 1803) war seine Vorstellung von seiner Mission als Dichter, und sein Ziel war die Verkündung einer neuen Welt des befreiten und zu seiner wahren Größe findenden Menschen. Wie undurchdringlich manche seiner Visionen auch blieben, seine Imagination war grenzenlos.

Mehr als Wordsworth und Coleridge war Blake ein Revisionist, der sich gegen eine ganze kulturelle Tradition stellte – eine Tradition, die für ihn durch Aufklärung und Vernunftherrschaft bestimmt war und die sich ihm in Bacon, Newton und Locke symbolisch darstellte. Kein anderer Dichter der Romantik dachte und argumentierte in ähnlichen Dimensionen. In Bild und Sprache ist das Titanische das Kennzeichen Blakes, und seine fundamentale Technik ist die der Übersteigerung, nicht unähnlich der satirischen Übertreibung, wie sie sich in den epischen Satiren des ihm verhaßten Augustan Age findet.

Über Blake konnte keine Entwicklung hinausführen, und es gibt auch zwischen ihm und dem ein Dutzend Jahre jüngeren

Wordsworth keine Kontinuität. Wordsworths Entwicklung durchlief andere Bahnen als die Blakes und vollzog sich in vieler Hinsicht sogar in diametralem Gegensatz dazu. Blake projizierte aus sich heraus eine Welt persönlicher Mythologie, Wordsworth verdichtete die Welt auf fast mythologische Weise in seiner persönlichen Individualität. In der englischen Literaturgeschichte ist Wordsworth der erste Dichter, der sich, wie bereits William Hazlitt bemerkte, selbst zum Gegenstand seiner Dichtung machte. Damit vollzog sich eine einschneidende Wende. Die Dichtung wurde zur uneingeschränkten Manifestation des inneren Selbst: sie wurde, anders gewendet, zur modernen, aus der Subjektivität des Dichters hervorgehenden Dichtung.

Wordsworth begann im Stil des späten 18. Jahrhunderts, und was er vor den *Lyrical ballads* schrieb, läßt schwerlich erkennen, daß er über das nicht eben hohe Niveau der Zeit hinauswachsen würde. Mit dem gemeinsamen Gedichtband, der als Experiment gedacht war und auch so bezeichnet wurde, öffneten sich Wordsworth und Coleridge indessen jeweils eigene Wege zu neuen Ausdrucksformen und neuen Gegenstandsbereichen. Soweit Wordsworths Experimente die Sprache betrafen, suchte er nach einer Einfachheit, die nicht mehr in der stilisierten und artifiziellen Dichtungssprache des späten Neoklassizismus – »the gaudiness and inane phraseology of many modern writers« – anzutreffen war. Sein Ideal, das er nicht immer erreichte, war nicht eine eigene Sprache für die Versdichtung (*poetic diction*), sondern eine schlichte, der Prosa nahekommende Ausdrucksweise – »the very language of men«. Das Ziel bestand in einer neuen Natürlichkeit, und die damit beabsichtigte Reduktion unnötiger Komplexität ist jener Neuorientierung vergleichbar, mit der die Neoklassiker fast anderthalb Jahrhunderte früher ihrerseits auf den Schwulst der niedergehenden Barockdichtung reagiert hatten.

Der neue Gegenstand, von Wordsworth mit »incidents and situations from common life« umschrieben und durch Gedichte (meist in Strophenform) wie »Simon Lee, the old huntsman«, »We are seven« oder auch »The thorn« repräsentiert, war experimentell im anthropologischen Sinne. Wordsworth suchte Aufschluß über das Menschliche im unverfälschten Zustand. Diese wirkliche Natur – »the primary laws of our nature« – schien sich am ehesten dort darzubieten, wo schon das 18. Jahrhundert sie unter Prämissen, die Wordsworth ablehnte, vermutet hatte und aufspüren wollte: fernab der Kultur bei jenen, die soziologisch oder auch ethnologisch einen wie immer verstandenen Naturzustand zu verkörpern schienen. In den Bereichen von »humble and rustic life« glaubte Wordsworth daher – nicht immer zu Recht – das freilegen zu können, was er »the essential passions of the heart« nannte. Kein anderer romantischer Dichter unternahm solche poetischen Erkundungen. Für Wordsworth waren sie indessen, wie auch noch später in *Michael* (1800), der großen pastoralen Vision des natürlichen Menschen, wesentliche Vorstudien für das Verständnis des Menschlichen in sich selbst.

Wordsworths charakteristische Auffassung von der Natur als einem belebten und belebenden Organismus, einer stärkenden Kraft und einer quasi-moralischen Instanz manifestiert sich ebenfalls schon in den *Lyrical ballads*. In »Lines written a few miles above Tintern Abbey«, dem Finale der Sammlung und einem der bedeutendsten Landschaftsgedichte der englischen Literatur, vereinigt sie sich mit der für Wordsworth ebenso charakteristischen und gleicherweise ins Mythische tendierenden Auffassung des Gedächtnisses als einer produktiven Geisteskraft, die die bloße Erinnerung in ein erhöhtes Bewußtsein zu verwandeln vermag. Das reziproke Verhältnis zwischen Mensch und Natur, vermittelt über kontemplative Prozesse, ist sowohl intellektuelles Substrat wie poetisches Thema von »Tintern Abbey«, das damit die reifen autobiographisch-subjektivistischen Dichtungen von Wordsworth *in nuce* enthielt.

Wie vor ihm Blake, sah Wordsworth sein Ideal in Milton, und das Profil seines Werkes wird in der Tat, wenn überhaupt vor einem historischen Hintergrund, am ehesten vor dem Miltons deutlich. Wordsworths poetische Entwicklung vollzog sich auffällig geradlinig. Seine Dichtungen waren, von Hazlitt charakterisiert, »the history of a refined and contemplative mind, conversant only with itself and nature«. Fast zwangsläufig mündete diese Entwicklung in die Großform des Epos ein, für die nur Milton Modell und Maßstab sein konnte. Doch auch bei den Dichtungen, die zum Spätwerk hinführten oder anderen Bereichen seines Schaffens zugehören, ist die Orientierung an Milton unverkennbar.

Ode und Sonett sind Formen, die Wordsworth bevorzugte, und in beiden Fällen versuchte er, ohne Milton nachzuahmen, dessen Intensität und Ausdrucksfülle zu erreichen. »Intimations of immortality from recollections of early childhood«

(veröffentlicht 1807), eine Ode, wird immer wieder als das bedeutendste kürzere Gedicht nach Miltons Elegie *Lycidas* (1638) herausgestellt, und wie *Lycidas* haben sich die »Intimations of immortality«, Wordsworths mythische Meditation über die höhere Seinsform der Kindheit, bislang einer definitiven Deutung entzogen. Auch die zahlreichen Sonette, in denen Wordsworth unter anderem seine politischen Überzeugungen zum Ausdruck brachte (»dedicated to national independence and liberty«), sind in ihrer Strenge und ihrem patriotisch-heroischen Pathos nur mit Miltonschen Sonetten vergleichbar.

Wordsworths Opus magnum blieb ebenso unvollendet wie das von Alexander Pope im frühen 18. Jahrhundert projektierte. Obwohl unterschiedlicher Art, sollten beide epenähnliche philosophische Gedichte in der Tradition von Lukrezens *De rerum natura* werden (Coleridge an Wordsworth, 30. Mai 1815) – »containing views of Man, Nature, and Society«(Wordsworth). Von den Teilen, die Wordsworth ausführte, ist *The excursion* (1814) wenig mehr als eine Darstellung des schon dem 18. Jahrhundert geläufigen Weltbildes, verbunden mit der Klage über den Verlust der Naturidylle im Zeitalter der beginnenden Industrialisierung. Im Kontext der romantischen Versdichtung ist es ein zweitrangiges Werk gegenüber *The prelude, or, growth of a poet's mind* (posthum 1850), Wordsworths »autobiographischem Gedicht«.

The prelude beschließt, historisch gesehen, eine Trias, die Milton in *Paradise lost* mit dem biblischen Epos begann und die Pope mit der philosophischen Theodizee seines *Essay on man* fortsetzte. An keiner anderen Sequenz von epochalen Gedichten wird das Zurückweichen der Transzendenz und das Hervortreten der modernen Subjektivität in gleicher Weise deutlich. Als grandioser Versuch, das Epos in seiner lehrhaften, in die Gesellschaft hineinwirkenden Funktion wieder neu zu beleben, stellt *The prelude* das Äquivalent in der Versdichtung zu jener »modernen bürgerlichen Epopöe« dar, als die Hegel den Roman definierte. Es ist zugleich der Versuch, in Hegels Worten, »den *ursprünglich* poetischen Weltzustand, aus welchem das eigentliche Epos hervorgeht«, noch einmal wiederherzustellen angesichts »einer bereits zur *Prosa* geordneten Wirklichkeit«, die die Welt des Romans abgibt.

Das für das ursprüngliche Epos charakteristische Fortschreiten von Episode zu Episode auf dem Weg zu einem heroischen Höhepunkt ist in *The prelude* sozusagen nach innen gekehrt, so daß die Abfolge der Erlebnisse in das Zentrum der Subjektivität führt. Dabei ist das Heroische gänzlich eliminiert, und es fehlt auch alles Dramatische. Als »Dichter der Einsamkeit« (John Butt) bleibt Wordsworth selbst gegenüber dem eigenen Erleben ein Beobachter und Kommentator, so daß *The prelude*, wesentlich ein narratives und kontemplatives Gedicht, nicht nur ein Epos der Subjektivität, sondern auch ein Epos der Innerlichkeit ist. »Das Reifen des Dichtergeistes«, als organischer Prozeß der Angleichung der Imagination an die »Natur« empfunden, hat als Endpunkt einen Zustand der Harmonie und Ausgewogenheit. Diesen Zustand für das eigene Selbst zu postulieren, macht im historischen Rückblick die Größe von Wordsworth aus – und enthüllt zugleich die romantische Ideologie.

Die *Lyrical ballads*, so Coleridge später, sahen eine dichterische Aufgabenteilung vor. »To give the charm of novelty to the things of every day« sollte die Aufgabe von Wordsworth sein. Coleridges eigene Bemühungen sollten sich indessen auf »persons and characters supernatural, or at least romantic« richten, und sein Ziel war »that willing suspension of disbelief for the moment that constitutes poetic faith«. Danach war – in einer Bedeutung, die sich schon früh mit Romantik verband – das Phantastisch-Geheimnisvolle Coleridges Domäne. Daß letztlich die Dichtungen von Coleridge wie von Wordsworth als »romantisch« bezeichnet werden können, deutet die extreme und vieles Gegensätzliche umfassende Spannweite des Begriffs an.

»A handful of golden poems« (Edmund Chambers) ist nach verbreiteter Meinung alles, was von Coleridges dichterischem Werk zählt. Nach belanglosen Juvenilia im Zeitstil des späten 18. Jahrhunderts, die vor allem durch die unbedeutenden Sonette von William Lisle Bowles (1762–1850) angeregt wurden, entstanden sie in kürzester Zeit. Das Überraschende an Coleridge als Dichter ist eine beispiellose Produktivität, mit der er diese Gedichte unterschiedlichster Art fast gleichzeitig schuf, und das plötzliche Versiegen dieser Produktivität. Seine späteren Gedichte sind meist nur noch biographisch interessant. Vieles kam über die Planung nicht hinaus, so ein großes philosophisches Gedicht, das auch Coleridge als »Aufgabe« des romantischen Dichters ansah. Überhaupt ist das Fragmentarische – wirklich oder vorgeblich – ein Kennzeichen von Coleridges Autorschaft.

»The rime of the ancient mariner«, Coleridges bedeutendster, aber nicht sein einziger Beitrag zu den *Lyrical ballads*, ist das erste seiner aus dem Natürlichen ins Übernatürliche hineinwachsenden und aus dem Tatsächlichen ins Übersinnliche umschlagenden Gedichte, die nicht selten als dämonisch empfunden werden. Coleridge war ein alles verschlingender Leser, so daß in den »Ancient mariner« Vieles und Heterogenes eingegangen ist. Gleichwohl ist das Gedicht, als Ballade archaisierend verfremdet und in seiner Gestaltung einfach und raffiniert zugleich, ein Werk der von Coleridge so genannten »esemplastischen« (in-eins-bildenden) Imagination – Muster und Inbegriff des »Wunderbaren« in der romantischen Dichtung, mit dem die Zeitgenossen indessen ihre Schwierigkeiten hatten.

In der balladenhaften Verserzählung *Christabel* aus der gleichen Schaffensphase (unvollendet, 1816 veröffentlicht), einer mittelalterlich-romantischen Geschichte mit stark märchenhaften Zügen, ist das Reale und das Zauberhafte in so suggestiver Weise amalgamiert, daß das Gedicht zu den verschiedensten Deutungen Anlaß gegeben hat. In der sprachlichen und metrischen Gestaltung erzielt Coleridge überaus subtile Effekte. *Kubla Khan, or, a vision in a dream* führt über die Zauberwelt hinaus in den Bereich des Visionären. Ob das veröffentlichte Bruchstück (1816) ein wirkliches Fragment ist, wird mit gutem Grund ebenso bestritten wie die von Coleridge behauptete Auslösung des Traumes durch Drogen. Über den experimentellen Charakter des Gedichts kann es indessen kaum Zweifel geben. Es ist ein Versuch, das freie Spiel der Imagination zu induzieren und, wie auch in den anderen Gedichten, in dieser Loslösung die romantische Gegenposition zu der von der Ratio kontrollierten Imagination des neoklassischen Dichters zu erreichen.

Andere Gedichte von Coleridge sind konventioneller, doch in ihrer expressiven Subjektivität nicht weniger »romantisch«. »Frost at midnight« (1798), »Dejection, an ode« (1802) und »To William Wordsworth« (1806) sind die bedeutendsten – alle auf den Dialog angelegte Monologe in unterschiedlichen Formen, getragen von dem Verlangen nach Geborgenheit und Ausgeglichenheit und bestimmt von der Suche nach einer höheren ontologischen Sicherheit, wie sie auch anderwärts in der romantischen Krisenlyrik zum Ausdruck kommt.

Blake, Wordsworth und Coleridge waren, wie auch die jüngeren Romantiker, von einer Gruppe von Autoren umgeben, die angesichts der großen Leistungen in ihrer Bedeutung zurücktreten. Nur weniges von der Versdichtung dieser *poetae minores* hat sich als beständig erwiesen. Letztlich sind es vielleicht nur einige kurze, epigrammatische Gedichte von Walter Savage Landor wie »Dirce«, »Death stands above me« oder »Memory« und einige Gedichte von John Clare (1793–1864), der erst in diesem Jahrhundert als Naturdichter Wordsworthscher Prägung und als expressiver, in manchem Blake nahekommender Gedankenlyriker wiederentdeckt worden ist.

Andere aus dieser Gruppe sind aufschlußreich für die Epoche, weil sie eine Seite repräsentieren, die in der älteren Romantik bei den großen Autoren kaum in Erscheinung tritt: die narrative Versdichtung mit einem exotisch-orientalischen oder einem chevaleresken, bisweilen spätmittelalterlichen Einschlag. Das gilt für Robert Southey, dessen *Thabala the destroyer* (1801) oder *The curse of Kehama* (1810) zusammen mit Landors *Gebir* (1798; lateinisch als *Gebirus*, 1803) und Thomas Moores *Lalla Rookh* (1817) Beispiele für die erste Variante sind. Es gilt auch für Walter Scott, dessen *Marmion* (1808) oder *Lady of the lake* (1810) für die zweite Variante stehen können und dessen *The lay of the last minstrel* (1805) Einflüsse von Coleridges *Christabel* zeigt. Zu ihrer Zeit vielfach große Publikumserfolge, sind diese Verserzählungen heute nur noch historisch interessant als späte Ersatzformen des Epischen.

Die jüngeren Romantiker

Mehr noch als die älteren Romantiker sind die jüngeren – Byron, Shelley und Keats – Autoren von ausgeprägter Individualität. Sie haben, ungeachtet persönlicher Beziehungen, kaum etwas anderes gemeinsam als die Zugehörigkeit zu einer Generation, und selbst als Angehörigen derselben Generation fehlt ihnen eine gemeinsame Basis, wie sie die älteren Romantiker in dem Erlebnis der Revolution hatten. Ihr Generationskennzeichen ist der frühe Tod. Es gibt große Werke von ihnen, aber keine, die als späte oder reife Werke gelten könnten.

Byron ist der konventionellste und zugleich der unkonventionellste der jüngeren Romantiker. Scharfe Kritiker teilen sein Werk in *Don Juan* und den Rest ein. Dabei besteht der Rest, wie so häufig in der Epoche, aus jenen Dichtungen, die bei den Zeitgenossen den größten Anklang fanden, während *Don Juan* in seiner Bedeutung anfänglich, vor allem in England, nur von wenigen erkannt wurde. Was Byron bei aller Eigenheit mit der

Epoche verbindet, ist die Dichtung als Ausdrucksform der Subjektivität – allerdings einer Subjektivität, wie sie verschiedener von der von Wordsworth nicht gedacht werden kann. Gleichwohl muß sie in ihrer Art ebenfalls als romantisch gelten.

Zu Byrons konventionellen Dichtungen gehören vor allem die Verserzählungen, von denen er ein halbes Dutzend schrieb, beginnend mit *The Giaour. A fragment of a Turkish tale* (1813) und endend mit *The siege of Corinth* und *Parisina* (beide 1816). Sie sind exotische Romanzen – »wild and gloomy romances, put into rapid and shining verse« (Hazlitt) – heute weniger von dichtungsgeschichtlichem als von geschmacksgeschichtlichem Interesse. Die Gattung war durch Southey etabliert, als Byron sie mit technischem Geschick und schnell vervollkommneter erzählerischer Raffinesse zu benutzen begann. Worin er seine Zeitgenossen, besonders Walter Scott, den ihm vorausgehenden Meister des Genre, hinter sich ließ, war der Entwurf der Zentralfiguren, die als Byronsche Helden – eine mit autobiographischen Elementen versetzte Mixtur aus vielerlei literarischen Ingredienzen – nicht nur in England Begeisterungsstürme auslösten. Byron erreichte damit einen Höhepunkt der Gattung, wenngleich er nicht den Schlußpunkt ihrer Geschichte setzte.

Auch andere Werke Byrons halten sich in einem Rahmen, der bereits von früheren Autoren abgesteckt war, so seine historisch orientierten Versepen wie *The prisoner of Chillon* (1816). Seine Versdramen, unter denen besonders *Manfred* (1817) immer wieder nach autobiographischer Selbsteröffnung durchforscht wird, sind kühne, aber nicht geglückte Versuche, dramatisches Neuland zu erobern. *Cain* (1822) war seit Milton der erste bedeutende Versuch, ein biblisches Drama zu realisieren. Byron betrachtete diese Dramen eher als Gedichte denn als Dramen, doch selbst eine wie immer motivierte Umbenennung kann ihnen den Charakter des zu den Kuriositäten der Literaturgeschichte gehörenden romantischen Lesedramas nicht nehmen.

Die Eigenart der Byronschen Dichtung tritt in der Brechung der Subjektivität zutage, in jener Verbindung von Betroffenheit und Zurückhaltung, von unmittelbarem Erleben und distanzierter Betrachtung, die für die Epoche einmalig ist. Fast allein unter seinen Zeitgenossen ist Byron als ein Dichter der »romantischen Ironie« zu betrachten, jener beabsichtigten Illusionsstörung und dem Leser bewußt gemachten Aufhebung des auktorialen Engagements, die so charakteristisch für die kontinentale, vornehmlich die deutsche Romantik ist. Byron verkörpert sie auf eine besondere Art, und seine englische Version dieser Ironie erklärt sich eher aus der einheimischen Literaturtradition denn aus dem Kontext der europäischen Romantik.

Während sich die anderen Romantiker dezidiert gegen die Dichtung des Augustan Age absetzten, griff Byron ebenso entschieden darauf zurück. Er sah sich schon früh in der Tradition von Dryden und Pope, die er später als Klassiker gegen die vermeintliche Fehlentwicklung der romantischen Dichtung ausspielte (»with regard to poetry in general,... we are upon a wrong revolutionary poetical system, or systems, not worth a damn in itself«, Brief 15. September 1817). Aus dieser Nähe zu Dryden und Pope erklärt sich Byrons Affinität zur Satire als der distanziertesten Form der Versdichtung. Von *English bards and Scotch reviewers* (1809), seiner ebenso voreingenommenen wie wirkungsvollen frühen Literatursatire, bis zu *The vision of judgement* (1822), seiner vernichtenden Parodie auf das gleichnamige Gedicht des Hofdichters Southey, durchzieht ein rationales, kritisches Element Byrons Dichtung, das stärker auf Demaskierung und Entlarvung hinwirkt als eine noch so ausgefeilte romantische Ironie.

Byrons charakteristische Geistesart trat in *Childe Harold's pilgrimage* (1812) hervor. Der Konzeption nach ist das Gedicht, typisch für die Romantik, eine Spenser-Imitation, doch in der Ausführung bietet es sich, gleichfalls typisch, als eine weitere Variation des autobiographischen Epos dar, jener Darstellungsform des sich selbst suchenden und bespiegelnden Ich, die das poetische Medium der romantischen Persönlichkeit ist. Es ist ein Verstagebuch seiner Reisen ebenso wie ein reflektierendes Gedicht und ein teils ernsthafter, teils amüsierter, teils satirischer Kommentar zu Ereignissen und Erlebnissen ebenso wie eine Projektion des aufbegehrenden und zugleich in Weltschmerz mit sich zerfallenen Helden, als den Byron sich stilisiert. Die Formlosigkeit des Ganzen deutet ebenso auf einen Mangel an Gestaltungswillen und Gestaltungskraft hin wie auf die Komplexität und die überbordende Vielfalt der romantischen Welterfahrung.

Wenn die beiden ersten Cantos von *Childe Harold's pilgrimage* einen ungebrochenen, wiewohl stilisierten Selbstausdruck des frühen Byron darstellen, so deutet sich in den beiden letzten (1816, 1818), die thematisch stärker durch Naturerleben und Kunsterfahrung geprägt sind, der selbst-reflexive Übergang zu einer neuen Dichtart an. Byron distanzierte sich später von *Childe Harold* als von einem zu jugendlichen Gedicht. Seinen eigentlichen Stil fand Byron in Anlehnung an die komisch-ironischen Werke der italienischen Renaissance-Dichter Luigi Pulci (1432–1484) und Matteo Maria Boiardo (1440–1494), die zuerst von John Hookham Frere (1769–1846) für die englische Literatur entdeckt worden waren.

Don Juan (1819–1824), in der achtzeiligen Reimstrophe (*ottava rima*) geschrieben, ist das satirische Epos der englischen Romantik. Als Epos fügt es sich in die Tradition des großen Gedichts der subjektiven Selbst- und Welterfahrung, dessen ernsthafte Spielart durch Wordsworths *Prelude* verkörpert wird. Als Satire stellt es eine Parodie auf die »subjektive Epopöe« dar, die der zunehmenden Distanz Byrons zu dem hohen Anspruch romantischer Selbstverwirklichung entsprang. *Don Juan* hob diesen Anspruch in der Gestalt eines Helden auf, der in seinem pikaresken Wesen merkwürdig unberührt und unverändert bleibt. Unabhängig davon, wie stark die Selbstprojektion Byrons in dieser Figur ist, weist Don Juan, anders als der normale Byronsche Held, eine innere Konsequenz auf, und er hält als dramatischer Charakter das episodische Geschehen zusammen. Das Geschehen bleibt indessen ungeordnet. Die Welt der romantischen Erfahrung erweist sich als unkontrollierbar durch das sie erfahrende Individuum, und sie entzieht sich einer durch die Subjektivität intendierten Ordnung. Damit ist auch das Gedicht prinzipiell unabschließbar, und es ist ebenso Zufall wie tieferer Sinn, daß Byrons *Don Juan* Fragment geblieben ist.

Nur wenige erkannten anfangs, daß *Don Juan* mehr war als ein *pestilent poem*, wie es bei seinem Erscheinen gebrandmarkt wurde. Es setzte eine Tradition in der englischen Literatur fort, die schon Swift und Sterne in ihrer Weltsicht bestimmt hatte. Und es führte auch die Tradition Drydens und Popes in der Romantik weiter, indem es die Kehrseite romantischer Harmonie und Innerlichkeit satirisch aufdeckte. In *Don Juan* bot sich eine Welterfahrung dar, die weniger durch Hoffnung als durch Hoffnungslosigkeit geprägt war, wie sehr sich diese auch hinter der Maske des Spötters verbarg. Byron war, wie Hazlitt es formulierte, »a mind preying upon itself.« In einem Brief (26. Oktober 1819) kommentierte Byron sich und sein Gedicht: »As to ›Don Juan‹, confess, confess – you dog and be candid – that it is the sublime of *that there* sort of writing – it may be bawdy but is it not good English? It may be profligate but is it not *life*, is it not *the thing*?«

Shelleys Dichtungen sollten nach seinem Wunsch »something wholly new and relative to the age, and yet surpassingly beautiful« sein. Von dieser Auffassung ist sein gesamtes Œuvre geprägt, so daß es trotz formaler Vielfalt ein hohes Maß an innerer Geschlossenheit aufweist. Die Leitlinien seines Schaffens traten schon früh hervor, und sie blieben bis zu der kurz vor seinem Tode entstandenen *Defence of poetry* (1821) konstant. Wie bei keinem anderen romantischen Dichter steht einem unsteten, in sich zerrissenen Leben ein mit innerer Konsequenz ausgeführtes Werk gegenüber.

Wie fast alle Romantiker begann Shelley als Revolutionär, doch anders als die meisten blieb er es, und seine Gedichte sind der umfassende Ausdruck eines visionär-revolutionären Temperaments, das auf das Bessere, das Vollkommene, das Ideale hinstrebte. Sie sind, im Ensemble betrachtet, ein einziges Dokument romantischer Suche nach einer höheren Form des Menschseins, die der Dichter indessen nicht individuell, sondern stellvertretend unternimmt. In *A defence of poetry* (einer Entgegnung auf Thomas Love Peacocks *Four ages of poetry* 1820) begründet Shelley diese Prärogative des Dichters – teils mit herkömmlichen Argumenten, die schon in Sidneys *Defence of poesy* (1595) nicht mehr neu waren, teils aus einer Position heraus, die den Essay neben Wordsworths Vorwort zu den *Lyrical ballads* zur zentralen Bekundung eines neuen dichterischen Selbstverständnisses macht. Nicht nur gilt Shelley als typischem Romantiker die poetische Imagination als höchste schöpferische Kraft: das Gedicht, in dem sich das Verborgene und das Geheimnisvolle enthüllen, wird von ihm als »the very image of life expressed in its eternal truth« postuliert.

Shelleys Auffassungen fanden ihre erste poetische Darstellung in *Queen Mab* (1813), einem annotierten »philosophischen Gedicht«, das trotz der Unvollkommenheiten eines Jugendwerkes den signifikanten Gedichten der Romantik zugerechnet werden muß. In seiner allegorischen Ausführung (in der sich Kritik an bestehenden Institutionen mit der Hoffnung auf eine bessere Welt der Zukunft verbindet) erscheint es konventionell. Doch Shelley verstand sich als Nachfolger von Lukrez, und dies reiht das Gedicht nicht nur in die lange und sich in der Romantik erneuernde Tradition von *De rerum natura* ein, sondern macht zugleich die hohen Ansprüche deutlich, die Shelley für sein Werk erhob. *Alastor, or the spirit of solitude* (1816), häufig als Shelleys erstes vollgültiges Werk betrachtet, gehört in einen ähnlichen gedanklichen und formalen Kontext. Es ist ebenfalls ein allegorisches Gedicht, und auch sein Thema ist eine – letztlich enttäuschte und selbstzerstörerische – innere Suche. Feiner und subtiler ausgeführt als *Queen Mab*, knüpft es an Wordsworths *Excursion* an und sollte seinerseits wieder zum Vorbild werden.

Gegenüber der didaktisch-allegorischen Seite von Shelleys Dichtung repräsentiert die »Hymn to intellectual beauty« (1816) erstmals jene lyrische Seite, die seit der viktorianischen Zeit immer bereitwilliger anerkannt worden ist. Heute gilt Shelley als *der* lyrische Dichter Englands. Wenn er einerseits als ein Lukrez nahestehender Autor betrachtet werden kann, muß er andererseits als ein Pindar verwandter Dichter gelten. In jedem Falle deuten beide Namen die Pole an, zwischen denen sich Shelleys Werk entfaltete. Hymne und Ode wurden als lyrische Formen von Shelley mit größtem Erfolg benutzt. Seine »Ode to the West wind«, in prägnanten Terzinen geschrieben, ist in der Unmittelbarkeit ihrer Ausdruckskraft wohl das beste Gedicht Shelleys. Zusammen mit »The cloud«, »To a skylark« und einigen anderen bildet es ein Korpus von lyrischen Werken, dem in der englischen Literatur nicht viel zur Seite zu stellen ist.

Wie die anderen Romantiker versuchte Shelley sich an den Großformen der Versdichtung, und wie ihnen mißlang auch ihm das Epos, dem er eine Wendung ins zeitgemäß Politische und zugleich ins überzeitlich Ideale geben wollte. Trotz eines hohen moralischen Anspruchs – »a succession of pictures illustrating the growth and progress of individual mind aspiring after excellence, and devoted to the love of mankind« (Vorrede) – wurde *The revolt of Islam* (1817) kaum Aufmerksamkeit zuteil. Ebensowenig gelang es ihm, die viele Lesedramen an Intensität übertreffende Verstragödie *The Cenci* (1819) auf die Bühne zu bringen.

Shelleys großes Werk, *Prometheus unbound* (1820), von ihm als lyrisches Drama bezeichnet, ist weder ein Drama noch ein lyrisches Gedicht noch, als hybride Gattung, eine Verschmelzung beider. Vom Drama hat es nur die Dialogform, und das Lyrische tritt nur dann und wann hervor. Es ist ein Gedankendrama, das Blakes Gedankenepos verwandt ist – die Darstellung eines Ideenkonflikts von titanischen Dimensionen. Im Hintergrund des Werkes steht *Paradise lost*, und im Bewußtsein miltonischer Grenzenlosigkeit versucht Shelley, den antiken Mythos vom aufbegehrenden Prometheus für sich und seine Zeit neu zu gestalten.

Trotz seiner scheinbaren Einfachheit ist *Prometheus unbound* keine simple Allegorie, sondern ein persönlicher Mythos von Befreiung, Erlösung und Harmonie, in dem Shelleys revolutionärer Radikalismus mit seinem »Platonismus« und seinen Vollkommenheitsprojektionen eine bisweilen schwer zu durchdringende Verbindung eingegangen ist. Antikes und Christliches sind ebenso präsent wie urtümliche Weltdeutung und romantische Naturphilosophie. Es ist durchaus möglich, das Werk als jugendliche Phantasmagorie abzutun (Shelley war noch nicht dreißig, als er *Prometheus unbound* schrieb); es ist jedoch auch möglich, darin eine überzeitlich gültige Gestaltung einer immerwährenden menschlichen Situation zu sehen. Shelleys Freiheitsstreben fand seinen letzten Ausdruck in *Epipsychidion* (1821), einem Gedicht, das im gereimten Pentameter höchste formale Strenge aufweist, aber in seiner rhapsodischen Leidenschaftlichkeit die profunde romantische Selbstoffenbarung sucht.

Keats bediente sich typischer Formen der romantischen Versdichtung. Er kann deswegen, ungeachtet seiner Individualität als Dichter, nicht als bedeutender Neuerer gelten. Wie groß seine Originalität möglicherweise hätte sein können, muß angesichts seiner überaus kurzen Schaffenszeit Spekulation bleiben. Gleichwohl hat er in der Geschichte der englischen Versdichtung eine bis heute fortdauernde Wirkung ausgeübt. Sein Platz als einer der bedeutendsten Dichter der englischen Literatur war früher gesichert als der anderer Romantiker, und er verkörpert für die Nachwelt jenes »reine« romantische Dichtertum, das ihm Shelley in seinem poetischen Nachruf, der großen Elegie *Adonais* (1821), zuerkannte.

Von allen romantischen Dichtern ist Keats am wenigsten solipsistisch. Ungeachtet der Subjektivität seiner Dichtung ist nicht das eigene Ich und die eigene Welt ihr Gegenstand. Keats repräsentiert eine entpersönlichte Dichtung. Er verstand sie als Gegenpol einer Dichtart, die er mit »the Wordsworthian or egotistical sublime« umschrieb: »A poet is the most unpoetical of any thing in existence; because he has no identity – he is continually [informing?] – and filling some other body« (Brief 27. Oktober 1818). Wie Wordsworth, an dem er sich zumindest anfänglich orientierte, hatte Keats ein fein nuanciertes Bewußtsein der ihn umgebenden physischen Welt, jedoch nicht nur, wie Wordsworth, der naturhaften. Wie keinem anderen der romantischen Dichter war es ihm gegeben, eine andere, fremde Individualität in seinen Gedichten mitzuteilen.

Das für Keats charakteristisch Andere war die Welt der griechischen Dichtung und des griechischen Mythos, die sich ihm momentan und überwältigend erschloß. »On first looking into Chapman's Homer« und »On seeing the Elgin marbles« sind die beiden Sonette, in denen dies zum Ausdruck kommt. Sie sind für die Frühphase von Keats' Schaffen gleicherweise autobiographisch wie werkgeschichtlich aufschlußreich und sie dokumentieren zugleich die Wiederaufnahme der Wordsworthschen Sonettdichtung durch Keats.

Längere Gedichte wie »Sleep and poetry« (in *Poems* 1817), eine noch von Wordsworthschem Naturerleben bestimmte Meditation über das Wesen der Dichtung, lassen sich als Übergang zu den Großformen sehen, denen sich Keats, wie alle Romantiker, glaubte zuwenden zu müssen. »The beautiful mythology of Greece« (Keats) veranlaßte ihn zu der »poetischen Romanze« *Endymion* (1818). Sie war ein Fehlschlag, wie er selbst zugestand – nicht nur weil ein jugendlicher Dichter kaum über die Kraft der Gestaltung verfügen konnte, die ein so umfängliches Werk erfordert. Der Romantik fehlten die inneren Voraussetzungen für das große mythologische Gedicht, das von vornherein in der sentimentalen Form der Romanze kaum zu realisieren war. So weist das Gedicht denn auch mehrere nicht integrierte Schichten auf.

Auch der Übergang von der Romanze zum eigentlichen Epos, den Keats mit *Hyperion* (1818) versuchte, führte nicht zum Erfolg. Es ist ein titanisches Gedicht, wie es die Romantiker immer wieder in der Nachfolge Miltons versuchten. Der Mythos von Kampf und Ablösung der Titanen, der zum Höheren und Vollkommeneren führt und von Keats möglicherweise als Allegorie der Imagination intendiert war, blieb unvollendet, und auch die zweite Version, *The fall of Hyperion. A dream* (1819) ist, nicht untypisch für die Romantik, Fragment geblieben. Doch wie kaum ein anderer Dichter der Epoche ist Keats dem großen Vorbild nahegekommen: in der Erhabenheit und zugleich Distanziertheit seines Blankverses erreicht Keats eine herausragend miltonische Qualität.

Gegenüber den epischen Experimenten spielen die Verserzählungen im Werk von Keats nur eine marginale Rolle. Sie waren bewußte Exkursionen ins Gefällige, und zumindest *The eve of St. Agnes* (1820) erreichte jene Popularität, die die Verserzählung in der Romantik allgemein hatte. Mit »gotischem« Schauplatz versehen und in Spenser-Strophen geschrieben, besticht das Gedicht durch Bilderreichtum und eine suggestive Vergegenwärtigung, die auch seine populäre Ballade »La belle dame sans merci« auszeichnet. Wieweit sie allegorisch zu lesen sind, ist eine offene Frage, doch lassen sie sich, wie auch *Lamia* (1820), die Geschichte der Zauberin, vielfältig deuten.

Keats' großer Beitrag zur Versdichtung der Epoche sind die in kürzester Zeit entstandenen Oden. Es sind kristallene Gedichte von einer Vollkommenheit, durch die sie zum Inbegriff des Lyrischen in der englischen Literatur geworden sind. Sie zeichnen sich durch klassische Strenge aus, und das romantische Ausgreifen nach immer neuer Erfahrung ist von würdevoller Verhaltenheit. Es sind Meditationen über Zeitlosigkeit und Vergänglichkeit mit einer variierenden Symbolik. Teils sind sie in einen mythologischen Zusammenhang eingebettet (wie in der »Ode to Psyche«), teils durch einen an Wordsworth erinnernden Naturalismus geprägt (wie die »Ode to a nightingale« oder die Ode »To autumn«). Die reifste, für Keats bezeichnendste, aber zugleich in ihrem Sinn verborgenste ist die »Ode on a Grecian urn«, deren Symbol für Dauer und Schönheit eine griechische Vase ist. Sie endet mit dem Bekenntnis: »Beauty is truth, truth beauty, – that is all/ Ye know on earth, and all ye need to know.«

Keats' Oden zielen auf eine Objektivierung des Subjektiven, in der die persönliche Erfahrung sich selbst transzendieren soll. »A poet«, hatte Wordsworth dekretiert, »is a man speaking to men.« Shelley hatte den Dichter zum »unacknowledged legislator of the world« erklärt. Keats' Version, die den Oden angemessen erscheint, war die verhaltene eines Autors, der die »negative capability« – »of being in uncertainties, mysteries, doubts, without any irritable reaching after fact and reason« – zum Erkennungsmerkmal der literarischen Leistung machte. »Man should not dispute or assert but whisper results to his neighbour« (Brief 19. Februar 1818). (F)

Viktorianisches Zeitalter

Anfänge und Übergänge

1834 starb Samuel Taylor Coleridge, der vorletzte der großen Romantiker, William Wordsworth erlitt bis 1850 das Schicksal, sich künstlerisch zu überleben. Das erkenntnistheoretische, ethische und ästhetische Problem, das den Romantikern zu erfahren, zu erkennen und darzustellen aufgegeben war, hatte sich noch nicht erledigt. Es ist das Problem, das seit Descartes und dessen Trennung von *res cogitans* und *res extensa*, von Ich und Welt, zur Lösung ansteht. Diese Trennung aufheben zu können, hatten die Romantiker für sich beansprucht. Ihre Berechtigung dazu fanden sie in der grenzenlosen Macht der welterfassenden, weltverwandelnden und welterschaffenden dichterischen Imagination zum einen, in einer nahezu sakramentalen Sicht der Natur zum andern. Dichtung war den Romantikern daher Ausdruck des welthaltig gewordenen Ichs, Bekenntnis einer reichen Gefühlswelt, Feier des ekstatisch erfahrenen Augenblicks in der Epiphanie.

Auch in der Dichtergeneration, die in den dreißiger Jahren zu schreiben begann, war dieser romantische Impuls mächtig. Er findet Ausdruck in Versen, die sich mit dem Wesen des Künstlers und der Macht der Subjektivität befassen. So ist für Tennysons »The poet« (1830) das dichterische Wort Samen und Schwert zugleich, mit dessen Hilfe Freiheit und Weisheit die Welt zu erschüttern vermögen. In Brownings Erstling *Pauline* (1834) ist das Ich gar

centre to all things,
Most potent to create and rule and call
Upon all things to minister to it. (274–276)

Der Einfluß Shelleys ist offenbar. Und er wirkt – wie auch der Goethes – weiter in Philip James Baileys *Festus* (1839), dem Hauptwerk der als »Spasmodics« verspotteten Dichterschule. Prometheisches und Faustisches sind hier wortreich und meist vag-nebulös vereint, so daß der Dichter prophetischen, ja göttergleichen Rang erhalten kann.

Den Allmachtsvisionen des Dichters und seiner Imagination sowie den Ansprüchen der grenzenlosen Subjektivität wird nun freilich auch widerstanden. Hierin wird der Übergangscharakter des Jahrzehnts sichtbar. Tennysons Geschöpf, die romantische »soul«, büßt in »The palace of art« (1832) für ihren hybrishaften Versuch, gottgleich der Kunst allein leben zu wollen, mit Isolation und Verzweiflung. Gelingt es ihr, ihre Kunstwelt zu verlassen und bei den Mitmenschen Zuflucht zu finden, so endet für eine andere Künstlergestalt, »The Lady of Shalott« (1832), die Berührung mit der Wirklichkeit tödlich. Dem jungen Browning zeigt John Stuart Mill die Gefahren der Entgrenzung der Subjektivität auf, wenn er in sein Besprechungsexemplar von *Pauline* notiert, »this writer seems to me possessed with a more intense and morbid self-consciousness than I ever knew in any sane human being«. Realitätsverlust und morbide Introspektion sind die Kehrseiten des Vertrauens in die Macht der Kunst und der Auffassung von der Dichtung als Gefühlsausdruck und Bekenntnis. Sie werden in den dreißiger Jahren als die Mängel romantischer Dichtung bewußt und verworfen.

Es war der Einbruch der neuen Wirklichkeiten, des Geistes der (politischen) Reform, der naturwissenschaftlichen Erkenntnisse, der drastischen sozialen und ökonomischen Veränderungen, der zu dieser Kritik Anlaß gab und eine Neuorientierung auch der Versdichtung bewirkte. Tennyson sah sich während seiner Studienjahre in Cambridge (1827–1831) mit den Forderungen seiner Freunde, der *Apostles*, konfrontiert. Sie verlangten stofflich die Darstellung von Problemen der Gegenwart und des Alltags (»the poetic representation of our time«). Und sie verlangten die Hinwendung des Dichters zum breiten (d. h. bürgerlichen) Publikum: »Undoubtedly the true poet addresses himself, in all his conceptions, to the common nature of us all« (so Arthur Hallam, Tennysons Freund, im Jahre 1831). Damit war auch die lyrische Dichtung in die soziale Pflicht genommen, und zwar sowohl in Inhalt wie Zielrichtung. Die Aufmerksamkeit des Dichters für die Welt, die Wordsworth kraft der *sympathy* auf den Mitmenschen richtete, wurde nun zunehmend von der konkreten sozialen Wirklichkeit, ihren Zu- und Mißständen, beansprucht. Folgerichtig ist Brownings zweites Werk, *Paracelsus* (1835), nicht mehr *A fragment of a confession* (so der Untertitel zu *Pauline*). Es zeichnet vielmehr die Entwicklung der Titelfigur von romantisch-egozentrischem, grenzenlosem Begehren zur Erkenntnis mitmenschlicher Pflicht nach – eine Entwicklung von zeittypisch-exemplarischem Charakter. Tennyson wendet sich mit »Locksley Hall« (geschrieben 1837/38) entschiedener der eigenen Zeit zu. Topische Anspielungen und Gesellschaftskritik prägen das Gedicht, wenn auch durch eine Sprecherfigur perspektiviert. Wie konkret die Dichtung der Aktualität verpflichtet werden kann, zeigen Ebenezer Elliotts künstlerisch eher bescheidene *Corn law rhymes* von 1830: Schon der Titel stellt den aktuellen politisch-sozialen Bezug mit dem Hinweis auf die Kornzölle (und deren Bedeutung für den Brotpreis) her.

So sehr die Spannung von romantischem Impuls und sozialer Pflicht, Ich-Aussprache und Darstellung der Wirklichkeit, auch die Dichtung der dreißiger Jahre prägt, so kennzeichnend für die weitere Entwicklung der viktorianischen Versdichtung ist eine andere Erscheinung: die Wiederbelebung religiöser Lyrik. John Kebles ebenso erfolg- wie einflußreicher, das Kirchenjahr dichterisch umsetzender Zyklus *The Christian year* (1827) hatte sie eingeleitet und die latent sakramentale Sicht der Welt durch die Romantiker in schlichter Frömmigkeit christlich fundiert:

> The works of God, above, below,
>   Within us and around,
> Are pages in that book to show
>   How God Himself is found.

In John Henry Newmans Händen wurde Kebles romantische Christlichkeit rhetorisch und propagandistisch geschärft. Die von Newman mit anderen verfaßte Sammlung *Lyra apostolica* (1836) diente dazu, das Oxford Movement auch mit Hilfe der Poesie zu beglaubigen und zu verbreiten. Newmans »Lead, kindly light« wurde zu einem der populärsten englischen Kirchenlieder und stimulierte die bedeutende viktorianische religiöse Dichtung, insbesondere die von *hymns*, von Sarah Flower Adams' »Nearer, my God, to Thee« (1841) bis Christina Rossettis »In the bleak mid-winter« (1872). Die Sammlung selbst war Inspiration für eine ganze Reihe weiterer christlicher Anthologien (*Lyra sacra*, *christiana* etc.). Sie belegen die Sehnsucht des Zeitalters nach religiöser Tröstung, das Bedürfnis, sich der Glaubenswahrheiten jenseits allen Zweifels zu versichern. Und sie belegen aus literarhistorischer Sicht die formale und inhaltliche Vielfalt schon der frühviktorianischen Versdichtung, das spannungsreiche Nebeneinander des Unterschiedlichen.

Die mittviktorianische Dichtung

Ah! two desires toss about
The poet's feverish blood.
One drives him to the world without,
And one to solitude.

Wie Matthew Arnolds Zeilen aus dem Jahr 1849 quälend dokumentieren, blieben der romantische Impuls und die Forderungen der Wirklichkeit nach wie vor spannungsreich aufeinander bezogen. Dies ist eine Spannung, die das ganze viktorianische Zeitalter hindurch die Versdichtung prägt. Das Wirken des romantischen Impulses wird schon in dem Einfluß sichtbar, den Keats auf Tennyson, Shelley auf Browning, Wordsworth auf Arnold und Blake auf Swinburne und Yeats in Stoffwahl, Ideengehalt und Metaphorik ausgeübt haben. Insbesondere Tennyson, Browning und Arnold haben diesen Einfluß ihrer Dichtervätergeneration poetisch abarbeiten müssen, um ihre viktorianische Eigenart entwickeln zu können. Ungebrochener findet sich romantisches Ich-Gefühl in der Dichtung der *Spasmodics* (Bailey, Alexander Smith, Sydney Dobell) sowie in der Gruppe um den Maler-Dichter Dante Gabriel Rossetti, den Präraffaeliten, wieder, um schließlich im letzten Jahrhundertdrittel in der Nachfolge Paters durch den Ästhetizismus im doppelten Wortsinne aufgehoben zu werden.

Was den romantischen Impuls viktorianisch transformierte, war die Erkenntnis der extremen Selbstbezogenheit solcher Dichtung. Die positiv gemeinte Definition der Dichtung durch John Stuart Mill als »feeling, confessing itself to itself in moments of solitude« macht durch die Formulierung – »itself to itself« – die Selbstreflexivität, die morbide Selbstbespiegelung des isolierten Ich sichtbar. Darum warnt schon Arthur Hallam 1830 vor »that return of the mind upon itself«, und deshalb verwirft Arnold in dem berühmten Vorwort zur Ausgabe seiner Gedichte von 1853 kategorisch »the dialogue of the mind with itself« als Anlaß und Thema der Dichtung. Die reine Introspektion, die Betrachtung der individuellen Gefühlswelt wird der Kritik unterzogen. Diese Kritik fordert die Wendung vom Subjekt zum Objekt. Deshalb zeichnet Tennyson, als er mit *Maud* (1855) den spasmodischen Ton und Anspruch scheinbar aufgreift, nicht die differenziert reiche Gefühlswelt des Sprechers sympathisierend nach, sondern liefert eine Pathologie des romantischen Überschwangs und der Subjektivität. Als Therapie verschreibt Tennyson seinem Protagonisten die patriotisch-heroische Aktion: Der Sprecher zieht in den Krimkrieg.

Die Erkenntnis, daß die Subjektivität zu objektivieren, daß der Gefühlsausdruck distanziert darzustellen und zu werten sei, wird durch die Erfahrung der objektiven Wirklichkeit verstärkt. Dabei kann diese Erfahrung durchaus positiv sein und dem Fortschrittsglauben der Zeit korrespondieren (»God's in his heaven –/All's right with the world«). Sie äußert sich dann in den lustvoll gehäuften Details der viktorianischen Lyrik, in dem Behagen an der Fülle der Welt der Erscheinungen, mit dem etwa Brownings »The Englishman in Italy« (1845) seine Gefährtin auffordert,

> ... taste, while awake,
> This half of a curd-white smooth cheese-ball
> That peels, flake by flake,
> Like an onion, each smoother and whiter;
> Next, sip this weak wine
> From the thin green glass flask, with its stopper,
> A leaf of the vine;
> And end with the prickly-pear's red flesh
> That leaves through its juice
> The stony black seeds on your pearl-teeth.

Ist freilich Gott nicht in seinem Himmel, so steht es auch um die Welt schlecht: Die Fülle der Sinneseindrücke und Erscheinungen kann dann weder behaglich genossen noch anders bewältigt werden. Sie ist gleichwohl unabweisbar und kann nicht ausgeblendet werden. Wie der präraffaelitische Maler, so sieht auch der viktorianische Dichter die Welt gleichsam ohne den Schutz der Augenlider: »Sight was a haunting evidence/And sound a pang that snatched the sense.« Detail um Detail wird dann obsessiv poetisch evoziert, um dem Andrang der Wirklichkeit gerecht zu werden – Stellenwert oder Sinn kann ihm freilich nicht zuerkannt werden. Tennysons »Mariana« (1830) erleidet ein prototypisches Schicksal:

> The sparrow's chirrup on the roof,
> The slow clock ticking, and the sound
> Which to the wooing wind aloof
> The poplar made, did all confound
> Her sense.

Wie Mariana, so sieht sich auch der Dichter einer Welt der disparaten Vielfalt, einer bloßen Ansammlung des Partikularen gegenüber. Er kann diese »multitudinousness« (Arnold) der Wirklichkeit akzeptieren, er kann sie kritisieren. Er kann sie auch abzustreifen suchen und sich eskapistisch alternative Welten erträumen, wie etwa William Morris in *The earthly paradise* (1868–1870). Damit aber entzieht er sich seiner sozialen Pflicht, seinem Dichteramt, das auch ein öffentliches ist; denn aller Dichter

sole work is to represent the age,
Their age, not Charlemagne's, – this live, throbbing age,
That brawls, cheats, maddens, calculates, aspires...

Dieser Aufgabe, der Darstellung eines disparat-vielfältigen Zeitalters, hat sich die viktorianische Versdichtung gestellt, und zwar mit einer der Aufgabe entsprechenden Fülle der Mittel: einer disparaten Vielfalt der Formen und Themen.

Eine dieser Formen ist die Elegie. Konfrontiert mit den Zwängen der Wirklichkeit, »the Actual's prison«, zurückgeworfen auf sich selbst, klagt das viktorianische lyrische Ich. Es sind nicht die Tränen der Dinge, die sich ihm mitteilen, es ist vor allem das Gefühl der Vereinzelung, der Entfremdung von Mitmensch und (Natur-)Wirklichkeit, das elegisch stimmt, trauern und weinen macht:

Light flows our war of mocking words, and yet,
Behold, with tears mine eyes are wet!
I feel a nameless sadness o'er me roll.

Aus der analytischen Redlichkeit, mit der Matthew Arnold, wie hier in »The buried life« (1852), seine Melancholie und Trauer darlegt, beziehen seine Gedichte ihre Strenge, aus dem steten Seufzen aber, das sie durchtönt, einen elegischen Reiz, der nicht immer frei von Sentimentalität und Larmoyanz ist. Für Emily Brontë hingegen entspringt der elegische Ton dem »weary care« des Alltags, für den Dialektdichter William Barnes aus Dorset dem Wissen um die Vergänglichkeit (»And summer seems, but ah! is not,/The summer when our life was fair«). Kraft Tennysons Wortmagie erhält dieses Gefühl seinen viktorianisch-verbindlichen Ausdruck:

Tears, idle tears, I know not what they mean,
Tears from the depth of some divine despair

Rise in the heart, and gather to the eyes,
In looking on the happy Autumn-fields,
And thinking of the days that are no more.

Die Allgegenwart des elegischen Tons bildet den Hintergrund für die Handvoll großer Elegien, die zu den besten Beispielen sowohl der Gattung wie auch der viktorianischen Lyrik gehören: Tennysons *In memoriam* (1850), Arnolds »Thyrsis« (1866), Hopkins' »The wreck of the ›Deutschland‹« (1875/76), Swinburnes »Ave atque vale« (1878). In ihnen sind die traditionellen Bestandteile des Genres, wie Totenklage, Macht der Vergänglichkeit, Sinnverlust, Preis der Taten des Toten, Tröstung der Überlebenden, Nachruhm und Fortwirken des Toten, in höchst unterschiedlicher Weise aufgegriffen. Sie werden gemäß der Weltsicht und den Bedürfnissen der Autoren perspektiviert. Tennyson gelingt es in seinem monumentalen Werk, dem Andenken des früh verstorbenen Freundes Arthur Hallam gewidmet, die Analyse der Psyche mit der des Zeitalters zu verknüpfen, schließlich Evolution und Glauben zu versöhnen und im toten Freund das Vor-Bild der »crowning race« der Zukunft zu erkennen. Arnolds Gedenken des Dichter-Freundes Arthur Hugh Clough hingegen ist in erster Linie selbstbezogen, Darstellung der eigenen Sinnsuche in einer ebenso sinnenhaft gestalteten wie symbolträchtigen Landschaft bei Oxford. Für Hopkins und Swinburne hinwiederum ist der Tod Befreiung, Befreiung in die Transzendenz für den Jesuiten Hopkins, Befreiung von der Welt für den Atheisten Swinburne: »There lies not any troublous thing before,/Nor sight nor sound to war against thee more«. Wendet Hopkins die Elegie zum Lobpreis sowohl des exemplarischen Sterbens der Nonnen wie der Macht Gottes, so errichtet Swinburne mit seiner Elegie ein Monument der Kunst und Künstlichkeit. Ganz offensichtlich gelten die Gattungsvorgaben dem viktorianischen Dichter weniger als die eigenen Ausdrucksnöte und -notwendigkeiten. Das Regelwerk der literarischen Tradition wird den individuellen Bedürfnissen der Autoren wie dem Zeitgeist unterworfen.

Es war somit nur folgerichtig, wenn aus den beiden wichtigsten Impulsen der viktorianischen Lyrik, dem zur Introspektion und dem zur Repräsentation, ein neues Genre entstand, das des dramatischen Monologs. Es wird dem Wunsch nach Ich-Aussprache gerecht, indem sich in ihm ein Ich fast hemmungslos ausspricht. Aber es ist dies kein lyrisches Ich, das mit dem

Autor verwechselt werden könnte: Es ist eine konkrete, oft historisch authentische Gestalt, ein Ulysses oder Lucretius, ein Fra Lippo Lippi oder Caliban. Damit ist die gewünschte Distanz zur Person des Autors hergestellt, ist die notwendige Objektivierung geleistet. Was den Sprecher veranlaßt zu reden, das ist die Umwelt, sei es die konkrete Welt der Dinge, sei es ein Gesprächspartner, dessen Reaktionen und Einwürfe in der Wiedergabe des dramatisch Monologisierenden erscheinen:

> I am poor brother Lippo, by your leave!
> You need not clap your torches to my face.
> Zooks, what's to blame? you think you see a monk!

Eine Brücke zwischen Subjekt und Objekt, Ich und Welt kann auf diese Weise geschlagen werden. Die Welt dient als Katalysator der Ich-Aussprache und konkretisiert gleichzeitig die Situation in ihrer spezifischen Eigenart. Der dramatische Monolog erfüllt somit auch vorzüglich den historistischen Imperativ des Zeitalters, wie er in Geschichtsschreibung und (historischem) Roman wirkt:

> Who am I?
> Why, one, sir, who is lodging with a friend
> Three streets off – he's a certain ... how d'ye call?
> Master – a ... Cosimo of the Medici, ...

Und selbst der Gefahr historistischer Weltbetrachtung, der radikalen Relativierung der Werte, weiß der dramatische Monolog zu begegnen; denn die von der Wirklichkeit stimulierte Selbstdarstellung des Sprechers wird unversehens zur Selbstpreisgabe. Sich selbst unbewußt enthüllt der Sprecher im ungehemmten Redefluß sein wahres Wesen, seine latenten Motive, seine wirklichen Absichten. Wenn etwa Ulysses seine Ithaker »a savage race,/That hoard, and sleep, and feed, and know not me«, nennt, so lassen die metrische Emphase sowie die exponierte Endstellung des Personalpronomens – »and know not *me*« – Unterschwelliges, nämlich verletzte Eitelkeit und Egozentrik, sichtbar werden. In der Diskrepanz zwischen Intendiertem und Gesagtem wird für den Leser, wenn vielleicht nicht *die* Wahrheit, so doch *eine*, die Einzelperspektive überschreitende Wahrheit erkennbar. Der dramatische Monolog ist ein ironisches Vehikel der Wahrheitssuche.

Objektivierung der Ich-Aussprache, Verknüpfung von Ich und Welt, Darstellung der Wirklichkeit in ihrer historischen

Spezifik, ironische Überwindung der Perspektivierung – damit etablierte sich der dramatische Monolog als ein viktorianisches (und modernes) Genre par excellence. In ihm drückt sich ein hohes Sprachbewußtsein aus, welches die Aufmerksamkeit auf das Medium der Vermittlung lenkt, nämlich auf die Macht der Sprache zu erschaffen, zu analysieren, zu manipulieren. Wie zeitgemäß er war, läßt sich daran erkennen, daß die beiden bedeutendsten Dichter der früh- und mittviktorianischen Epoche, Alfred Tennyson und Robert Browning, gleichzeitig vollendete Beispiele vorlegten: Tennysons *Poems* von 1842 enthalten »Ulysses«, »St. Simeon Stylites«, und »Locksley Hall«, Brownings *Dramatic lyrics* aus dem gleichen Jahr »My last duchess«, »Johannes Agricola in meditation« und »Porphyria's lover«. Sowohl Tennyson wie Browning motivieren den Redefluß ihrer Sprecher dadurch, daß sie diese in physische oder emotionale Extremsituationen versetzen (wie den Säulenheiligen Simeon, den Mörder Porphyrias) oder aus den Grenzbereichen zum Pathologischen wählen. Während Tennyson bis »Rizpah« (1880) weiterhin so verfährt, nimmt Browning historische Zeitwenden, in »Karshish« (1855) etwa die zum Christentum, hinzu. Die zentrale Stellung des dramatischen Monologs innerhalb der Lyrik des viktorianischen Zeitalters kann auch daran gesehen werden, daß sich Browning hinfort ganz überwiegend diesem Genre widmete, daß von den bedeutenderen Autoren nur Matthew Arnolds introspektiv-elegisches Temperament sich nicht zu ihm hingezogen fühlte und daß selbst drittrangigen *minores*, wie dem Lord de Tabley mit »The Count of Senlis at his toilet« (1893) und Sebastian Evans mit »How the abbey of Saint Werewulf Juxta Slingsby came by Brother Fabian's manuscript« (1865), kleine Meisterwerke gelangen.

Freilich hat auch der dramatische Monolog sein Problem: Es ermangelt ihm ein absehbares Ende; denn das von der Welt provozierte Sprechen zielt auf Selbstdarstellung – und wann endet diese? Kein Wunder, daß Brownings Monologe zunehmend umfänglicher werden; seine Darstellung Napoleons III. als »Prince Hohenstiel-Schwangau, saviour of society« (1871) umfaßt 2155 Verse. Um die tendenzielle Formlosigkeit der Ich-Aussprache zu begrenzen, hatten schon die Romantiker ein Genre wiederbelebt, das sich dank vorgegebener Struktur vor allem als feste und kleine Form definiert: das Sonett. Insbesondere Wordsworth hatte es zudem zur Naturdarstellung und – in der Nachfolge Miltons – zum Zwecke der (politischen) Gelegenheitsdichtung gebraucht. Im wirklichkeitssüchtigen viktorianischen Zeitalter gibt es nichts mehr, das nicht in die Sonettform gefaßt wird: die idyllische Genreszene (wie in Charles Tennyson Turners »Letty's globe« 1880) und die eindringliche Selbstanalyse (wie in Arthur Hugh Cloughs »Blank misgivings« 1849), die Stadt (wie in William Henleys früher Fassung von *In hospital* 1873–1875) und die Liebe (wie in Elizabeth Barrett Brownings *Sonnets from the Portuguese* 1850), der Krimkrieg (wie in Alexander Smiths und Sydney Dobells *Sonnets on the war* 1855) und die Religion (wie in Gerard Manley Hopkins' aufrührend-selbstquälerischen sechs »terrible sonnets« 1885).

Es kann nicht wunder nehmen, daß das Sonett von solcher Wirklichkeitsfülle nicht unverändert gelassen wird. Die traditionelle Zwei- oder Dreiteiligkeit der Form taugt nicht mehr, all die Darstellungsabsichten zu gliedern. Das Sonett stellt nunmehr vielfach nur noch einen Gedanken, eine Szene dar, der Umschlag nach der achten oder zwölften Zeile verliert an Bedeutung: Brownings »Now« (1889), das einen (sexuellen) »moment eternal« fordernd beschwört, ist ein extremes Beispiel, dem als Gattungscharakteristikum allein die Vierzehnzeiligkeit geblieben ist. Durch die Gruppierung zu Zyklen wird überdies der Charakter des Sonetts als »a moment's monument« (Rossetti) zu überwinden gesucht. Die Zyklen greifen in Raum und Zeit aus, sie zeichnen Entwicklungen nach. So ist den *Sonnets from the Portuguese*, Rossettis *The house of life* (1870) oder auch Hardys vier Sonetten »She, to him« (1866) ein nicht unbeträchtliches narratives Element zu eigen. Es führt, da nun kausale und psychologische Verknüpfungen zwischen den Sonetten wie zwischen den Kapiteln einer Erzählung hergestellt werden, in George Merediths *Modern love* (1862) notwendig zur Erweiterung der Form, zum Sechzehnzeiler und einer doppelten Erzählperspektive: Die Nähe zur narrativen Großform, dem Roman, ist unübersehbar.

Denn dies ergänzt den Wunsch der Viktorianer nach klarer Strukturierung und Begrenzung von Ich-Aussprache und Wirklichkeitsdarstellung: der gegenläufige Wunsch, solches synchron und diachron umfassend zu vermitteln und damit nicht durch die Begrenzung Ordnung, sondern durch die Totalität Wirklichkeit und Wahrheit herzustellen. Schon die verbreitete Verwendung von Langzeilen, von achthebigen Trochäen durch Tennyson in »Locksley Hall« oder von Hexametern durch Clough in seinen Versromanen *The Bothie of Tober-na-Vuolich* (1848) und *Amours de voyage* (1858), kann als der Versuch gedeutet werden, metrisch ein aufnahmefähiges Medium bereitzustellen. Einen deutlichen Schritt auf diesem Weg zur Totalität der Wirklichkeitsdarstellung und gleichzeitig eine Methode, dem Perspektivierungsgebot des Historismus gerecht zu werden, stellt das Komplementärgedicht dar. Es besteht aus zwei scheinbar selbständigen Texten, deren Titel, sukzessive Anordnung und sich wechselseitig spiegelnde Perspektiven und Thematik sie jedoch als zusammengehörig erweisen. Da das Komplementärgedicht somit Ähnliches leistet wie der dramatische Monolog, verwundert es nicht, daß es Robert Brownings Gedichtbände nachhaltig strukturiert: »The Italian in England«/»The Englishman in Italy«, »Love in a life«/»Life in a love« (1855), »Natural magic«/»Magical nature« (1876) sind einige der Titelpaare. Aber nicht nur Browning hat die Entdeckung solcher Komplementarität häufig dem Leser überlassen und bewußt verschiedene Facettierungen eines Themas ohne eigenen Titelquerverweis vorgestellt: Tennysons »Ulysses«, »The lotos-eaters«, »Tithon« und »Tiresias« sind ebenfalls als eine zusammengehörige Gruppe von Texten aufzufassen, welche die Spannung von Lebenwollen und Lebenmüssen perspektivenreich austrägt und dadurch die möglichen Einstellungen zum Zwecke höherer Objektivität zu erschöpfen sucht. Rossetti, Morris und Swinburne haben ähnliche Gruppierungen vorgenommen.

Offensichtlich kann Wirklichkeitsfülle jedoch am besten in literarischen Großformen dargestellt werden – und der Roman ist das natürliche Vehikel solcher Darstellungsabsichten. Folgerichtig strebt die viktorianische Versdichtung vielfach danach, mit dem Roman zu konkurrieren, Roman zu werden. Zu diesem Zwecke werden die lyrischen Kleinformen zuweilen addiert, meist durch eine gemeinsame Thematik zusammengebunden: Der Sonettzyklus entsteht, und Edward Fitzgerald transformiert mit seinem *Rubáiyát of Omar Khayyám* (1859) die persische Vorlage zu einer Sammlung von aphoristisch-eleganten Vierzeilern, die einem sinnenhaften Hedonismus das Wort reden. Was so geschaffen werden kann, ist jedoch allenfalls eine lose Großform, »a medley«, so der Untertitel von Tennysons *The princess* (1847).

Um die Großformen der Versdichtung zu strukturieren, werden Anleihen beim Roman gemacht. Zunächst werden die Einzelepisoden mittels einer äußeren oder inneren Handlung verknüpft, wie in Matthew Arnolds wohl dem deutschen Liedzyklus nachempfundenen Gedichtkreis *Switzerland* (1853), der von einer unglücklich verlaufenden Liebesbeziehung berichtet, während Tennyson seiner Elegie *In memoriam* eine spirituelle Biographie zugrunde legt. Dann wird die Erzählweise konkretisiert und strukturbildend: Clough verwendet in *The Bothie of Tober-na-Vuolich* und *Amours de voyage* wie der Roman des 18. Jahrhunderts die Briefform, Elizabeth Barrett Browning lagert in *Aurora Leigh* (1857) in die Ich-Erzählweise Briefe und szenische Darstellung ein, und Meredith kontrastiert in *Modern love* die Perspektiven von Ich-Erzähler und allwissendem Erzähler. Wie der viktorianische Roman erfüllen alle diese Werke die zeittypische Realismus- und Aktualitätsforderung. Ihre Zeit ist die Gegenwart, sie behandeln Themen wie »moderne« Formen der Liebe (Clough, Meredith) oder die Stellung der Frau als Dichterin (Barrett Browning). Die Wendung zur Narrativik und Gegenwart ist jedoch nicht unproblematisch: Die Weltfülle tendiert zur Breite, die Aktualität ins Prosaische, ja Triviale. Hat sich Clough dank seines ironischen Spiels mit dem Hexameter sowie einer raffiniert-künstlichen Umgangssprachlichkeit vor solchem bewahrt, so ist Elizabeth Barrett Vergleichbares nicht stets gelungen.

Um der Gefährdung durch die Trivialität in einem vielfach als unpoetisch empfundenen Zeitalter zu entkommen, suchten vor allem die Großen der viktorianischen Versdichtung die epische Form, seit alters her als objektive Form der Weltdarstellung geschätzt. Sie verlangt den hohen Stil und Stoff. Dies unterstützt das Streben nach Objektivität, da die Wahl der Stoffe aus Geschichte, Legende oder Mythos Distanz schafft. Nur für William Morris' *Sigurd the Volsung* (1877) kann dabei der Verdacht aufkommen, hier werde Vergangenheit als Fluchtraum benutzt, sei die mythische Staffage wichtiger als jede etwaige zeitgenössische Relevanz (wiewohl Morris mit seiner Darstellung des Heroischen und der Möglichkeit der weltverändernden Tat durchaus ein Problem aufgreift, das Carlyle, Tennyson und George Eliot gleichermaßen beschäftigte). Tennyson, Browning und Arnold hingegen stehen in der Nachfolge Carlyles und Pugins. Vergangenheit und Gegenwart sind ihnen durch Parallelität und Kontrast aufeinander bezogen. Sie wenden sich der Vergangenheit und dem Mythos zu, um Zeitprobleme objektivierend darstellen zu können: den Verfall, die

Korruption von innen und außen, einer ideal konzipierten Gesellschaft in Tennysons Version des Artus-Mythos, *Idylls of the King* (1859–1885); die Suche nach absoluter Wahrheit in einer historistisch geprägten Zeit in Brownings *The ring and the book* (1868/69); den Konflikt der Generationen sowie die potentielle Inhumanität des Heroischen in Arnolds *Sohrab and Rustum* (1853).

Hoher Stil, mythisch-heroischer Gehalt, epische Form: Wie insbesondere Tennyson und Arnold von der zeitgenössischen Kritik vorgehalten wird, entfremdet sich der Dichter so – trotz allem Bemühen um Spiegelung der Gegenwart im Vergangenen – seiner Zeit. Diese ist eine bürgerliche und wünscht sich selbst dargestellt zu sehen. Ihr ist nicht die Form wichtig, sondern der Stoff, die Ideologie: »Let me think/Of forms less, and the external. Trust the spirit«, formuliert es Elizabeth Barrett Browning, und Matthew Arnold zieht noch 1852 die orthodoxe bürgerliche Konsequenz aus der Priorität des Gehalts, wenn er fordert: »... modern poetry can only subsist by its *contents*: by becoming a complete magister vitae«. Stoffe, Gehalte, die auf ihre Moral und ihre soziale Verwertbarkeit hin untersucht und ausgewählt werden, gelten der viktorianischen Kritik folglich als vorrangig. Daß die viktorianische Versdichtung somit die traditionellen Themenbereiche der Lyrik sich umwertend aneignen, die neuen Wirklichkeiten sich poetisch erarbeiten und den bürgerlichen Normen entsprechen muß, folgt zwangsläufig. Und zwangsläufig tritt zur Vielfalt der Formen die der Stoffe und Gehalte.

Der Einbezug der bürgerlichen Normen ist es vor allem, welcher die Dichter um 1840 zu viktorianischen macht. Wenn Tennyson für seine Ausgabe von 1842 in die 1832-Fassung von »The lotos-eaters« eine Strophe einfügt, in der sich die vom Lotos Trunkenen an ihre »wedded lives« und »household hearths« erinnern, so markiert dies die Metamorphose der Lyrik ins Viktorianische: Familie, Heim und Herd rücken als Darstellungsobjekte wie als Wertnormen ins Zentrum. Diese Selbstdarstellung und Feier viktorianischer Bürgerlichkeit vollzieht sich in einem Gedicht wie »The two voices« (verfaßt 1833), in dem morbide (romantische) Introspektion und Selbstzweifel durch den Anblick einer Familie geheilt werden: »These three made unity so sweet«. Und sie vollzieht sich in der großen Gruppe der »English idyls«, die den Charakter von Tennysons Sammlung von 1842 wesentlich bestimmen. In ihnen stilisiert sich die bürgerliche Welt als Idylle, indem sie sich als intim, gefühlsgeprägt und moralisch darstellt. Was hier noch Ausschnitt ist, da Tennyson um den exklusiven Charakter solcher Idyllisierung weiß, wird dann bei Coventry Patmore und seinem episch angelegten *The angel in the house* (1854–1861) weltfüllend. Mit Swinburnes Attacken auf die Sentimentalität der Idylle und des Idyllischen in seinen *Notes on poems and reviews* (1866) kündigt sich dann nur wenig später das Ende der bürgerlich-viktorianischen Lyrik an.

Die Verlagerung des Idyllischen in den Schoß der Familie ist gewiß auch Korrelat eines Prozesses, der die traditionelle Heimstatt der Idylle und idyllischer Werte, die Natur, zunehmend dem Zweifel aussetzt. Gewiß strebt die viktorianische Lyrik geradezu sehnsüchtig danach, die Natur als Idylle begreifen und gestalten zu können: Matthew Arnold etwa entwirft in »The scholar-gipsy« (1853) Bilder von nachgerade Keatsscher Sinnenhaftigkeit, beschwört in »Lines written in Kensington Gardens« (1852) ein Naturrefugium und zeichnet in den Anfangszeilen von »Dover Beach« (verfaßt 1851?) eine Landschaft voll der Harmonie:

> The sea is calm to-night.
> The tide is full, the moon lies fair
> Upon the straits.

Doch die Naturschilderung in »The scholar-gipsy« ist die der Vergangenheit, das Refugium in »Kensington Gardens« ist ein Park, kultivierte Natur also, die sich vor dem Einbruch der Stadt nicht zu bewahren vermag, während Intellekt und Zweifel in »Dover Beach« die »eternal note of sadness« dominant erklingen lassen und die Harmonie als Schein enthüllen. Was Arnold wie den Viktorianern mangelt, ist eine verbindliche Legitimation der Naturidylle. Wordsworth hingegen waren die Naturdinge »characters of a great apocalypse« und damit transzendent beglaubigt. So hatten seine »Daffodils« Symbolcharakter und vermochten in der Epiphanie Mensch und Natur pantheistisch in eins zu setzen. Die Intensität und Exaktheit, mit denen die viktorianische Versdichtung die Natur betrachtet, ist ein Versuch, solches zu wiederholen. Doch der Versuch ist vergeblich, weil die transzendenten Sicherheiten nicht mehr tragen. Ein Blumengedicht Tennysons, das angemessenerweise dessen Statue in Lincoln schmückt, belegt den Wandel:

Flower in the crannied wall,
I pluck you out of the crannies,
I hold you here, root and all, in my hand,
Little flower – but *if* I could understand
What you are, root and all, and all in all,
I should know what God and man is.

Zum Verlust des Symbolcharakters der Naturdinge trat die viktorianische Realismusforderung. Ruskin brandmarkt die Projektion des Subjekts in die Natur als »pathetic fallacy« und fordert die mimetisch getreue Abbildung. Damit kann das Ich der Natur keine Werte mehr zuweisen, und da diese selbst solche nicht mehr wesenhaft besitzt, können ihre Erscheinungen nur noch in ihrer Partikularität katalogisiert und botanisch inventarisiert werden: »The woodspurge has a cup of three« (Rossetti). Die Genauigkeit aber, mit der das Detail erfaßt, die Intensität, mit der es isoliert wird, verlangen paradoxerweise, wie auch in der Malerei eines Holman Hunt oder John Everett Millais, die Deutung. Das Verlangen kann jedoch nur denen gestillt werden, die eine Interpretationsweise, wie die der christlichen Typologie im Falle Hunts, von vornherein in das Werk einbringen. In Hardys Lyrik repräsentiert die Natur schließlich eine dem Menschen gegenüber fremde und indifferente Welt: Subjekt und Objekt sind voneinander gänzlich getrennt.

Versagt sich die Natur, so steht traditionellerweise die Kunst zur Sinnstiftung, zur Darstellung von Gegenwelten zur Verfügung, muß sie als Religionsersatz dienen: »We substitute, in a fashion,/For heaven – poetry.« Dies gilt insbesondere für Browning und Rossetti. Ein eigenes lyrisches Subgenre entstand, das der Gemäldegedichte, in dem, etwa in Brownings »Old pictures in Florence« (1855) oder in Rossettis Sonetten zu Mantegna, Leonardo, Ingres oder Burne-Jones, Gemälde in ihrer Wirkung auf den Betrachter, als Katalysatoren von Emotionen also, dargestellt werden. Die Betrachtung von Kunstwerken ermöglicht dann – und die Musik leistet dies wie in Brownings »Abt Vogler« (1864) noch besser als die Malerei – jene Epiphanien, welche die Natur verweigerte. Sie sind freilich rar; denn der Künstler bleibt den Zwängen der Wirklichkeit (»Fra Lippo Lippi« 1855) und denen seines Mediums (»Master Hugues of Saxe-Gotha« 1855) verhaftet. Und er ist dem Mitmenschen stärker verpflichtet als seinem Werk. Die Verwandlung der Welt ins Artefakt, des Mitmenschen zur künstlerischen

Vorlage und damit zum Objekt verfällt (noch) der moralischen Verurteilung: Brownings Herzog von Ferrara (»My last duchess«) ist hierfür ein vorzügliches Beispiel.

Schwieriger noch als die Umwertung der traditionellen Themenbereiche war die poetische Erschließung der neuen Wirklichkeiten, zumal die offene Form des Romans das geeignetere Medium zu sein schien, deren »multitudiousness« zu spiegeln. Die Stadt ist Teil der neuen Wirklichkeit; sie in ihren sozialen und wirtschaftlichen Aspekten darzustellen, die Erfahrung der Anonymität, Determiniertheit und Vermassung zu gestalten, muß als Aufgabe der Dichtung betrachtet werden. Der Dichter, sagt Clough, finde seinen Platz, »if anywhere, in the blank and desolate streets, and upon the solitary bridges of the midnight city, where Guilt is, and wild Temptation«. Daß die viktorianische Lyrik diese Aufgabe nur sehr unzulänglich gelöst hat, hat vielerlei Gründe. Einer davon ist, daß die viktorianischen Dichter bürgerlicher Herkunft und Erziehung in ihrer großen Mehrzahl den Werten und Zielen der *landed gentry* anhangen. Ein anderer, daß das Bild der Stadt auch im 19. Jahrhundert von traditionellen literarischen und geistesgeschichtlichen Vorstellungen geprägt ist und daß aus diesen Traditionen nur schwer angemessene Gestaltungsweisen für die neuen Erfahrungen entwickelt werden können.

Eine dieser noch im 19. Jahrhundert wirkmächtigen Vorstellungen ist die des (pastoralen) Gegensatzes von Stadt und Land, wie er in Cowpers eingängigem Gemeinplatz Ausdruck gefunden hat: »God made the country, and man made the town«. Eine andere kann in den augustinischen Dualismus von *civitas Dei* und *civitas terrena* gefaßt werden. Kein Wunder, daß es insbesondere die moralische Natur der Stadt ist, die beschrieben wird, und daß sie im Vergleich mit Gottesreich und heiler Natur als Ort des Verderbens, ja als Höllenort erscheint. Charles Mackays »The mowers« (1848) und vor allem James Thomsons dunkles Epos *The city of dreadful night* (1874) stehen in diesen Traditionen. Sie greifen – wie schon Clough in seiner Forderung, die Stadt zum Sujet der Dichtung zu erheben – zum Mittel der Personifikation und der Allegorie und transformieren damit die sozialen, wirtschaftlichen, politischen Bedingungen in das Transzendent-Schicksalhafte. Wie sich auch der Kontrast in Arnolds Sonetten »East London« und »West London« (1867), in Martin Tuppers »The outcast« (1854) oder Charles Mackays »Above and below« (1848) als ein ebenso probates wie bequemes Mittel erweist, die Komplexität der Stadtgesellschaft auf eine emotional zufriedenstellende, klare Opposition einzuschränken. Der Fülle der städtischen Erscheinungen, den neuen sozio-psychologischen Erfahrungen wird keiner gerecht. Immerhin läßt eine Strophe aus Alexander Smiths Stadtgedicht »Glasgow« (1857) Zukünftiges ahnen, nämlich das bedingende Milieu, die Welthaltigkeit, die Gleichzeitigkeit von Lust und Leid:

> All raptures of this mortal breath,
> Solemnities of life and death,
>   Dwell in thy noise alone:
> Of me thou hast become a part –
> Some kindred with my human heart
>   Lives in thy streets of stone;
> For we have been familiar more
> Than galley-slave and weary oar.

Haben sich die Großen der viktorianischen Lyrik wohl angesichts der Schwierigkeit der Aufgabe und der Beschränktheit der Mittel der Herausforderung des Stadtsujets nicht gestellt, so gilt dies für ihre Auseinandersetzung mit dem unmittelbar Aktuellen nicht gleichermaßen. Die Aufforderung der Kritiker, der Dichter habe sich dem eigenen Zeitalter zuzuwenden, resultierte vielmehr in einer Unzahl von Gelegenheitsgedichten, welche von den zahllosen Periodika begierig gedruckt wurden. Alles und jedes wurde bedichtet: das italienische Risorgimento und Italiens Einigungsbemühungen von Barrett Browning (*Poems before congress* 1860) und Swinburne (*Songs before sunrise* 1871) ebenso wie die Dampfdreschmaschine von Charles Tennyson Turner, der Krimkrieg von Sydney Dobell und Tennyson (»The charge of the light brigade« 1854) ebenso wie die Eisenbahn von Rossetti (»A trip to Paris and Belgium«, 1849 verfaßt). Die Weltausstellung von 1851 mit ihrem Wahrzeichen, dem Crystal Palace, produzierte bandweise Deskriptives, Hymnisches, Parodistisches. Als *Poeta laureatus* war Tennyson gehalten, Ereignisse wie königliche Hochzeiten mit Versen zu verewigen; seine Ode auf den Tod Wellingtons (1852) gehört zu den großen Beispielen öffentlicher Lyrik nicht nur des 19. Jahrhunderts. Er gibt aber auch seiner akuten und aktuellen Franzosenfurcht in Gedichten wie »Rifle-clubs!!!« und »Britons, guard your own« (1852) hysterisch Ausdruck. Die Aktualitätsforderung des viktorianischen Zeitalters wurde reichlich erfüllt.

Die exklusive Dichterrolle wurde aufgegeben, die Entwicklung zum Literaten, dem das Wort in erster Linie Mittel und Signal (nicht mehr Symptom oder Symbol) ist, bahnte sich an: Matthew Arnold hat mit seiner Wendung zum Essay, zur Prosa in den fünfziger Jahren diese Entwicklung vorgelebt.

Sie wurde auch dadurch befördert, daß niemand vor den Mißständen der Zeit die Augen schließen konnte. Das dokumentarische Prinzip des Romans und die damit einhergehende Sozialkritik lassen sich auch in der Versdichtung ausmachen: Thomas Hoods »Song of the shirt« (1843) und Barrett Brownings »The cry of the children« (1843) sind bekannte frühe Beispiele. Analog zur Darstellung der Stadt werden jedoch auch die gesellschaftlichen Zu- und Mißstände über die literarischen Konventionen, etwa die kontrastive Gegenüberstellung von Arm und Reich, Tugend und Laster, Nacht und Licht, vermittelt. Und es ist dies eine Sozialkritik aus bürgerlicher Sicht, welche einen Martin Tupper karitative Philanthropie, moralisch-religiöse Selbsterneuerung oder göttliches Eingreifen (»Come speedily, Holy One, King of the Just!/No power but Thine can save/The cruel from treading the meek in the dust«) als zureichende Lösungen vorschlagen läßt.

All dies ist Versdichtung von bürgerlichen Autoren für bürgerliche Leser. Im Gegensatz zum Roman fand die Lyrik kein Massenpublikum, das die Klassen im Querschnitt erfaßte. Allenfalls Tennyson, dem 1851 bescheinigt wird, »a great democratic poet« zu sein, gelang es mit *Enoch Arden* (1864), einer bilderüppigen, sentimentalen Verserzählung von Liebe, Schiffbruch, Leid und Treue, die sozialen Schranken zu überwinden. Die Vielfalt von Formen und Themen der viktorianischen Dichtung ist vielmehr auch auf die Existenz zahlreicher, voneinander verschiedener Leserschichten zurückzuführen, deren Partikularinteressen von eigenen Zeitschriften und Verlegern erfüllt wurden. Die altersmäßige Differenzierung führte zu den Kindergedichten Christina Rossettis (*Sing-song* 1872) und Robert Louis Stevensons (*A child's garden of verses* 1885); für Knaben gab W. E. Henley die Sammlung *Lyra heroica* (1892) heraus. Die ideologische Differenzierung fand Ausdruck in der religiösen Dichtung, wobei sich evangelikale, anglikanische und anglo-katholische Doktrinen getrennt artikulierten. Die soziale Spaltung des Lesepublikums schließlich half eine, freilich kaum erforschte oder edierte, überaus reichhaltige Arbeiterdichtung hervorzubringen, von Arbeitern für Arbeiter über Arbeiter verfaßt.

Die sprunghafte Zunahme der Bevölkerung im 19. Jahrhundert wie deren fortschreitende Alphabetisierung schufen einer solchen Dichtung die notwendigen materialen Voraussetzungen. Dies läßt nicht außer acht, daß die viktorianische Arbeiterdichtung zu einem gut Teil in der Mündlichkeit gründet, auf Straßen, Märkten und Messen, in Pubs, Glee Clubs und bei Harmonic Meetings vorgetragen wurde, um schließlich den Weg von der Volks- zur Massenkultur und *music hall* zu beschreiten – auch dies mündlich. Bevorzugte Vehikel sind die traditionellen Formen, Straßenballade und Refrainlied. Deren massenhafte Verbreitung gelang dank der in großer Zahl aufgelegten *broadsides*, ein- oder beidseitig mit Balladen, Songs oder exemplarischen Geschichten bedruckten Blättern zum Preise von einem Penny. Sind auch einige der Autoren dieser Werke bekannt, so ist die viktorianische Arbeiterlyrik wesenhaft anonym. Der schreibende Arbeiter erfüllt nicht bürgerliche Individualitäts- und Originalitätsvorstellungen, er ist Teil und Sprecher seiner Gruppe, seiner Klasse.

Thema ist ihm die ganze industrielle Welt. Mögen die *broadsides* zu Sensationen, Katastrophen, Verbrechen und öffentlichen Hinrichtungen auch heutzutage amüsiertes Schaudern und herablassende Aufmerksamkeit erregen, so liegen die Leistungen dieser Dichtung bei der illusionslosen und konkreten Schilderung des Alltags, des Berufslebens, der Feste, der industriellen Entwicklung und Erfahrung, der gesellschaftlichen Mißstände, der utopischen Hoffnungen. Gemeinsam ist all den Werken der Blick auf die unmittelbar menschlichen Bedürfnisse, die Darstellung der materialen Bedingungen der Existenz. In »The scenes of Manchester« etwa sind Stadterfahrung, Arbeitsbedingungen und Fortschrittsglaube sarkastisch und konkret verknüpft:

> There's steam-loom weavers and cotton spinners
> Have sixty minutes to get their dinners;
> And then to make the people thrive
> They're rung up in a morning at four and five.
> Then if you get a drop on a Sunday
> To get yourselves in tiff for Monday,
> The raw lobster [= policeman] pops you in the Bailey,
> Since Manchester's improving daily.

Im Gegensatz hierzu nimmt sich die Lyrik von Chartisten wie W. J. Linton oder Gerald Massey pathetisch-abstrakt aus, eher gut gemeint denn gut. Schon daß es sich hier um namentlich gezeichnete, häufig in Gedichtbänden veröffentlichte Lyrik handelt, zeigt, daß sich diese Arbeiterdichter an den Formen der bürgerlichen Dichtung orientierten. So ist ihre Lyrik von den Romantikern, insbesondere Shelley, beeinflußt und setzt auf rhetorischen Aufschwung, emotionale Reizwörter und die traditionelle Metaphorik des Aufbruchs: »The slaves are awaking – the dawn light is breaking – The footfall of Freedom, beats quick at our hearts!« Dies mag gesungen seine mobilisierende Absicht nicht verfehlen. Es verblaßt aber neben der konkreten Utopie einer anonymen Chartistenballade:

> And when that the Charter old England has got,
> We'll have stunning good beer at three halfpence a pot.
> A loaf for a penny, a pig for a crown,
> And gunpowder tea at five farthings a pound;
> Instead of red herrings we'll live on fat geese,
> And gets lots of young women at two pence a piece.

Bereits die *music hall*, die von der Mitte des Jahrhunderts an zur zentralen Stätte des Vergnügens und der Zerstreuung für das Stadtproletariat wurde, war jedoch nicht mehr ein gänzlich geeignetes Ambiente für eine solche Arbeiterdichtung. Sie bot nicht mehr den kommunalen, kollektiven Zusammenhang, aus dem ehedem Arbeiter für Arbeiter dichteten. Die Vorführungen der *music hall*, verfaßt von professionellen Literaten, vorgeführt von hochbezahlten *artistes*, dienten denn auch in erster Linie der Zerstreuung eines städtischen Massenpublikums.

Zur thematischen, formalen und sozialen Vielfalt der viktorianischen Dichtung gesellte sich die der Perspektiven: Die Kehrseite des moralischen Anspruchs, der sozialen Verpflichtung, des hohen Tons ist der Spott, dem alles anheimfallen kann. Die historistische Perspektivierung äußert sich auch im Gelächter. Unsinnsgedichte, Burlesken, Parodien entstanden in Fülle. Lewis Carroll mit Gedichten wie »Jabberwocky« und Edward Lear mit seinen Limericks sind dank ihres überbordenden Sprachwitzes die herausragenden Vertreter. Nichts blieb unparodiert: *Punch*, 1841 gegründet, wurde schnell zu einer viktorianischen Institution, die Nummer für Nummer komische Dichtung und Parodien aus zahllosen Federn, unter ihnen die Thackerays, veröffentlichte. Die literarische Parodie brachte mit Swinburnes *Specimens of modern poets* (1880) ihre vielleicht schönsten Beispiele, einschließlich einer glänzenden Selbstparodie, hervor. Die Gleichzeitigkeit von hohem moralischem Anspruch und parodistischem Impuls belegt, daß bei aller disparaten Vielfalt der viktorianischen Lyrik ein Ausgleich gelingen kann.

Das Jahrhundertende

Die neunziger Jahre stellen sich für die bürgerliche Versdichtung als eine Zeit des Übergangs dar. Matthew Arnold (1888), Browning (1889), Tennyson (1892) waren tot und hinterließen Epigonen. Die Spannung zwischen Ich-Ausdruck und Wirklichkeitsdarstellung blieb bestehen, wurde aber bis zum Bersten radikalisiert. Die Hoffnung, sie je überwinden zu können, war weithin verlorengegangen, da jede feste Subjekt-Objekt-Beziehung aufgelöst wurde. Dies geschah in einer Welt des »relative spirit«, wie sie Walter Pater einflußreich beschreibt. Was die Literatur in einer solchen transitorisch-flüchtigen Welt noch leisten konnte, war, Augenblicke, Impressionen, Übergänge zu notieren, und zwar in lyrischen Kleinformen. Das Ich wurde sich selbst zum Objekt, dessen Stimmungen, Lüste und Leiden selbst-bewußt seziert und niedergeschrieben werden: »... thought thinks upon itself, and ... emotions become entangled with the consciousness of them.«

Die Welt, die solche Stimmungen und sich selbst auskostende Reize provoziert, wurde als endzeitlich erfahren:

> Time drops in decay,
> Like a candle burnt out,
> And the mountains and woods
> Have their day, have their day.

Verfall, Dekadenz, Übergänge ganz allgemein sind so Stoff der Lyrik eines Ernest Dowson (»Transition«, »Vesperal«), eines Lionel Johnson (»Harvest«), eines Oscar Wilde (»Pan«). Dem Verfallend-Transitorischen wurde der morbide Reiz abgewonnen, den die müde Imagination des Dichters benötigt, um den Ennui zu überwinden und sich zum Schaffen zu stimulieren. Solcher Reiz wurde in der Nachfolge Swinburnes und seiner Feier des Sexus (»Laus Veneris«, »Dolores« 1866) auch Bereichen abgewonnen, die bislang der inneren und äußeren Zensur verfielen: dem Kranken, Häßlichen, Perversen. Insbesondere das Reich der Erotik wurde in seinen Übergängen – Homosexualität (Wilde, Johnson), Kindfrau (Dowson), Prostitution (Symons) – ausgekostet (zumindest bis der spektakuläre Prozeß um Oscar Wilde 1895 einer neuen militanten Prüderie Auftrieb gab). Und alle diese Reize, Verfall wie Erotik, Sinneseindrücke wie Ennui, versucht das sich selbst bespiegelnde Ich in Genuß zu verwandeln, der in einer müde klingenden Lyrik des *carpe diem*, der »days of wine and roses« (Dowson), Ausdruck findet.

Dauer verleiht dem flüchtigen Augenblick die Kunst. Unter dem Einfluß Charles Baudelaires und Théophile Gautiers – und schon diese Öffnung war ein Bruch mit der insularen Selbstgenügsamkeit der früh- und mittviktorianischen Lyrik – und vorbereitet durch Walter Pater (»To treat life in the spirit of art«) entstand der ästhetizistische Kult von Form, Schönheit und Kunst. Er ist als Rebellion gegen den Materialismus der spätviktorianischen Bürgerkultur, aber auch gegen die Dominanz des Mimesis-Prinzips zu verstehen. Die Moral wird aus der Kunst verbannt, der Stoff zweitrangig. Die Stadt wird bei Symons (*London nights* 1895) oder Richard Le Gallienne (»Sunset in the city« 1892) in ihre Reize aufgelöst, in Farben, Lichter, Klänge, die synästhetisch genossen werden. Raffinierte Formen – neben dem Sonett werden Roundel (Swinburne, Symons) und Villanelle (Wilde) gepflegt – lenken die Aufmerksamkeit auf sich selbst. Statt des Wirklichkeitsbezugs offeriert die Dichtung der Imagination Gegenwelten, künstliche Paradiese.

Schuf dem Ästhetizisten die Kunst Wirklichkeit und Ewigkeit, so wurden auch in den neunziger Jahren Versuche unternommen, den Objekten Sinn und Wert zuzumessen. Die Symbolik, die der Dichter zu diesem Zwecke ersinnt, ist zunächst eine gänzlich subjektive und private. Ihr kann darum, wie dies Yeats mit seiner »Far-off, most secret, and inviolate rose« (1896) exemplarisch vorführt, durch literarische und kulturgeschichtliche Bezüge weitere Verweiskraft zuteil werden. Sie wird sich jedoch nie von einem Element der Beliebigkeit und Esoterik freimachen können. Yeats' unentwegte Versuche, seine Symbolik wahlweise in der irischen Tradition, im Okkultismus oder in der Mythologie zu gründen und ihr damit verbindlichere Bedeutung zu verleihen, belegen eindringlich dieses Problem auch noch der modernen Dichtung.

Dekadenz, Ästhetizismus und Symbolismus radikalisieren sowohl romantische Tendenzen, wie sie Gegenentwürfe zu viktorianischen Literaturauffassungen darstellen. Auch die Wirklichkeitsbetrachtung wird radikalisiert: Dem realistischen Roman korrespondiert eine freilich mengenmäßig nicht gerade üppige realistische Lyrik mit sozialkritischer Tendenz. W. E. Henley (*In hospital*) und John Davidson (»Thirty bob a week« 1893) etwa rückten die Stadt, nun als Inbegriff der Gesellschaft und ihrer Mißstände verstanden, in den Mittelpunkt. Der von der Rezeption seiner Romane enttäuschte Thomas Hardy wandte sich der Lyrik zu. Er schildert nicht mehr lustvoll die Üppigkeit der Natur wie Browning; er notiert exakt beobachtend deren Erscheinungen, ohne ihnen Sinn verleihen zu können. Allenfalls ein Darwinscher Überlebenskampf ist festzuhalten (»In a wood« 1898). Und er strebt in einer Gedankenlyrik, die sich immer neue (Strophen-)Formen sucht, meditierend und vergeblich nach Sinnenthüllung. In der Naturthematik setzt er so viktorianische Bemühungen fort; mit der desillusionierten und desillusionierenden Exaktheit seiner Reflexionen und Notate zu disparaten *Moments of vision* gehört er ins 20. Jahrhundert.

Eine ähnliche Mittlerstellung zwischen zwei Zeiten nimmt Rudyard Kipling ein. Die imperialistischen und rassistischen Inhalte seiner Dichtung (»The white man's burden« 1899) sollten seine formale Meisterschaft wie auch seine Modernität nicht aus dem Blick geraten lassen, zumal Kipling auch um die Hybris des weißen Mannes (»Recessional« 1897) weiß. Er setzt Tennysons Bemühungen um eine öffentliche Lyrik fort, eine rhetorische, forensische, pathosgeladene Dichtung, die sich der Hymne (»Cities and thrones and powers« 1906), vor allem aber der Ballade (*Barrack-room ballads* 1892) bedient. Mit großer Realistik, metrischem Raffinement und umgangssprachlicher Verve wird hier ein Leben der Tat geschildert. Dies verbindet Kipling mit dem 19. Jahrhundert. Daß dies illusionslos geschieht, daß die Tat zwar große Gebärde, aber letztlich ziellos ist, belegt Kiplings Modernität. Noch in der Auflösung bzw. Sinnentleerung erweist sich die Kraft der viktorianischen Übereinkünfte. (T)

20. Jahrhundert

»Tradition and the individual talent«

Dichtung des 20. Jahrhunderts lebt in ihren verschiedenen Entwicklungsphasen formgeschichtlich weitgehend aus dem Reservoir, das die englische wie die europäische Tradition zur Verfügung stellt, und sie gewinnt ein jeweils eigenes und neues Profil durch die individuelle Verwendung, Variation, Kombination und Koordination überlieferter und zeitgenössischer stilistischer Möglichkeiten. Die romantische Diktion, die zu Beginn des Jahrhunderts an Kraft und Originalität eingebüßt zu haben schien, ist ebenso lebendig geblieben wie diejenige der *Metaphysical poets* des 17. Jahrhunderts. Beide Stilarten sind in der modernen Dichtung, die sich seit 1910 immer stärker durchsetzte und die eine nüchterne, ironisch-paradoxe Sprache und raffiniert kalkulierte Effekte bevorzugte, vielfältige Verbindungen eingegangen.

Im Jahre 1919 stellte T. S. Eliot in seinem bahnbrechenden Essay »Tradition and the individual talent« fest: »[...] the historical sense compels a man to write not merely with his own generation in his bones, but with a feeling that the whole of the literature of Europe from Homer and within it the whole of the literature of his own country has a simultaneous existence and composes a simultaneous order.« Diese These bildet nicht nur einen Schlüssel für sein Werk; ihre Gültigkeit wurde durch die Entwicklung der gesamten englischen Lyrik im 20. Jahrhundert bestätigt.

Die in der Lyrik des ausgehenden 19. Jahrhunderts vorherrschenden Richtungen, die Richtung des *Art for art's sake*, die sich an den französischen Impressionisten und Symbolisten orientierte, und die des *Art for life's sake*, die einen kräftigen realistischen Balladenton bevorzugte, wurden um die Jahrhundertwende von William Butler Yeats und Thomas Hardy aufgegriffen und weiterentwickelt. Sie erreichten dabei einen künstlerischen Rang, der W. W. Robson zu der Bemerkung veranlaßte: »The three greatest poets in English in the twentieth century were Hardy, Yeats, and Eliot.«

Als Romancier zählt Thomas Hardy zu den großen viktorianischen Autoren; als Lyriker gehört er ins 20. Jahrhundert. Sein letzter Roman *Jude the obscure* erschien 1895, sein erster Gedichtband *Wessex poems* 1898. Schließlich widmete sich Hardy bis zu seinem Tode vorwiegend der Lyrik (darüber hinaus verdient das neunzehn-aktige Drama *The dynasts* besondere Erwähnung). In zahlreichen seiner Gedichte sind die Zusammenhänge mit den Wessex-Romanen unverkennbar; so erinnert die Thematik von »The ruined maid« an den Roman *Tess of the d'Urbervilles*, und auch »No buyers« könnte eine Episode aus diesem Roman sein. Hardys Lyrik steht in ihrer Diktion häufig dem kolloquialen Stil nahe, der in seinen Romanen in den Dialogen einfacher Nebenpersonen zu vernehmen ist, oder aber er verwendet einen mit *hard words* (meist lateinischen Ursprungs) angereicherten, schwerfälligen Stil, den er offenbar für Meditationen über das Schicksal der Menschen, über die grotesken Zufälle des Alltags und über den Ablauf der Geschichte für angemessen erachtete. Beispiele dafür sind Gedichte wie »The convergence of the twain« oder »To an unborn pauper child«, in denen ein Schopenhauerscher Pessimismus bis in die Begriffssprache nachgewiesen werden kann. Von besonderem künstlerischen Rang sind die Liebesgedichte, die nach dem Tod seiner ersten Frau entstanden und Rechenschaft über die eigentümliche Entfremdung, die zwischen ihnen eingetreten war, abzulegen versuchen. Schließlich sind Bekenntnis- und Gelegenheitsgedichte wie »Afterwards« zu nennen, die in einfacher, präziser Sprache von der Schärfe seiner Naturbeobachtung zeugen sowie von seiner Fähigkeit, die feinsten Nuancen in der äußeren Erscheinung der Pflanzen, der Tiere und der Menschen wiederzugeben.

Hardy experimentierte mit den metrischen und rhythmischen Möglichkeiten der englischen Sprache wie nur wenige seiner Zeitgenossen. Er war bestrebt, für jedes seiner Gedichte eine individuelle Form zu finden, die dem Gegenstand, seinen emotionalen Reaktionen wie auch seinen philosophischen Reflexionen entsprechen konnte. Mit Absicht griff er zu ungewöhnlichen Metren und Rhythmen, um den Leser durch den besonderen Klang des jeweiligen Gedichtes um so stärker auf die Einmaligkeit eines bestimmten Erlebnisses oder einer bestimmten durch Lebenserfahrung gewonnenen Einsicht hinzuweisen. Hardy knüpfte an die Romantik an (Shelley und Keats beeindruckten ihn am stärksten), aber er ließ in seiner Lyrik zugleich auch darwinistisch-naturwissenschaftliche Ideen zur Geltung kommen, die das romantische Weltbild entmythologisierten. Durch die kontrapunktische Zuordnung von romantisch-poetischer und naturwissenschaftlicher Weltsicht wurden ironische Effekte erzielt, in denen sich die Vorwegnahme eines absurden Weltbildes andeutet.

William Butler Yeats gleicht in seinen Anfängen »A man who dreamed of Faeryland« (1891). Er schildert im realistischen Stil irischer Balladen die alltägliche Realität, stellt dieser Realität allerdings – gelegentlich noch im gleichen Gedicht – eine zweite Wirklichkeit gegenüber, die er mit Wendungen aus der irischen Mythologie und der keltischen Sagentradition beschreibt. Dazu verwendet er für die Darstellung eines irdischen Paradieses Bilder aus Werken von Shelley, Keats, Morris und Spenser, und schließlich baut er in seine Gedichte Symbole aus den hermetisch-esoterischen Schriften ein, die er als Mitglied der Theosophischen Gesellschaft und (später) des Ordens der Rosenkreuzer (*The golden dawn*) studierte. Diese Einflüsse lassen sich in den Gedichtbänden *The rose* (1893) und *The wind among the reeds* (1899) besonders deutlich beobachten. Unter dem Eindruck der französischen Symbolisten gewann seine Lyrik an formaler Geschlossenheit, und die Erfahrungen, die er im Theater und in kulturpolitischen Auseinandersetzungen sammelte, trugen dazu bei, daß die Rhythmen seiner Lyrik flexibler, die Diktion kolloquialer wurde.

Die leidenschaftliche Anteilnahme am Tagesgeschehen ist in *The green helmet and other poems* (1910) und *Responsibilities* (1914) zu spüren; ironische, satirische, sarkastische und epigrammatische Elemente geben seiner Lyrik ein »modernes« Gepräge. In *The wild swans at Coole* (1919) und *Michael Robartes and the dancer* (1921) gewann der für ihn charakteristische Stil, in dem persönlich-autobiographische, national- und universalgeschichtliche Elemente eine Einheit bilden, immer deutlichere Konturen. Innerhalb der irischen Geschichte ist für ihn das 18. Jahrhundert mit seiner aristokratisch-klassizistischen Kultur die Norm, an der er die Gegenwart mißt und beurteilt. Den Höhepunkt in seiner Entwicklung als Lyriker erreichte Yeats mit den Sammlungen *The tower* (1928) und *The winding stair* (1933); in der posthum erschienenen Sammlung *Last poems and plays* (1940) machte sich in seiner Diktion eine noch größere Entschiedenheit, aber gelegentlich auch eine unerbittliche Härte und Kälte bemerkbar.

Geht man den thematischen Grundlinien der Lyrik Yeats' nach, die zwischen 1919 und 1939 entstand, so zeichnet sich eine antithetische Struktur in der Darstellung seiner dichterischen Existenz wie auch seiner Geschichtsauffassung ab. In »Sailing to Byzantium« sehnt er sich nach einer völligen Loslösung von allen biologischen Bindungen: »Once out of nature I shall never take/My bodily form from any natural thing [...].« Die höchste Vollendung wäre für ihn die Verwandlung in ein zeitloses Kunstwerk. Dagegen dominiert in »A dialogue of self and soul« letztlich die Bereitschaft, immer wieder in den Kreislauf des Kreatürlichen einzutauchen. Aus der Zustimmung zum Gesetz der Reinkarnation erwächst nicht nur die Zufriedenheit mit sich und dem Leben, sondern auch eine für den späten Yeats charakteristische Heiterkeit: »We must laugh and we must sing,/We are blest by everything,/Everything we look upon is blest.«

Yeats' Sicht der Geschichte wird in Gedichten wie »The second coming« und »Lapis Lazuli« faßbar. Hält der erste Teil von »The second coming« die Expansion eines zu Ende gehenden Zeitalters fest, so schildert der zweite Teil die Gegenbewegung, die Konzentration des Geschehens auf einen Ort (Bethlehem), der den Ausgangspunkt des bisherigen Zyklus bildete und an dem ein neuer Zyklus beginnen wird. Die Ironie des Gedichtes ergibt sich daraus, daß Yeats mit dem Titel zwar an Matthäus 24 anknüpft, wo Christus seine Wiederkehr prophezeit, die Gestalt aber, mit der der neue Zyklus beginnt, einer ägyptischen und einer griechischen Sphinx und schließlich dem Antichrist in Tiergestalt ähnelt.

»Lapis Lazuli« spielt anfangs zwar auch auf den Moment des Umschlags eines alten Geschichtszyklus in einen neuen an, unterscheidet sich von »The second coming« jedoch merklich in der Tonart. Wiederholt spricht Yeats von der Heiterkeit, die Ausdruck höchster Weisheit sei. So liege das Geheimnis der Shakespeareschen Tragödie darin, daß die tragischen Gestalten, deren Schicksal das menschliche Daseinsgesetz urbildhaft zum Ausdruck bringt, von Heiterkeit erfüllt sind. Es ist die Heiterkeit, die die Schrecklichkeit des Geschehens verwandelt: »Gaiety transfiguring all that dread«. Die gleiche Einstellung schreibt Yeats auch den Chinesen zu, von denen er in den letzten Strophen des Gedichtes spricht. Yeats dürfte bei der Charakterisierung einer distanziert heiteren Einstellung zu allem geschichtlichen Geschehen von Nietzsche beeinflußt gewesen sein, der in *Also sprach Zarathustra* fordert, daß der Ernst der Erkenntnis sich verwandeln müsse in ein heiteres Lächeln. Die entspannt gelockerte Diktion und Strophenform vieler seiner späteren

Gedichte sind ein deutlicher Beweis dafür, daß er sich als Lyriker diese Haltung ganz zu eigen zu machen versuchte.

Georgian poets und Imagisten

Ähnlich wie Yeats knüpften in England auch die Hauptvertreter der *Georgian poetry* an die romantische Tradition an und versuchten sie auf eigene Weise weiterzuführen, während die Imagisten und – im Anschluß an sie – T. S. Eliot eine entschieden anti-romantische Einstellung verfochten. Hauptvertreter der *Georgian poetry*, die Edward Marsh zwischen 1912 und 1922 in fünf Bänden dem englischen Publikum vorstellte, waren Lascelles Abercrombie, Edmund Blunden, Gordon Bottomley, Rupert Brooke, W. H. Davies, Walter de la Mare, Sturge Moore und Harold Monro; auch Charles Sorley, Edward Thomas, Wilfred Owen und Andrew Young werden zu den *Georgian poets* gezählt, obwohl ihre Namen nicht in den Anthologien Marshs erscheinen.

Im Gegensatz zu Pound und Eliot bevorzugen die *Georgian poets* einen Stil, der frei ist von gewollter Dunkelheit, Mehrdeutigkeiten und komplexen Allusionen. Sie schrieben in einem *plain style*, der von einer breiten Leserschaft ohne Schwierigkeiten aufgenommen werden konnte. Vorzugsweise wählten sie als Szenerie eine ländliche Umgebung und das Leben in der Provinz. Demgegenüber erschien ihnen die Stadt als ein Gefängnis, dem es zu entfliehen galt. Thematisch können sie in die Tradition des pastoralen Dichtens eingereiht werden. Sie charakterisieren mit liebevoller Hingabe englische Landschaften und verknüpfen mit solchen Landschaftsschilderungen die Darstellung persönlicher Erlebnisse. Auffällig ist, daß in den meisten ihrer Dichtungen eine schwermütige Stimmung vorherrscht. Es scheint, als ob diese Lyriker angesichts der weltgeschichtlichen Wandlungen, die sich in den Jahren 1912 bis 1922 vollzogen, die ländliche Welt, deren Ende sie voraussahen, in ihren Werken zu bewahren versuchten.

Wenn sich die *Georgians* formal an den Romantikern orientierten, fehlte ihnen doch die intellektuelle Kraft eines Blake, Coleridge oder Shelley. Zwar versteht es ein Dichter wie Walter de la Mare, Reaktionen eines Kindes – aber auch die eines Erwachsenen – auf eine letztlich undeutbare Wirklichkeit in suggestiven Rhythmen darzustellen, so daß sich auch seine Gedichte als »Songs of innocence« und »Songs of experience« bezeichnen lassen, doch wird der Leser die übergreifenden historischen und metaphysischen Bezüge, die Blake in seine Lyrik hineinkomponierte, bei de la Mare vergebens suchen. Er verkürzt die Perspektive und konzentriert sich in seinen Kindergedichten auf die Darstellung einer Psyche, in der Realität und Traum als zwei gleichwertige Welten erlebt werden. Auch Edmund Blunden begnügt sich mit einer ins Visionäre gesteigerten Wiedergabe von Landschaftsausschnitten. Mittels einer eigentümlich kontrapunktischen Technik werden in seine Pastoralpoesie Erinnerungen an Krieg und Zerstörung und in seine Kriegslyrik pastoral-poetische Elemente einbezogen, womit er eine meditativ-elegische Dichtweise fortsetzte, die bereits in der spätviktorianischen Ära und in der frühen Moderne bei Thomas Hardy anzutreffen ist.

Wie andere Vertreter der *Georgian poetry* verzichtete auch Edward Thomas auf alles Preziöse und Esoterische und strebte statt dessen danach, die Umgebung mit ihren harten Konturen vom Standort einer agnostischen Weltsicht zu erfassen. Mit seinem Sinn für Klarheit, Härte und Exaktheit steht er in der Nachbarschaft der Imagisten. Wie stark auch unter den *Georgian poets* das Mißtrauen gegen die tradierte romantische Diktion gelegentlich sein konnte, beweist Rupert Brooke, der mit Absicht einige »ugly unpleasant poems« schrieb, die bei Edward Marsh auf schärfste Kritik stießen. Wenn andererseits bei Brooke in den Sonetten »1914« ein enthusiastischer Ton anklingt, so ist dies nicht auf poetische Überlegung, sondern vielmehr auf eine momentane, durch politische Ereignisse ausgelöste Erregtheit zurückzuführen. Von Brooke aus gesehen sind diese Gedichte eine Reaktion auf einen tiefsitzenden Widerwillen gegen das eigene Selbst; zugleich spiegelt sich in ihnen die Einstellung, mit der die englische Jugend in die mörderischen Schlachten des Ersten Weltkrieges zog.

Das Kriegserlebnis dichterisch überzeugend zu verarbeiten, gelang zunächst kaum einem der *Georgian poets*. Nur Charles Sorley stellte dem theoretischen Schwulst journalistischer Poetaster Bilder vom wahren Schrecken des Krieges, von dem blindwütenden Vernichtungskampf mit seinen physischen Qualen gegenüber. Ähnliche Bilder und Klänge finden sich in den Gedichten Siegfried Sassoons, der seinerseits in Wilfred Owen die schöpferischen Kräfte freisetzte, die ihn befähigten, die eindrucksvollsten Kriegsgedichte in englischer Sprache zu verfassen. Zunächst setzte er sich das Ziel, Lyrik zu schreiben, die mit den Mitteln der Satire zur Desillusionierung eines Volkes beitragen sollte, dem täglich falsche Bilder von der Kriegswirklichkeit vorgestellt wurden. Owen löste sich jedoch sehr bald von seinem didaktisch-satirischen Stil und strebte nach einer Darstellung, die persönlich und universal zugleich sein sollte: Individuelle Schuld erscheint als unlöslich mit der Schuld der Völker verknüpft. Mit der Feststellung: »Above all, I am not concerned with Poetry. My subject is War, and the pity of War. The Poetry is in the pity« distanzierte er sich von einer ästhetischen Selbstgefälligkeit, wie er sie in der Dichtung des *fin de siècle* beobachten konnte. Eine Analyse seiner technischen Mittel ergibt, wie subtil er die Kunst der Verwendung von Halbreimen, von Assonanzen und Konsonanzen ausgebildet hatte, um seinen Erfahrungen und Einsichten einen angemessenen lyrischen Ausdruck zu verleihen.

Die Anthologien der Imagisten wurden zwischen 1914 und 1917 publiziert. Während der erste Band von Ezra Pound ediert wurde, erschienen die folgenden Bände mit Absicht anonym. Der Imagismus, dem Autoren wie Edward Storer, T. E. Hulme, F. S. Flint, Ezra Pound, Hilda Doolittle und Richard Aldington sowie Amy Lowell, William Carlos Williams, Ford Madox Ford und James Joyce zugerechnet werden, muß als eine entschiedene (Gegen-)Reaktion auf diejenige Spielart des Romantischen betrachtet werden, die sich im viktorianischen Zeitalter herausgebildet hatte und sich in den Augen der imagistischen Kritiker durch Sentimentalität, unscharfe dekorative Diktion und ein Ausschweifen der lyrischen Phantasie ins Kosmische auszeichnete. Im Gegensatz dazu bemühten sich die Imagisten um eine harte, klare, klassisch beherrschte Diktion, um den präzisen Ausdruck und eine unkonventionelle Bildersprache, die überlieferte, klischeehaft verfestigte Auffassungen von der Wirklichkeit zerstört. Imagistische Dichtung will in ihrer bildhaften Gedrängtheit Wirklichkeit nicht abbildend wiedergeben, sondern neue Sehweisen vermitteln und damit neue Vorstellungen von der Wirklichkeit und ihren Zusammenhängen im Leser evozieren. Die meisten Imagisten distanzierten sich von den strengen metrischen Schemata, legten ihren strophischen Gebilden den französischen *vers libre* zugrunde und setzten letztlich auf die nicht zu berechnende Suggestivkraft des Rhythmus und der Bilder. Die Gefahr der Reduktion und Vergegenständlichung bei einer solchen Montage lyrischer Bilder ist nicht von der Hand zu weisen. Eliot spürte diese Verengung in der lyrischen Ausdrucksweise sehr wohl. Er verzichtete deshalb nie darauf, die verwendeten Bilder in übergreifende Symbolfelder einzugliedern und ihnen damit eine unausschöpfbare Vieldeutigkeit zu verleihen.

»Transparente« Dichtung und Lyrik des »Jazz-Age«

Bereits 1910/11 hatte Eliot (unabhängig von Pound und den Imagisten) das Gedicht »The love song of J. Alfred Prufrock« geschrieben, das in Form und Diktion, Rhythmik und Thematik exakt den Anforderungen entsprach, die Pound an »moderne« Lyrik stellte. Eliot gibt hier einem lässig-mondänen Konversationston den Vorzug, der sich zu Ironie und Sarkasmus steigern läßt, aber auch in verhaltene Schwermut umschlagen kann. In diesem Konversationston trägt der Sprecher des »love song« trockene, realistische und naturalistische Milieubeschreibungen, aber auch philosophische Reflexionen vor. Reime sind in dieser modernen Verssprache zwar gelegentlich noch vorhanden, aber sie parodieren sich selbst und lassen auf diese Weise erkennen, daß sie ihre traditionelle Funktion, auf die Harmonie eines Weltbildes aufmerksam zu machen, vollends eingebüßt haben. An die Stelle strenger metrischer Schemata ist der Rhythmus als Hauptorganisationsprinzip getreten; damit gewann Eliot als Lyriker die Freiheit, die für eine angemessene Darstellung seiner emotionalen wie intellektuellen Erfahrungen unabdingbar war. Neben dem neuen Ton war es vor allem die Bildersprache, die die Kritiker aufhorchen ließ. Gewiß gab es auch in der Romantik melancholische Abendgedichte, aber die Beschreibung der abendlichen Atmosphäre mit Hilfe eines Vergleichs aus der Medizin (»like a patient etherized upon a table«) war zuvor keinem englischen Lyriker in den Sinn gekommen.

Eliot hatte sich für diese neue, von ihm verfaßte Lyrik auf mannigfache Weise vorbereitet. Die anti-romantische Dichtung des 20. Jahrhunderts wäre bei ihm ohne den Rückgriff auf den französischen Symbolismus nicht denkbar. So studierte Eliot neben Mallarmé, Verlaine und Baudelaire auch Jules Laforgue und Tristan Corbière. Dazu kommen die Anregungen aus der englischen *Metaphysical poetry* des 17. Jahrhunderts: Wie John Donne war auch Eliot bestrebt, Gedankenbewegungen als sinnliche Erlebnisse darzustellen und andererseits sinnliche Wahrnehmungen in einen geistigen Zustand (»a state of mind«) zu übersetzen. Schließlich bezog er auch Dantes *Divina commedia* in den Umkreis seiner dichterischen Vorbilder mit ein. Das italienische Epos war für ihn von Anfang an mehr als nur eine gelegentlich benutzte Quelle. Die *Divina commedia* wurde für ihn in zunehmendem Maße – insbesondere seit seiner Konversion zum Anglo-Katholizismus im Jahre 1927 – zu *der* Norm, an der er die gesamte europäische Tradition, auch Shakespeare und John Donne, maß. Dante schrieb im Eliotschen Sinn »transparente« Dichtung. Er hatte nicht nur ein ausgezeichnetes Gespür für den Klang der Sprache, die Schönheit der Rhythmen und der Bilder, sondern besaß zugleich auch die intellektuelle Zucht und Klarheit, die ihn befähigten, jede psychische Regung, jeden moralischen Akt in das System seines Weltbildes einzuordnen. Damit ermöglichte er seinen Lesern ein angemessenes Urteil über die dargestellten Vorgänge, Handlungen und Situationen.

Die Entwicklung Eliots läßt sich an den Gedichten »The love song of J. Alfred Prufrock«, *The waste land*, *The hollow men*, *Ash Wednesday* und den *Four quartets* ablesen. Von der Darstellung einer modernen gespaltenen Persönlichkeit, der es an Mut zum Handeln und zur Entscheidung fehlt, führt sein Weg zu einer Charakterisierung der gesamten modernen Gesellschaft im *Waste land*: Diese erscheint hier als sich in sinnlicher Lust und gleichzeitiger Sterilität verzehrend. Sie hört zwar »die Stimme des Donners«, der einen Weg zur Erlösung aufzeigt, wartet aber vergeblich auf eine *regeneratio*. *The hollow men* stellt einen eigentümlichen Zwischenbereich zwischen Inferno und Paradiso, zwischen Tod und Erlösung dar: Formeln aus dem Vaterunser deuten auf eine mögliche Überwindung dieser Situation hin, aber am Schluß bleibt auch hier nur die litaneienhafte Wiederholung der Feststellung: »This is the way the world ends«, worauf der klagend-klägliche Schluß folgt: »Not with a bang but a whimper.« *Ash Wednesday* dagegen führt in Anlehnung an Dantes *Divina commedia* über diese Stufe hinaus. Eine Rettung deutet sich an, Hilfe wird von Maria, »Blessèd sister, holy mother, spirit of the fountain, spirit of the gardens«, erbeten.

Die *Four quartets* schließlich gehören zur *poetry of meditation*, in der ein innerer Konflikt dargestellt wird, den das sprechende Ich jeweils mit sich selbst austrägt. Jedes der *Four quartets* ist einem der vier Elemente zugeordnet: »Burnt Norton«

der Luft, »East Coker« der Erde, »The Dry Salvages« dem Wasser und »Little Gidding« dem Feuer, und jedes der Zentralsymbole erscheint in unterschiedlichen Kontexten in abgewandelter Bedeutung, ohne daß sich diese Bedeutungen widersprechen würden. So wird das Feuer in »Little Gidding« als Symbol der Zerstörung, der Reinigung und der unvergänglichen Liebe verwendet, um in Anlehnung an Dante die verschiedenen Erfahrungsbereiche zu bezeichnen, in die sich der Mensch in der modernen Wirklichkeit (vor allem der des Zweiten Weltkrieges) versetzt sehen kann. Die besondere sprachliche Gestalt der Eliotschen Lyrik (und ihr dichterischer Rang) ergibt sich daraus, daß neue Rhythmen und Symbolbedeutungen gepaart sind mit Klängen und Bedeutungen, die weit in die europäische Dichtungstradition zurückreichen. So formuliert Eliot in »Little Gidding« das Formgesetz, dem er seine Dichtung unterstellt, wie folgt:

> An easy commerce of the old and the new,
> The common word exact without vulgarity,
> The formal word precise but not pedantic,
> The complete consort dancing together [...]

Die Verzweiflung der Nachkriegsgeneration, den *danse macabre*, den Eliot im *Waste land* darstellte, brachte zur gleichen Zeit Edith Sitwell in einer Lyrik zum Ausdruck, die sich mit Vorliebe eines witzig-graziösen Tons bedient und mit der Sprache ein parodistisches Spiel treibt. Motive aus der *commedia dell'arte* klingen ebenso an wie solche aus der Literatur des Barock und des Rokoko. Wie Eliot verdankt auch sie den französischen Symbolisten Baudelaire, Rimbaud, Verlaine und Jules Laforgue eine subtile Verfeinerung ihrer Ausdrucksmittel, und schließlich nahm sie auch Anregungen aus der englischen *Nonsense*-Poesie des 19. Jahrhunderts auf. Ihre Fähigkeit, mit Sprache zu musizieren, Kadenzen, Synkopen, Harmonien und Disharmonien der Musik von der volkstümlichen Weise bis zum Jazz zu imitieren, kam in dem Augenblick voll zum Vorschein, als *Façade* 1923 aufgeführt, d.h. zur Begleitmusik von Sir William Walton rhythmisch gesprochen wurde. Kritiker, die bei der Bewertung von Dichtung die Thematik ebenso stark veranschlagen wie die Technik eines Autors, die weiterhin eine Emanzipation der Klänge und Rhythmen von der Sinnschicht der Sprache für verwerflich erachten, konnten in Edith Sitwell nur ein Symptom für die Auflösung aller literarischen und kulturellen Traditionen sehen. Bereits der 1929 erschienene Band *Gold Coast customs* ließ jedoch erkennen, daß sie über die exzentrische Phase der frühen zwanziger Jahre hinauswuchs und eine Katastrophe vorausahnte.

Die Atmosphäre des »Jazz-Age« prägte auch W. H. Auden, der 1930 mit einem Lyrikband *Poems* an die Öffentlichkeit trat und sehr bald als das Zentrum eines politisch engagierten, linksorientierten Dichterkreises gesehen wurde, dem man auch Cecil Day Lewis, Stephen Spender und Louis MacNeice zurechnete. Mit Edith Sitwell verbindet ihn die Fähigkeit, sich spielerisch die verschiedensten Ausdrucksmittel anzueignen, sie nachzuahmen und auch parodieren zu können. Thomas Hardy und Edward Thomas sowie Owen, Eliot, Hopkins und Yeats waren seine frühen Vorbilder. In den dreißiger Jahren beschäftigte er sich mit Rilke und Brecht und zu Beginn der vierziger Jahre mit Dante, Langland und Pope. Er verstand den Stabreim ebenso sicher zu handhaben wie Hopkins' »sprung rhythm«; Brechtsche Klänge sind in seinen Balladen und seinen »music hall songs« zu vernehmen. Zu den klassischen Gedichtformen, die er bevorzugte, gehören das Sonett, die Villanelle und die Sestine. In seiner Diktion treffen moderner Großstadt-Jargon und naturwissenschaftliche Fachsprache, Elemente der traditionellen Liebes- und Naturlyrik und theologische Termini aufeinander. Er versteht sich auf das leichte, gesellige Gelegenheitsgedicht ebenso wie auf die Versepistel, die gelegentlich von einem gereimten Leitartikel zu Tagesfragen nicht allzuweit entfernt ist. Die Spannweite seiner Ausdrucksmöglichkeiten schließt das einfache Liebesgedicht ebenso mit ein wie die feierliche Meditation.

Bei allen proteischen Wandlungen gewann Auden im Bewußtsein seiner Zeitgenossen ein eigenes Profil. Seit den dreißiger Jahren gehört die Diktion, die mit dem Adjektiv »Audenesque« gekennzeichnet wird, zum festen Bestand der modernen englischen Dichtung. Auden verwendet die sprachlichen Mittel nicht nur um darzustellen, sondern auch um zu demonstrieren, zu erläutern, zu analysieren und zu warnen. Wenn es ein Schlüsselwort gibt, um das Audens Spiel- und Wissenstrieb unablässig kreiste, so ist es das Wort »love«, das er in seiner Dichtung auf stets neue Weise auslegte: auf die marxistische und freudianische Deutung folgte schließlich eine anglikanische. Immer aber blieb in diesem Wort eine eigenständig humanistische Bedeutungskomponente erhalten, die nur von der Person des Autors und seinem Willen zur kreativen, von skeptischer Kritik stets begleiteten Selbstentfaltung her zu verstehen ist.

Im Kreise von Audens Freunden war Louis MacNeice die stärkste dichterische Begabung. Insbesondere in seiner frühen Lyrik liebte er den trocken-ironischen Ton und die kolloquiale Ausdrucksweise. Er besaß ein feines Ohr für die Rhythmen der gesprochenen Sprache und bezog oft mit spielerischem Vergnügen den Wortschatz der verschiedenen Gebiete des modernen Lebens, der Wissenschaft, des Films, der Werbung und der Politik, in seine lyrische Diktion ein. MacNeice mied den manieristischen Stil, weil er sich – wie Wordsworth – als Dichter verstand, der die Sprache des »gemeinen Mannes« sprechen möchte und der alle formenden Eingriffe nur vornimmt, um die Wirkung der tatsächlich gesprochenen Sprache zu intensivieren. Freilich ist auch bei ihm – wie bei Day Lewis und Spender – immer wieder die Tendenz zu beobachten, sich in einen privaten Bereich zurückzuziehen und sich damit von der Sprache der Öffentlichkeit zu distanzieren. Dabei gelingen ihm Gedichte von höchster lyrischer Reinheit und Zartheit. Um diesen eigentümlichen Lebensrhythmus der Hingabe an das öffentliche, gesellschaftliche Leben und des Sich-Zurückziehens in eine Sphäre privater Abgeschlossenheit kreisen auch einige seiner späten Gedichte, so die »Memoranda to Horace« in dem 1963 posthum erschienenen Band *The burning perch*.

Kosmische Dichtung

Satirisch-zeitkritische Gedichte verfaßte auch D. H. Lawrence, der sowohl in den Anthologien der *Georgian poets* wie der Imagisten vertreten ist, sich aber zugleich auch einen eigenen Standpunkt außerhalb dieser Bewegungen bewahren konnte. Wie in seinen Romanen versucht er auch in seinen Gedichten, das Pulsieren des Lebensstroms in Pflanze, Tier und Mensch zu erfassen und darzustellen. In immer neuen Anläufen strebt er nach dem momentanen Kontakt mit dieser nicht versiegenden, sich stets erneuernden Kraft, die für ihn identisch ist mit dem Göttlichen. Die moderne Naturwissenschaft und Technik mit ihrem Anspruch auf Beherrschung und Ausbeutung der Natur zerstören nach Lawrence die kosmischen Zusammenhänge, in denen der Mensch ehedem stand. Mit den satirischen Gedichten möchte Lawrence in seinen Zeitgenossen das Bewußtsein für die Irrtümer wecken, denen die Menschen durch blinde Verehrung von Maschine und Technik verfallen sind. Er nimmt mit seiner sozialkritischen Lyrik bewußt eine Tradition wieder auf, die in der Vorromantik bereits bei Blake anzutreffen ist. Er verzichtet jedoch anders als dieser bei seiner Hinwendung zu Tier und Pflanze auf ein eigenes mythologisches System und setzt sich seinen Beobachtungen und Erfahrungen unmittelbar aus, um den Pulsschlag des Lebens so rein wie möglich zu erfassen und nachzuerleben.

Wie in der Prosa meidet Lawrence auch in der Lyrik die subtilen technischen Experimente seiner avantgardistischen Zeitgenossen: Während Pound und Eliot durch Masken, »personae«, sprechen, bevorzugt er die unverstellte Konfrontation des lyrisch-autobiographischen Ich mit der Wirklichkeit. Seine Verwendung des *free verse* geht sowohl auf die Imagisten als auch auf Walt Whitman zurück, daneben ist die Einwirkung der biblischen Diktion auf seine Verssprache nicht zu verkennen. Überzeugend wirken die freien Verse dann, wenn die in der Natur beobachteten Rhythmen – wie etwa die verschiedenen, augenblicksgebundenen Regungen eines Schlangenkörpers – durch die Wahl der sprachlichen Mittel, durch jeweils neue Kadenzen und durch das überlegte Einsetzen von Zäsuren nachgebildet werden.

Dylan Thomas, der 1934, d.h. vier Jahre nach dem Tod von D.H. Lawrence, seinen ersten Gedichtband veröffentlichte, war für seine Zeitgenossen ein Beweis dafür, daß das vollblütige Leben eines Vaganten auch in einer modernen Industriegesellschaft immer noch ungehemmt zur Entfaltung kommen konnte. Wer sich mit Dylan Thomas' Werk und seinen Äußerungen über sein dichterisches Schaffen befaßt, stellt bald fest, daß der erste Eindruck eines naiv-unreflektierten Dichtens trügt. Seine Art zu dichten läßt sich als eine Synthese aus mehreren Traditionssträngen deuten. Die Lust, mit dem sprachlichen Reichtum der englischen Dichtung zu spielen, erinnert an den Anglo-Iren James Joyce. Darüber hinaus zeigt Thomas insbesondere in der Handhabung der lyrischen Syntax eine starke Affinität zu Gerard Manley Hopkins: Mit einer geballten, expressiven Wucht, wie sie im viktorianischen Zeitalter bei keinem anderen Lyriker anzutreffen ist, sprengte Hopkins das eingefahrene, rational kontrollierte Gefüge der lyrischen Diktion, gebrauchte kühne Inversionen und elliptische Konstruktionen und verwandte die Polysemie einzelner Wörter oder auch deren potentielle syntaktische Polyvalenz, um bestürzenden Visionen Ausdruck zu verleihen. In der Verknüpfung von Alliteration und Binnenreim werden bei Hopkins alte Muster der keltischen Tradition sichtbar, und es ist nicht verwunderlich, daß auch der Waliser Dylan Thomas sich diese Ausdrucksmittel zu eigen machte.

Bei Dylan Thomas gewinnt die lyrische Diktion etwas von dem Wohlklang, der sinnlichen Kraft und der intellektuellen Gespanntheit zurück, die nicht nur bei Hopkins, sondern auch bei den *Metaphysicals* anzutreffen waren (wie viele seiner Zeitgenossen war auch er von John Donne fasziniert). Allerdings beruft sich Thomas im Gegensatz zu Donne und Hopkins nicht auf ein theologisch durchgeformtes Weltbild. Er ist kein theologischer, sondern eher ein religiöser Dichter, der mit Bildern und Symbolen aus der christlichen Tradition Themen und Motive verband, die er aus Freuds und D. H. Lawrences Werken aufnahm. Durchgehend hält er in allen seinen Dichtungen an der Vorstellung von der Einheit und Ungeteiltheit allen Seins, der Einheit von Leben und Tod fest.

Während er in den frühen Gedichten, in *Eighteen poems* (1934) und *Twenty-five poems* (1936) das sexuelle Element stark betont und metrische, rhythmische, semantische und syntaktische Effekte derart häuft, daß das einzelne Gedicht allzu dunkel wird und an Verständlichkeit einbüßt, sind seine letzten Werke (*Deaths and entrances* 1946) von großer künstlerischer Ausdruckskraft und formaler Vollendung. Die souveräne Beherrschung der Ausdrucksmittel spiegelt sich in einer heiteren Entspanntheit und Gelassenheit. Die Textur der Gedichte weist zwar noch alle Elemente des manieristischen Frühstils auf, jedoch sind sie sparsamer eingesetzt und werden durch eine klare und transparente Gesamtstruktur zusammengehalten. Der lyrische Rausch wird jetzt beherrscht von einem hellen, wachen (Kunst-)Verstand. Dylan Thomas erweiterte in seiner Dichtung die Perspektive, die in der politisch engagierten Lyrik der dreißiger Jahre vorherrschte: Gewiß richtet er, insbesondere in Gedichten wie »A refusal to mourn«, »Ceremony after a fire raid« oder »Among those killed in the dawn raid was a man aged a hundred«, auch den Blick auf das Schicksal der Menschen im Alltag des Zweiten Weltkrieges, aber stets ordnet er das Leben des einzelnen Menschen in übergreifende geschichtliche und kosmische Vorgänge ein. Am eindrucksvollsten ist ihm dies in »Poem in October« und »Fern Hill« gelungen.

Diese Ausweitung der Perspektive, die bei Dylan Thomas durch eine barocke Bildersprache signalisiert wird, ist auch für Dichter wie Vernon Watkins, George Barker und David Gascoyne kennzeichnend, die in den vierziger Jahren die literarische Szenerie in England mitbestimmten. Sie standen unter dem Einfluß des französischen Surrealismus und strebten wie Dylan Thomas nach einer alogischen Traumdichtung; sie orientierten sich nicht nur an Freud, sondern auch an den Lehren C. G. Jungs. Das Symbol war für sie die zentrale Formkategorie, weil es die Wirklichkeitszusammenhänge aufschließt und Sinnbezüge zwischen den individuellen und den im kollektiven Unbewußten gespeicherten Erfahrungen des Menschengeschlechts herstellt.

Von den Dichtern des *Movement* bis zur Gegenwart

Nach dem Abklingen der erschütternden Auswirkungen des Zweiten Weltkrieges suchte die junge Generation der Lyriker eine eigene, neue Sprache, die ihrer Abneigung gegen eine allzu vage Religiosität und gegen eine Übersteigerung aller Emotionalität sowie ihrer kritischen Skepsis Ausdruck verleihen konnte. Diese Generation sah in William Empsons Sprache, seiner trocken-ironischen Tonart und ihrer intellektuellen Brillanz das ihr gemäße Vorbild. (Empsons erster Gedichtband war 1935, seine *Collected poems* waren 1955 erschienen.) Sehr starke, von Empson ausgehende Einflüsse nahm Geoffrey Hill auf, der von Kritikern gelegentlich als der »originellste« und »schwierigste« der in England zur Zeit publizierenden Lyriker bezeichnet worden ist. Ironie, Ambiguität und Komplexität sind für Hill jedoch mehr als nur spielerisch gehandhabte Ausdrucksmittel: Er versteht sie als Instrumente, die er benötigt, um über das Verhältnis des Menschen zur Geschichte, zu Macht, Liebe, Zeit und Tod reflektieren und die spannungsreiche Wirklichkeit menschlichen Erlebens angemessen artikulieren zu können.

An Empson schulten sich auch die Autoren, die in der von Robert Conquest 1956 edierten Anthologie *New lines* veröffentlichten und die als *Movement* bekannt wurden. Zu dieser Gruppe gehörte Donald Davie, der in seinen Anfängen den Kunstwerkcharakter des lyrischen Gedichtes sehr stark betonte. Die besten seiner Gedichte in dem Band *Brides of reason* (1955) zeichnen sich durch eine klare, genaue und beherrschte

Diktion, eine urbane Eleganz in der Versbewegung, im Rhythmus und im Aufbau der Argumentation und schließlich durch eine ironisch-witzige, anspielungsreiche Bewältigung des Sujets aus. Auch bei Thom Gunn hat die Kritik von einer klassisch-ausgewogenen Formkunst und von einer Beherrschung der Ausdrucksmittel gesprochen, die an die Literatur des 17. und 18. Jahrhunderts denken läßt. Im Laufe seiner Entwicklung wandte er sich dem silbenzählenden Versmaß zu, das ihm gestattet, innerhalb eines Verses bei gleichbleibender Silbenzahl eine variable Anzahl von Silben zu akzentuieren und so dem kolloquialen Tonfall in der Diktion größeren Spielraum zu gewähren. Thom Gunn wurde in seiner Entwicklung als Lyriker wesentlich durch seinen Aufenthalt an der Stanford University gefördert, wo er dem amerikanischen Kritiker Yvor Winters begegnete. Die Lyrik, die Gunn unter dem Einfluß dieses Kritikers schrieb, ist in ihren reifsten Texten ein origineller Ausdruck des modernen Rationalismus und Empirismus.

Die gleiche rationalistisch-empirische Einstellung ist auch bei Philip Larkin zu beobachten, der 1950 feststellte: »I write poems to preserve things I have seen/thought/felt (if I may so indicate a composite and complex experience) both for myself and for others, though I feel that my prime responsibility is to the experience itself, which I am trying to keep from oblivion for its own sake. Why I should do this I have no idea, but I think the impulse to preserve lies at the bottom of all art.« Larkins Gedichte wurden deshalb in den fünfziger Jahren von den Angehörigen seiner Generation so hoch bewertet, weil in ihnen die Realität der Nachkriegsjahre in einer Auswahl treffender Details wiederzufinden war, so etwa wenn er in »Whitsun weddings« von »[...] cafés/And banquet-halls up yards, and bunting-dressed/Coach-party annexes [...]« spricht oder wenn er aus der Perspektive der Neuvermählten die Landschaft skizziert, die sie vom Zug aus auf der Fahrt nach London wahrnehmen: »An Odeon went past, a cooling tower,/And someone running up to bowl [...].« Larkin erfaßt mit der Fassade des Alltagslebens stets auch die innere Einstellung, die für viele Zeitgenossen in den fünfziger Jahren kennzeichnend war: eine kritisch-skeptische Distanz zur Tradition, eine gemäßigt agnostische Haltung zu religiösen Fragen, wofür »Church going« das prägnanteste Beispiel ist.

In den siebziger Jahren (etwa in *High windows* 1974) rückten Themen wie Scheitern, Enttäuschung, zeitlicher Wandel, Zerfall und Tod noch deutlicher in den Vordergrund. Larkin behandelt diese Themen in einer sehr kühlen, distanzierten Weise, mit sicherem Gespür für das treffende Wort, den rechten Ton und die wirkungsvolle Kadenz. Die Schwermut, die aus seinen Gedichten spricht, wird dadurch noch verstärkt, daß die formale Bewältigung des Themas Vergänglichkeit niemals in einer schöpferisch-trotzigen Gebärde erfolgt wie etwa in der Renaissancelyrik, in der bei aller Todesgewißheit – etwa in Shakespeares Sonetten – immer auch die Überzeugung zum Ausdruck gebracht wird, daß das Gedicht kraft seiner Formkunst den vergänglichen Augenblick überdauern wird.

Scharfe Kritik am *Movement* übte Charles Tomlinson, der dieser Gruppe provinzielle Enge und Verarmung vorwarf und für eine Weiterentwicklung der symbolistischen Tradition, insbesondere Eliots und Ezra Pounds, eintrat. Der Titel des Gedichtbandes *Seeing is believing* (1960) ist aufschlußreich: Tomlinson ist ein stark visuell begabter Lyriker, bei dem die kontemplative Haltung vorherrscht. Er beobachtet die Natur in Ruhe und Gelassenheit, mit Genauigkeit und äußerster Konzentration. Sein Ziel ist es, die Dinge in ihrer spezifischen Eigenart und Einmaligkeit zu erfassen. Die visuelle Konfrontation mit der Wirklichkeit wird für Tomlinson zu einem erkenntnistheoretischen Problem, das er von Gedicht zu Gedicht immer wieder umkreist. Da sich die Wirklichkeit nicht als eine konstante Größe betrachten läßt, versucht Tomlinson den einzelnen Dingen dadurch näherzukommen, daß er sie miteinander vergleicht, Kontraste ermittelt und ihre räumlichen und zeitlichen Beziehungen aufweist; der Titel seines ersten Gedichtbandes *Relations and contraries* (1951) hat somit programmatische Bedeutung. In gleicher Weise läßt sich auch der einzelne Beobachter nicht als eine unverrückbare Norm verstehen, vielmehr prägt seine geistige und seelische Eigenart das Bild der Wirklichkeit, das in ihm aus dem Zusammenwirken von sinnlicher Wahrnehmungsfähigkeit, Einbildungskraft und geistigem Vermögen entsteht. Die Gedichtfolge »Under the moon's reign« (in *The way in and other poems* 1974) läßt erkennen, daß Tomlinson bei den Reflexionen, die durch die Betrachtung der Wirklichkeit ausgelöst wurden, mit innerer Notwendigkeit auch jenen Punkt erreichte, an dem der Unterschied zwischen der Natur und dem Menschen hervortritt und damit auch die Grenzen der künstlerischen Weltsicht und einer durch die Kunst ermöglichten Weltorientierung sichtbar werden. Das letzte Gedicht dieser Gedichtfolge, »After a death«, zielt nicht nur auf poetologische Fragen und nicht nur auf eine Verdeutlichung der Realitätsstruktur ab. Tomlinson stellt hier vielmehr einen durchgängigen Prozeß der Meditation dar, der die Spannung zwischen Kunst und Wirklichkeit in den übergreifenden Zusammenhang von Leben und Tod einbezieht und den Wert und die Leistung der Poesie angesichts des Erlebnisses menschlicher Vergänglichkeit kritisch zu erfassen versucht.

Knüpfte Tomlinson an die Tradition »moderner« Dichtung an, wie sie durch Eliot und Pound vertreten wurde, so kann Ted Hughes, die originellste Begabung unter den englischen Lyrikern der drei letzten Jahrzehnte, als ein Autor verstanden werden, der die Naturlyrik im Stil von D. H. Lawrence weiterentwickelte. Ein wesentlicher Unterschied ist jedoch nicht zu übersehen: Läßt sich Lawrences dichterische Weltsicht mit dem Stichwort »vitality« charakterisieren, so sind bei Ted Hughes eher Begriffe wie »brutality«, »violence« oder »savagery« angebracht. Alles Leben scheint in seiner Lyrik unter dem Vorzeichen der Gewaltsamkeit zu stehen. Ted Hughes sieht – wie in »The bull Moses« – im Tier unheimliche Kräfte, erfaßt seine Stärke und spürt intuitiv auch die Gefahr, die von ihm ausgehen kann. Er versucht, sich in das Tier hineinzuversetzen und alle Wahrnehmungsschemata, die die Leser traditionellerweise an solche Lebewesen herantragen, als fragwürdig erscheinen zu lassen. Aber er kann sich letztlich doch nicht völlig freimachen von der Beobachterperspektive, die er mit seinen Lesern teilt.

Die Vehemenz von *The hawk in the rain* (1957) wurde in *Lupercal* (1960) gedämpft. In *Wodwo* (1967) verstärkt sich der Eindruck, daß der Mensch destruktiven Kräften im gesamten Universum ausgesetzt ist, bis schließlich in *Crow* (1970) mit dem Titelhelden eine Gestalt in den Mittelpunkt rückt, die im Sinne eines manichäischen Weltbildes eine mythische Verkörperung des permanenten Widerspruchs gegen den christlichen Gott darstellt. Für die Gestalt des Crow fand Hughes Anregungen in mythologischen Erzählungen über die Figur des Tricksters, die häufig in nordamerikanischen Indianermärchen anzutreffen ist, die aber auch an den griechischen Gott Hermes und den nordischen Gott Loki erinnert. Der Trickster, ein proteisches, ambivalentes, dämonisches Wesen, ist die beständige Herausforderung für alle, die Grenzen verfechten, Tabus respektieren, Ordnungen verteidigen, aber auch eine Gestalt, die die moderne Naturwissenschaft und Technologie in ihren fragwürdigen Aspekten entlarven kann. Dennoch ist dieser Gedichtband mehr als nur eine groteske Apokalypse. In dem Gedicht »Littleblood« klingen geradezu hymnische Töne an, und die Wirklichkeit erscheint als eine in sich ruhende Gegebenheit, die weder das Produkt eines widergöttlichen Spieltriebs ist, noch das Produkt eines Schöpfergottes, sondern der Ausdruck des Lebensprinzips, des *élan vital*, über dessen Ursprung die philosophische Reflexion und auch die poetische Imagination nichts auszumachen vermögen. Gedichtbände wie *Season songs* (1976), *Gaudete* (1977) und *Under the north star* (1981) bringen diesen Aspekt der Realität verstärkt zur Geltung.

Zur gleichen Zeit, in der sich Ted Hughes' dichterische Entwicklung vollzog, entfaltete sich in Wales, Schottland und Irland eine vielgestaltige zeitgenössische Lyrik, die zusammen mit den Werken, die in England erschienen, den Leser daran erinnert, daß das Horazsche Prinzip des »aut delectare aut prodesse« auch heute noch in abgewandelter Form seine Gültigkeit besitzt. Der Lyrik, die den sozialen und politischen Wandlungen nachgeht, engagiert dazu Stellung nimmt und damit der zeitgenössischen Gesellschaft »nützen« möchte, ist eine Lyrik gegenüberzustellen, die (als konkrete Poesie) mit Laut und Buchstabe spielt und den Leser »unterhalten«, ihm Vergnügen bereiten möchte. Zu diesem zweiten Typus zeitgenössischer Lyrik zählen Gedichte von Edwin Morgan, mit dessen »Summer haiku« dieser Überblick abgeschlossen sei:

Pool.
Peopl
 e plop!
Cool.

(E)

Drama

Mittelalter

Im Mittelalter war die Kenntnis griechischen Theaters weithin geschwunden. Anders stand es mit den lateinischen Autoren: Man las die Komödien von Terenz und Plautus (diesen allerdings seltener), und man kannte auch die Tragödien Senecas, aber von den Theaterverhältnissen der römischen Zeit hatte man keine oder nur unzureichende Vorstellungen. Eine Verbindung zwischen der Antike und dem Mittelalter im Bereich des Theaters bildeten die Mimen, die am Hof wie auf dem Jahrmarkt für Unterhaltung sorgten. Bei der Vielgestaltigkeit des Mimentheaters lassen sich kaum Abhängigkeitsverhältnisse zwischen den verschiedenen Formen primitiven Spiels ermitteln, aber Elemente der Schauspielkunst wurden sicherlich von den Mimen über die Jahrhunderte hinweg weitergereicht. Einen Einblick in ihre einfache Kunst liefert das nordhumbrische Fragment *Interludium de clerico et puella*, in dem ein Kleriker ein Mädchen zur Liebe zu überreden versucht. Zu den volkstümlichen Bräuchen, die in einfacher Weise dramatische Techniken benutzen, gehören der Schwerttanz, in dem eine Enthauptung und eine Wiedererweckung dargestellt werden, und das *Mummers' play*, dem das gleiche Motiv Tod und Wiedererweckung zugrunde liegt.

Das geistliche Spiel, der eigentliche Kern des mittelalterlichen Dramas, ging aus der Osterliturgie hervor, aus dem Tropus:

> Quem quaeritis in sepulchro, o Christicolae?
> Jesum Nazarenum crucifixum, o caelicolae.
> Non est hic. Surrexit sicut praedixerat;
> Ite, nuntiate quia surrexit de sepulchro
> *Resurrexi.*

Er stellt einen Dialog zwischen den drei Marien, die zum Grab Christi gegangen sind, und dem Engel dar, der dieses Grab bewacht. Ein dramatisches Spiel kam erst zustande, als dieser dialogisch vorgetragene Tropus mit einer kultisch-symbolischen Handlung, der *visitatio sepulchri*, verbunden wurde, einer

Zeremonie, die sich im Laufe des Mittelalters zusammen mit den Zeremonien der *adoratio*, *depositio* und *elevatio crucis* herausbildete. Kostüm, Ort, Gebärden und Handlungen hatten insgesamt einen symbolisch verweisenden Charakter und wurden noch nicht imitativ-realistisch verstanden. Was die Zuschauer sahen und hörten, deutete auf die Auferstehung hin.

Diese Kernszene wurde durch Szenen des Ostergeschehens ergänzt; so durch den Apostelwettlauf (nach Joh. 20, 3 u. 4), die Marienklagen, die Begegnung Christi mit Maria Magdalena, die Szene mit dem ungläubigen Thomas und die Mercator-Szene, die vom Salbenkauf handelt und die einen Beleg für einen aufkommenden Realismus darstellt.

Das Weihnachtsspiel, das (später) parallel zum Osterspiel entwickelt wurde, ging aus dem Tropus »Quem quaeritis in praesepe, pastores, dicite« hervor. Die Krippe entspricht dem Grab des Osterspiels, die Hirten den Marien, die Hebammen den Engeln; die Menschwerdung Christi ist das thematische Zentrum und erfüllt die Funktion, die die Nachricht von der Auferstehung im Osterspiel hat. Zu dem Hirtenspiel wurden alsbald ein Magierspiel, Herodes-Szenen, ein Prophetenspiel und – in Verbindung mit der Adventsliturgie – ein Spiel von den törichten und klugen Jungfrauen hinzugefügt.

Die geistlichen Spiele waren in lateinischer Sprache geschrieben – nur in einzelnen Fällen meldete sich die Volkssprache zu Wort. Sie wurden in der Kirche aufgeführt und standen in Beziehung zur Liturgie. Im 14. Jahrhundert bildete sich ein neuer Dramentypus heraus, der Mysterienzyklus genannt wird. Da sich die Bezeichnung für diese Spiele ursprünglich nicht von »mysterium«, sondern von »ministerium« (»officium«) ableitet, bevorzugen einige Dramenhistoriker die Schreibung »Misterienzyklus«. Die Voraussetzung für die Entstehung dieser Zyklen war die Einsetzung des Fronleichnamfestes durch Papst Urban IV. im Jahre 1264. Seit 1311 wurde dieses Fest regelmäßig gefeiert, und die Mysterienzyklen bildeten offenbar einen Teil der Prozession, bei der sie auf fahrbaren Bühnenwagen aufgeführt wurden. Da aber die Spiele von dem unmittelbaren religiösen Anlaß ablenken konnten, wurden Prozession und Aufführung des Zyklus voneinander getrennt.

Der älteste der erhaltenen englischen Zyklen, der Chester-Zyklus, wird um 1350 oder um 1375 datiert. Auch die *York plays* werden um die Mitte des 14. Jahrhunderts angesetzt. Ein Teil dieser Spiele wurde in den Towneley-Zyklus übernommen, der im letzten Jahrzehnt des 14. Jahrhunderts entstanden sein dürfte und der einige neue, künstlerisch wertvolle Spiele aufweist. In das 15. Jahrhundert gehört das *Ludus Coventriae*.

Gemeinsam ist diesen Zyklen das strukturelle Grundgerüst: Sie vermitteln in einer Reihe von Episoden eine Vorstellung von der Menschheits- und Heilsgeschichte, von der Schöpfung und dem Sündenfall über die Menschwerdung Gottes bis zum Endgericht. Die einzelnen Szenen wurden bestimmten Gilden zugewiesen (etwa die Szene mit der Arche Noah den Schiffsbauern), die für die Inszenierung verantwortlich waren. Die Aufführungen fanden entweder auf den fahrbaren Wagen statt, die an bestimmten Stellen der Stadt anhielten, oder aber an einem Ort (etwa auf dem Marktplatz), wo Schauspieler auf und vor dem Spielgerüst agierten. Die Spiele wurden von den Stadtverwaltungen überwacht, die Leitung eines Spieles war einem Bürger übertragen, der alle Aufgaben eines Regisseurs zu erfüllen hatte. Bühnenanweisungen gewähren Einblicke in den Inszenierungsstil und die Spielweise. Für die Rolle Gottes ist beispielsweise stets das »clamare« vorgeschrieben. Rechnungsbücher geben Aufschluß über die Kostüme und über die Gage von Schauspielern; so wurde der Darsteller von Gottvater mit 3 shillings, 4 pence entlohnt.

Trotz gleicher dramaturgischer Grundkonzeption unterscheiden sich die einzelnen Spiele voneinander. Sie lassen erkennen, wieviel Spielraum bei stofflicher Gebundenheit der künstlerisch-dramaturgischen Phantasie blieb. Der Chester-Zyklus hat ein moraltheologisch-lehrhaftes Gepräge, das in der Gestalt des Expositor seinen deutlichen Ausdruck findet, der – wie ein Spielleiter auf der modernen Bühne – das Geschehen interpretiert und dabei mehr einen predigerhaften denn einen prophetenhaften Ton anschlägt. Der Expositor schafft eine »Geschlossenheit der Spielsphäre« (Hans-Jürgen Diller), die das Publikum Abstand zu dem dargestellten Geschehen gewinnen läßt, während in den übrigen Stücken oft gerade die Nähe gesucht wird. Eine gewisse Monotonie ist dem Chester-Zyklus dadurch eigen, daß er durchgehend in einer achtzeiligen Strophe, der »erweiterten Schweifreimstrophe« geschrieben ist, während die übrigen Zyklen eine große Variationsbreite in der metrischen Reimtechnik aufweisen. Als Beispiel sei hier nur die Strophe genannt, derer sich der Wakefield Master im *Secunda pastorum* bedient: ab ab ab ab^2 c^1 ddd^2 c^2. Dadurch, daß eine solche Strophe nicht immer auf einen Sprecher festgelegt ist, sondern auf das Wechselgespräch zwischen mehreren Personen verteilt sein kann, gewinnt das Spiel seine besondere Lebendigkeit.

Künstlerisch vielfältiger ist der York-Zyklus, in dem Spiele, die verschiedenen Entstehungsgeschichten zuzuordnen sind, zu einer dramatischen Einheit zusammengeschlossen wurden. Hervorzuheben ist einerseits die komisch-realistische Schilderung der Streitereien zwischen Noah und seiner Frau: Sie erinnert an die Gattung des Fabliau, die Chaucer aus der französischen Literatur übernahm und beispielsweise als Vorbild für die Erzählungen des Müllers und des Verwalters benutzte. Andererseits sind die Josephsszenen, die anderen Verfassern von Mysterienzyklen Anlaß gaben, das Publikum mit einer Komödie über den betrogenen Ehemann zu unterhalten, mit viel Takt und psychologischem Einfühlungsvermögen geschrieben. Der Verfasser der Josephsszenen im York-Zyklus läßt den Zuschauer den menschlichen Konflikt Josephs nacherleben, in dem im Umriß Züge einer unauflösbaren tragischen Spannung wahrzunehmen sind. Dieser Sinn für die psychologische Vertiefung einzelner Charaktere ist auch für die Porträtierung der Judas-Gestalt kennzeichnend, die zusammen mit Satan, Kain und Herodes zu den dramaturgisch ergiebigsten Rollen auf der mittelenglischen Mysterienbühne zählte.

Die Kreuzigungsszene in den *Towneley plays* zeigt, zu wieviel Grausamkeit und Härte mittelalterliche Dramatiker fähig waren. Henker und Folterknechte gehen an die Kreuzigung Christi mit solcher handwerklichen Nüchternheit und Brutalität heran, daß man von einem mittelalterlichen »theatre of violence« sprechen kann. Daß diese Grausamkeit kein vereinzelter Zug der Kunst wie des Alltagslebens war, daß sie keine Grenzen kannte, wenn eine »gerechte« Strafe vollzogen werden sollte, hat Johan Huizinga in seinem *Herbst des Mittelalters* herausgearbeitet. Ein derber bäuerlicher Realismus tritt in den *Towneley plays* in der Charakterisierung von Kain als einem geizigen Bauern zutage. Dazu kommen sozialkritische Passagen in den Auftritten des Pilatus. Den künstlerischen Höhepunkt dieses Zyklus stellt das zweite Hirtenspiel dar, das die sozialen Nöte der Landbevölkerung bereits in den ersten Strophen anklingen läßt, das aber die Diebeskomödie des Schafhirten Mak in den Mittelpunkt rückt. Ländlicher Aberglaube und christlicher Glaube, weltlicher Trug und überirdische, göttliche Wahrheit werden in diesem Weihnachts- und Hirtenspiel einander gegenübergestellt, ohne daß die Leichtigkeit des Spiels durch den theologischen Gehalt beeinträchtigt würde.

Der *Ludus Coventriae* ist der theologisch anspruchsvollste Mysterienzyklus. Er ist nicht – wie ursprünglich angenommen – in Coventry entstanden, sondern in Lincoln, einer Stadt besonderer Marienverehrung, denn das Geschehen um Maria ist hier in mehreren Spielen dramaturgisch breit ausgebaut. Ähnlich wie im Chester-Zyklus deutet ein Kommentator das Geschehen theologisch-dogmatisch. Der gewandelte künstlerische Geschmack zeigt sich in der Verwendung allegorischer Figuren wie Justitia, Vanitas, Misericordia und Pax. Dieselben Figuren erscheinen zwar in der epischen Literatur in Langlands *Piers Plowman* (am Ende von *Dobet*), aber im Drama ist diese Technik der Figurenzeichnung in den früh zu datierenden Zyklen nicht anzutreffen, während in den im 15. Jahrhundert beliebten Moralitäten allegorische Personifikationen auf der Bühne agieren.

Die sogenannten »Mirakelspiele« sind in England nur spärlich vertreten. Meist wurden sie als »dramatische Darstellung des Lebens oder des Martyriums eines Heiligen« definiert (Hans-Jürgen Diller). Neuerdings ist man der Auffassung, daß »ein unbekannter Sünder« im Zentrum des Mirakelspiels steht und daß Gottes Macht und seine Gnade den Zuschauern ins Bewußtsein gebracht werden sollen. So handelt das *Croxton play of the sacrament* (aus dem 15. Jahrhundert) von dem Schicksal eines Juden, der versucht, die Transsubstantiationslehre zu widerlegen. Da es zu dieser Zeit nur wenige Juden in England gab, konnte dieses Stück gegen die Lollarden, die Anhänger Wyclifs, und deren Kritik an der Transsubstantiationslehre gerichtet gewesen sein. Die polemische Tendenz ist deutlich zu erkennen.

Die beiden Stücke *The conversion of Saint Paul* und *Mary Magdalene* stehen zwischen dem Mirakelspiel und der Moralität. *The conversion of Saint Paul* folgt der Apostelgeschichte 9, 1–27, bietet aber den Stoff so vereinfacht dar, daß der Sprecher des Epilogs sich dafür entschuldigt. Farbiger ist *Mary Magdalene*. Hier wird eine Vielzahl von Schauplätzen ins dramatische Geschehen einbezogen. Die Darstellung des sündhaften Lebens Maria Magdalenas, ihres Ganges in die Welt und der Versuch der widergöttlichen Mächte, die Seele der Protagonistin zu gewinnen, erinnern an Formelemente und Themen der Moralitäten.

Neben den Mysterienzyklen entwickelte sich im ausgehenden Mittelalter die Moralität als zweiter dramatischer Haupttypus. Gehen die Mysterien von den alt- und neutestamentlichen Berichten aus, so setzen die Moralitäten die Moraltheologie des Mittelalters und die *Psychomachie* des Prudentius, eine christlich-allegorische, lateinische Dichtung aus dem Jahr 405, voraus. Es geht um den Grundkonflikt zwischen Gut und Böse, um das Schicksal der Seele, die zwischen Tugend und Laster zu wählen hat und sich von den Mächten der Versuchung täuschen läßt. In den Moralitäten waltet über allem Geschehen ein barmherziger Gott. Erst in den Interludien des 16. Jahrhunderts wird – im Zeitalter der Reformation und der theologischen Auseinandersetzungen – vom zürnenden Gott gesprochen, der in seiner Gerechtigkeit den verstockten Sünder verdammt. Für die Struktur der Moralitäten sind drei Kernszenen von Bedeutung: der Konflikt zwischen Tugenden und Lastern; das Herannahen des Todes und die Debatte zwischen den vier Himmelstöchtern Veritas und Justitia (die den Gerechtigkeitsstandpunkt akzentuieren) sowie Pax und Misericordia (die von Liebe, Güte, Barmherzigkeit und Gnade sprechen).

Die umfangreichste Moralität aus spätmittelenglischer Zeit ist *The castle of perseverance* (frühes 15. Jahrhundert). Ein Bühnenplan ist erhalten, nach dem man Bühnenverhältnisse und Aufführungsstil rekonstruiert hat. Es ist von einer Rundbühne auszugehen, in deren Mitte auf einer freien Spielfläche (*platea*) ein Holzgerüst stand. Es symbolisierte das Schloß der Beharrlichkeit, in dem sich der Held, Humanum Genus, aufhielt, bevor er seinen Gang in die Welt antrat. Auf der Zuschauertribüne befanden sich einzelne Spielstände: Deus im Osten, Mundus (zusammen mit Voluptas, Stultitia und Garcia) im Westen. Im Norden lag der Spielstand von Belial, dem Superbia, Ira und Invidia zur Seite standen; auf dem Spielstand von Caro im Süden hielten sich auch die Todsünden Gula, Luxuria und Accidia auf. Wenn im Nordosten ein besonderer Spielstand für Coveteyse (Avaritia) eingerichtet war, so entsprach dies spätmittelalterlicher Mentalität: Sie galt im 14. und 15. Jahrhundert als erste Todsünde. Darin spiegelt sich die Problematik, die mit der starken Entfaltung einer im weitesten Sinne »bürgerlichen« Mentalität alle Bereiche des Lebens erfaßte. In dieser Moralität steht der Protagonist für den einzelnen Menschen und für das Menschengeschlecht; die Tugenden und Laster verdeutlichen Möglichkeiten des menschlichen Verhaltens, und an der Glaubensgewißheit, daß es eine Erlösung gibt, wird nicht gezweifelt. Dieses Spiel zeigt zugleich, daß die Technik der allegorischen Personifikation sich anbot, wenn die moraltheologischen Konflikte dargestellt werden sollten, denen das Menschengeschlecht insgesamt ausgesetzt ist.

In der (möglicherweise ältesten, aus der Mitte des 14. Jahrhunderts stammenden) Moralität *The pride of life* ist der Held ein König. Er ist als Rex Vivus eine Personifikation des Stolzes und eines blinden Vertrauens auf die Lebenskraft, die sich gegenüber dem herannahenden Tod nicht zu behaupten vermag. Ganz anders ist die Atmosphäre in der bekanntesten spätmittelalterlichen Moralität, dem *Everyman*, der kurz vor 1500 in englischer Fassung erschien, vermutlich eine Übersetzung des holländischen *Elckerlijc*. Hier ist der Held ein in der Todesstunde von allen Freunden und Verwandten verlassener Kaufmann, dem auch irdischer Besitz (*goods*) nichts nützt. Nur die innere Wandlung Everymans ermöglicht seine Rettung. Diese Moralität zeigt, wie stark inzwischen weltliches Besitzstreben, repräsentiert durch den bürgerlichen Kaufmannsstand, in die Erörterung des menschlichen Schicksals vor einem moraltheologischen Hintergrund eingedrungen war.

Mankind (1465/70) knüpft als Moralität stark an das bäuerliche Milieu an und schreckt vor derb-komischen und obszönen Reden nicht zurück, ohne dabei die moraltheologische Intention zu vergessen. In *Mind, will and understanding*, auch unter dem Titel *Wisdom, who is Christ* bekannt, nutzt der Verfasser die Perversion der drei Seelenkräfte Memoria, Voluntas und Intelligentia, die die Menschen hochmütig, wollüstig und geizig werden läßt, zu sozialkritischen Angriffen auf die Zeitgenossen, auf den Adel wie auf die Richter.

In einer Reihe von dramatischen Spielen, die – wie z. B. *Mundus et infans* (nach 1485) – bald den Moralitäten, bald den Interludien zugerechnet werden, ist die Einbeziehung von Themen, die das 16. Jahrhundert im politischen und pädagogischen, im ökonomischen wie philosophischen Bereich interessieren sollten, deutlich zu erkennen. Die Moralitäten lieferten dramatische Mittel und moraltheologische Kriterien für eine Konfrontation des Publikums mit den Fragen der Zeit. Zugleich enthielten sie ein Instrumentarium, das bei der Darstellung großer Einzelcharaktere auf der elisabethanischen Bühne (in modifizierter Form) angewandt werden konnte. (E)

Renaissance

Die Entstehung des Renaissancedramas

Das Spätmittelalter gab an das 16. Jahrhundert eine lebendige einheimische Dramentradition von Mysterien-, Mirakel- und Moralitätenstücken weiter. Die von Handwerkergilden der einzelnen Städte oder von fahrenden Schauspieltruppen bestrittenen Aufführungen wurden zwar im Lauf des 16. Jahrhunderts von puritanischen Magistraten unterdrückt, konnten aber dem weltlichen Theater der Renaissance entscheidende Anregungen vermitteln. Zu den wichtigsten Zügen des religiösen Volkstheaters gehörten der enge Kontakt zwischen Spieler und Publikum und die Präsentation des Dramas als Spiel. Diese volkstümliche Tradition, auf die auch die weit ins Publikum vorspringende Bühne der elisabethanischen Theaterbauten hinweist, wurde in der Shakespeare-Zeit mit illusionistischen Spielformen verbunden.

Von den populären Figurentypen des religiösen Dramas erlangte für das Renaissancetheater vor allem die Personifikation des Lasters, das *vice*, große Bedeutung, das als Verführerfigur in der Nachfolge Satans in den Moralitäten für sprachlichen Witz, derbe Aktion und Betrug zu sorgen hatte. Es verkörperte motivlose Bosheit und war zugleich räsonierender Sprecher des Volkes gegen jede Autorität; es war das Symbol der Anarchie und nahm Züge des Narren in sich auf. Das *vice* konnte jederzeit aus dem Spielgeschehen heraustreten und sich an das Publikum wenden, um es in seine Pläne einzuweihen oder um Beifall für seine Schurkereien zu heischen. Im Renaissancedrama wurden zahlreiche Figuren nach diesem Typus modelliert: Richard III., Jago und Falstaff z.B. zeigen typische Verhaltensweisen des *vice*, wie Wortverdrehung und doppeldeutige Sprache, Heuchelei und die Anbiederung an das Publikum.

Wichtig für das weltliche Drama wurden auch Personenkonstellation und Handlungsschema der Moralitäten, denen der Kampf guter und böser Mächte um die Seele, die sogenannte Psychomachie, zugrunde liegt. Figuren der Gnade und Tugend sowie der Bosheit und des Lasters kämpfen um eine Zentralfigur, den Jedermann, der zunächst der Verführung erliegt, schließlich aber durch Reue und Gnade gerettet wird. Dieses Schema mit seinen dramatischen Grundvorgängen der Wahl und Entscheidung, der Verführung und Umkehr erwies sich als ebenso populär wie wirkungsvoll. Der Humanismus, der die pädagogische Wirksamkeit dieses dramatischen Modells sehr rasch erkannte, übernahm es zur Vermittlung säkularisierter Inhalte. Skeltons dramatischer Fürstenspiegel *Magnyfycence* (1515/16) ist ebenso wie Johan Bales patriotisch-propagandistisches Historien-Stück *King Johan* (ca. 1536) der Moralität verpflichtet. Noch Shakespeares *Henry IV* steht mit der Gruppierung der Figuren des Königs, Percy Hotspurs und Falstaffs um den Prinzen Hal in der dramatischen Tradition der Moralitäten.

Die erste rein weltliche Dramenform, die im 16. Jahrhundert entwickelt wird, ist das schwer zu definierende *Interlude*. Die besten Stücke dieser Art schrieb John Heywood (1497–1578). Nicht die Handlung ist von Bedeutung, sondern der witzige, oft auch derbe Dialog zwischen sozialen Typen der Zeit oder zwischen mythologischen Figuren. In seiner Handlungsarmut, in der Vorliebe für Witz, Satire und das Streitgespräch, aber auch in den politischen und pädagogischen Normen, die es vermitteln will, verrät es bereits deutlich den Einfluß des frühen Humanismus. Die entscheidenden Impulse für die Entwicklung des Renaissancedramas kommen jedoch aus der Auseinandersetzung mit den klassischen Modellen der Komödie und Tragödie, vor allem der Schulautoren Terenz, Plautus und Seneca. Erst durch sie wird die Aufgliederung in dramatische Gattungen und die Entwicklung gattungsspezifischer Handlungsmodelle eingeleitet.

Trotz der großen Wirkung dieser antiken Vorbilder erwiesen sich die einheimischen Traditionen und die Erwartungen eines alle Schichten umfassenden Publikums als so stark, daß die regelgetreue Nachahmung der klassischen Formen in Latein und später in Englisch nur in einigen elitären Zirkeln und Milieus gepflegt wurde. In Cambridge entstanden christliche Seneca-Dramen (Nicholas Grimald, *Christus redivivus* 1543) oder Historien (Thomas Legges, *Richardus tertius* 1579) oder klassizistische Tragödien (William Gager, *Ulysses redux* 1591). An den Londoner *Inns of court* dagegen wurden klassizistische Deklamationsdramen, wie z. B. die erste englisch geschriebene Seneca-Tragödie *Gorboduc, or Ferrex and Porrex* (1562) der beiden Juristen Thomas Sackville und Thomas Norton, bereits mit aktionsreichen *dumb shows* aufgelockert.

Auch später wurden noch klassizistische Tragödien verfaßt; aber auch diese Versuche, ein rein humanistisches Theater zu schaffen, blieben ohne Wirkung auf das englische Volkstheater der Renaissance. Für dieses wurden statt dessen bereits früh antike Stoffe und mythische Helden mit volkstümlichen Komödienfiguren zu einer dramatischen Mischform aus moralischer Belehrung, derber Komik und lebhafter Bühnenaktion zusammengefügt. Senecistische Leidenschaftsdarstellung, zeremonielle Staatsszenen und Prügeleien wurden unbedenklich miteinander verschmolzen wie z. B. in Thomas Prestons *Cambyses* (ca. 1561), dessen aufschlußreicher Untertitel *A lamentable tragedie mixed full of pleasant mirth* lautet.

Die Komödie

Die ersten englischen Komödien entstanden bezeichnenderweise im Umkreis von Schule, Universität und den Londoner *Inns of court*, wo Terenz und Plautus nicht nur gelesen, sondern auch aufgeführt wurden. Eine der frühesten, nach klassischem Vorbild verfaßten englischen Komödien ist *Ralph Roister Doister* (1550–1553) des Schulmeisters Nicholas Udall. Der Held ist die englische Version des plautinischen *Miles gloriosus*, der vergeblich um eine Witwe wirbt; der witzige Diener Mathewe Merygreeke ist eine bezeichnende Mischung aus klassischem Parasiten und englischer *vice*-Figur. Die gleiche Bemühung um die Verbindung von klassischer formaler Strenge mit der derben Darstellung englischen Dorflebens und traditionellen englischen Bühnentypen zeigt auch *Gammer Gurton's needle* (ca. 1553) eines Mr. S. (William Stevenson?). In ihr geht es um eine verlorene Nadel, die sich im Hosenboden des Bauerntölpels Hodge wiederfindet.

Aus dem Umkreis der Schule trat die Komödie erst in den achtziger Jahren mit den höfischen Komödien John Lylys heraus, der humanistische Kultur mit höfischer Eleganz verband. Lyly wählt zumeist frei umgestaltete mythologische Liebesepisoden als Vorwürfe, die er mit komisch-derben Nebenhandlungen sowie Liedern und musikalischen Elementen ausgestaltet. Seinen Figurenbestand entnimmt er den verschiedensten Bereichen: antike Heroen, Götter, Philosophen, Zauberer und Hexen, Handwerker und Diener werden zu einer vielfach allegorisch zu deutenden Zauber- und Märchenwelt zusammengefügt. Die verschiedenen Handlungssequenzen bezieht Lyly durch symmetrische, parallele oder kontrastive Motiventfaltungen kunstvoll aufeinander und verleiht seinen Stücken dadurch eine ähnlich ausgezirkelte Form wie seiner euphuistischen Prosa. In diesen Komödien werden vor allem verschiedene Liebeshaltungen und höfische Normen abgehandelt, wie sie damals am Hofe Elisabeths erörtert wurden. Sein erstes Stück *Alexander and Campaspe* (1584) stellt den Konflikt Alexanders zwischen Liebe und Pflichtgefühl dar, in den er durch die schöne Sklavin Campaspe, der Geliebten des Malers Apelles, gerät und in dem er sich großmütig zum Verzicht durchringt. In *Endimion, the man in the moon* (1588) werden exemplarisch die niedrige, sinnliche Liebe und die veredelnde platonische Liebe einander gegenübergestellt und zugleich mit Anspielungen auf damalige Ereignisse am Hof verschmolzen. Mit diesen höfisch-romantischen Spielen, die mehr dem Geschmack der Hofgesellschaft und weniger dem des breiten Publikums der Londoner öffentlichen Theater entsprachen, entwickelte Lyly eine neue Form der Komödie, die sich bald sehr erfolgreich gegenüber der lateinischen Komödie durchzusetzen vermochte.

Neben Lyly waren in den achtziger Jahren George Peele und Robert Greene, die zur Gruppe der *university wits* gehörten, die erfolgreichsten Autoren. Die Vielfalt ihrer Stücke, die von der höfisch-romantischen Komödie bis zum biblischen Historiendrama reichen, die bunte Mischung von mythologischen, märchenhaften und realistischen Figuren und das Motiv der nach vielen Prüfungen triumphierenden wahren Liebe verweisen deutlich auf den Geschmack des Publikums der öffentlichen Theater (George Peele, *The old wives' tale* 1590; Robert Greene, *Friar Bacon and friar Bungay* 1589).

Als Shakespeare sich zu Beginn der neunziger Jahre der Komödie zuwandte, griff er zunächst auf die lateinische Komödie zurück, ließ sich aber dann noch stärker von Lylys höfisch-romantischem Komödientypus anregen, den er mit Elementen der *commedia dell' arte* verband. Seine vermutlich erste Komödie *Comedy of errors* (1590–1594) hat die plautinische Verwechslungsfarce *Menaechmi* zum Vorbild, deren Handlung er durch die Verdoppelung des Zwillingspaares ins Artistische steigert und deren Verwechslungskomik er vertieft. Die possenhafte, prügelreiche Entfaltung des Spiels erfolgt auf der Dienerebene, auf der Herrenebene wird die Farce durch Aufnahme des Ehe- und Liebesmotivs erweitert und durch den Identitätszweifel und -verlust der Figuren in die Nähe des Tragischen gerückt. Schließlich wird dieses Verwechslungsspiel in eine Rahmenhandlung eingefügt, die nicht nur einen tragischen Schatten über das Stück wirft, sondern ihm auch den überraschenden und versöhnlichen Schluß einer Tragikomödie verleiht. In *The two gentlemen of Verona* (1590–1593) ist der Einfluß Lylys in der Art, wie die Ideale bedingungsloser Liebe und opferbereiter Freundschaft gegeneinandergestellt und rhetorisch abgehandelt werden, besonders deutlich spürbar.

Love's labour's lost (1593–1595) steht am Ende von Shakespeares erster Phase, in der er mit verschiedenen Lustspielformen experimentierend seinen eigenen Komödientypus entwikkelt. Das Spiel um den Plan einer platonischen Akademie, den eine bis zur Unnatürlichkeit überspannte aristokratische Männergesellschaft verfolgt und der von Frauen, die über Humor und Wirklichkeitssinn verfügen, listig durchkreuzt wird, verrät zwar in der Symmetrie der Charakteranordnung, in den Debatten um Geist und Natur und im vielfältig gestaffelten Personal noch den Einfluß Lylys; in der Art jedoch, wie Fehlhaltungen in komischen Situationen entlarvt werden und in der meisterhaften Kritik an Sprachtorheiten wie Euphuismus oder gelehrtem Sprachschwulst, wird gleichzeitig Shakespeares Lösung von seinen Vorbildern sichtbar. Die »Taffeta phrases, silken terms precise Three-pil'd hyperboles« der naturverleugnenden Gesellschaft werden der Lächerlichkeit überantwortet.

Den großen Komödien Shakespeares von *A midsummer night's dream* (ca. 1595/96) bis zu *Twelfth night* (1600–1602) liegt kein einheitliches Modell zugrunde, das Shakespeare nur noch variieren würde. Statt dessen fügt er die verschiedensten Elemente zu vielschichtigen und vieldeutigen Gebilden, die allerdings einige gemeinsame Züge zeigen. Gemeinsam ist ihnen der nicht-mimetische Charakter, der sich schon in den Schauplätzen andeutet, zumeist mediterranen Phantasieländern, in denen sich englische Ladies und Gentlemen bewegen und englische Riten und Bräuche vollzogen werden. Die Handlungsräume sind zumeist durch zwei polar entgegengesetzte Zentren gegliedert, die Orte verschiedener Erfahrungen und unterschiedlicher Normen sind. Die Bewegung der Figuren zwischen ihnen ist zugleich ein Weg der Einsicht, der Läuterung und Entkrampfung: Neben der rationalen, hellen Welt Athens in *A midsummer night's dream* steht der geheimnisvolle Wald als Ort der Gefühlsverwirrung und Phantasie; im *Merchant of Venice* ist der Handelswelt Venedigs das heitere Belmont gegenübergestellt; der Forest of Arden in *As you like it* ist als »green world« gegenüber der gewalttätigen Welt des Hofes Zufluchtsort und heitere Gegenwelt zugleich. In *Twelfth night* bewegt sich die Handlung zwischen den Adelssitzen des seine Verliebtheit narzißtisch genießenden Orsino und der in Trauer erstarrten Olivia. Der Spielcharakter der Komödienhandlungen, die sich in diesen Räumen entfalten, wird auf verschiedenen Ebenen deutlich hervorgekehrt: Poetologische Reflexionen und Sprachkritik, das bewußte oder unbewußte An- und Ablegen von Masken, das Motiv der *mistaken identity* und das »Spiel im Spiel« präsentieren diese Komödien als Spiele, in denen der Mensch zu sich selbst findet.

In diese dramatischen Räume versammelt Shakespeare Figuren unterschiedlichster Herkunft. In *A midsummer night's dream* werden ein phantastisch-dämonisches Reich von Feen und Kobolden, ein athenischer Hof aus mythischer Zeit und die Welt englischer Handwerker zusammengefügt und thematisch durch das Liebesmotiv verbunden. Liebeszauber und Liebeszwist im Feenreich, triebhafte Liebesverfallenheit unter den jungen Liebespaaren, Parodie höfischer Liebe im Spiel der biederen Handwerker erzeugen immer neue Perspektiven und Bezüge zwischen den verschiedenen Ebenen bis zum versöhnlichen Ausgang.

Ein großes Thema Shakespeares, der Widerspruch von Schein und Sein, verbindet in *Much ado about nothing* (ca. 1598) die beiden Liebeshandlungen. Während Hero und Claudio erst durch eine schurkische Intrige getrennt werden müssen, um ihre konventionelle Verliebtheit überwinden zu können, können die scharfzüngigen Beatrice und Benedick nur durch eine wohlwollende Intrige zur Aufgabe ihrer frivolen Liebesskepsis gebracht werden. Die befreiende Komik dieses melodramatischen und psychologischen Spiels ist den tölpelhaften Ordnungshütern übertragen, denen unabsichtlich die Entlarvung des Bösen und die Wahrheitsfindung gelingt.

Die dramatischen Grundbewegungen der Figuren in *As you like it* (1598–1600) sind die Flucht aus einem von Haß und Ehrgeiz geprägten Hof in eine pastorale Idylle und die Rückkehr. Die Überwindung konventioneller Posen im heiteren Spiel, die Erkenntnis der Brüchigkeit der Idylle und die Hinwendung zur Wirklichkeit menschlicher Existenz sind die läuternden Grunderfahrungen, die die Figuren bei der Flucht, im Wald und bei der Rückkehr zur Gesellschaft machen und die in ganz verschiedener Weise ihr weiteres Leben bestimmen werden.

Shakespeare zeigt sich in dieser wie in der letzten und schönsten heiteren Komödie *Twelfth night, or what you will* auf der Höhe seiner Kunst. Er greift bereits früher verwendete Motive auf, wie z. B. das als Knabe verkleidete Mädchen oder die derbe Dienerliebe, und fügt sie bedeutungsvoll in das auf verschiedenen Ebenen sich perspektivenreich entfaltende Spiel. Karnevalistische Ausgelassenheit und boshafter Protest gegen ein sauertöpfisches Lebensideal und die Überwindung unnatürlicher Posen und lebensfeindlicher Selbsttäuschungen sind die beiden Handlungsstränge, die in *Twelfth night* mit dem plautinischen Zwillingsmotiv zusammengeknüpft werden. Das Maskenspiel der verkleideten Viola wird zum Mittel der Selbstfindung, der Narr als Verkörperung des heiteren Spiels wird zum Helfer bei der Befreiung von selbstauferlegten Posen. Vom Bild einer harmonischen Gesellschaft, wie es in den beiden Paaren erscheint, wird der Zuschauer durch den Auftritt des gedemütigten Malvolio und das melancholische Schlußlied des Narren wieder in seine Welt zurückgeführt.

Nur noch zweimal griff Shakespeare während der Schaffenszeit seiner heiteren Komödien auf die Farce zurück. Im schwer datierbaren Stück *The taming of the shrew* (1593–1598?) wird das Märchenmotiv der derben Zähmung einer widerspenstigen Frau mit einer romantischen Werbung verbunden und durch eine Rahmenhandlung als Zeitvertreib einer gelangweilten Gesellschaft präsentiert. In *The merry wives of Windsor* (1598?) wird Falstaff das Opfer des Witzes und der Lebensklugheit temperamentvoller Bürgerfrauen.

Schon in der wahrscheinlich 1596 bis 1598 entstandenen Komödie *The merchant of Venice* kündigt sich eine Veränderung in der Komödienkonzeption an. Nachhaltiger als in *Much ado* wird die Bedrohung und Beunruhigung einer jungen, lebenszugewandten Gesellschaft dargestellt, das Motiv des Todes breiter ausgeführt. Die Figuren und ihre Handlungssequenzen gehören gleichzeitig einer Märchenwelt und der unsicheren, ökonomischen Gesetzen gehorchenden Handelswelt Venedigs an. Sie verlassen sich auf ihr Glück und suchen zugleich handfest ihren Vorteil. Den dunkelsten Schatten wirft der Außenseiter Shylock über das Stück. Auch er ist ambivalent zu deuten: Er ist das bösartige, mordgierige Monstrum, das durch den Witz und durch das Maskenspiel der jungen Frauen besiegt und gedemütigt wird, und zugleich der Ausgestoßene, der diese Gesellschaft vergeblich um Toleranz bittet.

In den späteren Komödien *All's well that ends well* (1601–1604) und *Measure for measure* (1603/04) wird trotz der heiteren Schlüsse das Geschehen so sehr zum Tragischen hin geöffnet, und die Figuren werden so sehr in Schuld verstrickt, daß man ihnen den Komödiencharakter absprechen und sie zu *problem plays* erklären wollte. Die Heldin in *All's well* ist die bürgerliche Helena, die sich zielstrebig und listenreich den Aristokraten Bertram zum Manne erwählt, der einem lebensfeindlichen Ehrbegriff verfallen ist. Die Wahl der Mittel der liebenden, zurückgestoßenen Frau, die auch vor dem *bed-trick* nicht zurückscheut, um die Liebe Bertrams zu erringen, hat stets Kritik herausgefordert. Dabei wurde zu wenig auf Helenas Zeichnung als der Heilsbringerin einer kranken und dekadenten Gesellschaft eingegangen. Gänzlich unromantisch ist schließlich *Measure for measure*, die letzte Komödie Shakespeares, der Motive und Strukturen dieser Gattung erst wieder in den sogenannten Romanzen – dann freilich unter ganz anderen Vorzeichen – verwandte. In das anarchische Milieu Viennas, in dem Gesetze keine Beachtung mehr finden, sind zwei selbstsichere moralische Rigoristen, Angelo und Isabella, gestellt, die im Verlauf der Handlung in dilemmatische Situationen geführt werden. Angelo erliegt den Reizen Isabellas, erfährt seine Triebhaftigkeit und wird zum Verbrecher; die Novizin Isabella verweigert sich Angelo und ist bereit, damit ihren Bruder dem Tod zu überantworten. Nur das Eingreifen des Herzogs, der mit Hilfe Isabellas den *bed-trick* einsetzen muß, kann eine Katastrophe abwenden und ein Ende herbeiführen, das nur noch in seiner äußeren Form ein Komödienschluß ist. Shakespeare hat in diesem Stück zu einer eigenen Form der Kritik gesellschaftlicher Normen gefunden, die die dramatische Satire Ben Jonsons an Subtilität übertrifft.

Eine neue Form der Komödie wurde am Ende des Jahrhunderts gegen die herrschende Tradition der romantischen Liebeskomödie und mit dem Anspruch klassischer Normenerfüllung von Ben Jonson entwickelt: Die satirische *comedy of humours*.

Der bedeutendste Dramatiker nach Shakespeare, der zu den belesensten und gebildetsten Autoren seiner Zeit zählte, orientierte sich von allen Dramatikern, die für das Volkstheater schrieben, am stärksten an den antiken Vorbildern und klassischen dramatischen Regeln. Er lehnte die romantische Komödientradition ab und legte seinen Komödien die Cicero zugeschriebene Definition dieser Gattung als *imitatio vitae, speculum consuetudinis, imago veritatis* zugrunde. Von der Lehre der Humoralpathologie ausgehend entwarf er seine Figuren als *humours*, scharfgezeichnete Typen, deren Verhalten von einer Schrulle, einer fixen Idee oder einer Wahnvorstellung beherrscht ist. Die Vorführung dieser Fehlformen menschlichen Verhaltens und deren Heilung durch die Bloßstellung oder durch oft brutale Maßnahmen eines satirischen Zuchtmeisters sind die Grundelemente dieser *comical satire*, die sich mit Jonsons *Everyman out of his humour* (1599) rasch neben der romantischen Liebeskomödie durchzusetzen vermochte.

Diese *comedy of humours* entwickelte Jonson selbst weiter zur satirischen Komödie, in der auf der Bühne in einer aktionsreichen Handlung ein umfassendes satirisches Gesellschaftsbild entworfen wird. In seinen großen Komödien wird die Handlung jeweils von Betrügern vorangetrieben, die die Habgier und den Ehrgeiz der Bürger so lange ausnützen, bis sie an ihren eigenen Betrugsmanövern zugrunde gehen. Positive Figuren bleiben gegenüber der Energie der Schurken und Gauner schemenhaft und passiv; nur die selbstzerstörerische Kraft des Bösen beendet das Spiel. In *Volpone, or the fox* (1605/06) wird das Sujet der Erbschleicherei in der Handlungssequenz der Fabel vom sich totstellenden Fuchs im zeitgenössischen Venedig entfaltet. Das Krankenlager Volpones vor der Schatzkammer ist der symbolische Raum für die Vorführung einer an Geldgier erkrankten Gesellschaft, die ihre Mitglieder bis zum Verlust der menschlichen Würde erniedrigt und alle menschlichen Bindungen zerstört. In *The alchemist* (1610) wählt Jonson das London zur Zeit der Uraufführung als Schauplatz. Das Alchemistenlabor, das am Ende explodiert, als vermeintliche Quelle schnellen Reichtums, ist symbolischer Mittelpunkt der geradezu artistischen Betrugsmanöver eines Gaunertrios, das am Ende von einem Bürger hereingelegt wird, der für seine Leistung die Zustimmung des Publikums erbittet. Durch die Mischung aus Gaunerjargon und kommerzieller und juristischer Fachsprache wird vom Ganovenstück direkt auf das wirtschaftliche Verhalten des Bürgers verwiesen. Versöhnlicheren Humor zeigen dagegen Jonsons Komödien *Epicoene, or the silent woman* (1609) und *Bartholomew fair* (1614), in denen wieder *humours* auf die Bühne gestellt werden. Während *Epicoene*, eine übermütige Posse, wegen ihrer mustergültigen Konstruktion von Dryden zum Modell erhoben wurde, ist *Bartholomew fair* das sprachlich genaueste satirische Gruppenporträt aus dem bürgerlichen Milieu, in dem die Bürgerinnen und Bürger als Opfer ihrer Selbsttäuschungen und Eitelkeiten vorgeführt werden. Symbolischer Ort der vielen, locker gefügten Handlungssequenzen ist der Jahrmarkt mit seinen kleinen Gaunern und der Bude der gewaltigen Ursula im Zentrum, auf dem Fassaden bürgerlicher Respektabilität zusammenbrechen und die Instinkte sich melden.

In der Komödie der Stuartzeit werden im wesentlichen die bereits bekannten Typen, Motive und Situationen aufgegriffen und weiterentwickelt, wobei jedoch stärker Rücksicht auf die verschiedenen Schichten des Publikums genommen wird. Die großen Vorbilder sind Shakespeares Charakterkomödien und Jonsons Bühnensatiren, die jedoch zumeist flacher und gröber nachgeahmt werden. Bezeichnend für diese späte Phase sind auch Mischungen von Elementen verschiedener Komödientypen, die Neigung zu derber Erotik und schlagfertigem Witz ohne besonderen Tiefgang. Typisch für diese Entwicklung sind Fletchers Komödien, die für ein gehobeneres Publikum verfaßt wurden, wie *Monsieur Thomas* (1610–1616), *The wilde goose chase* (1621) oder das ungewöhnlich freizügige Stück *The custom of the country* (1619–1623). Nur George Chapman pflegte die *humour*-Komödie alten Stils, wobei er allerdings lediglich einen *humour* in den Mittelpunkt stellte.

Demgegenüber richtete sich Thomas Dekker in seinen Stükken ganz nach dem kleinbürgerlichen Geschmack, der im Theater Selbstbestätigung in Form einer verklärenden Darstellung seiner Welt und romantische Abenteuer sucht. Seine sentimentale Komödie *The shoemaker's holiday, or the gentle craft* (1599) feiert die solide patriotische Welt des Handwerks. Der viel schreibende Thomas Heywood, der alle Gattungen beherrscht, versorgt das gleiche Publikum mit Stücken, in denen sich bürgerliche Helden und Heldinnen in romantischen Abenteuern bewähren (*The fair maid of the west, part I, part II*, 1607–1630).

Francis Beaumont machte in *The knight of the burning pestle* (1607) die Erwartungen dieses Publikums und dessen Theaterverhalten zum Gegenstand einer brillanten satirischen Parodie.

Der bissigste Satiriker der Bühne neben Jonson war zweifellos John Marston, der die schonungslose Analyse Jonsons mit Elementen der Schauer- und Schreckenstragödie zum satirischzynischen Melodrama verbindet (*The Dutch courtesan*, 1603–1605).

Realistischer wirkten Thomas Middletons für ein anspruchsvolleres Publikum verfaßte satirische Komödien, in denen er nicht nur die bürgerliche Welt Londons, sondern auch dessen Unterwelt in intrigenreichen, turbulenten Handlungen mit scharfem Witz präsentiert. Als satirische Ziele wählte er Profitgier und Geiz (*A trick to catch the old one* 1604–1607) und puritanische Heuchelei (*The family of love* 1602–1607). Höhepunkte dieser satirischen *city comedy*, in der der Bürger und sein Verhalten der Lächerlichkeit preisgegeben werden, sind *A mad world, my masters* (1604–1607) und *A chaste maid in Cheapside* (1611–1613).

Diese *city comedy* pflegte nach Middleton auch Philip Massinger mit Stücken wie *A new way to pay old debts* (1621–1625), in dem schon die sprechenden Namen der Figuren andeuten, daß die didaktischen Neigungen des Autors auch den Komödienton bestimmen.

Mit den Komödien James Shirleys, die in mancher Hinsicht schon auf die Restaurationskomödie vorausweisen, ist die Entwicklung der Renaissancekomödie abgeschlossen. Er wählt Jonson, Fletcher und Middleton als Vorbilder für seine vielen Komödien, ohne aber die Schärfe Jonsons oder den Realismus Middletons zu erreichen. In ihnen wird für ein höfisches Publikum ein gehobenes Milieu präsentiert, in dem Ausschweifung und Laster durch sittliche Festigkeit schließlich kuriert werden.

Die Tragödie

Die Tragödie der Renaissance konnte sich erst unter dem Einfluß Senecas entwickeln. Das Mittelalter kannte die *tragedy* nur als Erzählung, in der eine hochgestellte Person durch ein unerforschliches Schicksal aus Macht und Glück in Elend und Tod gestürzt wird, ohne daß dabei nach Charakter und Schuld gefragt wurde. Auch die Moralität mit ihrer überindividuellen Zentralfigur und mit ihrem Ende in Reue und Gnade bot keinen Ansatz, aus dem sich eine Tragödie hätte entwickeln können. Erst das humanistische Interesse am Schicksal und der Psychologie des einzelnen Menschen und das Vorbild der Tragödien Senecas ermöglichten die Entstehung der Tragödie. Die Wirkung Senecas, dessen Tragödien seit 1581 in vollständiger Übersetzung vorlagen, auf die englische Bühne war ungeheuer und wurde deshalb von manchen zeitgenössischen Autoren bissig kommentiert. Zu den wichtigsten Merkmalen der Seneca-Tragödien, die nicht für eine Bühnenaufführung gedacht waren, gehören die Konzentration auf eine sensationelle Episode und ein reflektierender Held; wiederkehrende Typen wie der racheforderde Geist, der unmenschliche Tyrann und der Bote, der grausame Vorgänge berichtet; eine Vorliebe für Gewalttaten wie Selbstmord, Kindermord, Verstümmelung und Rachevollzug; schließlich ein leidenschaftlicher, bildgesättigter hoher Sprachstil.

Die Durchsetzung der Tragödie auf der Londoner Bühne gelang erst Christopher Marlowe und Thomas Kyd, der mit seiner Rachetragödie *The Spanish tragedy* (1584–1589) ein überaus erfolgreiches Dramenmodell entwickelte. Kyd verschmolz darin senecistische Elemente mit den Konventionen der öffentlichen Bühne zu einem aktionsreichen Stück, welches das Sensationsbedürfnis des Publikums ebenso befriedigte wie das Interesse an extremen seelischen Zuständen und an bombastischer Rhetorik. Heimtückischer Mord und verzögerte Rache, *dumb show* und Spiel im Spiel, machiavellistischer Schurke und energische Heldin, Verzweiflung, Wahnsinn, Verstellung und Selbstmord sind die wichtigsten Elemente, aus denen diese Tragödie aufgebaut ist. Die Rachetragödien, die bis zur Schließung der Theater in großer Zahl verfaßt wurden, variierten immer wieder dieses Modell.

Der größte Dramatiker der *university wits* war Marlowe, der nicht so sehr durch seine Kunst der Handlungsführung und -mischung wirkte als vielmehr durch die bis zur Besessenheit gespannte Leidenschaftlichkeit seiner überdimensionalen, nach unbegrenzter Macht strebenden Figuren, die schließlich an der Endlichkeit des menschlichen Daseins tragisch scheitern. Sein größter Bühnenerfolg war *Tamburlaine the Great* (1587), dem er ein Jahr später einen zweiten Teil folgen ließ. Tamburlaine ist der unbekannte Schäfer, der zum Weltherrscher aufsteigt, Städte ohne Mitleid vernichtet und vor seinen Wagen unterworfene Könige spannt. Trotz seiner Macht kann er aber weder den Tod seiner geliebten Zenokrate verhindern, noch den Charakter seiner Söhne ändern. Er stirbt jedoch ungebrochen und ohne Reue im Bewußtsein, dem in der menschlichen Natur angelegten »aspiring mind« gefolgt zu sein. In *The jew of Malta* (1589/90) stellt Marlowe im reichen Juden Barabas einen machiavellistischen Schurken auf die Bühne, der deutlich nach der *vice*-Figur modelliert ist. Mit diesem Drama beginnt die lange Reihe von machiavellistischen Schurkentragödien, in die auch *Richard III* und noch *Macbeth* zu stellen sind.

Die größte Wirkung hatte Marlowe mit der ersten Dramatisierung des Faust-Stoffes. Das Thema der Macht, in *Tamburlaine* noch als politisch-militärische Gewalt behandelt, wird in *Dr. Faustus* (1588–1592) als Herrschaft über die Natur durch Wissen erweitert und vergeistigt. Die Tragik wird mit grausamer Ironie entfaltet: Dr. Faustus öffnen sich keine neuen Wissensbereiche, und seine Macht taugt nur zu Possen und Taschenspielertricks. Anders als der Jedermann in den Moralitäten stirbt Dr. Faustus in Verzweiflung, weil er nicht mehr an die göttliche Gnade glauben kann. Die sensationelle Wirkung dieser Tragödien beruhte nicht zuletzt auf Marlowes »mighty line«, einer rhetorischen Wort- und Verskunst, in der sich das übersteigerte aggressive Selbstgefühl Tamburlaines ebenso ausdrücken konnte wie die Seelennot des verdammten Dr. Faustus.

Shakespeare folgte zunächst mit seinem *Titus Andronicus* (1589/90) Kyd und Marlowe, die er in der Darstellung von Schurkenfiguren und ausgesuchten Grausamkeiten noch zu übertreffen sucht. Mit *Hamlet* (1600/01) greift Shakespeare erneut auf das von Kyd entwickelte Modell, möglicherweise auf ein verlorenes Hamlet-Drama dieses Autors, zurück, verleiht aber dem sensationellen Handlungsmuster völlig neue Dimensionen. Er vervielfacht die Rachehandlungen, so daß Hamlet nicht nur als Rächer erscheint, sondern zugleich als Opfer der Rachehandlung des Laertes. Als Rächer tritt auch Fortinbras auf, und von Rache handelt der große Schauspielermonolog. Diese tiefgestaffelte Perspektive ist ganz auf die Figur des Titelhelden hingeordnet, und die verschiedenen Elemente der Rachetragödie, wie die Verzögerung der rächenden Tat oder das Spiel im Spiel dienen der Entfaltung einer unergründlichen, zwischen Zynismus und Verzweiflung schwankenden Figur, die jede Generation zu neuer Deutung und zur Identifikation gereizt hat. Die Last der Rache wird für den intellektuell brillanten und tief empfindenden Hamlet zum Anlaß, nach dem Wert menschlichen Handelns, nach der sittlichen Verantwortung und nach dem Sinn der Weltordnung zu fragen.

Noch vor den großen Charaktertragödien begann Shakespeare mit der Liebes- und Schicksalstragödie zu experimentieren. In *Romeo and Juliet* (1595/96) verändert er die moralisierende Tendenz des traditionellen Stoffes zur Darstellung einer absoluten, todbereiten Liebe zweier Menschen inmitten einer von Gewalt und Haß zerrissenen Gesellschaft. Die als Liebesintrige angelegte Handlung zweier junger Menschen, die ihre Liebe gegen den Widerstand der Gesellschaft durchsetzen wollen, wird durch das Schicksal tragisch beendet. In der Reihe seiner großen Tragödien kehrt Shakespeare mit *Othello* (1603/04) zur Liebestragödie zurück, die er wahrscheinlich unter dem Einfluß der *domestic tragedy*, wie sie z.B. Thomas Heywood in *A woman killed with kindness* (1603) im bürgerlichen Milieu entwickelt hatte, als Ehetragödie gestaltet. Die Unsicherheit des gesellschaftlichen Außenseiters Othello und die existentielle Bedeutung seiner Liebe, aber auch Desdemonas Bestehen auf voller Teilhabe an der kriegerischen Welt ihres Mannes werden zu Ansatzpunkten der zerstörerischen Intrige Jagos, in dem sich Züge der *vice*-Figur und des Bühnen-Machiavell mischen. Die Deformation der Persönlichkeit unter dem dämonischen Einfluß Jagos läßt Othello in seiner Verblendung zum Richter werden, der glaubt, durch den Mord an Desdemona die Weltordnung wiederherstellen zu müssen.

In *Antony and Cleopatra* (1606/07) verbindet Shakespeare das Liebes- mit dem Machtmotiv. Beide Protagonisten sind eingebunden in einen politischen Machtkampf, der sie zwingt, nach den in ihm herrschenden Gesetzen nüchtern und berechnend zu handeln; beide erfahren aber zugleich im Genuß ihrer Liebe eine Erhöhung ihres Daseins, die sie ihrer Herrscherpflichten in verhängnisvoller Weise vergessen läßt. Erst in der ausweglosen Situation nach der militärischen Niederlage und nach dem Verlust politischer Macht finden die beiden reifen Liebenden ganz zueinander und erfahren die Apotheose ihrer Liebe.

Die Hinwendung zur Charaktertragödie vollzieht Shakespeare mit *Julius Caesar* (1598/99), durch die gleichzeitig die Reihe seiner Tragödien der Macht eröffnet wird. Nicht das Leben Caesars handelt Shakespeare ab, sondern dessen Ermordung und die weiterwirkende Macht seines Geistes. Der Gegenspieler Caesars ist Brutus, der in Caesar um der Republik willen den Tyrannen töten will und erkennen muß, daß er durch seine Tat nur den Staat ins Chaos stürzt und den Weg für die Nachfolger Caesars freimacht. Gegenbild des edlen, aber unpolitischen Brutus ist der skrupellose Demagoge Marcus Antonius, der Brutus' gutgemeinte, aber auf Selbsttäuschung beruhende politische Pläne endgültig zum Scheitern bringt. Das Drama zeigt in seiner Verbindung von intrigenreichem politischen Machtkampf und differenzierter Charakterzeichnung Shakespeare auf der Höhe seiner Kunst.

Im Gegensatz zum vielfigurigen *Julius Caesar* ist in *Macbeth* (1605/06) die Handlung ganz auf den Titelhelden und Lady Macbeth konzentriert, denen die übrigen Figuren weitgehend mit kontrastiven und illustrativen Funktionen zugeordnet sind. Während des blutigen äußeren Weges vom tapferen und loyalen Gefolgsmann seines Königs zum Thron wird in den Monologen ein faszinierender Blick auf Macbeths seelische Vorgänge eröffnet, dessen moralische Persönlichkeit von unbewußten, chaotischen Kräften, die durch dämonische Trugbilder entfesselt werden, zerstört wird. Sein Machtgewinn, der in blutiger Tyrannei gipfelt, geht einher mit Sinnverlust und nihilistischem Lebensekel.

Der aufstrebenden Handlungskurve zum Machtbesitz entspricht der Machtverlust in *King Lear* (1604/05), durch den Lear auf einen Weg der Zerstörung, des Chaos und des Wahnsinns, aber auch der qualvollen Läuterung gezwungen wird. In dieser Tragödie löst sich Shakespeare von allen Vorbildern und Konventionen und formt den alten Stoff durch Aufnahme neuer Motive und Handlungssequenzen zu tragischen Lebensbildern von mythischer Kraft. In Lears Weg von Hochmut und Verblendung in Wahnsinn und Elend, im parallelen Leidensweg des geblendeten Gloster, im Bild des weisen Narren als Begleiter des Königs, in den Sturmszenen, in denen ein Wahnsinniger, ein Narr und ein Bettler Gericht über die Welt halten, werden alle konventionellen Sinngebungen der menschlichen Existenz in Frage gestellt. Der Zerstörung aller privaten und gesellschaftlichen Bindungen durch Machtgier und Selbstsucht werden zwar in Cordelia und Edgar, den beiden Verstoßenen, Verkörperungen der Liebe und Treue entgegengesetzt; aber durch den Mord an Cordelia und den Tod des halb wahnsinnigen Lear wird dem Leidensweg die versöhnliche Wendung verweigert.

Die beiden letzten Tragödien Shakespeares, *Timon of Athens* (1606–1608) und *Coriolanus* (ca. 1608) sind ebenso wie das frühere, keiner Gattung eindeutig zuzuordnende Stück *Troilus and Cressida* (1601/02) Versuche, in der Tragödie neue Dimensionen der gesellschaftlichen Kritik zu erschließen. In *Troilus and Cressida* werden die homerischen Helden als eitle, selbstgefällige Großsprecher, als ehrbesessene Idealisten oder als triebhafte wankelmütige Schwächlinge entlarvt. Im Lästermaul Thersites findet die Scheinwelt des heroischen Krieges und idealer Liebe ihre radikalste Kommentierung.

Der Menschenfreund Timon, der glaubt, eine glückliche, harmonische Gesellschaft durch Verschwendung seines riesigen Vermögens schaffen zu können, wird, als er dieser Illusion durch die Treulosigkeit seiner Freunde beraubt wird, zum unversöhnlichen Menschenhasser, der in Verzweiflung stirbt.

Ähnlich extrem und starr ist Coriolanus angelegt, das Produkt der mütterlichen Erziehung zur Heldenhaftigkeit und übersteigerten aristokratischen Idealen. Unfähig, sich in das raffinierte politische Spiel der römischen Gesellschaft einzufügen oder sich von seiner Mutter zu lösen, endet er schließlich als doppelter Verräter.

Nur geringer Erfolg war Jonsons Römer-Tragödien *Sejanus his fall* (1603) und *Catiline his conspiracy* (1611) beschieden, mit denen er vielleicht die unbekümmert anachronistischen Römer-Tragödien Shakespeares zu übertreffen hoffte. Die beiden Tragödien sind eindrucksvolle Zeugnisse der Quellenkenntnis und der Bemühungen ihres Autors um klassische Strenge; aber Jonsons Neigung zur satirischen Gesellschaftsdarstellung und seine Quellentreue verhinderten die Umgestaltung des Stoffes zur Charaktertragödie.

Die Tragödie nach Shakespeare wurde nicht zuletzt unter dem Geschmacksdiktat einzelner Publikumsschichten in verschiedene Richtungen weiterentwickelt, die aber durch einige gemeinsame Merkmale so verbunden sind, daß von einer jakobäischen Tragödie gesprochen werden kann. Zu diesen gemeinsamen Merkmalen gehört der Konflikt des tragischen Helden, der nun seltener durch den Charakter oder ein unerforschliches Schicksal hervorgerufen, sondern aus gesellschaftlichen Ursachen entwickelt wird. Durch einen Normen- oder Interessenkonflikt geraten der Held oder die Heldin in der Gesellschaft in eine isolierte Position, in der sie sich entweder in stoischen Gleichmut flüchten oder noch häufiger pathologische Züge entwickeln, denen das besondere Interesse der Autoren gilt. Gleichzeitig nimmt die Tragödie Elemente der Gesellschaftskritik und der Satire, aber auch der Farce und Tragikomödie auf; der Held übernimmt häufig die Rolle eines Anklägers einer korrupten Gesellschaft; die Gegenspieler des Helden werden zu typischen Repräsentanten verschiedener Laster. Die Tendenz zur Entlarvung und Infragestellung sozialer Normen förderte die Aufnahme von Horrorelementen, die zu den charakteristischen Zügen der jakobäischen Tragödie gehören: Ausgesuchte Grausamkeiten, Perversitäten, makabre Rituale und hemmungsloses Triebleben sollen den Zustand der Gesellschaft demonstrieren. Zur Inszenierung des Schaurigen und Makabren gehört auch der zynische Kommentar und das bittere Gelächter über den Menschen, dessen humanistisch-christliches Bild in diesen Tragödien bald radikal in Frage gestellt, bald emphatisch verteidigt wurde.

Zu den Höhepunkten des Dramas der Stuart-Zeit zählen die beiden Tragödien *The white devil* (1609–1612) und *The duchess of Malfi* (1613/14) des belesenen, nach literarischer Anerkennung strebenden John Webster. In beiden Dramen wird das tragische Schicksal von Frauen aus der jüngsten italienischen Geschichte gestaltet. In *The white devil* ist es Vittoria Corombona, die rücksichtslos bis zur Anstiftung zum Mord alle Bedrohungen ihres Liebesverhältnisses beseitigt und dafür ungebrochen in den Tod geht. Die Duchess of Malfi ist eine Witwe, die durch eine heimliche Heirat mit einem unstandesgemäßen Partner ihr privates Glück erstrebt und dafür den tödlichen Haß ihrer Brüder auf sich zieht, die sie unter grausamsten Qualen zu Tode foltern, ohne sie innerlich brechen zu können. Mit brillanter Dramaturgie entwirft Webster eine Gesellschaft ohne verbindliche sittliche Normen, in der der einzelne die Bewahrung seiner Integrität mit dem Leben bezahlen muß.

Gegenüber der dunklen Vieldeutigkeit der Websterschen Figuren sind die Heldinnen und Helden der Tragödien Fletchers in ihren Motivationen und Charakteren sehr viel klarer entworfen. Die dramaturgisch spannungsreichen und auf vielfältige Wirkung berechneten Tragödien, in denen farcenhafte, heroische und sentimentale Elemente aufeinanderfolgen, gleichen bis auf die Katastrophe den Tragikömödien. Fletchers tragisches Meisterwerk *The maid's tragedy* (1608–1611) gestaltet innerhalb einer absolutistischen Hofgesellschaft den vergeblichen Versuch der Geliebten des Königs, durch dessen Ermordung ihre moralische Integrität und die Achtung ihres Ehemannes wiederzugewinnen.

Dichterischer Ehrgeiz und philosophischer Anspruch prägten die Tragödien des hochgebildeten George Chapman, der seine Stoffe der zeitgenössischen französischen Geschichte entnimmt. In *Bussy D'Ambois* (1600–1604) und dem Folgedrama

The revenge of Bussy D'Ambois (1601–1612) werden an den beiden Brüdern D'Ambois, die in den Strudel eines korrupten und intriganten Hofes geraten, zwei Haltungen demonstriert. Der tapfere Bussy folgt im Vertrauen auf seine Kräfte und seinen Wert seinem Ehrgeiz, verstrickt sich in Intrigen und fällt einem Mordkomplott zum Opfer. Clermont dagegen, der *Senecal man*, erkennt als Rächer seines Bruders angesichts des Zustandes der Gesellschaft die Wertlosigkeit seines Lebens und gibt sich selbst den Tod.

Während Chapman sich bewußt an ein elitäres Publikum gewandt zu haben schien, schrieben Thomas Dekker und Thomas Heywood ihre Tragödien für den bürgerlichen Theaterbesucher, wie die Wahl der Stoffe und ihre moralisierende und sentimentale Behandlung deutlich machen. Dekkers tragisches Meisterwerk *The honest whore* (1604) schildert die Bekehrung, die Leiden und die Standhaftigkeit einer Dirne. Bedeutender ist Heywoods Tragödie *A woman killed with kindness* (1603), durch die das ältere bürgerliche Ehebruchsdrama in aufschlußreicher Weise variiert wird. Die verführte Ehefrau stirbt nicht von der Hand des betrogenen Gatten, sondern geht an der Nachsicht des sittenstrengen Christen zugrunde, der sie aus der Familie ausschließt und ihr erst auf dem Sterbebett den Titel der Ehefrau wieder zuerkennt.

Während diese Tragödien sich durch realistische Milieuschilderungen auszeichnen, entwickelten John Marston und Cyril Tourneur die Rachetragödie zu Horrorstücken von phantastischer Grausamkeit und Sittenlosigkeit weiter. In Marstons Doppeldrama *Antonio and Mellida* (1599/1600) und *Antonio's revenge* (1599–1601) werden die aus der *Spanish tragedy* und *Hamlet* bekannten Elemente zu grellen Bühneneffekten gesteigert. Das Drama seiner Zeitgenossen beeinflußte er durch die Verbindung der Rachehandlung mit Satire und durch die Titelfigur in *The malcontent* (1600–1604). Malevole ist ein verkleideter Herzog, der den Zustand der Gesellschaft bösartig kommentiert, bis er sich als strafender Richter zu erkennen gibt.

In Tourneurs *The revenger's tragedy* (1606/07) wird endgültig auf jeden Realismus zugunsten einer düsteren, nicht mehr überbietbaren Schreckensvision verzichtet. Vindice ist idealistischer Rächer und zynischer Satiriker zugleich, die höfische Gesellschaft besteht aus personifizierten Lastern, worauf Namen wie Lussurioso, Ambitioso, Supervacuo hinweisen. Mord, Vergewaltigung und Inzest sind an die Stelle von familiären und sozialen Bindungen getreten. In *The atheist's tragedy* (1607–1611) werden in aufdringlich-moralisierender Weise die Leiden eines geduldigen Tugendhelden, die ihm durch einen gottlosen Schurken zugefügt werden, dargestellt. Sie sind erst zu Ende, als bei der Hinrichtung des unschuldigen Opfers der Atheist aus Versehen sich selbst das Gehirn einschlägt.

Die spätere Entwicklung der Tragödie von den zwanziger Jahren des 17. Jahrhunderts bis zur Schließung der Theater ist gekennzeichnet durch eine sparsamere Verwendung von Horroreffekten und ein intensives Interesse für Veränderungen der menschlichen Psyche unter dem Druck von Schuld und Verbrechen. Die Tragödie mit dem bezeichnenden mehrdeutigen Titel *The changeling* (1622) von Thomas Middleton und William Rowley, deren Nebenhandlung in einem Irrenhaus spielt, ist eine unerhört eindringliche Studie des moralischen Verfalls einer schönen, oberflächlichen Frau unter der Last eines Mordes, der sie als Anstifterin mit dem widerlichen Mörder zusammenbindet. Das gleiche Interesse prägt Middletons zweite Tragödie *Women beware women* (1620–1627), in der die moralische Zerstörung einer Giftmörderin aus Liebe und das Umschlagen einer Liebe in tödlichen Haß eindrucksvoll und psychologisch überzeugend dargestellt werden.

Die Kunst psychopathologischer Charakterschilderung beherrscht auch der letzte große Renaissancetragiker, John Ford. Ohne moralisierende Tendenz versetzt er seine Figuren in ausweglose Situationen, in denen sie zugrunde gehen. In seinem Meisterwerk *'Tis pity she's a whore* (1629–1633) schildert er zum ersten Mal auf der jakobäischen Bühne ohne Pikanterie oder moralische Entrüstung eine Geschwisterliebe, die von den Protagonisten als tief und beglückend erfahren wird, die diese aber auch unausweichlich in die Vernichtung treibt. In ähnlicher Weise behandelt Ford in *The broken heart* (1625–1633) eine Dreiecksgeschichte, die in einer Katastrophe endet.

Die Tragödien James Shirleys, der sich bereits ganz am Geschmack des Hofes orientiert, bewegen sich innerhalb des von früheren Tragikern geschaffenen Motiv- und Formenkreises. Die routinierte Art, mit der Shirley die verschiedenen Muster ohne bedeutsame Variationen verarbeitet, macht deutlich, daß die besondere Konstellation aus Autoren, Theater und Publikum, in der sich die elisabethanisch-jakobäische Tragödie entfalten konnte, sich aufzulösen begann.

Tragikomödie und *history play*

Während sich in der Tragödie die Bilder des Menschen und der Gesellschaft immer mehr verdüstern, zeichnen die Tragikomödien Beaumonts und Fletchers und die Romanzen Shakespeares eine ganz andere Welt. Beaumont und Fletcher, das berühmteste Autorenteam der jakobäischen Epoche, wenden sich mit ihr in Ideologie und Geschmack an den Hof, die Aristokratie und das konservative Bürgertum, deren fundamentale Ordnungsvorstellungen sie in ihren Dramen bestätigen. Nach Fletchers Mißerfolg mit *The faithful shepherdess* (1608) konnten Beaumont und Fletcher erst mit *Philaster; or love lies a-bleeding* (1611) die Tragikomödie mit großem Erfolg durchsetzen. Als tragikomische Sujets werden Königsmord, Usurpation, Verrat, höfische Intrigen, Rache und Ehrenhändel bevorzugt, die vor dem Hintergrund von Krieg und Rebellion entfaltet werden. Die Handlung wird dabei bis dicht an die Katastrophe herangeführt, bevor durch eine neue Information die Wende zum glücklichen Ausgang herbeigeführt wird. In der Tragikomödie werden hohe und niedere, heroische und schurkische Figuren gemischt. Häufige Peripetien kennzeichnen die episodische, auf sensationelle Effekte bedachte Handlungsführung. Die Tragikomödie bestätigt eine hierarchisch geordnete Welt- und Gesellschaftsordnung, betont die unveräußerlichen Rechte des Adels und das absolutistische Gottesgnadentum als Garanten einer natürlichen Gesellschaftsordnung.

Als Shakespeare sich gegen Ende des ersten Jahrzehnts der Romanze zuwandte, dürfte er von dem Erfolg der Tragikomödie beeinflußt worden sein. Er folgt jedoch weniger dem Vorbild der Dramen Beaumonts und Fletchers, sondern bildet aus vielen Quellen ein eigenes romaneskes Modell, dessen Merkmale häufige Peripetien, exotische Schauplätze, die Einbeziehung von Magie und Zauberei und die Motive des Scheintodes und der Wiedergeburt sind. *Pericles*, *Cymbeline*, *The winter's tale* und *The tempest* gestalten mit den romanzenhaften Elementen des Schiffbruchs, der Entführung und Trennung, der verfolgten Unschuld und der Rückkehr Totgeglaubter die Themen der Schuld und Gnade, der Umkehr und Versöhnung. Anstelle einer Handlungssequenz, die einen Charakter mit innerer Logik in die Katastrophe führt, enden die Romanzen in der Hoffnung auf einen Neubeginn durch das Erscheinen einer neuen, unschuldigen Generation.

Eine spezifische Dramenform der englischen Renaissance ist das *chronicle play* oder *history play*, in dem Ereignisse der englischen Geschichte aufgegriffen und gedeutet werden. Die *chronicle plays* des 16. Jahrhunderts bestanden in der Mehrzahl aus chronologisch aneinandergereihten Episoden; erst Marlowe und Shakespeare gaben dem Chronikmaterial unter Verzicht auf historische Genauigkeit dramatische Struktur und formten aus dem historischen Personal überzeugende dramatische Charaktere. Aus den dramatisierten Chroniken wurden politische Lehrstücke. Shakespeares erste Historien, die drei Teile von *Henry VI* (1590–1592), zeigen erst in Ansätzen den dramatischen Zugriff und sind in ihrer thematischen Ausrichtung einem aggressiven Patriotismus und der nationalen Einheit verpflichtet. Erst mit den etwa gleichzeitig entstandenen Historien, Marlowes *Edward II* (1591–1593) und Shakespeares *Richard II* (1595), beginnt die Entwicklung des *history play* als eigenständiger Kunstform. *Edward II* gestaltet den Sturz eines schwachen, homosexuellen Königs durch einen machiavellistischen Schurken und kreiert damit den passiven, sensiblen Helden, der erst im Unglück seine tragische Würde gewinnt. Ganz ähnlich verknüpft Shakespeare den Fall des schwachen, empfindsamen und als König versagenden Richard II. mit dem Aufstieg des fähigen Usurpators Henry Bolingbroke. Richards tragische Einsicht in seine Schuld und sein Legitimitätsverständnis, das mit Bolingbrokes Effizienz konfrontiert wird, nähern das Stück der Tragödie und stellen es gleichzeitig in die Diskussion um das Monarchieverständnis.

Die weitere Entwicklung des *history play* als dramatischer Form wird durch Shakespeare vollzogen, der die englische Geschichte des 15. Jahrhunderts in zwei Zyklen gestaltet. Mit den beiden Teilen von *Henry IV* (1596/97) erreicht diese Dramenform ihren künstlerischen Höhepunkt. Der Staatshandlung, die von Rebellion und Aufruhr gegen einen Usurpator geprägt ist, steht kommentierend und spiegelnd die Komödienwelt des Wirtshausmilieus von Eastcheap gegenüber, in der sich der Thronfolger mit Falstaff und seinen Kumpanen die Zeit vertreibt. Verschiedene politische und soziale Haltungen, der Feudalismus des heroischen und romantischen Hotspur, das pragmatische Politikverständnis des Königs ohne Legitimität, die Anarchie und Lebenslust des spöttischen Parasiten Falstaff werden im ständigen Perspektivenwechsel und in gegenseitiger Kommentierung vorgeführt. Zugleich wird in den beiden Stükken das umfassendste und genaueste Bild der elisabethanischen Gesellschaft entworfen: Hof, Stadt und Land, Adel, Bürger, Sheriff und Richter, die Welt der Bierzapfer, der Gauner und zerlumpten Soldaten, der Wirtinnen und Adelsdamen werden plastisch porträtiert. Schlachtengetümmel und Wirtshausszenen wechseln in scheinbar bunter Folge, aus der Prinz Hal schließlich als idealer König des ganzen Volkes hervortritt. Shakespeares *Lancaster*-Zyklus endet mit *Henry V* (1599), einem episch-dramatischen Porträt des Königs, dem der Tugendkatalog des Fürstenspiegels zugrunde liegt.

Im 17. Jahrhundert, das dem *history play* kein Interesse mehr abgewinnen kann, greift lediglich John Ford mit *Perkin Warbeck* (1622–1632) diesen Dramentypus auf. Mit diesem psychologischen Meisterwerk um einen vermeintlichen Thronprätendenten aus der Zeit Heinrichs VII. findet diese dramatische Sonderform ihren Abschluß.

Der Niedergang des Volkstheaters, der in den dreißiger Jahren einsetzte, wurde durch das starke Interesse, das Karl I. und seine Königin Henrietta am Theater hatten, beschleunigt. Das Königspaar favorisierte pastorale Romanzen, heroische Stücke und *masques*, in denen im preziösen Stil platonische Liebesprobleme spitzfindig behandelt wurden. Sie waren Ausdruck der Selbststilisierung des karolinischen Hofes als »Akademie der Tugend« mit Henrietta als Meisterin. Die Fülle der zumeist formlosen Stücke, in denen schematische Figuren subtile Liebesfragen erörtern, zeigt deutlich, daß der Hof den Kontakt mit der gesellschaftlichen Wirklichkeit verloren hatte. Aus der Sicht des Bürgers wurde dadurch das Drama zur aristokratischen Kunstform, der er zunehmend verständnisloser gegenüberstand und die von den Puritanern um so heftiger bekämpft werden konnte. Angesichts der künstlerischen Schwächen und der Inhaltslosigkeit von Stücken wie sie Thomas Killigrew, Richard Lovelace, Sir William Davenant, Sir John Suckling u. a. in großer Zahl produzierten, war das Verbot aller Aufführungen durch das Parlament 1642 eher ein Gnadenstoß für eine leblos gewordene Tradition als das gewaltsame Abwürgen eines lebendigen Theaters. (W)

Restaurationszeit und 18. Jahrhundert

Theaterleben und Restaurationstragödie

Die beiden Theater, die bald nach der Restauration mit königlichem Patent in London eröffnet wurden, brachten neue Stücke für ein neues Publikum auf die Bühne. Wohl wiesen die frühen Dramen der Epoche vielfach eine Verwandtschaft mit den Dramen des jakobäischen Zeitalters auf. Ben Jonson oder John Fletcher dienten den Komödienautoren als Orientierung, und die Dramenliteratur des frühen 17. Jahrhunderts bedeutete den Theatermanagern allemal eine willkommene Bereicherung des Repertoires. Doch was sich, in vielfacher Modifikation, als das typische Drama der Restauration herausbildete, setzte die heimischen Traditionen nicht ungebrochen fort. Kontinentale Einflüsse wurden aufgenommen und machten sich formend bemerkbar. Das neoklassische Theater Frankreichs, das viele Exilanten aus Paris kannten, wurde zu einem Vorbild und Modell, und das spanische Theater fand bei Kritikern und Autoren Beachtung durch die spezifische Zeichnung von Figuren und die charakteristische Konstruktion von Dramen.

Als Stätten der Aufführung waren die Theater denen vor dem Verbot von 1642 nicht mehr vergleichbar. Die Patente gaben den Empfängern, Sir William Davenant und Thomas Killigrew, praktisch ein Monopol für alle Londoner Aufführungen. Die Gebäude des Theatre Royal in Drury Lane (1663) und des Duke's Theatre in Dorset Garden (1771) wurden nach einer Reihe von Provisorien neu errichtet und mit einem bis dahin unbekannten Aufwand ausgestattet. Im Zuschauerraum legte man auf Prachtentfaltung Wert, so daß das Theater zu einem Ort des gesellschaftlichen Auftritts werden konnte. Im Bühnenraum fand eine neue Maschinerie Verwendung, die eine flexible Inszenierung erlaubte und vielerlei bis dahin unbekannte technische Effekte ermöglichte. Weibliche Rollen – eine besonders auffällige Veränderung – wurden nicht mehr von Männern gespielt, sondern von Frauen. Die Schauspielerin erschloß dem Theater zusätzliche Darstellungsmöglichkeiten, und sie umgab es zudem, als Bühnenstar wie als Halbweltdame, mit einem reizvollen erotischen Flair.

Das Publikum war, anders als das des früheren Volkstheaters, nicht zahlreich und auch nicht aus den gleichen Schichten zusammengesetzt. Es bestand indessen nicht nur aus dem Hof und seiner Entourage, wie häufig angenommen wird, sondern schloß auch Theaterbesucher aus der »Stadt« mit ein. Der Anteil dieser Zuschauer war wohl anfänglich nicht groß; doch er wuchs mit der Zeit, ohne allerdings jemals breite Schichten zu umfassen. Das Theater war vornehmlich eine Angelegenheit der feinen Welt – derer, die dazugehörten, wie derer, die dazugehören wollten oder dazuzugehören meinten. Trotz unterschiedlicher Herkunft war das Publikum, das die Theater mit einiger Regelmäßigkeit aufsuchte, ein geschlossenes und vor allem ein in seinen Erwartungen homogenes Publikum. Es wollte unterhalten sein, brachte aber seinerseits auch Verständnis für das Drama und eine gewisse Sensibilität für Literatur mit.

Karl II. war ein Liebhaber des Theaters, und aus der engen Bindung des Theaters zum Hof erklärt sich, daß nach 1660 für einige Zeit eine »höfische« Dramenform in den Vordergrund trat: das *heroic play*. Es ist, der Romanze vergleichbar, ein Literaturwerk, das aus der Überzeichnung der Charaktere und der Übersteigerung der Handlung lebt. Es bietet ein ins Titanische projiziertes Zerrbild des Heroischen, dessen artifizieller Charakter häufig durch die Exotik des Schauplatzes und den Bombast der Sprache unterstrichen wird. Es ist barocke Theatralik für ein – vornehmlich aristokratisches – Publikum, das sich an exaltierter Größe und Tragik zu ergötzen vermag.

Davenants *The siege of Rhodes* (1656) markiert den Beginn des heroischen Dramas. In der Zeit des Theaterverbots aufgeführt, war es kein Schauspiel, sondern durch Umsetzung in Rezitative ein das Verbot von Bühnenaufführungen unterlaufendes Musikwerk. *The general* des Romanzen-Autors Roger Boyle, Earl of Orrery, war das erste nach der Restauration überhaupt aufgeführte Stück, und seine *Tragedy of Mustapha, son of Soliman the Magnificent* (1665), die schon im Titel die Vereinigung aller für das *heroic play* kennzeichnenden Elemente zu erkennen gibt, kann als Inbegriff der Gattung gelten. Drydens *The Indian queen* (1664) und *The Indian emperour* (1665) gehören zu den besten Leistungen in diesem Genre, und in der Vorrede zu *The conquest of Granada* (1672) lieferte Dryden überdies eine Theorie der Gattung, die eine Rechtfertigung der »Unnatürlichkeit« von Figuren und Handlung einschloß.

Die Überspanntheit der Gattung forderte zur Parodie heraus. Sie kam in Form einer George Villiers (second Duke of Buckingham) zugeschriebenen Farce unter dem Titel *The rehearsal*

1671 auf die Bühne. Das Stück gehört zu den frühesten dramatischen Burlesken der englischen Literatur und leitete die Satire auf das »hohe« Drama ein, die in vielfältiger Weise bis ins spätere 18. Jahrhundert fortgeführt wurde und noch die Basis für Sheridans *The critic* abgibt. Im Erfolg der Parodie wurde eine neu aufkommende und bis in die Gegenwart fortdauernde Unsicherheit der unheroischen Gesellschaft gegenüber der Tragödie erkennbar. Einige Jahrzehnte später verdeutlichte John Gays dramatischer Scherz, *The what d'you call it. A tragi-comical-pastoral farce* (1715), daß mit dieser Unsicherheit eine Verwirrung im tradierten Kanon der dramatischen Formen einherging.

Das heroische Drama, für das der gereimte Pentameter (*heroic couplet*) kennzeichnend war, blieb etwa zwei Jahrzehnte in Mode. Obwohl es nicht gänzlich verschwand, machte es einem stärker klassizistisch geprägten Drama Platz, für das es vor allem französische Vorbilder gab. Dryden leitete diese Entwicklung mit *All for love* (1678) ein, einer Tragödie im Blankvers, die als »Nachahmung« von Shakespeares *Antony and Cleopatra* das hervorragende Beispiel für die englische Variante des neoklassischen, auf die Einheit von Zeit, Ort und Handlung abgestellten Dramas bietet. Drydens andere Tragödien blieben dahinter zurück, so etwa *Troilus and Cressida* (1679), ebenfalls nach Shakespeare und ebenfalls mit einem antiken Stoff. Auch anderen Dramatikern der Zeit gelangen in diesem Genre keine Werke, die über die Epoche hinaus lebendig geblieben sind. Das gilt sowohl für den überaus produktiven Nathaniel Lee (1649?–1692) wie für den neben Dryden wohl begabtesten Dramatiker, Thomas Otway (1652–1685), dessen bis ins 19. Jahrhundert beliebtes Stück *Venice preserved, or a plot discovered* (1682) noch am ehesten Anspruch auf einen Platz unter den bedeutenderen Tragödien der englischen Literatur hat.

Die neoklassische Tragödie war ihrerseits keine bloße Episode, sondern blieb eine für lange Zeit gepflegte Form des Dramas. Die mit der Restauration einsetzende Neuorientierung an der antiken Literatur erklärt ihre Beliebtheit und auch die ins frühe 18. Jahrhundert hineinreichende Kontinuität. William Congreve, vornehmlich als Komödienautor geläufig, schrieb mit *The mourning bride* (1697) ein erfolgreiches klassizistisches Stück, das zwar nicht die ungeteilte Zustimmung der Kritiker, aber ob seiner stringenten Moral das Lob von strengen Sittenrichtern der Jahrhundertwende fand. Joseph Addisons *Cato*

(1712) hatte als Römertragödie in der Restaurationszeit eine Reihe von Vorläufern, so in Thomas Otways *Caius Marius* (1680) oder John Dennis' *Appius and Virginia* (1700), doch keines dieser Stücke löste auch nur entfernt einen solchen Widerhall und eine so breite Wirkung in ganz Europa aus. Es gilt zu Recht als letzter Höhepunkt einer sich gegen die Mitte des 18. Jahrhunderts hin auflösenden Tradition.

Die Restaurationskomödie

Im Gegensatz zur Tragödie ist die Komödie der Restauration noch lebendig. Die besten Beispiele der Gattung werden immer wieder mit großem Erfolg aufgeführt. Sie ist Teil einer literarischen Tradition, die mit der Darstellung überquellenden Lebensgefühls und hedonistischer Sinnlichkeit dem heutigen Empfinden ebenso entspricht wie mit der Bloßstellung von individuellem Fehlverhalten und der Kompromittierung brüchiger Moral. Die bühnenwirksamen Dialoge und vielfach auch die elegante Leichtigkeit der Handlungsführung tragen überdies dazu bei, daß diese jahrhundertealten Komödien als moderne und gelegentlich sogar als zeitgenössische Stücke empfunden werden.

Restaurationskomödie ist eine geläufige Gattungsbezeichnung, doch sind die einzelnen, darunter zusammengefaßten Werke nicht von gleicher Art. Als individuelle Werke der Epoche weisen sie in Thematik und Ausführung eine erhebliche Variationsbreite auf. Weder entsprechen sie, wie dies bei Komödien einer Epoche häufig der Fall ist, einem festgelegten Typus, noch haben sie die gleichen Vorbilder und knüpfen auch nicht an dieselben Traditionen an. In ihrer Entwicklung weist die Restaurationskomödie verschiedene Phasen auf, die sich berühren und teilweise überschneiden, doch im historischen Rückblick voneinander abheben. Dessenungeachtet stellen die Komödien der Restauration ein Korpus von Werken dar, das gegenüber der Komödie der vorausgegangenen und der folgenden Epoche distinkte Züge aufweist.

Die Restaurationskomödie spielt in den oberen Schichten der zeitgenössischen Gesellschaft, ohne dabei im geläufigen Sinne Gesellschaftskomödie zu sein. Sie wird in der Regel als *comedy of manners* bezeichnet. Streckenweise ist sie dies: eine Komödie, die aus dem Konflikt zwischen individuellem Verhalten und gesellschaftlichen Konventionen entspringt. Doch erschöpft sie sich keineswegs in der Darstellung solcher Konflikte, die nach Gattungskonvention positiv durch die Einordnung des Individuums in das gesellschaftliche Regelsystem gelöst werden. Vielfach finden sich idealisierende Entwürfe individuellen Verhaltens, in denen über die gesellschaftlichen Konventionen hinaus allgemein akzeptierte ethische Normen in Frage gestellt, wenn nicht negiert sind. Damit werden die Grenzen der Gattung transzendiert. Diese unter den Prämissen eines spezifischen Libertinismus erfolgende Exploration eines konventions- und wertfreien Raumes durch den dramatischen Charakter hat – zu Unrecht – teils zur moralischen Ächtung und teils zu einer literarisch-philosophischen Verklärung des Komödienschaffens der Epoche geführt.

Ob die Restaurationskomödie ein Abbild, Wunschbild oder Zerrbild der porträtierten Gesellschaft bietet, wird bis heute unterschiedlich beurteilt. Über keine andere Gattung der englischen Literaturgeschichte gibt es über einen so langen Zeitraum so gespaltene Meinungen. Die Extrempositionen, ihrerseits bereits wieder literarhistorisch, werden dabei von Charles Lamb und Thomas Babington Macaulay repräsentiert. Während Lamb als Romantiker das Phantasievoll-Artifizielle der literarischen Gestaltung bewunderte – »the Utopia of gallantry, where pleasure is duty, and the manners perfect freedom« – sah Macaulay als Viktorianer voller Empörung in der Restaurationskomödie eine verdammenswerte Darstellung einer depravierten Gesellschaft – »a disgrace to our language and our national character«. Für den heutigen Betrachter tritt mehr und mehr eine satirische Komponente des Zeitbildes hervor, aus der er sich manche Überzeichnung der Figuren erklärt. Damit verwandelt sich jedoch die Komödie nicht automatisch in ein Medium extensiver und konsequenter Zeitkritik.

Am besten erschließt sich die Komödie der Restauration als ein breites Spektrum von Stücken, bei denen vorgegebene Elemente zu jeweils neuen Konfigurationen geordnet sind. Die Komödie arbeitet seit jeher mit stereotypen Charakteren (*stock characters*), und hier findet sich ein differenziertes Inventar solcher Charaktere, die zugleich traditionell und zeitbezogen sind. Darüber hinaus macht die Komödie der Restauration von etablierten Handlungsschemata so ausgiebig Gebrauch, daß auch in dieser Hinsicht von einem Repertoire herkömmlicher Konstruktionsformen gesprochen werden kann. Doch das Ergebnis des Rückgriffs auf das Formelhafte war nicht etwa eine Gleichförmigkeit der Dramen in Anlage und Ausführung, sondern eine überraschende Vielfalt – »the strata of Restoration comedy are truly infinite« (A. Nicoll). Der Grund dafür liegt in dem nur schwer erklärbaren literarhistorischen Faktum, daß kaum eine zweite Epoche der englischen Literatur so viele begabte und darüber hinaus brillante Komödienautoren aufweist.

Das differenzierteste Œuvre und zugleich das einzige, das sich über die ganze Epoche erstreckt, ist das Drydens, obwohl seine Stärke als Dramatiker nicht durchweg auf dem Gebiet der Komödie lag. Es ist kennzeichnend für den Komödienstil der Zeit, ohne dabei dem literarhistorischen Klischee der Restaurationskomödie zu entsprechen. Dryden begann mit der Intrigenkomödie (*The wild gallant* 1663, 1669), die er im Typus später verschiedentlich wieder aufnahm. Im Zentrum seines Schaffens standen Tragikomödien mit heroischen und romantischen Elementen (so *Marriage-a-la-mode* von 1673 und andere), ein Genre, das er für besonders »agreeable to the English genius« hielt. Die ältere Humoralkomödie, die aus der komischen Figur lebt, ist bei ihm (mit *Sir Martin Mar-all* 1668) ebenso vertreten wie die Adaptation von französischen und spanischen Modellen (etwa in *An evening's love, or the mock-astrologer* 1668, 1671 und anderen). Die Neufassung Shakespearescher Stücke (so *The tempest* 1667) gehört zu seinen Arbeiten wie auch die Bearbeitung antiker Komödien. Was bei Dryden fehlt, ist die als typisch geltende *comedy of manners*.

Auch die Stücke der anderen bedeutenden Dramatiker sind, ungeachtet der Benutzung stereotyper Elemente, von ausgeprägter Individualität. Das gilt für William Wycherley, der zusammen mit Sir George Etherege (1634?-1691) repräsentativ für die siebziger Jahre ist. In Ethereges frühen Komödien, *The comical revenge; or, love in a tub* (1664) und *She would if she could* (1668), kündigte sich der *libertin* als Normfigur einer spielerisch-ungenierten Sex-Komödie an, die gemeinhin zum Inbegriff der Restaurationskomödie geworden ist. Um die Mitte der siebziger Jahre fand diese Art von Komödie in Wycherleys *The country-wife* (1675) und Ethereges *The man of mode* (1676) ihren Höhepunkt. Beides sind Komödien von hoher Kunstfertigkeit, genügen aber den Gattungskriterien der *comedy of manners* wenn überhaupt, dann nur mit erheblichen Einschränkungen. Bei Etherege triumphiert die Freizügigkeit, und bei Wycherley ist das Farcenhafte oder das Satirische stärker ausgeprägt als das traditionell Komödienhafte. Und zumindest *The country-wife* vermag mit einer obszönen Sexualität, die in unnachahmlicher Manier zugleich dargestellt und kritisiert wird, noch den heutigen Zuschauer zu verblüffen.

Die in der Restaurationszeit vielfach ausgeprägte Korrespondenz zwischen politischem und literarischem Leben zeigt sich beim Drama in einer Blüte von Komödie und Tragödie in den relativ ruhigen mittleren siebziger Jahren. Ihr folgte ein langsamer Abstieg und zumindest im Komödienschaffen eine langanhaltende Periode zweitrangiger Leistungen. Nicht daß sich die dramatische Produktion erschöpfte: Jahr für Jahr kamen neue Stücke auf die Bühne, nach bewährtem Rezept gearbeitet und immer wieder beifällig aufgenommen. Doch die achtziger Jahre waren eine Zeit der Unsicherheit, des Wandels und des Übergangs. Mit den politischen und gesellschaftlichen Veränderungen verlor sich das ehemals homogene Theaterpublikum, und ein neues, differenziertes und stärker von bürgerlichen Elementen durchsetztes Publikum trat in Erscheinung. Die neunziger Jahre als zweite Blütezeit der Komödie weisen daher mit der Aufspaltung der Komödientradition ein anderes Profil auf. Die Komödie in der Manier Wycherleys erlebte eine moderate Erneuerung, und neben ihr kam ein neuer »humanerer« Komödientyp auf, der sich, modifiziert, ins 18. Jahrhundert fortsetzen sollte.

Noch ehe sich die »alte« Komödie wiederbeleben konnte, wurde sie moralisch erstickt. *The provok'd wife* (1697) von Sir John Vanbrugh (1664–1726), keineswegs ein brillantes Stück, wurde zum Stein des moralischen Anstoßes, der sich allenthalben über die Zeit gegen die *sex comedies* aufgestaut hatte. Die Entrüstung entlud sich in der Streitschrift *A short view of the immorality and profaneness of the English stage* (1698) aus der Feder des Geistlichen Jeremy Collier. Collier griff die Restaurationskomödie insgesamt an und forderte, vier Jahrzehnte nach ihrer Wiedereröffnung, erneut die Schließung der Theater. Die Wirkung des Protestes, für den Collier symbolisch stand, war beträchtlich. Obwohl die anstößigen Komödien nicht sofort verschwanden, schlug das Meinungsklima dauerhaft um, und das Theater trat in die bürgerliche Ära ein.

Die letzten großen Dramatiker der Restaurationszeit repräsentieren teils die »alte«, teils eine »neue« Komödie, die in ihren Normfiguren weniger libertinistisch ist und in ihrem Handlungsverlauf eine stärkere Affinität zum Modell der *comedy of manners* aufweist als frühere Stücke. Congreves Erstlingswerk, *The old bachelor* (1693) konnte den Theaterbesucher noch an Wycherley erinnern, doch mit seinen späteren Stücken ging er eigene Wege. *Love for love* (1695) wie auch *The way of the world* (gebührenderweise eine Erscheinung des Säkularjahres) enthalten wohl die üblichen Ingredienzen der Restaurationskomödie. Doch sie sind, von feiner Satire durchzogen, Meisterwerke einer fulminanten Wortkunst, die das Eindeutige und das Zweideutige entbehren kann, ohne an Effekten einzubüßen. Congreve verstand sich als Reformator der Komödie, aber es ging ihm nicht um die Verbesserung der Moral, sondern um die Vervollkommnung des literarischen Werkes.

George Farquhar, dessen Komödien schon ins 18. Jahrhundert hineinreichen, befand sich in einer ähnlichen Situation wie Congreve, und wie dieser begann er mit einer Komödie »alten« Stils (*Love and a bottle* 1698). Aber anders als Congreve, der mit seinem Publikum zerfiel und sich zurückzog, paßte sich Farquhar den veränderten Gegebenheiten an. »The rules of English comedy«, erklärte er in seinem *Discourse upon comedy* (1702), »do not lie in the compass of Aristotle and his followers, but in the pit, box, and galleries.« Und hier wurde eine Komödie erwartet, die weniger scharf und geschliffen als dezent und versöhnlich, weniger phantastisch als realistisch, weniger konstruiert als natürlich war. Sein *Recruiting officer* (1706) und *The beaux' stratagem* (1707) lösten diese Erwartungen ein – so gut sie von einem Komödienautor einer vergangenen Epoche eingelöst werden konnten.

Das Drama des 18. Jahrhunderts

Das 18. Jahrhundert war keine herausragende Epoche in der Geschichte des englischen Dramas, aber ein bedeutsamer Abschnitt in der Geschichte des englischen Theaters. Graduell vollzogen sich Veränderungen, die nicht nur in der Zeit selbst, sondern weit darüber hinaus wirksam wurden, teilweise bis in die Gegenwart. Die einschneidendste war die »Professionalisierung« des Theaters. Während zu Beginn der Restaurationszeit die Patente Günstlingen des Hofes zufielen, ging das Management der Theater nun auf Theaterleute über – meist Schauspieler, unter denen David Garrick herausragen sollte, gelegentlich auch Bühnenautoren, darunter Fielding, Sheridan und George

Colman der Ältere. Das Gegenstück zum professionellen Theaterdirektor war der professionelle Autor, den es in der Restaurationszeit in Ansätzen gegeben hatte, der nun aber, wie der professionelle Autor überhaupt, markant hervortrat. Susanna Centlivre (1669–1723), die nach einer Karriere als Schaupielerin zwischen 1700 und 1722 neunzehn Dramen schrieb, bietet ein anschauliches Beispiel für hohe Produktivität und, von wenigen Komödien abgesehen, fast durchweg mittelmäßiges Niveau.

Durch das ganze Jahrhundert blieb London alleiniges Zentrum des Theaterlebens. Für einige Zeit nach der Jahrhundertwende gab es nur die beiden seit der Restauration bestehenden Theater. Sir John Vanbrugh, Dramatiker und Architekt, errichtete zwar am Haymarket das Queen's Theatre (eröffnet 1705; heute Her Majesty's Theatre), doch das Haus eignete sich nicht für das Drama, sondern nur für das Musiktheater und wurde zur Aufführungsstätte für Händels Opern. Ein zweites Theater am Haymarket, Little Theatre in the Hay, 1720 errichtet, war – da bis 1766 ohne Lizenz – zunächst ein Experimentiertheater, wurde dann aber, besonders unter Colman, als Theatre Royal (eine noch heute bestehende Bezeichnung) zum erfolgreichen Sommertheater der Stadt. Covent Garden kam 1732 hinzu, sowohl als Sprechtheater wie als Opernbühne, und damit formierte sich in Grundzügen die moderne Londoner Theaterlandschaft.

Das Publikum verlor seinen aristokratischen Charakter. Je weiter das Jahrhundert fortschritt, um so mehr wurde das Publikum zu einem bürgerlichen, plebejisch durchsetzten. Weitgehend ohne Finesse, fand es zu subtilen Stücken nur begrenzt Zugang; häufig genug auch ohne Disziplin, störte es Aufführungen und wurde in den Pausen meist durch Sänger, Akrobaten oder pantomimische Einlagen ruhig gehalten. Autoren und Intendanten mußten sich mit diesen Gegebenheiten arrangieren. Die Qualität der Stücke litt darunter, und schlechte Dramen trugen wenig zur Verbesserung des Publikums bei. Selbst David Garrick konnte dies nicht durchgreifend ändern, als er 1747 die Leitung von Drury Lane übernahm.

Der dominante Komödientyp der ersten Jahrzehnte war die »sentimentale« Komödie, die sich schon am Ausgang der Restaurationszeit angekündigt hatte. Ganz auf die Empfindungsweise des neuen bürgerlichen Publikums abgestellt, ist sie vom simplen Charakter und der einfachen, geraden Moral bestimmt – »the virtues of private life are exhibited, rather than the vices exposed; and the distresses, rather than the faults of mankind, make our interest in the piece« (Oliver Goldsmith). Einer ihrer Hauptvertreter war Steele, der nach einigen weniger erfolgreichen Stücken mit *The conscious lovers* (1722) das Musterstück der Gattung und zugleich das vollkommene Kontraststück zur Restaurationskomödie schrieb. Colley Cibber (1671–1757), dessen *Love's last shift* (1696) am Anfang der langen, bis in die späten Jahrzehnte reichenden Kette der Rührkomödien stand und der durch seine lange Tätigkeit in Drury Lane ihre Entwicklung stark beeinflußte, schrieb in *The careless husband* (1704) das bei den Zeitgenossen beliebteste Stück. Nach der Jahrhundertmitte setzten Autoren wie Hugh Kelly (1739–1777) und Richard Cumberland (1732–1811) die Tradition mit geringer Variation, doch teilweise erheblichem Erfolg fort. Das gilt vor allem für Cumberland, der in seiner fast ein halbes Jahrhundert umspannenden Karriere als Bühnenschriftsteller zahlreiche sentimental-melodramatische Dramen schrieb, so *The West Indian* (1771) und *The wheel of fortune* (1795).

In einer Epoche engagierter Literatur wurde die Bühne bisweilen zur politischen Arena. Die besten Komödien des frühen 18. Jahrhunderts entstanden im Widerspruch zu Macht und Gesellschaft der Zeit. Das gilt zuvörderst für Gays *Beggar's opera* (1728), die als *ballad opera* aus dem etablierten Kanon literarischer Gattungen herausfiel. In der Verbindung von musikalischer Parodie und politischer Kritik ist sie indessen eher Farce als Komödie und gehört in den Zusammenhang der Widerspruchsformen, die in der Dramenliteratur des 18. Jahrhunderts auch anderwärts auftreten.

Neben Gay ist Fielding der herausragende Vertreter der farcenhaften Komödie mit politischem Einschlag. Er hätte die Komödie Wycherleys und Congreves fortsetzen können, wenn ihm dieser Weg nicht versperrt worden wäre. Er folgte daher Gays Vorbild, den er – ohne Erfolg – mit seinem ersten Stück, *Love in several masques* (1728) auszustechen versuchte. Wie Gay in *The what d'you call it* (1715) die »hohe« Tragödie parodierte, tat Fielding dies auf superbe Weise in seiner literarischen Burleske *The tragedy of tragedies* (1730). Die Farce war die Fielding gemäße Form, und er benutzte sie, vielfach mit parodistischem Einschlag, in einer Serie von Stücken, die sich in ihrer Kritik an den gesellschaftlichen und politischen Verhältnissen zunehmend verschärften, von *The author's farce* (1730) bis zu *Pasquin* (1736) und *The historical register for 1736* (1737).

Der Licensing Act von 1737, vornehmlich aber nicht ausschließlich von Fieldings politischen Stücken ausgelöst, etablierte die Zensur der dramatischen Literatur durch den Lord Chamberlain, der bereits seit der Restauration unmittelbar als Zensor eingegriffen hatte. Diese Befugnis, modifiziert durch den Theatres Act von 1843, bestand bis 1968. Nicht nur wurde Fieldings Karriere dadurch in andere Bahnen gelenkt: eine literarische Entwicklung, die zu einer eigenen, für die Epoche authentischen Komödienform hätte führen können, wurde blokkiert. Daß die Jahrzehnte um die Jahrhundertmitte eine sterile Zeit waren, wird durch das Genie David Garricks verdeckt. Mit ihm begann eine neue Ära der Schauspielkunst, eine Abwendung vom Deklamatorischen als Darstellungsform, die noch heute zu den großen Leistungen des englischen Theaters gehört.

In den siebziger Jahren etablierte sich in einem breiten, auch von Garrick artikulierten Widerspruch gegen das sentimentale Rührstück eine neue »lachende« Komödie, die Oliver Goldsmith mit seinem Essay »A comparison between laughing and sentimental comedy« (1773) publizistisch vorbereitete. Die Antwort auf seine Frage – »whether the true comedy would not amuse us more?« – kam in Gestalt seiner eigenen Komödie *She stoops to conquer* (1773). Sie wies einen für die Zeit neuen Typ des individualisierten komischen Charakters auf, hatte farcenhafte Züge und belebte trotz Unzulänglichkeiten der Handlungsführung die *comedy of manners* erfolgreich wieder, ohne dabei weniger moralisch als die sentimentale Schule zu sein.

Was bei Goldsmith verheißungsvoll begann, gedieh bei Sheridan zur Vollendung. *The rivals* (1775) und *The school for scandal* (1777) sind in Wortwitz, Treffsicherheit der Charakterzeichnung und Eleganz der Handlungsführung Reinkarnationen dessen, was Goldsmith als die wirkliche Komödie bezeichnete, und sie vereinigen zugleich die besten Traditionen des Genres in einer Spätblüte. Eine neue Tradition haben die drei noch immer erfolgreich aufgeführten Komödien nicht begründet. Sie blieben eine Episode. Was sich ins 19. Jahrhundert fortsetzte, war die sentimental-melodramatische Variante der Komödie, die am Ausgang des Jahrhunderts durch Autoren wie George Colman den Jüngeren (1762–1836), Thomas Holcroft (1745–1806) oder Elizabeth Inchbald (1753–1821) vertreten wurde.

Auch für die Tragödie hat sich im 18. Jahrhundert keine kontinuierliche Tradition ausgebildet. Die klassizistische Tragödie war in Konzeption und Ausführung rückwärtsgewandt, und sie mußte sich zwangsläufig erschöpfen, weil in der bürgerlichen Gesellschaft für das Heroische und damit auch für das Aristokratisch-Tragische kein Platz mehr war. Lebensweise und Lebensumstände schlossen es ein für allemal aus. Nicholas Rowe (1674–1718), der begabteste der Tragödien-Autoren des frühen, vielleicht des ganzen Jahrhunderts, repräsentiert in seinen fünf Stücken den Übergang vom heroischen Drama (*The ambitious stepmother*, 1700, und *Tamerlane*, 1705) zu pathetischen, teilweise in Nachahmung Shakespeares geschriebenen und damals als *she-tragedies* bezeichneten Stücken wie *Jane Shore* (1714) und *Lady Jane Grey* (1715). Wohl kamen auch in der zweiten Jahrhunderthälfte noch Tragödien konventioneller Art auf die Bühne; so *The Earl of Sussex* (1750) von Henry Brooke (1703?-1783) oder die historische Tragödie *Percy* (1778) von Hannah More (1745–1833) mit einem Prolog und Epilog von Garrick oder die in Schottland gut aufgenommene romantische Tragödie *Douglas* (1756) von John Home (1722–1808). Doch angesichts der triumphalen Neubelebung der Tragödien und Historien Shakespeares durch Garrick waren dies letztlich leblose Dramen.

Die einzige Möglichkeit, die tragische Weltsicht adäquat wiederzugewinnen, war die Etablierung einer Variante des Tragischen, die der traditionellen, bis auf Aristoteles zurückreichenden Literaturtheorie zuwiderlief. Der Versuch wurde von George Lillo mit *The London merchant, or the history of George Barnwell* (1731) unternommen. Das Stück war unter Negierung der Bindung der Tragödie an den »hohen« Charakter als »bürgerliches« Trauerspiel konzipiert und fand als solches Achtung und Anerkennung bei den Zeitgenossen. Aber es blieb ein literarisches Experiment, das wohl einige Vorläufer, aber praktisch keine Nachfolger von Niveau hatte. John Moore (1712–1757), einem der bedeutenderen Dramatiker der Jahrhundertmitte, mißlang mit *The gamester* (1753) ein weiterer Versuch, obwohl die Tragödie von Garrick auf die Bühne gebracht und für längere Zeit immer wieder aufgeführt wurde. Außerhalb Englands fand das »bürgerliche« Trauerspiel (*domestic tragedy*) größeren Widerhall. Aber es sollte lange dauern, bis sich die Erkenntnis, daß die Tragik nicht an die soziale Stellung des Menschen gebunden ist, wieder in der dramatischen Literatur manifestierte. (F)

19. und 20. Jahrhundert

Kontinuität und bürgerliche Transformation

Die gesellschaftlichen und ideologischen Umwälzungen, deren Ursache und Symptom Industrielle und Französische Revolution waren, forderten um die Jahrhundertwende eine Neubestimmung von Wesen, Status und Funktion der Künste. In der Literatur leistete dies nur die Lyrik zeitgleich, etwa in Wordsworths Sonetten und *The prelude*. Der Roman näherte sich seit etwa 1830 der Aufgabe, das Drama aber stellte sich ihr nicht. Als die objektivste und öffentlichste der sprachlichen Künste geriet es zunehmend in die Abhängigkeit öffentlicher, objektiver Gegebenheiten, von Theater und Publikum. Was sich im 18. Jahrhundert durch die Veränderung des Publikums und dessen Erwartungen angebahnt hatte, vollzog sich nun: Dramengeschichte muß als Theater- und Publikumsgeschichte verstanden werden. Der literarische Charakter der Texte tritt hinter ihre Funktion als Aufführungslibretti zurück.

Unmittelbare Auslöser hierfür waren die sozialen Entwicklungen. Statt der höfischen Aristokratie der Restaurationszeit, statt des aufstrebenden, mit der Aristokratie auch an diesem Ort rivalisierenden Bürgertums des 18. Jahrhunderts wollte nun ein plebejisch-proletarisches Massenpublikum im Theater versorgt werden. Die *Old Price*-Ausschreitungen von 1809 zeigten die Veränderung der Publikumszusammensetzung an und trugen zu dieser weiter bei: Der Versuch der Theaterdirektion von Covent Garden, die Preise für die *pit* sowie die Zahl der Logen zu erhöhen, führte zu allabendlichen Tumulten. Nach zwei Monaten beugte sich das Management und erkannte damit an, welcher Publikumsschicht, welchem Publikumsgeschmack es hinfort vorrangig zu dienen hatte. Das im Zeichen puritanischer Moralvorstellungen ohnehin latent kunstfeindliche, dem Leistungsethos zunehmend verpflichtete Bürgertum zog sich aus dem Theater zurück. Es überließ die Logen der *leisure class*, der Halb- und Lebewelt Londons, die harten Bänke der *pit* den besser verdienenden *clerks*, Handwerkern und Arbeitern, während die Galerie schon lange fest in Volkes Händen war. Dickens (»Astley's«, »Private Theatres« in *Sketches by Boz* 1836) hat in sympathiegetränkten Vignetten den Lärm, die Lebenslust, das gebannte Interesse dieses Publikums festgehalten.

Ein Massenpublikum benötigte Spielstätten geeigneter Größe. Bereits in den neunziger Jahren des ausgehenden 18. Jahrhunderts wurden Covent Garden und Drury Lane so umgebaut, daß sie 3000 bzw. 3600 Zuschauer aufnehmen konnten, eine Größe, die auch beim Wiederaufbau nach den Bränden der beiden Theater in den Jahren 1808 bzw. 1809 nur geringfügig vermindert wurde. Nicht wenige Neubauten von *minor theatres*, wie die von Astley's Amphitheatre (1804), des Surrey (1804) und Adelphi (1806), kamen in den ersten Dekaden des 19. Jahrhunderts hinzu und sind Beleg und Resultat des unverminderten Interesses eines rasch wachsenden Publikums. Auch diese Theater boten je mehreren Tausend Platz.

Ein Drama der sprachlichen, mimischen oder psychologischen Nuancen, der subtilen Personenkonfigurationen und komplizierten Handlungsführung hatte in solchen Häusern keine Lebenschance. Es war zu Ende des 18. Jahrhunderts nach dem Zusammenbruch der Gattungshierarchien sowie der normativen Gattungspoetik auch nicht mehr in der Form der Tragödie oder Komödie zeitgemäß. Antiheroische Bürgerlichkeit, romantische Innerlichkeit und egalitäres Denken hatten ihr Werk getan – sieht man einmal ganz von der Theatergesetzgebung ab, die bis zum Theatre Regulation Act (1843) nur den *patent houses*, Covent Garden und Drury Lane, gestattete, das *legitimate drama*, das heißt: fünfaktige Komödien und Tragödien, zu spielen, und somit die anderen Theater zwang, in die Bereiche der Pantomime, des Spektakels, der Musik auszuweichen. So wurden dramatische Mischformen gefördert, welche der neuen Wirklichkeit und den neuen Bedürfnissen Raum gaben und manchem etwas brachten, indem sie vieles boten.

Die hybride Dramengattung, die ein Jahrhundert lang in zehntausend Beispielen alle Bühnen, auch die der *patent houses*, beherrscht, ist das Melodrama. Es definiert sich bewußt als Mischform, wie etwa in George Daniels, eines unermüdlichen Vorwortschreibers, Worten: »The Greek word *Melodrame* might be fairly enough translated a hodge-podge drama. ... in England the term is common to all dramas of a mixed kind, in which are frequently found tragedy, comedy, farce, and pantomime; singing, dancing, and combatting!« Das Kriterium der Wahrscheinlichkeit gilt dem Melodrama nichts – »We detest the cant of *probability*!« –, es ist, so zu Recht Bernard Shaw, »an embodiment of our romantic imaginings«. Eine Situationsdramaturgie dient dazu, Gefühlsgipfel an Gefühlsgipfel zu reihen und Pathos und Komik alternierend zu präsentieren. Das bunte Gemisch ist Abbild einer Traumwelt im eskapistischen wie im Freudschen Sinn. In ihm gelten die Gesetze einer unerbittlichen Moral, sind die Menschen in Schafe und Böcke, in Schurken und Helden von Anbeginn und unwiderruflich geschieden; denn dem Melodrama liegt als Tiefenstruktur ein providentieller Plan zugrunde. Es führt vor, daß das Gute auch in der so widersprüchlich und chaotisch erscheinenden Wirklichkeit des 19. Jahrhunderts nach langem Leiden siegt, daß das Böse nur Instrumentalcharakter hat und daß eine Vorsehung regiert. Es ist ein später Versuch, Heilsgeschichte dramatisch sichtbar zu machen – und es kann darum unschwer die Funktion sozialer Vertröstung und Verschleierung erhalten.

Der providentiellen Tiefenstruktur verdankt das Melodrama seine Popularität, seine jahrhundertlange Präsenz auf allen Bühnen sowie seine beträchtliche Konstanz als Genre. Sie wird in Thomas Holcrofts *A tale of mystery* (1802), dem ersten voll ausgeprägten englischen Melodrama und einer Adaption von Guilbert de Pixerécourts *Coelina; ou, l'enfant du mystère* (1800), im Namen und Wesen der engelsgleichen Heldin, im himmlischen Donner, der den Schurken zur Reue mahnt, und im abschließenden Gebet sichtbar. Und sie manifestiert sich am Ende des Zeitraums in Henry Arthur Jones' *The silver king* (1882) in der spirituellen Wiedergeburt des Helden, in den Idyllen von Land, Heim und Herd sowie erneut in einem Schlußgebet. Durch all die zahlreichen Wandlungen von Inhalt, Schauplatz und Kostüm hindurch, die das Melodrama im Laufe des 19. Jahrhunderts erfährt, bleibt diese heilsgeschichtliche Orientierung erhalten. Ob in ihm romantische Banditen ihr Unwesen treiben (wie in Isaac Pococks *The miller and his men* 1813), ob es sich ins Seemannsmilieu begibt (wie in Douglas Jerrolds *Black-ey'd Susan* 1829), Irland zum Schauplatz wählt (wie in Dion Boucicaults *The colleen bawn* 1860) oder die Stadt als Ort des Unheils darstellt (wie in Tom Taylors *The ticket-of-leave man* 1863), ob es sich die Sache der Temperanz angelegen sein läßt (wie in Douglas Jerrolds *Fifteen years of a drunkard's life* 1828) oder die der Industriearbeit (wie in J. T. Haines' *The factory boy* 1840) – es ist nur das Äußerliche, die Staffage, die sich wandelt. Solange eine mythisch-heilsgeschichtliche Sinngebung der Wirklichkeit ein Bedürfnis bleibt und zumindest unterbewußt plausibel erscheint, so lange vermag das viktorianische Melodrama zu überdauern.

Auch die Farce, das potentiell destruktive Gegenstück zum Melodrama, im 18. Jahrhundert in gehobenem Personal und (Liebes-)Intrige noch der Komödie nahestehend, paßte sich nun den Bedürfnissen von Markt und Publikum an. Sie wurde, da allabendlich auf dem Spielplan stehend, zum ein- oder zweiaktigen Massenartikel. Und sie nahm, wie das Melodrama, die bürgerlich-häuslichen Werte als Normen in sich auf. Der *pater familias* regiert uneingeschränkt; er assoziiert, wie in Douglas Jerrolds *Laws and lions* (1829), »wives with household affairs, connubial love and a shoulder of mutton« (ohne sich der Obszönität einer solchen Aussage bewußt zu sein). Das Heim ist, wie Titel von der Art von Mortons *An Englishman's house is his castle* (1857) oder Broughs *How to make home happy* (1853) belegen, Hort und Zentrum. Die latente Anarchie, die weltbeherrschende Malice, welche die Farcen eines Eugène Labiche oder Georges Feydeau regieren, sind der viktorianischen Farce zwar nicht fremd, sie kommen aber nur kurzfristig befreiend zum Ausbruch. Eine prästabilierte Harmonie von Familie und Heim, das sentimentale Gegenstück zur heilsgeschichtlichen Verankerung des Melodramas, setzt unüberschreitbare Grenzen: »And where can the *best* of happiness be found, but in a loyal and affectionate married life?« Dies die rhetorische Schlußfrage von J. B. Buckstones *Married life* (1834). Folgerichtig werden die Andeutungen sexueller Libertinage und die erotischen Zweideutigkeiten der französischen Farcen der sechziger und siebziger Jahre in den englischen Adaptionen, etwa der von Hennequins und Delacours *Les dominos roses* (1876) durch James Albery in *Pink dominos* (1877), getilgt, werden Figuren und Handlung im Zeichen von Mrs. Grundy, dem moralischen Über-Ich der Viktorianer, domestiziert.

Die Farce wandte sich ihrem neuen Publikum auch zu, indem sie sich zunehmend aus der Welt der *gentility* in die der Diener und Arbeiter begab. Titel wie Charles Selbys *The boots at the Swan* (1842) oder J. S. Coynes *How to settle accounts with your laundress* (1847) kündigen die Verlagerung an, und die Titelhelden von John Maddison Mortons auch heute noch bühnenfähigem *Box and Cox* (1847) sind Setzer und Hutmacher. Mit dieser sozialen Verlagerung dringt eine plebejische Lust am Körperlichen und Materiellen in die Farce ein (wobei letzteres wohl auch durch den realistischen Impuls der mittviktorianischen Zeit gefördert wird). In Szene nach Szene voll drastischem *knockabout* wird etwa in Mortons *Drawing room, second floor, and attic* (1864) zerstört, was zerstörbar ist. Zugleich werden die Realien, wird das Körperliche lustvoll sprachlich und bühnisch präsentiert. Ein karnevaleskes Element ist so der viktorianischen Farce zu eigen und bildet ein, wenn auch schwaches, Gegengewicht zu dem, was an bürgerlicher Moral, Idealität und Sentiment auf sie einwirkt.

Melodramen und Farcen befriedigten freilich das Bedürfnis nach Erbauung und Unterhaltung keineswegs. Die Reichhaltigkeit des Angebots entsprach der soziologischen Differenzierung des Publikums. Dieses fand sein Vergnügen bei Harlekinaden (*pantomimes*), die in Phantasiereichen den Sieg der Jugend und Liebe über das Alter feiern; bei *extravaganzas*, deren Meister J. R. Planché (1796–1880) war und welche Mythologie und Märchenwelt zeitgenössisch konkretisieren und parodieren; bei Burlesken, voll der gewaltsamsten Wortspiele, die den viktorianischen Drang nach gezügelter Normverletzung von allem und jedem, von Shakespeare bis zum Tagesereignis, erfüllen. Eine große Zahl von Autoren, denen es nicht um Kunst, um Literatur geht, sondern um die Bedienung des unersättlichen Marktes und um die eigene Existenzsicherung, mühte sich, die Versorgung nicht zum Erliegen kommen zu lassen. Ein *resident dramatist* mußte Stück um Stück fertigen und zum Festpreis liefern – Douglas Jerrold erhielt 1829 immerhin noch £ 5 wöchentlich als Dramatiker des Surrey, für das er acht neue Stücke schrieb, George Dibdin Pitt produzierte für das Britannia 1845 etwa zwanzig. Der freischaffende Dramatiker aber war dem Diktat der Theaterdirektoren ausgeliefert, bediente sich deshalb eilfertig aus dem reichen französischen Dramenreservoir von Pixerécourt über Scribe zu Sardou oder adaptierte en gros Romane (insbesondere die Scotts oder Dickens'). Das populäre Drama, so wirkungsvoll es auf der Bühne sein mag, so sehr es in seiner Mischung aller theatralischen Elemente als ein Vorläufer des bühnischen Gesamtkunstwerks oder des totalen Theaters aufgefaßt werden kann, ist szenisches Libretto, nicht sprachliches Kunstwerk.

Das aber, was im 19. Jahrhundert theatralisch-poetisches Kunstwerk sein wollte, ist lebensleer und bühnenfremd. Von Wordsworths *The borderers* (verfaßt 1796/97) über Shelleys *The Cenci* (1819) bis Tennysons *Becket* (1884) scheiterten alle Versuche – und keiner der großen Lyriker, der nicht einen solchen unternahm –, die große englische Dramentradition wiederzubeleben. Sie scheiterten, eben weil sie als Wiederbelebungen verstanden wurden, das Vorbild aber, Shakespeare und die Tragödie seiner Zeit, unerreichbar, der Blankvers nicht mehr ein geeignetes Ausdrucksmittel, elisabethanische Tragik im Zeitalter einer materialistischen Bürgerlichkeit deplaziert war. Sie scheiterten auch, weil romantisches Streben nach Entgrenzung zwar für ein Theater der Imagination taugen mag, den Bedingungen des realen Theaters aber nicht gerecht werden kann. (Bezeichnenderweise erzielten die beiden Autoren, die sich zumindest Grundkenntnisse des Theaterbetriebs aneigneten, Lord Byron und Robert Browning, mit *Marino Faliero* 1821 und *Strafford* 1837 immerhin kritische und kommerzielle Achtungserfolge.) Und sie scheiterten, weil es einer exklusiven Kunstpflege zutiefst zuwider sein mußte, das eigene hohe Werk einem Publikum wie dem zeitgenössischen ausgesetzt zu sehen. In Sir Walter Scotts Worten: »I do not think the character of the audience in London is such that one could have the least pleasure in pleasing them. One half come to prosecute their debaucheries, so openly that it would degrade a bagnio.« Nur Bulwer-Lytton, Seismograph des Zeitgeschmacks, vermochte mit *Richelieu* (1839) und *Money* (1840) dem *legitimate drama* einiges Leben einzuhauchen, indem er es zeitgemäß melodramatisierte und sentimentalisierte.

Eine Veränderung des Dramas wurde somit von der Veränderung des Publikums, seiner Zusammensetzung, seines Geschmacks, seiner Bedürfnisse abhängig. Sie vollzog sich langsam, aber stetig. Angeführt von der theaterversessenen jungen Königin, die 1848 Charles Kean beauftragte, in Windsor Theateraufführungen zu arrangieren, kehrte das Bürgertum von etwa 1840 an wieder in die Theater zurück. Die Rückkehr wurde ihm erleichtert, weil die Arbeiterschaft ihr Vergnügen zunehmend in der schnell wachsenden Zahl der *music halls* fand – um 1850 waren es bereits etwa 40, ganz zu schweigen von der in die Hunderte gehenden Zahl der Pubs, die Musikalisches und Sketche darboten. Sie wurde ihm zudem durch einen Wandel hinsichtlich der Theaterräume, der Aufführungspraxis, des Inszenierungsstils und der dargestellten Wirklichkeit erleichtert: Mme. Vestris machte in den dreißiger Jahren im Olympic aus den harten, billigen Bänken der *pit* die komfortablen, teuren Sitze der *stalls*; Macready versuchte während seiner Direktion (1837–1839), die Prostituierten aus Covent Garden zu vertreiben (ein Unterfangen, das erst zum Jahrhundertende allgemein Erfolg hatte); Charles Kean zielte in seinen Shakespeareaufführrungen der fünfziger Jahre unter Mitwirkung Planchés auf antiquarische Exaktheit in Bühnenbild und Kostüm; das sechsstündige Programm mit Melodrama, Farce, Burleske und Ballett wurde stetig reduziert, im Prince of Wales der Bancrofts wurde in den sechziger Jahren nur noch ein Drama pro Abend gespielt – und dieses *en suite*, so daß sorgfältiges Inszenieren geboten war; der Theaterbeginn wurde auf 8 Uhr verlegt, auf daß zuvor das bürgerliche Familiendiner eingenommen werden konnte.

Vor allem aber wurde dem Bürgertum zunehmend die eigene Welt abgebildet, eine Welt der konkreten Dinge, der exakt dargestellten Materialität. Dies geschah auf einer Bühne, die sich durch die Einführung des *box set* in den dreißiger Jahren unter Mme. Vestris bis zu der des Guckkastens durch die Bancrofts im renovierten Haymarket in den sechzigern zur Illusionsbühne entwickelte. Innerhalb des Guckkastens war es nun das alltägliche Milieu, das im *domestic (melo)drama* dargestellt wurde. Insofern setzte auch das Drama den realistischen Impuls der viktorianischen Zeit um, freilich in ungleich schwächerem Maße als der Roman; denn es war nicht so, daß die bühnische Wiedergabe der Realien einer konkreten bürgerlichen Welt auch einschließt, daß diese als die eigentliche Wirklichkeit oder gar bedingend im Sinne des Realismus/Naturalismus verstanden wurde. Wie Tom Robertsons Stücke, etwa *Society* (1865) oder *Caste* (1867), belegen, ist dies ein Realismus der inszenierten Oberfläche, in dem Erscheinung und Verhalten der Figuren den bürgerlichen Umgangsformen entsprechen, dem aber nach wie vor ein melodramatisches Menschen- und Weltbild, eine festgefügte Moral, ein transzendent gesichertes Handlungsethos zugrunde liegen. Solange dieses nicht bezweifelt wird, ist das Drama allenfalls Spiegelung gesellschaftlicher Wirklichkeit – und Robertsons Titel zeigen an, daß solches intendiert ist: Es kann aber nicht zur Analyse und Kritik fortschreiten.

Übergang zur Moderne

Zum Jahrhundertende wurde das, was bislang im Zentrum stand, marginal bzw. Teil einer vielgestaltigen, ja diffusen Entwicklung. Das dramatische Hauptgenre der früh- und mittviktorianischen Zeit, das Melodrama, starb nicht aus. Es fand mit Werken wie Wilson Barretts *The sign of the cross* (1895), Hall

Caines *The bishop's son* (1910) oder Edgar Wallaces Thrillern der zwanziger Jahre weiterhin sein Publikum, im Film schließlich sein neues Medium. Einem beträchtlichen Teil des Bürgertums blieb das Drama Amüsement. Dieses Publikum frequentierte die nun mit Plüsch und Gold üppig ausgestatteten, schon beim Eintritt die Klassen und Einkommen trennenden Theater um Shaftesbury Avenue im Londoner West End, wo *en suite* gespielt wurde und kommerzielle Überlegungen Besetzung und Stückwahl bestimmten.

Hier unterhielt sich, wer Muße hatte, womit sich schon die Vätergeneration unterhalten hatte, nämlich einer bunten Mischung aus witzigen Dialogen, Situationskomik, Sentiment, Fantastik, Musik und Spektakel: den Savoy-Opern von W. S. Gilbert und Arthur Sullivan wie *The mikado* (1885), welche die Logik verkehrter Welten satirisch ausagieren; den musikalischen Revuen eines George Edwardes von der Art von *The shop girl* (1894), welche um eine lose Liebes- und Erfolgshandlung eingängige Songs und die Gaiety Girls arrangieren; den aus komischen, spektakulären oder topischen Kurzszenen bestehenden Revuen, wie sie in der zweiten und dritten Dekade dieses Jahrhunderts André Charlot und C. B. Cochran (etwa mit *Odds and ends* 1914) pflegen und wie sie Noël Coward zu seiner historischen *Cavalcade* (1931) ausbaut; den Operetten, die, den Werken der silbernen Wiener Ära verpflichtet, von Noël Coward etwa in *Bitter-sweet* (1929) meisterlich präsentiert werden; den Farcen, die A. W. Pinero verbürgerlicht (*The magistrate* 1885), Ben Travers dem Aldwych-Ensemble auf den Leib schreibt (*A cuckoo in the nest* 1925) und Noël Coward geistreich verfremdet (*Blithe spirit* 1941) – alle stets perfekt konstruiert, das Anarchische bändigend. Eskapismus, auch ein die Welt der Welt überlassender Zynismus kennzeichneten das Vergnügungsstreben einer Zeit zwischen Endzeitbewußtsein und Aufbruchsstimmung und einer bürgerlich-liberalen Schicht, die nicht mehr so recht wußte, ob sie sich als *leisure class* oder Führungselite verstehen sollte.

Freilich konnte sich selbst das Theater als die konservativste aller konservativen viktorianischen Institutionen – so Bernard Shaw treffend-maliziös in *You never can tell* (1898) – nicht gänzlich vor der Geschichte verschließen. Die stets realistischer gestalteten Inszenierungen erhielten in dem Augenblick eine neue Qualität, in dem die Realien ihren Verweischarakter verloren, ein Wirken der Vorsehung – und damit die melodramatische Heilsstruktur – fragwürdig wurde. Die Verbreitung naturwissenschaftlicher Erkenntnisse, insbesondere zur Vererbungslehre und Evolution, sowie soziologischen Wissens um gesellschaftliche Gesetzmäßigkeiten, etwa zur Milieutheorie, trug entscheidend hierzu bei und machte die Reformbedürftigkeit der Gesellschaft seit der Mitte der sechziger Jahre augenscheinlich. Parodien des Melodramas wie H. J. Byrons *The rosebud of Stinging Nettle Farm* (1863) mehrten sich nun, das Genre evozierte seit den achtziger Jahren immer häufiger Gelächter. Die aus dem Heilszusammenhang entlassenen Realien wurden Bestandteile eines bedingenden Milieus. Ein realistisches Drama, eine *slice of life*-Dramatik nach französischem Vorbild (Emile Zola, Henri Becque), insbesondere aber dem Henrik Ibsens, konnte entstehen. 1880 kam Ibsens *Stützen der Gesellschaft* unter dem Titel *Quicksands* zur Aufführung, 1884 Henry Arthur Jones' Bearbeitung von *Nora* als *Breaking a butterfly*, gefolgt 1889 von der Originalfassung. 1891 schließlich erregte die Inszenierung der *Gespenster* einen handfesten Skandal ob der vermeintlichen Unmoral des Gegenstandes.

Das realistische Drama Ibsens erreichte jedoch kein breites Publikum. *Stützen der Gesellschaft* wurde in einer Matinee vorgestellt, die *Gespenster* brachte J. T. Greins Independent Theatre Society heraus (eine Organisation der Freien Theater-Bewegung mit Antoines Théâtre libre und Otto Brahms Berliner Freier Bühne als Vorbildern, der Aufführung moderner Stücke und dem Repertoiregedanken verpflichtet). Von dem Kritiker William Archer übersetzt und protegiert, von Bernard Shaw in *The quintessence of Ibsenism* (1891) zum Ikonoklasten und Sozialreformer uminterpretiert, blieb Ibsen ein Autor der Avantgarde. Einen Bewußtseinswandel, eine Tendenz aber zeigten die Übersetzungen und Aufführungen seiner Stücke an – hin zur Betrachtung des Dramas als Literatur, als sprachliches Kunstwerk (für dessen Veröffentlichung in Buchform die Copyright-Gesetze von 1887 und 1891 die Voraussetzungen schufen), hin zur Diskussion sozialer und moralischer Probleme im Drama anstelle glatt sich abspulender Handlungsmechanismen in der Manier des *well-made play*.

Der Einfluß Ibsens bewirkte, daß nun Dramatiker, die bislang eher konventionelle Dramenmuster wie Melodrama oder Farce benutzten, das *well-made play* in das *problem play* der neunziger Jahre transformierten. Arthur Wing Pinero gestaltet in *The second Mrs. Tanqueray* (1893) das Problem der sexuellen

Doppelmoral anhand des Lebens und Todes einer *woman with a past*, Henry Arthur Jones in *Michael and his lost angel* (1896) in einer aus Zufällen geknüpften Fabel das von religiösem Rigorismus und Bigotterie. Wie im Melodrama sind freilich auch in diesem Genre die Probleme vorentschieden. Zwar wirkt im *problem play* keine die Tugend belohnende, das Laster bestrafende Vorsehung mehr, ihre Aufgabe hat hier die bürgerliche Gesellschaftsmoral übernommen: Fehltritte, sozialer, moralischer, vor allem sexueller Natur, werden unerbittlich bestraft, die Fehlenden ausgemerzt.

Kein Wunder, daß sich ein solches Drama der Gunst des bürgerlichen Publikums erfreute, das sich gleichzeitig ernsthaft unterhalten und moralisch bestätigt sah. Es bewahrte sich im zwanzigsten Jahrhundert diese Gunst, da es sich liberal-humanistischem Denken öffnete: Von Somerset Maughams *The circle* (1921) und Noël Cowards *The vortex* (1924) zu J. B. Priestleys *Time and the Conways* (1937) und Terence Rattigans *The Winslow boy* (1946) wurden nun Probleme aller Art präsentiert, ohne gesellschaftlich zureichend situiert, geschweige denn gelöst zu werden. Handlungs- und Entscheidungsunfähigkeit in einer ideologisch und gesellschaftlich uneindeutigen, diskrepant erfahrenen Wirklichkeit wurden als dramatische Tugenden gestaltet. Ob ausgesprochen oder nicht, die Unterhaltungsabsicht dominierte. Somerset Maugham spricht es aus: »The aim of drama is not to instruct but to please.«

Die dramatischen wie ideologischen Unzulänglichkeiten des *problem play* führten frühzeitig zu Kritik und Gegenentwürfen. Oscar Wilde benutzt in seinen Komödien dessen Personal und Thematik sowie die Handlungsmechanismen des *well-made play*. In *Lady Windermere's fan* (1892) etwa präsentiert er seine Version der *woman with a past*, in *An ideal husband* (1895) einen Karrieristen im Konflikt von öffentlicher und privater Moral. Dies sorgt für die Fabeln der Dramen, und diese schnurren wie gewohnt voll der Zufälle und Intrigen ab. Über die Fabel freilich legt Wilde den Glitzer seiner Dialoge, Aperçus und Paradoxa. Sie evozieren eine Welt, in der alles Sprache ist und Sprache wird, in der die soziale und moralische Problematik sich verflüchtigt. In *The importance of being earnest* (1895) war dann erreicht, wozu die früheren Komödien ansetzten – die Destruktion der Wirklichkeit und ihre Neuschöpfung aus ästhetizistischem Geist als Wort-Spiel: »In matters of grave importance style, not sincerity, is the vital thing.«

Mit ganz anderer Absicht destruiert Bernard Shaw die konventionellen Dramengattungen wie *well-made play*, Melodrama, Farce oder Geschichtsdrama. Er zitiert sie an, verwendet sie zum Zwecke der Vorlust, um dann durch Inversion und Desillusion dem Zuschauer ihren Realitätsmangel vorzuführen. Die konventionelle Fabel mündet nach dem Vorbild Ibsens in »a case to be argued«. So entstand Shaws erstes Drama, *Widowers' houses* (1892), aus einem von William Archer ganz im Stile des *well-made play* entworfenen Szenario. Shaw aber verbraucht die Fabel mit dem zweiten Akt, um im dritten die Diskussion und Analyse der gesellschaftlichen Ursachen und Zusammenhänge der dargestellten Vorgänge folgen zu lassen. In seinem ganzen gewaltigen Werk bleibt Shaw diesem Verfahren treu: Er konfrontiert die idealistisch verbrämten Motive und die Illusionen der Akteure mit der Wirklichkeit und macht sie damit als solche bewußt. Allerdings wandelte sich Shaws Wirklichkeitsbegriff von einem soziologisch fundierten in den neunziger Jahren zu einem biologisch-religiösen nach der Jahrhundertwende. Damit wandelten sich auch die Dramen von realistisch orientierten zu utopisch-visionären. *Widowers' houses* und *Mrs. Warren's profession* (verfaßt 1893) steht *Back to Methuselah* (1922) gegenüber. Dies ist gewiß kein geradliniger Prozeß, soziologische Analyse und metabiologische Utopie sind in allen Dramen Shaws seit der Jahrhundertwende vorhanden, sie mischen sich in *Man and superman* (1903), *Major Barbara* (1905) und *Saint Joan* (1923) in höchst unterschiedlicher Weise. In Form und Genre entstehen hybride Dramen, die Realistik und Visionäres, Tragikomisches und Melodramatisches vereinen und jede Finalität sowohl sprachlich mittels Paradox, Aphorismus und Wortspiel wie auch strukturell mittels offener Enden vermeiden. Ein komisches Prinzip Hoffnung transzendiert in Shaws Dramen die realistische Diagnose und Darstellung der Gegenwart.

So unverwechselbar und unnachahmlich diese hybride Dramatik ist – es gibt keine Shaw-Schule, wie es keine Shakespeare-Schule gibt –, so typisch ist sie für die drei Tendenzen, welche die Dramenauffassung und -entwicklung im 20. Jahrhundert kennzeichnen: für diejenige, welche auf realistisches Abbilden der Wirklichkeit und Gesellschaftsanalyse zielt und im realistischen Drama gestaltet ist; für diejenige, welche die eigentliche Wirklichkeit hinter deren realer Erscheinung im poetischen oder symbolischen Drama zum Vorschein bringen will; und für diejenige, welche beides, notwendigerweise in dramatischen Mischformen, versucht. Dies ist eine von hohem Kunstanspruch gekennzeichnete Dramatik. Sie entwickelte sich zunächst abseits vom kommerziellen Londoner Unterhaltungstheater mit seinem *long run*-System. J. T. Greins Independent Theatre hatte Ibsen und Shaw (*Widowers' houses*) auf die Bühne gebracht, J. E. Vedrenne und Harley Granville-Barker bauten innerhalb weniger Spielzeiten (1904–1907) am Court Theatre ein Repertoire um Shaws Werk auf und setzten diesen damit als Dramatiker durch. Repertoiretheater wurden in Dublin (1904), Manchester (1908), Liverpool (1911) und Birmingham (1913) gegründet. Sie schufen die Bedingungen für ein Drama, das nicht dem kleinsten gemeinsamen Nenner eines bürgerlichen Großstadtpublikums verpflichtet sein mußte, sondern Minderheitsinteressen repräsentieren konnte, seien diese regionaler, gesellschaftlicher, moralischer oder ideologischer Art.

So entstand ein regional geprägtes realistisches Drama, das die Erstarrung, die Lebenslügen, die Doppelmoral der englischen Provinzgesellschaft meist satirisch-komisch wie in Stanley Houghtons *Hindle wakes* (1912) oder Harold Brighouses *Hobson's choice* (1915) enthüllt, den Blick aber auch nicht, wie in Elizabeth Barkers *Chains* (1909), von der Enge und den Zwängen eines kleinbürgerlichen Lebens abwendet, das nicht einmal im Träumen mehr Freiheit zuläßt. Analoges leistet Harley Granville-Barker in *The Voysey inheritance* (1905) für das städtische Großbürgertum. Dem realistischen Credo gemäß ist in diesen Werken die Handlung von untergeordneter Bedeutung, sie dient als Stimulus, um die Figuren zum Reden zu bringen, auf daß sie sich, ihre Gedanken- und Gefühlswelt, und ihr Milieu darstellen. Dabei entspringt die Einsicht des Publikums in die Bedingtheit des Denkens und Verhaltens sowie in die Unerträglichkeit moralischer und gesellschaftlicher Zwänge nicht einer unüberhörbar vorgetragenen Lehre. Es muß sich diese vielmehr selbst aus der dramatischen Gestaltung ableiten, aus der Vielfalt der Perspektiven und Kontraste innerhalb der dargestellten Wirklichkeit. Dies gilt selbst für John Galsworthys oft als sozialkritisch bewertete Dramen, dessen Darstellung der Klassenjustiz in *The silver box* (1906) oder der Isolierhaft in *Justice* (1910). Immerhin veranlaßte diese den damaligen Innenminister Winston Churchill zu einer reformierenden Gesetzesinitiative. Wie das *problem play* ist auch die englische *slice of life*-Dramatik auf Präsentation, nicht Aktion gerichtet. In Galsworthys Worten: »(The dramatist) is not conscious ... of any desire to solve these problems in his plays, or to effect direct reforms.«

Literarisch und ideologisch aber holte mit diesen Stücken das Drama um die Jahrhundertwende nach, was im Roman in der mittviktorianischen Zeit sich vollzogen hatte: die Etablierung eines realistischen Stilideals, die Erkenntnis von der Macht des Milieus und der gesellschaftlichen Bedingungen. In der pluralistisch-disparaten Gesellschaft des 20. Jahrhunderts kann freilich weder ein Stilideal noch eine Weltanschauung allgemeinere Verbindlichkeit erlangen. Gleichzeitig mit dem realistisch-mimetischen Drama entstand ein poetisches, symbolisches Drama, das die hinter den Realien geahnten Wirklichkeiten zur Erscheinung bringen will. Damit ist nicht das zu seiner Zeit hochgeschätzte Dramen-Œuvre von Stephen Phillips gemeint, das etwa mit *Herod* (1900) und *Paolo and Francesca* (1902) die viktorianischen Bemühungen um die Blankverstragödie glücklos fortsetzte. Es kann allerdings als Indiz für den Traum von Schönheit, Erlebensintensität und alternativen Welten genommen werden, den Ästhetizismus und Symbolismus träumen und den der junge Yeats in *The land of heart's desire* (1894) dramatisiert. Der nationale Impuls, der ihn sowie Lady Gregory und John Millington Synge, seine Dramatikerfreunde am Abbey Theatre in Dublin, beflügelte, verlieh diesem Träumen konkrete Gestalt. In Irlands glorreicher Vergangenheit und poetischen Mythen fand Yeats seine Stoffe und eine historisch fundierte Symbolsprache, so in *The Countess Cathleen* (aufgeführt 1899), insbesondere aber im Dramenzyklus um den Helden Cuchulain von *On Baile's strand* (1904) bis *The death of Cuchulain* (1939). Unter dem Einfluß seiner esoterischen Privatmythologie und des japanischen Nô-Theaters entwickelte Yeats gemäß dem eigenen Programm »a form of drama, distinguished, indirect, and symbolic, and having no need of mob or Press to pay its way – an aristocratic form«. Mit *Purgatory* (1939) entstand zumindest ein Werk, das alle Bühnenelemente, Sprache, Musik, Kostüm und Bild, in einer poetischen Vision von beklemmender Tragik integriert.

Auch die beiden anderen großen Dramatiker des Abbey Theatre, John Millington Synge und Sean O'Casey, verfaßten nicht-realistische Dramen. Beide, Synge in seinem Meisterwerk, *The playboy of the western world* (1907), und O'Casey in der Dublin-Trilogie, *The shadow of a gunman* (1923), *Juno and the paycock* (1924), *The plough and the stars* (1926), bieten zunächst Bilder konkreter Alltäglichkeit. Synge vermag diese zu poetisieren kraft seines Mediums, der metaphern- und kadenzreichen Volkssprache des Anglo-Irischen, vor allem aber kraft seiner Thematik des *mythmaking*, welche das Entstehen poetischer Visionen vorführt. O'Casey zerbricht die realistische Illusionsdramaturgie durch epische Szenenfolge und die Mischung von grotesker Komik, Melodramatik und Tragik. In *The silver tassie* (1928) beschwört der zweite Akt in expressionistischer Manier die Schrecken des Krieges und enthüllt somit die Oberflächlichkeit einer realistischen Dramatik, wie sie in den Akten I und III geboten wird. Immer häufiger griff O'Casey, verstärkt durch sein Engagement für den Kommunismus, zu allegorischen Darstellungsweisen (*Within the gates* 1933, *Red roses for me* 1942) – ganz wie es in den dreißiger Jahren auch W. H. Auden und Christopher Isherwood tun sollten (*The ascent of F6* 1936). Nur so, durch die bewußte und explizite Gestaltung weiterer Sinnschichten, scheint ihnen die Gefahr aller realistischen Dramatik gebannt werden zu können: daß das Abbild der Wirklichkeit als deren wahrhaftes und unveränderliches Wesen verstanden wird.

Eine andere, eine zukünftige Welt galt es für den christlichen Dramatiker sichtbar zu machen. Er schuf gleichwohl aus dem identischen Impuls – dem Ungenügen an der als seelenlos und materialistisch erkannten Welt der vergnügungssüchtigen *roaring twenties* und der von Wirtschaftskrisen und faschistischer Bedrohung geschüttelten dreißiger Jahre sowie dem Ungenügen an einem nur dem Abbilden dieser Welt oder dem Amüsement verpflichteten Drama. Getragen von einer breiten Amateurtheaterbewegung und unterstützt von Organisationen wie der Religious Drama Society, entstand seit der Mitte der dreißiger Jahre eine breitgefächerte christliche Dramatik, geistliche Spiele für Weihnachten und Ostern, *pageants* und Märtyrerdramen, unter ihnen Charles Williams' *Judgement at Chelmsford* (1939), Dorothy Sayers' *The zeal of thy house* (1937) und Christopher Frys *The boy with a cart* (1938).

Ihr Hauptvertreter ist T. S. Eliot. Seinem ersten Werk, dem für Canterbury und ein einverstandenes Publikum geschriebenen Märtyrerdrama *Murder in the cathedral* (1935), legt Eliot das christliche Figuralprinzip zugrunde, das zwischen buchstäblichem und heilsgeschichtlichem Sinn des Geschehens vermittelt: Becket ist, wie er selbst erläutert, »in a smaller figure«

Christus. Die evokative Kraft des Verses vermag dies zu unterstützen. Einem bürgerlichen Publikum in einem kommerziellen Theater hingegen, das Eliot hinfort zu erreichen bestrebt war, müssen die Heilswahrheiten anders vermittelt werden. Eliot entwickelte seine Theorie der verschiedenen Bewußtheitsebenen, die jeden im Publikum das ihm Angemessene verstehen lassen, den buchstäblichen, moralischen, mythischen oder heilsgeschichtlichen Sinn des Geschehens. Er griff zu Formen wie der Boulevardkomödie (*The cocktail party* 1949) oder Farce (*The confidential clerk* 1953) sowie zu einem Vers, der sich umgangssprachlich gibt. Angesichts drückender politischer und sozialer Probleme, des Zweiten Weltkriegs und seiner Folgen, gerierte sich das poetische Drama der Heilszuversicht mit schlechtem Gewissen als realistisch oder verschrieb sich, wie in Christopher Frys *The lady's not for burning* (1948), unbekümmert dem Wohlklang, der gesuchten Metapher, der sprachlichen Virtuosität. Auf eine Welt, wie sie sich in Holocaust und Zweitem Weltkrieg offenbart, ist kein angemessener Vers oder Reim zu machen.

Einer solchen Welt gerechter wird ein Drama, dem Sinnsuche ebenso unvermeidlich wie vergeblich ist: Samuel Becketts Drama des Absurden. Von *Waiting for Godot* (zunächst als *En attendant Godot* in französischer Sprache geschrieben, 1952) bis *What where* (1983) liegen allen Dramen Becketts unauflösliche Paradoxa zugrunde – die Paradoxa, reden zu müssen und nichts sagen zu können, agieren zu müssen und nicht handeln zu können, fragen zu müssen und nichts wissen zu können; denn die Kategorien von Raum, Zeit, Kausalität und Subjektivität tragen in Becketts absurder Welt nicht mehr. (Dramatische) Handlung und Sprache sind somit unmöglich geworden. An ihre Stelle treten Warten und Reden, treten Spiele des tragischen, grotesken und clownesken Zeit-Vertreibens. Zwangsläufig führt die Darstellung einer solchen paradox-absurden Welt zu Reduktionsformen theatralischer Präsentation. Becketts dramatische Spiele sind an den Grenzen des Agierens und Redens angesiedelt, die freilich nie ins Erstarren und Verstummen überschritten werden können. Alle Stücke Becketts sind Endspiele, nicht nur sein zweites abendfüllendes, so betiteltes Werk, *Endgame* (1957), mögen schließlich nur der Laut und die Bewegung des Atmens als Geburts- oder Todeshauch in *Breath* (1969), das eine Spieldauer von dreißig Sekunden hat, hör- und sichtbar bleiben.

Kein englischer Dramatiker hat Becketts Radikalität sich zu eigen gemacht: Absurdität ist keinem Weltanschauung, dramatische Schwundstufen niemandem Ausdrucksmittel (mit den möglichen Ausnahmen von Harold Pinters *Silence*, 1969, und *Monologue*, 1973). Wenn Harold Pinter in all seinen Stücken Kommunikation als problematisch darstellt oder Tom Stoppard in *Rosencrantz and Guildenstern are dead* (1966) Sinnsuche als Zeit-Vertreib vorführt, dann nicht, weil Absurdität das Signum ihrer Welt ist. Kommunikationsunwilligkeit, nicht Kommunikationsunmöglichkeit kennzeichnet das Verhalten der Figuren Pinters, und Stoppards Dramatik ist als postmoderne Variante durchaus in die Tradition der Farce einzuordnen.

Die Gegenwart

Desillusion ist eine der Grunderfahrungen der Nachkriegsgeneration: Desillusion, da auch die Labour-Regierung Attlees keine tiefgreifende gesellschaftliche Reform ins Werk zu setzen vermochte; Desillusion, da, wie das Suez-Debakel von 1956 vor Augen führte, Englands imperiale Glorie rapide schwand; Desillusion, da, wie der Ungarn-Aufstand im selben Jahr zeigte, auch der real existierende Sozialismus keine Alternative darstellte. Solche Desillusion fördert, wie schon in den Jahren nach dem Ersten Weltkrieg, die Flucht ins dramatische Vergnügen – zu Farcen unterschiedlicher Belanglosigkeit von Brian Rix bis Alan Ayckbourn; zum historischen Bilderbogen, dem Robert Bolt (*A man for all seasons* 1960) und Peter Shaffer (*The royal hunt of the sun* 1964, *Amadeus* 1979) dramaturgisch und gedanklich zu scheinbarer Relevanz verhelfen; zu Problemstükken, die das bürgerliche Publikum geistig beschäftigen, keineswegs aber fordern (Peter Shaffer, *Equus* 1973); zum Erfolgsgenre der Gegenwart, dem Musical, das neuerdings in Andrew Lloyd Webber auch einen englischen Hitproduzenten besitzt (*Jesus Christ superstar* 1972, *Cats* 1981). Hier findet der Zuschauer Unterhaltung, den Stoff seiner (klein)bürgerlichen Träume. Ihn präsentieren wie eh und je die Bühnen des Londoner West End. Sie sind somit Horte der Beharrung: des Publikumsgeschmacks, der dramatischen Genres, der theatralischen Stile. Der mehrjährige *long run* ist das Ziel, Agatha Christies *The mousetrap*, mehrere Jahrzehnte *en suite* gespielt, das Ideal.

Desillusion verleiht aber auch den distanzierenden Blick, der eine ungeschminkte Bestandsaufnahme erst ermöglicht. Mit John Osbornes, *Look back in anger*, 1956 am Royal Court Theatre aufgeführt, setzte sich der realistische Impuls im Drama ein zweites Mal stilbildend durch. Es ist, als ob Jimmy Porters, des proletarischen *misfit*-Protagonisten, virtuos-heftige Tiraden gegen die angepaßte Langeweile der kleinbürgerlichen Gegenwart, ihre Ideale und Illusionen, ein neues Drama ins Leben riefen. Eine ganze Dramatikergeneration brach auf, ein vitales und realistisches Drama zu schaffen, allen voran Arnold Wesker in seiner Trilogie (*Chicken soup with barley* 1958, *Roots* 1959, *I'm talking about Jerusalem* 1960), John Arden (*Live like pigs* 1958) und Harold Pinter (*The birthday party* 1958). Entstammen die neuen Autoren überwiegend der Arbeiterklasse, so tun es ihre Protagonisten und Protagonistinnen nahezu durchwegs. Der Realismus der Dramen steht freilich auf schwankendem Grund, da keiner der Autoren sein Zentralaugenmerk auf die Dramatisierung des Axioms vom bedingenden Milieu legt. Ihnen geht es um die genaue Wiedergabe all der Eigenarten, poetischen Möglichkeiten und Defizite von Dialekt und (proletarischer) Umgangssprache – und hierin liegt das realistische Substrat der Dramen Pinters. Es geht ihnen um die Sprache, um das Sprechen, das Herrschaftsstrukturen abbildet (wie in Weskers *Chips with everything* 1962), das Aggression ist (wie in Pinters Stücken), aber auch Individualität ermöglicht (wie in Ardens Werk) oder Emanzipationsvisionen freisetzt (wie in Weskers *Roots*).

Die mangelnde theoretische Fundierung des neu entstandenen Dramas belegt, daß der Realismus kein verbindliches Stilideal mehr ist. Schon in Jimmy Porters und seiner Frau regressiven Spielen von Bär und Eichhörnchen in *Look back in anger* sind jene symbolisch-psychologischen Tendenzen angelegt, die Osborne in den besten seiner späteren Werke, insbesondere in *Inadmissible evidence* (1964), verfolgen wird. Wesker überformt in *The four seasons* (1966) seine realistische Sicht allegorisch, indem er die Geschichte einer Ehe mit dem Tages- und Jahreszeitenablauf parallelisiert. Und Arden kombiniert und variiert virtuos das überlieferte Stil- und Gattungsvokabular von der (negativen) Parabel (*Serjeant Musgrave's dance* 1959), über *ballad-opera* und Moralität (*Armstrong's last goodnight* 1964) bis zum Melodrama (*The hero rises up* 1968), um die realistische Darstellung nicht als unverbindliches oder gar affirmierendes Abbild erscheinen zu lassen. Die Aufbruchsstimmung der fünfziger Jahre resultierte auch noch in den sechziger Jahren in einer Lust am dramatischen Experiment, wie sie vergleichbar wirkungsvoll und umfassend nur das elisabethanische Drama kennzeichnet.

Gefördert wurde diese Experimentierlust durch literarische und politische Stimuli, wobei auch Gegenläufiges rezipiert und absorbiert wurde. Das Londoner Gastspiel des Berliner Ensembles im Jahre 1956 markiert einen Einflußbereich. Es vermittelte sinnenfällig die Theorien Brechts vom epischen Theater; es rief zudem die nicht wenigen, mittelalterlichen und elisabethanischen, heimischen Traditionen der epischen, offenen Dramenform in Erinnerung: Historisierung, Episierung, die Erprobung von Verfremdungseffekten kennzeichnen somit so manches Drama der Zeit (etwa Osbornes *Luther* 1961, John Whitings *The devils* 1961 oder John Ardens *Left-handed liberty* 1965), ohne daß Brechts Ziel der sozialistischen Aufklärung übernommen wird. Nicht minder einflußreich sind die Thesen Antonin Artauds, dessen *Le théâtre et son double* 1958 in englischer Übersetzung erschien und ein rituelles Theater der Grausamkeit propagierte. Charles Marowitz und Peter Brook suchten es 1964 eine Saison lang am LAMDA Theatre in Szene zu setzen.

Diese Freiheit des Experimentierens wurde materiell unterstützt, wenn nicht ermöglicht, durch eine geradezu revolutionär anmutende Veränderung in der politischen Einschätzung der Künste. Sie wurden von offizieller Seite nun nicht mehr allein auf den freien Markt verwiesen, sondern als öffentliche Aufgabe angesehen und somit zunehmend auch aus öffentlichen Haushalten, insbesondere durch den 1946 etablierten Arts Council, subventioniert. Im ganzen Land wurden neue Spielstätten gebaut (u. a. in Coventry 1958, Nottingham 1959, Chichester 1962, Bolton 1967, Sheffield 1971). Diese schufen die Voraussetzung für ein neues regionales und kommunales Drama und förderten weiteres Experimentieren, da sie durchwegs nicht auf die traditionelle Guckkastenform festgelegt, sondern als wandelbar konzipiert sind, etwa als antiillusionistische *thrust stage* (Chichester) oder als Rundbühne (Scarborough, Stoke-on-Trent).

Im Gefolge der Politisierung der späten sechziger Jahre, als Reaktion auf den Vietnamkrieg und die Nord-Süd-Problematik, die in den Studentenrevolten von Berkeley, Paris oder Berlin sich artikulierte, radikalisierte sich dieses Experimentieren. Es ergriff eine Dekade lang alle Bereiche des Dramas, dessen Themen und Formen, sowie die Organisationsformen des Theaters. Tabus und Autoritäten wurden kritisiert und von Grund auf in Frage gestellt. Ein erstes, überfälliges Opfer war das Amt des Examiner of Plays, des Zensors, der seine Macht noch einmal unrühmlich durch die Verbote von Edward Bonds *Saved* (1965) und *Early morning* (1968) unter Beweis stellte: 1968 wurde es abgeschafft. Was er zu beschneiden trachtete, die Darstellung von Gewalt, von sexuellen Tabus und die Kritik an etablierten Autoritäten, wurde nun oft exzessiv präsentiert. Konnten Nacktheit und Sex auf der Bühne als Akte der Befreiung vorgeführt werden, wie etwa in dem amerikanischen Musical des Hippie-Lebensgefühls *Hair* (1968), so bietet schon die von Kenneth Tynan arrangierte Szenenfolge *Oh Calcutta!* (1969) vorwiegend voyeuristisches Vergnügen. Nur wenigen Autoren, unter ihnen vor allem Edward Bond, gelang es, Gewalt (in *Lear* 1971) und Nacktheit (in *The fool* 1975) realiter und als dramatische Metapher schockierend und erregend, somit auch erkenntnisfördernd, in Szene zu setzen.

Auch die Autorität der Gattung, seit dem 18. Jahrhundert wankend, stürzte nun. Traditionelle Genres nahmen Themen auf, die bislang als gattungsfremd galten – Joe Ortons *Loot* (1966) inkorporiert den Tod in die Farce –, und alles kann mit jedem gemischt werden – *US*, von der Royal Shakespeare Company gemeinschaftlich erarbeitet (1966), benutzt Techniken, Inhalte und Absichten des Dokumentartheaters, Artaudscher Rituale, des Psychodramas, des Happening. Neue Spielformen entstanden, wie eben das Happening, das von dem Amerikaner Alan Kaprow in *Something to take place. A happening* (1959) terminologisch eingeführt und vorgestellt wird. In Albert Hunts und seiner Studenten Aktion *The Russian Revolution* am 2. November 1967 in den Straßen Bradfords wurde es aufregend Wirklichkeit. Jedes Geschehen, jeder Ort, jeder Akteur erhält im Happening Kunstcharakter, da solcher der Lust am Spiel, der Improvisation, der Bewußtseinserweiterung der Beteiligten, der Agierenden wie Betrachtenden, eingeschrieben ist. Hierzu bedarf es keines festen Textes mehr, ein Szenario, eine Skizze der Ereignisabläufe genügt. Die Autorität des Autors, des literarischen Textes und der Bühne als der Bretter, die die Welt bedeuten, wird hier gleichermaßen und radikal in Frage gestellt.

Analoges bewirkte das politische Drama, das von 1968 bis zum Ende der siebziger Jahre die Spielstätten beherrschte. Auch die etablierten Autoren wandten sich nun einer sozialkritischen, vielfach sozialistisch orientierten Dramatik zu, etwa John Arden (*The non-stop Connolly show* 1975, zusammen mit seiner Frau Margaretta D'Arcy verfaßt), der sich nach den Erfahrungen eines Amerikaaufenthaltes und einer Indienreise zum Marxismus bekannte. Er kehrte dem etablierten Theaterbetrieb und dessen Genres den Rücken und experimentierte mit kollektiven Formen der Entstehung und Aufführung. (So bei der nicht recht geglückten Zusammenarbeit mit CAST, einem Schauspielerkollektiv, zu *Harold Muggins is a martyr* 1968.) Eine ganze junge Dramatikergeneration, ein John McGrath, Howard Brenton, David Hare, erlernte in solchen Kollektiven das Handwerk, erwarb und praktizierte dort sozialistische Weltanschauung und Lebensweisen. Sie greifen auf die kollektiven Formen sozialistischer Aufklärungsdramatik zurück, wie sie in den zwanziger und dreißiger Jahren vor allem in der Sowjetunion von den Blauen Blusen, in Deutschland von Piscator und in Amerika am Federal Theatre Project als Agitprop, als Revue, als Living Newspaper oder Dokumentarstück entwickelt und von Joan Littlewood in ihrem Theater in Stratford East im Londoner Osten, etwa in *Oh what a lovely war* (1963), einer revuehaften Präsentation des Ersten Weltkriegs von aufklärerischer Verve, weitergeführt worden waren.

Eine Fülle neuer Ensembles entstand, die dieses Drama pflegten: Portable Theatre, 7:84, Red Ladder, CAST, Belt and Braces, Gay Sweatshop, Monstrous Regiment gehören zu den wichtigsten. Ihr Anliegen ist nicht Kunst oder Unterhaltung; ihr Anliegen ist Aufklärung und Agitation. Wiewohl sie sich gelegentlich der Dienste eines Autors bedienen, zielen sie nicht auf die dienende Darstellung bedeutender Kunstwerke, die didaktisch-agitatorische Funktion, die augenblickliche politische Verwertbarkeit der Texte ist entscheidend. (Dabei schufen John McGrath etwa mit *The cheviot, the stag, and the black black oil*, 1973, David Hare mit *Fanshen*, 1975, oder Howard Brenton mit *Epsom downs*, 1977, Werke, die durchaus auch bürgerlichen Kunstansprüchen genügen.) Mit den kollektiv entstandenen Texten versuchten die Gruppen ein neues Publikum zu erreichen, das sich aus den Jungen, aus der Arbeiterschaft, aus (unterdrückten) Minderheiten rekrutiert. Sie reisen durch das Land, spielen in Fabriken und auf Marktplätzen und zu jeder Tageszeit. Das Fringe Theatre blüht. In London entstehen Lunchtime Theatres wie das Ambiance (1968), überall im Lande Arts Centres, die sich überwiegend einer kommunalen, regionalen, proletarischen Gegenkultur verpflichtet fühlen.

Der anarchische und sozialkritische Impetus solcher Bestrebungen begann Ende der siebziger Jahre zu schwinden, mögen die Gründe hierfür in einem konservativen *backlash*, wie ihn die Wahlsiege Margaret Thatchers anzeigen, in der nach wie vor bestehenden Absorptionskraft der bürgerlichen Kultur oder in einer neuen *fin de siècle*-Resignation liegen. Der Bau und die Eröffnung des National Theatre (1976) sowie die Ausweitung der Aktivitäten der Royal Shakespeare Company (RSC) auf drei Bühnen in Stratford sowie zwei weitere im neuerbauten Barbican Centre (1982) in London zeigen eine Rückkehr zu den traditionellen Spielformen des Theaters an. Mag so mancher Dramatiker sein Tun auch als Marsch durch die Institutionen rechtfertigen wollen, die nun für das National Theatre oder die RSC geschriebenen Texte sind literarisch im gewohnten Sinne, seien es Trevor Griffiths' *The party* (1973), Brentons *Weapons of happiness* (1976) und *The Romans in Britain* (1980) für das National oder David Edgars *Destiny* (1976) für die RSC. Die bürgerliche Kultur stellt einmal mehr ihre Überlebensfähigkeit unter Beweis.

In Tom Stoppard besitzt sie den Dramatiker, der sie witzig zum *fin de siècle* führt. Zollte der brillante Farceur auch in den siebziger Jahren mit *Every good boy deserves favour* (1977) und *Night and day* (1978) dem politisierten, sozialkritischen Zeitgeist Tribut, so kehrt er nun in Stil und Form zu dem zurück, womit er in *Jumpers* (1973) und *Travesties* (1974) seine großen Erfolge erzielte: zum witzigen Sprach-Spiel, zum virtuosen Umgang mit der Illusion, zum Drama des unendlichen Regresses (*The real thing* 1982, *Hapgood* 1988). Dies sind postmoderne Versionen der Wildeschen Komödie und nicht minder destruktiv als diese. Sie als ingeniöse Unterhaltung mißzuverstehen, fällt leicht. Ihre subversive Kraft zu erkennen, wird vielleicht wie im Falle Wildes Späteren vorbehalten bleiben. (T)

Roman und andere Erzählprosa

Von den Anfängen bis zum 18. Jahrhundert

Romanzen und Anti-Romanzen

Die Geschichte der Literatur stellt sich in der Neuzeit auch als eine Geschichte der Verdrängung des Verses durch die Prosa dar. Die Prosaerzählung etablierte sich im 16. Jahrhundert, und seither hat sie, besonders nach dem Aufkommen des Romans, ständig an Bedeutung gewonnen. Das erste in seiner Stilqualität klassische Werk der Erzählprosa, Sir Thomas Malorys *Morte Darthur* (1469/70), entstand noch als Versuch, die verschlungene Legende von König Arthur in eine überschaubare Form zu bringen. Es markiert den Abschluß einer niedergehenden mittelalterlichen Tradition und bedeutet zugleich eine Neufassung dieses bis in die Tudorzeit lebendigen Mythos. William Caxtons Druck von 1485 – neben dem Erstdruck von Chaucers *Canterbury tales* seine andere große Leistung für die englische Literatur – öffnete der Erzählung eine Wirkungsgeschichte, die über Tennyson und T. S. Eliot bis in die Gegenwart reicht.

Als Romanze gehört *Morte Darthur* zu einer Gattung, die in der Erzählliteratur lange dominierte. Ursprünglich ein Sammelbegriff für Werke in einer romanischen Sprache, bezeichnete Romanze später solche mit chevaleresker Thematik. Französischen Ursprungs und zunächst in Versen, später auch in Prosa abgefaßt, hatten Romanzen vornehmlich französische, keltisch-britannische und antike Themen. In der englischen Literatur spielte der zweite und teilweise auch der dritte Themenkreis eine Rolle. Mit dem Vordringen der Romanze trat daher an die Stelle des ursprünglich germanisch geprägten Kontextes der mittelalterlichen Literatur Englands ein französisch-romanisch geprägter, der auch für die ersten Jahrhunderte der Neuzeit bestimmend blieb.

Als Literaturform der höfisch-aristokratischen Gesellschaft spiegelt die Romanze deren Weltbild und Wertsystem idealisierend wider. Was immer ihr Gegenstand ist, das Ziel besteht in der Darstellung ritterlich-tugendhaften Empfindens und eines durch ebenso subtile wie strenge Normen bestimmten Verhaltens. Die Romanze stilisiert in hohem Maße und ist damit auf Distanz zur Wirklichkeit abgestellt. Da es auf die Exemplifizierung des Vorbildhaften ankommt, bleibt wenig Raum für Komplexität. Die Charaktere sind weitgehend statisch, die Werkstruktur ist episodisch.

In Sir Philip Sidneys *Arcadia* (entstanden um 1580, veröffentlicht 1590) erreichte die Prosaromanze ihre vollkommene Ausprägung. Von ihm selbst als Bagatelle abgetan, erfreute sie sich größter Hochschätzung bei den Zeitgenossen und eines vielfachen Echos in der Literatur der Epoche. Sidneys Literaturtheorie legt nahe, sie als Gedicht in Prosa zu betrachten, das die Traditionen von Romanze und Pastorale vereinigt. Elemente des Heroischen, Amourösen und Idyllischen bestimmen eine komplizierte Handlungsführung, in der ebenso die elegante Courtoisie wie die moralische Lehrhaftigkeit des Autors hervortreten kann. Für frühe Kritiker »the embroidery of finest art and daintiest wit«, geht der Stil der *Arcadia* meisterhaft über das Niveau der Zeit hinaus, bleibt aber wie der des jungen Shakespeare den Manierismen des späten 16. Jahrhunderts verhaftet.

Mit ihrem programmatischen Titel wies die *Arcadia* ins Bukolische, ins zeit- und geschichtslos Ideale. Sidney führte die hellenistische Tradition von Heliodor fort, dessen *Aithiopika* als Geschichte einer alles überwindenden Liebe zu einem Lieblingsbuch des 17. Jahrhunderts wurde. Er knüpfte überdies an Jacopo Sannazaro an, dessen *Arcadia* (1504), eine von der Prosaerzählung zusammengehaltene Folge von Eklogen in vergilischer und theokritischer Manier, auch auf dem Kontinent das Muster für den barocken Schäferroman abgab. Hinfort hatte die Romanze fast durchgängig einen zwischen Antike und Moderne gelegenen Schauplatz, auf dem sich ebenso ein friedvolles Gefilde wie eine idyllische Seelenlandschaft darbieten konnte.

In den letzten Dezennien des 16. Jahrhunderts wandten sich mehrere Autoren der Romanze zu, teilweise mit beträchtlichem Erfolg bei einem sich in Ansätzen differenzierenden Lesepublikum. In dieser für die Nachwelt eher historisch als literarisch bedeutsamen Gruppe trat zunächst John Lyly hervor, dessen *Euphues, the anatomy of wit* (1578), ein von romanzenhaften Elementen durchsetzter Traktat, wegen des eigenwilligen Stils (Euphuismus) eine Zeitlang in großer Mode war; sodann Robert Greene, der als Imitator Lylys begann, zwischen 1580 und

1590 fünfzehn Erzählwerke schrieb und als erster professioneller Autor Englands gelten kann. Er führte die modisch-elegante Romanze mit Werken wie *Menaphon* (1589) fort, einer geschickt entworfenen und gefällig erzählten Geschichte, oder *Pandosto, the triumph of time* (1588), das den Vorwurf für Shakespeares *Winter's tale* abgab; schließlich der nicht weniger versatile, sich in fast allen bevorzugten Gattungen der Epoche versuchende Thomas Lodge, dessen beste Romanze, *Rosalynd* (1590), bis zur Mitte des 17. Jahrhunderts ein dutzendmal gedruckt und überdies zur Quelle für Shakespeares *As you like it* wurde.

Hohe Literaturformen mit normativem Anspruch brechen in der Regel auf, wenn sie nicht mehr von einer homogenen Leserschaft getragen werden. Um die Wende zum 17. Jahrhundert fächerte sich die Tradition der Romanze auf. Mit Sidneys *Arcadia* wirkte die höfische Romanze weiter; sie blieb mehr als ein halbes Jahrhundert Lesestoff und literarisches Vorbild. Noch in der Restaurationszeit wurde sie nachgeahmt, etwa in der sechsbändigen *Parthenissa* (1654–1676) von Roger Boyle, first Earl of Orrery, und anderen Werken, die seither zu literarischen Fossilien erstarrt sind. Mit einheimischen Romanzen wetteiferten französische um die Gunst eines artig-galanten und über reichlich Lesezeit verfügenden Publikums. Honoré d'Urfés *Astrée* (1607–1627), ein Lieblingsbuch der *précieuses*, führte die Übersetzungen an, die fast die Hälfte der etwa 450 im 17. Jahrhundert in England publizierten Erzählwerke ausmachten. Zahlreiche Abwandlungen der eigentlichen Romanze trugen dazu bei, daß sich die ursprüngliche Literaturform der aristokratischen Gesellschaft mehr und mehr in ein anspruchsvolles und sorgfältig gearbeitetes, doch letztlich eskapistisches Unterhaltungsschrifttum für eine breitere Leserschaft verwandelte. Erzählungen wie Madeleine de Scudérys orientalisch eingefärbter *Grand Cyrus* (1649–1653, 10 Bände) konnten vor allem die lesende Damenwelt so okkupieren, daß es darüber, wie im Hause Pepys, zu ehelichen Zwisten kam (*Diary*, 12. Mai 1666).

Mit einer wachsenden Zahl von Lesern, vor allem in den neu sich seit dem späten 16. Jahrhundert herausbildenden städtischen Mittelschichten, stieg der Bedarf an Erzählliteratur. Da die Elemente der Romanze unterschiedliche Konfigurationen zuließen, bildeten sich auch populäre Formen aus, die durch ein Absinken von Stil und Stoff gekennzeichnet waren und als deren Ausläufer die Rittergeschichten späterer Jahrhunderte anzusehen sind. Die Abwärtsbewegung dauerte im ganzen 17. Jahrhundert an, wie sich an der Kolportageliteratur, den *chapbooks*, ablesen läßt, von denen Samuel Pepys eine berühmte Sammlung anlegte. Für den neuen Leser sorgten auch Erzähler, die gern im Kontrast zu den Romanzenautoren gesehen, als erste Vertreter des »Realismus« bezeichnet und – unzutreffend – als Vorläufer der Romanciers hingestellt werden. Thomas Deloney, selbst Seidenweber, scheint Handwerker und kleine Kaufleute mit Episodengeschichten versorgt zu haben, die im Milieu seiner Leser spielen und, darin der Romanze nicht unähnlich, ihre Charaktere idealisieren. Sein *The gentle craft* (1597), noch heute lesbar, gab Thomas Dekker den Stoff für die Komödie *The shoemaker's holiday*. Thomas Nashe, einer der University Wits, schrieb auf anspruchsvollerem Niveau eine Abenteurergeschichte aus der Zeit Heinrichs VIII. (*The unfortunate traveller, or, the life of Jacke Wilton*, 1594). Sie gehört in ihrer robusten, überquellenden Sprache in die Zeit, war ihr aber in den Kunstmitteln der Gestaltung voraus, so daß sie nicht gattungsbildend wirken konnte. Sie ist noch immer das lebendigste Werk der elisabethanischen Erzählliteratur.

Die Anti-Romanze trat früh in Erscheinung. Ihre berühmteste Manifestation, eines der großen Werke der europäischen Literatur mit einer langen und vielfältigen Wirkungsgeschichte, ist Cervantes' *Don Quixote* (1605–1615). Ursprünglich als bloße Burleske gedacht, gewann die Erzählung unter Cervantes' Händen eine Tiefendimension, die von den zahlreichen (bis in die Gegenwart versuchten) Nachahmungen nicht wieder erreicht wurde. Schon 1616 erschien die erste englische Übersetzung. Ihr folgten mit der Ausbreitung des Genre bald Übersetzungen aus dem Französischen, so von Paul Scarrons *Le roman comique* (1651–1657), der als *The comical romance, or, a facetious history of a company of stage-players* (1665) bei dem der Satire zuneigenden Leser der Restaurationszeit Anklang fand.

Englische Anti-Romanzen ließen auf sich warten, und als Äquivalent zu *Don Quixote* hat die englische Literatur keine Prosaerzählung, sondern ein langes Gedicht in Schüttelreimen aufzuweisen: *Hudibras* (1663–1678) von Samuel Butler, der den Romanzen-Autor als Typus auch in seinen *Characters* essayistisch diskreditierte. Gegenüber diesem eigenständigen Werk stellten andere englische Werke nur einfache Imitationen von Cervantes dar, die ausnahmslos unter dem kontinentalen Niveau lagen. Allerdings bildeten sich charakteristische Spielarten aus. So die als Romanzen ausgegebenen »geheimen Geschichten«, die aufs Skandalöse zielten und sich schon deshalb einiger Beliebtheit erfreuten. Oder die Geschichten von Verbrechern und Kriminellen, eine spezielle englische Variante der Schelmen- und Schurkengeschichten, die als pikareske Literatur (von spanisch *picaro*) zwar ihre eigene, bis in die Antike zurückreichende Tradition haben, doch im 17. Jahrhundert vornehmlich als Kontrastformen zur Romanze gesehen wurden. Im Erzählschrifttum der Restauration nahmen sie einen breiten Raum ein, in dem die Grenzen zwischen Faktum und Fiktion fließend zu werden begannen.

Mit John Barclays *Argenis*, 1621 veröffentlicht und im lateinischen Original oder in landessprachlicher Übersetzung bald in ganz Europa gelesen, etablierte sich als weitere Zweigform die politisch-allegorische Romanze. Sie war nurmehr äußerlich eine Romanze, in Wirklichkeit eine gegenwartsbezogene Erzählung mit ernsthafter didaktischer Absicht. Die politischen Wirren, in die England um die Jahrhundertmitte geriet, gaben dieser Ausprägung der Romanze Auftrieb. Den heutigen Leser vermögen indessen die politischen Romanzen ebenso wenig anzusprechen wie philosophische oder religiöse. Aber ihre Verbreitung läßt erkennen, welcher Beliebtheit sich das Allegorische besonders in Verbindung mit dem Religiösen im 17. Jahrhundert erfreute und vor welchem Hintergrund das große englische Erzählwerk der Epoche gesehen werden muß: John Bunyans *Pilgrim's progress* (1678–1684).

Wie viele klassische Werke ist Bunyans Erbauungsbuch zugleich traditionsgebunden und zukunftsweisend. Das Leben des Christen als Pilgerschaft von dieser Welt in eine bessere war seit dem Mittelalter ein gängiges Thema der Devotionalliteratur. Aber die Darstellung dieser Pilgerreise in einer allegorischen Erzählung, in der das Einzelschicksal (über das die Puritaner, auch Bunyan selbst in *Grace abounding*, autobiographisch zu berichten pflegten) zum Schicksal des Menschen überhaupt wird, war etwas Neues. Nicht daß Bunyan eine literarische Gattung begründen wollte. Das Buch kam, seiner eigenen Erklärung zufolge, wie von selbst zustande. In ihm teilte sich das religiöse Empfinden eines einzelnen mit, jedoch in einer fiktionalisierten Form, die jeden in ihren Bann zu schlagen vermochte. Es war die Kraft der Gestaltung, die das Neue ausmachte: die Vision des allgemein Gültigen, vermittelt in einer Sprache von fast biblischer Eindringlichkeit. Sie wirkte auch auf den einfachsten Leser und machte *The pilgrim's progress* in unzähligen Ausgaben und Übersetzungen zum christlichen Hausbuch.

Eine noch größere Distanz zu Weltbild und Sprachform der Romanze offenbart sich in Bunyans *Life and death of Mr. Badman* (1680). Kontrapunktisch zu *The pilgrim's progress* ausgeführt, bietet das Werk die Geschichte eines Lebens dar, das in die Verdammnis führt. Sie wird, rückblickend auf die Ereignisse, in Dialogform erzählt. Bunyans Natürlichkeit und sein Sinn für das Wirkliche manifestiert sich darin bis ins drastische Detail, und es gibt schwerlich ein zweites Werk der Zeit, in dem sich das Leben der Unter- und Mittelschichten so »realistisch« abbildet. Ungeachtet der anderen, stark traditionellen Elemente in seinem Œuvre wird daher Bunyan vielfach als erster »moderner« Romancier der englischen Literatur ausgegeben.

Der frühe Roman

Zwischen etwa 1720 und 1770 bildete sich in einem raschen Entwicklungs- und Differenzierungsprozeß der Roman in seinen Haupttypen heraus. Während sich die Ursprünge vieler literarischer Gattungen und Formen im Dunkel der Geschichte verlieren, liegt seine Entstehung offen zutage. Gleichwohl gibt es bislang kaum eine befriedigende Erklärung für die Umstände und Faktoren, die bei seiner Genese zusammenwirkten, und vielleicht läßt sich auch die Situation, aus der er hervorgegangen ist, nur annähernd beschreiben.

Der Roman ist nicht spontan entstanden, und er hat auch nicht alle anderen Formen der Erzählprosa verdrängt. Besonders in seiner Frühzeit war er Teil eines breiten Spektrums des Fiktiven, in dem Realistisches und Phantastisches nicht nur nebeneinander existierten, sondern auch vielfache und überraschende Verbindungen eingehen konnten. Im Verlaufe des Jahrhunderts wurde er jedoch zur dominanten Großform der Erzählliteratur, und vom Beginn des 19. Jahrhunderts an sollten solche für das 18. Jahrhundert ebenso wichtige wie kennzeichnende Formen wie die philosophische Erzählung oder die Prosasatire nur noch eine geringe Rolle spielen. Jedoch bildeten sich spätestens gegen Ende des 19. Jahrhunderts wieder Formen der Erzählliteratur aus, die sich nicht nur als Nebenform oder Ableger des Romans verstanden und daher ein eigenes Existenzrecht beanspruchten. Das gilt besonders für die utopischphantastische Science Fiction, in der vielfach die erzählerische Manifestation eines Veränderungsdenkens gesehen wird.

Die Heraushebung einzelner Romanciers in der Literaturgeschichtsschreibung verdeckt gewöhnlich, daß die für den heutigen Leser klassischen Werke in ihrer Zeit nicht für sich, sondern in einem dichten Umfeld standen. Themen und Techniken, die für manche großen Romane charakteristisch erscheinen, finden sich ähnlich auch in der populären, neuerdings als trivial bezeichneten Erzählliteratur. Besonders die frühen Romane heben sich von manchem, was zu Beginn des 18. Jahrhunderts gängig war und sich durch die ganze Epoche erhielt, oft nur durch ein höheres Niveau der Kunstfertigkeit und Werkhaftigkeit ab. Andererseits ist der Roman nicht unmittelbar aus ihm vorausgehenden Formen hervorgegangen. Die Erzählliteratur weist keine einsträngige, teleologisch deutbare Entwicklung auf, in deren Verlauf ein immer stärkerer Anteil an »realistischer« Erzählweise in Erscheinung tritt. Unterschiedliches und Verschiedenartiges existiert in fast allen Epochen nebeneinander, und in der Technik des Erzählens gibt es immer wieder Vor- und Rückgriffe, die es verbieten, von kontinuierlichen Übergängen zu sprechen.

Am Anfang des Romans (der unterschiedlich angesetzt wird) steht die Abkehr vom vorbildhaften Helden, wie ihn die Romanze und ihr verwandte Gattungen im Einklang mit einer Literaturtheorie aufweisen, die idealtypische Entwürfe fordert. Demgegenüber ist, in Kants Worten, der Roman bestimmt »durch Zeichnung von Charakteren, die sich wirklich unter Menschen auffinden lassen«. Der Romanheld entstammt keiner höheren Welt, sondern dem wirklichen Leben – oder dem, was dafür gehalten oder ausgegeben wird. Er kann vorbildhaft sein, braucht es aber nicht. Doch muß er, so Goethes Erwartung, »interessant« sein. Damit öffnet sich für den Autor ein weites Feld, bis hin zum Skurrilen und Abseitigen.

Traditionell wies in Erzählung und dramatischer Darstellung der stilisierte Ort des Geschehens in »irrealer« Weise inkompatible Elemente auf. Dem entsprach ein Geschehensablauf mit zeitlichen Sprüngen und Versetzungen. Im Roman ist der Charakter »real« an Raum und Zeit gebunden: er ist unverwechselbar und unwiederholbar in einer Welt situiert, die er bis ins Ephemere und Banale als individuelle Welt erfährt. Mit dem Roman schuf das 18. Jahrhundert eine literarische Großform, die auf Simulation von Erfahrungswirklichkeit abzielte. Seither hat jeder große Romancier auf seine Art zur Perfektionierung dieser Simulation beigetragen. Die Geschichte des Romans entfaltet sich daher als eine Geschichte der Entdeckung neuer »Wirklichkeiten« und neuer Techniken ihrer Vermittlung.

Daniel Defoe, der erste der großen Romanciers, gab seine Geschichten durchgängig als »Transkripte wirklichen Erlebens« aus. Als Journalist hatte er einen feinen Sinn für die beeindruckende Kraft des Faktischen, als *dissenter* wußte er um die puritanische Furcht vor der Fiktion, die sich in der Ablehnung der Romanze wie des Theaters manifestierte. Defoe verstand sich weniger als Erzähler (eine Poetik des Romans sucht man bei ihm vergebens) denn als Reporter, und entsprechend souverän setzte er die Strategien zur Beglaubigung des Berichteten ein. Dazu gehört die Versicherung, als Augenzeuge alles miterlebt zu haben, mit der vor ihm schon Aphra Behn der Romanze *Oroonoko* (1688), der ersten englischen Geschichte vom »Edlen Wilden«, realistische Züge verliehen hatte; oder auch die Versicherung, eine »wahre« Geschichte als bloßer Herausgeber an die Öffentlichkeit zu bringen.

Wer den Roman als die literarische Form ansieht, in der die Gesellschaft sich selbst betrachtet (Bonamy Dobrée), kann ihn schwerlich mit *Robinson Crusoe* (1719) beginnen lassen. Die Geschichte Robinsons ist die Geschichte eines demonstrativen Auszugs aus der Gesellschaft und einer Existenz in der Isolation. Mit Jean-Jacques Rousseau las ein ganzes Zeitalter seinen Robinson als philosophische Erzählung, und man tut gut daran, das Buch in dieser Kategorie zu belassen. In Intention und Bedeutung geht Robinsons Geschichte über die »private Geschichte« hinaus, die Defoe in *The fortunes and misfortunes of the famous Moll Flanders* (1722) darbot. Hier ist die Gesellschaft nicht ferner Hintergrund für das Geschehen, sondern Lebensumgebung und sogar Lebensziel für einen Charakter, der aus den kriminellen Randzonen dieser Gesellschaft in den Bereich bürgerlicher Geborgenheit und Anständigkeit strebt und diesen auf langen Umwegen auch erreicht.

Moll Flanders ist, ebenso wie *Roxana* (1721) oder *Colonel Jacque* (1723), ein Ich-Roman, dessen autobiographische Konventionen die Aufmerksamkeit vom Erzählvorgang weglenken und einen unvermittelten Blick auf das Romangeschehen freigeben sollen. Diese den Erzähler unterdrückende Transparenz ist kennzeichnend für Defoes Romane. Sie läßt dem Charakter den größtmöglichen Spielraum zu seiner Entfaltung und erlaubt ihm, auf eine überaus »realistisch« wirkende Weise seine Welt zu konstituieren und sich in ihr zu bewegen. Bei einer Figur von superber Vitalität wie Moll Flanders ergibt sich daraus ein den Leser von einer detailreichen Episode zur anderen fortreißender Erzählfluß, doch es gelang Defoe nicht noch einmal, diese Kompositionsform mit gleicher Konsequenz zu verwirklichen.

Alle Romane Defoes weisen eine lockere episodische Struktur auf. Seine Stärke als Romancier liegt in der Gestaltung der einzelnen Episode. Kompositorisch beherrschte Defoe die neue Großform noch nicht. Seine Romane scheinen weniger als Ganzes geplant denn in einzelnen Abschnitten gearbeitet, und bei nicht wenigen Unebenheiten der Ausführung stellt sich die Frage, ob sie Ausdruck einer virtuosen realistischen Gestaltungsweise oder Ergebnis mangelnder Kunstfertigkeit sind. Auf jeden Fall klaffen die moralische Intention, die Defoe mit der »Herausgabe« der »wahren« Geschichte zu verfolgen vorgibt, und die dubiose Moral der Geschichte selbst so weit auseinander, daß *Moll Flanders* von einer Ironie durchzogen zu sein scheint, wie sie für einen so frühen Roman schwerlich angesetzt werden kann.

Paradoxerweise gewinnen Defoes Charaktere aus solchen Unverträglichkeiten ihre psychologische Glaubwürdigkeit als Individuen, deren konfliktreiche Existenz in der Gesellschaft sich einfachen und festliegenden Normen entzieht. Jeder von Defoes Helden befindet sich, von den Gegebenheiten der Epoche her gesehen, in einer Ausnahmesituation. Solche Figuren mit Hilfe eines literarischen Mediums darzustellen, das sich selbst noch in einem Stadium des experimentellen Gebrauchs befand, war ein Wagnis. Daß wir nicht wissen, wie bewußt sich Defoe auf dieses Wagnis einließ, macht den besonderen Reiz seiner Romane aus.

Von der Darbietung der interessanten Geschichte führte die weitere Entwicklung folgerichtig zur Analyse des fiktionalen Charakters. Diesen Schritt tat Samuel Richardson, ohne indessen dort zu beginnen, wo Defoe aufgehört hatte. Richardson konstituierte eine neue Form des Romans, und er tat dies auf radikal andere Weise als Defoe. Er gilt als Begründer des Briefromans, und nicht selten wird der »eigentliche« Beginn des Romans erst bei ihm angesetzt. Im biographischen Kontext gesehen, war der Briefroman Richardsons Erfindung; im literarhistorischen Kontext hingegen gehen ihm etwa zweihundert Werke voraus, die als *epistolary fiction* zu klassifizieren sind. Zumindest einige davon, wie etwa *The adventures of Lindamira, a lady of quality* (1702), eine Brief-Romanze an der Grenze zum Brief-Roman, lassen sich als Vorstufen zu Richardsons Romanen betrachten.

Pamela, or virtue rewarded (1741) ist die Geschichte eines Eintritts in die Welt – ein im Roman des 18. Jahrhunderts immer wieder gestalteter Vorwurf. Der Roman war von Richardson als *conduct book* gedacht, als Lebensbrevier für junge Leute. Wie Defoe trat Richardson in einer sich langsam verfestigenden Konvention nicht als Erzähler, sondern als »Herausgeber« auf. Er übergab vorgeblich authentische Briefe der Öffentlichkeit, mit der nämlichen moralischen Absicht, am Beispiel belehrend zu wirken. Das Ziel war jedoch für beide Romanciers das gleiche: den Leser unmittelbar mit der fiktiven Wirklichkeit zu konfrontieren.

Richardson verzichtete auf die Darbietung jener Geschehnisfülle, die Defoes Romane aufweisen. Ihm ging es nicht um das Ereignis, sondern um die Reflexion über das Ereignis, und die verständnisvollsten Leser der Zeit folgten ihm darin. »You must read him for the sentiment«, riet Samuel Johnson, »and consider the story as only giving occasion to the sentiment.« Anders gewendet: der Brief wird zum Instrument der Selbstdarstellung des Charakters, der Nachzeichnung von Überlegungen, der Freilegung von Handlungsantrieben, der Offenbarung der Persönlichkeit in ihren Tiefenschichten. Wo Defoe raffte, dehnte Richardson, damit das Innere des Charakters sichtbar werden konnte. Er schuf damit die Urform des psychologischen Romans.

In *Pamela* mißglückte die Integration von Charakterroman und konventioneller Moral, und Richardsons naiver Didaktizismus wurde in Fieldings *Shamela* in eine vernichtende Burleske verkehrt. In *Clarissa, or the history of a young lady* (1748) hingegen gelang Richardson der erste tragische Roman der Epoche – zugleich einer der großen der englischen Literatur. Auch hier vermittelt der Brief – Richardsons berühmtes »writing to the moment« – eine kontinuierliche Unmittelbarkeit des Geschehens und eine ebenso dramatische wie authentische Präsenz des Charakters. Aber anders als in *Pamela* löst sich der moralische Konflikt nicht in der Konventionalität. Der Antagonismus zwischen dem ethischen Anspruch des Individuums und dem nicht akzeptablen gesellschaftlichen Verhaltenskodex zerstört die persönliche Integrität und führt in die Katastrophe. Die Horizonte, die Richardson damit für den Roman aufriß, transzendierten die Epoche. In ihnen zeichneten sich Möglichkeiten der Gestaltung ab, die erst im 19. und 20. Jahrhundert mit einem subtileren Sensorium und einer verfeinerten Romantechnik adäquat zu realisieren waren.

Die Einfügung des Romans in den Kanon etablierter Gattungen war das Werk Henry Fieldings. Mit seinen Romanen verband sich der Versuch, der neuen Großform zu jenem Ansehen und zu jener Achtbarkeit zu verhelfen, die sie bis ins 19. Jahrhundert entbehrte, und zugleich eine rudimentäre Poetik des Romans als erzählter Geschichte zu entwerfen. Defoe und Richardson bedienten sich ihrer Darstellungsmittel weitgehend naiv und unbefangen. Fieldings Umgang mit der Romanform ist demgegenüber durch ein Höchstmaß an Reflexivität geprägt und lenkt, richtungweisend für die weitere Geschichte des Romans, die Aufmerksamkeit auf den Prozeß der Vermittlung und damit auf die Funktion des Erzählers.

Fielding definierte den Roman in Relation zum Epos und stellte ihn damit in eine europäische Literaturtradition, die letztlich auf Homer zurückführbar war. Seit der *Poetik* des Aristoteles galt das Epos neben dem Drama als ranghöchste literarische Form. Eine Neubelebung dieser Tradition in einer Epoche, für die die Gattungshierarchie noch verbindlich war, bedeutete daher eine Anverwandlung des Epos, die dem Roman eine ihm bisher nicht zuerkannte Dignität sicherte. Zudem war das Epos eine in hohem Maße stilisierte und formalisierte literarische Form, die dem Romancier in seinem neuen Metier eine nirgendwo sonst ableitbare Raffinesse der Kunstübung zu suggerieren vermochte.

Joseph Andrews (1742), von Fielding als komisches Prosaepos (»comic epic poem in prose«) ausgegeben, ist ein Erzähl-Kunstwerk, das dem Leser weniger die »Realität« des Dargestellten als die auktoriale Verfügung über die Geschichte vor Augen führen soll. Der allwissende Erzähler ist eleganter Arrangeur und beredter Interpret, der über die ästhetisch ausgewogene Form wie über die moralische Bedeutung des Romans gebietet. In der Manier der Komödie ist das Individuelle mit dem Allgemeinen verbunden, so daß im Fehlverhalten des einzelnen die Unzulänglichkeit des Menschen decouvriert werden kann. Damit ist das Gegenspiel von Individuum und Gesellschaft nur vordergründig Gegenstand des Romans: sein wirkliches Thema sind Natur und Verhalten des Menschen innerhalb einer providentiellen Ordnung.

In *Tom Jones* (1749) ist diese Konzeption noch verfeinert. Die Geschichte eines Findlings ist ein durchstilisiertes Literaturwerk von emblematischem, auf sinnbildliches Weltverständnis gerichtetem Charakter. Der Handlungsverlauf weist eine kunstvolle, durch Symmetrie und Ausgewogenheit gekennzeichnete Architektonik auf, und über die Fülle der Figuren und Ereignisse führt ein allwissender Erzähler Regie, der sich mit dem Leser in vorausgehenden und mitlaufenden, nicht selten ironisch gebrochenen Kommentaren verständigt. Der Anspielungshintergrund für Erzählweise und Erzählvorgang ist breit und schließt neben Elementen der Romanze die Komödie wie das Epos ein. Fielding macht von allen Stilmitteln der Epenparodie Gebrauch, doch bleibt das Epos Norm für die Dimension der Geschichte wie für den didaktischen Anspruch. *Tom Jones* spart das realistische Detail einer widrigen Erfahrungswelt zwar nicht aus, doch lösen sich letztlich alle Konflikte in einer universellen Harmonie, die wie beim Epos als Ausdruck einer sinnhaften Weltordnung hervortritt.

Fieldings letzter Roman, *Amelia* (1752), zu dem er eine starke Affinität hatte, war gänzlich anderer Art. Er war, modern gesprochen, sozialkritisch – »designed to promote the cause of virtue, and to expose some of the most glaring evils, as well public as private, which at present infest the country«. Der Vorwurf – die Geschichte einer Ehe in der korrupten und brutalen Welt des damaligen London – läßt das moralische Engagement Fieldings hervortreten, offenbart aber zugleich die Grenzen seiner Romankonzeption und seiner Erzählhaltung. *Amelia* war ein Fehlschlag, der die Erfolge der früheren Romane um so stärker verdeutlichte und das »komische Prosaepos« als die klassische Romanform erscheinen ließ. Zumindest waren die Zeitgenossen der Auffassung, daß über *Tom Jones* nichts hinausführte und der Roman damit vollendet war.

Die philosophische Erzählung

Die literarische Landschaft des frühen 18. Jahrhunderts wurde nicht nur durch den Roman geprägt, sondern auch durch Erzählungen, die ihm zwar benachbart sind, sich aber in Absicht und Ausführung von ihm unterscheiden. Während der Roman auf die Wiedergabe von »authentischem« Erleben abzielt, ist ihre Intention auf die Vermittlung von Gedanken und Überzeugungen unter Verwendung narrativer Techniken gerichtet. Als philosophische Erzählungen stellen sie eine charakteristische Literaturform für eine Epoche dar, in der sich begriffliche Erkenntnis und sinnliche Anschauung mannigfach verbanden. Voltaires *Candide* (1759) kann als Prototyp dieses Genres gelten, das in der englischen Literatur in verschiedenen Varianten ausgeprägt und durch Werke repräsentiert ist, die neben den Romanen der Epoche ebenfalls einen klassischen Rang einnehmen.

The life and strange surprizing adventures of Robinson Crusoe (1719), die Defoe mit *The farther adventures* fortsetzte und mit *Serious reflections during the life and surprising adventures of Robinson Crusoe* (1720) zu einer Art Trilogie vereinigte, werden zwar heute fast ausschließlich als Abenteuergeschichte gelesen, waren aber für die Epoche selbst wenig mehr als die fiktive Einkleidung eines »philosophischen« Vorgangs. Von der epenhaften Grandiosität des Werkes fasziniert, las man Robinsons Geschichte als Parabel von der Kulturentwicklung des Menschen, die beispielhaft konstruktives Wirken vergegenwärtigte – »producing order and a primitive culture out of the wasteful and unprofitable profusion of nature« (James Sutherland). In den *Serious reflections*, die keine Erzählung bieten, sondern ausschließlich aus Betrachtungen und Meditationen über Gott, Welt und Leben bestehen, wird die Erzählung als historisch und als allegorisch apostrophiert. Daran wird die Distanz deutlich, in der die um ein gedankliches Konstrukt angelegte Erzählung sowohl zur Romanze wie auch zu dem bald danach in Erscheinung tretenden Roman zu sehen ist.

Auch *Gulliver's travels* (1726) gehört als Prosasatire zu diesem Genre. Swift kleidete sie in in die Form der imaginären Reise. Zur Beglaubigung seiner Phantasiewelt gab er sie als wirkliche Reise aus – mit Erfolg bei seinen ersten Lesern, die noch ein niedriges Erwartungsniveau gegenüber realistischen Darstellungstechniken hatten. Der Protagonist ist kein runder Romancharakter, sondern ein nach Bedarf manipulierbarer Träger von Auffassungen, während die imaginäre Reise als Vehikel der Gestaltung zur Herbeiführung immer neuer satirischer Situationen dient. Als Satire ist *Gulliver's travels* eine Sequenz von arrangierten Konflikten zwischen idealen Normen und einer depravierten Welt, die nicht auf die Darstellung eines Geschehens, sondern die sinnfällige Vermittlung einer in sich kohärenten Weltsicht abzielt. Swifts Absicht lag in der Korrektur optimistischer Auffassungen, die den Menschen ontologisch überschätzten.

Samuel Johnsons *Rasselas* (*The prince of Abissinia*, 1759) ist eine orientalische Geschichte, wie sie sich auch schon in seinen Essayserien findet und wie sie, nicht nur im 18. Jahrhundert, ein Gestaltungsmittel der moralistischen Literatur ist. Als Pendant zur biblischen Welt war die orientalische Welt Schauplatz für Geschehnisse, denen eine allgemeinere, die unmittelbare Erfahrungswelt transzendierende Bedeutung zukommen sollte. Episodenreich, doch handlungsarm ist *Rasselas* weniger eine Erzählung als ein Apolog, eine fabelartige Darstellung von Geschehnissen symbolischen Charakters. Die Substanz des Werkes liegt in den Dialogen und Reflexionen, die in die Geschichte eingelassen sind. Ihr zentrales Thema ist die menschliche Glückseligkeit. Während die Handlung den Weg zur Glückseligkeit ambivalent offenläßt, ist der Diskurs darüber verhalten skeptisch und letzlich resignativ.

Die philosophische Erzählung läßt viele Gestaltungsweisen zu und ist – anders als der Roman – nicht auf Konventionen festgelegt. Sie bedient sich häufig anderer literarischer Formen für ihre Zwecke. So gibt Swift seine »Tonnengeschichte« (*Tale of a tub*, 1704) zwar als Erzählung aus, benutzt aber für seine Prosasatire gegen Katholizismus, *Dissent* und Gelehrsamkeit ein verwirrendes, aus sechzehn Teilen bestehendes Geflecht von Texten, die teils »wirkliche« Texte, teils Paratexte (wie Vorworte, Einleitungen u.a.) sind. In der gleichzeitig veröffentlichten *Battle of the books* macht er für seine satirischen Zwecke von der Allegorie Gebrauch, und das Ganze ist als episch-historisches Fragment maskiert. Henry Fielding wiederum stellte in *Jonathan Wild the Great* (1743) seine gegen Sir Robert Walpole gerichtete Satire durchgängig auf die ironische und komisch-heroische Darstellung eines »perfect or consummate pattern of human excellence« ab.

Oliver Goldsmith wählte für seinen *Citizen of the world* (1762) den essayhaften Brief, um eine Abfolge distinkter Episoden formal zu akzentuieren. Das Vorbild dafür waren natürlich Montesquieus *Lettres persanes* (1721), und mit der Wahl eines Chinesen als satirischer *persona* machte auch Goldsmith von dem Kunstgriff des invertierten Exotismus Gebrauch. Die Intention ist indessen überall die gleiche: eine Lehre mitzuteilen, ein Argument vorzutragen oder Kritik zu üben, und dies in einer literarisch verhüllten Form – zum Schutz, zur Verdeutlichung oder zur Erhöhung der Wirkung beim Leser.

Die philosophische Erzählung ist nicht nur eine Form des 18. Jahrhunderts. Sie reicht bis ins 19. Jahrhundert hinein und sogar darüber hinaus. Thomas Carlyles *Sartor resartus. The life and opinions of Herr Teufelsdröckh* (1834), ein rhapsodisches, bewußt unstrukturiertes, um eine Kleiderphilosophie angelegtes Werk, ist ein Beispiel. Gleichwohl ist das frühe 18. Jahrhundert mit seinem durch die Aufklärung geprägten Weltbild die klassische Zeit der philosophischen Erzählung, die zum bleibenden literarischen Vermächtnis der Epoche gehört.

Der Roman des späteren 18. Jahrhunderts

Der Roman nach Fielding weist nicht die gleiche Kontinuität auf, die sich – wenn in seiner Frühgeschichte überhaupt – zwischen *Moll Flanders* und *Tom Jones* erkennen läßt. In der zweiten Jahrhunderthälfte ist das Bild des Romans uneinheitlich, und es traten teilweise konträre Tendenzen der Kunstübung auf. Von einer konsequenten Fortentwicklung der Form kann nicht die Rede sein, und das Wechselspiel zwischen Individuum und Gesellschaft blieb auch nicht alleiniger Gegenstand des Erzählens. Der Roman wurde vielfältiger, und das nicht nur aus immanenten Gründen. Ein sich schnell ausweitendes Publikum verlangte nach Lesestoff, und als Unterhaltungsliteratur rückte der Roman oft bedenklich in die Nähe von Gebrauchs-, wenn nicht Verbrauchsliteratur. Es wurden mehr und mehr Romane geschrieben, und damit erreichte in den letzten Dezennien die Produktion nicht mehr das Niveau der fünf großen Romanciers des 18. Jahrhunderts.

Tobias Smolletts Beitrag zum Roman liegt nicht in der formalen Ausgestaltung des Genre. Wie kaum einem anderen bedeutenden Romancier waren ihm bei seiner außergewöhnlichen erzählerischen Begabung die Probleme der Gestaltung gleichgültig. Es gibt von ihm praktisch keine romantheoretischen Äußerungen. Für Smollett glich der Roman einem »large diffused picture«, das in Form des Zentralcharakters eines Mittelpunktes bedurfte. Zunächst für *The adventures of Ferdinand Count Fathom* entwickelt, ist dies eine bemerkenswert einfache Vorstellung, vor allem im Vergleich zu den differenzierten Überlegungen, die Fielding etwa gleichzeitig anstellte. Aber sie genügte Smollett, und sie stellt in der Tat den Grundriß für alle seine Romane dar.

Von *Roderick Random* (1748) bis *Humphry Clinker* (1771) sind Smolletts Romane pikareske Romane ohne eine anspruchsvollere Struktur, deren Episoden nur durch den Titelhelden miteinander verknüpft werden. Zusammen machen diese Titelhelden Smolletts eine Gruppe aus, in der es mehr Gemeinsamkeiten als Unterschiede gibt. In der Episodik griff Smollett auf die Romanze und die Anti-Romanze zurück (Cervantes war für ihn Vorbild und literarische Leitfigur), und gelegentlich ist der Zusammenhalt der Episoden überaus locker, besonders in *Peregrine Pickle* mit den beziehungslos eingefügten »Memoirs of a lady of quality«.

Smolletts Domäne ist die Satire, und diese Satire ist nicht von der liebenswürdig-versöhnlichen Art. Sie ist hart und kompromißlos, aggressiv, bisweilen zynisch und brutal. Sie dringt unter die Oberfläche und legt physische oder moralische Verkommenheit frei. Smollett läßt sich, wie dies immer wieder geschieht, mit William Hogarth vergleichen in der schonungslosen, bis zur Karikatur gehenden Bloßstellung des sprechenden Details. Das Wechselspiel zwischen Individuum und Gesellschaft gibt es in seinen Romanen nur in der Form einer harten, zerstörenden Kollision, verursacht durch den rücksichtslosen oder, wie in den *Adventures of Ferdinand Count Fathom*, durch den bis ins Innerste schurkischen Charakter. Doch ungeachtet ihrer abstoßenden Seiten sind Smolletts Romanwelten von lebendiger Unmittelbarkeit, von dichter Lebensfülle und von hoher Plastizität. In der Zeichnung des exzentrischen Charakters war er ein Meister, bei dem spätere Romanciers bis ins 19. Jahrhundert hinein in die Schule gingen.

Bei Laurence Sterne vereinigt sich ein subtiles technisches Bewußtsein mit einem so virtuosen Umgang mit der literarischen Form, daß *The life and opinions of Mr. Tristram Shandy* (1760–1767) seinen Platz in der Geschichte des Romans in fast jeder Hinsicht auf die Moderne hin zu transzendieren scheint. Sterne nahm den Roman als »Geschichte« ernst und demonstrierte auf spielerische Weise, daß der Vorgang des Erzählens notwendig zur Auflösung jener Form führen mußte, die unter der Prämisse des Romans als fiktiver Geschichte entstanden war. War für Fielding die »Geschichte« eine geordnete Sequenz des Geschehens, so wurde sie für Sterne zur spontanen Mitteilung des Erzählers. Sterne etablierte damit eine Gestaltungsweise, in der sich die Subjektivität nicht des Dargestellten, sondern des Darstellenden ungebrochen artikulieren konnte. Das Ergebnis war eine offene Romanform – die Urform des modernen experimentellen Romans.

Mit *Tristram Shandy* rückte der Handlungsroman konventioneller Prägung in ironische Distanz. Das Interesse verlagerte sich vom äußeren Geschehen auf ein inneres und, romanhistorisch gesehen, neuartiges Geschehen. Als »Bewußtseinsroman« ist Sternes Roman der erste, in dem der Prozeß inneren Erlebens dargestellt wird, freilich unter den Prämissen einer auf John Locke rekurrierenden vor-Freudschen Psychologie. An die Stelle der Zentralfigur im Handlungsroman tritt das Zentralbewußtsein des Erzählers, das dem scheinbar chaotischen Geschehen seine Einheit gibt und sich dem Leser in seiner Individualität offenbart. All dies ist eingebettet in eine mit skurrilen, wenn nicht pathologischen Charakteren bevölkerte Romanwelt. Goethe erkannte sie als eine Welt menschlicher Eigenheiten. Er sah in der Eigenheit »das, was das Individuum konstituiert« und in Sterne, der die »Eigenheit« als das Charakteristikum des Menschen aufgedeckt hätte, den Begründer eines neuen Menschenbildes.

Wie zu ihrer Zeit *Robinson Crusoe* und in geringerem Maße *Gulliver's travels*, so zog auch *Tristram Shandy* einen Schweif von Nachahmungen nach sich, auf dem Kontinent fast noch mehr als in England. Zusammen mit Sternes *Sentimental journey* wurde *Tristram Shandy* zu einem bedeutsamen Faktor in der Ausbildung des sentimentalen Romans, weniger stark vielleicht als der Einfluß Richardsons, doch zumindest im historischen Rückblick unverkennbar. Symbolisch, wenn auch nicht chronologisch, war Sterne die Leitfigur des fast gemeineuropäisch zu nennenden Zeitalters der Empfindsamkeit, das im Roman ebenso wie im Drama seinen spezifischen Ausdruck fand.

Trotz seiner begrenzten Thematik war der sentimentale Roman breit aufgefächert. So ist, beispielsweise, Henry Brookes *The fool of quality* (1764–1770, 5 Bände), einer der frühesten, ein von Optimismus und wohlwollender Güte bestimmter Entwicklungsroman – für den Methodisten John Wesley »one of the most beautiful pictures that was ever drawn in the world«. Oliver Goldsmiths *The vicar of Wakefield* (1766) ist eine Pfarrhaus-Idylle mit Ingredienzen aus Parabel, Romanze, realistischem Roman und Satire. Und Henry Mackenzies *The man of feeling* (1771) ist (als pessimistische Variante) die fragmentarisch gehaltene Biographie eines in seiner lauteren Empfindung an der Welt zerbrechenden Mannes. Erzähltechnisch weisen diese wie die meisten anderen sentimentalen Romane einen wenig selbstsicheren Duktus auf, der nicht nur literarische Pose sein dürfte. »There are an hundred faults in this thing«, bekannte Goldsmith, und Mackenzie legte »a bundle of little episodes« vor. Offenbar bot sich in den unterschiedlichen Konstitutionsweisen des Romans bei den fünf großen Romanciers kein dominantes Modell für die Nachfolger an, auch nicht für zweit- und drittklassige Nachahmer.

Unterhalb der besten Leistungen gab es ein breites Mittelfeld des sentimentalen Romans, das in den Niederungen des Trivialromans ausläuft. *The benevolent man. Or the history of Mr. Belville* (1775), *The child of misfortune. Or the history of Mrs. Gilbert* (1777) oder *Walsingham. Or the pupil of nature* (1797) sind typische Titel für die vielen, oft zum Verwechseln ähnlichen Werke. Zahlreiche der – häufig anonym erscheinenden – Romane wurden von Frauen geschrieben, meist mit einem auffällig didaktischen und moralistischen Einschlag. In Opposition gegen den realistischen Roman bildete sich, theoretisch fundiert durch Clara Reeve in *The progress of romance* (1785), eine Form der sentimentalen Romanze der heilen Welt heraus, deren Nachkommen noch heute, etwa in Form von Barbara Cartlands Romanzen, zu den populären Lesestoffen gehören.

Im Gegenzug zum Roman entstand auch die Schauergeschichte (»Gothic tale«) als weiteres für das späte 18. und frühe 19. Jahrhundert charakteristisches Genre. Der Prototyp ist Horace Walpoles *The castle of Otranto* (1765), mit dem der Autor – »desirous of leaving the powers of fancy at liberty to expatiate through the boundless realms of invention« – das Geheimnisvolle und Unerklärliche gegen den platten Common Sense seiner Zeit setzen wollte. Am besten erklärt sich die Schauergeschichte als Ausschöpfung von bis dahin ungenutzten Möglichkeiten der Romanze (deren Charakteristikum seit jeher stilisierte, lebensferne Idealfiguren waren) im Kontext der damals verbreiteten Hinwendung zum Mittelalter und der ästhetischen Entdeckung der Gotik.

Als Unterströmung hielt sich das Gotische bis in den Roman des 19. Jahrhunderts. *The champion of virtue, a Gothic story* (1777) von Clara Reeve (1729–1807) wurde als *An old English baron* (1778) ein großer Publikumserfolg. Und *The mysteries of*

Udolpho (1794) von Anne Radcliffe (1764–1823) ist bis heute ein Klassiker des Schreckensromans (*terror novel*) geblieben. Der Schauerroman weitete sich thematisch und psychologisch aus zum Horror-Roman, für den William Beckfords *Vathek* (1786) in der Form der beliebten orientalischen Erzählung das literarisch bedeutsamste Beispiel ist. Über *The monk* (1796) von M. G. Lewis (1775–1818) – für William Hazlitt »the greatest master in the art of freezing the blood« – führt die Entwicklung zu *Frankenstein, or the modern Prometheus* (1818) von Mary Shelley, der später zum Film-Klassiker und damit zu einem der Ausgangspunkte moderner visueller Horror-Unterhaltung werden sollte.

Zwischen Sterne und Jane Austen führte allein Fanny Burney die Tradition des realistischen Romans weiter. Sie knüpfte an die großen Romanciers an – die Franzosen, Richardson, Fielding und Smollett. *Evelina or a young lady's entrance into the world* (1778) ist ihr Versuch, den Leser aus den »phantastischen Bereichen der Romanze« in eine der wirklichen Welt näherkommende Romanwelt zurückzuführen. »To draw characters from nature, though not from life, and to mark the manners of the times« ist das erklärte Ziel des Romans. Prägnanter als ihre Vorgänger betont sie den mimetischen Charakter des Romans (»a picture of supposed, but natural and probable human existence«) und seine didaktische Absicht. Das Widerspiel zwischen Individuum und Gesellschaft erscheint hier in der neuen Variante der Eingliederung des jungen Menschen in den bestehenden und durchweg positiv akzentuierten Verhaltenskodex der Gesellschaft. Der Prozeß der »Sozialisation«, obwohl häufig ironisch beobachtet und satirisch dargestellt, löst sich, mit Fielding als Vorbild, harmonisch.

Jane Austen skizzierte ihre ersten Romane noch vor der Jahrhundertwende, weitgehend unter ähnlichen Prämissen wie Fanny Burney. *Northanger Abbey* (erst 1818 posthum veröffentlicht), einer der frühen Entwürfe, war gegen den sentimentalen und schaurigen Unterhaltungsroman gerichtet. Er enthält ein Plädoyer für den Roman als ernsthaftes und ernstzunehmendes literarisches Medium. Mit leichter, aber unmißverständlicher Geste und verbindlich für das 19. und 20. Jahrhundert wird er von ihr als dominante Großform der modernen Literatur und als Instrument für die Erkenntnis des Menschen bestätigt: »... some work in which the greatest powers of the mind are displayed, in which the most thorough knowledge of human nature, the happiest delineation of its varities, the liveliest effusions of wit and humour are conveyed to the world in the best chosen language.«

Henry James sah in Jane Austen eine intuitiv vorgehende Romanautorin, die von einer tiefen Einsicht in die Möglichkeiten und Notwendigkeiten des Genre geleitet wurde, ohne dabei einer explizit formulierten Theorie zu bedürfen. In der Tat fehlt bei Jane Austen jede Selbstmitteilung über Romankonzeption und Erzähltechnik, obwohl sie den Roman wie kaum sonst einer der großen Romanciers im 18. Jahrhundert, Sterne vielleicht ausgenommen, verändert und verfeinert hat. Thematisch gesehen, schränkte Jane Austen den Roman ein auf die *novel of manners*, wie sie auch Fanny Burney und andere schrieben. Aber in der Charakterdarstellung ging sie mit einer Finesse zu Werke, die die meisten Romane des 18. Jahrhunderts als technisch naiv erscheinen läßt.

Emma, ihr Meisterwerk, abermals die Geschichte des Eintritts einer jungen Frau in die Welt, ist ein auktorialer Roman, doch wird mit Hilfe der erlebten Rede die Perspektive der Heldin sichtbar gemacht oder in der szenischen Gestaltung objektiviert, so daß sich vielfache Reflexe und Brechungen ergeben und eine ironische Erzählhaltung eingenommen werden kann, ohne daß der Charakter ständig in ironischer Distanz gehalten werden muß. Mit *Emma* verlor der Roman seine Starrheit, die er unumgänglich haben mußte, solange er nur jeweils in einem Grundtypus realisiert wurde. Er verwandelte sich in eine geschmeidige, vielfach adaptable literarische Form und wurde »a new and flexible medium in which the individual and society could be revealed together« (Barbara Hardy). Jane Austens Werk hat daher als einer der Wendepunkte der Romangeschichte zu gelten. (F)

19. Jahrhundert

Der vorviktorianische Roman

Zumindest auf den ersten Blick wahrt der Roman des frühen 19. die Kontinuität mit dem des 18. Jahrhunderts. Das erzählerische Instrumentarium hatte sich kaum geändert. Der allwissende sowie der Ich-Erzähler beherrschen in all ihren traditionellen Erscheinungen – Beschreibung, Digression, Kommentar, moralische Wertung – nach wie vor die Erzählweise, und Schauer-, Schelmen- und Sittenroman dominieren Form und Inhalt. Nach wie vor wurde den evangelikalen und utilitaristischen Attacken auf die Scheinhaftigkeit und Nutzlosigkeit aller Fiktion mit dem Anspruch auf Authentizität des Dargestellten (*The true history of…*) und dessen moralischen Nutzen begegnet. Gleichwohl präzisierte sich die Aufgabe, die dem Roman seit Anbeginn gesetzt ist, mit großer Dringlichkeit: das (bürgerliche) Individuum und die (bürgerliche, gesellschaftliche) Wirklichkeit nicht nur in Ausschnitten und separiert, sondern umfassend und in ihrer Interdependenz darzustellen. Es war dies eine Aufgabe, deren Dringlichkeit nur in Teilen aus innerliterarischen Entwicklungen, um so mehr aber aus den tiefgreifenden gesellschaftlichen, wirtschaftlichen und ideologischen Veränderungen des ausgehenden 18. Jahrhunderts resultierte.

Gewiß war es bereits Jane Austen gelungen, die Darstellung von Individuum und Gesellschaft in ein prekäres Gleichgewicht zu bringen und psychologische und soziologische Analyse miteinander zu verbinden. Dies war ihr dank der Flexibilität ihres Erzählmediums gelungen, in dem das spannungsvolle Nebeneinander von erlebter Rede, szenischer Präsentation und auktorialem Kommentar sowohl Ironie freisetzt wie moralische Wertung erlaubt. Grundlage des prekären Gleichgewichts war die selbstauferlegte Beschränkung auf die Darstellung der ländlichen (oberen) Mittelschicht in allen Romanen. Eine solche Beschränkung konnte jedoch dem Ansturm der neuen Wirklichkeiten, insbesondere der unmittelbar-eindringlichen Erfahrung des geschichtlichen Wandels und des hieraus resultierenden Geschichtsbewußtseins, nicht standhalten.

Erste Auswirkungen eines solchen historischen Denkens werden in Maria Edgeworths irischen Romanen und Geschichten sichtbar. Die Typisierungstendenz des Romans des 18. Jahrhunderts tritt in *Castle Rackrent* (1800) gegenüber der genauen Darstellung des Lokalkolorits sowie der wechselseitigen Erhellung von Situation und Figur zurück. Der Ich-Erzähler, ein unbewußt-ironisch die Egoismen und Torheiten seiner adeligen Herrschaft enthüllender Diener, bringt das Element der historischen Perspektivierung ein. Hier hat Walter Scott eingestandenermaßen gelernt. Mit seinem Romanerstling *Waverley* (1814) sowie dem späteren *Ivanhoe* (1819) schuf er verschiedenartige Modelle des historischen Romans, denen das Genre während des ganzen 19. Jahrhunderts verpflichtet blieb. Auch Scotts eigene historische Romane – und er verfaßte bis zu seinem Tode 1832 nun Jahr für Jahr zumindest ein weiteres Werk – können gehaltlich wie formal als Variationen dieser einmal gefundenen Modelle verstanden werden.

Die in *Waverley* dargestellte Geschichte des schottischen Jakobiteraufstandes von 1745 ist Scott entgegen dem Usus der aufklärerischen Geschichtsschreibung nicht Anlaß zur rationaldistanzierten Analyse oder zur Bewertung gemäß vorgegebener absoluter Normen. Sie ist ihm Vorgeschichte der Gegenwart, wie sie in der Erinnerung und dank mündlicher Überlieferung fortlebt: *'Tis sixty years since* lautet deshalb der Untertitel, der Distanz und Nähe gleichermaßen herstellt. Sichtbar gemacht wird diese (Vor-)Geschichte nicht durch Haupt- und Staatsaktionen. Scott benützt hierfür vielmehr seine ureigene Schöpfung, den »mittleren Helden« (Georg Lukács), dessen Wesen der Mangel ist: Er ist unhistorisch, unreif, unentschlossen (»wa-ver-ing«) und passiv. So kann er mit allen, auch antagonistischen historischen Strömungen, Personen oder Parteien in Verbindung treten und von diesen beeinflußt werden, wodurch diese ihrerseits zur Darstellung gebracht werden. Die Zuwendung oder Abkehr des Protagonisten von diesen historischen Kräften beschreibt dann nicht nur seinen Reifeprozeß, sondern auch deren Macht und Wertigkeit im historischen Wandel. Wesen und Entwicklung des Protagonisten werden zur Funktion des Geschichtsverlaufs, er selbst wird dessen Objekt.

Unzweifelhaft ist, daß Scott hierbei die Werte der Zivilisation, Effizienz und des bürgerlichen Wohlverhaltens, wie er sie in der englischen Gesellschaft seiner Zeit verkörpert sah, als siegreich betrachtete, und zwar kraft historischer Notwendigkeit. Unzweifelhaft ist aber auch, daß ihn der Verlust solcher Werte wie Heroismus und Loyalität, welche die schottische, feudalistische Clan-Gesellschaft auszeichnen, mit Trauer erfüllte. Das bürgerliche Glück Edward Waverleys sowie der schottisch-englische Ausgleich nach der Niederschlagung des Aufstandes werden um den Preis des Todes der heroisch-romantischen Naturen (Fergus McIvor, Evan Dhu) erkauft. Scotts Einstellung zu Geschichte und Vergangenheit ist somit ambivalent: Sie läßt ihn romantisch-nostalgisch den Verlust hohen individuellen Menschentums beklagen und viktorianisch-optimistisch eine bürgerliche Zivilisation für historisch fortschrittlich halten.

Weder in der Konzeption des Protagonisten noch in dieser ambivalenten Einstellung zur Geschichte weichen Scotts Romane, die ihren Stoff dem 18. Jahrhundert entnehmen, sei es *Guy Mannering* (1815), *Rob Roy* (1817) oder *Redgauntlet* (1824), von dem in *Waverley* gestalteten Entwurf in entscheidender Weise ab. Und auch die Großen des viktorianischen Romans haben sich diesem Modell verschrieben: Mittlere Helden sind die Protagonisten von Thackerays *Henry Esmond* (1852), Dickens' *A tale of two cities* (1859) und George Eliots *Romola* (1862/63). Die Variationen des Gattungsmodells entspringen dann dem Individualstil sowie den persönlichen Welt-Anschauungen der Autoren: So entheroisiert Thackeray nicht nur, wie gewohnt, seinen »Helden«, sondern auch die Geschichte insgesamt; so gestaltet Dickens die historischen Kräfte der Französischen Revolution als alleszerstörerische Naturgewalten, so daß das Romanende nur durch eine visionäre Schau des Transzendenten eine zukünftige gesellschaftliche Harmonie ahnen lassen kann. George Eliot schließlich projiziert den überzeitlichen moralischen Konflikt, der auch ihren übrigen Romanen zugrunde liegt, mit lastendem historischem Detail auf die florentinische Geschichte zur Zeit Savonarolas.

Mit seinem Rückgriff auf das Mittelalter für eine Romanserie, die mit *Ivanhoe* beginnt, begab sich Scott der mit *Waverley* gefundenen Gestaltungsmöglichkeiten. Nun mußte er mit antiquarischer Akribie ein dem Leser fernes Zeitalter erschaffen, wurde Äußeres wie Kostüm, Schauplatz, Gebräuche notgedrungen wichtig. Nur im Rekurs auf historisch Vertrautes, auf Gestalten wie Richard Löwenherz in *Ivanhoe*, auf Schauplätze wie Kenilworth in dem gleichnamigen Roman (1821), konnte das Wissen – nicht mehr die Erfahrung – des Lesers aktiviert werden. Kein Wunder, daß Scott diesen Antiquarismus durch Handlungsspannung und Ereignisfülle wettzumachen suchte. Der historische Roman aber tendierte damit zur historischen Romanze. Hier haben die überwiegend schwachen Scott-Nachfolger angesetzt (und hier haben die Opernkomponisten zuhauf ihre Vorlagen gefunden, Richard Wagner etwa in Bulwers *Rienzi* 1835). Harrison Ainsworth (1805–1882), vor allem aber G. P. R. James (1799–1860), produzierten nun Jahr für Jahr Werke, die Spannung mit historischem Kolorit bieten. Durch Bulwer-Lyttons *The last days of Pompeii* (1834) wurde dem Genre die Richtung gewiesen: Als Jugendbuch überlebt es bis auf den heutigen Tag.

Nicht nur auf die Erfahrung des geschichtlichen Wandels reagierte freilich die Literatur, sondern auch auf die Urbanisierung Englands. Der verlorene ländliche Lebensraum wurde alsbald zur Idylle stilisiert. Von M. R. Mitfords *Our village* (1824–1832) bis George Gissings *The private papers of Henry Ryecroft* (1903) gehört darum das pastorale Element, die Idylle zum festen Inventar der viktorianischen Erzählkunst. Sie dient, wie in Dickens' *Oliver Twist* (1837–1839) oder George Eliots *Adam Bede* (1859), als Teil und Gegenwelt innerhalb umfassender Darstellungen der Wirklichkeit. Doch nicht nur ex negativo wurde die Stadt Literatur. Pierce Egans *Life in London* (1821) verdankt seinen Erfolg nicht allein den trefflich satirischen Illustrationen der Brüder Cruikshank. Es ist der Blick auf die verwirrende Vielfalt der Großstadt, auf das Nebeneinander des Kraß-Gegensätzlichen, der schon die Zeitgenossen faszinierte. Wie es in Kaschemme und Oper, beim Hahnenkampf oder bei der Bilderschau der Royal Academy zuging, wird detailliert und drastisch beschrieben.

Dabei löst Pierce Egan das Problem, das räumliche Nebeneinander des Ortes durch das zeitliche Nacheinander der Erzählung zu vermitteln, nur recht ungenügend. Er verwendet ein einfaches additives Prinzip, reiht Episode an Episode und hält diese Episodenreihung durch drei Figuren unterschiedlichen Charakters, die sich von Schauplatz zu Schauplatz begeben, zusammen. Anders formuliert: Pierce Egans Werk ist eine Vorform des Romans, ebenso wie Dickens' *Sketches by Boz* (1836), in denen ein »speculative pedestrian« (Kap. 23), ein meditierender und seine phantastisch-anschaulichen Überlegungen mitteilender Flaneur, als Medium der Erzählung dient. Wie das Problem der Stadt-Darstellung erzählerisch zu bewältigen ist, sollte den Roman hinfort beschäftigen. Lösungen auf symbolischer Ebene gelingen Dickens etwa in *Martin Chuzzlewit* (1843/44) und *Little Dorrit* (1855–1857): Hier erscheint die Stadt metaphorisch und realiter als Labyrinth bzw. als Gefängnis. Mrs.

Gaskell in *Cranford* (1853) und George Eliot in *Middlemarch* (1871/72) wählen Kleinstädte der englischen Provinz zum Schauplatz, verkleinern hiermit bewußt das Problem, um die Stadt in ihrer Totalität realistisch gestalten zu können. Erst im 20. Jahrhundert sollte James Joyce mit seinem *Ulysses* (1922) für die Großstadt Vergleichbares gelingen.

Die neue Wirklichkeitsfülle, der immense Erfahrungsdruck seit der Jahrhundertwende führten freilich auch zur literarischen Flucht aus der bedrückenden Wirklichkeit, zur unentwegten Produktion stets neuer Wunschwelten. Eskapistische Romanformen unterschiedlichster Prägung sind darum folgerichtig Bestandteil der Romangeschichte des 19. Jahrhunderts. Im Genre der *silver fork-novel* eines Theodore Hook (1788–1841), dessen *Sayings and doings* es auf neun Bände brachten (1824–1828), oder einer Mrs. Gore (1799–1861) wird eine sozial stabile Welt entworfen, die nur aus Aristokraten und Empfindsamkeit besteht. Erlesenheit, weitab von Erfahrung und Realität, ist ihr Signum in sozialer, emotionaler und stilistischer Hinsicht. Der Dandy und die *woman of fashion* der Regency-Zeit finden hier ihr unbedarftes Lesevergnügen. Es entspricht der simplen Natur und Form des Genres, daß junge Autoren wie Benjamin Disraeli mit *Vivian Grey* (1826/27) und Bulwer mit *Falkland* (1827) und *Pelham* (1828) hier ihre ersten literarischen Fingerübungen machten, daß sich durchaus auch die Aristokratie, etwa ein Lord Mulgrave, schriftstellerisch angeregt fühlte und daß es wegen seiner idealisierenden Tendenz bald zur Massenware verkam. Geradezu zwangsläufig sprossen Parodien, sei es, daß Dickens das Genre in Gestalt Mrs. Wititterlys (*Nicholas Nickleby* 1838/39), sei es, daß Thackeray es durch sein Romankondensat *Lords and liveries* (1847) der Lächerlichkeit preisgibt. Die witzig-vernichtende Kritik, die George Eliots Essay »Silly novels by lady novelists« (1856) der *silver fork-novel* angedeihen läßt, hat ein übriges dazu beigetragen, die Gattung endgültig in das Triviale zu exilieren.

Der frühviktorianische Roman

Auch in den dreißiger Jahren drang der Roman in neue Wirklichkeitsbereiche vor. Vor deren umfassender Darstellung steht freilich die von Aspekten, steht eine ausgeprägte Spezialisierung. R. S. Surtees (1803–1864) wählt sich den Sport zum alleinigen Thema und schildert journalistisch-realistisch Boxkämpfe oder stellt im Roman karikierend das Kleinbürgertum bloß, das sich in den traditionellen sportlichen Vergnügungen des Adels versucht (*Jorrocks' jaunts and jollities* 1831–1834). Frederick Marryat (1792–1848) findet seinen Stoff bei der Schiffahrt und kann damit schon kraft der englischen Beherrschung der Meere auf Interesse rechnen. Wenigstens auf indirekte Weise wird das Frauenproblem in einer Reihe von Gouvernantenromanen sichtbar, etwa in Lady Blessingtons *The governess* (1839) und Anne Brontës *Agnes Grey* (1847). Und in den fünfziger Jahren sollte sich George Borrow mit großer Ausschließlichkeit dem Zigeuner widmen (*Lavengro* 1851; *The Romany rye* 1857).

In all diesen Romanen steht die stoffliche Erschließung der Welt im Vordergrund. Formal wird auf vertraute Modelle zurückgegriffen. Episodenreihung und pikareske Motive überwiegen, aber auch die Robinsonade wird in Marryats *Masterman Ready* (1841/42) wiederbelebt. Der Gouvernantenroman freilich weist in eine neue Richtung. Damit ist nicht die latent vorhandene sozialkritische Tendenz dieser Werke gemeint. Gemeint ist der Zwang, bei der Darstellung eines Gouvernantenschicksals der Psyche Aufmerksamkeit zu schenken, diese wenigstens oberflächlich zu analysieren. Das Individuum, das Denken, Fühlen und Begehren des einzelnen – ein Bereich, den der Roman des 19. Jahrhunderts angesichts des Ansturms äußerer Erscheinungen bislang weitgehend ausgespart hat – fordert die Darstellung. Mit *Jane Eyre* (1847) und *Villette* (1853) hat Charlotte Brontë erste faszinierende Anatomien der weiblichen Seele geliefert.

Bei ihrer Analyse der Psyche greift Charlotte Brontë gewiß auch auf traditionelle Formen zurück, so auf das Motiv der christlichen Pilgerreise, für die John Bunyan nach wie vor als Vorbild dient. Sie entnimmt Bunyan zudem allegorische Darstellungsweisen, gestaltet eine viktorianische Psychomachie im Widerstreit von personifizierter Vernunft und personifizierter Leidenschaft. Doch es geht Charlotte Brontë um mehr als um eine moralische Allegorese und Wertung der Seele. Sie dringt in das Unterbewußte, ja Unbewußte vor, beginnt jenen »dialogue of the mind with itself« (Matthew Arnold), der schließlich im letzten Jahrhundertdrittel bei Walter Pater und Henry James den Roman okkupiert. Um das Unterbewußte darstellbar zu machen, kehrt Charlotte Brontë das Innere nach außen. In den Schauplätzen der Handlung, im Wetter, in Bildern, Lektüre und Träumen wird das psychisch Latente literarisch manifest (ein Verfahren, das offensichtlich Gedanken und Methoden Sigmund Freuds vorwegnimmt). Die Seele der Protagonistinnen, Jane Eyre und Lucy Snowe, ist der allgegenwärtige Schauplatz des Romans.

Die Psychologisierung ist aber nur der eine Entwicklungsstrang des viktorianischen Romans, seine Soziologisierung der vorerst vordringlichere. Die nun entstehenden Untergattungen haben sie zum Ziel: Es sind der Industrie- bzw. Sozialroman sowie der politische Roman. Schon 1832 hatte Harriet Martineau in ihren *Illustrations of political economy* gefordert: »Let us have in books, in pictures, and on the stage, working men and women, in the various periods of their struggles through life.« Aus dem Geist der Reform und Philanthropie der dreißiger Jahre sowie der evangelikalen Aufklärung entstanden die ersten Romane, die sich der »Condition-of-England question« (Thomas Carlyle) annehmen: Frances Trollopes *Michael Armstrong, the factory boy* (1839/40), Mrs. Tonnas *Helen Fleetwood* (1841), Benjamin Disraelis *Sybil* (1845) und Mrs. Gaskells *Mary Barton* (1848). Werk für Werk wird eine privatistische, sentimentalisierende Sicht der Gesellschaft zurückgenommen, wird Arbeit zum Thema und deren Entfremdung zum Problem. Alle Autoren – mit Ausnahme Disraelis – freilich setzen moralisch-individuelle vor soziale Reform. Disraeli bietet sein einem idealisierten Mittelalter entlehntes Modell einer paternalistischen Gesellschaft an.

Werk für Werk wird auch versucht, für die neuen Inhalte neue, angemessene Ausdrucksweisen zu finden. Dabei leisteten die »Blaubücher«, die offiziellen Dokumentationen der Regierung, gute Dienste und führten zwangsläufig zu einer faktenorientierten, die Wirklichkeit dokumentierenden Darstellung. Das Problem, eine Klassen- und Massengesellschaft möglichst umfassend zu gestalten, förderte die Typisierung: Mittels repräsentativer Biographien und Situationen sowie repräsentativer Figuren, die für soziale Schichten oder ideologische Strömungen einstehen, wird die Gesellschaft, etwa in *Sybil*, in einiger Breite ins Bild gebracht. Eine forensische Rhetorik, eine »public prose« dienen der Klage und Anklage. Dies sind die Kennzeichen der dokumentarischen, sozialkritischen Tendenz des frühviktorianischen Sozialromans.

Die Notwendigkeit, diese durchaus fremde Welt einem bürgerlichen Lesepublikum zu vermitteln und die großen Leihbibliotheken zum Ankauf zu veranlassen, bewirkte andererseits, daß diese sozialkritische Tendenz in vielen Werken zurückgenommen oder überdeckt wird: In *Michael Armstrong* erledigt der Tod der Titelfigur das Problem; in *Sybil* bietet eine Fülle von Märchen- und Romanzenmotiven (Aschenputtel, verlorenes Erbe, Rettung in letzter Minute, nur scheinbar klassenüberschreitende Liebe) dem Publikum Vertrautes; in *Mary Barton* lenkt ein kriminalistisches Element (ein Mord und dessen Aufdeckung) von der sozialen Problematik ab. Soziale Reform und literarischer Realismus stoßen an ihre Grenzen. Diese wurden von der Erwartung des bürgerlichen Publikums nicht entschieden überschritten, und sie konnten auch von der Autorenintention her nicht überschritten werden. Auch im späteren Sozialroman, zum Beispiel in Dickens' *Hard times* (1854), sollte dies so bleiben, bis die naturalistischen Werke der letzten Dekaden des Jahrhunderts sich in Form und Inhalt zu Radikalisierung und Tabubruch bekennen.

Vor andersartige Probleme sahen sich die Autoren gestellt, die das Thema der Politik in ihren Romanen verarbeiteten. Die Wahlrechtsreform durch den Reform Bill von 1832, die Verschiebung der Machtbalance zugunsten des Großbürgertums, die Wahl von Industriellen in das Parlament, die Forderungen der Chartisten nach Bezahlung der Abgeordneten sind einige der Anzeichen dafür, wie akut das Problem war und daß das, was Politik ausmachte, neu definiert und analysiert werden mußte. Daß Dickens sogar in seine viktorianische Version eines Schelmenromans, *Pickwick papers* (1836/37), eine Wahlkampf-Episode von enthüllender Komik einrückt, belegt die Aktualität des Themas.

Erst mit *Coningsby* (1844) aber schuf Disraeli ein Werk, das den Namen politischer Roman verdient. Es geht ihm darum zu zeigen, inwieweit »our political institutions were the embodiment of our popular necessities« (Vorwort zur fünften Auflage). Es geht also um Institutionenkritik und hier zuvörderst um das Parlament, den Parlamentarier. Dem egoistischen, personenbezogenen Ränkespiel um die Macht, das sich in Clubs und Salons abspielt und von dem nichtswürdigen Agentenpaar Taper und Tadpole betrieben wird, stellt Disraeli sein Young England-Modell, verkörpert in dem jungen Coningsby, gegenüber. Hier sind schon die Konflikte angedeutet, die den politischen Roman von nun an kennzeichnen: die zwischen idealen Plänen und realen Möglichkeiten, die zwischen Individuum und Institution, die zwischen Ethik und Macht. In Trollopes sechs großen *Palliser novels* (1864–1880) werden sie episch-breit, in George Eliots *Felix Holt* (1866) und George Merediths *Beauchamp's career* (1876) subtil-psychologisierend ausgetragen. Mit seinem jungen Parlamentarier hat Disraeli überdies einen Figurentyp geschaffen, der, wie der Arzt, Zukunftshoffnung und das für die Zeit so kennzeichnende melioristische Gedankengut bestens verkörpert: Trollopes Titelheld Phineas Finn und George Eliots Will Ladislaw aus *Middlemarch* sind unter seinen Nachfolgern.

Doch auch der frühviktorianische Roman bildet nicht nur gesellschaftliche und psychische Wirklichkeit ab, er schuf sich auch sein eigenes eskapistisches Genre. Dabei drang die *Newgate novel*, so benannt nach dem großen Londoner Gefängnis, zunächst durchaus in einen neuen Wirklichkeitsbereich, den der Unterwelt, vor. Bulwer-Lyttons *Paul Clifford* (1830) und *Eugene Aram* (1832) sowie Dickens' *Oliver Twist* zielen mit den ihnen zur Verfügung stehenden Mitteln auf ein inhaltlich und sprachlich ungeschminktes Bild der Realität. Sie betonen die Verknüpfung von Armut und Kriminalität und damit auch die Milieubedingtheit, die gesellschaftlichen Ursachen des Verbrechens: Nancy, die Dirne und Räuberbraut aus *Oliver Twist*, ist aufgewachsen »in the midst of cold and hunger, and riot and drunkenness« (Kap. 40), Eugene Aram wird durch äußerste Not zum Verbrechen getrieben.

In dieser realistischen Sicht geht die *Newgate novel* jedoch keineswegs auf. Gab es schon in *Oliver Twist* eine transzendent abgesicherte, idyllische Gegenwelt, welche die Welt der Armut und Kriminalität weniger als gesellschaftlich bedingt denn als Teufelsreich erscheinen ließ, so besitzen Romane vom Typ des Ainsworthschen *Jack Sheppard* (1839/40) kaum ein realistisches Substrat. In ihnen wird der Verbrecher vielmehr mit romantischem Glanz ausstaffiert und heroisiert, wird seine Fähigkeit betont, stets und jederzeit der Macht der Institutionen aus eigener Kraft Paroli bieten zu können. Sehnsüchte nehmen in ihm Gestalt an, und es wird ihm Bewunderung gezollt, da es ihm gelingt, die immer drückender erfahrenen gesellschaftlichen Zwänge bravourös zu überwinden.

Gleichfalls eine mit bürgerlichen Kategorien nicht zu erfassende Welt gestaltet ein Roman, der fremdartig und unzeitgemäß in die viktorianische Ära hineinragt und sich nur schwer in literarhistorische Gruppierungen einfügt, Emily Brontës

Wuthering Heights (1847). Von den Schauergeschichten in *Blackwood's magazine* und Lord Byrons geheimnisumwitterten, gewissengeplagten Helden beeinflußt sowie von ihrer eigenen Umwelt, der Einsamkeit und kargen Weite der Yorkshire Moore, inspiriert, entwirft Emily Brontë Gestalten von elementarer Kraft und Leidenschaft, deren Handeln, Denken und Fühlen nicht mit (bürgerlichen) Moralvorstellungen zu messen ist. So wurde der Roman von all den großen Werken der Jahre 1847/48 denn auch als einziger kein Erfolg und blieb selbst der Schwester Charlotte in seiner Poetisierung von Natur und Leidenschaft zutiefst suspekt, trotz einer kunstvollen zwiefachen Erzählperspektive, die das Fremdartige, Romantisch-Visionäre der dargestellten Welt den Vorstellungen des viktorianischen Bürgers anzupassen sucht. Erst gegen Ende des Jahrhunderts mehrten sich die Stimmen – unter ihnen bezeichnenderweise die Swinburnes, des amoralischen, spätromantischen Sensualisten –, die die künstlerische Qualität und Einzigartigkeit des Romans priesen.

Den Drang des frühviktorianischen Romans, sowohl neue Wirklichkeiten zu erschließen wie auch die Wirklichkeit möglichst umfassend einzubeziehen, diesen Drang zum Epischen unterstützten die Publikationsformen, die sich in den dreißiger Jahren als Standard für nahezu den Rest des Jahrhunderts etablierten. Mit dem sensationellen Erfolg der *Pickwick papers*, die in monatlichen Folgen mit zunächst vier, dann zwei Illustrationen zum Preise eines Shillings erschienen, setzte sich die Veröffentlichung in Fortsetzungen recht schnell durch. Sie wurde begünstigt durch die Gründung immer neuer wöchentlicher und monatlicher Journale, die alle Romane abzudrucken wünschten. Die Veröffentlichungsweise hatte nicht nur Auswirkungen auf Sprache und Stil und auf das Verhältnis von Autor und Leser. Sie beeinflußte auch den Inhalt des Romans. Jede Fortsetzung mußte, um viele anzusprechen, vieles bieten, Pathos und Komik, Dramatik und Kommentar, Spannung und episches Verweilen gleichermaßen. Der Teil mußte das Ganze enthalten. Die Wilkie Collins zugeschriebene Maxime definiert die Aufgabe des Autors: »Make 'em laugh, make 'em cry, make 'em wait.«

Der Publikation in Fortsetzungen zum populären Preis für alle Bevölkerungsschichten folgte dann die in Buchform zu Preisen, die nur für das gehobene Bürgertum sowie die Leihbibliotheken erschwinglich waren. Aus kommerziellen Gründen bestanden die Leihbibliotheken auf drei Bänden, der *three decker novel*, als Norm und veranlaßten dadurch Autoren, in epischer Breite zu schreiben. Zweifelsohne führte dies bei minderen Vertretern der Zunft zum Aufblähen von Handlungen oder zum *padding*, dem Ausstopfen des Geschehens mit kaum Relevantem. Und selbst ein Trollope hat sich in seiner lesenswerten *Autobiography* (1883) zur Verwendung von Versatzstücken bekannt und eingestanden, er habe keine mehr und zuweilen auch weniger passende Gelegenheit versäumt, eine Fuchsjagd in seine Romane einzubauen. Den Großen des viktorianischen Romans aber war die Dreibändigkeit Anreiz, der epischen Tendenz des Genres gerecht zu werden.

Der mittviktorianische Roman

Zu den Bereichen, die um die Jahrhundertmitte literarisch erschlossen wurden, gehört die Religion. Die Entdeckungen der Naturwissenschaften, die Thesen der vergleichenden Mythologie und historischen Bibelkritik ließen ein Klima des Zweifels, der Glaubenskrise und des Autoritätsverlustes entstehen. Die Intensität, mit der dies von vielen aufrührend erlebt wurde, fand Ausdruck im religiösen Roman. Nun liegt es in der Natur der Sache: Wes das Herz voll ist, des fließt die Feder. Die Macht der künstlerischen Gestaltung ist ihm deshalb freilich noch nicht gegeben. John Henry Newmans *Loss and gain* (1848) und J. A. Froudes *The nemesis of faith* (1848), frühe Beispiele einer Flut von »novels of faith and doubt« (R. L. Wolff), sind denn auch als Dokumente ihrer Zeit von Bedeutung, künstlerisch aber unzureichend, weil angestrengt und papieren. Theologische Diskussion und moralisierender Kommentar überwuchern Handlung und Figurenzeichnung und verhindern, daß eine fiktionale Welt von einiger Plausibilität entsteht. Weder die psychologische noch die soziologische Seite ist angemessen gestaltet. Gleiches gilt für den historisch-religiösen Roman, etwa für Charles Kingsleys *Hypatia* (1853) und Newmans *Callista* (1856). In Mrs. Humphry Wards *Robert Elsmere* (1888) hingegen überwuchert die Sentimentalität der Darstellung die religiöse Problematik. Der Bestseller-Erfolg des Werks ist freilich auch ein Indiz, wie virulent die Probleme das Jahrhundert über blieben.

Diese Virulenz läßt es als nicht mehr angemessen erscheinen, die Figur des Geistlichen als eine literarische Randfigur von komischer Stereotypik vom Schlage des Fieldingschen Thwackum zu behandeln. Schon Jane Austen schien sich der Problematik zuwenden zu wollen, wenn sie apropos *Mansfield Park* »a complete change of subject – ordination« (Brief vom Januar 1813) ankündigte. Sie hat diesen Plan dann allerdings nicht ausgeführt. In Charlotte Brontës *Jane Eyre* (1847) hingegen entspringt ein gut Teil der Dramatik den Parallelen und Kontrasten, die zwischen den verschiedenen religiösen Strömungen und ihren Vertretern kunstvoll hergestellt werden. Vor allem George Eliot (*Scenes of clerical life* 1857, *Middlemarch*) und Anthony Trollope (*Barchester novels* 1855–1867) entwarfen Portraits der englischen Geistlichkeit von großer psychologischer Subtilität und epischer Breite. Hier sind die Gestalten Teil jenes »picture of common life enlivened by humour and sweetened by pathos«, das nach Trollope den Roman ausmacht.

Mancher der religiösen Romane freilich ließe sich auch einem anderen Genre zuordnen, das um die Jahrhundertmitte florierte: dem des Entwicklungs- oder Bildungsromans. Es ist aus vielen Quellen literarisch gespeist. Pikareske Elemente und die christliche Lebensreise Bunyans, utilitaristische Erfolgsgeschichte und evangelikale Gewissenserforschung sowie der (auto)biographische Impuls des Jahrhunderts fließen in ihm zusammen. Allenfalls in Ansätzen ist in das Genre jedoch – via Carlyles *Wilhelm Meister*-Übersetzung (1824–1827) und dessen idealtypische Biographie *Sartor resartus* (1833/34) – Goethesches Gedankengut eingedrungen. Der Mensch ist hier in aller Regel nicht »geprägte Form, die lebend sich entwickelt« (Goethe, »Urworte. Orphisch«); er ist nur unreif und fehlbar. Des Protagonisten Weg ist deshalb einer der Disziplinierung und Anpassung an vorgegebene gesellschaftliche Normen.

Der mittviktorianische Bildungsroman belegt somit, welchen Rang die Realien, das Milieu, die Gesellschaft in der Vorstellung der Zeit gewonnen hatten. Die Bildung und Darstellung der Psyche dient im Bildungsroman daher zuallererst sozialen Zwecken. In einer Fülle von Romanen vor allem der fünfziger Jahre, wie Thackerays *Pendennis* (1848–1850), George Eliots *Adam Bede*, George Merediths *Evan Harrington* (1861), Dickens' *Great expectations* (1860/61) und – unter den minderen Vertretern – Dinah Mulocks *John Halifax, Gentleman* (1856), wird das Thema variiert. Exemplarisch ist es in Dickens' *David Copperfield* (1849/50) gestaltet: Davids »written memory« (Kap. 48) beschreibt Identitätsfindung und Disziplinierung des »undisciplined heart« (Kap. 45) als die grundlegenden Aufgaben seines Lebens, nachdem er durch den Tod der Mutter aus allen psychisch-emotionalen und sozialen Bindungen herausgefallen ist. Wider allen Anschein sind diese Aufgaben jedoch kaum individueller Natur. Identität und gleichzeitig ein diszipliniertes Herz findet David in der Ehe mit Agnes – und Ehe und Familie stehen hier wie andernorts bei Dickens für die Gesellschaft ein. Identität findet David zudem in seiner gesellschaftlichen Funktion, als »David Copperfield, Esquire, the eminent author« (Kap. 63) – und Künstlersein ist für Dickens eine Profession von sozialer Nützlichkeit. Identität wird sichtbar, nicht kraft psychischer Integration, sondern in der willigen Übernahme der akzeptierten sozialen Rollen: als Ehemann, als Vater und in der erfolgreichen Ausübung des Berufs.

Eine solche Konzeption erfordert die breite Darstellung der äußeren Welt. Allein die Breite der Darstellung erläutert dann bereits das Wesen und die Wirkmächtigkeit dieser Welt. Wiewohl eine Figur im Zentrum steht, ist es dem mittviktorianischen Bildungsroman damit zweifelsohne auferlegt, auch epische Bestandsaufnahme zu sein. Dickens löst dieses Problem in *David Copperfield* dadurch, daß er für die Kindheit Davids vorwiegend pikareske Strukturen verwendet, um dann – mit dem 19. Kapitel – David aus dem Zentrum des Geschehens zu nehmen, ihm die Rolle des Beobachters zu übertragen. Eine bunte Fülle von Parallel- und Kontrastgestalten agiert nun Davids ureigene Problematik in reicher Variation stellvertretend aus – und bringt somit gleichzeitig und eigengesetzlich Wirklichkeit in ebenso reicher Variation zur Darstellung. Für die Zeit bezeichnend, wird in einem Romantyp, der prädestiniert erscheint, die Irrungen und Wirrungen der individuellen Psyche nachzuzeichnen, die gesellschaftliche Wirklichkeit im doppelten Wortsinne Gegen-Stand.

Damit schien das Ziel des Romans des 19. Jahrhunderts, innere Erfahrung und äußere Erscheinung, Psychologisierung und Soziologisierung gleichberechtigt und in ihrer Interdependenz zu gestalten, in greifbare Nähe gerückt. Ein bürgerliches, realistisches Epos in Prosa wurde möglich. Diesem war noch anderes günstig: Der Episierungstendenz kamen die Veröffentlichungsformen (Fortsetzung, *three decker*) entgegen. Zudem hatte sich die öffentliche Einstellung zum Roman gewandelt. Hatte Scott durch seine Reputation und seine Kunst den Roman erst vom Odium des Ästhetisch-Minderwertigen befreit, so begann dieser sich nun des Makels des Moralisch-Fragwürdigen zu entledigen. *Fraser's magazine* erklärt ihn 1850 zum »highest organ of moral teaching«. Und 1867 preist eine weitere Zeitschrift den Roman als eine Gattung, die höher stehe als Drama und Epos, weil sie beider Möglichkeiten in sich vereine.

In überaus unterschiedlicher Weise haben die mittviktorianischen Autoren die Lösung der Episierungsaufgabe in Angriff genommen. Eine solche wurde etwa dadurch angestrebt, daß mehrere, an sich selbständige Romane mit Hilfe einer Personengruppe, eines Schauplatzes oder einer Thematik zu einer Romanserie zusammengefaßt werden. Die Young England-Trilogie (1844–1847) Disraelis, die fünfbändigen *Chronicles of Carlingford* (1863–1876) der Mrs. Oliphant sowie die je sechs Bände umfassenden *Barchester novels* und *Palliser novels* Anthony Trollopes legen Querschnitte durch die mittviktorianische Zeit. Versucht Disraeli seine gewichtigen Themen – der Gesellschaft, Politik und Religion ist je ein Band gewidmet – zu einem Gesamtbild seiner Epoche zu addieren, so fächern Mrs. Oliphant und Trollope ein Thema mittels zahlreicher, mehr oder minder lose miteinander verschränkter Einzelschicksale auf. Hinter der vordergründigen Vielfalt der Schicksale scheinen so stets das Zeittypische und die übergreifende Norm durch. Die Wahl von Provinzstädten zum Schauplatz in zweien der Chroniken, Carlingford und Barchester, hat den Autoren hierbei zweifellos das Handwerk erleichtert.

Den Mühen der Konzentration unterziehen sich die drei mittviktorianischen Romanciers von weltliterarischem Rang. William Makepeace Thackeray greift in *Vanity fair* (1847/48), wie es bereits der Bunyan entlehnte Titel andeutet, auf satirisch-allegorisierende Darstellungsansätze zurück. Wie der Untertitel, *A novel without a hero*, ankündigt, gibt es keine zentrale Heldengestalt mehr, weil es eben in einer Zeit der gesellschaftlichen Zwänge kein Heldentum mehr geben kann. Um die zwei weiblichen, gegensätzlichen Hauptgestalten, Becky Sharp und Amelia Sedley, ist vielmehr eine Vielzahl von Figuren gruppiert, deren Lebenswege über zwanzig Jahre hinweg, die Zeit der Napoleonischen Kriege, verfolgt werden. Der wahre »Held« des Romans ist der Erzähler. Er übernimmt die Rolle Gottes aus dem barocken *theatrum mundi*; sie ist zeitgemäß nun die eines Puppenspielers, der sowohl als satirischer »Geist der Erzählung« (Thomas Mann) wirkt wie auch die äußeren

Zwänge verkörpert, denen die Gestalten unterworfen sind. In dieser Gestalt und ihrer von ätzender, alles relativierender Satire geprägten Erzählweise findet die Vielfalt der Figuren und Handlungen ihren einigenden Bezugspunkt. Die Welt wird perspektivisch als ein Jahrmarkt der Eitelkeiten zur Erscheinung gebracht.

Von Anfang an in seinem Werk angelegt, wurde spätestens mit *Dombey and son* (1846–1848) ein symbolischer Realismus zum prägenden Stil von Charles Dickens. Schon in seinem ersten Roman, den *Pickwick papers*, konzentrierte Dickens die Welt symbolisch in einem Schauplatz, dem Gefängnis, welches eine Kapitelüberschrift ausdrücklich als eine »diminutive world« bezeichnet (Kap. 45). Von hier nahm eine Dramaturgie des Ortes ihren Ausgang, die Dickens immer kunstvoller und komplexer weiterentwickelte. Mittels lustvoll gehäufter Details, mittels einer alles ergreifenden Verlebendigung werden die Orte zu Handlungsträgern von großer Vitalität, Symbolkraft und Bedrohlichkeit. Immer wieder ist es London, dem sich Dickens obsessiv zuwendet. Es ist symbolisch als Mikrokosmos gestaltet, sei es als Labyrinth in *Oliver Twist* und *Martin Chuzzlewit*, sei es als korrupte Institution wie die des Chancery Court in *Bleak House* (1852/53) oder des Circumlocution Office in *Little Dorrit*, sei es als Gefängnis, dem in nahezu allen Romanen Dickens' zentrale Bedeutung assoziativ zuwächst.

Diese und andere Symbole, wie der Nebel, der *Bleak House* durchzieht, und die Müllhalden, die in *Our mutual friend* (1864/65) Wohlstand wie Korruption bedeuten, evozieren eine Welt, welcher der einzelne ausgeliefert scheint, die er nicht zu durchschauen vermag. Arthur Clenmans, der männlichen Hauptfigur von *Little Dorrit*, resignierte Passivität ist Ausdruck dieses Weltgefühls. Dem Labyrinth, dem Gefängnis, den korrupten Institutionen stehen freilich von Anfang an in Dickens' Werk der Garten, das Heim, der Herd gegenüber, idyllische Orte, die als Fluchtraum und Gegenwelt fungieren. Hier wirken Agnes Wickfield, Esther Summerson und Little Dorrit, um nur einige der Dickensschen »angel women« zu nennen. Wiewohl in Dickens' Werk mit der schrittweisen Rücknahme der üppig-unbeschwerten Komik der frühen Romane auch die Macht der idyllischen Orte eingeschränkt wird, verschwinden weder Komik noch Idylle je gänzlich. Letztere erhält in allen Romanen dank ihrer Verweiskraft in das Transzendente die Hoffnung. Sie legitimiert eine symbolische Weltsicht, die es dem Autor ermöglicht, stets *A tale of two cities* zu erzählen: Romane, welche die *civitas terrena* detailliert und imaginativ abbilden können und die *civitas Dei* eben noch ahnen lassen.

Gewiß, auch George Eliot poetisiert ihren Realismus mittels Metaphorik und Symbolik, allegorischer Elemente und Märchen- bzw. Romanzenmotiven: Letztere finden sich in einiger Fülle in *Silas Marner* (1861) verwendet. Doch wie kein anderer mittviktorianischer Romancier zielte sie auf ein mimetisch getreues und vollständiges Abbild der Wirklichkeit, und zwar der psychischen wie der sozialen. Beeinflußt von der positivistischen Philosophie Auguste Comtes und den ästhetischen Doktrinen John Ruskins, welch letztere konkrete Widerspiegelung zur Vorbedingung einer mitmenschlichen Moral Wordsworthscher Prägung machen, formuliert sie ihr künstlerisches Credo im 17. Kapitel des *Adam Bede*. Sie lehnt jede Idealisierung ab und verschreibt sich dem »faithful representing of commonplace things«, wie es die holländische Genre-Malerei getan habe. Aus ihren soziologischen Studien leitet sie – den Zeitgeist radikalisierend – eine deterministische Welt-Anschauung ab, ein »law of consequences«, demgemäß kein Tun ohne Folgen bleibt. Diesem Gesetz ist der Mensch unerbittlich unterworfen. Niemand, der eine moralisch verwerfliche Tat begeht, den die Nemesis nicht einholt.

Aus diesem Geist schafft George Eliot das bürgerliche, poetisch-realistische Epos in Prosa: *Middlemarch*. Sie schafft dies, indem sie nicht nur den Hauptfiguren eine psychische Analyse zugesteht, sondern Innen- und Außensicht, erlebte Rede und Kommentar der Gesellschaft für nahezu alle Gestalten ihres Romans spannungsreich verknüpft. Sie schafft dies, indem sie für das Schicksal ihrer Hauptfiguren, Dorothea Brooke, Tertius Lydgate, Fred Vincy und Nicholas Bulstrode, sowie für ein breites Spektrum weiterer Bewohner Middlemarchs die Interdependenz scheinbar autonomer menschlicher Lebensläufe Schritt für Schritt offenlegt. Und sie schafft dies, indem das Einzelschicksal in das der Familie, dieses in das des eigenen sozialen Standes, dieses hinwiederum in das der Provinzgesellschaft, des »petty medium of Middlemarch« (Kap. 18), und deren Schicksal in das der Nation zur Zeit des Reform Bill (1829–1832) eingelagert wird. George Eliot verwirklicht in einem großartigen eposgleichen Roman, was sie zuvor in *Felix Holt* als zentralen Gedanken ihrer Weltanschauung und Romantheorie formuliert hatte: »... there is no private life which has not been determined by a wider public life« (Kap. 3).

Bei aller Gleichgewichtigkeit der Darstellung von Individuum und Gesellschaft, subtiler psychischer Introspektion und episch-realistischer Welterfassung beweist *Middlemarch* aber auch, wie sehr die individuelle Freiheit nun zu Ende der mittviktorianischen Zeit beschränkt war durch den »whole envelope of circumstances« (Henry James). Dieser wird durch den Bildbereich des Gewebes, von Faden, Netz und Kette, poetisch-insistierend gestaltet. Durch ihn vermag George Eliot metaphorisch-angemessen auszudrücken, wie unauflöslich die Einzelschicksale miteinander verflochten, aber auch, wie unentrinnbar die Akteure durch ihre eigenen Bedingtheiten und durch die gesellschaftlichen Bedingungen gefesselt sind. Darum sind alle idealen Ziele, seien es die hochfliegend-philanthropischen Dorotheas, seien es die wissenschaftlich-ehrgeizigen des Arztes Lydgate, zum Scheitern verurteilt. Was dem einzelnen verbleibt – und solche Entsagung ist überlebensnotwendig –, ist die resignierte Zurücknahme des eigenen Wollens, der eigenen Ideale zugunsten der Wonnen und Leiden des Gewöhnlichen, ist bestenfalls eine bescheidene Politik der kleinen melioristischen Schritte im beschränkten Rahmen: Dorothea wirkt im Familien- und Freundeskreis, Will Ladislaw als Abgeordneter.

Es ist nur allzu leicht verständlich, daß vor einem solchen Hintergrund eine eskapistische Literatur aufblühte. Auf zweierlei Art versuchte der Roman zu dieser Zeit, die ebenso monotone wie einengende Gegenwart abzustreifen. Zum einen erweitern die Autoren die existierende Realität der Bedingtheit und Kausalität, bis sich für das Überraschend-Zufällige, das Willkürlich-Einmalige, das Außergewöhnlich-Aufregende Platz auftut. Einer spannenden Handlung voll der Überraschungen wird der höchste Wert zuerkannt. Dies geschieht in der *sensation novel.* Charles Dickens und Charles Reade (1814–1884) haben zu ihr beigetragen, Wilkie Collins, Freund und Adlatus von Dickens, ist ihr Meister. In seinen besten Werken, den auch heute noch populären *The woman in white* (1859), *Armadale* (1864/65) und *The moonstone* (1868), evoziert er eine Welt der Intrigen, des nachtmahrhaft Bösen, voll der Zufälle und Geheimnisse, welche in die bürgerliche Normalität einbricht. Zum andern wurden Fluchträume geschaffen oder alternative Welten kreiert. Eine *fantasy*-Literatur entstand, als deren beste Vertreter George MacDonald (1824–1905) und Lewis Carroll zu gelten haben (wobei des letzteren *Alice's adventures in wonderland* von 1865 gewiß nicht in dieser Klassifikation aufgeht). Und erneut entstand, etwa durch den Iren Sheridan Le Fanu (1814–1873), eine Literatur, die das Übernatürliche, das Gespenstische zum Inhalt hat. Daß eine derartige eskapistische Literatur, vorrangig die Wilkie Collins' und Lewis Carrolls, auch indirekter Kommentar und Zerrspiegel des eigenen Zeitalters ist, bedarf keiner Begründung.

Der spätviktorianische Roman

In *Middlemarch* hat das bürgerliche Epos in Prosa gleichzeitig Erfüllung und Ende gefunden. Die zentrifugalen Kräfte, die das letzte Jahrhundertdrittel in sozialer wie ideologischer, literarischer wie ökonomischer Hinsicht bestimmten, wirkten entschieden jeder Episierungstendenz entgegen. Dem Weltausschnitt, nicht mehr der Welt, dem Fragmentarischen und Speziellen, nicht mehr dem Ganzen und Allgemeinen galt die Aufmerksamkeit. Äußere Symptome dafür sind, daß der *three decker* zu Beginn der neunziger Jahre als verbindliche Form der Veröffentlichung vom einbändigen Roman abgelöst wurde und daß eine neue narrative Gattung, exakt auf die Darstellung des Ausschnitts, des Speziellen zugeschnitten, entstand: die *short story*. Henry James (1843–1916) und Rudyard Kipling haben die Möglichkeiten des Genres frühzeitig meisterhaft genutzt. Und es war wohl nicht nur ein persönlich-künstlerisches Problem, sondern Resultat des Zeitgeistes, daß George Eliot mit ihrem nächsten und letzten Roman, *Daniel Deronda* (1876), bei dem Versuch, eine große politische Mission mit der Analyse subtilster psychischer Prozesse zu korrelieren, grandios scheiterte. Schließlich: Die Komik, die im englischen Roman bislang als ein Mittel der narrativen Distanzierung *und* der menschenfreundlichen Beurteilung so reichlich Verwendung fand, schrumpfte nun zur Satire. Diese war sozial nicht mehr für alle verfügbar: »Comedy ... deals with human nature in the drawing-room of civilized men and women, where we have no dust of the struggling outer world«, lautet der programmatische erste Satz von George Merediths *The egoist* (1879).

Gesellschaft und Individuum wurden nun separat unter die Lupe genommen. Ziel war nicht mehr, sie als interdependent darzustellen; ihren jeweiligen Problemen galt nun alle Aufmerksamkeit. Unter dem Einfluß der Theorien Emile Zolas, der für die neuen naturwissenschaftlichen und soziologischen Erkenntnisse der Vererbungslehre und Milieutheorie die adäquate Romanform suchte, sowie aus der Erfahrung der sozialen Nöte und Zwänge entstand der naturalistische Roman eines George Moore (1852–1933), eines George Gissing. Den Mittelpunkt des Romans bildet nun nicht mehr das Bürgertum: »The fact is, the novel of every-day life is getting worn out. We must dig deeper, get to untouched social strata« (Kap. 15), formuliert Osmond Waymark, der Schriftsteller-Protagonist aus Gissings *The unclassed* (1884), das künstlerische Credo des naturalistischen Romans. Das Proletariat ist darum dessen Personal, seine Themen aber sind Armut und Kriminalität, Alkoholismus, Prostitution und Krankheit: »Art, nowadays, must be the mouthpiece of misery, for misery is the key-note of modern life.« (Kap. 20) So wiederum Gissings Osmond Waymark. Als Darstellungsmittel und -ziel aber dient die faktengenaue und ungeschminkte, weder symbolisch noch poetisch überhöhte Dokumentation der Wirklichkeit.

Der im Programm des naturalistischen Romans angelegte Verstoß gegen soziale, moralische und literarische Konventionen zeitigte die vorhersehbaren Folgen: Die Kritiker ereiferten sich über »that leprous naturalism which disgusts every honourable reader in the works of Zola and his school«; der englische Verleger Zolas, Henry Vizetelly, wurde vor Gericht gestellt und eingesperrt; und George Moore feierte mit *A mummer's wife* (1884) einen Skandalerfolg. Der Tabubruch war um so größer, als im naturalistischen Roman der bürgerliche Tugendkatalog, insbesondere das Ideal der Selbsthilfe, außer Kraft gesetzt ist. Seien es die Probleme einer ledigen Mutter in Moores psychologisch anrührendstem Roman *Esther Waters* (1894), seien es die von Armut, Verbrechen und Prostitution in Gissings Panorama des Londoner Proletariats *The nether world* (1889), seien es die des (geistigen) Elends der Literatenzunft der New Grub Street in Gissings rigoros-analytischem Roman gleichen Namens (1891) – stets wird die Gesellschaft, wird das Milieu als ein determinierender Faktor angesehen. Unversehens wird so die naturalistische Dokumentation der Gesellschaft zur Klage über deren Ungerechtigkeiten und diese Klage zum *j'accuse.*

Ist hier die Gesellschaft Schicksal, so ist es anderen die Psyche. Der Historismus hatte das alte, seit Descartes schwelende, erkenntnistheoretische Problem der Subjekt-Objekt-Beziehung mit einiger Schärfe erneut in Erinnerung gerufen. Der Spätviktorianer fand sich darob mit Walter Pater in »a world of fine gradations and subtly linked conditions, shifting intricately as we ourselves change«. Das menschliche Bewußtsein, die menschliche Subjektivität wurden hiermit gleichsam welthaltig. Die äußeren Erscheinungen besaßen allenfalls Stimulanzcharakter. Angemessenerweise konzentriert sich Paters Interesse in seinem Roman *Marius the Epicurean* (1885) denn auch auf seines Titelhelden – so der Untertitel – *Sensations and ideas*. Dem Roman war damit aber eine neue Aufgabe zugewachsen bzw. stellte sich ihm seine alte Aufgabe der Bewußtseinsdarstellung, der Introspektion, nun mit einiger Dringlichkeit neu. Die Formen, die Jane Austen, Charlotte Brontë oder George Eliot zur Darstellung der Psyche gefunden und differenziert entwickelt haben, reichten für einen Roman der allumfassenden Subjektivität nicht mehr aus.

Es ist der 1843 in New York geborene, seit 1876 in England lebende Henry James, der in einem Œuvre von imposantem Umfang stets erneut dieses Problem zu gestalten gesucht hat. Als erster anglo-amerikanischer Romancier nahm er in vollem Umfange Kenntnis vom nicht-englischen Roman, insbesondere den Werken der Brüder Goncourt sowie denen Flauberts, Turgenjews, Dostojewskis und Tolstois. Er griff Flauberts Erzähltheorie auf und entwickelte in zahllosen Vorworten, Essays und Kritiken, etwa in »The art of fiction« (1888), sein eigenes Konzept. Der allwissende Erzähler seiner Vorgänger, der sich moralisierend und kommentierend unablässig zwischen Leser und fiktionale Welt drängte, hatte aus dem Roman zu verschwinden. Dem Kunst-Werk, den Figuren wie dem Leser, sollte nun die Autonomie zurückgegeben werden. Nicht ein mehr oder minder allwissender Erzähler, das Sprachrohr des Autors, ist darum für James die Vermittlungsinstanz, sondern eine zentrale Romanfigur, die, mit hoher Sensibilität und moralischem Bewußtsein ausgestattet, als »centre of consciousness« alles, das eigene Denken, Fühlen und Handeln sowie das der anderen Figuren, perspektivisch-gebrochen vermittelt.

Damit wird das Bewußtsein zum wahren Schauplatz der Handlung, die Subjektivität erfüllt die ganze Wirklichkeit. Dies ist eine neue Form der spirituellen Autobiographie, in welcher der alte Konflikt von Unschuld und Erfahrung, von spiritueller Bewahrung und Korruption als ein psychischer von Unwissen und Erkenntnis neu ersteht. Eingebettet in den Konflikt von alter und neuer Kultur, von wissenden, moralisch aber angekränkelten Europäern und unschuldigen, weil unreifen Amerikanern, eingebettet in sein »international theme« also, hat Henry James dies in einer Vielzahl von Werken, so in *The Europeans* (1878), *The portrait of a lady* (1881) und *The ambassadors* (1903), gestaltet. Die Welt ist dem unschuldig-unreifen »centre of consciousness«, einer Isabel Archer in *The portrait*, einem Lambert Strether in *The ambassadors*, zunächst ein verhülltes Bild, von dem Stück für Stück der Schleier weggezogen und das somit Stück für Stück in Bewußtsein und in (moralische) Erkenntnis umgesetzt wird. Szenische Darstellung zum einen, monologische Formen der Bewußtseinsenthüllung zum andern prägen somit James' Romanwerk. Angemessenerweise hat denn auch Henrys Bruder, der Psychologe William James, das Konzept des »stream of consciousness« in die Sprache eingeführt und inhaltlich gefüllt. Als eine exemplarisch-konzentrierte Gestaltung kann das elfte Buch der *Ambassadors* gelten.

Aus einer Welt aber, die nur psychisch-perspektiviert erfahren werden kann, ist jede Sicherheit geschwunden. Relativität ist ihr Gesetz. (Die endlosen Diskussionen um den Wahrheits- und Wirklichkeitsgehalt von James' schreckensvoller Kurzgeschichte *The turn of the screw*, 1898, oder der Erfahrungen der kindlichen Titelfigur von *What Maisie knew*, 1897, sind hierfür Beweis genug.) Das Wissen um die Relativität der Erkenntnis wie auch der traditionellen moralischen Normen gesellte sich somit in der spätviktorianischen Zeit zum Bewußtsein von den determinierenden Mächten der Vererbung und des Milieus. In Thomas Hardys Werk wurde beides miteinander sowie mit dem Wirken eines blinden Fatums, in das »crass casualty« und antike Nemesis gleichermaßen eingegangen sind, verschmolzen. Insbesondere in seinen großen *Wessex novels*, *The return of the native* (1878), *Tess of the d'Urbervilles* (1891) und *Jude the obscure* (1896), ist der fatale Antagonismus von mythisch-elementaren Mächten, Gesellschaft und individuellen Anlagen in einen ebenso unauflöslichen wie letztlich unerklärlichen Zusammenhang gebracht.

Vor dem Hintergrund einer als Wirkstätte elementarer Kräfte gesehenen Landschaft (wie Egdon Heath in *The return of the native*) stoßen gesellschaftliche Konventionen und moralische Norm mit menschlichem Wollen, den Trieben und Hoffnungen todbringend zusammen. Zu solchem Ende sind ein mysteriös wirkendes Fatum, die determinierenden Kräfte von Gesellschaft und Vererbung sowie individuelle Unzulänglichkeit unheilvoll verkettet. Hardys Gestalten, Tess ebenso wie Jude, erscheinen denn kaum als Subjekt, vielmehr als Opfer ihrer – im weitesten Sinne – Umstände, sie sind notwendig dem Untergang geweiht. Ihr Aufbegehren gegen das, was sie determiniert, ist darum nicht als moralische Schuld zu deuten: Tess ist, trotz Verführung, Ehebruch und Mord, »a pure woman« – so verkündet es Hardy provokativ und programmatisch im Untertitel. Ihr Leben und Leiden ist – dies der berühmte letzte Satz des Romans – den Göttern zum »sport«.

Eine solche Betrachtung der Welt als jeder sicheren Erkenntnis unzugänglich, als determiniert oder zufällig zur Leitschnur von Denken und Handeln zu machen, ist nicht jedem gegeben. War schon in der mittviktorianischen Zeit deswegen ein vermehrtes Bemühen festzustellen gewesen, Gegenwelten und Fluchträume zu entwerfen, so florierte solches nun. Nach langer Unterbrechung griffen die Romanciers wieder auf das klassische Genre der Gegenwelt-Literatur zurück, auf die Utopie. Aus dem Geist eines aristokratischen Sozialismus und des Arts and Crafts Movement konzipiert William Morris in *News from nowhere* (1890) für England eine paradiesische, kommunistische Zukunft. Für das Zeitalter und seine Desillusionierungen bezeichnend nimmt die Utopie aber schon in Samuel Butlers *Erewhon* (1872) satirische Züge an, ist die alternative Wirklichkeit weniger Gegenwelt als Fortschreibung, zukünftige Projektion der eigenen, unerfreulichen Gegenwart. In H. G. Wells' *The time machine* (1895) oder *When the sleeper wakes* (1899) setzt sich dies fort. Die Utopie tendiert zur Dystopie (und wird dies im 20. Jahrhundert in der Tat werden).

Eine Gegenwelt bietet auch die Kunst. Zwischen der ästhetizistischen Impressions- und Stimmungskunst mit ihren Ekstasen und dem Roman als narrativer Großform gibt es jedoch keine Wahlverwandtschaft. Unübersehbar sind freilich die eskapistischen Elemente in Oscar Wildes *The picture of Dorian Gray* (1891), der Versuch etwa, Ethik und Ästhetik zu trennen, in den künstlichen Paradiesen der Imagination sich häuslich niederzulassen. Wie der Versuch in Wildes Leben scheitert, so fügen sich die Teile des Romans, hier »sensations and ideas« nach Paterschem Vorbild, da das kriminalistische Element, nicht zur Einheit. Weniger anspruchsvoll, aber nicht minder zeittypisch ist das, was man als ästhetizistische *silver fork-novel* bezeichnen könnte, repräsentiert durch das vielbändige Romanwerk Ouidas (Pseudonym für Marie Louise de la Ramée, 1839–1908). Dem Leser wird eine Traumwelt des Adels und Reichtums, der Juwelen und des Parfüms, der geistvollen Konversation und der exquisiten Sensibilität vorgestellt, die nichts mit der seinigen zu tun hat und in die er sich darum um so begieriger versenkt.

Die umfänglichste und auflagenstärkste Flucht-Gattung der spätviktorianischen Zeit aber ist die Abenteuer- und Romanzenliteratur. Inspiriert von Englands imperialen Ansprüchen und Unternehmungen, inspiriert auch vom Pflicht- und Führungsethos der *public schools* wurden dem Leser, der in der Anonymität, Monotonie und Unwirtlichkeit der spätviktorianischen Städte zu hausen gezwungen war, exotische Länder oder vergangene Zeiten als Wunschräume sowie britische Helden als Identifikationsfiguren angeboten: G. A. Henty (1832–1902) und Rider Haggard (1856–1925) haben eine schier endlose Zahl solcher Werke Jahr für Jahr veröffentlicht. Einige von ihnen, wie Haggards *King Solomon's mines* (1885), haben als Jugendbuch oder als Filmskript überlebt. Sie weisen den Weg in die Trivialität, den das Genre im 20. Jahrhundert beschritten hat. In R. L. Stevensons Romanen jedoch, in *The master of Ballantrae* (1889) und *Weir of Hermiston* (1896), sowie Kiplings *Kim* (1901) sind die Beschränkungen des Genres dank Stevensons Charakterisierungskunst und Kiplings mythopoetischer Kraft aufgehoben, ohne daß freilich dem Leser der eskapistische Ausstieg verweigert würde.

Die Vielfalt der Subgenres des Romans des spätviktorianischen Zeitalters, der Abbilder und Gegenbilder, der alternativen Welten und Fluchträume ist jedoch nicht nur ein Beleg für die zentrifugalen Kräfte der Zeit. Sie ist auch Ausdruck für eine neue Lust am Experiment; denn erst wenn alte Sicherheiten ins Wanken geraten, wird die Erprobung des Neuen möglich. Sie findet inhaltlich wie formal im naturalistischen und im Bewußtseinsroman statt. Eine neue, intensive Theoriediskussion entbrannte. James polemisiert gegen die »loose, baggy monsters« der Mittviktorianer und definiert seine Kriterien der Ökonomie und Funktionalität. Das *épater le bourgeois* gewann an Reiz, der Tabubruch wurde im naturalistischen Roman unumgänglich. Die neuen naturwissenschaftlichen Analysemethoden mußten ihre literarische Umsetzung finden. Ein nach Alter, Geschlecht, Interesse und sozialer Stellung vielfach differenziertes Publikum forderte den ihm je adäquaten Lesestoff. Die Vielfalt der Romangenres spiegelt zum einen diese Dissoziation des Publikums wie sie zum anderen Ausdruck des Geistes des Neuen und Experimentellen ist, der den Roman ergreift. Der moderne Roman ist im Entstehen begriffen. (T)

20. Jahrhundert

Der realistische und der experimentelle Roman

In der Geschichte des englischen Romans lassen sich im 20. Jahrhundert zwei Hauptentwicklungslinien verfolgen: zum einen die Tradition des realistischen Erzählens, die im viktorianischen Roman mit Dickens, Thackeray und George Eliot ihren Höhepunkt erreicht hatte; zum anderen, angeregt durch Henry James, eine experimentelle Form des Erzählens, die mit den Namen Joseph Conrad, Virginia Woolf und James Joyce verbunden ist und die später vor allem durch Samuel Beckett weitergeführt wurde.

Der Realismus des 19. Jahrhunderts versuchte, die Welt der äußeren Erfahrung und der inneren, psychischen Vorgänge so darzustellen, daß der Leser die im Kunstwerk dargebotene »Wirklichkeit« als bereits erfahrene oder erfahrbare Wirklichkeit hinnehmen konnte. Unter dem Eindruck der geistigen Wandlungen des Zeitalters führten die viktorianischen Romanciers Erzähler ein, die Ursachen und Wirkungen in der dargestellten Wirklichkeit freilegen und das Zusammenwirken gesellschaftlicher, besonders materieller Gegebenheiten und psychischer Dispositionen ergründen. Soziologie und Psychologie gewannen zunehmend an Bedeutung, wenn das vielgliedrige Gefüge von Ursachen und Wirkungen im Erzählvorgang zugleich erfaßt, erklärt und kommentiert werden sollte.

Der moral- und sozialkritische Roman von Galsworthy bis Golding

Die realistischen Romanciers, die sich zu Beginn des 20. Jahrhunderts bei der englischen Leserschaft der größten Beliebtheit erfreuten, waren John Galsworthy, Arnold Bennett und H. G. Wells. Galsworthy strebte danach, die Wandlungen, die sich im englischen Bürgertum der *upper middle class* abspielten, in minutiöser Darstellung zu erfassen. Am besten ist ihm dieser Versuch in der *Forsyte saga* (1922) gelungen, einer Trilogie, die die Romane *The man of property* (1906), *In chancery* (1920), *To let* (1921) und die beiden novellistischen Interludien *Indian summer of a Forsyte* (1918) und *Awakening* (1920) umfaßt. Später ergänzte er diese durch die beiden (schwächeren) Trilogien *A modern comedy* (1929) und *End of chapter* (1934), um das Bild einer für das englische Bürgertum repräsentativen Familie abzurunden.

In der impressionistisch verfeinerten Kunst des Erzählers Galsworthy, seiner Fähigkeit, eine Lebensstimmung wiederzugeben, eine bestimmte gesellschaftliche Atmosphäre zu schaffen, seelische Vorgänge anzudeuten, innere Gespräche der Personen zu registrieren, spiegelt sich die Auflösung einer entschieden rationalistischen Sicht des Menschen und seiner Umgebung, wie sie im 18. und 19. Jahrhundert weithin dominiert hatte. Sein Erzählstil entspricht der Tendenz zur Verfeinerung, aber auch zur Dekadenz des Bürgertums, dem es nicht mehr gelingt, einmal errungene Macht sicher und souverän zu handhaben.

Arnold Bennett und H. G. Wells entstammen der *lower middle class* und erreichten dann ihre stärkste Wirkung, wenn sie sich um die Darstellung der Gesellschaftsschicht bemühten, die sie aus eigener Anschauung und Erfahrung kannten. Die komischen Passagen ihrer Werke zeugen von einem Optimismus und einer Lebensgläubigkeit, wie sie Autoren eigen ist, denen aufgrund ihrer künstlerischen Leistung der gesellschaftliche Aufstieg gelungen ist. Insbesondere Dickens lieferte ihnen das Vorbild, um die Lebensart der unteren Mittelklasse zu porträtieren, und die französischen Realisten und Naturalisten schärften ihren Sinn für die Erfassung einer desolaten Industrielandschaft sowie der Vorstadt- und Großstadt-Atmosphäre, die sich allzu oft in einer niederdrückenden Weise auf das Gemüt der in kärglichen Verhältnissen lebenden Kleinbürger legt. In der Clayhanger-Trilogie, die aus den Romanen *Clayhanger* (1910), *Hilda Lessways* (1911) und *These Twain* (1916) besteht, entwirft Arnold Bennett ein detailliertes Bild des Lebens in fünf Städten des Töpfereibezirkes in Staffordshire und baut eine massive dingliche Wirklichkeit im Bewußtsein des Lesers auf, von den Hochöfen bis zu den kleinen Bürgerstuben, von einer Druckerei bis zur methodistischen Sonntagsschule. In seinem erzählerisch am besten gestalteten Werk *The old wives' tale* (1908) koordinierte Bennett die Lebensläufe zweier Schwestern aus dem Industriegebiet; in der Darstellung der graduellen Desillusionierung, die sich bei den Schwestern beobachten läßt, ist der Einfluß Balzacs und Maupassants deutlich zu erkennen.

H. G. Wells lernte das Leben der einfachen Leute, der *lower middle class*, in seinem Elternhaus und später während seiner Lehrzeit zuerst bei einem Apotheker, dann bei einem Tuchhändler kennen. Diese autobiographischen Erfahrungen spiegeln sich in den besten seiner Romane, die im ersten Jahrzehnt dieses Jahrhunderts entstanden, in *Kipps* (1905), *Tono-Bungay* (1909) und *The history of Mr. Polly* (1910). Die Gesellschaft, deren Eigenart und Schwächen von Wells in vielen minutiösen Detailschilderungen aufgezeigt werden, erweist sich in diesen Romanen als stabil. Den Helden wie Kipps oder Alfred Polly bleibt angesichts dieser Stabilität nur die Anpassung an das Bestehende, nur die Aufgabe, in der *lower middle class* einen angemessenen Platz zu finden. In der gleichen Zeit, in der Wells seine Kleinbürgerromane konzipierte, schrieb er eine evolutionäre Utopie, der er den Titel *A modern utopia* (1905) gab und in der er – seinem Temperament und seiner politischen Mentalität entsprechend – ein Gegenbild zur bestehenden Gesellschaft lieferte.

E. M. Forster und D. H. Lawrence setzten sich in ihren Romanen ebenfalls mit den gesellschaftlichen Verhältnissen auseinander, wie sie zu Beginn des 20. Jahrhunderts in England bestanden; in ihrer Formkunst blieben sie jedoch von der naturalistischen Variante des realistischen Romans weitgehend unbeeinflußt. Beide tendierten zu einem poetischen Realismus: Die erzählerisch-imaginative Verwandlung der erfahrbaren Realität hat bei ihnen weit größeres Gewicht als beispielsweise bei Wells, der einem dokumentarisch-faktischen Realismus zustrebt und oft sozialkritisch-soziologisch kommentiert, wo Forster und Lawrence einfach nur erzählen und darstellen.

Eine Gemeinsamkeit besteht zwischen Forster und Lawrence

auch insofern, als sie häufig die Grenzen der englischen Zivilisation hervortreten lassen, indem sie eine Kontrastwelt beschreiben. Forster wählte in *Where angels fear to tread* (1905) und *A room with a view* (1908) die italienische Kulturlandschaft; *Howards End* (1910) ist auf dem Kontrast zwischen Henry Wilcox, dem Typus des englischen Industriekapitäns, und Mrs. Wilcox sowie Margret und Helen Schlegel aufgebaut, zwei Schwestern, die aus einer ursprünglich deutschen Familie stammen; in ihren Auseinandersetzungen zeichnen sich die Spannungen zwischen dem Besitzbürgertum und dem Bildungsbürgertum ab. *A passage to India* (1924) arbeitet in zahlreichen Varianten den Kontrast zwischen der englischen und der indischen Kultur heraus. In dem stark autobiographisch gefärbten Roman *The longest journey* (1907) stellt Forster Sawston, einer negativ gezeichneten englischen Public School, Cambridge gegenüber, das für ihn der Inbegriff der humanistisch-liberalen Tradition war.

Forsters Roman *Maurice* blieb wegen autobiographischer Bezüge, insbesondere wegen des Themas der Homosexualität, das hier in den Mittelpunkt gerückt ist, bis 1971 unveröffentlicht. D. H. Lawrence brach dagegen bereits 1913 mit seinem Roman *Sons and lovers* zahlreiche Tabus, mit denen die Viktorianer den Bereich der Sexualität belegt hatten. Lawrence erwies sich von Anfang an als ein Romancier, der allem experimentellen Kalkül distanziert gegenüberstand und es bevorzugte, unter Rückgriff auf überlieferte Formen seinem Empfinden intensiven poetischen Ausdruck zu verleihen. Die künstlerische Bedeutung von *Sons and lovers* liegt in der eindringlichen Darstellung der komplexen Beziehungen des Protagonisten zu drei Frauen, zu seiner Mutter, zu Miriam Leivers, die ihn intellektuell anspricht und ihn seelisch zu besitzen versucht, sowie zu Clara Dawes, bei der Paul sexuelle Erfüllung findet.

The rainbow (1915) und *Women in love* (1920) sind die beiden überragenden Leistungen von D. H. Lawrence. *The rainbow* verdeutlicht an den Beziehungen zwischen den Geschlechtern innerhalb dreier Generationen die Herauslösung des modernen intellektuell geformten Bewußtseins aus einer dumpf naturhaften Existenz. Je stärker sich insbesondere bei den Frauen das Bewußtsein personaler Eigenständigkeit ausprägt, um so heftiger werden die Konflikte zwischen den Geschlechtern und um so problematischer werden die Versuche, sich dem Rhythmus des »Blutes«, dem natürlichen Ablauf instinkthafter Regungen gegenüber offen zu halten und dennoch ein eigenständiges Leben als Person im Bunde mit einem Partner zu führen. Der Roman *Women in love* behandelt diese Thematik in zwei Varianten: Die Partnerschaft zwischen Gerald Critch, dem Bergwerksbesitzer, und Gudrun zeigt die destruktive, die Beziehung zwischen Ursula und Birkin die kreative Möglichkeit im Zusammenleben der Geschlechter auf. Solange es Lawrence versteht, die Erlebnisse der Charaktere in poetische Prosa umzusetzen, überzeugt er; sobald er in einen didaktischen oder prophetischen Habitus verfällt, stellen sich bei den meisten Lesern kritische Einwände ein.

Besonders deutlich tritt dies in den späteren Werken hervor, etwa in *The plumed serpent* (1926), wo politische, religiöse und sexuelle Elemente miteinander verschmolzen werden, um eine sich erneuernde mexikanische Religion und eine in dieser Religion gründende Ordnung des politischen und gesellschaftlichen Lebens darzustellen. Die detaillierte Beschreibung von Sexualität in *Lady Chatterley's lover* (1928) brachte es mit sich, daß dieser Roman in seinem vollen Wortlaut erst seit 1960 in England veröffentlicht werden durfte. Leavis und seine Schüler sehen in D. H. Lawrence den bedeutendsten Erzähler, den England im 20. Jahrhundert hervorbrachte. Bei diesem Urteil dominieren kultur- und gesellschaftskritische Normen; Kritiker, die nach der künstlerischen Gestaltung fragen, begegnen Lawrence mit Vorbehalten, weil seine weltanschaulichen Obsessionen allzu oft die Entfaltung dichterischer Visionen stören.

Die Auseinandersetzung mit den gesellschaftlichen Krisen und Konflikten des 20. Jahrhunderts führte in der Entwicklung der englischen Erzählkunst in den zwanziger und dreißiger Jahren zu einer starken Entfaltung des satirischen Romans; Hauptvertreter dieser Richtung waren Aldous Huxley und Evelyn Waugh. Huxley lehnte sich in seinen Anfängen – in *Crome yellow* (1921), *Antic hay* (1923) und *Those barren leaves* (1925) – an den Konversations- und Ideenroman von Thomas Love Peacock an; die Charaktergestaltung ist oft schematisch, Dialoge und Kommentare sind hingegen witzig. *Point counter point* (1928) brachte eine umfassende Darstellung der naturwissenschaftlichen, kulturphilosophischen, künstlerischen und politischen Ideen des Zeitalters, kontrapunktisch angeordnet im Stile André Gides.

Mit *Brave new world* (1932) nahm Huxley Anregungen aus der utopischen Tradition auf, setzte den optimistischen Zukunftsglauben der Naturwissenschaftler und der Technologie jedoch ebenso der satirischen Kritik aus wie die von John the Savage vertretene Gegenposition. Das intellektuelle Dilemma, das sich in *Brave new world* spiegelt, überwand Huxley durch seine Beschäftigung mit den östlichen Religionen, wenngleich nicht zu übersehen ist, daß Schreckvisionen einer zukünftigen Weltkatastrophe bis zum Ende seiner schriftstellerischen Entwicklung in ihm lebendig blieben. *Eyeless in Gaza* (1936) zeigt eine deutliche Tendenz zum didaktischen Roman, *Ape and essence* (1948) entwickelt die Zukunftsvisionen ins Negativ-Destruktive weiter. In seinem letzten Roman *Island* (1962) entwarf er mit dem fiktiven Staat Pala eine moderne Utopie, die eine Synthese aus östlicher Religion und westlicher Naturwissenschaft darstellt. Auch wenn dieser Staat einer Militärdiktatur zum Opfer fällt, bleibt die Idee einer Utopie erhalten.

Evelyn Waugh kann als Satiriker Aldous Huxley zur Seite gestellt werden; er unterscheidet sich von seinem Zeitgenossen jedoch in der Handhabung der satirischen Mittel. Huxley setzt sich mit den Mißständen in der modernen Gesellschaft in kommentierender Weise auseinander. Waughs Kritik ist dagegen implizit in der Personencharakterisierung oder der Beschreibung von Vorgängen und Situationen enthalten, wobei sein eigener Standort in den frühen Werken nicht immer eindeutig auszumachen ist. In *Decline and fall* (1928), *Vile bodies* (1930), *Black mischief* (1932) und *A handful of dust* (1934) klingt im Tonfall die Diktion der *upper middle class* der dreißiger Jahre an. Manches Gespräch und manche Beschreibung mögen für den Leser zunächst oberflächlich klingen; aber hinter der absurden Farce verbirgt sich oft eine abgründige Tragödie – so in *A handful of dust*, einem Roman, in dem das Schicksal von Tony Last berichtet wird: Er wird von seiner Frau betrogen, ist jedoch bereit, die Schuld auf sich zu nehmen, und schließt sich einer Expedition nach Brasilien an, wo er sich dazu verdammt sieht, ohne eine Möglichkeit zur Flucht bei einem gewissen Mr. Todd zu bleiben und ihm permanent aus Dickens' Werken vorzulesen. Mit *Brideshead revisited* (1945) erreichte Waugh seinen größten Erfolg, weil es ihm gelang, die Atmosphäre der dreißiger und vierziger Jahre am Beispiel einer aristokratischen katholischen Familie lebendig werden zu lassen und sie aus der Perspektive des Charles Ryder mit kritischer Distanz zu beleuchten. Wiewohl Waugh selbst bereits 1930 zum Katholizismus konvertierte, kommt sein religiöser Standpunkt erst in den

Werken voll zum Ausdruck, die während des Zweiten Weltkrieges und danach entstanden. In der Trilogie *Sword of honour*, die *Men at arms* (1952), *Officers and gentlemen* (1955) und *Unconditional surrender* (1961) umfaßt, entlarvt Waugh allen falschen Heroismus: Der Krieg gleicht einer absurden Tragödie, die Menschen gleichen Marionetten, die an unsichtbaren Drähten geführt werden. Der Glaube lieferte Waugh den Standort, von dem aus er die Absurdität der Moderne zu erfassen vermochte, ohne der Verzweiflung zu verfallen.

Mit der Trilogie *Sword of honour* führte Waugh thematisch wie formal eine Tradition fort, die in den zwanziger Jahren durch Ford Madox Ford repräsentiert wurde, dessen Tetralogie *Parade's end* die Romane *Some do not* (1924), *No more parades* (1925), *A man could stand up* (1926) und *Last post* (1928) umfaßt. Am Schicksal des Protagonisten Christopher Tietjens verdeutlicht Ford den Wandel im gesellschaftlichen Leben der Engländer von der Vorkriegszeit bis in die Nachkriegsjahre. Er bediente sich dabei einer impressionistischen Methode und eines souverän eingesetzten Perspektivenwechsels, den er in Zusammenarbeit mit Conrad (in *The rover* 1923) bereits praktiziert hatte. Christopher Tietjens vertritt in Krieg und Frieden einen kompromißlosen Idealismus, der in seiner christlichen Gesinnung gründet. In seiner Offenheit und Vornehmheit stößt er als Beamter wie als Offizier auf den Widerspruch seiner Kollegen, deren skrupellose Bereitschaft zu fragwürdigen Kompromissen er verabscheut. Zugleich leidet er unter den Intrigen seiner ersten Frau, die ihn beständig hintergeht und kompromittiert. Erst in einer zweiten Ehe findet er die Möglichkeit, das Ethos, dem er sich stets verpflichtet fühlte, unter den veränderten Bedingungen der zwanziger Jahre in seinem Alltagsleben zu verwirklichen.

Zu den Autoren, die seit den vierziger Jahren in umfassenden realistischen Romanzyklen die Geschichte der englischen Gesellschaft darstellten, gehören C. P. Snow, Anthony Powell und Joyce Cary, der – ähnlich wie Paul Scott und Doris Lessing – die gesellschaftlichen und politischen Probleme des im Wandel (und in Auflösung) begriffenen Empire zu erfassen bemüht war.

C. P. Snow, als Naturwissenschaftler ausgebildet, lieferte in der elfbändigen Romanserie *Strangers and brothers*, die zwischen 1940 und 1970 veröffentlicht wurde, eine Darstellung des englischen Bürgertums, vornehmlich der *upper middle class*, von 1914 bis 1968. Aus der Perspektive des Erzählers Lewis Eliot, der zugleich eine Art Sprachrohr des Autors ist, werden zentrale Konflikte wie der zwischen Gewissen und Liebe oder Gewissen und Ehrgeiz am Beispiel des alltäglichen Lebens der Politiker, Wissenschaftler, Anwälte, Beamten und Techniker aufgezeigt. Snow erzählt in einem nüchternen Ton, der von seiner kritischen Umsicht, seiner Lebenserfahrung und seiner subtilen Kenntnis des differenzierten Gefüges der zeitgenössischen englischen Gesellschaft zeugt. Der Romancier erweist sich dabei zugleich als Moralist, der modellhaft Entscheidungssituationen im zeitgenössischen Alltag auswählt, in denen das Gewissen und das Verantwortungsbewußtsein der Menschen, die das öffentliche Leben beeinflussen und mitgestalten, auf die Probe gestellt werden.

Der Romantitel *The conscience of the rich* (1958) hat für Snows Schaffen paradigmatischen Charakter. Er bekennt sich in seinen Werken zu einem »ethischen Agnostizismus« (Robert Fricker), da der einzelne nur sich selbst und seinem Gewissen verantwortlich ist. Trotz der eindringlichen Erfassung der Konfliktsituationen ist Snow bei Lesern und Kritikern auf Ablehnung gestoßen: Es fehlen ihm der Elan und der Einfallsreichtum seiner Vorbilder, der großen Realisten Tolstoi, Dostojewski, Turgenew und Leskow.

Anthony Powell hat es unternommen, in *A dance to the music of time*, vier Trilogien, die zwischen 1951 und 1975 erschienen, seine Sicht der englischen Gesellschaft aus der Perspektive des Erzählers Nicholas Jenkins darzubieten. Die ersten Romane befassen sich mit den zwanziger und dreißiger Jahren, die folgenden führen die Darstellung der Ereignisse bis in die siebziger Jahre fort. Powell wendet sich vor allem dem Leben der Vertreter der Oberschicht zu, die sich meist schon von Eton oder Oxford her kennen. Wiewohl er das gesellschaftliche Treiben mit Ironie kommentiert, ist seine Satire nicht so scharf wie diejenige Huxleys und nicht so bitter wie diejenige Waughs.

Er erzählt im gedämpften, milderen Ton des Ästheten, der den Zusammenstoß zwischen den ästhetisch-kreativen Menschen, die sich oft als Exzentriker gebärden, und denjenigen beobachtet, die im gesellschaftlichen Leben die Macht innehaben und diese auch ungeniert ausüben. Powell ist weniger bestrebt, Konflikte in all ihrer Härte herauszuarbeiten, wie dies bei Snow zu beobachten ist, als vielmehr die Torheiten der Menschen mit spielerischer Eleganz zu entlarven. Das Leben gleicht in seiner Sicht einem Maskenspiel, einem närrischen Tanz, der den Erzähler die Vergänglichkeit aller Dinge wahrnehmen läßt und ihn melancholisch stimmt. In der Komödie des gesellschaftlichen Alltags deckt Powell die Tragödie des menschlichen Scheiterns auf.

Joyce Cary ist gelegentlich mit Snow, aber auch mit Galsworthy verglichen worden. Seine Erzählweise ist jedoch entspannter und phantasiereicher als diejenige Snows, und in seiner Sicht des englischen Bürgertums läßt er den Konflikt zwischen den aufbegehrenden kreativ-vitalen Kräften und den alltäglichen Ordnungsvorstellungen der Mittelklasse stärker zur Geltung kommen als Galsworthy. Größte Anerkennung fand seine erste Trilogie: In *Herself surprised* (1941) stellt Sara Monday – ähnlich wie Defoes Moll Flanders – ihr abenteuerliches Leben in der Rückschau dar; ihre Vitalität ließ sie ständig in Konflikt mit der christlichen Moral kommen, bis sie schließlich wegen geringfügiger Delikte ins Gefängnis gebracht wurde. Letztlich aber feiert ihre Lebenskraft einen Triumph über alle Widrigkeiten des Alltags. *To be a pilgrim* (1942) bietet in Verbindung mit der Vita des Juristen Tom Wilchard einen Überblick über die vielgestaltige englische Gesellschaft von der Jahrhundertwende bis zum Zweiten Weltkrieg, wobei der Zusammenstoß zwischen der alten bürgerlichen Mentalität und der modernen Lebensweise mehr und mehr in den Vordergrund gerückt wird. *The horse's mouth* (1944) schließlich beschreibt den durch die konventionellen moralischen Normen bedingten Protest des Künstlers Gully Jimson gegen alle Kräfte, die seine schöpferische Selbstentfaltung behindern. Die zweite Trilogie – *Prisoner of grace* (1952), *Except the Lord* (1953) und *Not honour more* (1955) – liefert ein Porträt des Politikers Chester Nimmo; die episodische Darstellungsweise verhindert es jedoch, daß Joyce Cary in seiner Charakterisierung des Protagonisten die Komplexität eines Politikers so überzeugend erfaßt wie C. P. Snow.

Es kennzeichnet das Schaffen der englischen Romanciers, daß sie den Horizont ihres Interesses stets auf die gesamte englischsprachige Welt ausdehnten und den Lebensstil ihrer Landsleute, vor allem deren politische Mentalität, vor dem Hintergrund außereuropäischer Kulturen kritisch porträtierten. So bezieht Joyce Cary in den afrikanischen Romanen, die er in den dreißiger Jahren verfaßte, *Aissa saved* (1932), *An American visitor* (1933), *The African witch* (1936) und *Mister Johnson* (1939), den Zusammenstoß zwischen afrikanischer Stammeskultur und europäischer Zivilisation in die Darstellung des Hintergrundgeschehens ein. Allerdings treten bei der Beschreibung der Wechselbeziehungen zwischen dem privaten und dem öffentlichen Leben die künstlerischen Grenzen deutlich hervor: Cary dringt nicht so tief in die komplexen Konfliktsituationen ein, die sich beim Zusammentreffen der Angehörigen verschiedener Völker und Rassen herausbilden, wie dies beispielsweise bei Joseph Conrad in *Nostromo* oder in »Heart of Darkness«, einer Erzählung, die in Belgisch-Kongo spielt, der Fall ist.

Schärfer und radikaler als bei Joyce Cary werden die Spannungen zwischen der weißen und der schwarzen Rasse, der weißen Frau und dem schwarzen Mann sowie der Mentalität der britischen Mittelklasse und der afrikanischen Stammeskultur in den frühen Romanen Doris Lessings analysiert. Ihr erster Roman *The grass is singing* (1950), der in der Form eher einer Novelle als einem breit ausgefächerten Roman gleicht, schildert in spannungsgeladenen Szenen die Entwicklung der Beziehungen zwischen Mary, der weißen Herrin, und Moses, dem schwarzen Diener, der Mary ermordet, als sie ihn – den Geliebten – wegzuschicken versucht, weil sie sich mit allen Konventionen, die bisher für weiße Frauen galten, im Widerspruch sieht. Die ersten vier Bände der fünfteiligen Romanfolge *Children of violence* (1952–1969) liefern ein differenzierteres, manchmal aber auch künstlerisch schwächeres Bild der Konflikte zwischen den Rassen, den Geschlechtern und den politischen Gruppierungen, wobei Doris Lessing ihre eigenen kommunistischen und feministischen Ansichten in die Darstellung der Protagonistin Martha Quest einbaute. *The four-gated city* (1969) beweist, daß Doris Lessing nach ihrer Übersiedlung nach Großbritannien auch über die politische Ideologie hinauswuchs, der sie sich in ihren Anfängen verschrieben hatte.

Die Lebensverhältnisse in Indien in den vierziger Jahren beschrieb Paul Scott in seinem *Raj quartet* (1966–1975) und setzte damit die Tradition der Indiendarstellung im Roman fort, die zu Beginn des Jahrhunderts in Rudyard Kiplings *Kim* (1901) und nach dem Ersten Weltkrieg in E. M. Forsters *A passage to India* (1924) erste Höhepunkte hatte. An den Romanen dieser drei Autoren läßt sich nicht nur die Verlagerung in der dichterischen Sicht der Realität, sondern auch die Verschiebung der politischen Machtverhältnisse ablesen, die sich im Laufe des 20. Jahrhunderts in Indien vollzog. Gilt Kiplings Sympathie bei aller Bewunderung für die Schönheit der Landschaft und den

Reichtum der indischen Kultur letztlich dem europäischen Aktivismus und dem britischen Imperialismus, so läßt sich Forster von einem liberalistischen Individualismus leiten, der auf Vernunft, Toleranz und Bildung vertraut und Möglichkeiten der Verständigung zwischen den Religionen, Rassen und Völkern in den einzelnen Menschen angelegt sieht, deren Entfaltung seiner Ansicht nach die vornehmste Aufgabe künftiger Politik im Westen wie im Osten sein sollte.

Bei Paul Scott ist die kritische Distanz zum Liberalismus gewachsen. Er sieht zwar gleich seinen Vorgängern die Buntheit des indischen Lebens und die Möglichkeiten zur kontemplativen Schau allen Daseins, die in den religiösen Traditionen des Landes angelegt sind. Aber er sieht auch die konkreten Konflikte, die Dekadenz des Empire, die Ausbrüche von Chaos und Gewalt, die mit der Lösung aus dem Empire und der Trennung in zwei Staaten, Indien und Pakistan, verbunden sind. Die Dialektik der Vernunft, die zwar zur Steigerung der menschlichen Zivilisation führen, aber auch den Umschlag in grausame Barbarei hervorbringen und fördern kann, wird in Scotts *Raj quartet* in eindrucksvollen Szenen und plastisch herausgearbeiteten Charakteren festgehalten.

Die kulturgeschichtlichen Verhältnisse in Indien brachten es mit sich, daß neben den Werken, in denen Indien aus der Perspektive britischer Autoren gesehen wird, sich auch eine indische Literatur in englischer Sprache herausbildete. Ihre bedeutendsten Vertreter im Bereich der Romankunst sind R. K. Narayan, Mulk Raj Anand und Raja Rao. In den achtziger Jahren fand Salman Rushdies Roman *Midnight's children* (1981) ein weltweites Echo, und das Interesse an seiner Person und seinem Werk verstärkte sich noch, als er wegen seines Romans *The satanic verses* (1988) vom Ayatollah Khomeni zum Tode verurteilt wurde.

Von den englischsprachigen Autoren verlegte Graham Greene die Handlungen zahlreicher seiner Romane ebenfalls auf außereuropäische Schauplätze, und es gelang ihm auch, den eigentümlichen Lebensstil der Länder, die er auswählte, erzählerisch zu erfassen. Aber es ging ihm insgesamt weniger um ein breites kulturgeschichtliches Panorama des jeweiligen Landes, sondern um die sorgfältige Motivierung und Entwicklung tragisch-düsterer Konflikte in einer exotischen Umwelt. Er verzichtete deshalb auch auf eine epische Zyklenbildung und verfaßte Romane, die in der Regel durch einen geschlossen-symmetrischen Aufbau und eine dramatische Handlung charakterisiert sind.

Insbesondere in den drei großen Romanen, die seinen literarischen Ruhm begründeten, in *Brighton Rock* (1938), *The power and the glory* (1940) und *The heart of the matter* (1948) lieferte er eine minutiöse Darstellung von Konflikten, die sich in religiös-existentiellen Grenzsituationen abspielen. In *The power and the glory* verarbeitete Greene Eindrücke, die er bei einer Reise durch Mexiko gesammelt hatte, und verband damit die Berichte über einen Jesuitenpater, der 1928 bei den Christenverfolgungen in Mexiko ums Leben gekommen war. Greenes Protagonist, ein namentlich nicht näher bezeichneter »Schnapspriester«, führt zwar äußerlich ein unwürdiges Leben, aber dennoch lebt in ihm die Kirche weiter; als er schließlich gefangengenommen und hingerichtet wird, ist ein Nachfolger zur Stelle, der seinen Auftrag weiterführt.

The heart of the matter schildert die Verhältnisse in Westafrika und lagert in diese Milieuschilderungen das Schicksal des Major Scobie ein, der sowohl mit seiner Frau Louise, für die er kaum noch Liebe empfindet, als auch mit seiner 30 Jahre jüngeren Geliebten Helen Rolt Mitleid hat und – wiewohl ein gläubiger Katholik – den Selbstmord wählt, um Gott durch seinen Lebenswandel nicht länger zu beleidigen und gleichzeitig seiner Frau den Weg zu einem glücklicheren Leben freizugeben. Graham Greene ist letztlich von einem augustinisch-jansenistischen Christentum geprägt: Im Mittelpunkt seiner religiösen Romane steht ein *deus absconditus*, der in unergründlichem Ratschluß die Menschen zum Heil oder zur Verdammnis prädestiniert; zugleich stellt Greene Menschen dar, die der Sünde verfallen sind und die bewußt sündigen, wobei der Autor immer noch die Möglichkeit andeutet, daß die dem Bösen Verfallenen (allen dogmatischen Lehren zum Trotz) doch nicht zu den Verdammten zählen.

Dieses Welt- und Menschenbild liegt dem frühen Roman *Brighton Rock* ebenso zugrunde wie dem späten Roman *The honorary consul* (1973), der die politischen Spannungen zwischen Argentinien und Paraguay beschreibt. *Brighton Rock* schildert mit unerbittlicher Schärfe das Leben einer Verbrecherbande und das Schicksal des Pinkie Brown, der von Ida, einer vitalen, zugleich in instinktiver Weise auf Rache und Gerechtigkeit bedachten Frau in den Tod getrieben wird und auch durch die Liebe der Kellnerin Rose nicht gerettet werden kann. Mit diesem Inferno hat Greene die spirituellen Bedingungen aufgewiesen, die auch für die Nachkriegsgeneration galten, deren Mentalität in den fünfziger Jahren in den Werken der Angry Young Men zum Ausdruck kam. Die Romane von John Wain, John Braine, Kingsley Amis und Alan Sillitoe eliminieren jedoch die religiösen Fragen, denen sich Greene – manchmal bis zum Exzeß – stellte; sie rücken dafür psychologische, politische und soziale Fragen in den Vordergrund.

Die Wirkung der Romane der Angry Young Men war zum einen in ihrer Sprache, zum anderen in den Themen begründet, die sie auswählten. Neigt Anthony Powell in seinen zeitgeschichtlichen Romanen dazu, seine Charaktere einheitlich im *Standard English* sprechen zu lassen, so kommt bei den Angry Young Men das Alltagsidiom, der Slang, das vulgäre Englisch zur Geltung. Mit der Sprache setzen sie sich merklich von den Konventionen des Establishments ab, gegen dessen Mentalität und Lebensstil sie in vielfältiger Weise rebellieren. Die Protagonisten tragen die Züge des *picaro* an sich, und auch im strukturellen Aufbau ihrer Werke lehnen sich die Angry Young Men an die Erzählweise des Abenteuerromans an, wie ihn Daniel Defoe (etwa in *Moll Flanders*) praktizierte.

So schlägt sich beispielsweise Charles Lumley, der Held in John Wains *Hurry on down* (1953), als Fensterputzer, Export Express Driver, Krankenhaushelfer, Rausschmeißer im Nachtlokal und schließlich als Schmuggler durchs Leben, bis er als Script Writer einen Job findet. Trotz aller Rückschläge im Alltagsleben entwickelt er keine gezielten politischen Aktionen; er hat kein Programm und keine Gesinnungsfreunde; er schließt sich keiner Partei und keiner Gruppe an, um die gesellschaftlichen Verhältnisse zu ändern. Er artikuliert lediglich seinen Protest, bleibt aber ein Individualist, der schließlich einen Kompromiß mit der Gesellschaft eingeht: Er findet eine Frau und auch eine Tätigkeit, die es ihm ermöglicht, eine Familie zu ernähren. Folgt Wain mit der kritischen Darstellung der Gesellschaft aus der Sicht des Protagonisten dem realistischen Roman und dessen erprobten Konventionen, so schließt er sich mit der Lösung der Konflikte an die Romanzentradition an. Ähnliche Beobachtungen lassen sich auch bei John Braines *Room at the top*, Kingsley Amis' *Lucky Jim* und Alan Sillitoes *Saturday night and Sunday morning* machen.

John Braine schildert in *Room at the top* (1957) den Weg des Joe Lampton, der als Arbeitersohn geboren wurde, als »scholarship boy« jedoch Karriere in einer Industriestadt macht und mit Energie und List schließlich Zugang zur *upper middle class* findet. Im Aufbau der Romanhandlung ist ein Erzählschema erkennbar, das an die Moralitätentradition erinnert: Joe Lampton ist der Protagonist, der in die Welt hinauszieht und all ihren Versuchungen erliegt. Er gewinnt die Reichtümer der Welt, verliert aber seine Seele. Das »happy ending« des Romans wird auf diese Weise ironisch unterlaufen: Der Prinz (Joe Lampton), der eine Prinzessin (die Tochter eines Fabrikbesitzers) und einen Schatz (die Reichtümer seines Schwiegervaters) gewinnt, wird zu einem »Zombie«, einem der modernen »hollow men«, die sich an den trügerischen äußeren Schein verlieren.

Die beste komische Variante des neopikaresken Romans lieferte Kingsley Amis mit *Lucky Jim* (1954), einem Werk, in dem die kuriosen Erlebnisse des Geschichtsdozenten Jim Dixon erzählt werden. Jim ist durch Zufall an ein Fach geraten, dem er innerlich fern steht. Dazu verabscheut er die Arroganz und Heuchelei, den Hochmut und Snobismus des akademischen Establishments, dem er sich jedoch anzupassen versucht, weil er zunächst keinen bequemeren Weg kennt, um seinen Lebensunterhalt zu verdienen. Sein Widerspruch gegen das Bestehende findet in farcenhaften Streichen und komisch-grotesken Grimassen seinen Ausdruck; er ist der Clown des akademischen Lebens. Als er – unter Alkoholeinfluß – einmal seine wahre Gesinnung zum Durchbruch kommen läßt, verliert er seine Stelle, so daß der pikareske Roman beinahe in eine Tragikomödie umschlägt. Kingsley Amis folgt jedoch der literarischen Mode seiner Zeit und läßt die farcenhafte Satire auf das englische Universitätsleben ebenfalls wie eine Romanze ausklingen.

Von allen Romanen, die den Protest der Angry Young Men in den fünfziger Jahren artikulierten, erfaßte Alan Sillitoe in *Saturday night and Sunday morning* (1958) die Widersprüche am eindrucksvollsten, in die sich ein rebellisch aufbegehrender Angehöriger der Arbeiterklasse verwickeln konnte. Der Protagonist Arthur Seaton arbeitet als Dreher in einer Fahrradfabrik in Nottinghamshire und ist sich der Entfremdung, die der Arbeitsprozeß mit sich bringt, sehr wohl bewußt. Er versteht es jedoch, sich bei der Arbeit einen Freiraum für seine privaten Phantasien zu bewahren, die er nach der Arbeit zu verwirklichen versucht. Er läßt sich in allerlei sexuelle Abenteuer mit verheirateten Frauen ein, bei denen er die Liebe, Zärtlichkeit und Sinnlichkeit zu finden hofft, die für ihn ein ungebrochen natürliches Leben ausmachen. Liebe erscheint ihm als ein Akt des Protestes gegen alle pragmatisch-vernünftige Lebensgestaltung, gegen die Zweckrationalität, die das berufliche wie das öffentliche Leben bestimmt.

Arthurs Verhalten gegenüber Frauen schlägt jedoch oft in schiere Aggressivität um, wobei er Formen der Unterdrückung reproduziert, unter denen er im beruflichen Alltag leidet und die in ihm Destruktionsphantasien erzeugen. Ob er nach seiner Eheschließung an einen gezielten politischen Protest gegen die bestehende Gesellschaftsordnung denkt (wie gelegentlich vermutet wird), bleibt fraglich, denn auch die Romane, in denen sich Sillitoe entschieden dem sozialistischen Gedankengut zuwandte (wie in *Travels in Nihilon* 1971 und *The flame of life* 1974), enden damit, daß die im sozialistischen Sinn erstrebenswerte Lebensform sich wiederum in ein irrationales Chaos auflöst. Es scheint, daß Alan Sillitoe, seinen künstlerischen Intuitionen folgend, letztlich allen gesellschaftlichen Bestrebungen, die auf eine vernünftig durchorganisierte Lebensordnung abzielen, eine Absage erteilen wollte, um der spontanen Entfaltung eines ungebrochenen Lebenswillens Raum zu geben.

In den fünfziger Jahren, der Dekade der Angry Young Men, erschienen auch die ersten Romane von Angus Wilson und Iris Murdoch, zwei Romanciers, die sich wie die Angry Young Men mit Außenseitern in der zeitgenössischen englischen Gesellschaft, mit Randgruppen und mit Charakteren in Grenzsituationen befassen. Den Angry Young Men sind sie jedoch in jeder Hinsicht überlegen: Dies läßt sich an der scharfsinnigen Analyse der Charaktere, an den klug abwägenden Urteilen über die gesellschaftlichen Verhältnisse ebenso erkennen wie an der erzählerischen Fähigkeit, die komplexen Wechselbeziehungen zwischen dem einzelnen und der gesellschaftlichen Umwelt darzustellen.

Wenngleich Angus Wilson gelegentlich auch Elemente des pikaresken Romans aufgreift (wie in *As if by magic*), so meidet er doch die wenig durchgeformte Erzähltechnik, wie sie etwa bei John Wain in *Hurry on down* zu beobachten ist. Wilson sieht vielmehr in Jane Austen und den Viktorianern seine Vorbilder, wobei er freilich, bedingt durch seine besondere Wirklichkeitsauffassung, immer nur einzelne Aspekte der viktorianischen Erzählkunst in seine Werke einbezieht. Die aufgesetzten moralischen Kommentare der Viktorianer sind ihm zu naiv; dazu vermag er manche ihrer allzu engen moralischen Normen nicht zu teilen. Er setzt vielmehr die kritisch-skeptische, liberalistische Tradition E. M. Forsters fort, über den er insofern hinausgeht, als er die Schwarz-Weiß-Technik meidet, die bei Forster trotz intelligenter Behandlung der Themen anzutreffen ist.

Künstlerisch am höchsten einzustufen sind die Romane, die Angus Wilson in den fünfziger Jahren vorlegte. In *Hemlock and after* (1952), *Anglo-Saxon attitudes* (1956) und *The middle age of Mrs. Eliot* (1959) konzentriert er sich auf die Darstellung einer Krise im Selbstbewußtsein des Protagonisten, der dem Leben anfänglich in einem ungebrochen humanistischen Optimismus begegnet, bis er seine eigenen Schwächen, seine ungewollte Selbsttäuschung oder – wie Bernard Sands in *Hemlock and after* – den Haß, zu dem er fähig ist, und das Böse, das in ihm steckt, erkennen muß. In diesen Konflikten zeichnet sich die Krise des liberalistischen Humanismus ab, den E. M. Forster in seinen Werken vertrat.

Der Rang des Romans *The middle age of Mrs. Eliot* ist darin begründet, daß Angus Wilson zwei Entwicklungsprozesse miteinander koordiniert: Während David, der Bruder Meg Eliots, sich nach dem Tod seines Freundes und Gefährten einer *vita contemplativa* zuwendet, findet Meg einen Zugang zur *vita activa*, nachdem der Versuch gescheitert ist, ein gemeinsames Leben mit ihrem Bruder zu führen. Dieser Roman gewinnt ebenso wie die vorausgehenden Romane dadurch einen besonderen Wert, daß Angus Wilson es versteht – darin George Eliot vergleichbar –, das vielgliedrige Gewebe des gesellschaftlichen Lebens in England in der Mitte des 20. Jahrhunderts zu erfassen, ohne dabei einem oberflächlichen Schematismus in der Charakterisierung der Personen zu verfallen.

Mit dem Roman *As if by magic* (1973) wagt Wilson auch die Darstellung der Gesellschaft der sechziger Jahre und beschreibt nicht nur das Milieu der Homosexuellen, sondern auch das der Hippies. Während Hamo, ein Homosexueller und zugleich ein Vertreter westlicher Naturwissenschaft, in Indien den Tod findet, kehrt seine Nichte Alexandra, die sich zunächst den Hippies anschließt, aus Indien zurück und entdeckt (mit Hilfe von Hamos Vermögen, das sie erbt, aber auch mit Hilfe seines wissenschaftlichen Vermächtnisses) eine Möglichkeit, in einer für die Gesellschaft nützlichen Weise tätig zu sein: Die Verweigerung von Verantwortung schlägt um in die Bereitschaft zu verantwortungsbewußtem Handeln.

Zeugen Wilsons Romane von seinen ausgedehnten literarischen Kenntnissen – von 1966 bis 1978 lehrte er Englische Literatur an der Universität East Anglia –, so ist Iris Murdochs Romankunst deutlich von ihrer Tätigkeit als Philosophiedozentin an der Universität Oxford geprägt. Ehe sie ihren ersten Roman verfaßte, trat sie mit der Monographie *Sartre: Romantic rationalist* (1953) hervor, die ihr Interesse an einer philosophisch durchreflektierten Ethik und an der Wechselbeziehung zwischen Philosophie und Erzählkunst erkennen läßt. Ihr Blick ist auf »the difficulty and complexity of moral life« gerichtet. Insbesondere gilt ihre Aufmerksamkeit der Frage, wieweit der Mensch in Freiheit über sich bestimmen kann oder wieweit er den unvorhergesehenen Wechselfällen, der Kontingenz des Daseins ausgeliefert ist.

Der Titel des ersten Romans *Under the net* (1954) hat symbolischen Charakter: Iris Murdoch sieht die menschliche Existenz im Netz der Zufälligkeiten gefangen, die sie mit dem bei ihren Zeitgenossen beliebten Modell des pikaresken Romans darzustellen versucht; sie ist jedoch zugleich der Überzeugung, daß das Bild der Wirklichkeit, an dem Menschen leiden, oft deren eigener Phantasie entspringt und daß es ihnen aufgetragen ist, sich von den im solipsistischen Weltbild begründeten Selbsttäuschungen zu befreien.

Der Roman *The flight from the enchanter* (1956) leitete eine Reihe von Werken ein, in denen Iris Murdoch dem Thema der Macht und der Abhängigkeit einer Gruppe von Menschen von einer Persönlichkeit nachgeht, die geradezu einen faszinierend-magischen Einfluß auf ihre Umgebung ausübt. Mit den melodramatisch-gewaltsamen Lösungen, die Iris Murdoch für eine Reihe von Konflikten in ihren Romanen insbesondere in den sechziger und siebziger Jahren fand, stieß sie bei der Kritik jedoch auf Vorbehalte. Der Roman *The red and the green* (1965), der politische Ereignisse und persönliche Konflikte, insbesondere die Problematik von Herrschaft und Unterwerfung, von individueller Freiheit und persönlicher Verantwortung, am Beispiel des Osteraufstandes in Dublin im Jahre 1916 verdeutlicht, fand größeren Beifall.

Aus der Neigung, konkrete Konflikte darzustellen und diese zugleich in übergreifende, allgemeingültige Zusammenhänge einzugliedern, erklärt sich auch Iris Murdochs erzählerische Technik: Sie verbindet die realistische mit der symbolischen Darstellungsweise. Am deutlichsten tritt diese Tendenz in dem

Roman *The bell* (1958) zutage, in dem die Tragik geschildert wird, die sich aus den verschiedenen Erscheinungsformen der Liebe, der zu den Menschen und der zu Gott, ergeben kann. Der Glocke kommt in diesem Roman Symbolcharakter zu, weil sie im Bewußtsein einer jeden Person eine eigene Bedeutung gewinnt.

Der Roman des 19. Jahrhunderts (von Jane Austen bis George Eliot), auf den Iris Murdoch sich in ihren erzähltheoretischen Schriften mehrfach bezieht, bildet auch für zahlreiche Autoren der sechziger und siebziger Jahre ein Leitbild bei dem Versuch, differenzierte Charaktere im Spielfeld gesellschaftlicher Konflikte darzustellen. Dies gilt insbesondere für die Schriftstellerinnen, die sich mit der Situation der Frauen in der »permissive society« auseinandersetzten. Als Beispiel sei Margaret Drabble genannt, die sich an Jane Austen und George Eliot, an Nathaniel Hawthorne und Arnold Bennett orientiert und die gelegentlich auch mit Elizabeth Gaskell verglichen wurde. Sie stellt in ihren Werken den Alltag von Frauen in der zweiten Hälfte des 20. Jahrhunderts dar. Eigene Erlebnisse, ihr Studium in Cambridge, ihre Arbeit für das Theater, liegen insbesondere den drei ersten Romanen zugrunde, die bezeichnenderweise in der Ich-Form erzählt werden: *A summer bird-cage* (1963), *The Garrick year* (1964) und *The millstone* (1965).

Margaret Drabble versteht es, sowohl die äußere Wirklichkeit der sechziger und siebziger Jahre, die Atmosphäre und die Lebensweise in England, authentisch zu porträtieren, als auch in die Konflikte junger Frauen einzuführen, die sich – wie Rosamund Stacey in *The millstone* – einer Karriere im akademischen Beruf verschrieben haben, damit aber in Ehe- und Familienkonflikte geraten, die für eine ganze Generation symptomatisch sind. Wiewohl Margaret Drabble literarische Experimente meidet, zeugt ihre Darstellungsweise von einem geschulten literarischen Geschmack.

In der Tradition realistischen Erzählens nehmen George Orwell und William Golding eine Sonderstellung ein: Die realistische und gelegentlich auch die naturalistische Darstellungsweise werden bei ihnen zu didaktischen Zwecken genutzt und in Prosawerke eingegliedert, die der Gattung der Fabel, der Parabel und schließlich auch der Satire zuzuordnen sind.

Orwell schrieb in den dreißiger Jahren sozialkritische Romane wie *A clergyman's daughter* (1935), *Keep the aspidistra flying* (1936) und *Coming up for air* (1939), die an die Kleinbürgerromane von H. G. Wells erinnern, aber durch autobiographische Reminiszenzen des Autors angereichert sind, der sich in Paris und London für einige Zeit den Tramps zugesellt hatte, um das Leben der Ärmsten am eigenen Leib zu erfahren. Seine politischen Ideen, seine intensive Beschäftigung mit dem Marxismus und seine Kritik am stalinistischen Kommunismus fanden in *Animal farm* (1945) ihren Niederschlag, einem Prosawerk, das der äußeren Form nach eine Fabel, seiner inhaltlichen Intention nach eine Satire auf das stalinistisch-totalitäre Regime ist.

In *Nineteen eighty-four* (1949) stellte Orwell vom Jahr 1948 aus gesehen eine politische Situation dar, die sich seiner Auffassung nach in naher Zukunft in allen Erdteilen herausbilden könnte: Das totalitäre System ist weitgehend perfektioniert, die Revolte der einzelnen ist zum Scheitern verurteilt, die breite Masse wird auf raffinierte Weise überwacht, das herrschende Regime ist bestrebt, den Status quo zu erhalten. Die Idee einer vernünftigen gesellschaftlichen Ordnung, die ursprünglich allen Utopien zugrunde lag, ist zur Diktatur entartet. Das Werk ist eine Schreckensvision, mit der Orwell einen therapeutischen Effekt, eine Gegenbewegung zu allen zum Totalitarismus hinführenden Tendenzen hervorrufen wollte. Um den gewünschten Effekt zu steigern, vereinfachte Orwell sowohl die Charaktere als auch die dargestellten gesellschaftlichen Verhältnisse.

William Goldings Kritik zielt auf das optimistische Menschenbild ab, das von der Aufklärung (Rousseau) konzipiert, der englischen Romantik weiterentwickelt und von den Viktorianern in ihre Fortschrittsideologie eingegliedert wurde. *Lord of the flies* (1954) demonstriert die Gebrochenheit der menschlichen Existenz am Schicksal einer Gruppe von Jungen, die in einem Atomkrieg auf eine Insel verschlagen wird. Primitive Instinkte werden in ihnen freigesetzt, ein totalitäres Regime bildet sich heraus, die Robinsonade, wie sie Ballantyne in *The coral island* im 19. Jahrhundert noch schildern konnte, wird zur modernen Anti-Robinsonade. Romane wie *Pincher Martin* (1956), *Free fall* (1959) oder *The spire* (1964) legen unter wechselnden geschichtlichen Voraussetzungen und in unterschiedlichen epischen Einkleidungen die Habsucht und vor allem den Hochmut in der menschlichen Natur frei. *Darkness visible* (1979) greift im Titel eine Wendung aus Miltons *Paradise lost* auf und unternimmt eine Bestandsaufnahme der Sündhaftigkeit der Menschen im Zeichen der Themen, die in der englischen Erzählkunst in den siebziger Jahren vorherrschten, von der Homosexualität bis zum Terrorismus. Golding hat sich offen dazu bekannt, daß es seine Absicht sei, »to inculcate a moral lesson«, und er hat dementsprechend auch den Roman zur Parabel werden lassen, um der christlichen Morallehre bei modernen Lesern Geltung zu verschaffen. Die Dominanz der Thematik, die moraltheologische Ausdeutung der Charaktere und Situationen rückt seine Romane – wie insbesondere an *Free fall* zu beobachten ist – in die Nachbarschaft der Allegorie.

Die Geschichte des realistischen Erzählens im 20. Jahrhundert läßt erkennen, daß viele Romanciers es verstehen, die aus dem 18. und 19. Jahrhundert überlieferten Ausdrucksmittel den neuen Stoffen und Themen des 20. Jahrhunderts anzupassen. Auch die Sprache, die Diktion, der Tonfall des Erzählers gewinnen oft einen neuen modernen, ironisch raffinierten Klang. Aber es ist auch verständlich, daß einige Autoren den überlieferten Ausdrucksmitteln in zunehmendem Maße mißtrauen und mit der Sprache und den erzählerischen Möglichkeiten experimentieren, um eine Romankunst zu entwickeln, die der Bewußtseinslage des 20. Jahrhunderts entspricht, um der gewandelten Wirklichkeit und der veränderten Einstellung der Zeitgenossen zu einer ständig sich verändernden Wirklichkeit angemessenen Ausdruck zu verleihen.

Der experimentelle Roman von Conrad bis Fowles

Die experimentelle Form des Erzählens erhielt zu Beginn des 20. Jahrhunderts durch Henry James die stärksten Anregungen sowohl in der Theorie als auch in der narrativen Praxis. Er wandte sich gegen die im viktorianischen Zeitalter weitverbreitete Form des Erzählens, die aus der Lust am Mitteilen von Geschehnissen hervorgeht, vom Reichtum und der Fülle des Lebens berichten möchte, sich in der Ausgestaltung von Situationen und Charakteren gefällt und die Darbietung zahlloser Episoden nicht scheut, auch wenn diese nur in einer sehr lockeren Weise mit dem Hauptgeschehen verbunden sind. Für Henry James dagegen ist der Roman eine kunstvoll durchkomponierte Ganzheit; alle Formelemente sind wie in einem wohlgebauten Drama aufeinander bezogen und haben ihre sorgfältig geplante Funktion. Wenngleich Henry James als Dramatiker wenig erfolgreich war, hat seine Forderung: »dramatize, only dramatize« für die Entwicklung seiner Romankunst, die mit

The wings of the dove (1902), *The ambassadors* (1903) und *The golden bowl* (1904) ihren Höhepunkt erreichte, eine programmatische Bedeutung.

James' Sicht der Realität, insbesondere des Zusammenstoßes zwischen der amerikanischen und der europäischen Mentalität, zwischen dem Verlangen nach individueller Freiheit und der Forderung nach an gesellschaftliche Konventionen gebundenen – und geschichtlich gewordenen – Traditionen veranlaßte ihn, die Bedingtheit des Standpunktes herauszuarbeiten, von dem aus die Charaktere die Welt und ihre Mitmenschen sehen. Daraus ergab sich formal eine subtile »point-of-view technique«. Der völligen Auflösung des Erzählkontinuums in eine Vielzahl von Perspektiven wirkte er dadurch entgegen, daß er ein einheitsstiftendes Prinzip einführte, das eine Sache (»the commanding centre«) oder eine bestimmte Person (»a central intelligence«) sein kann. Seine Romane gewinnen dadurch eine besondere Spannung, daß der Leser gezwungen wird, zu überprüfen, bis zu welchem Grad die Sicht der »zentralen Intelligenz« Gültigkeit beanspruchen kann bzw. wo ihre Grenzen zu suchen sind.

Joseph Conrad ist als der eigentliche Erbe von Henry James bezeichnet worden. Während seine frühen Romane, *Almayer's folly* (1895) und *An outcast of the islands* (1896), formal noch konventionell anmuten und nur in der Thematik an die späteren Romane denken lassen, die vom Scheitern der Europäer in Asien oder Afrika berichten, kündigt sich in *The nigger of the »Narcissus«* (1897) seine experimentelle Phase an; er wechselt innerhalb des Romans vom auktorialen Erzähler zum Ich-Erzähler über, der sich schließlich auch der Wir-Form bedient und damit an den Schicksalen der Schiffsmannschaft teilhat, an deren Verhalten sich die ethischen Normen Conrads, das Ethos der Treue und der Solidarität, ablesen lassen.

Einen Höhepunkt erreichte Conrad in seiner künstlerischen Entwicklung mit dem Roman *Lord Jim* (1900). Der Protagonist, der einem Helden im traditionellen Sinne ähnelt und von menschlicher Größe träumt, scheitert kläglich in einer Situation, in der sein Ethos auf die Probe gestellt wird. Ob er je seine Ehre, seine charakterliche Identität wiedergewinnen wird, ob er nicht vielmehr das Opfer dunkler Triebe und Impulse ist, bleibt offen. Conrads Sinn für das Mysteriöse und Hintergründige im Menschen bedingt seine besondere erzählerische Technik. Er schafft zwar auch in diesem Werk mit Hilfe der auktorialen Erzählsituation eine Basis für die Darstellung des zentralen

Charakters; er überträgt jedoch die Aufgabe der schrittweisen Erkundung von Jims Charakter seinem Erzähler Marlow, der sich dabei freilich wiederum auf Dokumente, Aufzeichnungen, mündliche Informationen verschiedener Personen und persönliche Begegnungen mit Jim verlassen muß, um dem rätselhaften Charakter dieses Seemannes näherzukommen.

Eine ähnliche Situation liegt dem Roman *Under Western eyes* (1911) zugrunde, in dem Conrad in Auseinandersetzung mit Dostojewskis *Schuld und Sühne* das Schicksal eines russischen Einzelgängers berichtet, der seinen Freund verrät und die Wahrheit über sich selbst gesteht, als die Schwester des Verratenen sich in ihn verliebt. Die psychischen und moralischen Konflikte des Protagonisten Razumov sind noch komplexer als die von Lord Jim; dafür ist der Erzähler dieses Romans, ein englischer Sprachlehrer, eine im Vergleich zu Captain Marlow blasse Gestalt.

Hoch eingestuft wird von der Kritik der Roman *The secret agent* (1907), in dem Conrad – wie in *Under Western eyes* – das Thema des Anarchismus behandelt. Die Darstellung der Familie Verloc, die Beziehungen zwischen Adolf und Winnie Verloc sowie ihrem geistesgestörten Bruder Stevie, sowie die Schilderung der Anarchisten und der Vertreter der Polizei und einer fremden Regierung gleichen einem absurd-grotesken Drama. Der Anschlag auf das Greenwich Observatorium, den Mr. Vladimir, der Vertreter dieser nicht näher genannten Regierung, provoziert, um schärfere Maßnahmen gegen die Anarchisten zu erzwingen, scheitert, weil Stevie plötzlich mit der Tasche stolpert, in der sich die Bombe befindet. Stevie ist das unschuldig-tragische Opfer hintergründiger politischer Machenschaften; er ist Septimus Warren Smith aus Virginia Woolfs Roman *Mrs. Dalloway* zur Seite zu stellen, und er erinnert zugleich an die Titelgestalt aus Dostojewskis Roman *Der Idiot*.

Während *Lord Jim*, *Under Western eyes* und *The secret agent* den *short story*-Kern durchscheinen lassen, der ihnen zugrunde liegt, hat der Roman *Nostromo* (1904) auch dort, wo er anekdotisches Material verwertet, ausgesprochen epische Züge. Aufgrund weniger persönlicher Eindrücke und einiger Lektüre erschuf Conrad ein Kolossalgemälde der politisch-geschichtlichen Ereignisse in einer von ihm erfundenen südamerikanischen Republik. Die Aufgabe des Erzählens und vor allem auch des Bewertens der erzählten Ereignisse wird zum einen Captain Mitchell und dem Journalisten Decoud übertragen; zum anderen meldet sich immer wieder ein nicht näher bezeichneter, nahezu allwissender Erzähler zu Wort. Die Handlung ist vielgliedrig und läßt die letztlich unauslotbaren Wechselbeziehungen zwischen dem privaten und dem öffentlich-politischen Bereich deutlich werden. Aus den Einzelschicksalen und den politischen, militärischen und wirtschaftlichen Vorgängen erwächst in der Phantasie des Lesers ein Bild von der Geschichte eines ganzen Staates. Die Geschichte gleicht in diesem Roman einer unendlichen Wellenbewegung, bei der jeder Versuch zu einer Höher- und Weiterentwicklung alsbald durch eine Revolution in sein Gegenteil verkehrt wird. Conrad hat mit diesem Werk auf seine Weise Tolstois Thema »Krieg und Frieden« abgewandelt.

Spätere Werke wie *The arrow of gold* (1919) oder *The rover* (1923) sind künstlerisch schwächer: Die Symbolik erstarrt zur Allegorie, der moralische Realismus wird zur Romanze vereinfacht. Conrads Größe beruht auf den Werken seiner mittleren Schaffensperiode, die in einer abgründig bohrenden Weise die Tiefen der menschlichen Seele zu erkunden versuchen und mit den Mitteln der Ironie, des Paradoxons und der Ambiguität arbeiten, um der pessimistischen, an Schopenhauer orientierten Weltsicht des Autors Ausdruck zu verleihen.

Joseph Conrad gehörte mit Henry James, James Joyce, Marcel Proust und den russischen Romanciers des 19. Jahrhunderts zu den Autoren, die Virginia Woolf in ihrer Entwicklung als Erzählerin nachhaltig beeinflußten. Virginia Woolf legte über ihre künstlerischen Ziele ständig Rechenschaft in Briefen und Essays ab; in den Essays »Modern fiction« und »Mr. Bennett and Mrs. Brown« rechnete sie mit den zeitgenössischen Realisten, insbesondere mit Arnold Bennett, H. G. Wells und John Galsworthy ab, die – so Virginia Woolf – nur die Oberflächenwirklichkeit darstellten, während sie versuchte, die »innere« Wirklichkeit, die unter der Oberfläche verborgene Wahrheit, zu erfassen. Ähnlich wie bei Conrad gewinnen deshalb auch in ihren Romanen die »moments of vision«, Augenblicke, in denen sie oder die Romanfiguren plötzliche Einsichten in die Wirklichkeit gewinnen, zentrale strukturelle und thematische Bedeutung.

Für ihre beiden ersten Romane, *The voyage out* (1915) und *Night and day* (1919), benutzte Virginia Woolf zwar noch konventionelle Formen des Erzählens wie den Reiseroman oder die Gesellschaftskomödie im Stile Jane Austens, aber in der Wiedergabe der Emotionen und Reflexionen der Hauptcharaktere kündigt sich schon die veränderte Einstellung zur Realität an, die dazu führte, daß Virginia Woolf sich in zunehmendem Maße neuen Ausdrucksformen zuwandte. In *Jacob's room* (1922) ist die Biographie des Helden in eine Sequenz von Impressionen aufgelöst; sein Leben spiegelt sich im Bewußtsein einer Vielzahl von Personen, die ihm begegnen, wobei die Impressionen, die sie registrieren, stets doppeldeutig sind: Sie geben über Jacob ebensoviel Aufschluß wie über die Personen, die die Eindrücke aufnehmen.

Der Roman *Mrs. Dalloway* (1925) läßt den Einfluß von James Joyces *Ulysses* deutlich erkennen: Virginia Woolf beschränkte sich zeitlich auf einen Junitag des Jahres 1923 und räumlich auf einen einzigen Schauplatz: London. Die Vorgänge im Bewußtsein der Hauptpersonen erschließen schubweise deren bisheriges Leben und ihre Reaktionen auf den gegenwärtigen Augenblick. Die Übergänge von einem Bewußtsein ins andere werden kunstvoll durch äußere Anlässe wie z.B. die Schläge des Big Ben bewerkstelligt. Dabei wird der Kontrast zwischen der physikalisch meßbaren und der erlebten Zeit (»clock-time« und »mind-time«) in ständig neuen Variationen herausgearbeitet. An die Stelle der Handlung ist das einheitliche Thema, die Spannung zwischen Leben und Tod getreten, auf die die Darstellung der Hauptfiguren Clarissa Dalloway und Septimus Warren Smith abgestimmt wird.

In dem Roman *To the lighthouse* (1927) zerlegte Virginia Woolf das Geschehen in zeitlich drei getrennte Abschnitte, einen Septembernachmittag, eine Spanne von zehn Jahren und einen Septembervormittag. Auf diesen zeitlichen Rahmen werden die Schicksale der Familie Ramsay und ihres Freundeskreises bezogen. Mr. und Mrs. Ramsay erinnern zum einen an die Eltern Virginia Woolfs, zum anderen tragen sie überindividuelle Züge und können als Symbole einer männlich-denkerischen und einer weiblich-gefühlsmäßigen, mystischen Einstellung zur Wirklichkeit verstanden werden. Die Reflexionen der Malerin Lily Briscoe geben indirekt über die künstlerischen Intentionen der Autorin Aufschluß, die nicht nur bei der Charakterisierung Lily Briscoes, sondern auch bei der Arbeit an ihrem gesamten Roman unter dem Einfluß des Postimpressionismus (Cézanne und van Gogh) stand.

In dem Roman *The waves* (1931) dominieren expressionistische Stilformen: Sechs Personen entfalten in Monologen die

Geschichte ihres Lebens; den inneren Bezugspunkt bildet die Frage: »Who am I?«. Diese Frage wird von drei Frauen und drei Männern in unterschiedlicher Weise beantwortet; zusammengenommen ergeben die Monologe ein komplexes und facettenreiches Bild menschlichen (und künstlerischen) Selbstverständnisses im 20. Jahrhundert. Die Monologpassagen werden durch Landschaftsbilder miteinander verknüpft, die die kosmische Ordnung symbolisieren, in die die menschliche Existenz eingelagert ist, und auf die eine rhythmisierte, bilderreiche lyrische Diktion durchgehend hinweist.

Mit dem Gesellschaftsroman *The years* (1937) wandte sich Virginia Woolf wiederum einfacheren Formen des Erzählens zu: In vorwiegend realistischen Einzelszenen schildert sie das Schicksal der Familie Pargiter von 1880 bis in die Mitte der dreißiger Jahre. Die einzelnen, in strenger Chronologie gereihten Kapitel gleichen *short stories* im Stile Tschechows; an ihn erinnern die Dialoggestaltung (scheinbar ziellose Gespräche), das Fehlen des Didaktischen, die Dominanz von Atmosphäre und Stimmung, wechselseitige Spiegelung der Vorgänge in der Natur und der menschlichen Psyche und die starke Betonung des Musikalischen in der Kompositionstechnik. Mit dem letzten Roman *Between the acts* (1941) unternahm Virginia Woolf erneut ein Experiment: Sie stellte die englische Geschichte als dramatisches Spiel im Roman dar und bezog in subtiler Weise die Konflikte zwischen den Hauptpersonen auf die im Bühnenspiel dargestellten Konflikte. *Between the acts* erfaßt das Zeiterlebnis der einzelnen Personen, ihr zeitgenössisches Bewußtsein und ihr (englisches) Geschichtsbewußtsein; damit lieferte Virginia Woolf eine letzte Variante des »Bewußtseinsromans«.

Wie Joseph Conrad und Virginia Woolf folgte auch James Joyce mit seinem ersten Roman, dem nur in Fragmenten erhaltenen *Stephen Hero*, dem Vorbild der viktorianischen Realisten. Mit der völlig überarbeiteten Fassung *A portrait of the artist as a young man* (1916) gelang ihm der Durchbruch zu einem neuen Erzählstil. In fünf Kapiteln, die sich in ihrer architektonischen Anordnung mit dem Aufbau eines klassischen Dramas vergleichen lassen, beschreibt Joyce die Entwicklung des Stephen Dedalus von den frühesten Eindrücken im Elternhaus bis zu seinem Entschluß, sich aus allen irischen Traditionen zu lösen und nach Paris zu fliehen. Der Stil der einzelnen Kapitel ist auf die jeweilige Entwicklungsphase des Helden und die eigentümliche

Beschaffenheit seines Bewußtseins abgestimmt. Dabei werden die Epiphanien zu Knotenpunkten der Erzählung; Joyce verstand darunter Momente der plötzlichen Erkenntnis, deren Gültigkeit jedoch durch nachfolgende Momente wieder in Frage gestellt werden kann. Daraus ergibt sich die innere Dynamik des Romans.

Ulysses (1922) wahrt zwar in vielen Einzelheiten das realistische Darstellungsprinzip; aber Joyce läßt den Leser zugleich erkennen, daß der topographische und chronologische Realismus nur *eine* Darbietungsform der Wirklichkeitserfahrung ist. Traditionelle Techniken wie erlebte Rede und innerer Monolog werden so kombiniert, daß der ständige Wandel der Realität zum Ausdruck kommt und der Leser, der sich traditionelle Leseklischees zu eigen gemacht hat, aus seiner im Grunde überholten Sicht der Wirklichkeit herausgelockt wird. Die verschiedenen Symbolsysteme, die Joyce in seinen Roman eingearbeitet hat, tragen dazu bei, daß die Persönlichkeitsstruktur der Hauptcharaktere entgrenzt wird und in Leopold und Molly Bloom sowie in Stephen Dedalus archetypische Züge zum Vorschein kommen. Zugleich werden dem Leser eine Vielzahl von Deutungsmöglichkeiten angeboten, die er auf seine Weise verarbeiten kann; die Spanne dieser Deutungsmöglichkeiten reicht von Homer bis zu Dantes *Göttlicher Komödie* und Shakespeares *Hamlet*. Der Leser-Rezipient, der sich mit den Korrespondenzsystemen des Autors und seiner Allusionstechnik vertraut gemacht hat, verwandelt sich in einen Leser-Produzenten, läßt er sich in der von Joyce gewünschten Weise zum kreativen Lesen verleiten.

Die Form des Traums gestattete es Joyce, die Prinzipien der Entgrenzung und der Metamorphose in seinem letzten Roman, in *Finnegans wake* (1939), ins Extrem zu steigern. So kann die Abbreviatur HCE (= H. C. Earwicker) einen Dubliner Bürger und den Helden des Romans kennzeichnen; sie kann aber auch in mehr als 200facher Weise anders aufgelöst werden, z.B. als »Howth Castle and Environs«, »Here Comes Everybody« oder »Haveth Childers Everywhere«. In gleicher Weise ist Earwickers Frau ALP (= Anna Livia Plurabelle) als eine Verkörperung des Weiblichen, der Schönheit, der Fruchtbarkeit der Natur oder als Fluß Liffey zu verstehen, der durch Dublin fließt. Beide Figuren verkörpern in universaler Gestalt die Polarität des Männlichen und des Weiblichen. Mit den Söhnen Shem und Shaun wird das Polaritätsprinzip im männlichen Bereich abgewandelt; dem schöpferisch-revolutionären Prinzip steht das erhaltende gegenüber.

In Giambattista Vicos Geschichtsphilosophie fand Joyce ein Modell, um die schier unübersehbaren Fakten, Vorgänge und Ideen, die das menschliche Leben in seiner geschichtlichen Entfaltung ausmachen, erzählerisch zu strukturieren. Die Vielschichtigkeit der Wirklichkeitsvorstellung spiegelt sich auch in der Sprache des Romans. In Anlehnung an Lewis Carroll hat Joyce das Prinzip des *portmanteau word* (des Schachtelwortes) bis zur äußersten Grenze getrieben, im semantischen Bereich knüpfte er an die Tradition des *pun* an. Beide sprachlichen Mittel tragen das Prinzip des Polyperspektivismus in das einzelne Wort hinein, in dem sich eine Vielzahl von Bedeutungsmöglichkeiten verbirgt. Die Sprache, derer sich Joyce bedient, bedingt eine veränderte Einstellung des Lesers zum Text: Er muß den Roman studieren wie eine Partitur.

Das mimetische Prinzip, mit dessen Hilfe dem Leser von *Ulysses* immer wieder neue Anhaltspunkte in der alltäglichen Erfahrungswirklichkeit geliefert wurden, ist in der Traumwirklichkeit von *Finnegans wake* aufgelöst. Die Prinzipien der Entgrenzung in der Wirklichkeitsdarstellung und der Metamorphose – beides Prinzipien, die bereits im *Ulysses* angewandt wurden – sind ins Extrem gesteigert. Die Sprache hat ihre Autonomie gewonnen und spielt – einmal freigesetzt – mit sich selbst. Damit war eine Basis für die »Postmoderne« in der Entwicklung der englischen Erzählkunst des 20. Jahrhunderts gefunden.

Nach Joyce wurde das experimentelle Erzählen vor allem von Samuel Beckett praktiziert, der allerdings nicht die gleiche unerschöpflich-vitale Lust im Umgang mit der Sprache zeigt wie Joyce. Sein literarisches Schaffen tendiert zur Reduktion der Ausdrucksformen und zum Verstummen. In *Murphy* (1938) stellte er die Konventionen naturalistischer Mimesis in Frage; in *Watt* (1942–1944 geschrieben, 1953 erst in Englisch veröffentlicht) wird die chronologische und logische Folge der Ereignisse aufgehoben, der rationalen Deutung der Wirklichkeit die empirische Basis entzogen und die Fiktion absolut gesetzt. Einen Höhepunkt erreichte Beckett mit der Trilogie *Molloy*, *Malone dies*, *The unnamable* (1951 bis 1953 in Französich verfaßt, 1955 bis 1958 in englischer Fassung publiziert). In *Molloy* gelingt es weder dem Protagonisten noch Moran, einen Bericht über Molloy anzufertigen. *Malone dies* schildert den Zustand des Schreibenden vor seinem Tod, seine Versuche, sich mit Erinnerungen und fiktiven Gestalten aus den früheren Romanen die Langeweile zu vertreiben; in *The unnamable* ist der Protagonist auf einen Rumpf in einer Urne und einen Wurm reduziert; es bleibt schließlich nur das Fazit: »You must go on, I can't go on, I'll go on.« *How it is* (1964) wurde als Ergänzung zur Trilogie aufgefaßt; das Lebewesen, von dem dieser Roman berichtet, bewegt sich kriechend durch den Morast, die Begegnung mit Pim zeigt, daß das Weltgesetz in der permanenten Begegnung eines Opfers mit seinem sadistischen Henker besteht. Der Schluß des Romans läßt offen, ob das Ganze vielleicht nur ein Spiel mit Worten war. Die Sprache hat nicht mehr die Funktion, sinnvolle Kontexte zu erzählen, Begebenheiten zu evozieren; sie tritt dem Leser vielmehr in ständig neuen Konfigurationen entgegen, die seine Aufmerksamkeit auf die Sprache selbst, nicht auf eine außersprachliche Wirklichkeit lenken und ihn die Eigenart, aber auch die Grenzen seiner Leserproduktivität erfahren lassen.

Autoren wie Ivy Compton-Burnett und Henry Green konzentrierten sich bei ihren experimentellen Versuchen insbesondere auf die Form des Dialogs. Compton-Burnetts Romane, die (mit einer Ausnahme) zwischen 1924 und 1971 publiziert wurden, gleichen griechischen Tragödien. Sie sind kunstvoll gebaut, in den epigrammatisch zugespitzten Dialogen tragen die Charaktere Konflikte aus, die menschliche Grundbeziehungen wie Haß und Liebe, Inzest und Ehebruch hervortreten lassen, wobei in einzelnen Passagen die Nähe zu den Familiendramen Ibsens und zur Psychoanalyse Freuds spürbar wird. Die Nebenfiguren erfüllen die Funktion von Kommentatoren, der auktoriale Erzähler ist aus den Romanen dieser Autorin verschwunden.

In ähnlicher Weise strebte auch Henry Green danach, in seinen zwischen 1926 und 1952 veröffentlichten Romanen den Leser über die Form des Dialogs an den spannungsreichen Beziehungen einer Vielzahl von Personen – sein Personal reicht vom Aristokraten bis zum Fabrikarbeiter – teilhaben zu lassen. Auch wenn die Konflikte, in die sich die Personen einbezogen sehen, oft recht alltäglich sind, hat Green die Dialoge in höchst raffinierter Weise stilisiert und die Situationen so strukturiert, daß er einzelne seiner Werke als »abstract novels« bezeichnen konnte. Die private Symbolik, die Green in seine Romane eingearbeitet hat, trägt dazu bei, daß die dargestellten zwischenmenschlichen Beziehungen eine kafkaeske Hintergründigkeit gewinnen und der Leser gewahr wird, daß es Green um die Erstellung eines Artefakts geht; Ziel seiner Darstellung ist (wie er selbst formuliert hat) »a life that is not«, eine fiktive Wirklichkeit, nicht aber ein Abbild im Sinne eines photographischen Realismus.

Die Tendenz zur strengen Stilisierung der Personen und zur Schematisierung der Konflikte spiegelt sich bei beiden Autoren in den Romantiteln. Für Ivy Compton-Burnett sind die substantivischen Fügungen kennzeichnend wie z.B. *Brothers and sisters* (1929), *Men and wives* (1931), *Mother and son* (1955), *The mighty and their fall* (1961); sie konzentriert sich auf Personen, deren Zusammenleben oder Zusammentreffen zu spannungsgeladenen Auseinandersetzungen führen. Green bevorzugt die »ing«-Formen für seine Romantitel: *Living* (1929), *Party going* (1939), *Concluding* (1948) oder *Doting* (1952). Die wechselvollen Beziehungen zwischen den Menschen, die er schildert, erscheinen in seinen Romanen eher als Beispiele für gesellschaftliche Zustände, weniger als hochdramatische Begegnungen.

Lawrence Durrell hat in seinem *Alexandria quartet* (1962) mit der Standpunkttechnik und der Darstellung von Raum und Zeit experimentiert. Schauplatz der höchst verwickelten Ereignisse, die er schildert und die sich kurz vor dem Zweiten Weltkrieg und während des Krieges abspielen, ist Alexandria, eine Stadt, die in Durrells Romanen eine ähnliche Rolle spielt wie Dublin bei Joyce oder London bei Virginia Woolf. Persönliche Eindrücke, aber auch Lektüreanregungen ermöglichten es Durrell, bei der Beschreibung Alexandrias zugleich die sinnlich faszinierende, orientalisch verführerische Atmosphäre lebendig werden zu lassen. Der erste Roman, *Justine* (1957), schildert aus der Perspektive des Ich-Erzählers und Schriftstellers Darley die Beziehungen, die zwischen ihm und Justine, Melissa und Clea sowie zahlreichen weiteren Haupt- und Nebencharakteren bestehen. Die gleichen Verhältnisse werden im zweiten Roman, *Balthazar* (1958), aus der Perspektive eines Arztes, des Titelhelden, korrigiert. *Mountolive* (1958), der dritte Roman, enthüllt in der Er-Form die politischen Hintergründe, die zuvor unberücksichtigt blieben. Erst *Clea* (1960) führt die Geschehnisse weiter und strebt einer Lösung zu, die modernem Lebensgefühl entspricht. Durrell hat die Struktur der Tetralogie mit Einsteins Relativitätstheorie in Verbindung gebracht, wonach die drei ersten Romane die Dreidimensionalität des Raumes, der vierte die

Dimension der Zeit illustrieren sollen, was insgesamt dem vierdimensionalen Raum-Zeit-Kontinuum der Relativitätstheorie entspräche. Ob man in diesem Sinne auf Einstein rekurrieren muß, bleibt fraglich. Weit größere Beachtung verdient die Tatsache, daß die poetologischen Reflexionen, die im Roman meist dem Dichter Pursewarden zugeschrieben werden, sich auf das Wechselverhältnis von Wahrheit, Wirklichkeit und Fiktion beziehen und damit Fragen angeschnitten werden, die in der ersten Hälfte des Jahrhunderts Conrad, Joyce und Woolf schon beschäftigt hatten umd im experimentellen Roman seit dem Beginn der sechziger Jahre wieder stärker in den Vordergrund rückten.

Das Durchbrechen der Fiktionalität im Erzählvorgang ist ein weiteres Hauptmerkmal experimenteller Prosa. Es findet sich z. B. in John Fowles' *The French lieutenant's woman* (1969), wo konstatiert wird: »These characters never existed outside my own mind«; gleichzeitig aber werden die Charaktere so realistisch geschildert, daß sie einem viktorianischen Roman entstammen könnten. Der Konflikt zwischen den viktorianischen und modernen Erzählkonventionen, den Fowles die Leser nachvollziehen läßt, spiegelt sich auch in den drei Romanschlüssen, die der Autor seinen Lesern anbietet.

Radikaler noch als John Fowles verfährt B. S. Johnson, der den Kontrast zwischen Wahrheit und Fiktion so stark betont, daß sich die beiden Bereiche auszuschließen scheinen. Für ihn gilt die These: »Telling stories is telling lies.« In *Travelling people* (1963), *Albert Angelo* (1964), *The unfortunates* (1969), *House mother normal* (1971) oder *Christie Malry's own double-entry* (1973) organisiert er die einzelnen Strukturelemente des Romans derart, daß sie ihre illusionsbildende Kraft einbüßen. Die Wahrheit zu berichten wird für Johnson geradewegs zu einer Obsession. Johnson benutzt dabei auch Techniken, die in ähnlicher Weise bei Laurence Sterne schon zu beobachten sind. So bedeutet ein Loch in Seite 149 des Romans *Albert Angelo* – wie auf Seite 153 verraten wird – den Dolchstoß, mit dem Christopher Marlowe getötet wurde.

Muriel Spark, die sich mit der Watergate-Satire *The abbess of Crewe* (1974) einen Namen machte, läßt in ihrem ersten Werk *The comforters* (1957) die poetologischen Probleme des Romans dadurch transparent werden, daß sie eine Protagonistin wählt, die selbst ein Buch über das Thema »The form of the modern novel« schreibt.

In der zweiten Hälfte des 20. Jahrhunderts nehmen die experimentellen Werke von Christine Brooke-Rose – *Out* (1964), *Such* (1966), *Between* (1968) und *Thru* (1975) – deshalb einen besonderen Platz ein, weil in ihnen, ähnlich wie in *Finnegans wake*, alle Elemente der Sprache und des gedruckten Wortes in souveräner Weise verfremdet werden. Der mimetische Anspruch des realistischen Romans wird völlig negiert; Gestaltungselemente wie »plot«, »action«, »character«, »time« und »place« werden in Frage gestellt oder aufgelöst; in gleicher Weise verliert auch das herkömmlich einheitliche Schriftbild im Roman seine Verbindlichkeit, die verschiedenartigsten Drucktypen, Buchstabenanordnungen und Musiknotationen schaffen ein gänzlich neues Zeichensystem. Der Roman, in dem in Anlehnung an die Generationsgrammatik das Prinzip der »verbal generation« und der »thematic generation« praktiziert wird, entwickelt sich zu einem Demonstrationsobjekt für das Spiel mit narrativen und linguistischen Theorien. Die Sprache wird einem schier unerschöpflichen Spieltrieb unterworfen und bespiegelt sich selbst. Der Einfluß des *nouveau roman* und der Gruppe »Tel quel« ist unübersehbar.

In anderer Weise hat Anthony Burgess dem experimentellen Umgang mit der Sprache Raum gegeben; für seinen Roman *A clockwork orange* (1962) hat er sich eine Diktion ausgedacht, die aus einer Mischung von russischem und englischem Wortschatz besteht, wobei die Elemente aus dem Russischen so geschickt in den dominierenden englischen Wortschatz eingelagert sind, daß sie in ihrer Bedeutung in den meisten Fällen mühelos aus dem Kontext erschlossen werden können.

Ein Kennzeichen des experimentellen Erzählens ist schließlich der parodistisch-ironische Umgang mit überlieferten Darstellungstechniken und Gattungsformen; in Muriel Sparks *The driver's seat* (1970) erscheinen beispielsweise die Konventionen der *detective story* in ironischer Brechung, in John Fowles' *The French lieutenant's woman* (1969) werden die Darstellungstechniken des viktorianischen Romans verwendet und von modernen Kommentaren überlagert. In seinem Roman *The magus* (1965, überarbeitete Fassung 1977) sind Elemente aus der antiken Mythologie mit Symbolen des Tarotspiels verbunden. Die Vornamen Nicholas und Alison evozieren Erinnerungen an die Hauptfiguren in Chaucers »Miller's tale«, und der Eigenname des Protagonisten Urfe deutet auf Honoré d'Urfé hin, dessen bedeutsamer Schäferroman *L'astrée* (1607-1627) eine ähnliche

Variationsbreite in der Liebesthematik, die gleiche Verknüpfung des Liebes- und Kriegsthemas und dieselbe eindringliche Auseinandersetzung mit der Illusionsthematik aufweist wie *The magus*.

Eine Synthese traditioneller und moderner Erzählweisen

Das Zusammenspiel realistischer, experimenteller, mythischer, utopischer und szientifischer Elemente, das den Roman des 20. Jahrhunderts insgesamt charakterisiert, hat im Werk Doris Lessings seinen umfassendsten Ausdruck gefunden. In den Anfängen stand sie dem sozialkritischen Realismus und Naturalismus nahe. Je intensiver sie jedoch in die Vielschichtigkeit ihrer Erfahrungen einzudringen versuchte, um so mehr richtete sie ihr Augenmerk auf die experimentelle Darstellungsform. Ihr Roman *The golden notebook* (1962) besteht aus fünf großen erzählerischen Blöcken: das schwarze Notizbuch berichtet Erlebnisse aus der afrikanischen Zeit, das rote befaßt sich mit den politischen Erfahrungen – Doris Lessing gehörte eine Zeitlang der kommunistischen Partei an –, das gelbe schildert ihre künstlerischen Pläne und Entwürfe, das blaue versucht – teils mit Zitaten aus Zeitungen – alltägliche persönliche Eindrücke und Erfahrungen festzuhalten, die den modernen Jedermann beschäftigen. Das »Golden notebook«, das letzte der Notizbücher im gleichnamigen Roman, versucht eine Synthese der verschiedenen Erlebnisschichten herzustellen.

An die Formen des Bewußtseinsromans, aber auch an die Vorbilder aus der *science fiction* schloß sich Doris Lessing mit *Briefing for a descent into hell* (1971) an, während der Roman *The four-gated city* (1969) aus der Serie *Children of violence* deutlich utopische Züge trägt. Seit 1979 entwickelte Doris Lessing schließlich einen Romantypus, den sie »space-fiction« nennt und den sie dazu benutzt – gleich der utopischen und anti-utopischen Literatur –, Hoffnungen und Befürchtungen ihrer zeitgenössischen Leser zum Ausdruck zu bringen, die durch die politischen, aber auch durch die wissenschaftlichen Entwicklungen zum ständigen Nachdenken über ihr zukünftiges Schicksal gezwungen werden.

In einem Interview, das David Lodge 1964 für die BBC über Doris Lessing gab, findet sich folgende Bemerkung über den Roman *The golden notebook*: »... she seems to be using the conventions of realistic fiction while being aware of their limitations and building this awareness into the novel itself, so that you have, I think, a very interesting, fruitful sort of tension between the novelistic commitment to rendering experience through traditional forms and yet an enquiring, adventurous, very candid questioning of those conventions, ultimately raising all kinds of questions about art and reality.« Das Streben nach einer realistisch authentischen Darstellung der Wirklichkeit, das den englischen Roman seit Daniel Defoe charakterisiert, und die ständige Reflexion über die Formen der Darstellung, die ebenfalls im 18. Jahrhundert (z. B. bei Sterne) schon zu beobachten ist, bezeichnen die beiden Pole des Spannungsfeldes, innerhalb dessen sich der englische Roman auch im 20. Jahrhundert bis zum gegenwärtigen Augenblick entwickelt hat. In der Selbstparodie des Romans, wie sie bei David Lodge von *The British Museum is falling down* (1965) bis *Small world* (1984) anzutreffen ist, bekunden sich ebensoviel künstlerische Intelligenz und Gestaltungskraft wie in den unablässigen Versuchen, die zeitgenössische Erfahrungswirklichkeit derart in Situationen und Charaktere umzusetzen, daß der Leser sich und seine Lebenswelt im Roman wiedererkennen kann. (E)

Prosa

Mittelalter

In fast jeder Nationalliteratur hat sich die Prosa später und langsamer entwickelt als der Vers. Die Allgegenwart der Prosa und die starke Zurückdrängung des Verses in der Moderne verdecken leicht die Tatsache, daß die frühen Werke einer Literatur in aller Regel metrische Werke sind und daß diese häufig ein hohes Niveau erreichen, noch ehe die Prosa über eine Primitivstufe hinausgelangt. In mündlichen Literaturen ist die gebundene Sprachform aus mnemotechnischen Gründen von großer Bedeutung, und als Sprache des Rituals kommt ihr hohes Prestige zu. Auch in schriftlich fixierten Literaturen besteht zunächst dieser Niveauunterschied zwischen Vers und Prosa, zwischen der Sprache des feierlichen Anlasses, des stilisierten Ausdrucks und der Sprache des täglichen Gebrauchs, der elementaren Verständigung. Er verringert sich jedoch, sobald das Bedürfnis nach dem Ausdruck von Neuem oder Eigenem gegenüber der formalisierten Mitteilung des Überlieferten an Bedeutung gewinnt. Der Prozeß, in dem die Prosa zu einem bewußt gestalteten Medium von hoher Aufnahmefähigkeit und effizienter Wiedergabe wird, erstreckt sich historisch fast immer über einen langen Zeitraum.

Als erster Prosaautor der englischen Literatur gilt König Alfred (849–899). Seine Werke, wie auch die seiner Zeitgenossen, waren weder in Form noch in Sprachgebung Ausdruck einer literarischen Intention; was ihnen an literarischer Qualität zukommt, muß als beiläufiges Merkmal einer nicht auf Eigenwert abzielenden Gebrauchsprosa angesehen werden. Modelle und Orientierungsmöglichkeiten bot in der altenglischen Zeit nur die lateinische Literatur, so daß das altenglische Prosaschrifttum größtenteils aus Übersetzungen besteht. Alfred war Mittelpunkt eines Übersetzerkreises, und seine Leistung liegt wohl ebenso in eigenen Übersetzungen wie in der Anregung eines Übersetzungsprogramms, das sich auf die paraphrastische Übertragung und Anverwandlung kulturell bedeutsamer lateinischer Texte erstreckte: den *Regulae pastoralis liber* Gregors des Großen, die apologetische Weltgeschichte (*Historiae adversum paganos libri septem*) des Spaniers Paulus Orosius, die *Consolatio philosophiae* von Boethius und nicht zuletzt auf Bedas englische Geschichte, die *Historia ecclesiastica gentis Anglorum*.

Originale englische Werke sind ebenfalls Gebrauchsliteratur, so die *Blostman* (»blossoms«) benannte Anthologie Alfreds, die großenteils auf den *Soliloquia* des Augustinus beruht, aber auch anderes und Eigenes einschließt. Das herausragende Werk sind die vom König initiierten angelsächsischen Chroniken (*Anglo-Saxon chronicles*), ein aus verschiedenen Quellen gespeistes, bis auf die römische Eroberung Britanniens zurückreichendes und in verschiedenen Versionen existierendes annalistisches Werk, das in seiner Weiterführung zu einem inhaltlich detaillierteren und sprachlich differenzierteren historischen Bericht werden sollte.

Aus der monastischen Reformbewegung des 10. Jahrhunderts ging der bedeutendste altenglische Prosaist hervor: Aelfric (ca. 955–ca. 1020), Mönch in Winchester, später Abt von Eynsham in Oxfordshire. Er war »the great master of prose in all its forms« (W. P. Ker), nahm sich Alfred zum Vorbild und fügte dem Bestand an Übersetzungen aus dem Lateinischen die ersten sieben Bücher der Bibel (*Heptateuch*) sowie den Genesis-Kommentar von Alkuin (*Interrogationes Sigewulfi*) hinzu. Seine wichtigsten Werke sind zwei Folgen von Homilien (*Homiliae Catholicae*) und eine Folge von Heiligenviten (*Passiones Sanctorum*); alle entstanden kurz vor der Jahrtausendwende und dienten als Vorlagen für die Predigten an Sonn- und Festtagen des Kirchenjahres. Aelfrics Prosa ist klar und ausdrucksvoll, weist starke rhythmische Elemente auf und ist ebenso am germanischen Vers wie an der lateinischen Prosa der Epoche geschult.

Die Homilien sind eine kennzeichnende Form der altenglischen Literatur, zu deren weiterer Ausgestaltung eine Reihe von namentlich bekannten oder anonymen Autoren beitrugen. Zu den bedeutenden Homileten gehört Wulfstan, gestorben 1023 als Erzbischof von York, dessen *Sermo lupi ad Anglos* (um 1014) die wohl berühmteste Einzelpredigt der Epoche ist. Sammlungen wie die schon vor 1000 entstandenen *Blickling-Homilien* oder die *Vercelli-Homilien* repräsentieren demgegenüber den durchschnittlichen Standard, der allerdings im Hinblick auf die sprachlichen Qualitäten überraschend hoch ist.

Jedoch setzt sich die Entwicklung nicht ungebrochen in die mittelenglische Epoche fort.

Der Einschnitt, den die normannische Eroberung für England bedeutete, dokumentiert sich in der Sachprosa in einem starken Rückgang des englischen Schrifttums. Eine unmittelbare Kontinuität gibt es nur bei den Chroniken, die daher auch als das stärkste Bindeglied zwischen den Epochen angesehen werden. Das sogenannte *Peterborough chronicle* wurde bis in die Mitte des 12. Jahrhunderts fortgeführt und stellt für diesen Zeitraum auch das wichtigste literarische Denkmal dar. Die für das frühe Mittelalter bedeutende Historiographie liegt indessen in lateinischer Sprache vor, so vor allem die *Historia regum Britanniae* des Geoffrey of Monmouth (ca. 1100–1154), die eine außerordentlich breite und verzweigte Wirkungsgeschichte hat. Metrische Chroniken gibt es verschiedentlich in späterer Zeit, doch erst im 14. Jahrhundert setzte sich die Prosachronik mit dem *Polychronicon* des Ranulf Higden (gestorben 1364) fort, einer Weltgeschichte, deren englische Übersetzung von John Trevisa (1480 von Caxton gedruckt) zu den hervorragenden Sprachdenkmälern des 14. Jahrhunderts gehört.

Im religiösen Schrifttum der mittelenglischen Zeit wirkten altenglische Überlieferungen weiter. Die Homilienliteratur westsächsischen Ursprungs erhielt sich in verschiedener Form und an verschiedenen Orten bis ins 12. Jahrhundert. Die Weiterführung dieser Tradition ist in den Texten der sogenannten *Katherine group* dokumentiert, fünf zusammengehörigen Stükken (Legenden der hl. Katherine, Margaret und Juliana und zwei religiösen Traktaten), die aus dem Lateinischen in eine auffällig flexible, allerdings noch von der gebundenen Sprache beeinflußte Prosa übersetzt sind.

Das hervorragende Prosawerk der Zeit ist die *Ancrene Riwle* (»Rule for Anchoresses«, Anweisungen für Anachoretinnen), das generell als der bemerkenswerteste Text der englischen Literatur zwischen König Alfreds Übersetzungen und Sir Thomas Malorys Romanzenzyklus *Morte Darthur* aus dem 14. Jahrhundert angesehen wird. Dieser Traktat eines unbekannten Autors, wohl kurz nach 1200 entstanden, enthält in mehreren Büchern eine Lebens- und Verhaltenslehre für drei Anachoretinnen, die nicht nur mit ungewöhnlicher Menschenkenntnis und Weltklugheit vorgebracht wird, sondern in einer so anschaulichen und vom Sprichwort bis zum drastischen Vergleich über alle Stilmittel verfügenden Sprache geschrieben ist, daß sie als

Zeitdokument wie als literarische Komposition bis heute lebendig ist.

Die Erbauungsliteratur spielte auch für das spätere 13. und das 14. Jahrhundert eine dominante Rolle, teils in Übersetzungen, teils in originalen Texten. Meist handelt es sich um anspruchslose Unterweisungen im christlichen Glauben und Leben, gelegentlich auch um aufwendig, aber wirkungsarm ausgeführte Allegorien. Sie sind wichtiger für die Geschichte von Sprache und Frömmigkeit als für die Geschichte der Literatur. Doch ragen – in einer Epoche der europäischen Mystik – einige Mystiker hervor, so Walter Hilton (gestorben 1396) mit seiner *Scale of perfection*, dem wohl eingängigsten unter den mystischen Traktaten, oder Juliana von Norwich mit den autobiographisch durchsetzten *Sixteen revelations of divine love*.

Der prominenteste Vertreter der religiösen Prosa des 14. Jahrhunderts war der Reformer John Wyclif (ca. 1330–1384), obwohl ihm eher der Rang einer Symbolfigur als der eines Luther der englischen Prosa zukommt. Die mit seinem Namen verbundene Bibel-Übersetzung, die erste vollständige englische der Vulgata, wurde von ihm angeregt und nur teilweise selbst ausgeführt. Sie existiert in zwei Versionen, von denen die spätere, wohl von John Purvey stammende, ausgezeichnete Passagen aufweist. Wyclifs theologische Schriften erschienen großenteils lateinisch, und eine Reihe der ihm zugeschriebenen englischen Schriften stammen wohl von seinen als Lollards (»Nuschler«) bezeichneten Anhängern.

Wiewohl das 14. Jahrhundert eine Blütezeit der Versdichtung war, weitete sich der Bereich der Prosa sukzessive aus. Nach wie vor waren dabei Übersetzungen von großer Bedeutung. Durch das ganze Mittelalter gab es ein vielfältiges lateinisches Prosaschrifttum, und an Übertragungen von historischen und philosophischen Werken (wie etwa von *De proprietatibus rerum* des Bartholomaeus Anglicus durch John Trevisa, vollendet 1398) bildete sich eine differenzierte, in unterschiedliche »weltliche« Bereiche hineinreichende Prosa aus. Auch die aus Reiseanweisungen, Reiseschilderungen und Reiselügen kompilierten *Travels of Sir John Mandeville* (um 1356), eines der berühmtesten mittelalterlichen Bücher und der Beginn des Genres der Reiseerzählung, wurden aus dem Französischen in ein ansprechendes, die Ausdrucksmöglichkeiten erweiterndes Englisch übersetzt. 1496 von Richard Pynson herausgebracht, einem der frühen Londoner Drucker, wurde das Buch in ganz Europa zu einem populären Leseerfolg.

16. und 17. Jahrhundert

Was unter dem Signum der Renaissance an Neuem in Erscheinung trat, manifestierte sich nicht als spontaner Aufbruch, sondern als Ergebnis eines allmählichen Übergangs, der durch die Weiterführung des Bestehenden ebenso bestimmt war wie durch den Willen zu selbstbewußter Loslösung. Das 15. Jahrhundert war eine rückwärtsgewandte Epoche, und auch das 16. Jahrhundert weist am Beginn noch Züge der Vergangenheit auf. Die Tradition wurde durch die zunächst konservierende Wirkung des Buchdrucks verstärkt, der sich nach der Mitte des 15. Jahrhunderts überall in Westeuropa ausbreitete und durch William Caxton Mitte der siebziger Jahre auch in England eingeführt wurde. Die neue Verbreitungsweise zahlreicher mittelalterlicher Werke hielt die Literatur der Epoche präsent, und in der historischen wie auch in der religiösen Prosa blieben bereits ausgebildete Formen bisweilen bis ins spätere 16. Jahrhundert hinein relativ stabil.

Als Medium der geschichtlichen Überlieferung behauptete sich die Chronik. Sie wurde erst zu Beginn des 17. Jahrhunderts durch andere historiographische Formen abgelöst. Doch weitete sie sich thematisch aus, so daß die nationale und sogar die universale Geschichte ins Blickfeld trat, und sie wurde stilistisch differenzierter und anspruchsvoller. Das erste herausragende Werk der Tudorzeit war Edward Halls *The union of the two noble and illustre families of Lancaster and York* (1542), das die englische Geschichte mit glorifizierender Rhetorik, doch in einer gekünstelten Eleganz des Stils darbot.

Das zweite, *The chronicles of England, Scotland, and Ireland* (1577), war anfänglich als universale Kosmographie geplant, schrumpfte in der Ausführung aber auf eine Geschichte und Geographie der britischen Inseln zusammen. Unter dem Namen Raphael Holinsheds geläufig, ist es eine kompilatorische Arbeit mehrerer Autoren, darunter William Harrisons, dessen *Description of Britain* der originellste, durch natürliche und lebendige Darstellung hervorstechende Teil der Chronik ist (»I never make any choice of style or words«). Beide Chroniken waren ergiebige Quellen für literarische Werke der Zeit, nicht zuletzt für Shakespeares Historien.

In der religiösen Prosa war die bedeutendste Leistung des frühen 16. Jahrhunderts die Bibelübersetzung von William Tyndale (ca. 1494–1536). Sie führte die Wyclifsche Tradition der englischen Bibel weiter, wiewohl Tyndale durch die erstmalige Benutzung des von Erasmus etablierten griechischen Textes einen Neuanfang setzte. Die Übertragung entstand in Deutschland, wohin Tyndale aus dem vorreformatorischen England fliehen mußte, wurde in Köln und Worms gedruckt (1525/26) und von dort nach England geschmuggelt. »No fine words« war Tyndales Grundsatz für die Übersetzung. Mit schlichter, kraftvoller und eindringlicher Sprache wollte er, Luthers Vorbild folgend, auch den einfachen, ungebildeten Menschen erreichen.

Nach Tyndales unvollständiger Übertragung entstanden in schneller Folge mehrere Übersetzungen, so daß das 16. Jahrhundert zum Jahrhundert der englischen Bibel wurde. Miles Coverdale, lutherischer Observanz, schuf unter Benutzung von Tyndales Text die erste komplette Übersetzung, die ebenfalls noch in Deutschland gedruckt werden mußte. Seine unübertroffene Übertragung der Psalmen lebt im *Book of Common Prayer* (1549) fort. Die sich anschließenden Ausgaben stellen eine stufenweise Weiterentwicklung von Tyndales und Coverdales Text dar, der damit unabhängig von theologischen Zusammenhängen einen bleibenden Standard für die Prosa setzte.

Für längere Zeit maßgebend blieb die umfänglich kommentierte, kalvinistisch-konservative, nach ihrem Publikationsort genannte *Geneva Bible* (1560), die weitgehend als die Bibel der elisabethanischen Literatur angesehen werden muß. Zur klassischen Übertragung wurde die *Authorized Version* oder *King James Bible* (1611), die ihre gültige Fassung durch ein Gremium von Theologen erhielt, aber zumindest für das Neue Testament im wesentlichen Tyndales Text bot, gelegentlich aber auch auf Wyclif zurückgriff. Sie stellt ein Monument der englischen Sprache dar, das in seiner prägenden Kraft kaum überschätzt werden kann und auch durch *The New English Bible* (1961, 1970) nicht verdrängt worden ist.

Die neuen Tendenzen des 16. Jahrhunderts brachen sich uneingeschränkt in der humanistischen Literatur Bahn. In den ersten Jahrzehnten bildete sich ein neues, aus der Aneignung der lateinischen Sprache und Literatur hervorgehendes Stilideal aus, das um die Jahrhundertmitte zur vollen Entfaltung kam. Es wurde für die Renaissance und über sie hinaus verbindlich. Der Autor, an dem sich die Humanisten schulten, war Cicero. Seine fein ausgewogenen und sorgfältig auf rhetorische wie auf euphonische Wirkung abgestellten Perioden wurden zum Inbegriff der vollkommenen Prosa und damit zum erklärten Ziel einer in England wie auch auf dem Kontinent erstmals in Erscheinung tretenden Kunstprosa.

»The choiceness of the phrase, and the round and clean composition of the sentence« galt, wie Francis Bacon zu Anfang des 17. Jahrhunderts im Rückblick beschreibend wie kritisierend bemerkte, als allein erstrebenswert – nicht nur für das Latein, das die Humanisten in engster Anlehnung an das klassische Vorbild schrieben, sondern auch für das Englische, das sie dem Lateinischen so weit wie möglich anzugleichen suchten. Damit wurde dem Englischen einerseits eine bis dahin nicht praktizierte Sprachpflege zuteil, die ebenso das Vokabular erweiterte wie die Ausdrucksmöglichkeiten verfeinerte und differenzierte. Andererseits wurde dem Englischen ein Modell übergestülpt, das durch die Verschiedenheit der beiden Sprachen zu Verzerrungen führen mußte. So ist die Prosa des mittleren und späten 16. Jahrhunderts nicht nur eine experimentierende, um Gepflegtheit und »Eleganz« bemühte Prosa, sondern vielfach auch eine artifizielle und unidiomatisch manierierte Prosa von überschießender Rhetorik. Der von John Lylys *Euphues, the anatomy of wit* (1580) abgeleitete Stilbegriff Euphuismus bezeichnet eine besonders preziöse, überladene und effekthaschende Prosa der Epoche, die in der erzählenden wie in der nicht-erzählenden Literatur und nicht nur bei Autoren minderen Ranges anzutreffen ist.

Durch die Anverwandlung des klassischen Altertums erweiterte sich der Formenkanon der englischen Literatur beträchtlich. Manche dieser Formen haben sich, jeweils für neue Verwendung modifiziert, lange Zeit und nicht selten bis in die Moderne erhalten. Der Prozeß vollzog sich zunächst in den Kern- und Randbezirken humanistischer Gelehrsamkeit, weitete sich aber zunehmend auf die allgemeine Literatur aus. Das Prosaschrifttum des Humanismus war in erster Linie, wiewohl nicht ausschließlich, von moralistischen und pädagogischen Zielsetzungen bestimmt und durch das dominante Interesse an den Texten antiker Autoren auf die Analyse des literarischen Werkes als Kunstprodukt gerichtet. Damit traten entsprechende Formen in den Vordergrund.

Bereits bei John Colet (ca. 1467–1519), dem berühmtesten der frühen Oxforder Humanisten, finden sich neben traditionellen charakteristische neue Formen in seinen exegetischen Vorlesungen wie auch seinen (erst im 19. Jahrhundert publizierten) Traktaten. Sir Thomas Elyot (1490?–1546), bahnbrechend in der Verwendung des Englischen für sonst lateinisch abgehandelte Gegenstände, adaptierte in seinem das Persönlichkeitsideal der Epoche skizzierenden *Book named the Governor* (1531) die klassische und zeitgenössische Form des Erziehungsbuches. Er begründete damit eine literarische Tradition, der John Lockes *Some thoughts concerning education* (1693) ebenso zuzurechnen ist wie Kardinal Newmans *The idea of a university* (1873) und A. N. Whiteheads *The aims of education* (1929).

Roger Ascham (1515/16–1568), Tutor der Prinzessin Elisabeth, dessen *The schoolmaster* (posthum 1570) zu den damals verbreitetsten Erziehungsbüchern gehörte, benutzte als erster die auf Plato zurückgeführte Dialogform für seinen *Toxophilus, the school of shooting* (1545), eine Unterweisung in der damals populären Kunst des Bogenschießens. Als eines der gefälligsten Bücher der Epoche leitete der *Toxophilus* die Benutzung der durch die philosophische Herkunft »hohen« Dialogform für »niedere« Gegenstände ein – eine Verbindung, aus der auch in späteren Epochen zahlreiche Werke hervorgehen sollten, darunter eines der meistgelesenen und heute klassischen des 17. Jahrhunderts: Izaak Waltons *The complete angler, or the contemplative man's recreation* (1653).

Auf souveränste Weise vollzog sich die Anverwandlung der antiken Literatur in der *Utopia* (1516) des Thomas Morus, der in seiner Person den Humanismus englischer Prägung exemplarisch verkörpert. Zunächst lateinisch veröffentlicht, fand das »wahrhaft goldene Büchlein« (*Libellus vere aureus ... de optimo reipublicae statu, deque nova insula Utopia*), dessen Druck in Löwen Erasmus überwachte, spätestens von der Jahrhundertmitte ab in landessprachlichen Übersetzungen überall in Europa Aufnahme. Es war keine »Nachahmung«, sondern eine originäre Neuschöpfung aus dem Geiste der antiken Literatur und in seinem Entwurf einer idealen Gesellschaft ein neuzeitliches Gegenstück zu Platos *Staat* – und Satire. In formalen Konventionen und inhaltlicher Ausprägung wirkte es genrebildend. Von Tommaso Campanellas *Sonnenstaat* (1602) über Francis Bacons *New Atlantis* (1626) reichen die »Utopien« bis in die moderne Science Fiction-Literatur, und die nach einer Wortbildung von John Stuart Mill (1868) als dystopisch bezeichneten Anti-Utopien bilden ein komplementäres Genre, dem Swifts *Gulliver's travels* (1726) und Samuel Butlers *Erewhon* (»nowhere«, 1872) ebenso zugerechnet werden können wie Orwells *Nineteen eighty-four* (1949).

Das poetologisch-literaturkritische Schrifttum des englischen Humanismus, weit weniger umfangreich und gewichtig als das der italienischen Renaissance, ist ungeachtet der Einbeziehung ästhetischer Gesichtspunkte weitgehend von literaturpraktischen Erwägungen geprägt. Thomas Wilsons *The art of rhetoric* (1553) ist das früheste Beispiel für das zeittypische Handbuch, das in Henry Peachams *Garden of eloquence* (1577) seine beste Ausprägung fand. William Webbes *Discourse of English poetry* (1586) veranschaulicht eine weithin anzutreffende Unkenntnis und Unbeholfenheit im Umgang mit der zeitgenössischen Literatur.

Vor diesem Hintergrund hebt sich Philip Sidneys *Defence of poesie* (entstanden um 1580, veröffentlicht 1595, auch als *Apology for poetry*) glanzvoll ab. Eine der besten Leistungen elisabethanischer Prosa und in der Form der klassischen Rede die elegante Adaptation eines antiken Musters, bietet diese weltmännisch vorgetragene »Verteidigung« der Literatur gegen ihre puritanischen Verächter eine konsistente Theorie auf der Höhe der Zeit. Wiewohl die Literatur über die Literatur zunahm (George Puttenhams *Art of English poesie* 1589 und Thomas Campions *Observations on the art of English poesie* 1602 sind historisch aufschlußreiche Beispiele), gibt es bis hin zu John Dryden nichts Vergleichbares.

In einem durch geistige Neuorientierung und religiösen Umbruch so nachhaltig geprägten Zeitalter wie dem 16. Jahrhundert nimmt die Kontroversliteratur notwendig einen breiten Raum ein. Allenthalben wurde die Tagesschriftstellerei mit Verve und häufig auch mit Geschick betrieben. Gleichwohl sind die meisten ihrer Erzeugnisse für den heutigen Leser, wenn überhaupt, nur noch von marginalem literarischen Interesse. Die Flugschrift, das Sendschreiben und der Traktat (wofür das Englische den zusammenfassenden Ausdruck *pamphlet* benutzt) gehören indessen zum Werk auch der bedeutenderen Autoren (wie etwa Thomas Morus), und die Prosa der Zeit entwickelte sich nicht zuletzt durch intensive Benutzung in den ephemeren Kleinformen eines häufig subliterarischen Schrifttums.

Gegen das Jahrhundertende zeigte sich in den sogenannten *Marprelate tracts*, zu denen John Lyly, Thomas Nashe und andere Literaten beitrugen, eine beachtliche satirische Nuance in der religiösen Kontroverse. Und es ist fast folgerichtig, wenn die Kontroversen in einem philosophisch-theologischen Prosawerk ihren Abschluß fanden, das in seiner gedanklichen und sprachlichen Ausgewogenheit zu den klassischen der englischen Literatur gezählt und in seinem epochalen Rang Spensers *Faerie Queene* zur Seite gestellt wird: Richard Hookers *Laws of ecclesiastical polity* (1593), die den Zeitgenossen die majestätisch entworfene Vision einer religiösen und, darüber hinaus, kosmischen Ordnung vorstellten.

Die dominante neuzeitliche Form trat um die Jahrhundertwende mit dem Essay in Erscheinung, ohne daß indessen ihre Bedeutung sofort offenkundig wurde. Der erste englische Essayist war Francis Bacon. Anders als seine philosophischen Schriften, in denen sich neuzeitliches Denken richtungweisend manifestierte, wirken seine *Essays or counsels, civil and moral* (1597, erweitert 1612 und 1625) im historischen Rückblick kaum revolutionär, sondern – als Summen allgemeingültiger Erfahrung präsentiert – in Gehalt und Ausführung eher konventionell. Bacon selbst empfand sich nicht als Neuerer, sondern war überzeugt, nur eine bereits in der Antike gängige literarische Form wieder zu beleben: »The word is late, but the thing is ancient; for Seneca's epistles to Lucilius, if you mark them well, are but essays, that is, dispersed meditations.«

Die weitere Entwicklung des Essays in England wurde jedoch nicht nur durch das Vorbild Bacons, sondern auch durch das Montaignes bestimmt, dessen *Essais* (1580, erweitert 1588) denen Bacons vorausgingen. Sie repräsentieren in prototypischer Weise die in der Regel mit dem Essay assoziierte individuelle Denkhaltung: den »tastenden Versuch« (Montaigne) im Umgang mit dem Gegenstand, die distanzierte Geistesart, die skeptische Einstellung zur Möglichkeit der Wahrheitsfindung. Montaigne wurde 1603 von John Florio ins Englische übertragen. Die Übersetzung gehört zu den besten Leistungen der reichen elisabethanischen Übersetzungsliteratur, die antiken und zeitgenössischen Autoren eine unmittelbare, vielfach bis ins späte 17. Jahrhundert wirkende literarische Präsenz gab.

Vermöge seiner dem englischen Empfinden besonders kommensurablen Mentalität wurde Montaigne wie wenige kontinentale Autoren in England assimiliert. Durch die Verschmelzung der heimischen mit der französischen Tradition wurde der Essay nicht nur zu einer besonders charakteristischen Form der englischen Literatur. Es bildete sich auch jene spezifische (in Deutschland weitgehend unverstandene) »Affinität zur offenen geistigen Erfahrung« (Adorno) heraus, durch die der Essay zur modernen literarischen Form par excellence geworden ist.

Was Bacon und Montaigne verband, war ein neues Stilideal, das sich um die Wende vom 16. zum 17. Jahrhundert durchzusetzen begann. Negativ war es durch die Ablehnung des eloquenten ciceronianischen Periodenstils gekennzeichnet; positiv durch Kürze, Prägnanz, Bedeutungsverdichtung und eine in vermeintlicher Natürlichkeit sich mitteilende Direktheit. Das antike Vorbild dafür war Seneca und in geringerem Maße auch Tacitus. Wiewohl Montaigne ein engeres Verhältnis zu Seneca hatte als Bacon (der nach dem Ciceronianismus auch den Senecaismus kritisierte – »seems more witty and weighty than indeed it is«), sind Bacons *Essays* in ihrer oft extremen Konzentration von Gedanke und Ausdruck doch ein Muster für die neue Prosa. Bacon verfügte, je nach Anlaß und Bedarf, über mehrere Stile, doch für seine Nachfolger war fast ausschließlich Seneca verbindlich.

Vom beginnenden 17. Jahrhundert an erweist sich der Essay als flexible und anpassungsfähige Form, die von jeder Epoche neu in Anspruch genommen und für jeweils andere Zwecke benutzt wurde, so daß sich in stetem Wandel eine Kontinuität der Form bis in die Gegenwart ergibt. Bacon hatte eine Reihe von unmittelbaren Nachfolgern, von denen Sir William Cornwallis (1579?–1614) der bedeutendste war. Seine *Essays* (1600/01), ein durch christlichen Stoizismus geprägtes Jugendwerk, lassen exemplarisch die Bindung des frühen Essays an eine aristokratische Kultur und ein aristokratisches Literaturverständnis deutlich werden. Diese Bindung blieb indessen nicht erhalten und sollte sich auch in der moralistischen Essayistik bald lösen. In Abraham Cowleys von Montaigne beeinflußten Essays (zuerst in *Works* 1668) kündigte sich dann der persönlich und invididuell geprägte »informelle« Essay an, dessen Tradition über einige der (in *Miscellanea* 1680–1701 zusammengefaßten) Essays von Sir William Temple (1628–1699) ins 18. und 19. Jahrhundert führt.

Um 1625 konnte der Essay als voll ausgebildet gelten, und er durchzog die Literatur des gesamten 17. Jahrhunderts. Mit seinen Unter- und Nebenformen wies er eine erhebliche Variationsbreite auf. Ein beliebtes Paradestück war das Paradox, ein *jeux d'esprit*, bei dem das Gegenteil eines wahren oder allgemein akzeptierten Sachverhalts demonstriert wurde. Anregungen kamen vor allem von Erasmus' *Moriae encomium* (1511; *Lob der Torheit*) und Ortensio Landos *Paradossi* (1543). Paradoxe Essays wurden bis ins 18. Jahrhundert geschrieben, und auch das 19. Jahrhundert sollte das Paradox wieder aufgreifen. Zu den originellsten und amüsantesten des Genre gehören John Donnes *Juvenilia, or certain paradoxes and problems* (1633; früher entstanden) mit Themen wie »That nature is our worst guide«. Seine *Songs and sonnets* demonstrieren zugleich, daß das Paradox als Denkfigur wie als Ausdruck des Lebensgefühls nicht notwendig an die Essay-Form gebunden war.

Noch verbreiteter war die essayistische Charakterstudie, in der die *Charaktere* des Aristoteles-Schülers Theophrast (ca. 370–285 v. Chr.) wiedererstanden. Im Verständnis des 17. Jahrhunderts handelte es sich um ein Gruppenporträt: um die deskriptive, stets pointiert und nicht selten satirisch ausgeführte Skizze eines Typus. Joseph Halls *Characters of virtues and vices* (1608) bildeten den programmatischen Auftakt; John Earles *Microcosmography* (1628) verdeutlicht den Bezug zur damaligen Auffassung des Menschen als eines dem Makrokosmos korrespondierenden Mikrokosmos; und Samuel Butlers *Characters*, eine große literarische Leistung der Restaurationszeit, markieren den Höhepunkt und zugleich den Niedergang des Genres (sie wurden erst im 18. Jahrhundert veröffentlicht). *The character of a trimmer* (1688), worunter die Zeit einen linksradikalen Anglikaner verstand, ist die wichtigste politische Schrift des Earl of Halifax (1633–1695), der zu den herausragenden Staatsmännern und Essayisten der Restaurationszeit gehört.

La Bruyères *Les caractères* (1688), der bedeutendste französische Beitrag zur Charakter-Literatur, wirkte auf die Essayistik des 18. Jahrhunderts, deren Charaktere häufig als Vorläufer der »individualisierten« Romancharaktere angesehen werden. Noch das 19. Jahrhundert empfand die Porträtierung des Typus als reizvoll, und es entwickelte seine eigene Manier in Dickens' *Sketches by Boz* (1839) oder in Thackerays *Book of snobs*

(1848). George Eliots *Impressions of Theophrastus Such* (1879), eine Sammlung moralistischer Essays, gehören zu den letzten Ausläufern.

Als literarische Form des »Versuchs« kam der Essay in besonderer Weise den Bedürfnissen eines Zeitalters entgegen, das sich der Suche nach dem Neuen wie der Suche nach der Wahrheit verschrieben hatte. Im Laufe des 17. Jahrhunderts, besonders im letzten Drittel, verbreiterte sich das Spektrum des Essays zu einem nahezu allumfassenden Genre. Von herkömmlich kurzen Texten bis zu buchlangen Abhandlungen wurde alles als Essay bezeichnet. Der Begriff des Essays durchdrang sich mit dem des traditionellen Traktats, so daß es für das 18. Jahrhundert selbstverständlich wurde, »the idea of regular treatises and dissertations« (Vicesimus Knox) mit der Vorstellung vom Essay zu verbinden. Malthus' *Essay on the principle of population* (1793) bietet ein spätes Beispiel. Grundsätzlich bestimmte sich die essayistische Qualität eines Werkes weniger nach formalen Merkmalen als durch seinen expositorisch-entwurfhaften Charakter, durch den gedanklichen Vorstoß ins bislang Unbekannte oder Unentdeckte, so daß paradoxerweise bei einem so verstandenen essayistischen Werk auf die Benennung Essay auch verzichtet werden konnte.

Die sich im 17. Jahrhundert auf die Moderne hin ausdifferenzierenden Bereiche sind sämtlich durch den Essay geprägt. Auf dem Gebiet der Literatur bildete sich jenseits der Poetologie der Renaissance die Literaturkritik heraus, als deren Begründer John Dryden gilt. Doch schon Ben Jonsons *Timber, or, discoveries* (1540), gewöhnlich als *commonplace book* (Kollektaneen-Buch) bezeichnet, enthält Ansätze zu literarkritischen Essays. Drydens *Of dramatick poesy. An essay* (1668) ist der erste wirkliche »Versuch«, literarische Leistungen im ursprünglichen Sinne des Wortes Kritik nach einem Maßstab zu beurteilen. Sein gesamtes kritisches Œuvre bis hin zu den großen Abhandlungen über die Satire und das Epos (in Form von Widmungsbriefen) ist essayistisch. Es stellt nicht nur den Auftakt zur Literaturkritik der Restaurationszeit dar, die sich mannigfach artikulierte und die, ausgelöst durch Sir William Temples *Essay upon the ancient and modern learning* (in *Miscellanea* 1690), in der berühmten *Querelle des anciens et des modernes* erstmals den Konflikt zwischen Tradition und Modernität austrug. Drydens Œuvre steht auch am Beginn einer Tradition der essayistischen Literaturkritik durch praktizierende Autoren, die sich bis zu Virginia Woolf, T. S. Eliot und noch moderneren Autoren erstreckt.

In der Philosophie spannt sich der Bogen von Francis Bacons *Of the proficience and advancement of learning, divine and human* (1605), dem grandiosen Programm für das Werk des Geistes in der Neuzeit mit der visionär-utopischen Ergänzung in *New Atlantis* (1626), über Thomas Hobbes' *Leviathan* (1651), eine zum »Diskurs« zusammengefaßte Sequenz von Essays über die Natur des Menschen und das Wesen der Gesellschaft, bis zu John Lockes *Essay concerning human understanding* (1690), einer vom Autor als »diversion of some of my idle and heavy hours« maskierten systematischen Darstellung von Möglichkeiten und Grenzen menschlicher Erkenntnis.

Natürlich ist auch der herkömmliche gelehrte Traktat, nicht selten von barockem Zuschnitt, in der philosophischen Literatur anzutreffen, so etwa bei den Cambridger Platonikern. Doch die Tendenzen der Epoche drängten zunehmend auf eine möglichst leicht aufnehmbare Form der Darstellung, wie sie dann für das 18. Jahrhundert selbstverständlich wurde. Ein Kuriosum unter den gelehrten Traktaten des frühen 17. Jahrhunderts ist Robert Burtons paramedizinische Abhandlung *The anatomy of melancholy* (1621). Sie hat in der ihr eigenen Verbindung von stupender Belesenheit, psychologischer Sensitivität, satirischer Demaskierungskunst und intellektueller *malcontentedness* literarischen, wenn nicht weltliterarischen Rang.

In der Naturforschung schied sich im 17. Jahrhundert das Pseudo-Wissen von sachbestimmter Erkenntnis in einem Prozeß, der die Epoche zu einer Wendezeit der europäischen Geistesgeschichte macht. Entsprechend vielfältig ist das Schrifttum, das von der okkulten Aufzeichnung bis zur Monographie im heutigen Sinne reicht. Zwischen William Harveys lateinisch geschriebener Abhandlung über den Blutkreislauf (zuerst Frankfurt 1628), einem der fundamentalen wissenschaftlichen Werke der Neuzeit, und Isaac Newtons ebenfalls lateinisch geschriebenen *Philosophiae naturalis principia mathematica* (1687, englisch 1729), der souveränen Grundlegung der modernen Physik, liegt ein reich differenziertes Korpus von Schrifttum, in dem sich einerseits eine – auch für die Folgezeit charakteristische – Nähe zur eigentlichen Literatur dokumentiert und andererseits die Konturen der heute verbindlichen wissenschaftlichen Mitteilungsformen sichtbar werden.

Der Essay ist allenthalben anzutreffen, nicht zuletzt im Umkreis der 1662 gegründeten Royal Society. So schrieb der Chemiker Robert Boyle zahlreiche Essays und seinen *Sceptical Chymist* (1661), die erste große Verteidigung der experimentellen Chemie, in Dialogform. Joseph Glanvill, der eloquenteste Apologet der Royal Society, faßte seine Argumente letztgültig in *Essays on several important subjects in philosophy and religion* (1676) zusammen. John Wilkins' Entwurf einer konsequent logischen Sprache erschien als *An essay towards a real character and a philosophical language* (1668). Robert Hookes *Micrographia* (1665), die erste Mitteilung mikroskopischer Erkenntnisse, ist in der Form deskriptiver Skizzen gehalten. Mit den *Philosophical transactions* (ab 1665) trat die gelehrte Zeitschrift und mit ihr der Zeitschriftenaufsatz in Erscheinung, der noch heute im Englischen vielfach als Essay bezeichnet wird.

Das 17. Jahrhundert war eine Zeit intensiven religiösen Erlebens, aber auch theologischer Kontroversen. Zwischen Unsicherheit und Geborgenheit, zwischen kirchlicher Autorität und persönlicher Glaubensneigung mußten Spannungen ausgetragen werden. Der Anteil des religiösen Schrifttums an der Literaturproduktion war extrem hoch, doch ist heute das meiste nur noch von historischem Interesse. Das gilt besonders für die zahllosen Predigten, die das ganze Jahrhundert hindurch gehalten und gedruckt wurden und die als traditionsreiche und hochentwickelte literarische Form wie kaum ein anderes Genre die sprachliche Entwicklung dokumentieren: von John Donnes und Lancelot Andrewes' (1555–1626) Predigten im »metaphysischen« Stil, die seit T. S. Eliot wieder Interesse finden, über die Jeremy Taylors (1613–1667), des größten Prosaschriftstellers der Jahrhundertmitte, dessen *Rule and exercises of holy living* (1650) und *Rule and exercises of holy dying* (1651) zu den Klassikern der religiösen Literatur gehören, bis hin zu den bewußt schlichten und schmucklosen des Erzbischofs John Tillotson (1630–1694), die sich das 18. Jahrhundert zum Vorbild nahm.

Doch die Religiosität Englands bestand nicht nur, wie John Evelyn satirisch bemerkte, in »preaching and sitting still on Sundays«. Was literarischen Bestand hat, sind – mit einem Titel John Donnes zusammengefaßt – jene *Essays in divinity* (1651), in denen die individuelle Religiosität in ihrer Problematik oder Bekenntnishaftigkeit Ausdruck findet. Donnes meditative *Devotions* (1624) gehören, wie anderes aus seiner Prosa, in diesen Bereich der religiösen »Essayistik«, in dem Sir Thomas Brownes *Religio medici* (1642) ob der stilistischen Meisterschaft einen zentralen Platz einnimmt. Als »a private exercise directed to myself« geschrieben und zunächst nicht für die Veröffentlichung gedacht, bieten sie eine persönliche *confessio Christiana* inmitten einer sich wandelnden Welt, deren »verbreitete Irrtümer« Browne selbst in seiner *Pseudodoxia epidemica, or, enquiries into very many received tenents and commonly presumed truths* (1646) von den wirklichen Sachverhalten zu scheiden versuchte.

»A clear and warrantable body of truth« (Sir Thomas Browne) war das, was das 17. Jahrhundert auf allen Gebieten in immer neuen Ansätzen zu finden trachtete. Bacons programmatischer *natural history* und *civil history* entsprechend, begann man, den Menschen mit ähnlicher Intensität »historisch« zu ergründen wie die Natur. So fallen die Anfänge der modernen Geschichtsschreibung in diese Zeit. An die Stelle der naiven Chronik traten anspruchsvollere Formen, und ihre Ausbildung, teilweise unter dem Einfluß antiker und moderner Vorbilder, steht im Zusammenhang mit einer reflektierten und stärker quellenorientierten Arbeits- und Betrachtungsweise. Den noch in die elisabethanische Zeit fallenden Beginn markiert William Camdens lateinisch geschriebene *Britannia* (1586, englisch 1610), eine detaillierte topographisch-historische Darstellung der britischen Inseln. Ein Pionier unter den Historikern, gehörte Camden zu jener Gruppe von Altertumsforschern (*antiquaries*), mit deren Zusammenschluß zur Society of Antiquaries (1572) in England früher als anderwärts die Bemühungen um die nationalen Altertümer und das »nationale Erbe« begannen.

Bacon selbst trug mit seiner *History of the reign of Henry VII* (1622), die noch immer den Respekt der Zunft hat, zur Entwicklung der Historiographie bei. Thomas Fuller (1608–1661) schrieb in der von den Druiden bis zum Tode Karls I. reichenden *Church history of Britain* (1655), die viel gelesen und von Coleridge mit hohem Lob bedacht wurde, die erste englische Kirchengeschichte. Und Edward Hyde, Earl of Clarendon, legte mit seiner *History of the rebellion and civil wars in England* (posthum 1702–1704), einer aus unmittelbarem Erleben hervorgegangenen Zeitgeschichte, das erste Meisterwerk der englischen Geschichtsschreibung vor, ausgezeichnet ebenso durch distanziertes Urteil wie durch glänzende Charakterisierungskunst. Die Jahrzehnte nach der Restauration waren reich an historischen Werken, aber weder Gilbert Burnet (1643–1715) mit seiner autobiographisch durchsetzten *History of my own time* (posthum 1720–1734) noch andere Historiker einer fernen Epoche oder der eigenen Zeit reichten an Clarendon heran.

Auch der Geschichte des Individuums, deren Fehlen Bacon im *Advancement of learning* bemängelt hatte, nahm sich das 17. Jahrhundert an. Es ist die erste Epoche, in der Biographie und Autobiographie als eigenes Genre eine Rolle spielen, wenngleich keine modernen Maßstäbe angelegt werden dürfen. Fulke Grevilles *Life of Sir Philip Sidney* (1652; früher entstanden) ist mehr Eigendarstellung als Biographie. Izaak Waltons mit Formbewußtsein ausgeführte und noch immer lesbare Biographien von John Donne (1640), George Herbert (1670) und anderen sind in Grenzen akkurat, wirken aber pietätvoll-idealisierend. Doch die heute als *Brief lives* geläufigen biographischen Notizen von John Aubrey (1626–1697), die erst im 19. Jahrhundert zugänglich wurden, sind eine Galerie faszinierend ausgeführter Porträts von Shakespeare bis Rochester. Sie dienten Anthony à Wood (1632–1695) als Rohmaterial für die noch heute konsultierten *Athenae Oxonienses* (1691/92), die zusammen mit Thomas Fullers *History of the worthies of England* (posthum 1662), einer Übersicht über die Grafschaften und die ihnen zugehörigen bedeutenden Persönlichkeiten, am Beginn der großen Tradition der biographischen Nachschlagewerke stehen.

Die Konzeption der Biographie verfeinerte sich im Laufe des Jahrhunderts, nicht zuletzt durch die Hinwendung zur Biographie der interessanten (im Gegensatz zur »großen«) Persönlichkeit, wie in Thomas Sprats Biographie von Abraham Cowley (1668), in Gilbert Burnets Bericht über Leben und Tod des Earl of Rochester (1680) oder in Lucy Hutchinsons Biographie ihres Mannes (posthum 1806). In der Plutarch-Biographie, die Dryden seiner Übersetzung von Plutarchs vergleichenden Lebensbeschreibungen (1683) voranstellte, formulierte er erstmals den modernen Grundsatz, daß eine Biographie auch »minute circumstances and trivial passages of life« einzuschließen habe.

Für die Autobiographie des 17. Jahrhunderts, die ebenso wie die frühe Biographie zunächst eine unscharf konturierte Form war, ist die zwar unverhohlene, aber selbstgefällige Eigendarstellung des Begründers des Deismus, Herbert von Cherbury (1582–1642), ein frühes Beispiel (1764 von Horace Walpole veröffentlicht), an dem sich das mittlere Niveau auch anderer Werke ablesen läßt. Doch gehört hierhin auch eines der zentralen Werke der Epoche: das *Eikon basilike. The portraiture of His*

Sacred Majesty in his solitudes and sufferings (1649), das die Leidensgeschichte Karls I. aufzeichnet, vielleicht auf eigenen Niederschriften des Königs beruht, doch von John Gauden, Bischof von Worcester, als sein Buch beansprucht wurde.

Die Selbsteröffnung, die ein wichtiges Element der Religiosität der Zeit war, fand Ausdruck in zahlreichen Autobiographien von Mitgliedern unterschiedlicher Sekten. Als typisches Beispiel können die *Reliquiae Baxterianae* (1696) des presbyterianischen Predigers Richard Baxter gelten; das bedeutendste stellt John Bunyans *Grace abounding to the chief of sinners* (1666) dar, weniger wegen formaler Qualitäten als wegen der spirituellen Substanz und der persönlichen Intensität des Berichts.

An die Autobiographie grenzt das Tagebuch als eine intimere und nicht immer auf Veröffentlichung zielende Form. Die Vor- und Frühgeschichte des Tagebuches ist schwer rekonstruierbar. Doch charakteristisch für das 17. Jahrhundert als die Epoche, in der sich das Individuelle erstmals voll manifestiert, tritt das Tagebuch unvermittelt in literarisch wie zeitgeschichtlich gleicherweise bedeutsamen Werken zutage. In einer besonderen Ausprägung findet es sich in dem berühmten *Journal or historical account of... George Fox*, das offenbar aus Diktaten des Begründers der Quäkerbewegung 1694 zusammengestellt wurde. Das ausführlichste, von Jugendjahren bis ins Alter geführte, aber die Persönlichkeit hinter dem Ereignisbericht verbergende Tagebuch ist das von John Evelyn (1620–1706), der als Mitglied der Royal Society im geistigen Zentrum der Epoche stand; es wurde als *Memoirs* erstmals 1818 veröffentlicht.

Das andere große Tagebuch der Epoche ist das nur einige Jahre umfassende und wegen des privaten Charakters vieler Einträge stenographisch verschlüsselt geschriebene *Diary* von Samuel Pepys (posthum 1825). In der Vielfalt der Aufzeichnungen, in der Verbindung von Privatem und Öffentlichem und in der Spontaneität und Ungebrochenheit der Selbstmitteilung ist es zum Inbegriff des Tagebuchs geworden. Pepys begründete sozusagen das Tagebuch für die englische Literatur und vollendete es zugleich auf klassische Weise.

Zur offenen geistigen Erfahrung des 17. Jahrhunderts gehört neben der Selbstmitteilung die Selbstbestimmung – ein allenthalben als modern betrachtetes Recht, das indessen gegenüber einer institutionalisierten Autorität durchgesetzt werden mußte. Es ist ein Recht des *dissent*, in dem sich ein humanistischer

Anspruch auf Freiheit und Toleranz artikuliert. Das Œuvre, in dem sich dies in exemplarischer Weise verdichtet, sind die Proschriften John Miltons, die in der Kraft der (lateinischen und englischen) Sprache und in der bleibenden Bedeutung ihres gedanklichen Gehalts wenige Entsprechungen in der englischen Literaturgeschichte haben. Auch wenn manches persönlich motiviert war, sind doch die meisten Traktate Miltons essayhafte »Projektionen«, die weit über den unmittelbaren Anlaß hinausführen. Das gilt für den durch verblüffend modernes Denken gekennzeichneten Traktat *The doctrine and discipline of divorce* (1643) wie für die gegen monarchistische Auffassungen gerichtete Verteidigung der englischen Revolution in *Pro populo Anglicano defensio* (1651). *Areopagitica, a speech for the liberty of unlicenced printing* (1644) ist ein von glühendem Pathos durchdrungenes Plädoyer für das Recht auf geistige Freiheit. Zu seiner Zeit ohne erkennbare Wirkung, zählt es zu den fundamentalen Dokumenten neuzeitlichen Denkens.

18. Jahrhundert

Das 18. Jahrhundert, im neunzehnten abschätzig als Jahrhundert der Prosa und der Vernunft bezeichnet, war im positiven Sinne ein Zeitalter der Prosa, vielleicht sogar *das* Zeitalter der englischen Prosa. Hatte sich die Kunstprosa im 16. Jahrhundert unter dem Einfluß Ciceros entwickelt, so bildete sich im 17. Jahrhundert unter der Einwirkung Senecas zunehmend eine einfachere, »natürlichere«, stärker an die gesprochene Sprache angelehnte Prosa heraus. Der Prozeß verlief über einen längeren Zeitraum, beschleunigte sich im geistigen und politischen Klima der Restaurationszeit und führte an der Wende vom 17. zum 18. Jahrhundert zu einer Schreibart, die nicht mehr auf fremde Modelle und Vorbilder fixiert war, sondern auf eigenen Voraussetzungen ruhte und inhärenten Normen folgte. Das Englische hatte den Status einer voll entwickelten Literatursprache erreicht.

Bei der Entstehung der neuen idiomatischen, »transparenten«, den Gegenstand nicht verstellenden Prosa wirkten mehrere Faktoren zusammen. Die Literatur der Restaurationszeit war weitgehend eine forensische Literatur, in der öffentlich wirksame Argumente eine beträchtliche Rolle spielten. Die Wissenschaftsbewegung förderte eine rationale Denkhaltung und drang auf eine klare, unkomplizierte Sprache – »a close, naked, natural way of speaking« (Thomas Sprat). In den letzten Jahrzehnten des 17. Jahrhunderts traten die Frühformen des Journalismus in Erscheinung, dessen Produkte auf weite Verbreitung und leichte Verständlichkeit abzielten. Die Zensurbestimmungen (Licensing Act 1662) wurden 1694 aufgehoben, und die neue Freiheit ermunterte nicht nur zum Schreiben, sondern auch zu einer aus der geschliffenen Formulierung lebenden Kontroverse. Der gelehrte Autor, dominant im 16. und frühen 17. Jahrhundert, verlor an Terrain, verdrängt durch den allmählich aufkommenden professionellen Autor und den *gentleman author*, dessen stilistische Norm eine leicht formalisierte Version seiner Konversationssprache war.

In charakteristischer Weise zeichnen sich diese Entwicklungen im *periodical essay* ab, der die Tradition des Essays unter neuen literarischen und gesellschaftlichen Prämissen weiterführte. Von zahlreichen Autoren benutzt, ist er eine für das gesamte Jahrhundert kennzeichnende Form. In ihm finden sich vielfältige Elemente des Essays und seiner Nebenformen (etwa der Charakterskizze) aus dem 17. Jahrhundert wieder, die entweder unverändert übernommen oder, zeitgemäß abgewandelt, neuen Intentionen angepaßt wurden. Zugleich waren in der Entstehung, Ausgestaltung und Publikationsweise des *periodical essay* starke journalistische Komponenten wirksam. Durch die Art der Veröffentlichung und Verbreitung, durch die Serienbildung und später durch die Einbeziehung in Zeitschrift und Zeitung läßt er sich, ungeachtet seiner Bedeutung für die Literatur, nicht einem rein literarischen Kontext zuordnen.

In seiner Urform ein Einblattdruck, ist der *periodical essay* von begrenzter Länge, so daß er als geschlossenes Prosastück leicht aufgenommen werden kann. Seine periodische Erscheinungsweise macht andererseits die Fortführung eines Themas über mehrere Essays möglich, so daß sich, wenn gewünscht, die Vorteile von Kürze und Ausführlichkeit auf singuläre Weise miteinander verbinden lassen. Der von den frühesten Werken an benutzte Kunstgriff des Eidolon – eines mit den Zügen des selbständigen und glaubhaften Charakters ausgestatteten Phantom-Autors – gibt einer Serie Kohärenz und erlaubt, zur Belehrung oder Unterhaltung fiktive oder narrative Elemente in einem

Zusammenhang zu verwenden, der ursprünglich expositorischer Natur ist. Angesichts solcher Vorzüge erklärte James Boswell in seiner Essay-Serie *The hypochondriack* (1777–1783) unumwunden: »A periodical paper of instruction and entertainment may be reckoned one of the happiest inventions of modern times.«

Vorformen des *periodical essay* finden sich im späten 17. Jahrhundert, so in Roger L'Estranges *Observator* (1681–1687) oder Ned Wards *London spy* (1698–1700), doch wird der Beginn gewöhnlich mit Richard Steeles *Tatler* (1709–1711) angesetzt, in dem die Grundzüge der literarischen Technik bereits festliegen und auch die journalistischen Ursprünge hervortreten. Steele arbeitete hier wie auch in dem für eindreiviertel Jahre täglich erscheinenden *Spectator* (1711/12; 1714) mit Joseph Addison zusammen, der für das 18. Jahrhundert zum Inbegriff des *periodical essayist* wurde. Im *Spectator* sind alle formalen Möglichkeiten des Genre vollendet realisiert, und seine belehrende Wirkung auf eine breite Leserschaft ist von keinem Nachfolger erreicht worden. Addisons Stil – in Samuel Johnsons Worten »familiar but not coarse, and elegant but not ostentatious« – weist ihn ebenso als Klassizisten wie als unmittelbaren Nachfolger Sir William Temples aus, der sich wie niemand sonst im 17. Jahrhundert der Essayform mit der Eleganz des Weltmannes bediente.

Addison propagierte die Kürze und Prägnanz des Essays als eine der intellektuellen Normen, denen sich das 18. Jahrhundert allenthalben verpflichtet fühlte. Seine Theorie des Essays (*Spectator* Nr. 124) ist über die Absage an gelehrte Pedanterie hinaus eine Zurückweisung der »großen« Form (»a great book is a great evil«), die für die gesamte Literatur der Epoche charakteristisch ist. Wohl wurden weiterhin »große« Bücher geschrieben. Doch die »große« Form wurde durch den Erfolg des Essays nachhaltig diskreditiert, so daß sich die Literaturgeschichte des späten 18. und des 19. Jahrhunderts auch als eine Geschichte zur Erfolglosigkeit verurteilter oder nach und nach aussterbender Großformen darbietet, Roman und Biographie ausgenommen.

Der *periodical essay* des 18. Jahrhunderts stellt eine langgezogene und gleichgestaltete Formation mit einigen herausragenden Spitzen dar. *Tatler* und *Spectator* wurden über Jahrzehnte nachgeahmt, zunächst von Steele und Addison selbst mit weiteren Essay-Serien, von denen der *Guardian* die beste ist. Zahlreiche andere folgten in der ersten Jahrhunderthälfte, entweder mit literarischem oder moralistischem oder politischem Einschlag – von Aaron Hills *The Plain Dealer* (1724) bis zu Henry Fieldings *The Champion* (1739–1741) und Eliza Haywoods *The female Spectator* (1744–1746). Addison wurde überdies zum literarischen Vorbild auf dem Kontinent und in Amerika, vor allem für Benjamin Franklin.

Die bedeutendsten Werke der Jahrhundertmitte sind Samuel Johnsons *Rambler* (1750–1752) und *Idler* (1758–1760). Bei aller Konventionalität im Formalen beanspruchen sie in ihrer inhaltlichen und stilistischen Ausprägung ein Eigenrecht und stehen ebenbürtig neben dem *Tatler* und dem *Spectator*, konnten aber in der Publikumsgunst nicht ganz mit *The world* (1753–1756) mithalten, die Lord Chesterfield, Horace Walpole und andere zu Beiträgern hatte. Oliver Goldsmiths Essays repräsentieren gegenüber dem moralistischen Essay eine unterhaltsamere und leichtere Spielart oder, wie im Falle seines *Citizen of the world* (1762), eine durch narrative und auch satirische Elemente gekennzeichnete Variante.

Auch in der schottischen Aufklärung spielt die Essay-Serie in Form von *The mirror* (1779–80) und *The Lounger* (1785–1787) eine Rolle, beide herausgegeben von dem als »Addison of the North« apostrophierten Henry Mackenzie. Fast alle späteren *periodical essays* erschienen nicht mehr selbständig, sondern wurden von Zeitungen und Zeitschriften absorbiert, in denen sie als Leit-Essays Äquivalente zu jenen journalistischen Formen darstellen, die heute als Leitartikel oder Feuilleton-Beitrag geläufig sind.

Der Journalismus des 18. Jahrhunderts weist fließende Grenzen zum literarischen und gelehrten Werk auf. Seine besten Leistungen liegen auf einem Niveau, das später nicht immer erreicht worden ist. Die Anfänge gehen auf die Restaurationszeit zurück. Gegen Ende der Epoche, die unter Jakob II. und Wilhelm III. von Oranien genügend Anlaß zu Auseinandersetzungen bot, nahm der politische Journalismus mit dem Tory-Organ *The post-boy* (1695–1735) und dem Whig-Organ *The flying-post* (1695–1731) erste Konturen an. Mit dem *Daily courant* (1702–1735) etablierte sich die früheste über längere Zeit erfolgreiche Tageszeitung. Zu Beginn des zweiten Jahrzehnts gab es fast zwanzig verschiedene Zeitungen in London, die zwar nicht durchweg heutigen Zeitungen entsprachen, aber doch wirksame publizistische Instrumente waren. Mit der

Gründung des ersten als Magazin bezeichneten Periodikums durch Edward Cave (Pseudonym Sylvanus Urban), des langlebigen *Gentleman's magazine, or monthly intelligencer* (1731–1914), erreichte der Journalismus des frühen 18. Jahrhunderts einen Höhepunkt. Nachdem es seine Form gefunden hatte, bündelte das *Gentleman's magazine* Zeitchronik und Feuilleton, Nachricht und selbständigen Beitrag, Essay und politischen Report in einer für die Zukunft exemplarischen Weise.

Die herausragenden journalistischen Autoren des frühen 18. Jahrhunderts waren Defoe und Swift, wenn unter Journalismus mehr verstanden wird als aktuelle Informationstätigkeit. Defoe sah sich als Berichterstatter, und er befand sich stets in der Nachbarschaft zu Grub Street, dem für die Epoche symbolischen Ort der niederen Lohnschriftstellerei. Seine *Review* (ursprünglich *A weekly review of the affairs of France*, 1704–1713) ist eindrucksvoller, doch konventioneller Journalismus. In seinem *Essay on projects* (1697) deutet sich jedoch ein sozialreformerisches Element an, das für ihn ebenso charakteristisch ist wie die großangelegte Reportage, wie sie in unterschiedlichen Ausprägungen das *Journal of the plague year* (1722) und *A tour through the whole island of Great Britain* (1724–1727) repräsentieren. Anders als in der Erzählprosa hat Defoe in der Sachprosa keine neuen Formen geschaffen, aber er nutzte vom Essay bis zum Reisebericht existente Formen geschickt aus und drückte ihnen seinen persönlichen Stempel auf.

Swift wird häufig doch unzutreffend neben Defoe gestellt. Er war kein Tagesschriftsteller, sondern der große politische Publizist seiner Zeit, wiewohl er zu Periodika wie Essay-Serien beitrug und die Tagespolitik für ihn Anlaß zur engagierten Parteinahme war. Nicht nur operierte er in einem politischen Kontext oberhalb des gängigen Journalismus: er schrieb im Besitz und Bewußtsein der klassischen Tradition, so daß sich seine Schriften durch ein hohes rhetorisches Niveau auszeichnen. In ihnen realisiert sich das Stilideal der Zeit – »that simplicity, which is one of the greatest perfections in any language« (Swift). Swifts Medium waren die flexiblen Kleinformen: der Essay und seine Derivate bis hin zur Reflexion (so *An argument against abolishing Christianity* oder *Thoughts on various subjects*), die Flugschrift (von *The conduct of the allies*, 1711, bis zu dem durchgängig ironischen und grausamen *Modest proposal*, 1729) und der für den politischen Journalismus besonders geeignete Brief (so vor allem die von einem Phantom-Autor getragenen irischen Streitschriften, die *Drapier's letters*, 1724).

Nächst dem Essay ist der Brief eine kennzeichnende literarische Form des 18. Jahrhunderts. Auch er weist eine erhebliche Variationsbreite auf. Auf der einen Seite steht die literarische und publizistisch-journalistische Benutzung der Briefform bei Swift, Defoe und zahlreichen anderen Autoren der Epoche. Diese unechten Briefe sind meist Essays, die zur Unterstreichung ihres informellen Charakters oder ihrer lockeren Struktur als Briefe ausgegeben werden. Die Form entsprach besonders dem lässigen Gestus des *gentleman author* oder des Grandseigneurs, wie sich etwa an Lord Bolingbrokes *Letters to a young nobleman on the study and use of history* (1738, 1752) oder seinem *Letter on the spirit of patriotism* (1749) oder seinen *Letters or essays addressed to Alexander Pope* (in *Works* 1754) zeigt. Von Richard Steele bis zu Edmund Burke gibt es kaum Themen der Politik, zu denen kein »Brief« vorliegt, und nicht wenige, wie die anonymen satirischen *Letters of Junius* (1769–1772), haben literarischen Rang. Ebenso zahlreich sind die »Briefe« zu literarischen Themen – von Swifts *Proposal for correcting, improving and ascertaining the English tongue* (1712) bis Richard Hurds *Letters on chivalry and romance* (1762), einer Neubewertung der elisabethanischen Literatur.

Auf der anderen Seite steht der wirkliche Brief als persönliche Mitteilung an einen bestimmten Adressaten. Er ist im 18. Jahrhundert so verbreitet, daß die Epoche als ein Zeitalter des Briefes gelten muß. Die rapide Ausbreitung der epistolographischen Kultur begann in der späten Restaurationszeit. Der an der gesprochenen Sprache orientierte Prosastil trug ebenso dazu bei wie die zunehmende Präsenz der kontinentalen Briefliteratur in Übersetzungen (etwa Vincent Voitures *Letters* in Drydens Übertragung von 1696 und Abel Boyers *Letters of wit, politics, and morality* von 1701), deren Vorbild neben das der permanent gegenwärtigen antiken Briefe von Cicero, Seneca oder Plinius trat. Der nach der Glorreichen Revolution nachhaltig verbesserte Postdienst (Briefe wurden auch in abgelegeneren Orten zugestellt, und nach dem Zusammenschluß der Postdienste von England, Schottland und Irland im Jahre 1711 gab es vielerorts zweimal täglich eine Zustellung) machte die Führung ausgedehnter Korrespondenzen auch für jene möglich, die nicht über ein privates Kommunikationsnetz verfügten. Wie sehr diese

Möglichkeit genutzt wurde, zeigt der Anstieg der Posteinkünfte zwischen 1688 und 1704 um 75 Prozent.

Der erste Autor, dessen Briefe als Korpus veröffentlicht wurden, war John Donne (posthum 1651 durch seinen Sohn). Indessen galten Briefe nicht vor dem Beginn des 18. Jahrhunderts als integraler Bestandteil eines literarischen Œuvre. Von Drydens Briefen erschienen einzelne in Sammlungen wie *Familiar letters of love, gallantry, and several other occasions. By the wits of the last and present age* (1718), in denen sich das frühe Interesse an der Privatsphäre des literarischen Autors dokumentiert, aber sein schmales Briefwerk wurde erst später gesammelt. Im Gegensatz dazu schrieb Pope seine Briefe von vornherein mit dem Gedanken an die Veröffentlichung. Er forderte sie von seinen Korrespondenten zurück, bearbeitete sie, wo ihm dies sinnvoll oder vorteilhaft erschien, und gab sie im Rahmen seines Werkes heraus. In dieser Einstellung zum Brief fühlte er sich durch Cicero und Plinius bestätigt, die »letters for the public view, more than for the sake of their correspondents« geschrieben hatten (Swift an Pope, 21. Oktober 1735). Die Briefe Popes wie auch anderer Autoren des 18. Jahrhundert dürfen daher nicht als intime persönliche Äußerungen gelesen werden, wiewohl sie das auch sein können: sie sind zunächst literarische Werke *en miniature*, häufig bis ins Detail stilisiert.

Unter den Korrespondenzen des frühen 18. Jahrhunderts ist die Popes mit seinen Freunden und literarischen Weggefährten, vor allem Swift, die bedeutendste – als Zeitdokument wie als Begleitkommentar zur Entwicklung einer Persönlichkeit und zur Ausformung eines Werkes. Pope und Swift waren die ersten englischen Autoren, die ihre Briefe selbst herausbrachten (1737; 1741), blieben aber nicht die einzigen. Popes Freund-Feindin, Lady Mary Wortley Montagu, machte ihm, hochgelobt von Voltaire, den Nachruhm des besten Briefschreibers der Epoche streitig mit ihren sogenannten »Turkish embassy letters« (1763), die – »what fire, what ease, what knowledge of Europe and Asia« (Gibbon) – meisterhaft eine fremde Welt enthüllten. Ihre privaten Briefe, spontan und unbearbeitet, kamen erst posthum an die Öffentlichkeit (1803), nachdem bereits persönliche Briefe aus anderer Feder ein literarischer und kommerzieller Erfolg geworden waren: die *Letters to his son* (1774) des Earl of Chesterfield (1694–1773), der mit der Freimut und Unverblümtheit der *upper class* seinen illegitimen Sohn weltklug machen wollte. Zu ihrer Zeit ebenso bestaunt wie kritisiert, ergötzen sie noch heute ihren Leser durch ihre unkonventionellen Maximen. Ebenso lebendig sind in ihrer Art die – ursprünglich privaten – Briefe geblieben, die Gilbert White, der Doyen der englischen Naturkundler, über sein Heimatdorf schrieb und die als *The natural history of Selborne* (1789) zu einem Klassiker geworden sind.

Für Richardson war der Brief literarisches Medium und persönliches Lebenselement, doch seine werkgeschichtlich besonders aufschlußreiche Korrespondenz kam trotz eigener Intentionen nicht zu Lebzeiten heraus (1806), obwohl ihn besonders Philipp Erasmus Reich, der führende deutsche Verleger der Epoche, zu einer Veröffentlichung ermutigte. Die Briefe Thomas Grays und William Cowpers, beides Briefschreiber von hohem Niveau, wurden von ihren ersten Biographen herausgegeben und damit, richtungweisend für die künftige Auffassung vom literarischen Autor, über ihren Eigenwert hinaus zur Grundlage für die Rekonstruktion von Lebens- und Werkgeschichte. Ähnliches gilt für Samuel Johnson.

Als Quelle ist der Brief für den modernen Biographen ebenso selbstverständlich wie unentbehrlich, und das Bild aller Autoren, von denen ein substantielles Briefwerk vorliegt, arrondiert und differenziert sich in dem Maße, wie diese Briefe – teilweise erst in den letzten Jahrzehnten – zugänglich werden. Das trifft besonders auf Horace Walpole zu, den sicher unermüdlichsten Briefschreiber des 18. Jahrhunderts und vielleicht größten der englischen Literatur. Durch Auswahl der Briefpartner plante er seine Korrespondenz als literarisches Werk und führte sie so zielbewußt, daß sie ein Panorama der Epoche bietet, elegant dargeboten von einem scharfen Beobachter und hochkultivierten Connaisseur.

Mit dem Brief stehen andere intime Formen in engem Zusammenhang, und sie traten im 18. Jahrhundert in dem Maße hervor, wie der Reiz und die Faszination des Individuellen gegenüber dem Normhaften zunahm. Das Tagebuch war keine Neuerung der Epoche, wurde aber zu einem verbreiteten Medium des Erlebnisberichts oder der Selbstreflexion. Viele (neuerlich veröffentlichte) Tagebücher sind vornehmlich von historischem Interesse, wie etwa die von James Yonge (1647–1721), Arzt aus Plymouth, oder George Bubb Doddington (1691–1762), Politiker und Mäzen, oder William Bagshaw Stevens (1756–1800), Pfarrer und Pädagoge (ein Beispiel für das *diary of the country parson* des späten 18. Jahrhunderts). Einige wenige ragen als menschliche Dokumente oder literarische Werke heraus. Swifts *Journal to Stella*, zwischen 1710 und 1713 in London geschrieben, teilweise in »baby talk«, ist als Brief-Journal an Esther Johnson gerichtet. Es zeigt Swift von seiner privatesten Seite, war nie für die Veröffentlichung gedacht und verrätselt ebensoviel wie es offenbart.

Boswells Tagebuch, vielleicht das bedeutendste der englischen Literatur, ist die ungeschönte Geschichte eines komplexen Selbst, das sich in seiner vollen Empfänglichkeit für die Fülle des Lebens erfährt und zugleich als Charakter darzustellen vermag. Durch die vollendete Selbstdarstellung in einer »offenen«, nicht bewußt manipulierten Form wird es zu einem herausragenden Tagebuch. Fanny Burneys Tagebuch ist demgegenüber hochgradig literarisch in der Reflexion auf die Eigenart des Journals als Genre – wie dies bei einer Brief und Tagebuch auch fiktiv verwendenden Romanautorin naheliegt. So ausgeprägt das Tagebuch im 18. Jahrhundert ist, es ist keine Form mit einer inhärenten Entwicklungsgeschichte, sondern ein Genre mit einer Vielzahl von spezifischen Ausformungen. Die Variationsbreite ist groß und schließt so unterschiedliche Werke ein wie Fieldings *Journal of a voyage to Lisbon* (1755) und Sternes *Journal to Eliza* (posthum 1904), das mit seiner Rhetorik der Sensibilität und grotesken Emotionalität bereits über die Epoche hinausweist.

Memoiren gab es, wie Tagebücher, bereits vor dem 18. Jahrhundert, doch differenzierte sich das Genre mit der Ausbildung des Sinns für die »Eigenheiten« des Menschen. Das Anekdotische wurde »merkwürdig« und das Merkwürdige literaturfähig. Für die politischen Memoiren bieten *Some materials towards memoirs of the reign of George II* des effeminierten John, Baron Hervey (1696–1743) ein Beispiel aus dem frühen 18. Jahrhundert (erstmals 1848), denen die minutiös ausgeführten *Memoirs of the last ten years of the reign of George II* (1822) und die *Memoirs of George III* (1845) von Horace Walpole gegenüberstehen.

Mit dem wachsenden Interesse an der literarischen und künstlerischen Persönlichkeit wurde die Anekdote zum Sammelgegenstand. Joseph Spence (1699–1768) setzte mit seinen noch heute unentbehrlichen *Anecdotes, observations and characters of books and men* (1820; 1966) früh den Standard für jene »exact fidelity«, die Horace Walpole als unerläßlich ansah. Hester Lynch Piozzi (Mrs. Thrale, 1741–1821) steuerte mit ihren

Anecdotes of the late Samuel Johnson (1786) einen interessant gebliebenen Beitrag bei. Horace Walpoles *Anecdotes of painting in England* (1762) sind eine wichtige Quelle für die Kunstgeschichte, und John Nichols' *Literary anecdotes of the eighteenth century* (zuerst 1778, später erweitert und durch *Illustrations of the literary history of the eighteenth century* 1817–1858 ergänzt) dürften für alle Zeit eine kunterbunte Fundgrube für den Literarhistoriker bleiben.

Anekdoten sind Rohmaterial für die Biographie, die in der Epoche zunehmend wichtiger wurde, weil ihr der Mensch in mehrfacher Weise als das »eigentliche Studium der Menschheit« (Pope, Goethe) galt. Für die Biographie wie die Autobiographie ist das 18. Jahrhundert die erste Epoche klassischer Werke. Konzeption und Technik beider Formen, zunächst noch relativ anspruchslos, verfeinerten sich in der zweiten Jahrhunderthälfte überraschend schnell und erreichten gegen Ende des Jahrhunderts ein hohes Niveau, so daß dem 19. Jahrhundert ausgereifte und aufnahmefähige Genres zur Verfügung standen.

Als Gattungsbezeichnung existierte Autobiographie im 18. Jahrhundert noch nicht (Erstbeleg 1809). Die Autobiographien der Zeit erschienen daher als Memoiren oder unter anderen Bezeichnungen. Eine der frühesten (und die erste aus der Welt des Theaters) ist *The apology for the life of Colley Cibber* (1740) aus der Feder eines erfolgreichen Bühnenautors und *poet laureate*. »Worthy of immortality« (so Horace Walpole), ist sie bis heute durch ihre pointierten Schilderungen lebendig geblieben. David Humes *Life written by himself* (1776), die erste Autobiographie eines Philosophen, stammt von einem Meister des Essays und ist eine der kürzesten überhaupt – »it is difficult for a man to speak long for himself without vanity; therefore I shall be short.« Edward Gibbons *Memoirs of my life and writings* (posthum 1827) werden in einer Fassung gelesen, die sich aus einer Reihe von unvollendeten Entwürfen zusammensetzt. Gleichwohl weisen sie eine deutliche innere Geschlossenheit auf und vermitteln auf eine Weise, die an die spirituelle Autobiographie erinnert, die Erfahrung einer intellektuellen Berufung. Sie sind die berühmteste Autobiographie einer Epoche, in der die Selbstdarstellung habituell zu werden begann.

In den biographischen Unternehmungen des ausgehenden 17. Jahrhunderts, etwa den *Athenae Oxonienses*, kündigte sich eine Tendenz zum allgemeinen Nachschlagewerk an, die im 18. Jahrhundert, der Epoche der Enzyklopädie, voll zur Entfaltung kam. Thomas Birch (1705–1766), Historiker und *antiquary*, legte zwischen 1734 und 1741 sein *General dictionary, historical and critical* vor, für das er 618 Biographien schrieb – mehr als jeder andere englische Biograph. William Oldys bestritt den größten Teil der siebenbändigen *Biographia Britannica, or, the lives of the most eminent persons who have flourished in Great Britain and Ireland* (1747–1766), deren großangelegte Neubearbeitung von Andrew Kippis (1778–1793) allerdings steckenblieb.

Mit David Mallets *Life of Francis Bacon* (1740) begann eine Reihe von Biographien, die über Conyers Middletons epochale, aber nicht unumstrittene *History of the life of Marcus Tullius Cicero* (1741) und Oliver Goldsmiths elegant-witziges, aber wohldurchdachtes und theoretisch überlegtes *Life of Richard Nash* (1762) ihren Höhepunkt in Boswells *Life of Samuel Johnson, LL. D.* (1791) erreichte, dem Archetypus der modernen Biographie. Boswell zielte in einer bis dahin unbekannten Weise auf das totale Porträt der Persönlichkeit ab, dessen Ausführung durch seine Hinwendung zum minuziösen Detail ebenso ermöglicht wurde wie durch sein bis zur Selbstverleugnung gehendes psychologisches Einfühlungsvermögen.

Johnsons eigener Beitrag zu den biographischen Bemühungen der Epoche waren die *Lives of the English poets* (1779–1781), die als Einleitungen zu einer großen Sammlung der Versdichtung seit Abraham Cowley meisterhafte Darstellungen häufig komplexer Autorenpersönlichkeiten bieten. Sie werden heute jedoch eher wegen ihrer literarkritischen Analysen gelesen, die in ebenso mustergültiger Weise die in einem Werk sich manifestierende Eigenart eines Dichters charakterisieren. Johnson war, so T. S. Eliot, einer der drei großen englischen Literaturkritiker (Dryden und Coleridge die beiden anderen), und in seinen *Lives* kulminiert die bis in die Renaissance zurückführbare Tradition des literarkritischen Essays neoklassischer Prägung.

Neben den praktizierenden Dichter als Kritiker, wofür Pope mit seinem »Essay on the life, writings and learning of Homer« (1715) in der ersten Jahrhunderthälfte repräsentativ ist, trat der philosophische Autor als »Ästhetiker« (das 1735 von A. G. Baumgarten geschaffene Wort fand indessen erst Anfang des 19. Jahrhunderts in England Eingang). Damit fächerte sich auch die Literatur über die Literatur auf, und Übergänge zur Fachphilosophie und zur Literaturwissenschaft beginnen sich gegen

Ende des 18. Jahrhunderts abzuzeichnen. Der literarische Diskurs über die Literatur setzte sich indessen fort, und mit dem Aufkommen der ersten reinen Rezensionszeitschriften um die Mitte des Jahrhunderts, der *Monthly review* (1749–1845) und der *Critical review* (1756–1790), begann mit dem Kritiker eine neue Phase und auch eine neue Kategorie der literarischen Autorschaft, die im 19. Jahrhundert voll zur Entfaltung kommen sollte.

Das Werk des ersten »Ästhetikers«, des dritten Earl of Shaftesbury (1671–1713), ist mit Formen wie Brief, Essay oder Rhapsodie und entsprechender stilistischer Darbietung bewußt auf dem Grenzgebiet zwischen Literatur und Philosophie angelegt, wie er denn auch eine nachhaltige Wirkung in beiden Bereichen ausübte. Mit dem an ihn anknüpfenden Francis Hutcheson (1694–1746) trat die schottische Ästhetik in den Vordergrund und infolge ihrer weitgehenden Bindung an die Universitätsphilosophie auch die schulmäßige Vermittlung des Gegenstandes in der (häufig noch als Essay bezeichneten) Form der gelehrten Abhandlung. Den Übergang zur literarischen Gelehrsamkeit, aus der die Literaturwissenschaft hervorgehen sollte, markiert neben Samuel Johnson mit seiner Wörterbuch- und Editionsarbeit am sinnfälligsten Edmund Malone (1741–1812) mit seinen Untersuchungen zur Chronologie der Shakespeareschen Dramen und seiner Ausgabe der Prosaschriften Drydens.

Was sich im literarischen Bereich abspielte, vollzog sich auch auf anderen Gebieten. In einem Essay über den Essay bezeichnete es David Hume als »the separation of the learned from the conversible world«. Er betrachtete dies als ein Phänomen des späten 17. Jahrhunderts, des beginnenden wissenschaftlichen Zeitalters, und hoffte auf eine erneute Vereinigung der beiden Welten oder – moderner – Kulturen im Verlauf des 18. Jahrhunderts. Die Erwartung erfüllte sich nicht. Statt dessen bildeten sich in einem fortschreitenden Differenzierungsprozeß die Frühformen der wissenschaftlichen Disziplinen aus, neben den heute traditionellen auch solche modernen wie die Nationalökonomie mit Adam Smiths *Inquiry into the nature and causes of the wealth of nations* (1776). Humes eigener Beitrag zu der erwünschten Vereinigung war eine nach dem Fehlschlag seines Frühwerks bewußt und rigoros betriebene »Literarisierung« seiner Schriften in Stil und Form. Die essayistische Norm, die er sich auferlegte, machte ihn, ungeachtet der schwierigen Fragestellungen seines Skeptizismus, zum lesbarsten und eingängigsten Philosophen der Epoche.

Einen ähnlich »literarischen« Kontext weist nur noch, vor Hume, das Œuvre von George Berkeley (1685–1753) auf, dessen *New theory of vision* (1709) und *Treatise concerning the principles of human knowledge* (1710) Muster luzider Prosa sind und dessen *Three dialogues between Hylas and Philonous* (1713) die traditionsreiche Dialogform zu neuer Perfektion brachten. Doch die Dissoziation von Literatur und Philosophie vollzog sich unaufhaltsam, wenngleich ihre Trennung in England auch später nie die gleiche Schärfe erreichte wie in Deutschland.

Gegenüber den Kleinformen individueller Selbstmitteilung und den vielfältigen Unternehmen biographischer und autobiographischer Darstellung bieten sich die Geschichtswerke der Epoche als Großformen jenes »Menschheits-Studiums« dar, dem sich das 18. Jahrhundert allenthalben verschrieben hatte. »History, I think, is the favourite reading«, bemerkte Hume angesichts eines sich in der zweiten Hälfte des Jahrhunderts ankündigenden Desinteresses an den traditionellen literarischen Formen (mit Ausnahme des neu aufgekommenen Romans), das sich als mehr denn ein vorübergehendes Phänomen herausstellen sollte. Nicht zuletzt zog die sich ausbreitende politische Publizistik die Aufmerksamkeit auf sich, besonders wenn sie sich mit so brillanter Rhetorik verband wie bei Edmund Burke (1729–1797), dessen *Reflections on the revolution in France* (1790) eines der großen politischen Bekenntnisbücher sind, oder mit so leidenschaftlicher Aggressivität wie bei Thomas Paine (1737–1809), dessen radikale, in hohen Auflagen verbreitete *Rights of man* (1791/2) die berühmte Entgegnung auf Burkes Schrift sind.

Seit der Mitte des 18. Jahrhunderts trat das Geschichtswerk gleichberechtigt neben das literarische Werk, und es wird in seinen besten Ausprägungen über das 19. Jahrhundert hinaus bis in die Gegenwart als literarisches Werk *sui generis* betrachtet. Was üblicherweise, aber nicht ganz zutreffend als englische Aufklärungshistorie gilt, ist ein differenzierter Beitrag zur europäischen Geschichtsschreibung der Epoche, in der sich – in einem Kontext, der Giambattista Vico ebenso einschließt wie Voltaire und Winckelmann – erstmals moderne Auffassungen vom Wesen des Historischen ausbildeten. Viele Werke haben zwar eine rein kompilatorische Anlage und sind, wenn überhaupt, von geringer literarischer Bedeutung, auch wenn sie, wie Oliver Goldsmiths römische oder englische Geschichte, von einem prominenten Autor stammen. Aber den großen Kollektivunternehmen der Historiographie, *An universal history, from the earliest account of time to the present* (1736–1765) und die von William Guthrie betreute *General history of the world* (1764–1767), kommt zumindest das Verdienst zu, den Gesichtskreis der Epoche durch Einschluß des nicht-europäischen Bereichs ausgeweitet zu haben.

Die Trias der großen Historiker der zweiten Jahrhunderthälfte – David Hume, William Robertson und Edward Gibbon – hebt sich indessen nicht nur durch stilistische Brillanz von der manufakturmäßigen Geschichtsschreibung ab. Wohl verleiht die mühelose Klarheit von Humes Erzählung oder das majestätische Fortschreiten von Gibbons Bericht ihren Werken eine besondere literarische Qualität. Die Frage ist gestellt worden, ob hier nicht ein Höhepunkt erreicht war, auf den ein Abstieg folgen mußte. Doch der Rang von Humes *History of England* (1754–1763), Robertsons *History of Scotland* (1759) und *History of the reign of the Emperor Charles V* (1769) und Gibbons *History of the decline and fall of the Roman Empire* (1776–1788) bestimmt sich durch die innere Geschlossenheit, die ihnen den Charakter eines Kunstwerks verleiht. In ihnen manifestiert sich ein neues Verständnis der Geschichte als Prozeß und eine Auffassung vom Menschen, die von der Philosophie der Aufklärung geprägt ist und sie zugleich hinter sich läßt.

19. Jahrhundert

Im historischen Prozeß der Ausbreitung und Differenzierung des Prosaschrifttums stellt das 19. Jahrhundert die erste moderne Epoche dar. Die meisten der heute geläufigen Formen entstanden zwar schon früher, und viele waren zu Ende des 18. Jahrhunderts zumindest rudimentär ausgebildet. Aber der spezifische Kontext, in dem sie sich in der Gegenwart darbieten, trat mit der Professionalisierung des Autors, dem Aufkommen des Massenlesepublikums und der Herausbildung der Zeitschrift erstmals im 19. Jahrhundert in Erscheinung.

In den ersten Jahrzehnten stand der romantische Autor im Vordergrund. Die Subjektivität als Prinzip der Literatur manifestierte sich in der Prosa nicht weniger als in der Versdichtung. Die Formen, in denen sie ihren Ausdruck suchte, waren etabliert und den literarischen Erfordernissen der Zeit oder den Intentionen des Autors leicht anzupassen. Was sich gegenüber der vorausgegangenen Epoche änderte, war der Stil. Er wurde individueller, persönlicher, eigenwilliger bis hin zur Skurrilität. Die Mitteilung eines Sachverhalts trat hinter der sprachlichen Selbstdarstellung des Schreibenden zurück. Wie Walter Pater später mit dem Blick auf die sich selbst reflektierende Prosa des ausgehenden 19. Jahrhunderts bemerkte, war das Ziel des Autors »the transcribing, not of the world, not of mere fact, but of his sense of it«.

Die ideale Form für den romantischen Autor war der Essay. Unter den Prämissen von Subjektivität und Originalität bildete sich der sogenannte *familiar essay* heraus, dessen Merkmale Intimität und Ungezwungenheit sind. In der persönlichen Einfärbung ihres Œuvre standen die Essayisten der Epoche den Versdichtern kaum nach. Es gab schwächere Talente, denen es nicht an Themen, aber an persönlicher und intellektueller Substanz fehlte. Die Meister des Essays erreichten indessen in der Wahl ihrer Gegenstände wie in ihrer Betrachtungsweise eine vielbewunderte imaginative Qualität.

Das gilt für Charles Lamb, dessen *Essays of Elia* (1820–1823) mit großer Kunstfertigkeit eine kleine Welt der Eigenheiten darbieten. Es gilt mehr noch für William Hazlitt, der den Essay nicht nur als Medium für die Mitteilung des Subjektiven, sondern darüber hinaus als Experimentalform für ernsthafte Gedankenversuche und spekulative Erkundungen von Lebenswelten betrachtete. Und es gilt für Thomas De Quincey, der seine Prosa – »impassioned prose« – wie ein Instrument zur Beschwörung handhabte und mit den *Confessions of an English opium eater* (1822; 1856) den pathologischen Essay der Romantik schrieb. Der von Addison und Steele stammende Kunstgriff des eine Essay-Serie tragenden Phantom-Autors wurde weiter verwendet, von Leigh Hunt, Hazlitt und anderen. Lambs Elia, »a bundle of prejudices«, war indessen die letzte erfolgreiche Figur in dieser nachgerade erschöpften Tradition.

Die bedeutendsten Essays der Epoche sind die literaturkritischen. Sie markieren den Beginn der modernen Literaturkritik, wie überhaupt das moderne Literaturverständnis in der Romantik seinen Anfang hat. Wordsworths Vorrede zu den *Lyrical ballads* (1802) und Shelleys *Defence of poetry* (1821) gehören als theoretische Grundlegungen der romantischen Dichtung in diesen Zusammenhang. Viele Essays zeugen von hoher literarischer Sensibilität. Einzelne sind in ihrer Art klassisch, so der von Lamb über die Restaurationskomödie oder der von De Quincey über Shakespeares *Macbeth*. Hazlitt, neben Coleridge der wichtigste Kritiker der Epoche, eröffnete eine neue Dimension. Er analysierte das einzelne Werk oder auch das gesamte Œuvre als Manifestation einer Autorpersönlichkeit und versuchte, deren Individualität zu bestimmen. Vor allem in *The spirit of the age* (1825) gelang ihm eine neue Art von literarischer Charakterstudie, die in das Zentrum der schöpferischen Subjektivität vordringt.

Brief und Tagebuch nehmen in einer dem Persönlichen so zugewandten Epoche natürlicherweise breiten Raum ein, und in der viktorianischen Zeit sollte ihre Bedeutung noch wachsen. Doch sie verlieren zunehmend jene Besonderheit, die sie noch im späteren 18. Jahrhundert hatten. Sie werden mehr und mehr literarisiert und damit selbstverständlicher Teil des Schaffensprozesses eines aus seiner Subjektivität produzierenden Autors, auch wenn sie nicht ein unmittelbar verfügbarer Teil eines Werkes sind und in der Regel erst der Nachwelt zugänglich werden.

Die Mehrzahl der Romantiker waren große Tagebuch- und Briefschreiber. Walter Scotts *Journal* ist eines seiner eindrucksvollsten Werke. Wordsworths Briefe und die seiner Schwester Dorothy bilden zusammen mit den Tagebüchern ein geschlossenes Korpus von hohem literarischen Rang. Coleridges Briefe, kaum weniger beträchtlich, bieten einen subtilen intellektuellen Kommentar zu Werk und Epoche. Byrons Briefe und Tagebücher, von spontaner Vitalität, stehen gleichrangig neben seinen Dichtungen. In Keats' zahlreichen Briefen, die in ihrer Introvertiertheit den Kontrast zu Byrons Briefen bilden – »he describes what he sees; I describe what I imagine« – findet sich vielleicht die beste Prosa der Romantik.

Die autobiographische Dokumentation des Autors erweiterte sich um das gelegentlich Anfallende, das zuvor weitgehend als subliterarisch angesehen wurde. Der auffällig hohe Wert, der Kleinformen wie dem Aphorismus neu beigelegt wurde (nicht zuletzt in der deutschen Romantik), machte auch die bloße »Aufzeichnung« literaturfähig: den Einfall, die Reflexion, die

Betrachtung, die Lesefrucht. Im Werk von Coleridge, aber auch anderwärts, traten solche Notizen und Skizzen gleichberechtigt neben das Fragment, das von der Epoche zum vollwertigen Genre stilisiert wurde. Sie nahmen den Charakter eines authentischen Miniaturwerks an. Mit dieser Aufwertung des noch nicht Geformten oder nicht Formbaren begann jene literarische Kleinproduktion habituell zu werden, die für die Moderne in hohem Maße charakteristisch ist.

Zur wichtigsten neuen Form des frühen 19. Jahrhunderts wurde der Zeitschriftenaufsatz, nachdem die Zeitschrift gleich nach der Jahrhundertwende in eine neue Phase ihrer Entwicklung getreten war. Das »Magazin« als Sammelbecken des literarisch oder antiquarisch Aufbewahrenswerten änderte sich wenig, und das *Gentleman's magazine* (1731) repräsentierte als ältestes Magazin diesen Typus während des ganzen Jahrhunderts. Bei der *review* hingegen als kritischem Organ vollzog sich ein tiefgreifender Wandel. Die bloßen Rezensionszeitschriften (*Monthly review*, *Critical review*) wurden durch Zeitschriften abgelöst, deren Kennzeichen literarisch wie politisch die dezidierte Auffassung und die unverhohlene Stellungnahme war.

Die *Edinburgh review* (1802–1929), whiggistisch in der Politik und zumindest anfänglich spätklassizistisch-konservativ in der Literatur, und die *Quarterly review* (1809–1967), als Gegengewicht gegründet, politisch auf der Seite der Tories und für *church and crown* eintretend, aber literarisch differenzierter als die *Edinburgh review*, waren für den größten Teil des Jahrhunderts die führenden meinungsbildenden Organe. Die kritische Öffentlichkeit, die durch sie entstand, rief bald andere auf den Plan, die in der Konkurrenz der Meinungen ihre Stimme zu Gehör bringen wollten. Unter den von den Romantikern begründeten ragt der über längere Zeit von Leigh Hunt herausgegebene *Examiner* (1808–1881) durch seine Unterstützung der neuen Literatur ebenso hervor wie durch seine politische Radikalität.

Die Ausweitung des Zeitschriftenwesens war immens und begann bereits in vor-viktorianischer Zeit. *Blackwood's Edinburgh magazine* (1817), weniger majestätisch als die *Quarterly review*, doch auf der gleichen politischen Linie, *The London magazine* (1820), liberal und literarisch den Romantikern nahestehend, *The Westminster review* (1824), philosophisch radikal und gegen die beiden großen Zeitschriften gerichtet, *The Athe-*

naeum (1828), tolerant und offen für neue Literatur, und *Fraser's magazine* (1830), bürgerlicher, reformerisch und einflußreich, sind einige der frühen, denen sich *The Saturday review* (1855), *Macmillan's magazine* (1859), *The Cornhill magazine* (1860), *The Fortnightly review* (1865) und zahlreiche andere mit einem jeweils eigenen Programm zugesellten, bis hin zum satirischen *Punch, or the London Charivari* (1841). Je weiter das Jahrhundert fortschritt, desto deutlicher zeichnete sich gegenüber dem literarischen ein eigener journalistischer Bereich ab, obwohl die Grenzen zwischen beiden bis in die Gegenwart fließend geblieben sind. Je zahlreicher und differenzierter das Lesepublikum wurde, desto breiter und diffuser wurde das Spektrum des neuen Mediums, das sich in Inhalt und Form, in Niveau und Gestaltung unterschiedlichsten Bedürfnissen anpaßte.

Aus dem Erfolg der Zeitschrift (von der *Edinburgh review* wurden 1818 14000 Exemplare verkauft) ergab sich eine neue finanzielle Basis für die Autorschaft. Honorare in bis dahin unbekannter Höhe machten es vielfach, doch nicht immer möglich, vom Ertrag der Feder auskömmlich zu leben. Scotts Mitarbeit an der *Edinburgh review* und, nach seinem Zerwürfnis mit der Whig-Zeitschrift, an der *Quarterly review* bildete den Auftakt für eine Assoziation mit der Zeitschrift, die für den romantischen Autor neu und nicht uneingeschränkt erfolgreich war, die jedoch für den viktorianischen Autor fast habituell und unabdingbar wurde.

Ein neuer Typ Autor bildete sich heraus: der zwischen Literatur und Journalismus stehende Literat. Für ihn gibt es in England mit *man of letters* und in Frankreich mit *homme de lettres* Bezeichnungen, denen »Schriftsteller« nicht voll entspricht. Francis Jeffrey (1773–1850), der erste Herausgeber der *Edinburgh review*, war nicht nur ein außergewöhnlich vielseitiger Rezensent: er wurde in den fast drei Jahrzehnten seiner Tätigkeit zum Ideal des Herausgebers – einer neuen zentralen Instanz des literarischen Lebens. Sydney Smith (1771–1845), der die *Edinburgh Review* konzipierte, war ein ebenso erfolgreicher Rezensent wie Redner, ein rastloser und exzellenter Briefschreiber und ein brillanter Causeur. Der Typus ist variationsreich (Thomas Carlyle und Thomas Babington Macaulay gehören ebenso dazu wie Walter Bagehot und Leslie Stephen). Für das 19. Jahrhundert ist er von höchster Bedeutung, doch nach Evelyn Waughs Beobachtung »now almost extinct«.

Jeffreys Werk ist nicht mehr von unmittelbarer Relevanz, aber von historischem Interesse. An seinem vielzitierten Diktum über Wordsworths *Excursion* (»this will never do«) wird der autoritative Anspruch deutlich, den der *man of letters*, in der Regel Sekundärautor und Generalist in einer Zeit der rasch fortschreitenden Spezialisierung, geltend machte und mit der weiten Verbreitung der Zeitschrift auch durchsetzen konnte. Jeffrey nahm für sich die Aufgabe einer öffentlich verbindlichen »Bewertung« in Anspruch und leitete damit die Emanzipation der literarisch-politisch-gesellschaftlichen »Kritik« zu einer eigenen Literaturgattung ein. Sie breitete sich so schnell und nachhaltig aus, daß Carlyle schon 1831 ironisch klagen konnte: »All literature has become one boundless self-devouring Review.«

Mit der Zeitschrift etablierte sich eine Gebrauchsprosa, die im Unterschied zur romantischen Prosa weder auf Expressivität noch auf Reflexivität abzielte. Die Gründer der frühen Zeitschriften hatten ihre Wurzeln im 18. Jahrhundert, der geistige Hintergrund zumindest für die *Edinburgh review* war die schottische Aufklärung. Die Prosa der Zeitschrift entwickelte sich daher aus der des späten 18. Jahrhunderts heraus, die ein spezifisches Profil aufwies. Anders als die an der Konversation orientierte Prosa des frühen 18. Jahrhunderts hatte sie einen formelleren Zuschnitt, einen ausgeprägteren Periodenbau, ein abstrakteres Vokabular und einen nachdrücklicheren rhetorischen Duktus. Entsprechend bietet sich die Prosa der neuen Periodika als eine emphatische Prosa dar, affirmativ und expositorisch, geschrieben von Autoren, die ihrer selbst und ihres Gegenstandes sicher waren.

Diese Art Prosa war nicht nur die Prosa der »Victorian sages«. Sie wurde zur Standardprosa der Viktorianer, und sie findet sich, ohne daß ein besonderer stilistischer Anspruch erhoben wird, in vielen und unterschiedlichen Werken der Epoche. Die Zahl der *minor prose writers* stieg im Verlaufe des Jahrhunderts sprunghaft an, und sie nahm vor allem auf dem Gebiet einer mitteilenden, beschreibenden und belehrenden Sachprosa zu, die im 19. Jahrhundert noch der Literatur zugerechnet wurde, heute aber außerhalb dieses Bereiches steht. Das gilt etwa für Harriet Martineaus (1802–1876) *Society in America* (1837), eine der frühen englischen Analysen der »neuen« amerikanischen Gesellschaft, ebenso wie für Walter Bagehots (1826–1877) *The English constitution* (1867), eines der klassischen Bücher über das englische Regierungssystem, oder für Henry Mayhews (1812–1887) *London labour and the London poor* (1851), einen erst als Artikelserie veröffentlichten aufrüttelnden Bericht über die Lebensverhältnisse der Armen. Dies sind wenige Beispiele, willkürlich ausgewählt, aber charakteristisch für die Tendenz des Jahrhunderts zur umfassenden Bestandsaufnahme seiner Lebenswelt. Sie begann schon 1802 mit dem *Political register* von William Cobbett (1763–1835), dem Hazlitt rundum »plain, broad, downright English« bescheinigte.

Das dominante Prosaschrifttum der früh- und mittviktorianischen Zeit ist ein Korpus von Werken, das als zeitkritisch zu bezeichnen ist. Alle herausragenden Autoren der Epoche sind in diesem Korpus vertreten, und ihre Beiträge, so unterschiedlich sie in Form und Argument auch sind, stellen im Ensemble einen über Jahrzehnte währenden Dialog über die Probleme von Literatur und Leben, von Politik, Kultur, Gesellschaft und Religion dar. Für diesen Dialog gibt es in keiner anderen Epoche eine Entsprechung. Er beruht auf einem gemeinsamen Fundus von Ideen, Auffassungen und Überzeugungen, auf den jederzeit in Zustimmung oder Ablehnung zurückgegriffen werden konnte. Und er wurde möglich durch ein reziprokes Verhältnis zwischen einem Autor, der im steten Bewußtsein der Präsenz seines Lesers schrieb und sich auf dessen Aufnahmefähigkeit und Verständnisbereitschaft einstellte, und einem breiten Lesepublikum, das dem Autor auch noch dann Interesse entgegenzubringen bereit war, wenn er unbequeme Ansichten vortrug oder sie auf eigenwillige Weise mitteilte.

Noch ehe Macaulay als Historiker Berühmtheit erlangte, wurde er durch seine Beiträge zur *Edinburgh review* (ab 1825, zusammengefaßt als *Critical and historical essays* 1843) zu einem der intellektuellen Auguren der frühviktorianischen Zeit. Technisch gesehen sind diese Beiträge Rezensionen, in Wirklichkeit Prosastücke einer neuen Art, für die Essay eine nicht ganz zureichende Bezeichnung ist. »Milton« (1825) etwa beginnt als Literaturkritik und endet als historisch-politische Betrachtung, »Moore's Life of Lord Byron« (1831) gerät zur Satire auf den Byronismus der Zeit und »Lord Bacon« (1837) wird zum Plädoyer für eine utilitaristische Sozialphilosophie. Alle Besprechungen Macaulays expandieren in den geschichtlichen, politischen oder gesellschaftlichen Bereich – stets mit dem Ziel, im Sinne einer whiggistischen Grundeinstellung meinungsprägend zu wirken.

Die *Essays*, von denen in zehn Jahren mindestens acht Auflagen erschienen, können als paradigmatisch für den »öffentlichen« Charakter und die forensische Qualität gelten, die in der viktorianischen Prosa allenthalben zutage treten. Macaulays Prosa ist nicht subtil (sie wird gelegentlich sogar als platt kritisiert), aber sie zeichnet sich durch ein differenziertes und mit kluger Taktik eingesetztes rhetorisches Instrumentarium aus. Das macht sie, wiederum typisch für die Zeit, zu einer den Gegenstand direkt vermittelnden »Sprechprosa«, durch die der viktorianische Autor zu einem Äquivalent von Wordsworths Dichter wurde – »a man speaking to men.«

Obwohl John Stuart Mills Oeuvre großenteils den Philosophen oder den Soziologen angeht, ist es durch eine seltene Verbindung von gedanklicher Schärfe und sprachlicher Effizienz doch allgemein zugänglich. Mill verdankte Wordsworth »a greatly increased interest in the common feelings and common destiny of human beings«, und dieses Interesse wurde zum belebenden Element seiner Schriften. Seine erste Essay-Serie (1831 im *Examiner*), nach Hazlitts Vorgang *Spirit of the age* betitelt, beurteilte er selbst als Fehlschlag. Doch sie war der Beginn eines sozialkritischen Engagements, aus dem einige der großen Schriften der Epoche hervorgingen, vor allem *On liberty* (1859), *Utilitarianism* (1863) und *The subjection of women* (1869). Sie sind von klassischem Rang und haben sich, zumindest was den Liberalismus und den Feminismus betrifft, als zukunftsweisende Entwürfe erwiesen. Als Prosastücke (Mill empfand zumindest *On liberty* als explorativen Essay) zeichnen sie sich nicht nur durch auffällig stringentes Argumentieren aus, sondern auch durch eine außergewöhnliche Fähigkeit, mit rationalen sprachlichen Strategien schwer zugängliche individuelle oder auch gesellschaftliche Sachverhalte faßbar und mitteilbar zu machen. Damit wurde Mill nicht nur als Philosoph, sondern auch als Prosaist zu einem »bahnbrechenden« Autor.

Die Zeitkritik Thomas Carlyles war durchweg eine intuitive Kritik, der er einen so überspannten sprachlichen Ausdruck verlieh, daß *Carlylese* zu einem abwertenden Stilbegriff geworden ist. In Carlyle, der zwischen Romantik und Viktorianismus stand, setzte sich die romantische Auffassung der Prosa als Selbstprojektion des Schreibenden fort, verstärkt durch einen Hang zu deutscher Abstrusität. Er empfand sich als Mahner, der seine Zeit vor Materialismus, Utilitarismus und Diesseitigkeit bewahren wollte, und nahm seine selbstgewählte Funktion mit solcher Vehemenz wahr, daß Zeitgenossen von einem »moral desperado« sprachen.

Von »Signs of the times« (1829), seinem ersten Beitrag zur *Edinburgh review*, bis zu *Chartism* (1840), *Past and present* (1843) und den *Latter-day pamphlets* (1850) entwarf Carlyle immer wieder universelle und schematische Gegensätze: das Intuitive als Widerpart des Rationalen, das Dynamische als Antithese zum Mechanischen. Seine »Essays«, wenn sie so heißen dürfen, entbehren ein strukturiertes Argument: sie bieten assoziative, sprachlich eruptive Gedankenfolgen. Entgegen der Gattungsbezeichnung ist auch *Sartor resartus. The life and opinions of Herr Teufelsdröckh* (zuerst 1833/34 in *Fraser's magazine*) keine fiktive Biographie, sondern eine nicht leicht zu entwirrende philosophische Groteske. Was immer Carlyle als Visionär für seine Zeit bedeutete, in der Geschichte der englischen Prosa ist er ein Exzentriker, der durch eine sich in Metaphern und Neuprägungen überschlagende Sprache die Welt in ihrer Totalität einzufangen versuchte. Mit induzierter Spontaneität sprengte er die Sprache – »my style is like no other man's« – und auch, mit nachhaltiger Wirkung, die literarische Form.

John Henry Newman, dessen Übertritt vom Anglikanismus zum Katholizismus die Rezeption seiner Schriften nicht eben erleichterte, ragt mit seinem Werk aus einem verzweigten Kontext religiösen und theologischen Schrifttums heraus. Er gehörte zum Oxford Movement, und die *Tracts for the times* (ab 1833), zu denen er von Anfang an beitrug, könnten mit ihrem sprechenden Titel die gesamte kritische Prosa der viktorianischen Epoche abdecken. »Style is a thinking out into language«, war seine Auffassung, und der große Autor war für ihn ein Meister des Gedankens wie ein Meister des Ausdrucks. Charakteristisch für Newman, der sich meist in polemischen Situationen befand, ist eine feine Nuancierung der Sprache, die seine urbane Prosa zu der vielleicht distinguiertesten der Epoche macht.

Newman schrieb Gedichte, Romane und theologische Abhandlungen, darunter 1870 *An essay in aid of a grammar of assent*, eine Untersuchung über das Wesen des Glaubens. Von besonderem Interesse sind die Schriften zwischen Literatur und Journalismus, die zugleich, wie auch sonst vielfach bei seinen Zeitgenossen, zwischen mündlichem Vortrag und schriftlicher Äußerung liegen. Seine *Parochial sermons* (1734–1742) sind durch einen eigenen Predigtstil ausgezeichnet, und seine *Lec-*

tures on the present position of Catholics in England (1851) galten ihm selbst als besonders gelungen. Die *Discourses on the scope and nature of university education* (1852; erweitert 1873 als *The idea of a university defined and illustrated*), ein Plädoyer für die Erziehungs- und Kulturfunktion der Universität, sind – über ihren stilistischen Rang hinaus – ungeachtet seiner besonderen theologischen Positionen ein Entwurf von bleibender Aktualität.

Matthew Arnolds Prosawerk ist sein Spätwerk. Es ist durch ein Fortschreiten zu immer umfassenderen Themen und zu immer deutlicherer Kritik an seiner Zeit gekennzeichnet. In seinen Oxforder Vorlesungen, *On the modern element in literature* (1858), *On translating Homer* (1861) und *On the study of Celtic literature* (1867), tritt eine präzise und aufs Grundsätzliche gerichtete Betrachtungsweise zutage, aber sie sind noch nicht durch jenen neuen Ansatz zu einer Kultursoziologie der Literatur geprägt, der Arnold vor allen Kritikern der viktorianischen Zeit auszeichnet.

»The literary influence of academies« und »The function of criticism at the present time« (beide 1864) – in die epochemachenden *Essays in criticism* (1865) aufgenommene Zeitschriftenbeiträge – waren für Arnold Essays im ursprünglichen Sinne: tastende Versuche, die Rolle der Akademie als zentraler intellektueller Autorität zu bestimmen und die Aufgabe der Literaturkritik zu umreißen als »a disinterested endeavour to learn and propagate the best that is known and thought in the world«. Beide finden ihre Fortsetzung und Vollendung in *Culture and anarchy. An essay in political and social criticism* (1869). Arnolds bekanntestes Werk ist nicht nur eine Abrechnung mit der philiströsen Selbstzufriedenheit der Epoche, sondern als Entwurf eines positiven Kontrastbildes wiederum ein Vorstoß in geistiges Neuland. Es deckt die Funktion der Kultur als eines Prinzips auf, das in einer Gesellschaft soziale Kohärenz bewirkt und die Vervollkommnung des Individuums ermöglicht. *Literature and dogma* (1873) ergänzt diese Überlegungen um die Dimension der Religion als Kulturfaktor.

Mit Arnold erreichte die viktorianische Zeitkritik zwar nicht ihren Abschluß, doch ihren Höhepunkt. Historisch gesehen, bietet sich in seinem Werk ein neues Phänomen dar – »the ›literary‹ intelligence playing freely upon the great concerns of human life« (Basil Willey). Mit der Analyse der geistigen Grundlagen einer modernen komplexen Gesellschaft wurde er in Denkstil und literarischer Form zum Begründer der modernen Kulturkritik in der anglo-amerikanischen Welt.

John Ruskin, einer der engagiertesten Zeitkritiker, trat vor allem mit zwei Essayserien zur politischen Ökonomie hervor (im *Cornhill magazine* 1860, 1862 als *Unto this last* erschienen und in *Fraser's magazine* 1862/3, 1872 als *Munera pulveris* publiziert). Seine Ansatzpunkte waren ähnlich wie die seiner Vorgänger. Doch anders als diese machte er detaillierte sozialreformatorische Vorschläge, die damals revolutionär waren, heute indessen vielfach selbstverständlich erscheinen. So lauter seine moralischen Grundsätze waren, so sehr mangelte es ihm an Verständnis für wirtschaftliche Zusammenhänge. *Munera pulveris* konnte daher nur für einen kleinen Kreis zu einem »dictionary of reference ... for earnest readers« werden (Ruskin). Heute findet, bei aller Anerkennung der frappanten Weite seines Gesichtskreises und der Eindringlichkeit seiner Fragestellungen, Ruskin eher als Kunstkritiker denn als Gesellschaftskritiker Aufmerksamkeit.

Schon in seinem Jugendwerk, der Essayserie »The poetry of architecture« (1837/8), zeigt sich eine für ihn charakteristische sozialgeschichtliche Kunstbetrachtung, die ihn später auch zu einem scharfen, aber nicht immer überzeugenden Stilkritiker der Epoche werden ließ (*The seven lamps of architecture* 1849). *Modern painters* (1843–1860), begonnen als »Beweis« für die Überlegenheit Turners als Landschaftsmaler, erweiterte sich – in mehr assoziativer als logischer Abfolge – Band für Band in eine nahezu enzyklopädische Betrachtung von »examples of the true, the beautiful, and the intellectual«. *The stones of Venice* (1851–1853) stellt eine ebenso weitgespannte, ins Theoretische wie ins Kontemplative hineinreichende Architekturstudie dar. Allenthalben zeigt sich in seinen Werken eine sonst in der Epoche nicht anzutreffende ästhetische Sensibilität, eine fast visionäre Empfänglichkeit für das Kunstvolle und das Künstlerische. Was ihn auszeichnet, sind nicht analytische Fähigkeiten, sondern jene »marvellous powers of perception which allowed Ruskin to penetrate farther into the core of certain kinds of art than any critic before or since« (Kenneth Clark).

Ruskins Prosa ist keine prosaische, sondern eine poetische. Sie ist, ganz im Sinne der Romantik, eine persönliche Prosa, von anderer Art, aber nicht geringerer individueller Intensität wie die Carlyles, der ihn beeinflußte. Sie ist subtil, aber auch flamboyant, bilderreich, gelegentlich sogar rhythmisch und in sich so »schön«, daß sie, je nach Geschmack, genossen oder verabscheut werden kann. Sie steht für die Kunstprosa einer Epoche, der zur Wiedergabe ihrer starken visuellen Eindrücke zusätzlich zur Sprache noch keine modernen technischen Medien zur Verfügung standen.

Der Theoretiker der reflexiven und sensibilisierten Prosa, in der sich die mitt- und spätviktorianische Zeit über Kunst und Kunstwerk vornehmlich verständigte, war Walter Pater. In »Style«, dem Leitessay seiner *Appreciations* (1889), erklärte er unter Berufung auf Wordsworth den Unterschied zwischen »dichterischer« und »prosaischer« Sprache als unwesentlich. »Imaginative prose« war für ihn »the special art of the modern world«, und sein eigenes Werk ist *in toto* als Beitrag zur Ausbildung dieser »Kunst« zu betrachten. Es liegt, charakteristisch für Paters bewußte Grenzüberschreitung, teils im fiktiven Bereich (wie die philosophische Romanze *Marius the Epicurean* 1885) und teils im historischen Bereich. Seine Beiträge zur *Fortnightly review* und *Westminster review* (gesammelt als *Studies in the history of the Renaissance* 1873, revidiert als *The Renaissance. Studies in art and poetry* 1877) sind Versuche, historische Befunde für eine Renaissance des Geistes nutzbar zu machen. Es sind »impressionistische« Studien zur Wirkung von Kunst und Literatur, die manifestartig auf die Etablierung einer autonomen ästhetischen Sphäre abzielen.

Mit Pater begann die Literaturkritik als ein literarisches Genre, das sich nicht mehr als sekundär gegenüber dem originalen Werk empfand, sondern als eigenständig in seinen Voraussetzungen und formalen Bestimmungen. Sie war eine Kunstform, auf deren Vervollkommnung Pater die unendliche Mühe des nach dem *mot juste* suchenden Stilisten verwandte. Die Wirkung seines Ästhetizismus, anfänglich auf Oxford beschränkt, breitete sich im Fin de siècle aus. Oscar Wilde war ein Bewunderer der *Studies in the history of the Renaissance* (»it is my golden book; I never travel anywhere without it«), und über William Butler Yeats und James Joyce reichte sein Einfluß ins 20. Jahrhundert.

Zu den Wortneuschöpfungen, die das 19. Jahrhundert in seiner Subjektivität und Selbstbezogenheit gleich zu Beginn hervorbrachte, gehört »Autobiographie«. Das Wort setzte sich gegen das zuvor zaghaft vorgeschlagene »Selbst-Biographie« durch. Ein schon lange existierendes literarisches Genre erhielt damit eine bleibende Bezeichnung (der schottische Romancier und Miszellanautor John Galt scheint sie 1832 zuerst als Titel verwendet zu haben), und der moderne Siegeszug der Autobiographie begann.

Prominentester Ausdruck des neuen Bewußtseins vom Wert des Individuellen war Wordsworths *Prelude* als »autobiographisches Gedicht« von epischem Zuschnitt. Durch Coleridges *Biographia literaria* (1817), ein Werk *sui generis*, das weniger eine Lebensgeschichte als einen Erfahrungsbericht über geistige Prozesse bietet, erhielt die Gattung eine neue Dimension. Von den bedeutenden Autoren der Romantik lebte nur Leigh Hunt lange genug, um nicht nur die Bilanz seines Lebens, sondern auch die Summe seiner Zeit ziehen zu können. Obwohl kein Meisterwerk, überragt seine *Autobiography* (1850) doch bei weitem die seiner Zeitgenossen. Das gilt für die *Autobiographic sketches* (1853/54) von De Quincey (die im Zusammenhang mit seinen *Recollections of the Lake poets* 1834–1839 zu sehen sind), aber auch für die *Autobiography* (1853) von Benjamin Robert Haydon (1786–1846), dem gescheiterten Malergenius der englischen Romantik, oder für die *Reminiscences* (1869) von Henry Crabb Robinson (1775–1867), einem Freund mehrerer Romantiker.

Die viktorianischen Autobiographien sind so zahlreich und vielfältig, daß sich allein aus ihnen ein Bild der Zeit und ihrer geistigen Strömungen und ihrer sozialen Bewegungen gewinnen ließe. Viele der bedeutenden und zweitrangigen Autoren haben sich und ihr Leben selbst dargestellt oder zumindest Aufzeichnungen für eine solche Darstellung gemacht. Carlyles *Sartor resartus* wird häufig als autobiographisch hingestellt, doch steht die bizarre Figur, falls sie ein Selbstporträt sein soll, in deutlichem Kontrast zu seiner eigentlichen Autobiographie, den *Reminiscences* (posthum 1881), die zusammen mit seinen Briefen und den einzigartigen Briefen seiner Frau (Jane Welsh Carlyle) ein ungleich ausgewogeneres und lebensnäheres Bild vermitteln. Harriet Martineau (1802–1876) – »a very admirable woman, and the most logical intellect of the age, for a woman« (Elizabeth Barrett Browning) – schrieb in ihrem *Autobiographical memoir* (posthum 1877) eine der aufrichtigsten und für die Zeit aufschlußreichsten Eigendarstellungen. Anthony Trollopes *Autobiography* (1883) bietet nicht nur eine Innenansicht der Persönlichkeit, sondern auch einen Einblick in die Werkstatt und Arbeitswelt eines pausenlos vor sich hinschreibenden Romanciers.

Hugh Miller (1802–1856), Journalist und Geologe, legte mit *My schools and schoolmasters* (1854) eine vielgelesene Autobiographie vor, die sein schottischer Landsmann Carlyle als »luminous, memorable, all wholesome, strong, and breezy« empfand. Isaac Williams (1802–1865), Dichter und Theologe, gibt in seiner Autobiographie (1892) einen schlichten und geradlinig gehaltenen Bericht eines der theologischen Reform gewidmeten Lebens. In den religiösen Kontext der Zeit gehört auch die klassische *Apologia pro vita sua* (1864) von Kardinal Newman, eine spirituelle, als »history of his religious opinions« bezeichnete Autobiographie, die vermöge ihrer argumentativen Geschmeidigkeit und ihrer stilistischen Vollendung als sein literarisches Meisterwerk angesehen wird. Als »a whole book about myself, and about my most private thoughts and feelings« (Vorwort) geht sie ebenso über die konventionelle Selbstdarstellung hinaus wie John Stuart Mills Autobiographie (1873). Auch diese gehört mit der subtilen Nachzeichnung einer geistigen Entwicklung und der in ihr auftretenden Krisen zu den Klassikern des Genre. In der Schonungslosigkeit der Selbstanalyse wird sie indessen durch die gelegentlich den Bekenntnissen Rousseaus zur Seite gestellten *Memoirs* (1885) von Mark Pattison (1813–1884) übertroffen, der als Rektor des Oxforder Lincoln College einer der außergewöhnlichsten Gelehrten der Epoche war.

Mit Boswell als Vorbild war das 19. Jahrhundert eine der Biographie verfallene Epoche. Scott machte den Anfang mit seinen Ausgaben von Dryden (1808) und Swift (1814), denen er ausführliche Biographien voranstellte. Er selbst war Gegenstand einer Biographie (*Memoirs of the life of Sir Walter Scott* 1837/8), mit der sein Schwiegersohn John Gibson Lockhart (1794–1854) ein Äquivalent zum *Life of Johnson* schuf und einen Standard setzte, den nur wenige spätere Biographen erreichten. David Masson (1822–1907), einer der ersten akademische Biographen, blieb mit seinem *Life of Milton* (1859–1894) ebenso dahinter zurück wie James Spedding (1808–1881) mit seinen *Letters and life of Francis Bacon* (1861–1872).

John Forster (1812–1876) gilt als der erste professionelle Biograph des Jahrhunderts, der nach Biographien von Goldsmith (1848, 1854) und Landor (1869) sein Meisterwerk mit dem grundlegenden *Life of Charles Dickens* (1872–1874) lieferte. *The life and letters of Lord Macaulay* (1876) aus der Feder seines Neffen Sir George Otto Trevelyan (1838–1928) ist eine der großen, über die Epoche hinausragenden viktorianischen

Biographien, während die Carlyle-Biographie (1882–1884) von James Anthony Froude (1818–1894) wegen ihrer rücksichtslosen Offenlegung der negativen Seiten von Carlyle bei ihrem Erscheinen die umstrittenste der Epoche war. Das *Life of Goethe* (1855) des ungemein vielseitigen George Henry Lewes (1817–1878) hat einen festen Platz in der Goethe-Literatur. Die vielfältigen biographischen Bemühungen mündeten in das *Dictionary of national biography* ein, das 1885 mit Sir Leslie Stephen (1832–1904), Virginia Woolfs Vater, als prominentem Herausgeber zu erscheinen begann, seither laufend fortgeschrieben wird und in der gesamten Kulturwelt als vorbildlich gilt.

Obwohl sich die Romantik immer wieder der Vergangenheit zuwandte, hat sie keine herausragenden Geschichtswerke hervorgebracht. Der Zeitraum zwischen Gibbons *Decline and fall of the Roman Empire* (1776–1788) und dem Beginn der viktorianischen Geschichtsschreibung stellt zwar kein Vakuum dar, doch Werke wie die *Constitutional history of England* (1827) von Henry Hallam (1777–1859) haben trotz ihrer Meriten keine breite Wirkung gehabt. Carlyles *French revolution* (1837), der Auftakt zur »literarischen« Historiographie des 19. Jahrhunderts, ist eher der Literatur als der Geschichte zuzurechnen. Für Carlyle, der in *Heroes, hero-worship, and the heroic in history* (1841) die Weltgeschichte zur Biographie der großen Männer erklärte, war die Französische Revolution ein providentielles Ereignis, das eine kunstvolle, auf monumentale epische Wirkung abgestellte Darstellung erforderte.

The French Revolution war »poetische« Geschichte, die Carlyle als Historiker beim Publikum etablierte, aber in der Historiographie keine Rolle spielte. Die Entwicklung führte zur professionellen Geschichtsschreibung, bei der literarische Qualität nicht mehr im Vordergrund stand. Der Übergang war nicht abrupt. Er vollzog sich aber Schritt für Schritt zwischen Werken wie der *History of England from the fall of Wolsey to the defeat of the Spanish Armada* (1856–1870) von James Anthony Froude, der als vorzüglicher erzählender Historiker die Geschichtsschreibung noch als Kunst begriff, und der als theoretische Grundlage imperialer Machtpolitik dienenden *Expansion of England* (1883) von John Robert Seeley (1834–1895), der seinen Spott über die narrative Geschichte ausgoß.

Das einzige Werk der erzählenden Geschichte, das sich – in naher Nachbarschaft zu Gibbons majestätischem Werk – einen bleibenden Platz gesichert hat, ist Macaulays *History of England from the accession of James II* (1849–1861). Obwohl unvollendet, gab es der viktorianischen Epoche ein Geschichtsbild vor, das der whiggistischen Grundstimmung der Zeit ebenso entsprach wie ihrer Erwartung von gesellschaftlichem Fortschritt und ihrem Empfinden für historische Größe. Innerhalb einer Generation nach dem Erscheinen des ersten Bandes war es in 140000 Exemplaren verbreitet.

Die viktorianische Zeit war die letzte Epoche, in der naturwissenschaftliche Literatur in unpopularisierter oder nur leicht popularisierter Form dem gebildeten Leser vom Gegenstand her noch zugänglich war. Zwar machte die Professionalisierung auf vielen Gebieten rapide Fortschritte, so daß die Situation gegen Ende des Jahrhunderts eine gänzlich andere war als noch um die Jahrhundertmitte, doch blieben einige der großen Autoren bewußt innerhalb des »literarischen« Bereichs. Charles Lyells *Principles of geology* (1830–1833), das bis 1876 in zwölf Auflagen erschien, richteten sich gleicherweise an den Fachmann und an den Laien. Dies gilt auch für Michael Faradays *Experimental researches in electricity* (1835–1855), eines der bahnbrechenden Werke der Elektrizitätslehre. *On the connections of the physical sciences* (1834) von Mary Somerville, die über ebenso exquisite Kenntnisse wie Darstellungsfähigkeiten verfügte, ist ein frühes Beispiel für erfolgreiche Popularisierung.

Charles Darwins Werk zur Abstammungslehre, *On the origin of species by means of natural selection* (1859), ist wissenschaftsgeschichtlich und geistesgeschichtlich eines der herausragenden Bücher des 19. Jahrhunderts. Obwohl von hoher argumentativer Qualität, fehlt ihm jene Brillanz, die den Büchern von Darwins Freund T. H. Huxley (1825–1895) eigen ist. Sowohl Huxleys fachwissenschaftliche Untersuchungen wie *Anatomy of vertebrated animals* (1871) als auch seine populären wissenschaftlichen und philosophischen Vorträge und Schriften wie *Agnosticism and Christianity* (1889) oder *Evolution and ethics* (1893) gehören expositorisch wie stilistisch zu den Glanzleistungen viktorianischer Prosa.

20. Jahrhundert

Die Entwicklung der nicht-erzählenden Prosa im 20. Jahrhundert ist durch gegenläufige Tendenzen bestimmt. Einerseits nimmt der Umfang des Schrifttums in einem Maße zu, das seine enorme Ausweitung im 19. Jahrhundert als bescheiden erscheinen läßt. Als Ganzes ist die nicht-erzählende Prosa praktisch unüberschaubar geworden. Es gibt daher bislang keinen Versuch einer Gesamtübersicht (und er wird auch hier nicht unternommen). Zum anderen engt sich der Bereich der literarischen Prosa zunehmend ein. Der seit dem 19. Jahrhundert ständig expandierende journalistische Bereich hat sich nunmehr gänzlich verselbständigt. Er weist eigene Formen und Normen auf und schließt heute vieles ein, was ehedem der Literatur zugerechnet wurde. Auch der wissenschaftliche Bereich ist autonom geworden und hat sowohl spezifische Formen der Kommunikation wie auch eigene Maßstäbe für die Prosa ausgebildet. Wenn nicht unter den Prämissen eines überdehnten Literaturbegriffs alles Gedruckte als Literatur ausgegeben wird, bleibt für die eigentliche Literatur nur ein Bereich, der signifikant kleiner ist als im 18. und 19. Jahrhundert.

Die ersten Jahrzehnte des 20. Jahrhunderts waren vornehmlich durch den *man of letters* geprägt, dessen literarische Produktion sich über ein breites Spektrum erstreckte. Er war in der viktorianischen Tradition Prosaautor, und seine Domäne war die »Kritik«. Er war fast immer Rezensent, vielfach gleichzeitig Dichter oder Romancier oder Dramatiker. Nicht selten betätigte er sich auch, etwa als Biograph oder Herausgeber, auf Gebieten, die heute als Terrain des Historikers oder des Literaturwissenschaftlers gelten. Sir Edmund Gosse (1849–1928), von H. G. Wells als »official British man of letters« bezeichnet, repräsentiert diesen Typus – mit zahllosen Essays verschiedenster Art, literarischen Biographien (so von Donne 1899 und von Swinburne 1917), einer vielgerühmten Autobiographie (*Father and son* 1907) und zahlreichen anderen Werken. Gosse war ein erfolgreicher literarischer Vermittler, ein eleganter Stilist und eine zentrale Figur im literarischen Leben seiner Zeit.

Das Medium des *man of letters* war nach wie vor der Essay, und die Zeit bis zum Zweiten Weltkrieg brachte eine Spätblüte des auf den literarischen Charakter abgestellten *familiar essay*. Charles Lamb war, zumindest in den beiden ersten Jahrzehnten, ein vielgeschätztes Vorbild. Edward Verrall Lucas (1868–1938), Biograph und Herausgeber Lambs, war zusammen mit Robert Lynd (1879–1949) die treibende Kraft in der Renaissance des »persönlichen« Essays, dem er eine durchaus eigene Note gab: *Fireside and sunshine* (1906) ist die erste Sammlung, *Adventures and misgivings* (1938) die letzte. Lynds Sammlungen beginnen mit *The pleasures of ignorance* (1921). Gilbert Keith Chesterton (1874–1936), dessen *Father Brown stories* (1929) die Vielseitigkeit seiner Autorschaft leicht verdecken, war ein überaus themenreicher, wenngleich bisweilen auch manierierter Essayist: Die Sammlungen reichen von *Tremendous trifles* (1909) bis *As I was saying* (1936). Bei dem in mehreren Sparten der Literatur tätigen Hilaire Belloc (1870–1953) macht das differenzierte, von der persönlichen bis zur polemischen Variante reichende essayistische Werk den Kern seines Œuvre aus. Und Sir Max Beerbohm (1872–1956) verdankt sein Ansehen nicht nur seinen Karikaturen, sondern auch seinen ebenso originellen wie ausgefeilten Essays (*The works of Max Beerbohm* 1896, *More* 1899, *And even now* 1920).

Essay und Journalismus standen seit dem 18. Jahrhundert in enger Wechselwirkung, so daß die völlige Einbeziehung des Essays in den journalistischen Bereich eine zwangsläufige Entwicklung war. Der Essayist des 20. Jahrhunderts ist meist zugleich auch Journalist, häufig Herausgeber oder ständiger Mitarbeiter einer Zeitschrift und nicht zuletzt Rundfunkautor. Beispielhaft dafür ist etwa George Orwell, dessen literarisch-journalistisches Werk (vereinigt in *Collected essays, journalism and letters* 1968) durch hohe stilistische Qualität und große Spannweite ausgezeichnet ist.

So förderlich die Wechselwirkung in vieler Hinsicht ist, so nachteilig hat sie sich auf den Essay als Form ausgewirkt. Die für das 20. Jahrhundert typische Neutralisierung der literarischen Form – wie in *play* als Bezeichnung für alle Arten des Dramas – führte zur Reduktion des Essays auf den »Artikel« als eine das Individuelle wie das Literarische gleichermaßen zurückdrängende journalistische Einheitsform. Damit ging der Essay nicht unter, doch er verlor an Bedeutung und büßte seine Dauerhaftigkeit ein. Der Artikel ist Verbrauchsliteratur, und im Zeichen des Übergangs von einem allgemeinen zu einem auf Zielgruppen gerichteten Journalismus, wie er für die Zeit nach dem Zweiten Weltkrieg bezeichnend ist, verstärkt sich das Element des Ephemeren. Für den Autor meist *Required writing*, wie Philip Larkin (1922–1985) die Sammlung seiner Essays sprechend betitelte (1983), wird der Artikel leicht zum Inbegriff des momentan Interessanten und später Entbehrlichen.

Mit der seit dem 19. Jahrhundert ständig fortschreitenden Ausweitung und Differenzierung der literarischen Kultur wurde die Literatur zu einem Gegenstand engagierter Reflexion. Seit den zwanziger Jahren ist ein wesentlich essayistisches Korpus literarkritischen Schrifttums entstanden, das sich durch eine davor kaum anzutreffende intellektuelle Strenge und Raffinesse auszeichnet. Das gilt in erster Linie für das kritische Werk von T. S. Eliot, das – unabhängig von Anlaß und konkreter Form (Rezension, Vortrag, Zeitschriftenbeitrag) – durchweg einen explorativen Charakter aufweist. Von *The sacred wood* (1920) bis *On poetry and poets* (1957) warf Eliot eine Fülle von Fragen auf zur Bedeutung einzelner Autoren, zum Wesen der Literatur und zu ihrer gesellschaftlichen Funktion. Wie seine *Notes towards the definition of culture* (1948) verdeutlichen, kamen diese Fragen aus dem Bewußtsein einer Gefährdung der traditionellen europäischen Kultur. Manches ist *high journalism* von einer Art, wie sie sich heute kaum mehr findet. Mit *The criterion* (1922–1939) schuf sich Eliot als journalistisches Organ eine literarische Zeitschrift, die zusammen mit der späteren, von F. R. Leavis herausgegebenen *Scrutiny* (1932–1953) einem ebenfalls untergehenden oder bereits untergegangenen Genre angehört.

Virginia Woolfs kritische Essays, die gleichrangig neben ihren Romanen stehen, sind – entgegen ihrem Titel *The common reader* (1925, 1932) – ungewöhnlich einfühlsame Studien zu einzelnen Werken und Autoren, deren Anlaß vielfach eine Rezension für das *Times literary supplement* war. Geprägt durch die distanzierte Sensibilität, die sich in dem Literatenkreis von Bloomsbury mit dem modernen Lebensgefühl der zwanziger Jahre ausgebildet hatte, haben sie viel zu einer neuen Vermittlung von traditionellen Autoren beigetragen und häufig deren heutiges Bild mitbestimmt. Literatur und Leben gingen für Virginia Woolf ineinander über, und ihre anderen Essaysammlungen (Gesamtausgabe 1986 ff.) erweisen sie auch als Meisterin einer modernen Version des persönlichen Essays.

Die neue Qualität der Literaturkritik seit den zwanziger Jahren steht im Zusammenhang nicht nur mit der scharfen Gegenreaktion der Epoche auf Romantik und Viktorianismus, sondern auch mit der akademischen Professionalisierung, die um die Jahrhundertwende einsetzte. In einem über mehrere Jahrzehnte verlaufenden Prozeß wurde die literarische Kritik, eingebettet in eine umfassende Erforschung der Literatur, zu einer fast ausschließlich akademischen Angelegenheit, und an die Stelle des *man of letters* trat der Literaturwissenschaftler. Es gehört zur englischen Variante dieses Prozesses, daß es zwischen Sir Arthur Quiller-Couch (1863–1944) und C. S. Lewis (1898–1963) und darüber hinaus immer einen breiten Grenzstreifen gegeben hat, auf dem sich die Territorien von *creative writer*, *man of letters* und Wissenschaftler überschnitten. Durch diese Überschneidung ist in England in Ansatz und Sprachform die literarische Literaturkritik häufig wissenschaftlicher und die wissenschaftliche häufig literarischer als in anderen Ländern.

Wie auf dem Gebiete der Literatur vollzog sich auch im Bereich der Geschichte eine Professionalisierung, die zu tiefgehenden Veränderungen führte. Die Gründung der *English historical review* (1886) und die Inauguration der *Cambridge modern history* (1902), die sich beide mit dem Namen von Lord Acton verbinden (1834–1902), bezeichnen hier den Übergang in eine neue Ära. Hinfort hatte die Professionalisierung ihr Korrelat in der Popularisierung, und dem Experten stand, stärker profiliert als in anderen Bereichen, der Amateur gegenüber. Die Frage war nicht länger, ob die Geschichtsschreibung narrativ ist oder nicht, sondern ob sie literarischen Charakter hat oder nicht. Die Geschichte als literarische Disziplin ist in England nicht ganz aufgegeben worden. Bezeichnenderweise stammt eines der nachdrücklichsten Plädoyers für die Geschichtsschreibung als Kunst von George Macaulay Trevelyan (1876–1962), dessen Vater ein Neffe Macaulays war. Mit mehreren Darstellungen, nicht zuletzt seiner klassischen *English social history* (1942), durchbrach er – nicht als einziger englischer Historiker – die Abgrenzung zwischen wissenschaftlicher und populärer Darstellung. Wenn die literarische Geschichte, wie immer wieder vermutet wird, eine Renaissance haben sollte, dann dürfte der Ausgangspunkt in Winston Churchills *The world crisis 1911–1918* (1923–1927), *The Second World War* (1948–1954) und *A history of the English-speaking peoples* (1956–1958) liegen, die als Werke von Gibbonschem Format gelten.

Auch für die Biographie gibt es heute den Gegensatz zwischen professionell und populär, und die verläßliche Lebensbeschreibung der literarischen oder historischen Persönlichkeit ist zur Sache des versierten Experten geworden. Allerdings kam die Wende in der Einstellung zum Gegenstand aus der literarischen Biographie der Umbruchzeit. *Eminent Victorians* (1918), eine Reihe von ikonoklastischen Essays von Lytton Strachey (1880–1932), ist zum Manifest für den modernen Biographen geworden – »he will attack his subject in unexpected places; ... shoot a sudden revealing searchlight into obscure recesses.« Seither ist auch für den seriösen Biographen die detaillierte Analyse der Persönlichkeit und die Bloßlegung der Motive und Mechanismen des individuellen Verhaltens zur Maxime geworden.

Für die literarische Biographie der zwanziger und dreißiger Jahre sind Harold Nicolsons (1868–1968) Biographien charakteristisch, unter anderem über Tennyson (1923), Byron (1924) und Swinburne (1926). Hesketh Pearson (1887–1964) und Peter Quennell (geb. 1905) können als repräsentativ für die Zeit nach dem Zweiten Weltkrieg gelten. Die großen Leistungen der jüngsten Zeit – darunter Richard Ellmanns Joyce (1959), George Painters Proust (1959), Michael Holroyds Lytton Strachey (1967) – sind jedoch ungeachtet ihrer literarischen Qualitäten fast ausnahmslos wissenschaftliche Arbeiten.

Die Autobiographie ist zu einer der beliebtesten Literaturformen geworden, wenn nicht zur beliebtesten überhaupt. Der Grund dafür liegt in der ständig wachsenden Aufnahmebereitschaft für »Erlebnisse« oder »Lebenserfahrungen«, gleichviel ob in fiktiver Form, wie im Roman, oder in faktischer Form, wie in jeder Art von Biographie. Die Entgrenzung des privaten Bereichs in der Biographie hat ihre Rückwirkung auf die Autobiographie, die ebenfalls offener geworden ist. Dabei hat sich die Grenze zwischen dem Literarischen und dem Journalistischen verwischt, und vielfach geht es in der Autobiographie, zumindest seit dem skandalumwitterten *My life and loves* (1922–1927) von Frank Harris (1856–1931), Herausgeber der *Saturday review* (1894–1898), weniger um die literarische Darstellung des Individuellen als um die journalistische Offenlegung des Privaten.

Formal ist die Autobiographie nicht mehr auf die zusammenhängende Darstellung festgelegt. Häufig werden auch skizzenhafte Memoiren oder tagebuchartige Aufzeichnungen über einen längeren Zeitraum, wie schon im 19. Jahrhundert, als Autobiographie bezeichnet. Die *Journals* (1932/33) von Arnold Bennett sind ein Beispiel dafür. Auf der anderen Seite stehen vielbändige Autobiographien, wie sie in früheren Epochen nicht begegnen, wie etwa *Left hand! Right hand!* (1944–1962) des Literaten Osbert Sitwell (1892–1969) oder die für die Bloomsbury Group so aufschlußreiche Autobiographie (1960–1969) von Leonard Woolf.

Als literarisches Werk ist die Autobiographie zwar eine Domäne des Literaten, was sich an Robert Graves' desillusionierter Selbstoffenbarung in *Goodbye to all that* (1929, 1957) ebenso erweist wie an H. G. Wells' verblüffendem *Experiment in autobiography* (1934) und an Edwin Muirs sehr persönlicher *Autobiography* (1954; als *The story and the fable* 1940). Doch mit der ständigen Ausweitung des Kreises derer, die sich autobiographisch mitteilen – Künstler, Politiker, Wissenschaftler und andere – nimmt der literarische Charakter der Autobiographie mehr und mehr ab. Nicht selten steht die persönliche Selbstdarstellung neuerdings im Dienst einer Idee oder eines Programms.

Als besondere Form des autobiographischen Berichts kann das literarische Reisebuch gelten, das weniger auf einen Bericht des Gesehenen als auf Spiegelung des Erlebten und Reflexion über das Erlebte abzielt. Es spielt vor allem zwischen den Kriegen eine Rolle, als Reisen noch individuell war und als Kunst praktiziert werden konnte. D. H. Lawrences *Twilight in Italy* (1916) oder *Mornings in Mexico* (1927) sind frühe Beispiele für dieses Genre, das bis in die Gegenwart reicht, aber im Zeitalter des Massentourismus in seiner Bedeutung zurückgeht. Doch zeugen Evelyn Waughs *Labels, a Mediterranean journal* (1930) und *Tourist in Africa* (1960) oder Graham Greenes *Journey without maps* (1936) und *In search of a character. Two African journals* (1961) oder Lawrence Durells Bücher über die griechischen Inseln (*Reflections on a marine Venus* 1953 oder *Bitter lemons* 1957) oder auch Robert Byrons Reiseaufzeichnungen (*The road to Oxiana* 1937) von der unverminderten Eindruckskraft solcher Werke.

Philosophie und Naturwissenschaft sind in ihren Gegenständen, Erkenntnisprozessen und Kommunikationsformen so technisch geworden, daß sie am weitesten von der Literatur entfernt sind. Jeder Übertritt in den Bereich allgemeiner Verständlichkeit ist hier unumgänglich Popularisierung. Gleichwohl wird der Versuch der *haute vulgarisation* immer wieder gemacht, und dann und wann entstehen Werke, die der Literatur zuzurechnen sind. Bertrand Russell (1872–1970) besaß als mathematischer Philosoph eine seltene Gabe der eingängigen Darstellung, von der neben seiner vielgelesenen *History of*

Western philosophy (1946) seine *Sceptical essays* (1928) und seine *Unpopular essays* (1950) zeugen. Alfred North Whitehead (1861–1947), ebenfalls mathematischer Philosoph, erreichte mit *Adventures of ideas* (1933) und *Science and the modern world* (1925) ein weites Publikum. *The nature of the physical world* (1928) von Sir Arthur Stanley Eddington (1882–1944) wird wegen seiner luziden Prosa ebenso als literarisches Werk betrachtet wie in Zukunft wahrscheinlich James D. Watsons Entdekkungsgeschichte *The double helix* (1968) und Stephen W. Hawkings *A brief history of time* (1988). (F)

Anhang

Literaturhinweise

Die folgende Übersicht, die nur auf das Wichtigste aufmerksam machen kann, gliedert sich in drei Abschnitte: 1. Gesamtdarstellungen, 2. Epochen, 3. Gattungen und Formen. Sie folgt damit der Einteilung des darstellenden Teils in der Annahme, daß sich der Leser, wenn er über den einzelnen Autor hinausgeht, einer Epoche oder Gattung zuwenden möchte.

Innerhalb der einzelnen Abschnitte, besonders in den Abschnitten zur Hintergrundliteratur, sind die Titel möglichst nach sachlicher Zusammengehörigkeit gruppiert. Allgemeine oder zusammenfassende Darstellungen stehen jeweils am Anfang. Darauf folgen Titel zu spezielleren Themen, ohne daß dabei die Autoren nach alphabetischer Reihenfolge oder die Werke nach Erscheinungsjahr angeordnet sind. Bei Werken mit mehreren Auflagen ist stets die letzte Auflage angegeben; die Jahreszahl der ersten Auflage steht in Klammern. Verweise (siehe) beziehen sich auf die numerierten Abschnitte.

Literatur zu einzelnen Autoren findet sich im zweiten Band in den bibliographischen Anhängen. Das Literaturverzeichnis im zweiten Band faßt Nachschlagewerke, Leseausgaben und Sammlungen von Sekundärliteratur zusammen.

1. Gesamtdarstellungen

1.1 Bibliographien

The new Cambridge bibliography of English literature, 600–1950 (NCBEL), ed. G. Watson und I. R. Willison, 5 vols 1969–1977. – *The shorter new Cambridge bibliography of English literature*, ed. G. Watson 1981. – F. W. Bateson und H. T. Meserole, *A guide to English and American literature* 1976. – R. C. Schweik und D. Riesner, *English and American literature. A guide to reference materials* 1976. – *A guide for readers* (New Pelican guide), ed. B. Ford 1984. – M. J. Marcuse, *A reference guide for English studies* 1990. – B. Fabian, *Von Chaucer bis Pinter. Ausgewählte Autorenbibliographien zur englischen Literatur* 1980.

1.2 Geschichte

The Oxford history of English literature (OHEL), ed. B. Dobrée, J. Buxton, N. Davis und F. P. Wilson, 15 vols 1945– . – *The Cambridge history of*

English literature (CHEL), ed. A. W. Ward und A. R. Waller, 15 vols (1907–1927) 1932 u. ö. – D. Daiches, *Critical history of English literature*, 2 vols 1960. – *The new Pelican guide to English literature*, ed. B. Ford, 9 vols 1982–1983. – *Macmillan history of literature*, ed. A. N. Jeffares 1982– . – *Longman literature in English series*, ed. D. Carroll und M. Wheeler, 1985– . – *Sphere history of literature* (1970–1973) 1986–1988. – G. Sampson (ed.), *The concise Cambridge history of English literature* (1941) 1970. – A. C. Baugh (ed.), *A literary history of England* (1948) 1967. – B. I. Evans, *Short history of English literature* 1970 (deutsch 1983). – P. Conrad, *The Everyman history of English literature* 1985. – A. Fowler, *A history of English literature. Forms and kinds from the Middle Ages to the present* 1987. – P. Rogers (ed.), *The Oxford illustrated history of English literature* 1987.

W. F. Schirmer, *Geschichte der englischen und amerikanischen Literatur. Von den Anfängen bis zur Gegenwart* (1937), ed. A. Esch, 2 Bde 1983. – E. Standop und E. Mertner, *Englische Literaturgeschichte* (1967) 1983.

The history of Scottish literature, ed. C. Craig, 4 vols 1987/88. – R. Watson, *The literature of Scotland* 1984. – K. Wittig, *The Scottish tradition in literature* 1958. – A. N. Jeffares, *Anglo-Irish literature* 1982. – S. Deane, *A short history of Irish literature* 1986.

1.3 Chronologische Übersichten

Annals of English literature, 1475–1950. The principal publication of each year together with an alphabetical index of authors with their works (1935) 1961. – S. J. Rogal, *A chronological outline of British literature* 1980. – P. Smallwood, *A concise chronology of English literature* 1985. – W. Karrer und E. Kreutzer, *Daten der englischen und amerikanischen Literatur von 1700 bis 1890* (*Daten ... von 1890 bis zur Gegenwart*) 2 Bde 1973–1979; Neubearbeitung von Band 2 *Werke ... von 1890 bis zur Gegenwart* 1989. – A. Brett-James, *The triple stream. Four centuries of English, French and German literature, 1531–1930* 1953.

1.4 Lexikalische Nachschlagewerke

M. Drabble (ed.), *The Oxford companion to English literature* 1985. – I. Ousby (ed.), *The Cambridge guide to literature in English* 1988. – C. Gillie, *Longman companion to English literature* (1972) 1978. – M. Wynne-Davies, *Bloomsbury guide to English literature* 1989. – D. Daiches (ed.), *The Penguin companion to literature. I: Britain and the Commonwealth* 1971. – H. W. Drescher, *Lexikon der englischen Literatur* 1979. – *Hauptwerke der englischen und amerikanischen Literatur. Einzeldarstellungen und Interpretationen*, hrsg. von M. Pfister 1975 (Auszug aus *Kindlers Literaturlexikon*). – *Der Literatur-Brockhaus*, hrsg. von W. Habicht und W.-D. Lange, 3 Bde 1988– . – T. Royle, *The Macmillan companion to Scottish Literature* 1983. – R. Hogan (ed.), *The Macmillan dictionary of Irish literature* 1980. – A. Warner, *A guide to Anglo-Irish literature* 1981. – M. Stephens (ed.), *The Oxford companion to the literature of Wales* 1986.

1.5 Geographisch-literarische Führer
D. Eagle und H. Carnell (ed.), *The Oxford literary guide to the British Isles* 1977; *The Oxford illustrated literary guide to Great Britain and Ireland* 1981. – M. Hartwick, *Literary atlas & gazetteer of England* 1973. – L. A. Fisher, *A literary gazetteer of England* 1980. – F. Morley, *Literary Britain. A reader's guide to writers and landmarks* 1980. – D. Daiches und J. Flower, *Literary landscapes of the British Isles. A narrative atlas* 1979. – M. Drabble, *A writer's Britain. Landscape in literature* 1979. – K. Voß, *Reiseführer für Literaturfreunde. England und Wales* 1989. – R. M. Cooper, *The literary guide and companion to Southern England* 1986. – A. Bold, *Scotland. A literary guide* 1988. – S. und T. Cahill, *A literary guide to Ireland* 1973. – W. Trevor, *Writer's Ireland. Landscape in literature* 1984.
G. B. Williams, *Guide to literary London* (1973) 1987. – A. Davies, *Literary London* 1988. – E. Lane, *A guide to literary London* 1988. – K. Voß, *Reiseführer für Literaturfreunde. London* 1977. – R. Hartley, *A literary guide to the City* 1966.
G. Chainey, *Literary history of Cambridge* 1986. – A. Pennycook, *Literary and artistic landmarks of Edinburgh* 1973. – W. Ames, *Literary Liverpool* 1971. – H. A. Kenny, *Literary Dublin. A history* 1974. – T. Royle, *Precipitous city. The story of literary Edinburgh* 1980.

1.6 Textsammlungen und Anthologien
The Oxford anthology of English literature, ed. F. Kermode und J. Hollander, 6 vols 1973. – *The Norton anthology of English literature*, ed. M. H. Abrams et al. 2 vols (1962) 1988. – *Macmillan anthologies of English literature*, ed. A. N. Jeffares und M. Alexander, 5 vols 1989. – *Die englische Literatur in Text und Darstellung*, ed. R. Borgmeier, 10 Bde 1982–1988.
Sammlungen zu einzelnen Epochen und Gattungen siehe Abschnitt 2 und 3.

2. Epochen

2.1 Mittelalter
2.1.1 Bibliographien und Verzeichnisse
NCBEL (siehe 1.1): 600–1660. – W. Bonser, *An Anglo-Saxon and Celtic bibliography (450–1087)*, 2 vols 1957.
W. L. Renwick und H. Orton, *The beginnings of English literature to Skelton, 1509* (1939) 1966. – W. Matthews, *Old and Middle English literature* 1968.
F. C. Robinson, *Old English literature. A select bibliography* 1970. – *A manual of the writings in Middle English, 1050–1500*, ed. J. B. Severs und A. E. Hartung, vol 1- 1967– . – S. B. Greenfield und F. C. Robinson, *A bibliography of publications on Old English literature to the end of 1972* 1980. – C. E. Pickford und R. Last, *The Arthurian bibliography*, 2 vols 1981–1983. – R. E. Lewis, N. F. Blake und A. S. G. Edwards, *Index of printed Middle English prose* 1985.

2.1.2 Geschichte der Literatur

OHEL (siehe 1.2) I–III: J. A. W. Bennett und D. Gray, *Middle English literature, 1100–1400* (1986) 1990; H. S. Bennett, *Chaucer and fifteenth-century verse and prose* (1947) 1990; E. K. Chambers, *Malory fifteenth-century drama, lyrics, and ballads* (1945) 1990. – A. Heusler, *Die altgermanische Dichtung* (1923) 1941. – H. Hecht und L. L. Schücking, *Die englische Literatur im Mittelalter* 1927. – D. Pearsall, *Old English and Middle English poetry* 1977.

C. W. Kennedy, *The earliest English poetry. A critical survey* (1943) 1971. – G. K. Anderson, *The literature of the Anglo-Saxons* (1949) 1966. – *Continuations and beginnings. Studies in Old English literature*, ed. E. G. Stanley 1966. – C. L. Wrenn, *A study of Old English literature* 1967. – *Essential articles for the study of Old English poetry*, ed. J. B. Bessinger und S. J. Kahrl 1968. – K. H. Göller, *Geschichte der altenglischen Literatur* 1971. – H. Pilch und H. Tristram, *Altenglische Literatur* 1979. – M. W. Grose und D. McKenna, *Old English literature* 1973. – S. B. Greenfield und D. G. Calder, *A new critical history of Old English literature* 1986.

W. F. Bolton, *A history of Anglo-Latin literature, 597–1066*, vol 1– 1967– . – M. D. Legge, *Anglo-Norman literature and its background* 1963. – R. M. Wilson, *The lost literature of medieval England* (1952) 1970.

R. M. Wilson, *Early Middle English literature* (1939) 1968. – D. Brewer, *English Gothic literature* 1983. – P. Boitani, *English medieval narrative in the thirteenth and fourteenth centuries* 1982. – *Critical approaches to medieval literature. Selected papers from the English Institute, 1958–1959*, ed. D. Bethurum 1960.

P. Gradon, *Form and style in early English literature* 1971. – *The mediaeval world*, ed. D. Daiches und A. Thorlby 1973. – *The Middle Ages*, ed. W. F. Bolton (1970) 1986.

2.1.3 Textsammlungen und Anthologien

Medieval literature, ed. J. B. Trapp 1973 (siehe 1.6 Oxford anthology). – *The Middle Ages (700–1550)*, ed. M. Alexander und F. Riddy 1989 (siehe 1.6 Macmillan anthologies). – *Bibliothek der angelsächsischen Prosa*, hrsg. von C. W. M. Grein und R. P. Wülker (1872–1933), 13 Bde 1964–1966. – *Bibliothek der angelsächsischen Poesie*, hrsg. von C. W. M. Grein und R. P. Wülker (4 Bde, 1857–1864), 3 Bde 1881–1898. – *The Anglo-Saxon poetic records*, ed. G. P. Krapp und E. V. K. Dobbie, 6 vols 1931–1953. – *Medieval English. An Old English and Middle English anthology*, ed. R. Kaiser (1954) 1961. – M. Lehnert, *Poetry and prose of the Anglo-Saxons*, 2 vols (1956) 1960.

2.1.4 Hintergrundliteratur

C. Platt, *Medieval England. A social history and archaeology from the conquest to A. D. 1600* 1978. – R. H. Hodgkin, *A history of the Anglo-Saxons*, 2 vols (1935) 1952. – F. M. Stenton, *Anglo-Saxon England* (1943) 1971. – D. Whitelock, *The beginnings of English society* (1952) 1966. – D. M. Stenton, *English society in the early Middle Ages (1066–1307)* (1951) 1965.

F. M. Powicke, *The thirteenth century, 1216–1307* (1953) 1962. – A. R. Myers, *England in the late Middle Ages* (1952) 1966. – G. Holmes, *The later Middle Ages 1272–1485* (1962) 1967. – A. B. Ferguson, *The Indian summer of English chivalry. Studies in the decline and transformation of chivalric idealism* 1960. – J. Huizinga, *Herbst des Mittelalters* (1924) 1975.

D. C. Fowler, *The Bible in early English literature* 1976. – D. Knowles, *The monastic order in England* (1921, 1940) 1963. – E. Gilson, *L'esprit de la philosophie médiévale* 1932. – G. R. Owst, *Preaching in medieval England* (1926) 1965. – G. R. Owst, *Literature and pulpit in medieval England* (1933) 1961. – M. W. Bloomfield, *The seven deadly sins* 1952.

M. Schlauch, *English medieval literature and its social foundations* (1956) 1967. – J. Opland, *Anglo-Saxon oral poetry. A study of the traditions* 1980. – *Oral traditional literature. A Festschrift for Albert Bates Lord*, ed. J. M. Foley 1981. – *Sources and analogues of Old English poetry. I. The major Latin texts in translation*, ed. M. J. B. Allen und D. G. Calder 1976; *II. The major Germanic and Celtic texts in translation*, ed. D. G. Calder, R. E. Bjork, P. K. Ford und D. F. Melia 1983. – J. A. Burrow, *Medieval writers and their work. Middle English literature and its background 1100–1500* 1982. – J. Coleman, *English literature in history, 1350–1400. Medieval readers and writers* 1981. – *Intellectuals and writers in fourteenth-century Europe*, ed. P. Boitani und A. Torti 1986. – H. S. Bennett, *English books & readers, 1475 to 1557* 1952. – B. O'Donoghue, *The courtly love tradition* 1982. – E. R. Curtius, *Europäische Literatur und lateinisches Mittelalter* (1948) 1984. – E. Faral, *Les arts poétiques du XIIe et du XIIIe siècle* 1958.

2.2 Renaissance und frühes 17. Jahrhundert

2.2.1 Bibliographien und Verzeichnisse

NCBEL (siehe 1.1) I: 600–1660. – S. A. und D. R. Tannenbaum, *Elizabethan bibliographies*, 1–40 1937; Supplements 1–18, ed. C. A. Pennel 1967 ff. – J. L. Lievsay, *The sixteenth century. Skelton through Hooker* 1968. – M. Levine, *Tudor England, 1485–1603* 1968. – W. R. Elton, *Shakespeare's world. Renaissance intellectual Contexts. A selective, annotated guide, 1966–1971* 1979. – H. F. Plett, *Englische Rhetorik und Poetik 1479–1660. Eine systematische Bibliographie* 1985. – H. W. Gabler, *English Renaissance studies in German 1945–1967. A check-list of German, Austrian, and Swiss academic theses, monographs, and book publications on English language and literature, c. 1500–1650* 1971.

2.2.2 Geschichte der Literatur

OHEL (siehe 1.2) IV, V, VII: C. S. Lewis, *Poetry and prose in the sixteenth century* (1954) 1990; F. P. Wilson und G. K. Hunter, *The English drama, 1485–1585* (1969) 1990; D. Bush, *The early seventeenth century, 1600–1660* (1945) 1990. – *English poetry and prose, 1540–1674*, ed. C. Ricks (siehe 1.2 Sphere history of literature) (1970) 1986. – M. Roston, *Sixteenth-century English literature* 1982 (siehe 1.2 Macmillan). – B. King, *Seventeenth-century English literature* 1982 (siehe 1.2 Macmillan).

2.2.3 Textsammlungen und Anthologien

The literature of Renaissance England, ed. J. Hollander und F. Kermode 1973 (siehe 1.6 Oxford anthology). – *The Renaissance (1550–1660)*, ed. G. Campbell 1989 (siehe 1.6 Macmillan anthologies). – *16. Jahrhundert*, ed. H. Weinstock 1984 (siehe 1.6 *Die englische Literatur*). – *The English experience. Its record in early printed books published in facsimile* 1968 ff. – J. Martindale (ed.), *English humanism. Wyatt to Cowley* 1985. – J. D. Wilson (ed.), *Life in Shakespeare's England. A book of Elizabethan prose* (1911) 1962. – A. V. Judges, *The Elizabethan underworld* (1930) 1965. – J. W. Hebel, H. H. Hudson und F. R. Johnson, *Tudor poetry and prose* 1953. – H. E. Rollins und H. Baker, *The Renaissance in England. Non-dramatic prose and verse of the sixteenth century* 1954. – H. Baker, *The later Renaissance in England. Nondramatic verse and prose, 1600–1660* 1975. – J. A. Mazzeo (ed.), *The Borzoi anthology of 17th-century English literature*, 5 vols 1967. – H. C. White, R. Wallerstein und R. Quintana, *Seventeenth-century verse and prose, 1600–1660* 1951. – *17. Jahrhundert I*, ed. R. Lengeler 1982 (siehe 1.6 *Die englische Literatur*). – W. Lamont und S. Oldfield, *Politics, religion and literature in the seventeenth century* 1975. – A. Goreau (ed.), *The whole duty of women. Female writing in 17th century England* 1985.

2.2.4 Hintergrundliteratur

U. Suerbaum, *Das elisabethanische Zeitalter* 1989. – A. F. Kinney (ed.), *Elizabethan backgrounds. Historical documents of the age of Elizabeth I* 1975. – A. G. Dickens, E. H. Gombrich, J. R. Hale, B. Pattison, J. B. Trapp, *Background to the English Renaissance* 1974. – S. Greenblatt (ed.), *Representing the English Renaissance* 1988. – D. Bush, *The Renaissance and English humanism* 1939. – E. M. W. Tillyard, *The Elizabethan world picture* 1943. – S. Davies, *Renaissance views of man* 1978. – H. Levin, *The myth of the golden age in the Renaissance* 1970. – A. O. Lovejoy, *The great chain of being. A study in the history of an idea* (1936) 1972.

J. A. Williamson, *The Tudor age* 1979. – G. R. Elton, *England unter den Tudors* 1983. – A. G. R. Smith, *The emergence of a nation state, 1529–1660. The Commonwealth of England* 1984. – K. Wrightson, *English society 1580–1680* 1982. – L. Stone, *The crisis of the aristocracy, 1558–1641* (1967) 1980. – D. C. Coleman, *The economy of England 1450–1750* 1977. – J. W. Allen, *A history of political thought in the sixteenth century* 1960.

L. B. Wright, *Middle-class culture in Elizabethan England* (1935) 1964. – L. Woodbridge, *Women and the English Renaissance. Literature and the nature of womankind, 1540–1620* 1984. – J. Simon, *Education and society in Tudor England* 1966. – J. Wormald, *Court, kirk, and community. Scotland 1470–1625* 1981.

W. S. Howell, *Logic and rhetoric in England 1500–1700* 1956. – J. J. Murphy (ed.), *Renaissance eloquence. Studies in the theory and practice of Renaissance rhetoric* 1983. – G. L. Finney, *Musical backgrounds for English literature, 1580–1650* 1961. – M. Brennan, *Literary patronage in the English Renaissance. The Pembroke family* 1988. – D. Cressy, *Literacy and the*

social order. Reading and writing in Tudor and Stuart England 1980. – H. S. Bennett, *English books & readers, 1558 to 1603* 1965.
C. A. Patrides und R. B. Waddington (ed.), *The age of Milton. Backgrounds to seventeenth-century literature* 1980. – B. Willey, *The seventeenth century background. Studies in the thought of the age in relation to poetry and religion* (1934) 1986.
C. Hill, *Society and Puritanism in pre-revolutionary England* 1964. – L. Stone, *The causes of the English revolution (1529–1642)* 1972. – C. Hill, *Puritanism and revolution. Studies in interpretation of the English revolution of the 17th century* 1969. – R. Ashton, *The English Civil War. Conservatism and revolution 1603–1649* 1978.
G. Parry, *The golden age restor'd. The culture of the Stuart court 1603–42* 1981. – J. A. Mazzeo, *Renaissance and revolution. The remaking of European thought* 1965. – C. Webster (ed.), *The intellectual revolution of the seventeenth century* 1974. – R. Briggs, *The scientific revolution of the seventeenth century* 1969. – H. S. Bennett, *English books & readers, 1603–1640* 1970.

2.3 Restaurationszeit und 18. Jahrhundert
2.3.1 Bibliographien und Verzeichnisse
NCBEL (siehe 1.1) II: 1660–1800. – W. L. Sachse, *Restoration England, 1660–1689* 1971. – W. S. Glock, *Eighteenth-century English literary studies. A bibliography* 1984. – *The eighteenth century. A current bibliography*, ed. R. R. Allen 1973- (vorher *English literature, 1660–1800. A bibliography of modern studies* 1926-).

2.3.2 Geschichte der Literatur
OHEL (siehe 1.2) VIII–X: J. Sutherland, *Restoration literature, 1660–1700* (1969) 1990; B. Dobrée, *The early eighteenth century, 1700–1740* (1959) 1990 ; J. Butt und G. Carnall, *The age of Johnson, 1740–1789* (1979) 1990. – O. Elton, *A survey of English literature, 1730–1780*, 2 vols 1928; *A survey of English literature, 1780–1830*, 2 vols (1912) 1924. – B. King, *Seventeenth-century English literature* (siehe 1.2 Macmillan) 1982. – K. M. P. Burton, *Restoration literature* 1958. – *New Pelican guide* (siehe 1.2) IV: *From Dryden to Johnson* 1982. – M.E. Novack, *Eighteenth-century English literature* 1983 (siehe 1.2 Macmillan). – P. Rogers, *The Augustan vision* 1974. – P. Rogers (ed.), *The eighteenth century* 1978 (siehe 1.2 Context).

2.3.3 Textsammlungen und Anthologien
A Restoration reader, ed. J. H. Hanford 1954. – *17. Jahrhundert II*, hrsg. von E. Lehmann 1983 (siehe 1.6 *Die englische Literatur*). – *The Restoration and the eighteenth century*, ed. M. Price 1973 (siehe 1.6 Oxford anthology). – *The Restoration and the eighteenth century*, ed. I. McGowan 1989 (siehe 1.6 Macmillan anthologies). – *18. Jahrhundert I*, hrsg. von D. Rolle 1982; *18. Jahrhundert II*, hrsg. von W. Pache 1983 (siehe 1.6 *Die englische Literatur*). – *Restoration and revolution. Political, social and religious writings, 1660–1700*, ed. W. Myers 1986. – *Literature and the social order in eighteenth century England*, ed. S. Copley 1985.

2.3.4 Hintergrundliteratur

B. Willey, *The eighteenth century background* 1934. – D. Greene, *The age of exuberance. Backgrounds to eighteenth-century English literature* 1970. – J. Sambrook, *The eighteenth century. The intellectual and cultural context of English literature, 1700–1789* 1986 (siehe 1.2 Longman series). – B. N. Schilling (ed.), *Essential articles for the study of English Augustan backgrounds* 1961. – K. Williams (ed.), *Backgrounds to eighteenth-century literature* 1971.

D. Ogg, *England in the reign of Charles II* 1934. – R. Hutton, *The Restoration. A political and religious history of England and Wales 1658–1667* 1985. – A. Bryant, *Restoration England* 1960. – J. H. Plumb, *England in the eighteenth century* 1950. – D. Marshall, *Eighteenth century England* 1962. – R. Porter, *English society in the eighteenth century* 1982. – A. S. Turberville (ed.), *Johnson's England. An account of the life and manners of his age*, 2 vols 1933. – J. Summerson, *Georgian London* 1945. – T. S. Ashton, *An economic history of England. The 18th century* (1955) 1977.

M. Hunter, *Science and society in Restoration England* 1981. – T. L. Hankins, *Science and the Enlightenment* 1985. – L. Stephen, *History of English thought in the eighteenth century*, 2 vols 1876. – B. S. Allen, *Tides in English taste, 1619–1800*, 2 vols 1937. – K. Clark, *The Gothic revival. An essay in the history of taste* 1928. – M. Foss, *The age of patronage. The arts in society 1660–1750* 1972. – M. Whinney und O. Millar, *English art 1625–1714* 1957. – J. Burke, *English art, 1714–1800* 1976.

W. A. Speck, *Society and literature in England, 1700–1760* 1983. – *Books and their readers in eighteenth-century England*, ed. I. Rivers 1982.

2.4 Romantik

2.4.1 Bibliographien und Verzeichnisse

NCBEL (siehe 1.1) III: 1800–1900. – R. H. Fogle, *Romantic poets and prose writers* 1967. – F. Jordan, Jr. (ed.), *The English Romantic poets. A review of research and criticism* 1972. – C. W. und L. H. Houtchens (ed.), *The English Romantic poets and essayists. A review of research and criticism* (1957) 1966. – A. C. Elkins, Jr. und L. J. Forstner (ed.), *The Romantic movement bibliography 1936–1970*, 7 vols 1973.

2.4.2 Geschichte der Literatur

OHEL (siehe 1.2) XI, XII: W. L. Renwick, *The rise of the Romantics, 1789–1815* (1963) 1990; I. Jack, *English literature, 1815–1832* (1963) 1990. – O. Elton, *A survey of English literature 1780–1830*, 2 vols 1927. – S. Prickett (ed.), *The Romantics* 1981 (siehe 1.2 Context). – A. K. Thorlby, *The Romantic movement* 1966.

2.4.3 Textsammlungen und Anthologien

Romantic poetry and prose, ed. H. Bloom und L. Trilling 1973 (siehe 1.6 Oxford anthology). – *The nineteenth century (1798–1900)*, ed. B. Martin 1989 (siehe 1.6 Macmillan anthologies). – *English Romantic writers*, ed. D. Perkins 1967. – *19. Jahrhundert I. Romantik*, ed. R. Borgmeier 1983 (siehe 1.6 *Die englische Literatur*). – *Prose of the British Romantic movement*, ed. J. R. Nabholtz 1974. – *Prose of the Romantic period 1780–1830*, ed. R. Wright 1956. – *Backgrounds of Romanticism. English philosophical prose of the eighteenth century*, ed. L. M. Trawick 1967.

2.4.4 Hintergrundliteratur

W. J. Bate, *From Classic to Romantic. Premises of taste in eighteenth-century England* 1946. – M. Butler, *Romantics, rebels and reactionaries. English literature and its background 1760–1830* 1981. – B. Willey, *Nineteenth century studies. Coleridge to Matthew Arnold* 1949 u.ö. – M. H. Abrams, *The mirror and the lamp. Romantic theory and the critical tradition* (1953) 1973. – N. Frye, *A study of English Romanticism* 1983. – M. Praz, *The Romantic agony* (1933) 1970 (deutsch 1970, 1988). – J. J. McGann, *The Romantic ideology. A critical investigation* 1983. – L. Fust, *Romanticism* (1969) 1982. – L. Fust, *Romanticism in perspective. A comparative study of aspects of the Romantic movements in England, France and Germany* (1969) 1979. – H. G. Schenk, *The mind of the European Romantics. An essay in cultural history* (1966) 1979.

J. S. Watson, *The reign of George III 1760–1815* 1960. – W. R. Ward, *Religion and society in England, 1790–1850* 1972. – J. Laver, *The age of illusion. Manners and morals, 1750–1848* 1972. – M. I. Thomis und P. Holt, *Responses to industralization. The British experience, 1780–1850* 1976.

R. Lister, *British Romantic art* 1973. – W. T. Whitley, *Art in England, 1800–1820*, 2 vols (1928) 1973.

2.5 Viktorianisches Zeitalter

2.5.1 Bibliographien und Verzeichnisse

NCBEL (siehe 1.1) III: 1800–1900. – J. L. Altholz (ed.), *Victorian England, 1837–1901* 1970. – L. Madden (ed.), *How to find out about the Victorian period. A guide to sources of information* 1970. – D. Nicholls, *Nineteenth-century Britain 1815–1914. A critical bibliography* 1978. – L. C. Dowling, *Aestheticism and decadence. A selective annotated bibliography* 1977. – W. D. Templeman et al. (ed.), *Bibliographies of studies in Victorian literature* 1945– . – B. Chaudhuri (ed.), *A comprehensive bibliography of Victorian studies, 1970–1984*, 3 vols 1984–85.

2.5.2 Geschichte der Literatur

OHEL (siehe 1.2) XIII, XIV: A. Horsman, *The Victorian novel* 1990; P. Turner, *Victorian poetry, drama, and miscellaneous prose, 1832–1890* (1989) 1990. – M. Stonyk, *Nineteenth-century English literature* 1983 (siehe 1.2 Macmillan). – New Pelican Guide (siehe 1.2) VI: *From Dickens to Hardy* 1982. – A. Pollard (ed.), *The Victorians* (1970) 1987 (siehe 1.2 Sphere history). – L. Lerner (ed.), *The Victorians* 1978 (siehe 1.2 Context). –

2.5.3 Textsammlungen und Anthologien

Victorian prose and poetry, ed. L. Trilling und H. Bloom 1973 (siehe 1.6 Oxford anthology). – *The nineteenth century (1798–1900)*, ed. B. Martin

1989 (siehe 1.6 Macmillan anthologies). – *19. Jahrhundert II. Das Viktorianische Zeitalter*, hrsg. von B. Reitz 1982 (siehe 1.6 *Die englische Literatur*). – *The aesthetes. A sourcebook*, ed. I. Small 1979. – *Degeneration and regeneration. Texts of the pre-modern era*, ed. I. Fletcher und J. Stokes, 25 vols 1984. – *The decadent consciousness. A hidden archive of late Victorian literature*, ed. I. Fletcher und J. Stokes, 36 vols 1977–1979. – *The Victorian muse. Selected criticism and parody of the period*, ed. W. E. Fredeman et al., 39 vols 1986. – C. D. Abbey und J. Mullane (ed.), *Nineteenth century literature criticism*, 3 vols 1987. – *The Evangelical and Oxford movements*, ed. E. Jay 1983. – *Reform and intellectual debate in Victorian England*, ed. B. Dennis und D. Skilton 1987. – *Science and religion in the nineteenth century*, ed. T. Cosslett 1984.

2.5.4 Hintergrundliteratur

J. H. Buckley, *The Victorian temper. A study in literary culture* 1952. – P. Brantlinger, *The spirit of reform. British literature and politics, 1832–1867* 1977. – P. Brantlinger, *Rule of darkness. British literature and imperialism, 1830–1914* 1988. – *Die 'Nineties. Das englische Fin de siècle zwischen Dekadenz und Sozialkritik*, hrsg. von M. Pfister und B. Schulte-Middelich 1983. – U. Horstmann, *Ästhetizismus und Dekadenz. Zum Paradigmakonflikt in der englischen Literaturtheorie des späten 19. Jahrhunderts* 1983. – M. Vicinus, *The industrial muse. A study of nineteenth century British working-class literature* 1974. – S. M. Gilbert und S. Gubar, *The madwoman in the attic. The woman writer and the nineteenth-century literary imagination* 1979. – L. Hönnighausen, *Grundprobleme der englischen Literaturtheorie des neunzehnten Jahrhunderts* 1977. – A. Chandler, *A dream of order. The medieval ideal in nineteenth-century English literature* 1970.

G. M. Young, *Victorian England. Portrait of an age* (1936) 1977. – D. Thomson, *England in the nineteenth century 1815–1914* (1950) 1978. – R. Williams, *Culture and Society 1780–1950* 1967. – W. E. Houghton, *The Victorian frame of mind 1830–1870* 1957. – O. Chadwick, *The Victorian Church*, 2 vols 1966–1970. – A. Briggs, *Victorian people. A reassessment of persons and themes, 1851–67* (1954) 1965. – *The Victorian city. Images and realities*, ed. H. J. Dyos und M. Wolff, 2 vols 1973. – P. Gay, *The Bourgeois experience* 1984– . – A. Briggs, *Victorian things* 1989. – A. D. Culler, *The Victorian mirror of history* 1985. – J. Wintle, *Makers of nineteenth century culture, 1800–1914* 1982. – F. E. Huggett, *A dictionary of British history, 1815–1973* 1974.

2.6 20. Jahrhundert

2.6.1 Bibliographien und Verzeichnisse

NCBEL (siehe 1.1) IV: 1900–1950. – *A guide to twentieth century literature in English*, ed. H. Blamires 1983. – E. W. Mellown, *A descriptive catalogue of the bibliographies of 20th century British writers* 1972. – R. Z. Temple, *Twentieth century British literature. A reference guide and bibliography* 1968. – *Modern British literature*, ed. R. Z. Temple und M. Tucker, 3 vols 1966, vol 4: *Supplement*, ed. M. Tucker und R. Stein 1975.

2.6.2 Geschichte der Literatur

OHEL (siehe 1.2) XV: J. I. M. Stewart, *Writers of the early twentieth century* (1963) 1990. – W. W. Robson, *Modern English literature* 1970. – *The twentieth century*, ed. B. Bergonzi 1970. – H. Blamires, *Twentieth-century English literature* 1982. – *Englische Literatur der Gegenwart in Einzeldarstellungen*, hrsg. von H. W. Drescher 1970. – *Englische Literatur der Gegenwart, 1971–1975*, hrsg. von R. Lengeler 1977. – H. V. Routh, *English literature and ideas in the twentieth century. An inquiry into present difficulties and future prospects* (1946) 1950. – B. Bergonzi, *The myth of modernism and twentieth century literature* 1986. – H. Kenner, *A sinking island. The modern English writers* 1987. – G. S. Fraser, *The modern writer and his world* (1953) 1964. – M. Bell (ed.), *The context of English literature, 1900–1930*, 1980 (siehe 1.2 Context).

2.6.3 Textsammlungen und Anthologien

Modern British literature, ed. F. Kermode und J. Hollander 1973 (siehe 1.6 Oxford anthology). – *The twentieth century (1900-present)*, ed. N. McEwan 1989 (siehe 1.6 Macmillan anthologies). – *20. Jahrhundert I.*, hrsg. von U. Seeber 1984; *20. Jahrhundert II.*, hrsg. von R. Borgmeier und B. Reitz 1986 (siehe 1.6 *Die englische Literatur*).

2.6.4 Hintergrundliteratur

Society and literature 1945–1970, ed. A. Sinfield 1983. – M. Bradbury, *The social context of modern English literature* 1971. – G. Watson, *Politics and literature in modern Britain* 1977. – *Englische Literatur und Politik im 20. Jahrhundert*, hrsg. von P. Goetsch und H.-J. Müllenbrock 1981.

T. O. Lloyd, *Empire to welfare state. English history 1906–1985* 1986. – *Trends in British society since 1900. A guide to the changing social structure of Britain*, ed. A. H. Halsey 1972. – D. Thomson, *England in the twentieth century* (1965) 1981. – A. H . Halsey, *Change in British society* (1978) 1981. – A. Marwick, *British society since 1945* 1982. – J. K. Galbraith, *The new industrial state* (1967) 1978. – J. K. Galbraith, *The affluent society* (1958) 1977. – *The age of affluence, 1951–1964*, ed. V. Bogdanor und R. Skidelsky 1970. – D. Butler und D. Stokes, *Political change in Britain. Forces shaping electoral choice* (1969) 1976. – R. Barker, *Political ideas in modern Britain* 1978. – J. Curran und J. Seaton, *Power without responsibility. The press and broadcasting in Britain* 1981. – *Approaches to popular culture*, ed. C. W. E. Bigsby 1976. – R. Durgnat, *A mirror for England. British movies from austerity to affluence* 1970.

The twentieth-century mind. History, ideas and literature in Britain, ed. C. B. Cox and A. E. Dyson, 3 vols 1972. – *The Cambridge guide to the arts in Britain*, vol 8: *The Edwardian age and the inter-war years* 1989, vol 9: *Since the Second World War*, ed. B. Ford 1988. – F. Spalding, *British art since 1900* 1986. – G. J. Warnock, *English philosophy since 1900* (1958) 1969. – *Contemporary British philosophy. Personal statements*, ed. H. D. Lewis (1924) 1956. – K. W. Clements, *Lovers of discord. Twentieth-century theological controversies in England* 1988.

3. Gattungen und Formen

3.1 Versdichtung

3.1.1 Bibliographien und Verzeichnisse

A. E. Dyson (ed.), *English poetry. Select bibliographical guides* 1971.

3.1.2 Gesamtdarstellungen

W. J. Courthope, *A history of English poetry*, 5 vols 1895–1905 u. ö. – *The Routledge history of English poetry*, ed. R. A. Foakes, 6 vols 1977– . – H. Grierson und J. C. Smith, *A critical history of English poetry* (1944) 1962. – *Epochen der englischen Lyrik*, hrsg. von K. H. Göller 1970.

3.1.3 Textsammlungen und Anthologien

The Oxford library of English poetry, ed. J. Wain, 3 vols 1986. – *The new Oxford book of English verse, 1250–1950*, ed. H. Gardner 1972. – *The Oxford book of English traditional verse*, ed. F. Woods 1983. – *The Oxford book of narrative verse*, ed. I. und P. Opie 1983. – *The Oxford book of satirical verse*, ed. G. Grigson 1983. – *The new Oxford book of light verse*, ed. K. Amis 1978. – *The Oxford book of short poems*, ed. P. J. Kavanagh und J. Mitchie 1985. – *The Oxford book of ballads*, ed. J. Kinsley 1982. *Englische und amerikanische Balladen*, hrsg. von G. Hoffmann 1982. – *Th'abhorred shears. Englische Elegien von der Renaissance bis zur Gegenwart*, hrsg. von E. Mertner 1973. – *Englische Sonette*, hrsg. von G. Kranz 1970.

3.1.4 Mittelalter

3.1.4.1 Bibliographien

W. H. Beale, *Old and Middle English poetry to 1500. A guide to information sources* 1976. – Siehe auch 2.1.1.

3.1.4.2 Geschichte

S. B. Greenfield, *The interpretation of Old English poems* 1972. – B. F. Huppé, *Doctrine and poetry. Augustine's influence on Old English poetry* 1959. – R. Woolf, *The English religious lyric in the Middle Ages* 1968. – A. K. Moore, *The secular lyric in Middle English* 1951. – P. Dronke, *Medieval Latin and the rise of European love-lyric*, 2 vols (1965–66) 1968. – J. A. Burrow, *Ricardian poetry. Chaucer, Gower, Langland and the Gawain poet* 1971.

R. I. Page, *An introduction to English runes* 1973. – T. A. Shippey, *Poems of wisdom and learning in Old English* 1976. – R. W. Chambers, *Widsith* (1912) 1965. – A. Hacikyan, *A linguistic and literary analysis of Old English riddles* 1966. – A. G. Brodeur, *The art of Beowulf* 1959. – R. W. Chambers und C. L. Wrenn, *Beowulf* (1921) 1959. – D. Whitelock, *The audience of Beowulf* (1951) 1967. – C. Schaar, *Critical studies in the Cynewulf group* 1949.

Chaucer life-records, ed. M. M. Crow und C. C. Olson 1966. – N. Coghill, *The poet Chaucer* (1949) 1967. – J. Lawlor, *Chaucer* 1968. – E. Rickert,

Chaucer's world, ed. C. C. Olson und M. M. Crow 1948. – D. Brewer, *Chaucer and his world* 1978.
J. Lawlor, *Piers Plowman. An essay in criticism* 1962. – E. T. Donaldson, *Piers Plowman. The C-text and its poet* 1949. – W. Erzgräber, *William Langlands »Piers Plowman« (Eine Interpretation des C-Textes)* 1957. – M. W. Bloomfield, *Piers Plowman as a fourteenth-century apocalypse* 1961. – H. L. Savage, *The Gawain-poet* 1956. – W. A. Davenport, *The art of the Gawain-poet* 1978. – J. A. Burrow, *A reading of Sir Gawain and the Green Knight* 1965. – M. Wickert, *Studien zu John Gower* 1953. – W. F. Schirmer, *John Lydgate. Ein Kulturbild aus dem 15. Jahrhundert* 1952. – D. Pearsall, *John Lydgate* 1970. – G. Hagel, *Thomas Hoccleve* 1984. – F. Brie, *Die nationale Literatur Schottlands von den Anfängen bis zur Renaissance* 1937. – M. Pollet, *John Skelton (c. 1460–1529)* 1962.

3.1.4.3 Lexikalische Nachschlagewerke

C. Brown und R. H. Robbins, *The index of Middle English verse* 1943. – R. H. Robbins und J. L. Cutler, *Supplement to the index of Middle English verse* 1965.

3.1.4.4 Anthologien

The Oxford book of medieval English verse, ed. C. und K. Sisam 1970. – *English verse 1300–1500*, ed. J. Burrow 1977. – *English lyrics of the XIIIth century*, ed. C. Brown 1932. – *Religious lyrics of the XIVth century*, ed. C. Brown (1924) 1957. – *Religious lyrics of the XVth century*, ed. C. Brown 1939. – *Secular lyrics of the XIVth and XVth centuries*, ed. R. H. Robbins (1952) 1955. – *Historical poems of the XIVth and XVth centuries*, ed. R. H. Robbins 1959. – *Medieval English love-lyrics*, ed. T. Stemmler 1970.

3.1.5 Renaissance und frühes 17. Jahrhundert

3.1.5.1 Geschichte

G. Waller, *English poetry of the sixteenth century* 1986 (siehe 1.2 Longman series). – W. Weiß, *Die elisabethanische Lyrik* 1976. – H. Smith, *Elizabethan poetry. A study in conventions, meaning and expression* (1952) 1964. – J. Grundy, *The Spenserian poets. A study in Elisabethan and Jacobean poetry* 1969. – I. Schabert, *Die Lyrik der Spenserianer. Ansätze zu einer absoluten Dichtung in England 1590–1660* 1977. – L. R. Zocca, *Elizabethan narrative poetry* 1950. – F. Kermode, *English pastoral poetry from the beginnings to Marvell* 1952. – J. W. Lever, *The Elizabethan love sonnet* 1956. – D. L. Peterson, *The English lyric from Wyatt to Donne. A history of the plain and eloquent styles* 1967. – H. M. Richmond, *The school of love. The evolution of the Stuart love lyric* 1964. – W. Keach, *Elizabethan erotic narratives. Irony and pathos in the Ovidian poetry of Shakespeare, Marlowe, and their contemporaries* 1977. – D. Norbrook, *Poetry and politics in the English Renaissance* 1984. – G. Parfitt, *English poetry of the seventeenth century* 1985 (siehe 1.2 Longman series). – J. Stevens, *Music and poetry in the early Tudor court* 1961. – A. Alvarez, *The school of Donne* 1961. – E. Miner, *The Cavalier mode from Jonson to Cotton* 1971. – E. Miner, *The metaphysical mode from Donne to Cowley* 1969. – L. L. Martz, *The poetry of meditation. A study in English religious literature of the seventeenth century* (1954) 1962. – G. Walton, *Metaphysical to Augustan. Studies in tone and sensibility in the seventeenth century* 1955.

3.1.5.2 Lexikalisches Nachschlagewerk

L. A. Sonnino, *A handbook to sixteenth-century rhetoric* 1968.

3.1.5.3 Anthologien

E. K. Chambers (ed.), *The Oxford book of sixteenth century verse* (1932) 1961. – M. Seymour-Smith (ed.), *Longer Elizabethan poems* 1972. – J. W. Lever (ed.), *Sonnets of the English Renaissance* 1974. – H. M. Klein (ed.), *English and Scottish sonnet sequences of the Renaissance*, 2 vols 1984. – M. Evans, *Elizabethan sonnets* 1977. – J. Barrell und J. Bull (ed.), *The Penguin book of English pastoral verse* 1974. – E. H. Fellowes (ed.), *English madrigal verse 1588–1632* (1920), ed. F. W. Sternfeld und D. Greer 1967. – E. Doughtie, *Lyrics from English airs, 1596–1622* 1970. – H. J. C. Grierson und G. Bullough (ed.), *The Oxford book of seventeenth century verse* (1934) 1958 – *Englische Barockgedichte*, hrsg. von H. Fischer 1971. – M. Hussey (ed.), *Poetry 1600 to 1660* 1981. – R. Willmott (ed.), *Four metaphysical poets. An anthology of poetry by Donne, Herbert, Marvell, and Vaughan* 1985. – T. G. S. Cain (ed.), *Jacobean and Caroline poetry. An anthology* 1981. – T. Clayton (ed.), *Cavalier poets. Selected poems* 1978.

3.1.6. Restaurationszeit und 18. Jahrhundert

3.1.6.1 Bibliographien

D. F. Foxon, *English verse. A catalogue of separately printed poems with notes on contemporary collected editions, 1701–1750*, 2 vols 1975. – D. C. Mell, Jr., *English Poetry, 1660–1800. A guide to information sources* 1982. – D. Nokes und J. Barron, *An annotated critical bibliography of Augustan poetry* 1988.

3.1.6.2 Geschichte

E. Rothstein, *Restoration and eighteenth-century poetry 1660–1780* 1981 (siehe 3.1.2 Routledge history). – G. Parfitt, *English poetry of the seventeenth century* 1985 (siehe 1.2 Longman series). – J. Sutherland, *A preface to eighteenth century poetry* 1948. – M. A. Doody, *The daring muse. Augustan poetry reconsidered* 1985. – I. Jack, *Augustan satire. Intention and idiom in English poetry 1660–1750* 1952. – H. Castrop, *Die varronische Satire in England 1660–1690. Studien zu Butler, Marvell und Dryden* 1983. – A. Williams, *Prophetic strain. The greater lyric in the eighteenth century* 1984. – R. Borgmeier, *The dying shepherd. Die Tradition der englischen Ekloge von Pope bis Wordsworth* 1976. – M. Plessow, *Geschichte der Fabeldichtung in England bis zu John Gay (1726)* 1906 (1971).

3.1.6.3 Anthologien

The Penguin book of Restoration verse, ed. H. Love 1968. – *Anthology of poems on affairs of state. Augustan satirical verse, 1660–1714*, ed. G. de F. Lord 1975. – *The new Oxford book of eighteenth century verse*, ed. R. Lonsdale 1984. – *The Penguin book of eighteenth-century verse*, ed. D. Davison (1973) 1983. – *Eighteenth-century women poets. An Oxford anthology*, ed. R. Lonsdale 1989. – *Silver poets of the eighteenth century*, ed. A. Pollard 1976. – *Poetry of the landscape and the night. Two eighteenth-century traditions*, ed. C. Peake 1967. – *English poetic satire, Wyatt to Byron*, ed. G. S. Rousseau und N. L. Rudenstine 1972.

3.1.7 Romantik

3.1.7.1 Bibliographien

D. H. Reiman (ed.), *English Romantic poetry, 1800–1835. A guide to information sources* 1979. – F. Jordan (ed.), *The English Romantic poets. A review of research and criticism* (1950) 1985.

3.1.7.2 Geschichte

J. R. de J. Jackson, *Poetry of the Romantic period* 1980 (siehe 3.1.2 Routledge history). – M. H. Abrams (ed.), *English Romantic poets. Modern essays in criticism* 1960. – J. R. Watson, *English poetry of the Romantic period 1789–1830* 1985 (siehe 1.2 Longman series). – G. Hough, *The Romantic poets* (1953) 1978. – A. D. Harvey, *English poetry in a changing society 1780–1825* 1980. – C. D. Thorpe, C. Baker und B. Weaver (ed.), *The major English Romantic poets. A symposium in reappraisal* 1957. – S. Curran, *Poetic form and British Romanticism* 1986. – P. W. K. Stone, *The art of poetry, 1750–1820. Theories of poetic composition and style in the late neo-classic and early Romantic periods* 1967. – C. M. Bowra, *The Romantic imagination* (1950) 1978. – M. H. Abrams, *Natural supernaturalism. Tradition and revolution in Romantic literature* 1971. – J. W. Beach, *The concept of nature in nineteenth-century English poetry* (1936) 1965. – D. Perkins, *The quest for permanence. The symbolism of Wordsworth, Shelley and Keats* 1959. – R. A. Foakes, *The Romantic assertion. A study in the language of nineteenth century poetry* 1958. – H. Bloom, *The visionary company. A reading of English Romantic poetry* (1961) 1971. – J. Wain (ed.), *Contemporary reviews of Romantic poetry* 1953.

3.1.7.3 Anthologien

The Oxford book of nineteenth-century verse, ed. J. Hayward 1964. – *The Oxford book of English verse of the Romantic period*, ed. H. S. Milford 1935. – *English Romantic poetry. An anthology*, ed. H. Bloom 1961. – *Gedichte der englischen Romantik*, hrsg. von R. Borgmeier 1980. – Siehe auch 2.4.3.

3.1.8 Viktorianisches Zeitalter

3.1.8.1 Bibliographien

F. E. Faverty (ed.), *The Victorian poets. A guide to research* (1956) 1969. – J. H. Buckley (ed.), *Victorian poets and prose writers* (1966) 1977.

3.1.8.2 Geschichte

B. Richards, *English poetry of the Victorian period, 1830–1890* 1988 (siehe 1.2 Longman series). – A. H. Warren, *English poetic theory, 1825–1865* 1950. – E. D. H. Johnson, *The alien vision of Victorian poetry. Sources of the poetic imagination in Tennyson, Browning, and Arnold* 1952. – C. T. Christ, *The finer optic. The aesthetic of particularity in Victorian poetry* 1975. – I. Armstrong, *Language as living form in nineteenth-century poetry* 1982. – W. D. Shaw, *The lucid veil. Poetic truth in the Victorian age* 1987. – L. Stevenson, *Darwin among the poets* (1932) 1963. – *The major Victorian poets. Reconsiderations*, ed. I. Armstrong 1969. – C. Enzensberger, *Viktorianische Lyrik. Tennyson und Swinburne in der Geschichte der Entfremdung* 1969. – R. Langbaum, *The poetry of experience. The dramatic monologue in modern literary tradition* 1957. – E. Faas, *Poesie als Psychogramm. Die dramatisch-monologische Versdichtung im viktorianischen Zeitalter* 1974. – J. S. Bratton, *The Victorian popular ballad* 1975. – W. T. Going, *Scanty plot of ground. Studies in the Victorian sonnet* 1976. – G. B. Tennyson, *Victorian devotional poetry. The Tractarian mode* 1981. – A. Robinson, *Symbol to Vortex. Poetry, painting and ideas, 1885–1914* 1985.

3.1.8.3 Anthologien

The Penguin book of Victorian verse, ed. G. MacBeth 1969. – B. Richards (ed.), *English Verse 1830–1890* 1980. – *Everyman's book of Victorian verse*, ed. J. R. Watson 1982. – *Viktorianische Lyrik*, hrsg. von A. Geraths und K. Hergat 1985. – *The new Oxford book of Victorian verse*, ed. C. Ricks 1987. – W. H. Auden (ed.), *Nineteenth century minor poets* 1967. – R. K. R. Thornton (ed.), *Poetry of the 'nineties* 1970. – J. Warburg (ed.), *The industrial muse. The industrial revolution in English poetry* 1958. – J. Raven (ed.), *Victoria's inferno. Songs of the old mills, mines, manufactories, canals and railways* 1978. – R. L. Brett (ed.), *Poems of faith and doubt. The Victorian age* 1965. – J. W. Robinson (ed.), *Theatrical street ballads. Some nineteenth-century street ballads about the theatre* 1971. – J. Bristow (ed.), *The Victorian poet. Poetics and persona* 1987.

3.1.9 20. Jahrhundert

3.1.9.1 Bibliographien

G. S. Cline und J. A. Baker, *An index to criticisms of British and American poetry* 1973. – E. A. Anderson, *English poetry, 1900–1950. A guide to information sources* 1982. – E. F. Shields, *Contemporary English poetry. An annotated bibliography of criticism to 1980* 1984.

3.1.9.2 Geschichte

A. Thwaite, *Twentieth-century English poetry. An introduction* 1978. – J. Lucas, *Modern English poetry. From Hardy to Hughes. A critical survey* 1986. – F. R. Leavis, *New bearings in English poetry. A study of the contemporary situation* (1932) 1950. – C. H. Sisson, *English poetry, 1900–1950. An assessment* 1971. – C. Brooks, *Modern poetry and the tradition* 1939. – D. Daiches, *Poetry and the modern world. A study of poetry in England between 1900 and 1939* 1940. – W. V. O'Connor, *Sense and sensibility in modern poetry* 1948. – L. Durrell, *A key to modern British poetry* 1952. – A. Thwaite, *Contemporary English poetry. An introduction* 1959. – M. L. Rosenthal, *The modern poets. A critical introduction* 1960. – C. M. Bowra, *Poetry & politics 1900–1960* 1966. – *Modern poetry. Essays in criticism*, ed. J. Hollander 1968. – J. Press, *A map of modern English verse* 1969. – *The survival of poetry. A contemporary survey*, ed. M. Dodsworth 1970. – *Worlds. Seven modern poets*, ed. G. Summerfield 1974. – G. Thurley, *The ironic harvest. English poetry in the twentieth century* 1974. – *Fifty contemporary poets. The creative process*, ed. A. T. Turner 1977. – A. Esch, *Zur Situation der zeitgenössischen englischen Lyrik* 1980. – *British poetry since 1960. A critical survey*, ed. M. Schmidt und G. Lindop 1972. – *British poetry since 1970. A critical survey*, ed. P. Jones und M. Schmidt 1980. – I. Hamilton, *A poetry chronicle. Essays and reviews* 1973 . – C. Bedient, *Eight contemporary poets* 1974.

G. L. Bruns, *Modern poetry and the idea of language. A critical and historical study* 1974. – L. R. Ries, *Wolf masks. Violence in contemporary poetry* 1977. – V. Forrest-Thomson, *Poetic artifice. A theory of twentieth-century poetry* 1978. – A. K. Weatherhead, *The British dissonance. Essays on ten contemporary poets* 1983. – A. Rosmarin, *The power of genre* 1985. – E. Longley, *Poetry in the wars* 1986. – G. Harvey, *The Romantic tradition in modern English poetry. Rhetoric and experience* 1986. – M. Edwards, *Poetry and possibility* 1988. – A. Robinson, *Instabilities in contemporary British poetry* 1988.

J. Isaacs, *The background of modern poetry* 1952. – M. K. Spears, *Dionysus and the city. Modernism in twentieth-century poetry* 1970. – L. Feder, *Ancient myth in modern poetry* 1971. – R. Tschumi, *Thought in twentieth-century English poetry* 1951. – G. Bullough, *Mirror of minds. Changing psychological beliefs in English poetry* 1962.

3.1.9.3 Anthologien

The Norton anthology of modern poetry, ed. R. Ellmann und R. O'Clair 1973. – *The Oxford book of twentieth-century English verse*, ed. P. Larkin 1973. – *The Faber book of modern verse*, ed. M. Roberts (1936) 1966. – *The Faber book of twentieth century verse*, ed. J. Heath-Stubbs und D. Wright (1953) 1975. – *Moderne englische Lyrik. Englisch und deutsch*, hrsg. von W. Erzgräber und U. Knoedgen (1976) 1984. – *The Penguin book of contemporary verse, 1918–1960*, ed. K. Allott (1950) 1962. – *Cambridge book of English verse, 1900–1939*, ed. A. Freer und J. Andrew 1970. – *The Chatto book of modern poetry, 1915–1955*, ed. C. Day Lewis und J. Lehmann (1956) 1959. – *The mid-century. English poetry, 1940–1960*, ed. D. Wright 1965. – *Cambridge book of English verse 1939–1975*, ed. A. Bold 1976. – *The Oxford book of contemporary verse, 1945–1980*, ed. D. J. Enright 1980. – *Englische Lyrik der Gegenwart. Gedichte ab 1945. Originaltexte und deutsche Prosaübertragung*, hrsg. von M. Butler und I. Arnold-Dielewicz 1981. – *Britische Lyrik der Gegenwart. Eine zweisprachige Anthologie*, hrsg. von I. Galbraith 1984.

3.2 Drama

3.2.1 Bibliographien und Verzeichnisse

A. Harbage und S. Schoenbaum, *Annals of English drama 975–1700. An analytical record of all plays, extant or lost, chronologically arranged and indexed by authors, titles, dramatic companies etc.* 1964; *Supplement* 1966; *Second supplement* 1970. – J. F. Arnott und J. W. Robinson, *English theatrical literature, 1559–1900* 1970. – C. J. Stratman, *Britain's theatrical periodicals, 1720–1967. A bibliography* 1972. – S. Wells (ed.), *English drama (excluding Shakespeare). Select bibliographical guides* 1975.

3.2.2 Gesamtdarstellungen

The Revels history of drama in English, ed. L. Potter et al., 8 vols 1975–1983. – A. Nicoll und J. C. Trewin, *British drama* (1925) 1978. – *Das englische Drama. Vom Mittelalter bis zur Gegenwart*, hrsg. von D. Mehl, 2 Bde 1970.

3.2.3 Lexikalisches Nachschlagewerk

P. Hartnoll (ed.), *The Oxford companion to the theatre* (1951) 1967.

3.2.4 Mittelalter

3.2.4.1 Bibliographien

C. J. Stratman, *Bibliography of medieval drama*, 2 vols (1954) 1972. – H. B. Caldwell und D. L. Middleton, *English tragedy, 1370–1600. Fifty years of criticism* 1971. – P. J. Houle, *The English morality and related drama. A bibliographical survey* 1972. – F. E. Penninger, *English drama to 1660 (excluding Shakespeare). A guide to information sources* 1976.

3.2.4.2 Geschichte

K. Young, *The drama of the medieval church*, 2 vols (1933) 1967. – E. K. Chambers, *The mediaeval stage*, 2 vols (1903) 1963. – A. P. Rossiter, *English drama from early times to the Elizabethans* 1950. – S. J. Kahrl, *Traditions of medieval English drama* 1974. – T. Stemmler, *Liturgische Feiern und geistliche Spiele* 1970. – H. Craig, *English religious drama of the Middle Ages* (1955) 1967. – V. A. Kolve, *The play called Corpus Christi* 1966. – E. Prosser, *Drama and religion in the English mystery plays. A re-evaluation* 1961. – R . Woolf, *The English mystery plays* 1972. – H.-J. Diller, *Redeformen des englischen Misterienspiels* 1973.

3.2.4.3 Anthologien

Everyman and medieval miracle plays, ed. A. C. Cawley 1956. – *The Wakefield Pageants in the Towneley Cycle*, ed. A. C. Cawley 1958. – *The Corpus Christi play of the English Middle Ages*, ed. R. T. Davies 1972. – *The York Cycle of mystery plays. A complete version*, ed. J. S. Purvis 1957.

3.2.5 Renaissance und frühes 17. Jahrhundert

3.2.5.1 Bibliographien

W. W. Greg, *A list of English plays, written before 1643 and printed before 1700* (1900) 1969. – W. W. Greg, *A bibliography of the English printed drama to the Restoration*, 4 vols 1939–1959.

T. P. Logan und D. Smith (eds.), *The predecessors of Shakespeare. A survey and bibliography of recent studies in English Renaissance drama* 1973. – T. P. Logan und D. Smith (ed.), *The popular school. A survey and bibliography of recent studies in English Renaissance drama* 1975. – F. E. Penninger, *English drama to 1660 (excluding Shakespeare). A guide to information sources* 1976. – T. P. Logan und D. Smith (ed.), *The new intellectuals. A survey and bibliography of recent studies in English Renaissance drama* 1977. – T. P. Logan und D. Smith (ed.), *The later Jacobean and Caroline dramatists. A survey and bibliography of recent studies in English Renaissance drama* 1978. – S. Brownell (ed.), *Critical analyses in English Renaissance drama. A bibliographical guide* 1979. – M. J. Lidman (ed.), *Studies in Jacobean drama 1973–1984. An annotated bibliography* 1986.

3.2.5.2 Geschichte

The Revels history (siehe 3.2.2) II: N. Sanders et al., *1500–1576* 1980; III: J. L. Barroll et al., *1576–1613* 1975; IV: P. Edwards et al., *1613–1660* 1981. – R. Fricker, *Das ältere englische Schauspiel, I: Von den geistlichen Autoren bis zu den »University Wits«* 1975. – F. S. Boas, *The university drama in the Tudor age* (1914) 1966. – D. M. Bevington, *From ›Mankind‹ to Marlowe. The growth of structure in the popular drama of Tudor England* 1962. – W. Clemen, *English tragedy before Shakespeare. The development of dramatic speech* (1955) 1967. – A. Leggatt, *English drama. Shakespeare to the Restoration, 1590–1660* 1988 (siehe 1.2 Longman series). – W. Weiß, *Das Drama der Shakespeare-Zeit. Versuch einer Beschreibung* 1979. – J. M. R. Margeson, *The origins of English tragedy* 1967. – R. Weimann, *Shakespeare und die Tradition des Volkstheaters. Soziologie, Dramaturgie, Gestaltung* 1967. – M. C. Bradbrook, *Themes and conventions of Elizabethan tragedy* (1935) 1960. – F. T. Bowers, *Elizabethan revenge tragedy 1587–1642* (1940) 1959. – L. L. Brodwin, *Elizabethan love tragedy 1587–1625* 1972. – J. W. Lever, *The tragedy of state. A study of Jacobean drama* 1971. – J. Ribner, *The English history play in the age of Shakespeare* (1957) 1965. – M. C. Bradbrook, *The growth and structure of Elizabethan comedy* (1955) 1973. – M. T. Herrick, *Tragicomedy. Its origins and development in Italy, France and England* (1955) 1962. – B. Gibbon, *Jacobean city comedy. A study of satiric plays by Jonson, Marston, and Middleton* 1968. – A. Clark, *Domestic drama. A survey of the origins, antecedents and nature of the domestic play in England 1500–1640*, 2 vols 1975. – T. W. Craik, *The Tudor interlude. Stage, costume, and acting* (1958) 1962. – A. Nicoll, *Stuart masques and the Renaissance stage* (1938) 1963.

3.2.5.3 Lexikalische Nachschlagewerke

J. T. Murray, *English dramatic companies 1558–1642*, 2 vols (1910) 1963. – E. K. Chambers, *The Elizabethan stage*, 4 vols (1923) 1961. – E. H. Sugden, *A topographical dictionary to the works of Shakespeare and his fellow dramatists* (1925) 1969. – E. Nungezer, *A dictionary of actors and of other persons associated with the public representation of plays in England before 1642* 1929. – G. E. Bentley, *The Jacobean and Caroline stage*, 7 vols 1941–

1968. – T. L. Berger, *An index of characters in English printed dramas to the Restauration* 1975.

3.2.5.4 Anthologien

J. Q. Adams, *Chief pre-Shakespearean dramas. A selection of plays illustrating the history of the English drama from its origin down to Shakespeare* (1924) 1952. – F. S. Boas (ed.), *Five pre-Shakespearean comedies. Early Tudor period* (1934) 1966. – C. F. T. Brooke und N. B. Paradise (ed.), *English drama 1580–1642* 1933. – B. B. Wheeler (ed.), *Six plays by contemporaries of Shakespeare* 1971. – C. F. T. Brooke (ed.), *Shakespeare apocrypha. Being a collection of fourteen plays which have been ascribed to Shakespeare* 1908. – J. W. Cunliffe (ed.), *Early English classical tragedies* 1912. – A. Thorndike (ed.), *Minor Elizabethan drama*, 2 vols (1910) 1964. – *A book of masques. In honour of Allardyce Nicoll* 1967. – E. R. Baskervill, V. B. Heltzel und A. H. Nethercot (ed.), *Elizabethan and Stuart plays* (1934) 1960. – A. K. McIlwraith (ed.), *Five Stuart tragedies* 1953. – G. Salgado (ed.), *Three Jacobean tragedies* 1969. – A. H. Gomme (ed.), *Jacobean tragedies* 1969. – G. Salgado (ed.), *Four Jacobean city comedies* 1975. – A. S. Knowland (ed.), *Six Caroline plays* 1962. –

3.2.6 Restaurationszeit und 18. Jahrhundert

3.2.6.1 Bibliographien und Verzeichnisse

G. L. Woodward und J. G. MacManaway, *Checklist of English plays 1641–1700* 1945, Supplement von F. Bowers 1949. – A. Nicoll, *A history of English drama, 1660–1900*, VI: *A short-title alphabetical catalogue of plays produced or printed in England from 1660 to 1900* 1959. – L. van Lennep et al., *The London stage, 1660–1800. A calendar of plays, entertainments and afterpieces*, 11 vols 1960–1968. – C. J. Stratman, D. G. Spencer und M. E. Devine, *Restoration and eighteenth century theatre. A bibliographical guide, 1900–1968* 1971. – F. M. Link, *English drama, 1660–1800. A guide to information sources* 1976.

3.2.6.2 Geschichte

A. Nicoll, *A history of English drama, 1660–1900*, I: *Restoration drama* (1923) 1961; II: *Early eighteenth century drama* (1925) 1961; III: *Late eighteenth century drama* (1927) 1961. – R. Bevis, *English drama. Restoration and the eighteenth century, 1660–1789* (siehe 1.2 Longman series). – *The Revels history* (siehe 3.2.2) V: J. Loftis et al., *1660–1750* 1976; M. R. Booth et al., *1750–1880* 1975. – L. Brown, *English dramatic form, 1660–1760* 1981. – J. Loftis, *The politics of drama in Augustan England* 1963. – J. H. Wilson, *A preface to Restoration drama* 1965. – M. Brunkhorst, *Drama und Theater der Restaurationszeit* 1985. – E. L. Avery und A. H. Scouten, *The London stage 1660–1700. A critical introduction* 1968. – R. D. Hume, *The development of English drama in the late seventeenth century* 1976. – R. A. Zimbardo, *A mirror to nature. Transformations in drama and aesthetics, 1660–1732* 1986. – E. M. Waith, *Ideas of greatness. Heroic drama in England* 1971. – M. Brunkhorst, *Tradition und Transfor-*

mation. Klassizistische Tendenzen in der englischen Tragödie von Dryden bis Thomson 1979.

J. Loftis, *Comedy and society from Congreve to Fielding* 1959. – N. H. Holland, *The first modern comedies. The significance of Etherege, Wycherley and Congreve* 1959. – T. H. Fujimura, *The Restoration comedy of wit* 1952. – J. W. Krutch, *Comedy and conscience after the Restoration* (1924) 1949. – J. Loftis (ed.), *Restoration drama. Modern essays in criticism* 1966.

F. S. Boas, *An introduction to eighteenth-century drama* 1953. – A. Sherbo, *English sentimental drama* 1957. – J. W. Lafler, *The domestication of English tragedy, 1700–1760* 1974. – F. W. Bateson, *English comic drama 1700–1750* 1929. – C. Price, *Theatre in the age of Garrick* 1973. – L. Hughes, *The drama's patrons. A study of the eighteenth-century London audience* 1971.

3.2.6.3 Lexikalisches Nachschlagewerk

P. H. Highfill Jr., *Biographical dictionary of actors, actresses, musicians... and other stage personnel in London, 1660–1800* 1973.

3.2.6.4 Anthologien

British dramatists from Dryden to Sheridan, ed. G. H. Nettleton und A. E. Case, rev. G. W. Stone (1939) 1969. – *Restoration plays*, ed. R. G. Lawrence (1976) 1980. – *Restoration tragedies*, ed. J. Sutherland 1977. – *Restoration comedy*, ed. A. N. Jeffares, 4 vols 1974. – *Eighteenth-century plays*, ed. J. Hampden (1928) 1961. – *Eighteenth-century drama. Afterpieces*, ed. R. W. Bevis 1970. *Prologues and epilogues of the eighteenth century*, ed. M. E. Knapp 1961.

3.2.7 19. Jahrhundert

3.2.7.1 Bibliographien und Verzeichnisse

A. Nicoll, *Short-title alphabetical catalogue of plays produced or printed in England from 1660 to 1900* 1959 (siehe 3.2.6.1). – D. Mullin (ed.), *Victorian plays. A record of significant productions on the London stage, 1837–1901* 1987. – J. P. Wearing, *The London stage 1890–1899. A calendar of plays and players*, 2 vols 1976. – L. W. Conolly und J. P. Wearing (ed.), *English drama and theatre, 1800–1900. A guide to information sources* 1978. – J. Ellis (ed.), *English drama of the nineteenth century. An index and finding guide* 1985. – L. S. Thompson, *Nineteenth and twentieth century drama. A selective bibliography of English language works* 1975.

3.2.7.2 Geschichte

A. Nicoll, *A history of English drama 1660–1900*, IV: *Early nineteenth century drama* (1930) 1963; V: *Late nineteenth century drama* (1946) 1962. – *The Revels history* (siehe 3.2.2) VI: M. R. Booth et al., *1750–1880* 1975. – *Das englische Drama im 18. und 19. Jahrhundert. Interpretationen*, hrsg. von H. Kosok 1976. – J. Woodfield, *English theatre in transition, 1881–1914* 1984.

M. R. Booth, *English melodrama* 1965. – J. N. Schmidt, *Ästhetik des Melodramas. Studien zu einem Genre des populären Theaters im England des*

19. Jahrhunderts 1986. – W. Klemm, *Die englische Farce im 19. Jahrhundert* 1946. – J. H. Huberman, *Late Victorian farce* 1986. – J. R. Taylor, *The rise and fall of the well-made play* 1967.

G. Rowell, *The Victorian theatre. A survey* 1956. – U. Schneider, *Die Londoner Music Hall und ihre Songs 1850–1920* 1984. – J. R. Stephens, *The censorship of English drama, 1824–1901* 1980. – J. C. Trewin (ed.), *The pomping folk in the nineteenth-century theatre* 1968.

3.2.7.3 Lexikalische Nachschlagewerke

I. T. E. Firkins, *Index to plays, 1800–1926* 1927, Supplement 1935. – D. Howard, *London theatres and music halls, 1850–1950* 1970. – R. Mander und J. Mitchenson, *The lost theatres of London* 1968. – D. Mullin (ed.), *Victorian actors and actresses in review* 1983.

3.2.7.4 Anthologien

J. O. Bailey (ed.), *British plays of the nineteenth century* 1966. – M. R. Booth (ed.), *English plays of the nineteenth century*, 5 vols 1969–1976. – G. B. Kauvar und G. C. Sorensen (eds.), *Nineteenth-century English verse drama* 1973. – G. Rowell (ed.), *Late Victorian plays, 1890–1914* 1968. – H. F. Salerno (ed.), *English drama in transition, 1880–1920* 1968. – G. Rowell (ed.), *Victorian dramatic criticism* 1971.

3.2.8 20. Jahrhundert

3.2.8.1 Bibliographien

A. Nicoll, Hand-list of plays 1900–1930, in *English drama 1900–1930* 1973. – J. P. Wearing, *The London stage 1900– . A calendar of plays and players* 1981– . – L. S. Thompson, *Nineteenth and twentieth century drama. A selective bibliography of English language works* 1975. – E. H. Mikhail, *English drama, 1900–1950. A guide to information sources* 1977. – E. H. Mikhail, *Contemporary British drama 1950–1976. An annotated critical bibliography* 1976. – R. H. Harris, *Modern drama in America and England, 1950–1970. A guide to information sources* 1982. – K.-H. Stoll, *The new British drama. A bibliography with particular reference to Arden, Bond, Osborne, Pinter, Wesker* 1975. – K. King, *Twenty modern British playwrights. A bibliography, 1956 to 1976* 1977. – E. H. Mikhail, *A bibliography of modern Irish drama 1899–1970* 1972. – K. King, *Ten modern Irish playwrights. A comprehensive annotated bibliography* 1979.

3.2.8.2 Geschichte

The Revels history (siehe 3.2.2) VII: H. Hunt et al., *1880 to the present day* 1978. – A. Nicoll, *English drama 1900–1930. The beginnings of the modern period* 1973. – R. Williams, *Drama from Ibsen to Brecht* (1968) 1973. – *Das moderne englische Drama. Interpretationen*, hrsg. von H. Oppel (1963) 1976. – *Das englische Drama der Gegenwart. Interpretationen*, hrsg. von H. Oppel 1976. – G. Rowell und A. Jackson, *The repertory movement. A history of regional theatre in Britain* 1984. – U. Ellis-Fermor, *The Irish dramatic movement* (1939) 1971. – K. J. Worth, *The Irish drama of Europe from Yeats to Beckett* 1978. – K. J. Worth, *Revolutions in modern English drama* 1973. – J. R. Taylor, *Anger and after. A guide to the new British drama* (1962) 1969. – J. R. Taylor, *The second wave. British drama for the seventies* 1971. – *Das zeitgenössische englische Drama*, hrsg. von K.-D. Fehse und N. H. Platz 1975. – G. Klotz, *Britische Dramatiker der Gegenwart* 1982. – *Englisches Drama von Beckett bis Bond*, hrsg. von H. F. Plett 1982.

C. Itzin, *Stages in the revolution. Political theatre in Britain since 1968* 1980. – D. Donoghue, *The third voice. Modern British and American verse drama* 1959. – M. Esslin, *The theatre of the absurd* (1961) 1985. – K. Tetzeli von Rosador, *Das englische Geschichtsdrama seit Shaw* 1976. – R. Hayman, *The set-up. An anatomy of the English theatre today* 1973. – C. W. Thomsen, *Das englische Theater der Gegenwart* 1980. – P. Goetsch, *Bauformen des modernen englischen und amerikanischen Dramas* 1977.

3.2.8.3 Lexikalische Nachschlagewerke

M. Anderson et al., *Crowell's handbook of contemporary drama* 1971. – C. Itzin (ed.), *British alternative theatre directory* 1979.

3.2.8.4 Anthologien

H. F. Salerno (ed.), *English drama in transition, 1880–1920* 1968. – G. Weales (ed.), *Edwardian plays* 1962. – J. W. Marriott (ed.), *Great modern British plays* 1929. – J. C. Trewin (ed.), *Plays of the Year 1948–1975*, 45 vols 1949–1976. – B. Mantle et al. (eds.), *The best plays of 1919–1964*, 44 vols 1920–1964. – J. W. Marriott (ed.), *The best one-act-plays of 1931–1949*, 15 vols 1932–1950. – *Penguin plays. New English dramatists*, 14 vols 1959–1970. – M. Wandor et al. (eds.), *Plays by women* 1982– .

3.3 Roman und andere Erzählprosa

3.3.1 Bibliographie

A. E. Dyson, *The English novel. Select bibliographical guides* 1974.

3.3.2 Gesamtdarstellungen

E. A. Baker, *The history of the English novel*, 10 vols 1924–1939; vol. 11 von L. Stevenson 1967. – A. Kettle, *An introduction to the English novel*, 2 vols (1951–1953) 1967. – W. Allen, *The English novel. A short critical history* 1954. – L. Stevenson, *The English novel. A panorama* 1960. – F. K. Stanzel (ed.), *Der englische Roman. Vom Mittelalter zur Moderne*, 2 vols 1969. – K. Otten, *Der englische Roman vom 16. zum 19. Jahrhundert* 1971.

3.3.3 16. und 17. Jahrhundert

3.3.3.1 Bibliographien

C. C. Mish, *English prose fiction, 1600–1700. A chronological checklist* 1967. – J. L. Harner, *English Renaissance prose fiction, 1500–1660. An annotated bibliography of criticism* 1978.

3.3.3.2 Geschichte

E. Vinaver, *The rise of romance* 1971. – M. Schlauch, *Antecedents of the English novel 1400–1600 (from Chaucer to Deloney)* 1963. – D. Margolies, *Novel and society in Elizabethan England* 1985. – P. Salzman, *English prose fiction 1558–1700. A critical history* 1985. – M. Spufford, *Small books and pleasant histories. Popular fiction and its readership in seventeenth-century England* 1981. – K. H. Göller, *Romance and novel. Die Anfänge des englischen Romans* 1972.

3.3.4 18. Jahrhundert

3.3.4.1 Bibliographien

W. H. McBurney, *A check list of English prose fiction, 1700–1739* 1960. – J. C. Beasley, *A checklist of prose fiction published in England, 1740–1749* 1972. – J. Raven, *British fiction 1750–1770. A chronological check-list of prose fiction printed in Britain and Ireland* 1987. – L. Orr, *A catalogue checklist of English prose fiction, 1750–1800* 1979. – A. Block, *The English novel, 1740–1850. A catalogue including prose romances, short stories, and translations of foreign fiction* (1939) 1982. – R. A. Day, A chronological list of English letter fiction, 1660–1740, in *Told in letters* 1966. – R. D. Mayo, Catalogue of 1375 magazine novels and novelettes, in *The English novel in the magazines, 1740–1815* 1962.

J. C. Beasley, *English fiction, 1660–1800. A guide to information sources* 1978. – D. J. McNutt, *The eighteenth-century Gothic novel. An annotated bibliography of criticism and selected texts* 1975.

3.3.4.2 Geschichte

J. J. Richetti, *Popular fiction before Richardson. Narrative patterns 1700–1739* 1969. – I. Watt, *The rise of the novel. Studies in Defoe, Richardson and Fielding* 1957. – L. J. Davis, *Factual fictions. The origins of the English novel* 1983. – M. McKeon, *The origins of the English novel 1600–1740* 1987.

A. D. McKillop, *The early masters of English fiction* 1956. – C. T. Probyn, *English fiction of the eighteenth century 1700–1789* 1987 (siehe 1.2 Longman series). – F. R. Karl, *A reader's guide to the eighteenth-century English novel* 1974. – E. Wolff, *Der englische Roman im 18. Jahrhundert. Wesen und Formen* (1964) 1980. – D. Mehl, *Der englische Roman bis zum Ende des 18. Jahrhunderts* 1977. – H. Reinhold, *Der englische Roman im 18. Jahrhundert. Soziologische, geistes- und gattungsgeschichtliche Aspekte* 1978. – J. R. Foster, *History of the pre-Romantic novel in England* 1949. – J. Preston, *The created self. The reader's role in eighteenth-century fiction* 1970.

R. A. Day, *Told in letters. Epistolary fiction before Richardson* 1966. – R. D. Mayo, *The English novel in the Magazines 1740–1815* 1962. – J. M. S. Tompkins, *The popular novel in England 1770–1800* 1932. – M. Summers, *The Gothic quest. A history of the Gothic novel* 1938. – E. R. Napier, *The failure of Gothic. Problems of disjunction in an eighteenth-century literary form* 1987. – I. Weber, *Der englische Schauerroman. Eine Einführung* 1983. – M. P. Conant, *The oriental tale in England in the eighteenth century* 1966.

F. M. Keener, *The chain of becoming. The philosophical tale, the novel, and a neglected realism of the Enlightenment* 1983.

3.3.4.3 Lexikalische Nachschlagewerke

C. R. Johnson, *Plots and characters in the fiction of eighteenth-century English authors*, 2 vols 1977–78. – A. B. Tracy (ed.), *The Gothic novel, 1790–1830. Plot summaries and index to motifs* 1981.

3.3.4.4 Textsammlungen und Anthologien

Novel and romance 1700–1800. A documentary record, ed. I. Williams 1970. – *Foundations of the novel. Representative early eighteenth-century fiction*, ed. M. F. Shugrue, 71 vols 1972. – *The flowering of the novel. Representative mid-eighteenth century fiction, 1740–1775*, ed. M. F. Shugrue, J. C. Beasley und M. J. Bosse, 109 vols 1974–75. – *The novel, 1720–1805*, ed. R. Paulson, 44 vols 1979. – *Four before Richardson. Selected English novels, 1720–1727*, ed. W. H. McBurney 1963. – *The Novel in Letters. Epistolary fiction in the early English novel 1678–1740*, ed. N. Würzbach 1969. – *Three Gothic novels*, ed. E. F. Bleiler 1980.

3.3.5 19. Jahrhundert

3.3.5.1 Bibliographien

A. Block, *The English novel, 1740–1850. A catalogue including prose romances, short stories, and translations* (1939) 1982. – M. Sadleir, *XIX century fiction. A bibliographical record*, 2 vols (1951) 1969. – R. L. Wolff (ed.), *Nineteenth-century fiction. A bibliographical catalogue based on the collection formed by R. L. Wolff*, 5 vols 1981–1986.

D. Daims und J. Grimes, *Toward a feminist tradition. An annotated bibliography of novels in English by women, 1891–1920* 1982. – E. A. Baker, *A guide to historical fiction* (1914) 1969. – J. Carter, *Victorian detective fiction. A catalogue of the collection made by Dorothy Glover and Graham Greene* 1966.

L. Stevenson (ed.), *Victorian fiction. A guide to research* 1964. – G. H. Ford (ed.), *Victorian fiction. A second guide to research* 1978. – J. C. Olmsted und J. E. Welch, *Victorian novel illustration. A selected checklist 1900–1976* 1979.

3.3.5.2 Geschichte

OHEL (siehe 1.2) XIII: A. Horsman, *The Victorian novel* 1990. – F. R. Karl, *An age of fiction. The nineteenth century British novel* 1964. – M. Wheeler, *English fiction of the Victorian period 1830–1890* 1985 (siehe 1.2 Longman series). – R. Gilmour, *The novel in the Victorian age. A modern introduction* 1986. – P. Goetsch et al. (eds.), *Der englische Roman im 19. Jahrhundert. Interpretationen* 1973.

R. Stang, *The theory of the novel in England 1850–1870* 1959. – P. Goetsch, *Die Romankonzeption in England 1880–1910* 1967. – E. Showalter, *A literature of their own. British women novelists from Brontë to Lessing* 1977. – M. M. Maison, *Search your soul, Eustace. A survey of the religious novel in the Victorian age* 1961. – A. Fleishman, *The English historical novel. Walter Scott to Virginia Woolf* 1971. – J. H. Buckley, *Season of youth. The Bildungsroman from Dickens to Golding* 1974. – C. Gallagher, *The industrial reformation of English fiction. Social discourse and narrative form 1832–1867* 1985. – R. Bodenheimer, *The politics of story in Victorian social fiction* 1988. – L. James, *Fiction for the working man 1830–1850. A study of the literature produced for the working classes in early Victorian urban England* 1963. – P. J. Keating, *The working classes in Victorian fiction* 1971. – M. Praz, *The hero in eclipse in Victorian fiction* 1956.

N. Cross, *The common writer. Life in nineteenth-century Grub Street* 1985. – G. L. Griest, *Mudie's circulating library and the Victorian novel* 1970. – N. N. Feltes, *Modes of production of Victorian novels* 1986. – G. Tuchman, *Edging women out. Victorian novelists, publishers, and social change* 1989. – J. R. Harvey, *Victorian novelists and their illustrators* 1970. – R. Altick, *The English common reader. A social history of the mass reading public 1800–1900* 1957.

3.3.5.3 Lexikalische Nachschlagewerke

J. P. Brown, *A reader's guide to the nineteenth-century English novel* 1985. – J. Sutherland, *The Longman companion to Victorian fiction* 1989.

3.3.5.4 Textsammlung

R. L. Wolff (ed.), *Victorian fiction. Novels of faith and doubt*, 92 vols 1975–1977.

3.3.6 20. Jahrhundert

3.3.6.1 Bibliographien

R. J. Stanton, *A bibliography of modern British novelists*, 2 vols 1978. – J. Anderson, *British novels of the twentieth century* 1959. – E. C. Bufkin, *The twentieth-century novel in English. A checklist* (1967) 1984. – A. F. Cassis, *The twentieth-century English novel. An annotated bibliography of general criticism* 1977. – H. W. Drescher und B. Kahrmann, *The contemporary English novel. An annotated bibliography of secondary sources* 1973.

3.3.6.2 Geschichte

W. Allen, *Tradition and dream. The English and American novel from the twenties to our time* 1964. – F. R. Karl und M. Magalaner, *A reader's guide to great twentieth-century English novels* 1959. – R. Fricker, *Der moderne englische Roman* (1958) 1966. – *Der moderne englische Roman. Interpretationen*, hrsg. von H. Oppel (1965) 1971. – K. Otten, *Der englische Roman vom Naturalismus bis zur Bewußtseinskunst* 1986. – U. Broich, *Gattungen des modernen englischen Romans* 1975. – P. L. Wiley, *The British novel. Conrad to the present* 1973. – *British novelists since 1900*, ed. J. I. Biles 1987. – D. Daiches, *The novel and the modern world* (1939) 1960. – R. M. Adams, *Afterjoyce. Studies in fiction after Ulysses* 1977. – *Contemporary British novelists*, ed. C. Shapiro 1965.

R. Stevenson, *The British novel since the thirties. An introduction* 1986. –

N. Beauman, *A very great profession. The woman's novel 1914–1939* 1983. – J. S. Rippier, *Some postwar English novelists* 1965. – I. v. Rosenberg, *Der Weg nach oben. Englische Arbeiterromane 1945–1978* 1980. – *The British working-class novel in the twentieth century*, ed. J. Hawthorn 1984. – *The contemporary English novel*, ed. M. Bradbury und D. Palmer 1979. – B. Bergonzi, *The situation of the novel* (1970) 1979. – *The modern English novel. The reader, the writer and the work*, ed. G. Josipovici 1976.

Recent novels on society, hrsg. von H.-J. Diller, S. Kohl, J. Kornelius, E. Otto und G. Stratmann 1983. – D. Smith, *Socialist propaganda in the twentieth-century British novel* 1978. – *Twentieth-century women novelists*, ed. T. F. Staley 1982. – G. Festerling, *Die Frau im zeitgenössischen englischen Roman (1953–1975)* 1978. – P. Swinden, *The English novel of history and society, 1940–1980* 1984. – *Der historische Roman II. 20. Jahrhundert*, hrsg. von R. Borgmeier und B. Reitz 1984. – N. McEwan, *The survival of the novel. British fiction in the later twentieth century* 1981. – A. Maack, *Der experimentelle englische Roman der Gegenwart* 1984. – *Der englische Roman der Gegenwart*, hrsg. von R. Imhof und A. Maack 1987. – M. Green, *The English novel in the twentieth century. [The doom of Empire]* 1984. – N. McEwan, *Perspective in British historical fiction today* 1987. – *Twentieth-century science-fiction writers*, ed. C. S. Smith 1981. – U. Suerbaum, U. Broich und R. Borgmeier, *Science fiction. Theorie und Geschichte, Themen und Typen, Form und Weltbild* 1981.

T. O. Beachcroft, *The modest art. A survey of the short story in English* 1968. – *Studien und Materialien zur Short Story*, hrsg. von P. Goetsch 1971. – *Die englische Kurzgeschichte*, hrsg. von K. H. Göller und G. Hoffmann 1973. – W. Allen, *The short story in English* 1981. – *The English short story, 1880–1945. A critical history*, ed. J. M. Flora 1985.

3.3.6.3 Anthologien

The Penguin book of English short stories, ed. C. Dolley 1967. – *The second Penguin book of English short stories*, ed. C. Dolley (1972) 1987. – *The Norton anthology of short fiction*, ed. R. V. Cassill (1978) 1981. – *The Oxford book of short stories*, ed. V. S. Prichett 1981. – *British short stories of today*, ed. E. Jones 1987. – *The Penguin book of modern British short stories*, ed. M. Bradbury 1988.

3.4. Prosa

3.4.1 Autorschaft

A. S. Collins, *Authorship in the days of Johnson* 1927. – J. W. Saunders, *The profession of English letters* 1964. – G. Watson, *The literary critics* 1962. – J. Gross, *The rise and fall of the man of letters* 1969. – J. Holloway, *The Victorian sage. Studies in argument* 1953.

3.4.2 Prosastil

J. M. Mueller, *The native tongue and the word. Developments in English prose style 1380–1580* 1984. – I. A. Gordon, *The movement of English prose* 1966. – J. Sutherland, *On English prose* 1957. – F. P. Wilson, *Seventeenth century prose* 1960. – G. Williamson, *The Senecan amble. A study in prose from Bacon to Collier* 1957. – B. Dobrée, *Modern prose style* (1934) 1964.

3.4.3 Essay und verwandte Formen
Der englische Essay. Analysen, hrsg. von. H. Weber 1975. – H. Walker, *The English essay and essayists* 1915. – E. N. S. Thompson, *The seventeenth-century English essay* 1926. – B. Boyce, *The Theophrastan character in England to 1642* 1947. – J. W. Smeed, *The Theophrastan »character«. The history of a literary genre* 1985. – H. Traeger, *Der moderne englische literaturkritische Essay. Eine Studie zur Geschichte und Theorie der Gattung* 1983.

3.4.4 Briefe
W. H. Irving, *The providence of wit in the English letter writers* 1955. – *The familiar letter in the eighteenth century*, ed. H. Anderson, P. B. Daghlian und I. Ehrenpreis 1966. W. J. und C. W. Dawson, *The great English letter writers*, 2 vols (1909) 1978.

3.4.5 Biographie und Autobiographie
W. Matthews, *British autobiographies. An annotated bibliography of British autobiographies published or written before 1951* (1955) 1984. – W. Matthews, *British diaries. An annotated bibliography of British diaries written between 1442 and 1942* (1950) 1984. – C. Cline, *Women's diaries, journals and letters. An annotated bibliography* 1989. – D. A. Stauffer, *English biography before 1700* (1930). – H. Nicolson, *The development of English biography* 1927. – W. Shumaker, *English autobiography. Its emergence, materials and form* 1954. – P. Delaney, *British autobiography in the seventeenth century* 1969. – H. I. Stull, *The evolution of the autobiography from 1770–1850. A comparative study and analysis* 1984. – L. H. Peterson, Victorian autobiography. The tradition of self-interpretation 1986. – A. Fleishman, *Figures of autobiography. The language of self-writing in Victorian and modern England* 1983. – A. O. J. Cockshut, *The art of autobiography in 19th- and 20th-century England* 1984. – B. Finney, *The inner eye. British literary autobiography of the twentieth century* 1985. – R. A. Fothergill, *Private chronicles. A study of English diaries* 1974.

3.4.6 Periodica
R. S. Crane und F. B. Cane, *A census of British newspapers and periodicals, 1620–1800* 1927. – *The Wellesley index to Victorian periodicals*, ed. W. H. Houghton, 5 vols 1966– . – J. D. Vann und R. T. Van Arsdel, *Victorian periodicals. A guide to research* 1978. – E. M. Palmegiano, *Women and British periodicals 1832–1867. A bibliography* 1976.
W. Graham, *English literary periodicals* (1930) 1980. – S. Morison, *The English newspaper* 1932. – R. M. Wiles, *Freshest advices. Early provincial newpapers in England* 1965. – *British literary magazines*, ed. A. Sullivan, 4 vols 1983–1986. – D. Roper, *Reviewing before the Edinburgh, 1788–1802* 1978. – J. Clive, *Scotch reviewers. The Edinburgh review, 1802–1815* 1957.

– C. Groffy, *The Edinburgh review 1802–1825. Formen der Spätaufklärung* 1981. – W. Graham, *Tory criticism in the Quarterly review, 1809–1853* 1921.

3.4.7 Anthologien

The Pelican book of English prose, ed. R. Sharrock und R. Williams, 2 vols 1969/70. – *The Oxford book of English prose*, ed. A. Quiller-Couch 1952. – *English prose*, ed. W. Peacock, 5 vols 1951. – *A book of English essays (1600–1900)*, ed. S. V. Makower und B. H. Blackwell 1952. – *A century of English essays. From Caxton to Belloc*, ed. E. Rhys und L. Vaughan 1913 u. ö. – *The Oxford book of essays*, ed. J. Gross 1991. – *Selected English letters, fifteenth to nineteenth centuries*, ed. M. Duckitt und H. Wragg (1941) 1981. – *The Oxford book of literary anecdotes*, ed. J. Sutherland 1975. – *The Oxford book of aphorisms*, ed. J. Gross 1983. – *The English sermon*, ed. M. Seymour-Smith, C. H. Sisson und R. Nye, 3 vols 1976.

Namenregister

Das Namenregister umfaßt Personennamen unter Ausschluß literarischer Charaktere. Herrschernamen sind in der Regel in der geläufigen deutschen Form aufgenommen, in der sie auch im Text vorkommen (Heinrich VIII., nicht Henry VIII).

Titelregister

Das Register umfaßt in Kurzform die im Text genannten Werke, auch wenn sie unselbständig veröffentlicht wurden. Titel englischer Autoren sind in der eingebürgerten Form angegeben (so *Tom Jones*) und nötigenfalls auch in der „korrekten" Form (*The history of Tom Jones*). Im Text erwähnte, aber nicht zitierte Titel wurden, wo dies sinnvoll erschien, ebenfalls ins Register aufgenommen. Werke nicht-englischer Autoren erscheinen in der Regel in der geläufigen deutschen Form. Gelegentliche Hinweise in Klammern sind als Orientierungshilfen gedacht.

Geschichte der deutschen Literatur im Mittelalter

Dieter Kartschoke:
Geschichte der
deutschen Literatur
im frühen Mittelalter
Originalausgabe
dtv 4551

Joachim Bumke:
Geschichte der
deutschen Literatur
im hohen Mittelalter
Originalausgabe
dtv 4552

Thomas Cramer:
Geschichte der
deutschen Literatur
im späten Mittelalter
Originalausgabe
dtv 4553

Das reichhaltige moderne Studienwerk für alle, die an der Literatur- und Kulturgeschichte des deutschen Mittelalters interessiert sind. Vor dem Hintergrund der politischen, sozialen und kulturellen Verhältnisse werden die literarischen Strömungen, Formen und Gattungen sowie die Dichter und Schriftsteller mit ihren Werken und ihrem Publikum ausgiebig geschildert.

Der Begriff Literatur ist sehr weit gefaßt – er reicht von Zaubersprüchen und einfachen Liedern über die reiche Lyrik und die großen Epen, Bibelübersetzungen, Predigten und Mysterienspielen bis zu Legenden und Viten und zu Städtechroniken, Rechts- und Naturbüchern. Es ist die Literatur aus acht Jahrhunderten, von den ersten, oft fragmentarisch überlieferten althochdeutschen Zeugnissen bis zu den Schriften der Humanisten Erasmus und Melanchthon.

Über Literatur

Albin Lesky:
Geschichte der griechischen Literatur
dtv 4595

Michael v. Albrecht:
Geschichte der römischen Literatur
dtv 4618 (2 Bände)

Reinhard Baumgart:
Deutsche Literatur der Gegenwart
Kritiken, Essays, Kommentare
dtv 4674

Barbara Becker-Cantarino:
Der lange Weg zur Mündigkeit
Frauen und Literatur
dtv 4548

Joachim Bumke:
Höfische Kultur
dtv 4442

Siegmar Döpp:
Werke Ovids
dtv 4587

Umberto Eco:
Lector in fabula
Die Mitarbeit der Interpretation in erzählenden Texten
dtv 4531

Die Grenzen der Interpretation
dtv 4644
Zwischen Autor und Text
Interpretation und Überinterpretation
dtv 4682

K.R. Eissler:
Goethe
dtv 4457 (2 Bände)

Die englische Literatur
Herausgegeben von Bernhard Fabian
Epochen – Formen – Autoren
dtv 4494 / 4495

Dieter Kartschoke:
Geschichte der deutschen Literatur im frühen Mittelalter
dtv 4551

Joachim Bumke:
Geschichte der deutschen Literatur im hohen Mittelalter
dtv 4552

Thomas Cramer:
Geschichte der deutschen Literatur im späten Mittelalter
dtv 4553

Georg Lukács:
Theorie des Romans
dtv 4624

Peter von Matt:
Liebesverrat
Die Treulosen in der Literatur
dtv 4566
Das Schicksal der Phantasie
Studien zur deutschen Literatur
dtv 4692

Martin Meyer:
Ernst Jünger
dtv 4613

Mario Praz:
Liebe, Tod und Teufel
Die schwarze Romantik
dtv 4375

Theodore Ziolkowski:
Das Amt der Poeten
Die deutsche Romantik und ihre Institutionen
dtv 4631

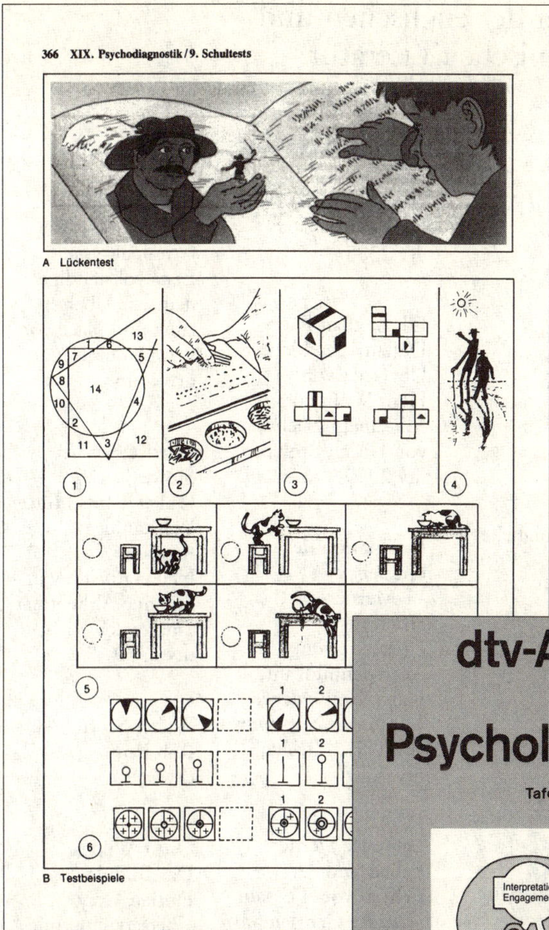
366 XIX. Psychodiagnostik / 9. Schultests
A Lückentest
B Testbeispiele

dtv-Atlas zur Psychologie
Tafeln und Texte
Interpretation
Engagement
Band 1

William
Shakespeare
Ein Sommer-
nachtstraum
Zweisprachige Ausgabe
Deutsch von Frank Günther
Mit einem Essay von Sonja Fielitz
dtv klassik

William
Shakespeare
Hamlet
Zweisprachige Ausgabe
Deutsch von Frank Günther
Mit einem Essay von Manfred Pfister
dtv klassik